내가 뽑은 원픽! 최신 출제경향에 맞춘 최고의 수험서

2026

경영정보 시각화능력 필기

한권완성

정경문 · 김운성 공저

온캠퍼스 아이디

● REC

도서 구매자들에게만 드리는 특별한 혜택!

4차 산업혁명?
빅데이터?

생소한 시험도 완벽 정복 가능한

3단계 문제 풀이 해설 특별 무료 제공

- **1단계** 시행처 공개 문제로 시작!
- **2단계** 모의고사로 한 번 더!
- **3단계** 기출복원문제로 마무리!

총 3단계의 문제 풀이 해설이 전부 무료!

온캠퍼스 동영상 강의
www.oncampus.co.kr

해설 특강이 필요한 이유 Ⅰ
빅데이터 시대에 적합한
사무 필수 자격증으로
취업 및 사무 업무에 적극 활용!

해설 특강이 필요한 이유 Ⅱ
각 과목별 전문 교수진이
직접 집필한 교재를 바탕으로 한
믿고 들을 수 있는 저자 직강!!

출제 예상 문제만 담은, 꼭 사야 할 수험서 www.yeamoonedu.com

경영정보시각화능력 필기 문제 해설 특강
이용 가이드

다음 단계에 따라 도서구매 인증을 완료하면 무료 문제 해설 특강을 이용할 수 있습니다.

STEP 01 온⁺캠퍼스 로그인 후 메인 화면 상단의 [마이페이지]의 [1:1 상담] 누릅니다.

STEP 02 도서 안쪽에 있는 드지 [온캠퍼스 아이디] 칸에 아이디를 적고 도서명이 보이게 사진을 찍어 주세요.

STEP 03 하단의 [글쓰기]를 클릭 후 인증사진을 포함하여 게시글을 작성하면 인증이 완료됩니다.

머리말

"새로운 시대의 3대 생산요소 : 플랫폼, 데이터, 인공지능"

4차 산업혁명이 가져온 변화는 단순한 기술적 발전을 넘어 사회의 근본적인 구조까지 재편하고 있습니다. 과거의 생산 핵심 요소가 토지, 자본, 노동이었다면, 이제는 플랫폼, 데이터, 인공지능이 그 자리를 차지하고 있습니다. 이러한 변화는 비즈니스의 판도를 바꾸고, 개인의 역할도 새롭게 정의하고 있습니다. 이러한 요소들을 이해하고 활용하는 능력은 이제 경쟁력을 결정짓는 중요한 요인이 되고 있으며, 이는 기업에게도 마찬가지입니다.

"새로운 변화는 새로운 기회를 만듭니다."

2024년에 새롭게 도입된 경영정보시각화능력 자격증은 데이터 중심의 세상을 올바르게 이해하고 분석하는 능력을 평가합니다. 새로운 기회가 열리는 빅데이터와 인공지능 분야는 데이터를 수집하고 처리하여 통찰력(Insight)을 도출하며, 이를 효과적으로 시각화하여 전달하는 능력이 필수적입니다.

데이터는 우리에게 현상을 꿰뚫어 보는 통찰력을 제공할 뿐만 아니라, 무엇보다도 신뢰를 줍니다. 데이터 기반의 의사결정은 신뢰를 통해 결단력과 지속적인 행동의 에너지를 불어넣습니다. 경영정보시각화능력 자격증은 기업의 경영 활동에서 생성된 데이터를 효과적으로 전달하여 합리적인 의사결정을 돕는 중요한 역할을 합니다. 이러한 의사결정과 실행이 모여 기업의 역사가 되고, 개인의 인생을 형성합니다.

경영정보시각화능력은 여러분이 데이터 활용 전문가로 성장하는 첫걸음이 될 것입니다.
이 자격증은 단순한 종착지가 아닌, 여러분만의 커리어 여정을 시작하는 '여권'입니다.

여러분의 앞에는 반드시 좋은 결과가 기다리고 있습니다.
자신의 길을 당당하게 나아가십시오.
데이터가 여러분의 길을 환하게 비출 것입니다.

저자 정경문

시험 가이드

경영정보시각화능력(Business Inteliighence Specialist) 개요

4차 산업혁명, ICT 기술 발전, 디지털 전환 등으로 인해 데이터에서 의미 있는 정보를 도출하는 능력이 무엇보다 중요해지고 있다. 경영정보시각화능력은 이러한 흐름에 따라 기업·기관의 경영과 관련된 정보를 시각화하는 능력을 평가하기 위해 신설된 국가기술자격 시험이다.

응시자격

제한 없음(단, 실기시험은 필기 합격 후 2년 이내 있는 실기시험 응시 가능)

필기시험

- 검정방법 : 객관식 4지 택일형(60분)
- 합격기준 : 과목당 100점 만점에 전 과목 40점 이상(전 과목 평균 60점 이상)
- 시험과목

등급	과목명	문제수	주요항목
단일등급	경영정보 일반	20문항	• 경영정보 이해 • 기업 내부 정보 파악 • 기업 외부 정보 활용
	데이터 해석 및 활용	20문항	• 데이터 이해 및 해석 • 데이터 파일 시스템 • 데이터 활용
	경영정보시각화 디자인	20문항	• 시각화 디자인 기본원리 이해 • 시각화 도구 활용 • 시각화 요소 디자인

실기시험

- 검정방법 : 컴퓨터 작업형(70분)
- 합격기준 : 100점 만점에 70점 이상
- 시험과목

등급	과목명	문제수	주요항목
단일등급	경영정보시각화 실무	3~5문항	• 경영정보시각화 작업 준비 • 경영정보시각화 결과물 레이아웃 구성 • 경영정보시각화 요소 구현

※ 2025년 실기시험 프로그램 버전 안내 : 파워BI 데스크탑(버전 2.138.1452.0), 태블로 데스크탑 퍼블릭 에디션(버전 2024.30)

시험일정

구분		접수기간	시험일	결과발표
1회	필기	04.03.~04.09.	04.26.	05.27
	실기	06.05.~06.11.	06.28.	08.26
2회	필기	08.21.~08.27.	09.13.	10.14
	실기	10.09.~10.15.	11.01.	12.30

※ 상기 일정은 2025년도 기준이며, 2026년 시험일정은 2025년 시험일정과 유사할 것으로 예상됩니다. 정확한 시험 일정은 대한상공회의소 자격평가사업단 홈페이지(https://license.korcham.net)를 참고하시기 바랍니다.

도서의 구성과 활용

STEP 01   주요개념만 선별한 핵심이론으로 초단기합격

- 출제기준을 완벽 분석·반영한 핵심이론 및 완벽한 개념학습을 위한 [TIP] 박스와 도표·그림을 수록하였습니다.
- 시험에 출제되었던 개념은 별도로 표시하여 실제 출제 개념을 파악할 수 있도록 하였습니다.

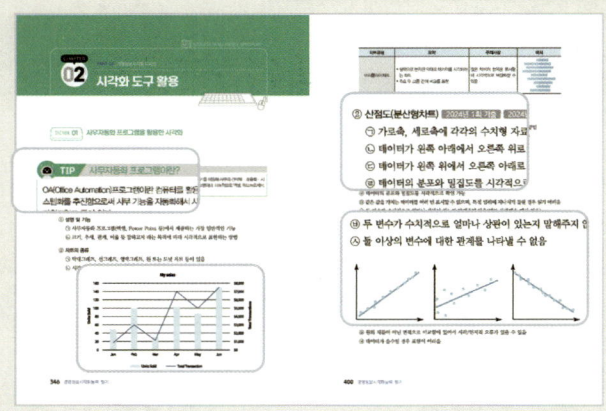

STEP 02   과목별 실전예상문제로 주요 개념 완벽 복습

- 과목별로 핵심이론을 반영한 실전예상문제를 수록하여 명확한 개념 정리가 이루어지도록 하였습니다.
- 문제 바로 아래 해설을 수록하여 빠르고 효율적인 학습이 이루어질 수 있도록 하였습니다.

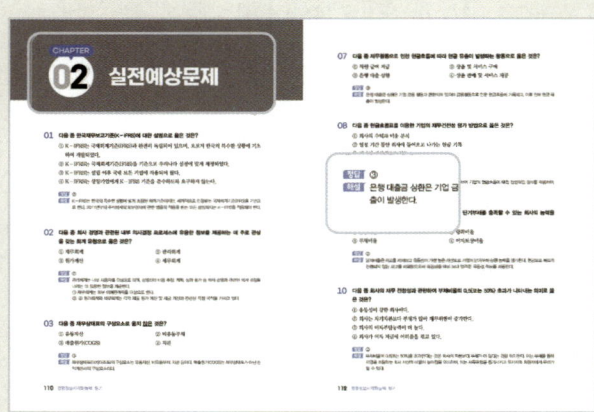

STEP 03 시행처 공개 문제(A·B형)+모의고사 2회분으로 실전 대비

- 시행처 공개 문제 A·B형을 모두 수록하여 수험생들이 출제 경향을 파악할 수 있도록 하였습니다.
- 실전 감각을 향상시킬 수 있도록 실제 기출문제와 동일한 구성의 모의고사 2회분을 수록하였습니다.

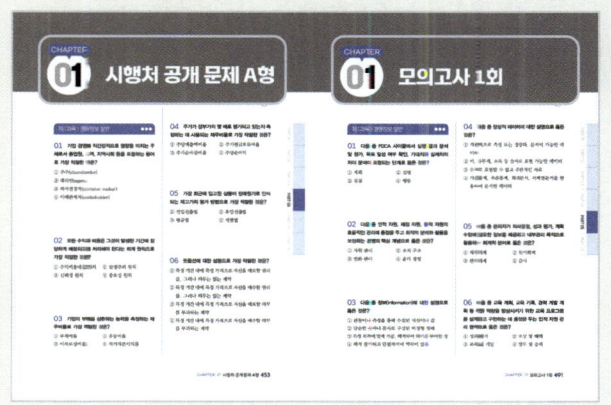

STEP 04 2025년 1~2회를 포함한 최신 기출복원문제로 마무리

- 실제 시험 문제의 유형 및 난이도를 확인할 수 있도록 총 4회분의 기출복원문제를 수록하였습니다.
- 시험 전 놓치거나 헷갈렸던 개념을 최종 점검할 수 있도록 문제와 해설을 분리하여 수록하였습니다.

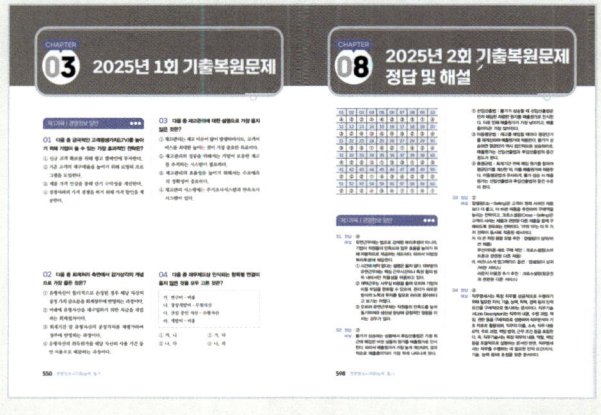

목차

PART 01
경영정보 일반

CHAPTER 01	경영정보 이해	13
	실전예상문제	39
CHAPTER 02	기업 내부 정보 파악	49
	실전예상문제	110
CHAPTER 03	기업 외부 정보 파악	128
	실전예상문제	150

PART 02
데이터 해석 및 활용

CHAPTER 01	데이터의 이해 및 해석	159
	실전예상문제	185
CHAPTER 02	데이터 파일 시스템	199
	실전예상문제	224
CHAPTER 03	데이터 활용	239
	실전예상문제	275

PART 03
경영정보시각화 디자인

CHAPTER 01	시각화 디자인 기본원리	293
	실전예상문제	331
CHAPTER 02	시각화 도구 활용	346
	실전예상문제	365
CHAPTER 03	시각화 요소 디자인	381
	실전예상문제	430

PART 04
시행처 공개 문제

CHAPTER 01	시행처 공개 문제 A형	453
CHAPTER 02	시행처 공개 문제 B형	464
CHAPTER 03	시행처 공개 문제 A형 정답 및 해설	474
CHAPTER 04	시행처 공개 문제 B형 정답 및 해설	480

PART 05
모의고사

CHAPTER 01	모의고사 1회	491
CHAPTER 02	모의고사 2회	503
CHAPTER 03	모의고사 1회 정답 및 해설	513
CHAPTER 04	모의고사 2회 정답 및 해설	519

PART 06
기출복원문제

CHAPTER 01	2024년 1회 기출복원문제	527
CHAPTER 02	2024년 2회 기출복원문제	537
CHAPTER 03	2025년 1회 기출복원문제	550
CHAPTER 04	2026년 2회 기출복원문제	562
CHAPTER 05	2024년 1회 기출복원문제 정답 및 해설	576
CHAPTER 06	2024년 2회 기출복원문제 정답 및 해설	583
CHAPTER 07	2025년 1회 기출복원문제 정답 및 해설	590
CHAPTER 08	2025년 2회 기출복원문제 정답 및 해설	598

PART 01

경영정보 일반

CHAPTER 01 경영정보 이해
실전예상문제

CHAPTER 02 기업 내부 정보 파악
실전예상문제

CHAPTER 03 기업 외부 정보 파악
실전예상문제

내가 뽑은 원픽!

CHAPTER 01

PART 01_ 경영정보 일반

경영정보 이해

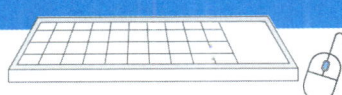

SECTION 01 경영과 정보

1 경영이란?

① 조직의 목표를 달성하기 위해 자원을 효과적이고 효율적으로 활용하는 과정
② 계획(Planning), 실행(Doing), 점검(Checking), 행동(Action)의 PDCA 사이클을 반복적으로 적용하여 지속적인 개선을 추구함
③ PDCA 사이클
　㉠ 계획(Plan)
　　• 목표 설정 및 전략 수립
　　• 자원 배분 및 시간 계획
　　• 예상 문제점 분석 및 해결 방안 마련
　㉡ 실행(Do)
　　• 계획에 따른 실행
　　• 계획된 활동을 실제로 수행
　　• 실행 과정에서 발생하는 문제점 및 개선점 기록
　㉢ 점검(Check)
　　• 실행 결과 분석 및 평가
　　• 목표 달성 여부 확인
　　• 예상과 실제의 차이 분석
　㉣ 행동(Act)
　　• 점검 결과를 바탕으로 개선 활동 실시
　　• 문제점 해결 및 차후 계획 수정
　　• 성공 사례 및 실패 사례 분석 후 반영

> **TIP** 경영의 주요 개념
>
> - 목표 설정(Goal Setting) : 조직의 비전과 미션에 따라 단기 및 장기 목표를 설정, 명확하고 측정 가능한 목표 설정
> - 전략 기획(Strategic Planning) : 목표 달성을 위한 전략 및 전술 수립, SWOT 분석을 통해 강점, 약점, 기회, 위협 평가
> - 자원 관리(Resource Management) : 인적 자원, 재무 자원, 물적 자원 등의 효율적 관리, 자원의 최적 배분 및 활용
> - 조직 구조(Organizational Structure) : 효과적인 의사소통 및 업무 분담을 위한 조직 구조 설계, 역할과 책임의 명확화
> - 리더십(Leadership) : 조직의 목표 달성을 위한 리더의 역할, 동기 부여 및 팀워크 강화
> - 성과 관리(Performance Management) : 성과 측정 및 평가, 보상 및 피드백 시스템
> - 변화 관리(Change Management) : 조직 내외부 변화에 대한 적응 및 관리, 혁신과 지속적인 개선
> - 윤리 경영(Ethical Management) : 사회적 책임과 윤리적 기준 준수, 투명성과 공정성 확보
> - 의사소통(Communication) : 명확하고 효율적인 의사소통 체계 구축, 정보 공유와 협력 강화

❷ 데이터와 정보

(1) 데이터(Data)

① 관찰이나 측정을 통해 수집된 사실이나 값
② 구조화되지 않은 형태로 존재하며, 의미를 부여하기 전까지는 단순한 숫자나 문자 등으로 이루어져 있음
③ 특징 : 비해석적, 단편적, 맥락 없음

(2) 정보(Information)

① 데이터를 특정 목적에 맞게 가공하고 해석하여 의미를 부여한 것
② 데이터가 맥락이나 관계를 가지게 되면 정보가 됨
③ 특징 : 해석 가능, 목적성, 유용성

> **TIP** 데이터에서 통찰까지 `2024년 2회 기출`
>
> - 데이터(Data) : 단순한 사실이나 값으로 맥락이나 의미 없이 존재
>   예 온도 센서에서 수집된 원시 데이터 : 20℃, 22℃, 21℃, …
> - 정보(Information) : 데이터를 특정 목적에 맞게 가공하고 해석하여 의미를 부여한 것
>   예 온도 데이터를 하루 단위로 평균 내고 그래프로 시각화 : 1월 1일(평균 21℃), 1월 2일(평균 20℃), …
> - 지식(Knowledge) : 정보를 분석하여 패턴, 원리, 관계를 이해하고 이를 기반으로 결론을 도출한 것
>   예 온도와 에너지 소비량의 관계를 분석하여 규칙 도출 : 온도가 1℃ 올라갈 때마다 에너지 소비량이 5% 감소함
> - 통찰(Insight) : 지식을 바탕으로 문제 해결이나 의사결정에 직접적으로 활용 가능한 깊은 이해와 직관적인 도출
>   예 에너지 절감을 위한 최적 온도 설정 및 관리 방안 제안 : "겨울철 난방 온도를 21℃로 설정하면 에너지 소비를 최적화할 수 있습니다."

③ 데이터의 종류와 시각화

(1) 정량적 데이터(Quantitative Data) `2024년 1회 기출`

① 정량적 데이터는 수치로 표현될 수 있는 데이터를 말함
② 측정하거나 계량할 수 있으며, 객관적으로 분석할 수 있는 특징을 지님
③ 특징 : 수치적, 객관적, 통계 분석 가능, 양적 비교 가능
④ 분석방법 : 기술통계, 추론통계, 회귀분석, 상관분석, 시계열분석 등
예 키, 몸무게, 나이, 소득, 점수, 판매량 등

(2) 정성적 데이터(Qualitative Data)

① 정성적 데이터는 수치로 표현할 수 없는 데이터를 말함
② 주관적이고 해석에 따라 달라질 수 있는 특징을 가지며, 본질적으로 질적인 속성을 나타냄
③ 특징 : 비수치적, 주관적, 내용 분석 가능, 질적 비교 가능
④ 분석방법 : 내용분석, 주제분석, 감정분석, 텍스트 마이닝 등
예 의견, 태도, 느낌, 색깔, 맛, 텍스트 데이터 등

(3) 데이터의 시각화

① 데이터를 그래프나 차트, 워드 클라우드, 토픽 모델 등의 시각적 도구를 사용하여 표현하는 과정
② 복잡한 데이터를 쉽게 이해하고 패턴, 트렌드, 이상치를 식별할 수 있음
③ 목적 : 데이터의 패턴과 추세 파악, 복잡한 데이터의 간단한 표현, 의사결정 지원, 데이터의 스토리텔링

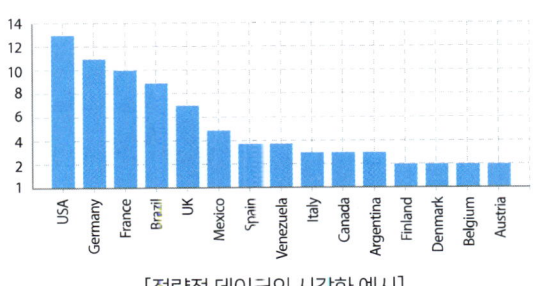

[정량적 데이터의 시각화 예시]

[정성적 데이터의 시각화 예시]

SECTION 02 부문별 활동 관련 정보

❶ 회계 및 재무 관련 정보

(1) 회계 정보

① **재무제표** : 기업의 재무 상태와 경영 성과를 외부 이해관계자들에게 보고하기 위해 작성되는 공식적인 문서
  ㉠ 재무상태표(Statement of Financial Position) : 특정 시점의 자산, 부채, 자본을 나타내는 보고서로 기업의 재무 상태를 파악하는 데 사용
  ㉡ 손익계산서(Income Statement) : 일정 기간 동안의 수익과 비용을 나타내며, 기업의 경영 성과를 평가하는 데 사용
  ㉢ 현금흐름표(Cash Flow Statement) : 일정 기간 동안의 현금 유입과 유출을 나타내어 기업의 현금흐름 상태를 나타냄
  ㉣ 자본변동표(Statement of Changes in Equity) : 일정 기간 동안의 자본변동 내역을 보여주는 보고서

② **원가회계** : 제품 생산이나 서비스 제공에 소요되는 원가를 계산하고 분석하는 회계의 한 분야로 비용을 정확히 파악하여 원가 절감 및 효율적인 자원 배분을 도모하는 데 목적을 둠
  ㉠ 제조원가보고서(Cost of Goods Manufactured Report) : 제품 생산에 소요된 총 원가를 계산
  ㉡ 원가배분(Cost Allocation) : 간접비용을 제품이나 부서에 배분하는 방법

③ **관리회계** : 경영자가 의사결정을 내리고 기업의 성과를 평가하며 계획을 수립하는 데 필요한 정보를 제공하는 회계의 한 분야로 외부 공시가 아닌 내부 관리 목적으로 사용
  ㉠ 예산관리(Budgeting) : 예산을 수립하고 실제 결과와 비교·분석하여 경영 계획의 실행 여부를 평가
  ㉡ 성과평가(Performance Evaluation) : 다양한 재무 지표와 비재무 지표를 통해 부서나 팀의 성과를 평가

(2) 재무 정보

① **재무 분석**
  ㉠ 비율 분석(Ratio Analysis) : 유동성, 수익성, 안정성, 활동성 등의 비율을 계산하여 기업의 재무 상태를 평가
  ㉡ 유동성 비율(Liquidity Ratios) : 현재 자산과 부채의 비율로 단기적인 지급 능력을 평가
  ㉢ 수익성 비율(Profitability Ratios) : 수익과 관련된 비율로 기업의 수익성을 평가
  ㉣ 안정성 비율(Solvency Ratios) : 장기적인 부채 상환 능력을 평가
  ㉤ 활동성 비율(Activity Ratios) : 자산의 효율적인 활용 정도를 평가

② 자본 조달
  ㉠ 자기자본(Equity Financing) : 주식 발행을 통해 자금을 조달하는 방법
  ㉡ 타인자본(Debt Financing) : 채권 발행이나 대출을 통해 자금을 조달하는 방법

③ 재무 계획 및 예산
  ㉠ 장기 재무 계획(Long-term Financial Planning) : 3년 이상을 목표로 한 전략적 재무 계획
  ㉡ 단기 재무 계획(Short-term Financial Planning) : 1년 이내의 기간을 목표로 한 전술적 재무 계획

④ 투자 관리
  ㉠ 자본 투자 분석(Capital Investment Analysis) : 프로젝트의 투자 수익률을 평가하여 자본 배분의 타당성을 분석
  ㉡ 포트폴리오 관리(Portfolio Management) : 다양한 투자 자산을 조합하여 위험을 분산시키고 수익을 극대화함

(3) 재무상태표와 손익계산서 관련 정보

① 재무상태표(Balance Sheet)

자산 (Assets)	• 유동자산(Current Assets) : 1년 이내에 현금화가 가능한 자산 　- 현금 및 현금성 자산(Cash and Cash Equivalents) 　- 매출채권(Accounts Receivable) 　- 재고자산(Inventory) 　- 단기투자자산(Short-term Investments) • 비유동자산(Non-current Assets) : 1년 이상 보유할 자산 　- 유형자산(Property, Plant, and Equipment) : 건물, 설비, 기계 등 　- 무형자산(Intangible Assets) : 특허, 상표권 등 　- 장기투자자산(Long-term Investments) 　- 기타비유동자산(Other Non-current Assets)
부채 (Liabilities)	• 유동부채(Current Liabilities) : 1년 이내에 상환해야 할 부채 　- 매입채무(Accounts Payable) 　- 단기차입금(Short-term Borrowings) 　- 미지급비용(Accrued Expenses) 　- 유동성장기부채(Current Portion of Long-term Debt) • 비유동부채(Non-current Liabilities) : 1년 이후에 상환할 부채 　- 장기차입금(Long-term Borrowings) 　- 퇴직급여충당부채(Retirement Benefit Obligations) 　- 기타비유동부채(Other Non-current Liabilities)
자본 (Equity)	• 납입자본(Paid-in Capital) : 주주들이 투자한 자본 　- 자본금(Common Stock) 　- 주식발행초과금(Additional Paid-in Capital) • 기타자본(Other Equity) : 회사가 보유한 자산의 가치를 나타냄 　- 자본잉여금(Retained Earnings) 　- 기타포괄손익누계액(Accumulated Other Comprehensive Income)

② 손익계산서(Income Statement)

수익
(Revenue)
	• 매출액(Sales) : 제품이나 서비스 판매로 인한 수익
	• 영업 외 수익(Non-Operate Income) : 영업 외 활동에서 발생하는 수익
	  - 이자수익(Interest Income)
	  - 임대료수익(Rental Income)

비용
(Expenses)
	• 매출원가(COGS ; Cost of Goods Sold) : 제품을 생산하거나 서비스를 제공하는 데 소요된 직접 비용
	• 판매비와 관리비(Selling, General and Administrative Expenses) : 영업 활동을 지원하는 비용
	  - 급여(Salaries and Wages)
	  - 광고비(Advertising)
	  - 임차료(Rental Fee)
	  - 감가상각비(Depreciation and Amortization) : 자산의 사용으로 인한 가치 감소를 반영하는 비용
	• 영업외 비용(Non-Operate Expenses) : 영업 외 활동에서 발생하는 비용
	  - 이자비용(Interest Expense)
	  - 기부금(donations)

순이익 (Net Income)	• 영업이익(Operating Profit) : 매출액에서 매출원가와 영업비용을 차감한 금액 • 법인세차감전순이익(EBT ; Earnings Before Tax) • 법인세비용(Income Tax Expense) • 당기순이익(NI ; Net Income) : 최종적으로 기업이 벌어들인 순이익

❷ 인적 자원 관련 정보

① 조직 내 직원들의 개인정보, 경력, 자격증, 교육 이수 내역, 성과 평가 기록 등과 같은 데이터를 포함
② 직원 관리, 인력 배치, 교육 및 개발 계획, 보상 체계 수립 등 다양한 인사 관리 활동을 효과적으로 수행하기 위해 필요
③ 주요 구성요소 및 정보

영역	개념	주요 정보
인사정보 (Personnel Information)	직원의 개인정보 및 직무 관련 정보를 체계적으로 관리하는 분야	• 개인정보 : 직원의 이름, 생년월일, 연락처, 주소, 긴급 연락처 등 • 인사 기록 : 입사일, 직무 이력, 부서 이력, 직급 이력 등 • 자격증 및 면허 : 직무와 관련된 자격증, 면허 정보 • 학력 및 경력 : 학력, 이전 근무 경력, 수상 내역 등
근로계약 및 고용형태 (Employment Contracts and Types)	직원과의 고용계약을 체결하고 고용형태를 관리하는 분야	• 근로계약서 : 근로 조건, 계약 기간, 직무 내용 등 • 고용형태 : 정규직, 계약직, 임시직, 인턴 등 • 근무 시간 : 정규 근무 시간, 초과 근무, 교대 근무 등 • 채용 서류 : 지원서, 이력서, 추천서 등
급여 및 복리후생 (Compensation and Benefits)	직원에게 제공되는 보상과 다양한 복리후생 제도를 관리하는 분야	• 급여 정보 : 기본급, 성과급, 상여금 등 • 급여 명세서 : 월별 급여 명세서 • 복리후생 : 건강 보험, 연금, 유급 휴가, 교육 지원, 사내 식당 등 • 보상 및 인센티브 : 성과에 따른 보상, 주식 옵션 등

영역	개념	주요 정보
교육 및 개발 (Training and Development)	직원의 역량을 향상시키기 위해 교육 프로그램을 설계하고 실행하는 분야	• 교육 계획 : 교육 일정, 교육 내용, 대상자 등 • 교육 기록 : 교육 수료 내역, 교육 성적 등 • 경력 개발 계획 : 장기적인 경력 개발 목표 및 계획 • 멘토링 및 코칭 : 멘토링 프로그램, 코칭 기록
성과 평가 (Performance Appraisal)	직원의 업무 수행 능력과 성과를 평가하고 피드백을 제공하는 분야	• 성과 평가 기준 : 평가 기준, 평가 항목, 가중치 등 • 평가 주기 : 평가 주기(예 분기별, 연간) • 평가 결과 : 성과 평가 결과, 피드백, 개선 사항 등 • 목표 설정 : 개인 및 팀의 목표 설정, 목표 달성 여부 평가
인사이동 및 승진 (Transfers and Promotions)	직원의 부서 이동, 직무 전환, 승진 등을 관리하는 분야	• 인사이동 계획 : 부서 이동, 직무 전환 계획 • 승진 기록 : 승진 내역, 승진 날짜, 승진 기준 • 후보자 명단 : 승진 후보자 목록, 평가 결과 • 퇴사 및 이직 : 퇴사 사유, 퇴사 절차, 이직률 분석
노사 관리 및 고충 처리 (Labor Relations and Grievance Handling)	노사 간의 관계를 관리하고 직원의 고충을 처리하는 분야	• 노사 협의 : 노동조합과의 협상 기록, 협약 사항 • 고충 처리 절차 : 고충 처리 절차, 접수 방법 • 노사 관계 관리 : 노사 관계 전략, 노사 관계 이벤트 • 고충 처리 기록 : 고충 접수 내역, 처리 결과, 후속 조치

❸ 마케팅 관련 정보

① 기업의 제품이나 서비스를 시장에 효과적으로 홍보하고 판매하기 위한 전략과 활동을 포함함
② 주요 구성요소 및 정보

영역	구성 요인	주요 정보
시장 조사 및 분석 (Market Research and Analysis)	시장 세분화	인구통계학적, 지리적, 심리적, 행동적 기준의 정보
	타겟팅	세분화된 시장 중 목표로 할 세분 시장을 선택하는 과정
	포지셔닝	경쟁 제품과의 차별화된 위치를 설정하는 과정
	소비자 행동 분석	소비자의 구매 패턴, 선호도, 동기 등을 분석하는 과정
	경쟁 분석	주요 경쟁사의 강점, 약점, 시장 점유율 등을 분석
제품 관리 (Product Management)	제품 개발	신제품 개발 과정, 프로토타입, 테스트 결과
	제품 라이프사이클 관리	제품의 도입, 성장, 성숙, 쇠퇴 단계를 관리
	제품 포트폴리오 관리	다양한 제품군의 관리, BCG 매트릭스 분석 등
가격 전략 (Pricing Strategy)	가격 설정	원가, 경쟁사 가격, 소비자 지불 의사 등
	가격 조정	할인, 쿠폰, 프로모션 등 가격 변동 요소
	가격 전략	스키밍, 침투 가격 전략, 경쟁 기반 가격 전략 등
판촉 및 광고 (Promotion and Advertising)	광고 계획	광고 목표, 예산, 매체 선택, 메시지 개발
	프로모션 전략	세일, 이벤트, 샘플링, 경품 등
	디지털 마케팅	소셜 미디어 마케팅, 이메일 마케팅, 콘텐츠 마케팅, 검색 엔진 최적화(SEO), 검색 엔진 마케팅(SEM)
	브랜드 관리	브랜드 이미지, 브랜드 포지셔닝, 브랜드 충성도

영역	구성 요인	주요 정보
유통 전략 (Distribution Strategy)	유통 채널 관리	직접 판매, 도매, 소매, 온라인 판매 등
	물류 관리	재고 관리, 창고 관리, 운송 계획 등
	채널 파트너 관리	유통업체, 프랜차이즈, 리셀러와의 관계 관리
판매 관리 (Sales Management)	영업 계획	판매 목표, 전략, 예산
	영업 활동 관리	영업 팀 활동, 일정 관리, 고객 방문 계획
	고객 관계 관리	고객 데이터 관리, 고객 만족도 조사, 고객 충성도 프로그램
	영업 성과 평가	매출 분석, 영업 목표 달성도 평가, KPI 관리
고객 서비스 및 지원 (Customer Service and Support)	고객 지원	문의 응대, 문제 해결, 기술 지원
	고객 피드백 관리	고객 불만 처리, 설문 조사, 리뷰 분석
	애프터 서비스	제품 보증, 수리 서비스, 고객 유지 프로그램
마케팅 전략 및 계획 (Marketing Strategy and Planning)	마케팅 전략	STP(세분화, 타겟팅, 포지셔닝) 전략, 4P(제품, 가격, 장소, 프로모션) 전략
	마케팅 계획	마케팅 목표, 전략, 실행 계획, 예산
	마케팅 캠페인 관리	캠페인 목표, 실행, 성과 분석

❹ SNS 마케팅(Social Media Marketing)

① 소셜 미디어 플랫폼을 활용하여 브랜드 인지도를 높이고, 고객과의 소통을 증대시키며, 매출을 증대시키는 활동
② 주요 구성요소 및 정보

영역	구성 요인	주요 정보
전략 및 계획 (Strategy and Planning)	목표 설정	캠페인의 목표 설정(예 브랜드 인지도 향상, 웹사이트 트래픽 증가, 리드 생성, 판매 증대)
	플랫폼 선택	타겟 고객이 활발히 활동하는 소셜 미디어 플랫폼 선택 (예 Facebook, Instagram, Twitter, LinkedIn, TikTok)
	타겟 고객 정의	타겟 고객의 인구통계학적 정보, 관심사, 행동 패턴 분석
	경쟁 분석	주요 경쟁사의 소셜 미디어 활동 분석 및 벤치마킹
콘텐츠 계획 및 제작 (Content Planning and Creation)	콘텐츠 캘린더	게시물 일정, 주제, 형식, 목표 설정
	콘텐츠 유형	텍스트 게시물, 이미지, 동영상, 라이브 스트림, 스토리, 인포그래픽, 블로그 포스트 등
	브랜드 메시지	일관된 브랜드 메시지와 톤 설정
	비주얼 요소	브랜드 로고, 색상, 그래픽 디자인, 영상 편집
게시 및 배포 (Posting and Distribution)	게시 일정	게시물의 날짜와 시간 계획
	자동화 도구	Hootsuite, Buffer, Sprout Social 등 게시물 자동화 도구 사용
	게시 빈도	각 플랫폼별 적절한 게시 빈도 설정

영역	구성 요인	주요 정보
광고 및 프로모션 (Advertising and Promotion)	유료 광고 캠페인	플랫폼 내 유료 광고 설정(예 Facebook Ads, Instagram Ads, Twitter Ads, LinkedIn Ads)
	타겟팅 옵션	연령, 성별, 위치, 관심사, 행동 등 상세 타겟팅
	광고 형식	이미지 광고, 동영상 광고, 슬라이드쇼, 카루셀 광고 등
	프로모션 전략	할인, 쿠폰, 경품 행사 등
참여 및 소통 (Engagement and Interaction)	댓글 및 메시지 관리	팔로워의 댓글, 메시지에 대한 응답
	팔로워 참여 유도	질문, 투표, 퀴즈, 사용자 생성 콘텐츠(UGC) 요청
	커뮤니티 구축	팬 그룹, 이벤트, 라이브 채팅 등으로 커뮤니티 강화
분석 및 보고 (Analytics and Reporting)	성과 지표	도달률(reach), 노출수(impressions), 클릭수(clicks), 참여율(engagement rate), 팔로워 수(followers)
	분석 도구	플랫폼 내 분석 도구(예 Facebook Insights, Instagram Analytics, Twitter Analytics), 외부 도구(예 Google Analytics)
	보고서 작성	월별, 분기별, 연간 보고서 작성 및 성과 평가
	ROI 분석	투자 대비 수익 분석, 캠페인 비용과 결과 비교
지속적인 최적화 (Continuous Optimization)	A/B 테스트	다양한 콘텐츠, 광고, 게시 시간 등을 테스트
	피드백 수집	팔로워의 피드백을 수집하고 반영
	트렌드 분석	최신 소셜 미디어 트렌드 및 변화 분석

5 생산 운영 관리(POM ; Production and Operations Management)

① 제품이나 서비스를 효율적으로 생산하고 운영하는 데 필요한 모든 활동을 관리하는 것
② 주요 구성요소 및 정보

영역	개념	주요 정보
생산 계획 (Production Planning)	자원의 효율적인 배분을 통해 생산 목표를 달성하기 위한 계획 수립	• 수요 예측 : 과거 판매 데이터, 시장 분석, 트렌드 • 생산 일정 : 생산 일정표, 작업 일정 • 자원 계획 : 인력 배치 계획, 자재 소요량
자재 소요 계획 (MRP ; Material Requirements Planning)	필요한 자재와 부품의 수량 및 공급 시기를 계획하여 재고 수준을 최적화하는 시스템	• 자재 목록(BOM ; Bill of Materials) : 제품 생산에 필요한 자재와 부품의 목록 • 재고 상태 : 현재 재고 수준, 재고 이동, 재고 보충 계획 • 주문 일정 : 자재 및 부품의 주문 및 납품 일정
품질 관리 (Quality Control)	제품이나 서비스가 정해진 품질 기준을 충족하도록 관리하는 활동	• 품질 검사 : 생산 과정과 최종 제품의 품질 검사 기록 • 품질 표준 : 제품의 품질 기준과 허용 오차 • 불량 분석 : 불량 원인 분석과 개선 조치 계획
생산 공정 관리 (Production Process Management)	생산 공정을 계획, 관리, 개선하여 효율성을 극대화하는 활동	• 작업 지시서 : 각 작업 단계의 지침과 절차 • 공정 흐름도 : 생산 공정의 흐름을 시각적으로 표현한 도표 • 공정 제어 : 공정 모니터링, 조정 및 최적화
설비 관리 (Facility Management)	생산 설비와 인프라를 유지하고 관리하여 생산성을 유지하는 활동	• 설비 유지 보수 : 정기적인 설비 점검 및 수리 일정 • 설비 배치 : 생산 설비의 배치 계획 • 설비 이력 : 설비의 사용 이력 및 고장 기록

영역	개념	주요 정보
재고 관리 (Inventory Management)	재고 수준을 최적화하여 원활한 생산과 비용 절감을 목표로 하는 관리 활동	• 재고 수준 : 현재 재고 수량 및 위치 • 재고 회전율 : 재고 회전율 분석 및 관리 • 안전 재고 : 예기치 않은 수요 변화에 대비한 안전 재고 설정
공급망 관리 (Supply Chain Management)	자재, 정보, 자금의 흐름을 관리하여 생산과 유통을 최적화하는 활동	• 공급업체 관리 : 공급업체 선정, 평가, 계약 정보 • 물류 관리 : 물류 계획, 운송 일정, 물류 비용 • 수요와 공급의 조정 : 수요 예측과 공급 계획의 조정
지속적 개선 (Continuous Improvement)	생산성과 품질을 지속적으로 향상시키기 위한 방법론과 활동	• Kaizen 활동 : 지속적 개선을 위한 활동 계획 및 기록 • Lean 제조 : 낭비를 줄이고 효율성을 높이는 방법론 • 6시그마 : 결함 감소와 품질 개선을 위한 통계적 기법

SECTION 03 경영정보시스템(MIS ; Management Information System)

1 경영정보시스템의 정의

① 조직의 경영 활동을 지원하고 의사결정을 돕기 위해 정보를 수집, 처리, 저장, 분석, 전달하는 시스템
② 보고서 생성, 예산 관리, 성과 모니터링 등의 기능을 포함
③ 데이터 요약 및 분석을 통해 의사결정에 필요한 정보 제공
④ 조직의 운영 효율성을 높이고 전략적 계획을 수립하며, 경쟁력을 강화하는 데 중요한 역할을 함

2 경영정보시스템의 유형

(1) 거래처리시스템(TPS ; Transaction Processing System)

① 일상적인 거래를 처리하고 기록하는 시스템
② 대량의 데이터 처리를 효율적으로 수행함
③ 주요 기능 : 주문 처리, 재고 관리, 급여 계산 등과 같은 반복적이고 정형화된 업무를 자동화하는 것
④ 종류
　㉠ 판매 시점 관리 시스템(POS ; Point of Sale) : 매장에서 판매된 상품의 거래 정보를 실시간으로 기록하고 관리
　㉡ 급여 관리 시스템(Payroll System) : 직원의 급여를 계산하고 지급하는 시스템

(2) 의사결정지원시스템(DSS ; Decision Support System)
① 비정형적이고 복잡한 문제 해결을 위해 데이터를 분석하고 의사결정을 지원하는 시스템
② 다양한 분석 도구와 모델을 사용하여 의사결정 과정에서 필요한 정보 제공
③ 종류
- ㉠ 시나리오 분석 시스템(Scenario Analysis System) : 다양한 시나리오를 분석하여 최적의 의사결정을 지원
- ㉡ 예측 모델링 시스템(Predictive Modeling System) : 데이터 분석을 통해 미래의 트렌드나 결과를 예측

(3) 임원정보시스템(EIS ; Executive Information System)
① 최고 경영진이 신속하게 전략적 의사결정을 내릴 수 있도록 요약된 정보를 제공하는 시스템
② 주요 기능 : 경영진이 쉽게 이해할 수 있도록 대시보드, 실적 분석, 시장 동향 분석 등으로 정보를 시각화함
③ 종류
- ㉠ 대시보드 시스템(Dashboard System) : 실시간으로 주요 성과 지표(KPI)를 시각적으로 보여주는 시스템
- ㉡ 경영 실적 분석 시스템(Business Performance Analysis System) : 경영 실적 데이터를 분석하여 성과를 평가

(4) 전문가 시스템(ES ; Expert System)
① 특정 분야의 전문가 지식을 활용하여 문제를 해결하고 의사결정을 지원하는 시스템
② 인공지능(AI) 기술을 사용하여 복잡한 문제를 분석하고 해결책을 제시함
③ 종류
- ㉠ 의료 진단 시스템(Medical Diagnosis System) : 의사의 진단을 지원하는 시스템으로 환자의 증상 데이터를 분석하여 진단을 제안
- ㉡ 법률 자문 시스템(Legal Advisory System) : 법률 전문가의 지식을 활용하여 법률 문제에 대한 조언을 제공

(5) 기업자원관리시스템(ERP ; Enterprise Resource Planning)
① 조직의 모든 자원을 통합 관리하고 효율적으로 운영하기 위한 시스템
② 생산, 재무, 인사, 판매 등 다양한 비즈니스 기능을 하나의 통합된 시스템에서 관리함
③ 종류
- ㉠ SAP ERP : 생산, 재무, 인사, 판매 등 다양한 비즈니스 기능을 통합 관리하는 시스템
- ㉡ Oracle ERP : 다양한 비즈니스 프로세스를 지원하는 통합 ERP 시스템

(6) 고객관계관리시스템(CRM ; Customer Relationship Management)
① 고객과의 관계를 관리하고 강화하여 고객 만족도를 높이고, 매출을 증대시키기 위한 시스템
② 고객 데이터를 통합 관리하고 마케팅, 판매, 서비스 활동을 지원함
③ 종류
   ㉠ Salesforce CRM : 고객 관리, 마케팅 자동화, 판매 예측 등을 지원하는 CRM 시스템
   ㉡ HubSpot CRM : 고객 데이터 관리, 마케팅 캠페인 관리, 판매 활동 지원

(7) 공급망관리시스템(SCM ; Supply Chain Management)
① 자재, 정보, 자금의 흐름을 관리하여 공급망 전체의 효율성을 높이는 시스템
② 조달, 생산, 유통, 물류 등의 프로세스를 통합 관리함
③ 종류
   ㉠ SAP SCM : 공급망의 계획, 실행, 모니터링을 지원하는 시스템
   ㉡ Oracle SCM : 조달, 제조, 물류, 주문 관리를 통합하는 시스템

❸ 기업자원관리(ERP ; Enterprise Resource Planning)의 핵심 정보

① ERP 시스템은 조직의 다양한 비즈니스 기능을 통합·관리함
② 데이터의 일관성을 유지하고 효율성을 극대화함
③ 주요 구성요소 및 정보

정보 종류	개념	주요 정보
마스터 데이터 (Master Data)	• 조직의 비즈니스 운영에 필수적인 핵심 데이터 • 제품, 고객, 공급업체, 직원 등과 관련된 기본 정보 포함	• 제품 정보(Product Information) : 제품 코드, 제품 설명, 가격, 규격, 카테고리 등 • 고객 정보(Customer Information) : 고객 코드, 이름, 연락처, 주소, 거래 조건 등 • 공급업체 정보(Supplier Information) : 공급업체 코드, 이름, 연락처, 주소, 계약 조건 등 • 직원 정보(Employee Information) : 직원 ID, 이름, 직급, 부서, 연락처 등
거래 데이터 (Transaction Data)	• 일상적인 비즈니스 거래와 관련된 데이터 • 주문, 출하, 재고 이동, 송장 발행 등과 같은 활동 기록	• 판매 주문(Sales Orders) : 주문 번호, 고객 정보, 주문 날짜, 제품 목록, 수량, 가격 등 • 구매 주문(Purchase Orders) : 주문 번호, 공급업체 정보, 주문 날짜, 제품 목록, 수량, 가격 등 • 재고 이동(Inventory Movements) : 이동 번호, 제품 코드, 이동 날짜, 출고/입고 장소 등 • 송장(Invoices) : 송장 번호, 거래 날짜, 금액, 고객/공급업체 정보 등

정보 종류	개념	주요 정보
재무 데이터 (Financial Data)	• 조직의 재무 상태와 성과를 나타내는 데이터 • 회계, 자산, 비용, 수익 등과 관련된 정보 포함	- 계정 원장(General Ledger) : 계정 코드, 계정명, 잔액, 거래 내역 등 - 자산 정보(Asset Information) : 자산 코드, 자산명, 취득 날짜, 감가상각 내역 등 - 비용 정보(Expense Information) : 비용 코드, 비용 항목, 금액, 발생 날짜 등 - 수익 정보(Revenue Information) : 수익 코드, 수익 항목, 금액, 발생 날짜 등
인사 데이터 (Human Resources Data)	• 조직의 인적 자원과 관련된 데이터 • 직원의 고용, 교육, 평가, 급여 등과 관련된 정보 포함	- 직원 프로필(Employee Profiles) : 직원 ID, 이름, 직급, 부서, 연락처, 고용 날짜 등 - 급여 정보(Payroll Information) : 급여 항목, 기본급, 수당, 공제, 지급 날짜 등 - 교육 기록(Training Records) : 교육 프로그램, 수료 날짜, 교육 기관, 성적 등 - 성과 평가(Performance Evaluations) : 평가 날짜, 평가자, 평가 항목, 평가 결과 등
프로젝트 데이터 (Project Data)	• 프로젝트 관리와 관련된 데이터 • 프로젝트 계획, 일정, 자원 할당, 비용, 진행 상태 등과 관련된 정보 포함	- 프로젝트 계획(Project Plans) : 프로젝트 코드, 프로젝트명, 시작 날짜, 종료 날짜, 주요 목표 등 - 작업 일정(Task Schedules) : 작업 코드, 작업명, 시작 날짜, 종료 날짜, 담당자 등 - 자원 할당(Resource Allocations) : 자원 종류, 할당된 자원, 할당 기간, 사용률 등 - 비용 관리(Cost Management) : 비용 항목, 예산, 실제 비용, 차이 분석 등

SECTION 04 경영전략

1 경영전략의 개념과 절차

(1) 경영전략의 개념

① 조직이 장기적인 목표를 달성하고 경쟁 우위를 확보하기 위해 자원을 배분하고 방향성을 설정하는 계획
② 조직의 미션과 비전에 기반하여 내부 역량과 외부 환경을 고려한 전략적 의사결정 포함
③ 기업의 성장, 시장 점유율 확대, 혁신, 비용 절감 등 다양한 목표를 달성하는 데 중점을 둠

(2) 경영전략 수립 절차

비전 및 미션 설정: 조직의 장기적인 목표와 존재 이유를 명확히 정의하는 단계
- 비전 선언(Vision Statement) : 조직이 장기적으로 달성하고자 하는 이상적인 상태를 기술
- 미션 선언(Mission Statement) : 조직의 존재 이유와 핵심 가치, 주요 목표를 정의

외부 환경 분석: 조직 외부의 기회와 위협을 식별하는 단계
- PEST 분석(PEST Analysis) : 정치적, 경제적, 사회적, 기술적 요인을 분석
- 포터의 5 Forces 분석 : 산업 경쟁 구조를 분석하여 경쟁 강도를 평가 등

내부 환경 분석: 조직 내부의 강점과 약점을 식별하는 단계
- 자원 및 역량 분석 : 조직이 보유한 자원과 핵심 역량을 평가
- 가치 사슬 분석(Value Chain Analysis) : 조직의 활동이 가치를 창출하는 과정을 분석 등

SWOT 분석: 외부 환경 분석과 내부 환경 분석을 종합하여 전략적 요인을 도출하는 단계
- 강점(Strengths), 약점(Weaknesses), 기회(Opportunities), 위협(Threats)을 도출하여 전략적 시사점을 마련

전략 목표 설정: 조직이 달성하고자 하는 구체적인 목표를 설정하는 단계
- SMART 목표 설정 : Specific(구체적), Measurable(측정 가능), Achievable(달성 가능), Relevant(관련성), Time-bound(시간 제한) 기준에 따라 목표를 설정

전략 수립: 도출된 정보를 바탕으로 구체적인 전략을 수립하는 단계
- 경쟁 전략(Competitive Strategy) : 비용 우위 전략, 차별화 전략, 집중화 전략 등을 선택
- 성장 전략(Growth Strategy) : 시장 침투, 제품 개발, 시장 개발, 다각화 전략 등을 결정

실행 계획 수립: 수립된 전략을 실행하기 위한 구체적인 계획을 세우는 단계
- 자원 배분(Resource Allocation) : 필요한 자원(인력, 자금, 기술 등)을 배분
- 조직 구조 설계 : 전략 실행을 위한 조직 구조와 책임 분담을 정의
- 일정 계획(Timeline Planning) : 실행 일정과 주요 마일스톤을 설정

실행 및 모니터링: 전략을 실행하고 그 진행 상황을 모니터링하는 단계
- 실행(Execution) : 계획된 활동을 실행하고 목표 달성을 추구
- 모니터링(Monitoring) : 성과를 측정하고, 계획 대비 진행 상황을 점검

평가 및 피드백: 전략 실행 결과를 평가하고 개선점을 도출하는 단계
- 성과 평가(Performance Evaluation) : 목표 달성 여부와 성과를 평가
- 피드백(Feedback) : 전략의 유효성을 평가하고, 필요한 경우 전략을 수정하거나 개선

❷ 비전 및 미션 설정(가치체계 설정)

(1) 개요
① 기업의 미션, 비전, 목표, 그리고 핵심 가치는 조직의 정체성을 형성하고 전략적 방향성을 제시하는 중요한 요소들임
② 이들은 조직의 목적, 동기, 그리고 행동의 기준을 설정하여 모든 이해관계자(직원, 고객, 투자자 등)에게 명확한 메시지를 전달함

(2) 미션(Mission)
① 조직이 존재하는 이유, 즉 조직의 기본적인 목적을 정의함
② 조직이 무엇을 하고 있는지, 왜 중요한지에 대한 질문에 답하는 것
③ 조직의 핵심 사업과 그 사업을 수행하는 이유를 간결하게 서술하며 일반적으로 조직의 주요 기능, 대상 고객, 주요 제품 또는 서비스 범위를 포함함
④ 조직의 모든 활동의 출발점으로 직원들에게 명확한 방향과 목적의식을 제공함

(3) 비전(Vision)
① 조직이 미래에 도달하고자 하는 목표 상태를 설명함
② 조직이 어디로 가고 싶은지, 무엇이 되고자 하는지에 대한 장기적인 전망을 제공함
③ 종종 동기 부여적이며 영감을 주는 메시지로 조직 구성원들이 공통의 목표를 향해 나아갈 수 있도록 동력을 부여함
④ 도전적이고 달성하기 어렵지만 동시에 실현 가능해야 하며, 조직이 추구하는 이상적인 미래를 형상화함

(4) 목표(Goals)
① 비전을 달성하기 위해 설정된 구체적이고 측정 가능한 성과 지표
② 비전을 실현 가능한 단위로 분할하며, 단기적이거나 중장기적일 수 있음
③ 목표 설정은 구체적, 측정 가능, 달성 가능, 관련성, 시간 기반(SMART)의 원칙을 따르는 것이 일반적
④ 조직이 특정 기간 동안 달성해야 할 구체적인 결과들을 명시하여, 조직의 모든 구성원이 어떤 방향으로 노력해야 하는지를 명확히 함

(5) 핵심 가치(Core Values)
① 가치는 조직의 문화와 정체성의 기반이 되는 원칙이나 신념을 정의함
② 조직의 의사결정과 행동을 지배하는 기준으로 작용하며 조직 구성원이 어떻게 행동해야 하는지, 무엇을 중시해야 하는지를 명확하게 함
③ 일관성 있고 윤리적인 행동을 장려하며, 조직 내외부에서의 관계를 강화하는 데 중요한 역할을 함

> **TIP** 데이터 시각화 가상기업의 미션, 비전, 목표, 핵심가치
>
> - 미션(Mission) : "복잡한 데이터를 명확하고 이해하기 쉬운 시각적 형태로 전환하여, 고객이 데이터 주도적인 결정을 신속하게 내릴 수 있도록 지원합니다."
> - 비전(Vision) : "데이터를 통해 세상을 보는 방식을 혁신하는 선도적인 데이터 시각화 솔루션 제공업체가 되는 것입니다."
> - 목표(Goals)
>   - "2025년까지 데이터 시각화 소프트웨어 시장에서 10%의 시장 점유율 달성"
>   - "고객 만족도를 매년 95% 이상 유지"
>   - "신제품 개발을 통해 매년 최소 2개의 새로운 기능 또는 도구를 출시"
>   - "내부 직원 교육 프로그램을 통해 연간 기술 역량을 20% 향상시킴"
> - 핵심 가치(Core Values)
>   - 혁신(Innovation) : "끊임없는 혁신을 통해 데이터 시각화 기술의 한계를 넓힙니다."
>   - 고객 중심(Customer-Centricity) : "고객의 필요를 우선시하고, 이들의 피드백을 제품 개선에 적극 반영합니다."
>   - 투명성(Transparency) : "고객과의 소통에서 정직하고 개방적인 정보 공유를 추구합니다."
>   - 지속 가능성(Sustainability) : "지속 가능한 개발 방식을 통해 환경적 영향을 최소화하며 사회적 책임을 다합니다."

❸ 외부 환경 분석

(1) PEST 분석

① 거시 환경을 분석하는 도구로 정치적, 경제적, 사회적, 기술적 요인을 평가함

② 평가 요인

정치적 요인 (Political Factors)	• 정부 정책(Government Policies) : 규제, 세금 정책, 무역 규제 등 • 정치적 안정성(Political Stability) : 정부의 안정성, 정치적 변화 가능성 • 노동법(Labor Laws) : 고용 규제, 노동 시장 조건
경제적 요인 (Economic Factors)	• 경제 성장률(Economic Growth Rate) : GDP 성장률, 경기 사이클 • 환율(Exchange Rates) : 환율 변동, 외환 시장 상황 • 금리(Interest Rates) : 금리 수준, 금융 시장 조건 • 소득 수준(Income Levels) : 소비자 소득, 구매력
사회적 요인 (Social Factors)	• 인구 통계(Demographics) : 인구 구성, 연령 분포, 성장률 • 소비자 행동(Consumer Behavior) : 소비자 선호도, 생활 방식 변화 • 문화적 요인(Cultural Factors) : 문화적 가치, 사회적 트렌드
기술적 요인 (Technological Factors)	• 기술 발전(Technological Advancements) : 혁신 속도, 기술 발전 추세 • R&D 활동(R&D Activities) : 연구 개발 투자, 신기술 도입 • 자동화(Automation) : 자동화 수준, 생산 기술

(2) PEST 분석의 확장

① PEST 분석의 확장된 형태는 외부 환경을 보다 상세히 분석하기 위해 더 많은 요소를 포함함

② 일반적으로 PESTEL, PESTLE, STEEP, STEEPLE, STEEPLED 분석 등이 있음

③ 각 방법론은 약간의 차이가 있으나 가장 일반적으로 사용되는 확장된 형태인 PESTEL 분석이 사용됨

④ PESTEL 분석(PESTEL Analysis) : 정치적(Political), 경제적(Economic), 사회적(Social), 기술적(Technological) 요인에 환경적(Environmental) 및 법적(Legal) 요인을 추가하여 보다 포괄적으로 외부 환경을 분석하는 도구

환경적 요인 (Environmental Factors)	• 기후 변화(Climate Change) : 기후 변화의 영향, 탄소 배출 규제 • 자원 관리(Resource Management) : 천연 자원 이용 및 관리 • 지속 가능성(Sustainability) : 지속 가능한 경영 관행 • 환경 규제(Environmental Regulations) : 환경 보호 관련 법규 • 재생 가능 에너지(Renewable Energy) : 재생 가능 에너지 사용 및 개발
법적 요인 (Legal Factors)	• 법적 규제(Legal Regulations) : 산업별 규제, 법적 요구사항 • 소비자 보호법(Consumer Protection Laws) : 소비자 권리 보호법 • 반독점법(Antitrust Laws) : 독과점 규제 법률 • 지적 재산권(Intellectual Property Rights) : 지적 재산권 보호 법률 • 건강 및 안전 규정(Health and Safety Regulations) : 작업장 건강 및 안전 규정

(3) 포터의 5 Forces 분석(Porter's Five Forces Analysis)

산업 내 경쟁 강도를 평가하고, 그에 따른 전략적 입지를 파악하는 도구

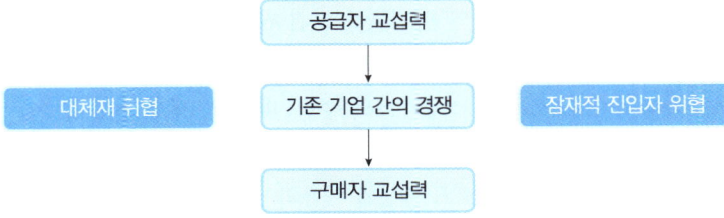

5 Force 요인	주요 경쟁 요인
기존 기업 간의 경쟁 (Rivalry Among Existing Competitors)	• 경쟁자 수(Number of Competitors) : 경쟁자 수와 시장 집중도 • 시장 성장률(Market Growth Rate) : 시장의 성장 속도 • 제품 차별화(Product Differentiation) : 제품의 차별화 정도
잠재적 진입자 위협 (Threat of New Entrants)	• 진입 장벽(Entry Barriers) : 초기 자본 요구, 법적 규제, 브랜드 인지도 • 규모의 경제(Economies of Scale) : 대규모 생산의 이점 • 고객 전환 비용(Switching Costs) : 고객이 다른 제품으로 전환하는 데 드는 비용
대체재 위협 (Threat of Substitutes)	• 대체재 가용성(Availability of Substitutes) : 대체 가능한 제품이나 서비스의 존재 • 대체재 가격(Price of Substitutes) : 대체재의 가격 경쟁력 • 대체재 품질(Quality of Substitutes) : 대체재의 품질과 성능
구매자 교섭력 (Bargaining Power of Buyers)	• 구매자 수(Number of Buyers) : 구매자 수와 집중도 • 구매자 전환 비용(Buyer Switching Costs) : 구매자가 다른 공급자로 전환하는 데 드는 비용 • 구매자 정보(Buyer Information) : 구매자의 정보 수준과 시장 지식
공급자 교섭력 (Bargaining Power of Suppliers)	• 공급자 수(Number of Suppliers) : 공급자 수와 집중도 • 대체 공급자(Substitute Suppliers) : 대체 가능한 공급자의 존재 • 공급자 중요성(Supplier Importance) : 공급자가 제공하는 자원의 중요성

4 내부환경분석

(1) 자원역량분석
① 기업이 보유한 자원과 그 자원을 활용한 역량을 평가하여 경쟁 우위를 어떻게 확보할 수 있는지 분석함
② 자원은 물리적 자산, 인적 자원, 지식 자산 등을 포함하며 역량은 이러한 자원을 활용하여 수행하는 고유한 활동과 프로세스를 말함

(2) 가치사슬분석
① 하버드 대학교의 경영학 교수 마이클 포터(Michael Porter)가 1985년에 개발한 개념
② 기업이 제품이나 서비스를 창출하는 과정에서 발생하는 일련의 활동을 체계적으로 분석하여 각 활동이 어떻게 기업의 경쟁력에 기여하는지를 파악하는 분석 도구
③ 가치사슬분석을 통해 기업은 비용 절감 기회를 발견하고, 제품 차별화의 원천을 식별할 수 있음
④ **본원적 활동(Primary Activities)** : 제품의 생산, 판매, 전달 및 서비스에 직접적으로 관련된 활동
　㉠ 내부 물류(Inbound Logistics) : 원재료의 수령 및 보관, 재고 관리 등
　㉡ 생산(Operations) : 원재료를 최종 제품으로 변환하는 과정, 즉 제조, 조립, 포장 등의 활동
　㉢ 외부 물류(Outbound Logistics) : 완성된 제품의 배송 및 배포
　㉣ 마케팅 및 판매(Marketing&Sales) : 고객의 구매를 유도하기 위한 활동, 광고, 프로모션, 판매 채널 관리 등
　㉤ 고객서비스(Service) : 제품 판매 후 고객 지원을 포함하여 제품 가치를 유지하거나 향상시키기 위한 활동
⑤ **지원 활동(Support Activities)** : 본원적 활동을 효과적으로 수행하기 위해 필요한 활동
　㉠ 기업 인프라(Firm Infrastructure) : 회사의 일반 관리, 계획, 재무관리, 법률 문제 관리 등
　㉡ 인적 자원 관리(Human Resource Management) : 직원 채용, 훈련, 개발 및 보상 등
　㉢ 기술 개발(Technology Development) : 제품 설계, 생산 프로세스 개선, 자동화 등 연구 및 개발
　㉣ 조달(Procurement) : 기업이 운영에 필요한 모든 종류의 자원을 구매하는 활동

(3) 7S 분석
① 맥킨지 컨설팅 회사가 1980년대 초에 개발한 조직 분석 도구
② 기업 내부의 중요한 일곱 가지 요소를 조화롭게 관리함으로써 조직의 효과성을 최대화하는 전략을 제시함
③ 기업의 전략적 문제를 분석하고 변화 관리 프로젝트를 구현하며, 조직의 성과를 평가하는 데 유용하게 사용됨
④ 조직의 현재 상태를 진단하고, 필요한 변화를 식별하는 데 사용됨
⑤ 각 요소가 어떻게 상호작용하는지 이해하고, 조직의 모든 부분이 서로 조화롭게 작동하도록 조정하는 것이 중요함

⑥ 변화를 관리하거나 새로운 전략을 구현할 때 조직의 다양한 요소가 어떻게 연계되어야 하는지에 대한 명확한 가이드 라인을 제공하며, 이를 통해 조직은 전략적 목표를 효과적으로 달성할 수 있도록 내부 역량을 최적화할 수 있음
⑦ 7S의 구성요소

전략 (Strategy)	• 조직이 경쟁에서 우위를 차지하기 위해 수립하는 광범위한 계획 • 시장에서의 위치 결정, 경쟁자 대응 방식, 기회 포착을 위한 방안 등
조직구조 (Structure)	• 조직의 구조는 어떻게 조직이 구성되어 있는지, 부서 및 팀이 어떻게 상호작용하는지를 설명 • 통제, 권한 분배, 조직 내 의사소통의 흐름을 포함
시스템 (Systems)	• 일상적인 활동과 절차로 조직이 운영되는 방식을 결정 • 재무 관리, 인사, 생산, 연구 개발 등 주요 업무 프로세스
공유된 가치 (Shared Values)	• 조직의 핵심 가치와 기업 문화의 중심 • 나머지 여섯 개의 S가 이 중심 가치를 둘러싸고 구성됨
기술 (Skills)	• 조직이 보유하고 있는 핵심 능력 및 기술 • 특정 업무를 수행하는 데 필요한 기술적, 인간적, 개념적 능력
스타일 (Style)	• 리더십 스타일과 조직의 관리 방식 • 리더들의 역할 수행하며, 직원과의 상호작용
인적 자원 (Staff)	• 조직 내의 인재 관리를 의미 • 채용, 교육, 개발, 동기 부여 방식 등 인적 자원과 관련된 모든 측면

(4) VRIO 모형

① 제이 바니(Jay Barney)에 의해 1990년대 초반에 개발되었음
② 기업의 자원과 역량을 분석하여 지속 가능한 경쟁 우위를 창출할 수 있는지를 평가하는 도구
③ 자원 기반 이론(RBV ; Resource-Based View)을 구체화하여 기업이 자원을 어떻게 전략적으로 활용할 수 있는지를 설명함
④ VRIO는 'Value', 'Rarity', 'Imitability', 'Organization'의 약자로, 이 네 가지 요소를 평가하여 기업 자원이 어떻게 경쟁 우위를 제공하는지를 분석함
⑤ VRIO 모형의 구성요소

Value (가치)	• 자원이 가치 있는지 여부를 평가 • 가치 있는 자원은 기업이 기회를 활용하고 외부 위협을 줄이는 데 도움
Rarity (희소성)	• 자원이 시장에서 드문 것인지를 평가 • 희소한 자원은 경쟁사가 쉽게 획득할 수 없으므로, 기업의 경쟁 우위 유지에 도움
Imitability (모방 가능성)	• 자원을 모방하기 어려운 정도를 평가 • 모방이 어려울수록 자원은 더욱 가치가 있으며, 이는 경쟁사가 해당 자원을 쉽게 복제하거나 대체할 수 없음
Organization (조직화)	• 기업이 자원을 효과적으로 활용하도록 조직화 되어 있는지를 평가 • 조직화 요소는 기업의 구조, 관리 시스템, 기업 문화, 프로세스 등

⑥ 활용방법
　㉠ VRIO 분석을 통해 기업은 각 자원과 역량이 경쟁 우위를 제공하는지 여부를 체계적으로 검토할 수 있음
　㉡ 한 가지 이상의 요소가 부정적인 경우, 자원은 잠재적인 경쟁 우위를 제공하지 않거나 전략적 재검토가 필요할 수 있음
　㉢ 이러한 분석을 통해 기업은 자원을 보다 효과적으로 관리하고, 필요한 경우 전략적으로 재배치하여 경쟁력을 강화할 수 있음

(5) BCG 매트릭스 분석

① BCG 매트릭스, 즉 보스턴 컨설팅 그룹 매트릭스는 1970년대에 보스턴 컨설팅 그룹(BCG)에 의해 개발된 전략적 분석 도구
② 기업의 사업 포트폴리오를 분석하여 각 사업 부문의 시장 성장률과 시장 점유율을 기반으로 전략적 위치를 평가함
③ 기업이 자원을 어떻게 배분해야 할지 결정하는 데 도움을 주며, 각 사업 부문의 투자 가치와 우선순위를 정하는 데 유용함
④ BCG 매트릭스의 구성요소

별 (Stars)	• 높은 시장 성장률과 높은 시장 점유율을 가진 사업 부문 • 시장이 성장하는 동안 많은 투자와 자원을 필요로 하며, 이를 통해 시장 리더십을 유지하고 장기적인 현금 젖소로 발전할 잠재력이 있음
현금 젖소 (Cash Cows)	• 낮은 시장 성장률과 높은 시장 점유율을 가진 사업 부문 • 안정적인 수익을 창출하며, 적은 투자로도 유지할 수 있음 • 현금 젖소에서 발생하는 현금흐름은 별이나 문제아에 재투자될 수 있음
문제아 (Question Marks)	• 높은 시장 성장률과 낮은 시장 점유율을 가진 사업 부문 • 큰 성장 잠재력을 가지고 있지만, 동시에 높은 투자가 필요하여 리스크가 큼 • 기업은 이들 사업이 별이 될 수 있는지 아니면 매각할지 결정해야 함
개 (Dogs)	• 낮은 시장 성장률과 낮은 시장 점유율을 가진 사업 부문 • 적은 수익을 창출하며 성장 가능성이 제한적임 • 투자보다는 철수나 매각을 고려하는 것이 일반적임

(6) GE 매트릭스 분석

① GE 매트릭스, 또는 GE/McKinsey 매트릭스는 General Electric과 맥킨지 앤 컴퍼니가 공동으로 개발한 도구
② 기업의 사업 포트폴리오를 분석하는 데 사용됨
③ BCG 매트릭스와 유사하게 사용되지만, 더욱 복잡한 요인을 고려하여 각 사업 부문의 시장 매력도와 경쟁력을 평가함
④ 기업이 다양한 사업 부문에 대한 투자 결정을 내리는 데 도움을 주며, 전략적 우선순위를 설정하는 데 사용됨
⑤ GE 매트릭스의 구성요소

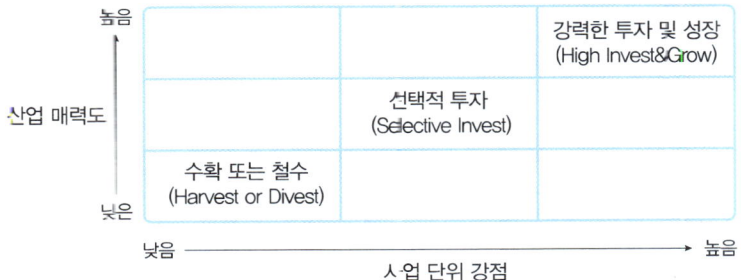

산업 매력도 (Market Attractiveness)	• 해당 산업의 매력도를 평가함 • 시장 성장률, 시장 규모, 산업 수익성, 접근 용이성, 기술 안정성, 경쟁 강도, 환경적 요인 등 여러 변수를 고려함
사업 단위 강점 (Business Unit Strength)	• 해당 사업 부문의 경쟁 위치를 평가함 • 시장 점유율, 브랜드 강도, 제품 품질, 고객 충성도, 비용 구조, 유통망의 효율성 등이 포함됨

5 SWOT 분석 및 전략방향 도출

(1) SWOT 분석

① 기업이 자신의 내부 환경과 외부 환경을 체계적으로 파악하여 강점(Strengths), 약점(Weaknesses), 기회(Opportunities), 위협(Threats)을 식별하는 도구
② 기업은 강점을 최대화하고, 약점을 개선하며, 기회를 적극적으로 활용하고, 위협에 효과적으로 대응하는 전략을 수립할 수 있음
③ 일반적으로 전략적 기획 세션의 초기 단계에서 수행되며, 분석 결과를 바탕으로 구체적인 액션 플랜이 마련됨
④ 기업의 전략적 방향을 명확히 하고, 시장 및 경쟁 환경에 대한 깊은 이해를 바탕으로 보다 효과적인 의사결정을 가능하게 함

⑤ SWOT 분석의 구성요소

	긍정적 측면	부정적 측면
내부환경	강점(Strengths)	약점(Weaknesses)
외부환경	기회(Opportunities)	위협(Threats)

강점(Strengths)	• 조직이 경쟁사 대비 우위를 점하는 내부 요소 • 기술, 특허, 강력한 브랜드 이미지, 재무적 자원, 특별한 역량, 효율적인 생산 공정 등 예 탁월한 연구개발 팀, 높은 시장 점유율, 충성도 높은 고객층
약점(Weaknesses)	• 조직 내부에서 경쟁력을 저하시키는 요소 • 비효율적인 생산 공정, 부족한 연구개발, 제한적인 자금 조달, 낮은 브랜드 인지도 등 예 제한된 자금 조달 능력, 낮은 고객 만족도, 높은 직원 이직률
기회(Opportunities)	• 외부 환경에서 조직이 활용할 수 있는 기회 • 시장 환경의 변화, 기술적 발전, 규제 변화, 고객 요구의 변화 등 예 새로운 시장 진입, 기술 혁신을 통한 신제품 개발, 법적 규제 완화
위협(Threats)	• 외부 환경에서 조직에 도전이나 위험을 제공하는 요소 • 경쟁 심화, 경제적 불확실성, 기술의 빠른 변화, 부정적인 정치적/사회적 이슈 등 예 경쟁사의 진입, 경제 불황, 기술 변화에 대한 대응 실패

(2) 중요도 – 만족도 분석(IPA ; Importance – Performance Analysis)

① 조직이 제공하는 제품이나 서비스의 특정 속성이 얼마나 중요하고, 소비자 또는 이해관계자가 해당 속성에 대해 얼마나 만족하는지를 평가하는 도구
② 주로 서비스 산업에서 고객 만족도를 평가하고 서비스 품질을 개선하는 데 사용됨
③ 중요도 – 만족도 분석의 구성요소

중요도(Importance)	• 고객의 기대치나 요구사항을 반영 • 어떤 속성이 고객의 구매 결정에 중대한 영향을 미치는지를 나타냄
만족도(Performance)	• 제공된 서비스나 제품의 속성에 대한 고객의 만족도 • 고객이 경험한 서비스나 제품의 실제 성능을 평가하며, 이는 고객의 기대를 충족하거나 초과했는지를 판단하는 기준

④ IPA 매트릭스

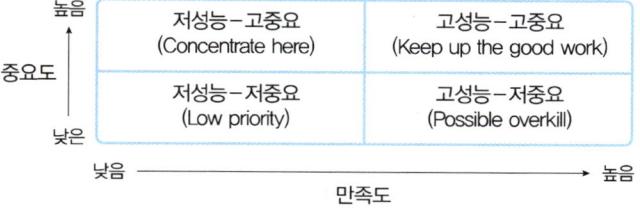

㉠ 고성능 – 고중요(Keep up the good work)
  • 이 영역의 속성은 중요도와 만족도 모두 높아 고객이 가치를 높게 평가하는 요소
  • 조직은 이러한 속성을 유지하고 강화해야 함

- ⓒ 저성능 – 고중요(Concentrate here)
    - 이 영역의 속성은 중요도는 높지만 만족도는 낮아 개선이 필요한 요소
    - 조직은 이러한 속성에 대한 투자와 집중 관리를 강화하여 고객 만족을 제고해야 함
- ⓒ 고성능 – 저중요(Possible overkill)
    - 이 영역의 속성은 만족도는 높지만 중요도가 낮아 자원이 과하게 투입되고 있을 가능성이 있음
    - 자원 배분을 재검토하고 다른 영역에 더 많은 초점을 맞출 수 있음
- ⓔ 저성능 – 저중요(Low priority)
    - 이 영역의 속성은 중요도와 만족도 모두 낮아 긴급하게 개선할 필요는 없는 요소
    - 이러한 속성은 장기적인 관점에서 점차적인 개선을 고려할 수 있음

⑤ 활용 방법
  ㉠ 조직은 자원을 효율적으로 배분하고, 서비스 개선에 우선순위를 두어야 할 영역을 식별할 수 있음
  ㉡ 고객의 의견을 반영하여 서비스나 제품의 개선을 계획하고, 고객 만족도를 높이기 위한 전략을 수립할 수 있음

6 전략 목표 설정

① 조직이 장기적인 비전을 달성하기 위해 구체적이고 실행 가능한 단계를 계획하는 과정
② 조직의 전반적인 전략적 방향을 설정하고, 이를 통해 자원 배분, 의사결정, 직원들의 노력을 조율함
③ 효과적인 전략 목표 설정은 목표가 구체적이며, 측정 가능하고, 달성 가능하며, 관련성이 있고, 시간적으로 제한되어 있어야 함(SMART 기준)
④ 전략 목표 설정의 핵심 단계

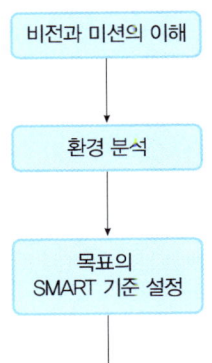

- 비전과 미션의 이해
    - 조직의 비전(장기적인 목표)과 미션(조직의 존재 이유)을 명확히 이해하고 이를 기반으로 목표를 설정함
    - 조직이 어디로 가고자 하는지, 왜 그곳으로 가고자 하는지 근본적인 이해가 필요함
- 환경 분석
    - 외부 환경(경쟁, 시장 동향, 기술 변화 등)과 내부 환경(자원, 역량, 프로세스 등)을 분석하여 조직이 직면한 기회와 위협을 파악함
- 목표의 SMART 기준 설정
    - 구체적(Specific) : 목표는 명확하고 구체적이어야 하며, 무엇을 달성할 것인지 정확히 명시해야 함
    - 측정 가능(Measurable) : 진행 상황을 추적하고 결과를 평가할 수 있도록 목표는 측정 가능해야 함
    - 달성 가능(Achievable) : 목표는 도전적이면서도 실현 가능해야 하며, 조직의 자원과 역량에 부합해야 함
    - 관련성(Relevant) : 설정된 목표는 조직의 전체적인 전략과 비전에 부합해야 함
    - 시간 기반(Time-bound) : 모든 목표는 명확한 마감 기한을 가지고 있어야 하며, 이를 통해 우선순위를 설정하고 자원을 효율적으로 배분할 수 있음

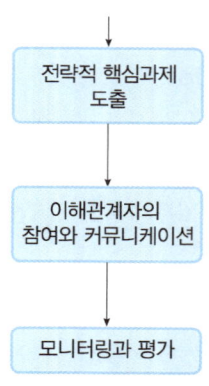

- 전략적 핵심과제 도출
  - 각 목표를 달성하기 위한 구체적인 핵심과제를 계획함
  - 프로젝트, 프로그램, 정책 변경 등을 포함할 수 있으며, 목표 달성을 위한 실질적인 단계들을 포함함

- 이해관계자의 참여와 커뮤니케이션
  - 목표 설정 과정에 이해관계자를 참여시키고, 관련된 사항을 투명하게 소통함
  - 목표에 대한 조직 내외부의 지지를 구축하고, 실행 단계에서의 협력을 촉진함

- 모니터링과 평가
  - 설정된 목표의 진행 상황을 주기적으로 검토하고 평가함
  - 목표에 대한 지속적인 관리를 가능하게 하며, 필요에 따라 목표를 조정하거나 전략을 수정할 수 있음

7 경영 전략 수립

(1) 원가 우위 전략(Cost Leadership)
① 기업이 업계에서 가장 낮은 생산 비용을 달성함으로써 경쟁 우위를 확보하려는 전략
② 시장 평균 가격 이하로 제품을 판매하면서도 수익성을 유지
③ 규모의 경제, 최적화된 운영 프로세스, 원가 절감 기술 등 활용
   예 월마트는 규모의 경제와 효율적인 공급망 관리를 통해 비용 리더십 전략을 성공적으로 실행

(2) 차별화(Differentiation)
① 기업이 제품이나 서비스를 독특하게 만들어 소비자에게 인식시키는 방식
② 고유의 제품 특성, 뛰어난 제품 품질, 혁신적 디자인, 우수한 고객 서비스 등을 통해 경쟁사와 차별화를 추구
③ 차별화를 통해 기업은 보다 높은 가격을 부과할 수 있으며, 브랜드 충성도를 증진시킴
   예 애플은 혁신적인 기술과 독특한 디자인으로 시장에서 차별화 전략을 구사

(3) 집중 전략(Focus Strategy)
① 특정 시장 세그먼트나 지역에 초점을 맞추는 전략
② 집중 원가 우위전략 : 특정 시장 세그먼트에서 가장 낮은 비용 제공자가 되는 것을 목표로 함
③ 집중 차별화 전략 : 특정 시장 세그먼트에 맞춤화된 제품이나 서비스를 제공하여 차별화를 추구
   예 롤렉스는 고급 시계 시장 세그먼트에서의 차별화 전략을 채택

(4) ESG 경영전략
① 기업이 환경(Environment), 사회(Social), 지배구조(Governance)에 대한 책임을 중심으로 경영 활동을 펼치는 접근 방식
   ㉠ 환경(Environment) : 온실가스 배출 감소, 지속 가능한 자원 사용, 폐기물 관리 개선 등

ⓒ 사회(Social) : 직원 복지 향상, 다양성 및 포용성 증진, 지역 사회와의 협력 강화
ⓒ 지배구조(Governance) : 투명한 기업 운영, 윤리적 비즈니스 관행, 효과적인 이사회 관리
② 지속 가능한 발전을 추구하며, 기업의 장기적 가치와 이해관계자들의 이익을 동시에 증진시키려는 목표를 가짐
③ ESG 요소를 전략적으로 관리함으로써 기업은 규제 위험을 감소시키고, 투자자와 소비자의 신뢰를 획득하며, 사회적으로 책임 있는 기업 이미지를 구축할 수 있음

(5) 블루오션 전략

① 경쟁이 치열한 시장(레드오션)을 벗어나 새로운 시장 공간(블루오션)을 창출하고 이를 통해 경쟁을 회피하며 성장하는 전략
② 기업이 기존의 경쟁 구도를 벗어나 새로운 수요를 창출하고 독특한 가치 제안을 통해 시장에서 독점적인 위치를 점하는 것을 목표로 함
③ 주요 원칙
  ㉠ 가치 혁신 : 가치와 비용 사이의 적절한 균형을 찾아 고객에게 차별화된 가치를 제공
  ㉡ 경쟁 요소의 탈피 : 기존 시장의 경쟁 요소에 얽매이지 않고 새로운 수요 창출에 집중
  ㉢ 전략 캔버스 활용 : 시장의 주요 성공 요소를 시각화하여 경쟁사와의 차별점을 명확하게 함

(6) 앤소프 매트릭스(Ansoff Matrix)

① 제품/시장 확장 그리드라고도 하며, 기업이 성장 전략을 수립할 때 사용하는 효과적인 도구
② 기업이 시장과 제품에 대한 전략적 선택을 구조화하여 다양한 성장 경로를 탐색할 수 있도록 설계됨
③ 앤소프 매트릭스 절차

시장 침투 (Market Penetration)	• 정의 : 기존 제품을 기존 시장에서 더욱 깊이 판매하는 전략 • 목적 : 시장 점유율을 증가시키기 위해 고객의 구매 빈도를 증가시키거나, 경쟁자의 고객을 끌어오는 등의 방법을 사용 • 전략적 활동 : 가격 인하, 프로모션 강화, 유통 채널 확대 등
시장 개발 (Market Development)	• 정의 : 기존 제품을 새로운 시장에 소개하는 전략 • 목적 : 새로운 지역이나 시장 세그먼트, 새로운 사용처를 찾아 판매 범위를 확장 • 전략적 활동 : 해외시장 진출, 새로운 시장 세그먼트 개발, 다양한 판매 채널 도입
제품 개발 (Product Development)	• 정의 : 기존 시장에서 새로운 제품을 개발하고 제공하는 전략 • 목적 : 기존 고객에게 새로운 제품을 제공하여 성장 기회를 창출 • 전략적 활동 : 연구 및 개발 투자 증가, 신제품 출시, 고객의 요구와 피드백을 제품 개선에 반영
다각화 (Diversification)	• 정의 : 새로운 제품을 새로운 시장에 소개하는 전략 • 목적 : 리스크 분산과 성장 기회 극대화를 통해 전반적인 기업 포트폴리오를 강화 • 전략적 활동 : 관련 다각화(연관 산업으로의 확장) 및 비관련 다각화(전혀 새로운 산업으로의 진출), 신사업 인수 또는 합병

8 경영 계획 수립

① 전략적 방향을 구체적인 실행 계획으로 변환하는 과정
② 전략적 목표를 달성하기 위해 필요한 자원 배분, 일정 설정, 세부 활동 계획 및 모니터링 방법을 정의함
③ 경영 계획 절차

전략적 목표 확인	• 경영 계획을 시작하기 전에, 조직의 전략적 목표를 명확히 함 • 경영 전략에서 설정된 비전과 일치해야 하며, 모든 계획 활동의 기준이 됨
자원 분석	• 필요한 자원(인적 자원, 자금, 기술, 시간 등)을 파악, 효과적 배분 위한 계획 수립 • 자원의 제약과 한계를 이해하고, 최적의 배분을 결정하는 것이 중요함
세부 실행 계획 개발	• 각 전략적 목표에 대해 세부적인 실행 계획을 작성함 • 각 단계에서 무엇을, 언제, 누가, 어떻게 수행할지에 대한 구체적인 정보를 포함하며 실행 계획은 프로젝트 관리 도구와 기법을 사용하여 체계적으로 관리될 수 있음
일정 및 마일스톤 설정	• 전체 계획의 효과적인 실행을 위해 중요한 일정과 마일스톤을 설정함 • 프로젝트의 진행 상황을 추적하고, 중간 검토를 통해 필요한 조정을 할 수 있음
예산 계획	• 전략적 목표를 달성하기 위해 필요한 예산을 계획하고 승인을 받음 • 자금의 출처와 사용처를 명확히 해야 하며, 재정적 제약을 고려해야 함
위험 관리	• 실행 계획의 리스크를 식별하고 평가한 다음 이를 완화할 전략을 개발함 • 리스크 관리 계획은 예상치 못한 문제에 대응할 수 있는 준비를 포함해야 함
성과 모니터링 및 평가	• 계획의 실행과정을 모니터링하고, 진행 상황에 대해 정기적으로 평가함 • 실제 성과를 계획된 목표와 비교하고, 필요한 경우 계획을 조정함

④ 위험 관리의 종류

전략적 위험 (Strategic Risks)	• 조직의 기본적인 전략적 결정으로 인해 발생하는 위험 • 관리 : 시장 연구, 경쟁 분석, SWOT 분석 등을 통해 정보에 기반한 결정을 내리고 전략적 유연성을 유지 예 시장 진입 전략, 인수합병, 신제품 개발 등과 관련된 결정이 예상치 못한 결과를 초래하는 경우
운영 위험 (Operational Risks)	• 조직의 일상적인 활동과 프로세스에서 발생하는 위험 • 관리 : 프로세스 자동화, 직원 교육 및 개발, 품질 관리 시스템의 강화 등을 통해 위험을 최소화 예 생산 공정의 오류, 인적 자원 관리 문제 등
재무 위험 (Financial Risks)	• 재무적 손실 가능성에 관련된 위험 • 관리 : 리스크 다각화, 적절한 헤징 전략, 신용 리스크 관리 프로세스 등을 통해 관리 예 환율 변동, 이자율 변화, 신용 위험 등
법률 및 규제 위험 (Legal and Compliance Risks)	• 법률, 규정, 정책의 변경이나 불이행으로 인해 발생하는 위험 • 관리 : 규제 변화에 대한 지속적인 모니터링, 법률 자문의 활용, 교육 프로그램을 통한 직원의 법적 의식 강화 예 개인정보 보호법 위반, 불공정 거래, 라이선스 미준수 등
기술 위험 (Technology Risks)	• 정보 기술 시스템과 관련된 장애, 보안 문제 또는 데이터 손실로 인한 위험 • 관리 : 강력한 사이버 보안 프로토콜, 정기적인 데이터 백업 및 복구 테스트, 기술 인프라의 지속적인 업데이트 예 사이버 공격, 데이터 유출, 시스템 다운타임
환경 위험 (Environmental Risks)	• 자연재해 또는 환경변화로 인한 위험 • 관리 : 재해 복구 계획 수립, 지속 가능한 운영 관행 채택, 환경 위험 평가 예 지진, 홍수, 기후 변화에 따른 영향

CHAPTER 01 실전예상문제

01 다음 중 경영의 PDCA 사이클 '실행(Do)' 단계에서 주로 수행하는 활동으로 옳은 것은?

① 목표 설정 및 전략 수립
② 자원 배분 및 시간 계획
③ 계획된 활동을 실제로 수행
④ 실행 결과 분석 및 평가

정답 ③
해설 '실행(Do)' 단계에서는 계획된 활동을 실제로 수행한다. 이 단계는 계획한 내용을 실제로 구현하며, 이때 발생할 수 있는 문제점을 확인하고 개선하는 것이 중요하다.

02 다음 중 경영에서 '자원 관리(Resource Management)'가 중요한 이유로 옳은 것은?

① 효과적인 의사소통과 업무 분담을 보장하기 위해서
② 조직의 변화 관리를 원활하게 하기 위해서
③ 조직의 비전과 미션에 부합하는 목표를 설정하기 위해서
④ 인적 자원, 재무 자원, 물적 자원 등을 최적으로 배분하고 활용하기 위해서

정답 ④
해설 자원 관리는 조직 내에서 이용 가능한 모든 자원(인적, 재무, 물적 자원 등)을 효율적으로 관리하고 최적으로 배분하는 과정이다. 이를 통해 조직은 자원을 효과적으로 사용하여 목표 달성에 필요한 역량을 강화할 수 있다.

03 다음 중 데이터와 정보의 차이점에 대한 설명으로 옳은 것은?

① 데이터는 맥락이나 의미 없이 존재하며, 정보는 데이터에 의미를 부여한 것이다.
② 정보는 관찰이나 측정을 통해 수집된 사실이나 값이다.
③ 데이터와 정보는 의미 있는 해석 없이 사용될 수 있다.
④ 정보는 구조화되지 않은 형태로 존재한다.

정답 ①
해설 데이터는 단순히 수집된 사실이나 값이며 맥락이나 의미 없이 존재한다. 반면, 정보는 이러한 데이터를 가공하고 해석하여 특정 목적에 맞게 의미를 부여한 것이다.

04 다음 중 정보를 통찰로 전환하는 과정에 대한 설명으로 옳은 것은?

① 정보를 수집하여 단순 목록을 생성한다.
② 데이터를 맥락에 맞게 재구성하고 시각화한다.
③ 지식을 이용해 문제 해결이나 의사결정에 활용 가능한 깊은 이해를 도출한다.
④ 원시 데이터를 수집하고 기록한다.

> **정답** ③
> **해설** 통찰은 지식을 바탕으로 한 문제 해결이나 의사결정에 직접적으로 활용 가능한 깊은 이해와 직관적인 도출을 말한다.

05 다음 중 정량적 데이터와 정성적 데이터의 차이점에 대한 설명으로 옳은 것은?

① 정량적 데이터는 수치로 표현되며, 정성적 데이터는 주관적 해석이 필요하다.
② 정량적 데이터와 정성적 데이터 모두 수치로 표현될 수 있다.
③ 정량적 데이터는 주관적이며, 정성적 데이터는 객관적이다.
④ 정량적 데이터는 텍스트 데이터만 포함하며, 정성적 데이터는 그래픽과 이미지 데이터만 포함한다.

> **정답** ①
> **해설** 정량적 데이터는 수치로 표현될 수 있는 데이터이며, 객관적으로 분석 가능하다. 반면, 정성적 데이터는 수치로 표현할 수 없으며 주관적 해석이 필요한 데이터이다.

06 다음 중 데이터 시각화의 목적으로 옳은 것은?

① 데이터를 그래프나 차트로만 표현하기 위해서
② 데이터에 대한 통계적 분석을 수행하기 위해서
③ 복잡한 데이터를 쉽게 이해하고 패턴이나 트렌드를 식별하기 위해서
④ 데이터 분석 과정을 더 복잡하게 만들기 위해서

> **정답** ③
> **해설** 데이터 시각화는 복잡한 데이터를 시각적 도구를 사용하여 표현함으로써, 데이터를 보다 쉽게 이해하고, 중요한 패턴, 트렌드, 이상치를 식별할 수 있도록 한다.

07 다음 중 재무제표 현금흐름표의 주요 목적으로 옳은 것은?

① 기업의 재무 상태를 파악
② 일정 기간 동안의 현금 유입과 유출을 나타냄
③ 기업의 경영 성과를 평가
④ 자본변동 내역을 보여줌

> **정답** ②
> **해설** 현금흐름표는 일정 기간 동안의 현금 유입과 유출을 나타내어 기업의 현금흐름 상태를 보여준다. 이는 기업의 유동성 및 재정적 안정성을 평가하는 데 중요한 도구로 사용된다.

08 다음 중 재무 분석에서 활동성 비율(Actvitiy Ratios)의 목적으로 옳은 것은?

① 단기적인 지급 능력을 평가
② 수익성을 평가
③ 장기적인 부채 상환 능력을 평가
④ 자산의 효율적인 활용 정도를 평가

정답 ④
해설 활동성 비율은 자산이 얼마나 효율적으로 사용되고 있는지를 평가하는 지표이다. 이 비율을 통해 기업이 자산을 어떻게 활용하여 수익을 창출하고 있는지 확인할 수 있다.

09 다음 중 재무상태표에서 자산과 부채를 분류하는 기준으로 옳은 것은?

① 자산과 부채는 모두 단기와 장기로 구분된다.
② 자산은 유동성을 기준으로 분류하고, 부채는 금액의 크기에 따라 분류된다.
③ 모든 자산은 유동자산으로 분류되며, 모든 부채는 비유동부채로 분류된다.
④ 부채는 상환 기간에 따라 유동부채와 비유동부채로 나누지 않고, 모두 같은 카테고리로 분류된다.

정답 ①
해설 자산과 부채는 모두 유동성을 기준으로 단기와 장기로 구분되어, 단기는 유동자산, 유동부채로 구분되고 장기는 비유동자산, 비유동부채로 구분된다.
② 자산과 부채는 각각 유동성을 기준으로 분류된다.
③ 자산은 유동자산 및 비유동자산, 부채는 유동부채 및 비유동부채로 분류된다.
④ 부채는 1년 이내에 현금화 또는 상환할 경우 유동부채로, 1년 이후에 현금화 또는 상환할 경우 비유동부채로 구분된다.

10 다음 중 손익계산서에서 '순이익(Net Income)'을 계산하는 과정으로 옳은 것은?

① 매출액에서 직접 비용인 매출원가만을 차감한다.
② 영업이익에서 영업외손익과 법인세를 포함하여 계산한다.
③ 순이익은 영업이익에서 영업외손익을 차감한 뒤 법인세를 추가한다.
④ 법인세차감전순이익에서 법인세비용을 차감하여 계산한다.

정답 ④
해설 손익계산서에서 '순이익'은 법인세차감전순이익에서 법인세비용을 차감한 값이다. 이 과정을 통해 기업이 해당 회계 기간 동안 최종적으로 얻은 순수익을 나타낸다. 순이익은 기업의 재무 건전성과 수익성을 평가하는 중요한 지표이다.

11 다음 중 인적 자원 관리에서 급여 및 복리후생에 포함되는 요소로 옳지 않은 것은?

① 기본급
② 성과급
③ 경력 개발 계획
④ 건강 보험

정답 ③
해설 급여 및 복리후생 분야는 직원에게 제공되는 급여 정보(기본급, 성과급 등)와 다양한 복리후생(건강 보험, 연금 등)을 관리한다. 경력 개발 계획은 교육 및 개발 분야에 속하며, 직원의 전문성과 능력 향상을 위한 계획을 포함한다.

CHAPTER 01 경영정보 이해

12 다음 중 성과 평가 시스템에서 중요한 요소가 아닌 것은?

① 평가 기준
② 평가 주기
③ 성과급
④ 평가 결과

정답 ③

해설 성과 평가 분야는 직원의 업무 수행 능력과 성과를 평가하고 피드백을 제공한다. 평가 기준, 평가 주기, 평가 결과는 이 분야의 중요한 요소이다. 성과급은 평가 결과에 따른 보상이지만, 성과 평가 시스템의 직접적인 구성요소는 아니고 급여 및 복리후생 분야에서 관리된다.

13 다음 중 마케팅의 STP 전략에서 '포지셔닝'의 의미로 옳은 것은?

① 시장을 여러 기준으로 나누는 과정
② 특정 시장 세그먼트를 목표로 설정하는 과정
③ 경쟁 제품과 차별화된 위치를 시장에 설정하는 과정
④ 소비자의 구매 패턴을 분석하는 과정

정답 ③

해설 포지셔닝은 마케팅의 STP(세분화, 타겟팅, 포지셔닝) 전략 중 하나로, 시장에서 제품이나 서비스가 차지하는 독특하고 차별화된 위치를 설정하는 과정을 의미한다. 이는 경쟁 제품과의 비교를 통해 소비자에게 명확한 이미지를 제공하는 것을 목표로 한다.

14 다음 중 SNS 마케팅의 '게시 및 배포' 단계에서 중요한 활동으로 옳은 것은?

① 목표 설정과 플랫폼 선택
② 게시물의 날짜와 시간 계획
③ 유료 광고 캠페인 설정
④ 팔로워의 댓글과 메시지 응답

정답 ②

해설 SNS 마케팅의 게시 및 배포 단계에서는 콘텐츠의 효과적인 배포를 위해 게시물의 날짜와 시간을 계획하는 것이 중요하다. 이는 콘텐츠가 최대한 많은 대상에게 도달하고, 상호작용을 극대화하기 위한 전략적 결정 과정이다.

15 다음 중 생산 운영 관리에서 자재 소요 계획(MRP)의 주요 목적으로 옳은 것은?

① 제품의 품질 관리
② 생산 설비의 유지 보수
③ 필요한 자재와 부품의 수량 및 공급 시기 최적화
④ 재고 회전율 관리

정답 ③

해설 자재 소요 계획(MRP)는 필요한 자재와 부품의 수량 및 공급 시기를 계획하여 재고 수준을 최적화하는 시스템이다. 이는 생산 과정에서 필요한 자재가 적시에 공급되도록 하여 생산 효율성과 비용 절감을 목표로 한다.

16 다음 중 경영정보시스템(MIS)의 의사결정지원시스템(DSS)이 제공하는 주요 기능으로 옳은 것은?

① 일상적인 거래 처리
② 복잡한 문제 해결을 위한 데이터 분석
③ 실시간 성과 지표 시각화
④ 특정 분야의 전문 지식 활용

정답 ②

해설 의사결정지원시스템(DSS)은 비정형적이고 복잡한 문제 해결을 위해 데이터를 분석하고 의사결정을 지원하는 시스템이다. 이 시스템은 다양한 분석 도구와 모델을 사용하여 의사결정 과정에서 필요한 정보를 제공한다.

17 다음 중 ERP 시스템에서 '마스터 데이터(Master Data)'의 목적으로 옳은 것은?

① 조직의 일상적인 거래 데이터를 기록하는 것
② 조직의 핵심 비즈니스 데이터를 일관되게 관리하는 것
③ 조직의 재정 상태를 보여주는 데이터를 관리하는 것
④ 조직의 프로젝트 관리 데이터를 제공하는 것

정답 ②

해설 마스터 데이터는 조직의 핵심 비즈니스 운영에 필수적인 기본 정보를 포함하며, 제품, 고객, 공급자, 직원 등에 관한 데이터를 일관되게 관리한다. 이는 데이터 일관성을 보장하고, 전체적인 비즈니스 효율성을 높이는 데 중요한 역할을 한다.

18 다음 중 공급망 관리(SCM) 시스템의 기능인 SAP SCM과 Oracle SCM 모두가 지원하는 기능으로 옳은 것은?

① 재정 관리
② 인적 자원 관리
③ 공급망의 계획, 실행 및 모니터링
④ 고객 관계 관리

정답 ③

해설 SAP SCM과 Oracle SCM 모두 공급망 관리의 주요 기능을 지원하며, 이에는 공급망 전체의 계획, 실행 및 모니터링이 포함된다. 이 시스템들은 조달, 생산, 배분, 물류 등의 프로세스를 통합 관리하여 공급망의 효율성을 증대시키는 데 중요한 역할을 한다.

19 다음 중 ERP 시스템에서 거래 데이터(Transaction Data)를 기록하는 목적으로 옳은 것은?

① 조직의 전략적 결정을 지원하기 위해
② 일상적인 비즈니스 거래 활동을 문서화하기 위해
③ 재무 성과만을 평가하기 위해
④ 고객 및 공급업체와의 커뮤니케이션을 관리하기 위해

정답 ②
해설 거래 데이터는 ERP 시스템에서 일상적인 비즈니스 거래와 관련된 활동을 기록한다. 이 데이터에는 판매 주문, 구매 주문, 재고 이동, 송장 발행 등이 포함되어 비즈니스의 운영적 측면을 실시간으로 추적하고 문서화하는 데 중요한 역할을 한다.

20 다음 중 재무 데이터(Financial Data)의 주요 구성요소로 옳지 않은 것은?

① 계정 원장
② 자산 정보
③ 인사 정보
④ 비용 정보

정답 ③
해설 재무 데이터는 조직의 재무 상태와 성과를 나타내는 데이터로, 계정 원장, 자산 정보, 비용 정보, 수익 정보 등을 포함한다. 인사 정보는 재무 데이터가 아니라 인적 자원 데이터의 구성요소이다.

21 다음 중 경영전략 수립 과정의 '외부 환경 분석' 단계에서 주로 사용되는 분석 도구로 옳은 것은?

① SWOT 분석
② PEST 분석
③ 가치 사슬 분석
④ 자원 및 역량 분석

정답 ②
해설 외부 환경 분석에서는 조직 외부의 기회와 위협을 식별하는 것이 중요하며, PEST 분석(정치적, 경제적, 사회적, 기술적 요인 분석)이 주로 사용된다.

22 다음 중 경영전략 수립의 마지막 단계인 '평가 및 피드백'에서 수행되는 주요 활동으로 옳은 것은?

① 전략적 요인의 도출
② 구체적인 전략의 수립
③ 성과 평가 및 필요한 경우 전략의 수정
④ 자원의 효율적 배분

정답 ③
해설 평가 및 피드백 단계에서는 실행된 전략의 결과를 평가하고, 성과를 측정하여 전략의 유효성을 검토한다. 이를 통해 필요한 경우 전략을 수정하거나 개선 조치를 취하는 활동이 이루어진다.

23 다음 중 PESTEL 분석에서 '환경적 요인'을 분석할 때 주로 고려하는 요소로 옳은 것은?

① 경제 성장률과 금리
② 인구 통계와 소비자 행동
③ 기후 변화와 지속 가능성
④ 소득 수준과 소비자 구매력

정답 ③

해설 PESTEL 분석의 환경적 요인(Environmental Factors) 부분에서는 기후 변화, 자원 관리, 지속 가능성, 환경 규제, 재생 가능 에너지 등과 같은 요소를 주로 고려한다. 이 요소들은 조직의 환경적 책임과 지속 가능한 경영 관행에 중점을 두고 분석된다.

24 다음 중 법적 요인을 PESTEL 분석에 포함시키는 이유로 옳은 것은?

① 조직의 기술적 혁신 속도를 측정하기 위해
② 조직의 경제적 상황을 분석하기 위해
③ 조직이 준수해야 할 법적 규제와 정책을 이해하기 위해
④ 조직의 정치적 안정성을 평가하기 위해

정답 ③

해설 법적 요인(Legal Factors)은 조직이 운영되는 법적 환경을 분석하고 조직이 준수해야 할 법적 규제, 소비자 보호법, 반독점법, 지적 재산권, 건강 및 안전 규정 등을 이해하는 데 중요하다. 이를 통해 조직은 법적 리스크를 관리하고, 적법한 경영을 유지할 수 있다.

25 다음 중 포터의 5 Forces 분석에서 '공급자 교섭력'을 증가시키는 요인으로 옳은 것은?

① 공급자 수가 많고 대체 공급자가 존재하는 경우
② 공급자 수가 적고 중요한 자원을 제공하는 경우
③ 시장의 성장 속도가 빠른 경우
④ 고객 전환 비용이 낮은 경우

정답 ②

해설 공급자 교섭력은 공급자 수가 적고, 공급자가 중요한 자원을 제공할 때 증가한다. 이러한 상황은 공급자가 시장에서 더 큰 영향력을 행사할 수 있게 하여, 가격 설정 및 계약 조건 등에서 유리한 위치를 차지할 수 있도록 한다.

26 다음 중 가치 사슬 분석에서 '고객 서비스'가 속하는 범주로 옳은 것은?

① 본원적 활동
② 지원 활동
③ 기업 인프라
④ 기술 개발

정답 ①

해설 가치 사슬 분석에서 고객 서비스는 본원적 활동의 일부로 분류된다. 이는 제품의 생산, 판매, 전달 및 서비스에 직접적으로 관련된 활동들 중 하나로 제품 판매 후 고객 지원을 포함하여 제품의 가치를 유지하거나 향상시키기 위한 활동이다.

27 다음 중 7S 모델서 다른 요소가 구성되는 핵심으로 간주되는 구성요소로 옳은 것은?

① 전략
② 시스템
③ 공유가치
④ 스타일

정답 ③

해설 McKinsey가 개발한 7S 모델에서 공유가치는 모델의 중심에 있으며 프레임워크의 다른 모든 요소에 영향을 미치고 영향을 받는다. 공유가치는 조직의 행동과 운영 정신을 정의하고 안내하는 핵심 가치와 기업 문화를 의미하며, 이러한 중심 위치는 조직의 문화와 전략 및 운영 간의 조정의 중요성을 강조한다.

28 다음 중 VRIO 모델의 'I'에 대한 설명으로 옳은 것은?

① 모방성 : 경쟁자가 자원을 복제할 수 있는 용이성을 평가
② 혁신 : 자원이 새로운 제품이나 서비스 창출에 어떻게 기여하는지 평가
③ 통합 : 조직 내에서 자원이 얼마나 잘 결합되는지 결정
④ 투자 : 자원 획득과 관련된 재정적 약속 측정

정답 ①

해설 VRIO 모델에서 'I'는 모방성(Imitability)을 의미하며, 경쟁사가 기업의 자원을 모방하는 것이 얼마나 어려운지를 평가한다. 리소스를 복제하기가 어려울수록 지속 가능한 경쟁 우위를 제공할 가능성이 높아진다. VRIO 분석의 이러한 측면은 기업이 자신의 고유한 리소스가 다른 리소스에 의해 쉽게 복제될 수 있는지 여부를 이해하는 데 도움이 되며, 이는 시장에서 경쟁 우위를 유지하는 데 중요하다.

29 다음 중 BCG 매트릭스에서 시장 성장률은 높지만 시장 점유율은 낮은 사업 단위를 식별하는 범주로 옳은 것은?

① 별
② 캐시카우
③ 물음표
④ 개

정답 ③

해설 BCG 매트릭스에서 '물음표'는 시장 성장률은 높지만 시장 점유율은 낮은 사업 단위를 의미한다. 이들 장치는 잠재적인 미래의 스타를 대표하지만 시장 지위를 향상하려면 상당한 투자가 필요하다. 회사는 이들 사업부의 시장 점유율을 높이기 위해 대규모 투자를 할지, 아니면 성장이나 수익성 가능성이 보이지 않는 경우 매각할지 결정해야 한다.

30 다음 중 GE Matrix가 기업이 전략적 투자 결정을 내리는 데 도움을 주기 위해 평가하는 내용으로 옳은 것은?

① 시장 매력도와 사업 부문의 강점
② 시장 점유율 및 성장률
③ 비용 구조 및 직원 성과
④ 기술 발전과 시장 안정성

정답 ①

해설 GE 매트릭스는 시장 매력도와 사업 부문의 강점이라는 두 가지 주요 측면을 평가한다. 이 모델은 시장 성장률, 시장 규모, 업계 수익성, 경쟁 강도 등 다양한 요소를 고려하여 시장의 매력을 평가한다. 또한 시장 점유율, 브랜드 강점, 제품 품질, 고객 충성도 등의 측면을 고려하여 해당 시장에서 사업부의 강점을 평가하고 이러한 평가는 기업이 투자, 성장, 수확 또는 매각할 위치를 결정하는 데 도움이 된다.

31 다음 중 전략 기획에서 SWOT 분석을 수행하는 주요 목적으로 옳은 것은?

① 가장 수익성이 높은 제품 라인만 식별하기 위해
② 회사의 재무성과를 분석하기 위해
③ 회사의 내부 강점, 약점, 외부 기회 및 위협을 체계적으로 평가하기 위해
④ 조직 내 리더십 스타일을 평가하기 위해

정답 ③

해설 SWOT 분석은 기업의 내부 및 외부 환경을 체계적으로 평가하는 데 사용되는 전략적 도구이다. 이는 조직의 강점, 약점, 기회 및 위협을 식별하고 이 분석은 기업이 강점을 극대화하고, 약점을 관리하고, 기회를 포착하고, 위협에 대응하는 데 도움을 주어 전략적 의사결정 및 계획을 돕는다.

32 다음 중 중요도 – 만족도 분석(IPA)에서 기업이 즉각적인 개선을 위해 우선순위를 두어야 하는 영역으로 옳은 것은?

① 고성능 – 높은 중요성
② 낮은 성능 – 높은 중요도
③ 고성능 – 중요도 낮음
④ 낮은 성능 – 낮은 중요도

정답 ②

해설 중요도 – 만족도 분석에서 '낮은 성능 – 높은 중요도' 범주에 속하는 속성은 즉각적인 개선이 매우 중요하다. 이는 고객에게 높은 가치를 인정받고 있음에도 불구하고 현재 성과가 만족스럽지 못한 영역이다. 이러한 영역에 집중하면 고객 만족도가 크게 향상되고 회사의 서비스가 고객 우선순위에 더욱 밀접하게 맞춰질 수 있다.

33 다음 중 전략 계획에서 SMART 목표 설정의 목적에 대한 설명으로 옳은 것은?

① 미래의 변화를 수용할 수 있도록 목표가 모호하고 유연하도록 보장한다.
② 목표가 구체적이고, 측정 가능하고, 달성 가능하고, 관련성이 있고, 기한이 정해져 있는지 확인한다.
③ 목표를 달성하려면 최소한의 자원과 노력이 필요함을 보장한다.
④ 즉각적인 벤치마크 없이 장기적인 목표에만 집중한다.

정답 ②

해설 SMART 기준은 목표가 구체적이고, 측정 가능하고, 달성 가능하고, 관련성이 있고, 시간 제한이 있음을 보장하므로 전략 계획에 필수적이다. 이 프레임워크는 조직이 달성 목표를 명확하게 정의하고, 진행 상황을 추적하고, 목표를 전략적 목표에 맞추고, 책임 기한을 설정하여 전략적 이니셔티브의 효과적인 관리 및 평가를 촉진하는 데 도움이 된다.

34 다음 중 전략적 목표 설정 프로세스에서 이해관계자 참여와 의사소통의 역할로 옳은 것은?

① 선택사항이며 일반적으로 최고 경영진만 포함된다.
② 주로 결정이 내려진 후 이해관계자에게 이에 대해 알리는 역할을 한다.
③ 목표 설정 과정에 이해관계자를 참여시키고 의사소통의 투명성을 보장한다.
④ 고객, 공급업체 등 외부 이해관계자에게만 필요하다.

> **정답** ③
> **해설** 목표 설정 과정에 이해관계자를 참여시키고 투명한 의사소통을 유지하는 것은 조직 내부와 외부 모두에서 지원을 구축하는 데 중요하다. 이러한 참여는 목표가 목표에 의해 영향을 받는 사람들의 요구 및 기대와 일치하는지 확인하고 구현 단계에서 협력을 촉진하는 데 도움이 된다. 투명한 의사소통은 신뢰를 구축하고 다양한 이해관계자로부터 필요한 동의를 얻는 데 도움을 주어 성공적인 전략 실행 가능성을 증가시킨다.

35 다음 중 경쟁 우위를 확보하기 위해 업계에서 가장 낮은 비용의 생산자가 되는 데 초점을 맞춘 전략으로 옳은 것은?

① 차별화 전략
② 집중 전략
③ 비용 리더십 전략
④ ESG 전략

> **정답** ③
> **해설** 비용 리더십 전략은 업계 최저 생산 비용을 달성하여 수익성을 유지하면서 시장 평균 또는 평균 이하의 가격으로 제품을 제공하는 것을 목표로 한다. 이 전략에는 규모의 경제, 최적화된 운영 프로세스, 비용 절감 기술을 활용하여 기업이 수익성을 유지하면서 제품 가격을 더욱 매력적으로 책정하여 경쟁사보다 뛰어난 성과를 낼 수 있도록 하는 것이 포함된다.

36 다음 중 조직 내 위험 관리의 맥락에서 운영 위험의 구체적 의미로 옳은 것은?

① 시장 진입 전략, M&A 등 전략적 결정으로 인해 발생하는 위험
② 조직 내 일상적인 운영 활동 및 프로세스와 관련된 위험
③ 환율변동이나 신용위험에 따른 재무위험
④ 법률 및 규정 위반과 관련된 법적 위험

> **정답** ②
> **해설** 운영 위험은 조직의 일상적인 활동 및 프로세스와 관련이 있다. 여기에는 생산 프로세스 오류, 인적 자원 관리 문제 및 기타 운영 비효율성으로 인한 위험이 포함될 수 있다. 운영 위험 관리에는 이러한 위험의 가능성과 영향을 최소화하기 위한 프로세스 자동화, 품질 관리 시스템 강화, 직원 교육 및 개발이 포함되는 경우가 많다.

PART 01_ 경영정보 일반

기업 내부 정보 파악

SECTION 01 회계 – 재무 기본 정보

1 회계 – 재무 정보 관련 용어

(1) 회계의 개념
① 기업이나 조직의 경제적인 활동을 추적하고 기록하는 과정
② 재무 상태와 경영 성과를 정량적으로 파악할 수 있도록 돕는 중요한 학문 및 업무 분야

> **TIP 회계기준**
> - 한국채택기업회계기준(K-IFRS)
>   - 한국채택기업회계기준(K-IFRS)은 한국회계기준원의 홈페이지에서 제정되는 회계기준
>   - K-IFRS는 국제회계기준(IFRS)을 기반으로 한국의 상황에 맞게 제정
>   - 2011년부터 주식회사의 외부감사에 관한 법률의 적용대상인 모든 상장기업이 의무적으로 K-IFRS를 적용
> - 국제회계기준(IFRS)
>   - International Financial Reporting Standards의 약자
>   - 국제회계기준위원회(ISAC)가 기업의 회계 처리와 재무제표에 대한 국제적 통일성을 높이기 위해 마련해 공표하는 회계기준

(2) 회계의 구분
① 재무회계
  ㉠ 외부 이해관계자를 위한 회계로, 재무제표 작성을 목적으로 함
  ㉡ 주주, 채권자, 정부, 경영진 등에게 중요한 정보를 제공

② 관리회계
  ㉠ 내부 이용자를 위한 회계로, 경영진이 회사 경영에 관련된 의사결정을 하는 데 유용한 정보를 제공
  ㉡ 원가추정, 계획수립, 성과평가 등

③ 원가회계
  ㉠ 제품의 원가를 계산하는 회계로, 재무회계와 관리회계에 도움
  ㉡ 원가를 알아야 적정 이윤을 붙여 판매가격을 책정하거나 성과평가를 할 수 있음

④ 세무회계 : 법인세나 소득세를 계산하기 위한 회계로, 세금을 낼 때 필요한 정보를 제공
⑤ 정부회계 : 정부가 사용하는 회계로, 세금을 걷고 정책목적을 위해 돈을 쓸 때 정리하고 보고하는 회계

(3) 회계활동

① 회계활동은 회계 기간 중의 행위와 회계 기간 말의 행위로 나누어 구분
② 분개장(Jornal Book)
- ㉠ 분개 : 회계 거래 내용을 차변과 대변으로 나누어 기록하는 작업으로 일자별로 분개를 작성하여 분개장 완성
- ㉡ 분개장 : 모든 회계 절차의 시작점이며, 발생한 회계적 사건들이 분개장에 기록됨
    - 예 상품을 현금으로 구매 시 차변에 상품(자산의 증가)을, 대변에 현금(자산의 감소)을 기록

③ 전기(Ledger)
- ㉠ 분개장에 작성된 내용들을 계정별로 정리하여 원장에 옮기는 작업
- ㉡ 원장 : 총계정 원장, 계정별 원장 등이 있으며 회계 시스템을 통해 자동화됨
- ㉢ 전기 작업을 통해 계정별로 거래 내역을 정리하고 조회

④ 시산표(Trial Balance)
- ㉠ 발생한 회계적 사건을 시험적으로 계산해보는 작업
- ㉡ 자산, 부채, 자본의 계정 잔액을 차변에, 수익, 비용의 계정 잔액을 대변에 기록하여 금액적 오류를 점검
- ㉢ 재무제표 작성을 위한 기초 자료로 활용됨

⑤ 정산표
- ㉠ 결산 절차 과정을 하나의 표에 집약한 것
- ㉡ 결산 시의 누락이나 오류를 방지하기 위해 사용
- ㉢ 잔액시산표를 기초로 하여 결산에 필요한 기말 정리 사항을 수정하고, 그 결과로 얻어지는 포괄손익계산서와 재무상태표를 작성하는 과정을 표시한 일람표

⑥ 결산 수정(Adjusting Entries)
- ㉠ 기말에 현금주의로 처리한 내역을 수정하거나 기말에 안 했던 처리를 추가하는 작업
    - 예 미지급 이자 처리, 감가상각비 인식 등
- ㉡ 결산 수정을 거쳐 수정 전 시산표에서 수정 후 시산표로 작성 완료

⑦ 재무제표(Financial Statements)
- ㉠ 결산 수정이 완료되면 재무제표를 작성
- ㉡ 재무상태표, 손익계산서, 현금흐름표, 자본변동표, 주석으로 구성
- ㉢ 기업의 재무 상태와 경영 성과 파악

❷ 재무제표

(1) 재무제표의 개념 및 종류

① 재무제표
- ㉠ 기업의 재정 상태를 나타내는 공식적인 문서
- ㉡ 회계 원칙에 따라 기업의 재산과 이익 변화를 제공하는 회계보고서로 재무상태표, 손익계산서, 현금흐름표, 자본변동표, 주석으로 구성

② 재무상태표(Statement of Financial Position)
- ㉠ 특정 시점에서 기업의 자산, 부채, 그리고 주주자본을 요약하여 제시하는 회계보고서
- ㉡ 기업의 재무 상태를 정적으로 나타내며, 기업의 재무건전성과 운용 상태를 파악할 수 있음
- ㉢ 차변(왼편)에는 자산을 기재하고, 대변(오른편)에는 부채와 자본을 기재
- ㉣ 복식부기 원칙에 따라 모든 거래행위는 대차 양변에 기록되므로 양변의 합계는 항상 일치
  [자산＝부채＋(자기)자본]

> **TIP** 재무상태표 구성항목
> - 자산(Assets) : 기업이 소유하고 있는 재화와 권리
>   예 유동자산(당좌자산, 재고자산), 비유동자산(유형자산, 무형자산, 투자자산, 기타) 등
> - 부채(Liabilities) : 기업이 갚아야 하는 빚 즉, 지불할 책무
>   예 유동부채(미지급비용, 단기금융부채), 비유동부채(장기금융부채) 등
> - 자본(Equity) : 기업의 순자산, 자산에서 부채를 뺀 금액
>   예 자본금(보통주자본금, 우선주자본금), 이익잉여금 등

③ 손익계산서(Income Statement, Profit&Loss) **2024년 2회 기출**
- ㉠ 기업의 수익과 비용을 기록하고 요약하여 특정 기간(일반적으로 1년) 동안의 순이익(손익)을 계산하는 재무 보고서
- ㉡ 성과평가 : 손익계산서를 통해 기업의 영업 활동과 성과평가
- ㉢ 의사결정 지원 : 손익계산서는 경영진이 의사결정을 할 때 중요한 정보 제공
- ㉣ 외부 이해관계자에게 정보 제공 : 주주, 투자자, 신용기관, 고객 등 외부 이해관계자들이 기업의 재무 상태와 성과 정보 제공

> **TIP** 손익계산서 구성항목
> - 비용 항목
>   - 매출원가(COGS ; Cost of Goods Sold) : 제품을 생산하거나 서비스를 제공하는 과정에서 발생하는 비용으로, 매출액과 직접 관련이 있으며 제품 판매와 관련된 비용
>   예 원재료, 노동비, 제조비, 운송비 등
>   - 판매비(Selling Expenses) : 제품을 판매하기 위해 발생하는 비용
>   예 광고, 판매 수수료, 배송비 등
>   - 관리비(Administrative Expenses) : 기업의 일상적인 운영과 관리에 필요한 비용
>   예 사무실 임대료, 급여, 회계, 법률 등

- 영업 외 비용(Non-Operating Expenses) : 영업 활동과 직접 관련이 없는 비용
  - 예 이자 지출, 환율 손실, 감가상각비 등
- 법인세비용(Income Tax Expense) : 기업이 법인세를 지불하기 위해 발생하는 비용
• 수익 항목
  - 매출액(Revenue or Sales) : 제품이나 서비스를 판매하여 발생하는 수익
  - 영업 외 수익(Non-Operating Revenues) : 영업 활동과 직접 관련이 없는 수익
    - 예 이자 수입, 임대료 수입, 자산 매각 등

ⓒ 손익계산서의 계산구조

	총매출
−	에누리, 환입, 할인 등으로 인한 매출 감소
=	순매출액 : 총매출액에서 에누리, 환입, 할인 등을 공제한 실제 수익
−	매출원가 : 판매된 상품 생산과 관련된 직접 비용
=	매출총이익
−	판매비와 관리비 : 제품 판매 및 사업 관리와 관련된 비용
=	영업이익 : 매출총이익에서 영업비용을 차감한 정상적인 영업이익
+	영업 외 소득 : 기타의 사업 활동에서 발생한 수익
−	영업 외 비용 : 핵심 사업 운영과 관련되지 않은 비용
=	법인세차감전이익
−	법인세 비용
=	당기순이익 : 세금을 포함한 모든 비용을 공제한 최종 이익
	주당순이익 : 당기순이익을 발행 주식수로 나눈 값

④ **현금흐름표** 2024년 1회 기출

ⓐ 현금흐름표는 기업의 현금흐름에 대한 전반적인 정보를 제공하는 중요한 재무제표

ⓑ 특정 기간 동안 기업에 들어오고 나간 현금을 기록하여 회사의 현금흐름에 대한 전반적인 정보 제공

ⓒ 현금흐름표를 통해 기업의 재무건전성과 평가

> **TIP 현금흐름표 구성항목**
>
> • 영업활동 현금흐름(Cash Flow from Operating Activities)
>   - 기업의 주된 사업활동을 말하며, 수익과 비용의 차이로 측정
>   - 회사가 본업으로 얼마를 벌었는지를 알려주는 부분
>   예 재화의 판매와 용역 제공에 따른 현금 유입
>   로열티, 수수료, 중개료 및 기타수익에 따른 현금 유입
>   재화와 용역의 구입에 따른 현금 유출
>   종업원과 관련하여 직간접으로 발생하는 현금 유출
> • 투자활동 현금흐름(Cash Flow from Investment Activities) : 유형자산, 무형자산, 금융 투자 등으로 인한 현금흐름
>   예 투자를 하면 현금이 유출되고, 사용하던 유형자산을 팔거나 주식을 팔면 현금이 유입됨
> • 재무활동 현금흐름(Cash Flow from Financing Activities) : 기업의 자금 조달과 관련된 활동이나 주식 발행, 대출, 배당금 지급 등으로 인한 현금흐름

> 예 주식 발행 및 매입 : 새로운 주식 발행으로 인한 자금 조달이나 자사주 매입으로 인한 현금 유출
> 　부채 증가 및 상환 : 은행 대출의 상환 또는 차입금의 발생으로 인한 현금 유입 및 유출
> 　배당금 지급 : 주주들에게 배당금을 지급하는 경우의 현금 유출

⑤ **자본변동표** 2024년 2회 기출
　㉠ 일정 기간의 다양한 자본의 거래 및 사건을 나열하고 자본의 변동에 관한 정보를 제공하는 보고서
　㉡ 역할 : 자본금, 자본잉여금, 자본조정, 기타포괄손익누계액, 이익잉여금의 변동에 대한 정보 제공, 재무제표 간의 연계성 제고, 재무제표의 이해 가능성 제고 등
　　• 자본금 : 유상증자(감자), 무상증자(감자), 주식배당 등으로 인해 발생하며, 보통주자본금과 우선주자본금으로 구분하여 표시
　　　– 유상증자(감자) : 기업이 주식 수를 늘(줄)일 때 추가로 돈을 내(받)는 경우
　　　– 무상증자(감자) : 기업이 주식 수를 늘(줄)일 때 추가로 돈을 내(받)지 않는 경우
　　　– 보통주 자본금 : 우선권이나 차별을 두지 않는 가장 보통의 주식을 발행한 자본금
　　　– 우선주 자본금 : 우선주는 보통주에 대비해 우선적인 권리가 부여될 주식으로 의결권이 없음
　　• 자본잉여금 : 주주와의 자본거래에서 발생하여 자본을 증가시키는 잉여금
　　　– 기타자본잉여금 　감자차익, 자기주식처분이익
　　　– 주식발행 초과금 : 주식을 발행할 때 액면가를 초과하여 발행한 금액
　　　> 예 보통주 1,000주를 11,000원(액면 10,000원)에 발행하여 보통예금으로 입금함
　　　　(차)　보 통 예 금　　11,000,000원　　(대)　자　본　금　　10,000,000원
　　　　　　　　　　　　　　　　　　　　　　　　　주식발행초과금　 1,000,000원
　　• 자본조정 : 자본잉여금 이외의 자본 거래를 모아둔 임시계정
　　　– 가산항목(+) : 자기주식, 미교부 주식배당금, 출자전환채무
　　　– 감산항목(-) : 기타자본조정(감자차익, 자기주식 처분 손실, 배당건설이자)
　　　> 예 C회사가 자기주식을 매입하여 자본조정으로 기록함
　　• 기타포괄손익 : 손익거래 중 포괄손익계산서의 당기순이익을 분류하기 어려운 항목의 잔액
　　　– 해외산업 환산손익, 매도가능평가손익, 재평가 차익, 재평가 잉여금 등
　　　> 예 해외종속기업의 재무제표를 원화로 환산할 때 발생하는 차이를 기타포괄손익으로 계상함
　　• 이익잉여금 : 영업활동에 따라 발생한 이익 중 배당하지 않고 내부에 유보한 잉여금
　　　– 미처분 이익잉여금 : 기업이 영업활동으로 얻은 이익금을 외부로 유출하지 않고 사내에 누적시킨 잉여금
　　　– 기처분 이익잉여금 : 법정적립금(이익준비금), 임의적립금
　　　> 예 D회사의 미처분 이익잉여금은 전기이월 이익잉여금과 당기 순손익의 합임

⑥ **재무제표 간 상호연관성**
　㉠ 재무제표는 동일한 거래나 사건의 다른 측면을 반영하고 있으므로 서로 연관되어 있음
　㉡ 각각의 재무제표가 서로 다른 정보를 제공한다 할지라도, 어느 한 재무제표가 특정 의사결정에 충분한 정보를 제공하지 않을 수 있으며 또한 모든 재무제표 정보를 대신할 수 있는 것도 아님

(2) 재무제표 작성 원칙

① **신뢰성** : 재무제표는 신뢰할 수 있어야 하며, 이는 객관적인 자료와 증거에 의해 공정하게 처리되어야 함
② **명료성** : 재무제표의 양식, 과목, 회계용어는 이해하기 쉽도록 간단명료하게 표시되어야 함
③ **충분성** : 중요한 회계처리기준, 과목, 금액에 관해서는 그 내용을 재무제표상에 충분히 표시해야 함
④ **계속성** : 재무제표를 작성할 때 기업의 존속 가능성을 평가하고, 계속기업을 전제로 재무제표를 작성해야 함
⑤ **중요성** : 중요한 항목은 재무제표의 본문이나 주석에 그 내용을 가장 잘 나타낼 수 있도록 구분표시해야 함
⑥ **안전성** : 회계처리 과정에서 여러 선택 가능한 방법 중에서 재무적 기초를 견고히 하는 관점에 따라 결정해야 함
⑦ **실질성** : 회계처리는 거래의 실질과 경제적 사실을 반영할 수 있어야 함
⑧ **발생주의 원칙** : 실제로 현금을 받거나 지급한 시기와 상관없이 수입과 지출이 발생하거나 발생한 시점에 기록하는 방식
　㉠ 수익 인식 : 수익은 현금을 받았을 때가 아니라 획득하고 실현할 수 있을 때 인식
　㉡ 비용 인식 : 비용은 지출 시점이 아닌 발생 시점에 인식
⑨ **수익비용 대응의 원칙** : 일정 기간 동안 인식된 수익과 그 수익을 획득하기 위해 발생한 비용을 결정하여 이를 서로 대응시키는 원칙

③ 재무비율

(1) 재무비율의 의미

① 기업의 성과, 재무건전성, 운영 효율성을 평가하기 위해 다양한 재무비율을 계산하고 해석하는 과정
② 투자자, 채권자 및 경영진과 같은 이해관계자는 투자, 대출 및 전략 계획과 관련하여 정보에 근거한 결정을 내릴 수 있음

(2) 재무비율 분석의 목적

① **성과 평가** : 수익성, 효율성, 지급 능력 측면에서 회사의 성과가 얼마나 좋은지 평가
② **경향 분석** : 시간에 따른 추세를 파악하여 회사 성과가 어떻게 변화하는지 이해
③ **비교 분석** : 회사의 성과를 업계 벤치마크 또는 경쟁업체와 비교
④ **위험 평가** : 회사 운영과 관련된 재무위험을 평가
⑤ **의사결정** : 정보를 바탕으로 투자, 대출, 경영 결정을 내리는 데 도움을 줌

(3) 주요 재무비율의 개념

① 유동성 비율 : 회사의 단기 의무 이행 능력을 측정 `2024년 1회 기출`

  예) 유동 비율 = $\dfrac{유동자산}{유동부채}$, 당좌비율 = $\dfrac{당좌자산}{유동부채}$ 등

② 수익성 비율 : 수익, 자산, 자본 및 기타 재무 요소를 기준으로 회사의 이익 창출 능력을 평가
  `2024년 2회 기출`

  예) 순이익률 = $\dfrac{당기순이익}{매출액}$, 총자산이익률 = $\dfrac{당기순이익}{총자산}$, 자본이익률 = $\dfrac{당기순이익}{자기자본}$ 등

③ 활동(효율성) 비율 : 회사가 자산을 얼마나 효과적으로 활용하고 운영을 관리하는지 평가

  예) 재고자산회전율 = $\dfrac{매출원가}{재고자산}$ 또는 $\dfrac{매출액}{재고자산}$, 유형자산 회전율 = $\dfrac{매출액}{유형자산}$ 등

④ 성장률 : 회사의 향후 확장 및 수익성 가능성을 평가

  예) 매출액증가율 = $\dfrac{당기말 매출액}{전기말 매출액}$, 총자산증가율 = $\dfrac{당기말 총자산}{전기말 총자산}$ 등

⑤ 생산성 비율 : 수익 창출에 있어서 회사의 자원 사용 효율성을 평가

  예) 노동생산성 = $\dfrac{부가가치}{종업원수}$, 자본생산성 = $\dfrac{부가가치}{총자본}$ 등

⑥ 시장 가치 비율 : 수익, 배당금, 장부 가치를 기준으로 회사의 시장 성과를 평가

  예) 주당순이익 = $\dfrac{당기순이익}{발행총주식수}$, 주가수익비율 = $\dfrac{주가}{주당이익}$ 등

(4) 재무비율의 종류

① 안정성 비율
  ㉠ 회사의 장기적인 재무 안정성과 장기적인 의무 이행 능력을 평가하며 지급여력비율이라고도 함
  ㉡ 이해관계자가 회사의 재무 레버리지와 전반적인 위험을 이해하는 데 도움이 됨
  ㉢ 회사의 안정성을 평가함으로써 투자자와 채권자는 회사의 장기적인 생존 가능성과 위험에 대해 정보를 바탕으로 결정을 내릴 수 있음
  ㉣ 유동성과 초기 지불 능력 측면에서 회사의 재무건전성을 이해하는 데 특히 중요함
  ㉤ 안정성 비율의 종류
    • 유동비율 : 현재 자산으로 단기 채무를 지불할 수 있는 회사의 능력을 측정
      − 유동비율 = $\dfrac{유동자산}{유동부채}$
      − 유동비율이 높을수록 유동성이 강하다는 의미로, 단기자산으로 단기부채를 감당할 수 있는 능력이 높다는 의미
      − 2 : 1 비율은 이상적인 것으로 간주되지만, 이상적인 비율은 업계에 따라 다를 수 있음

- 당좌비율 : 재고를 제외한 유동성이 가장 높은 자산으로 회사의 단기 채무 이행 능력을 평가
  - 당좌비율 = $\dfrac{\text{당좌자산}}{\text{유동부채}}$
  - 현금으로 빠르게 전환되지 않는 재고를 제외하여 유동비율보다 더 엄격한 유동성 척도를 제공
  - 당좌비율이 1 : 1 이상이면 일반적으로 양호한 것으로 간주되어 재고 매각에 의존하지 않고도 단기부채를 충당할 수 있음을 나타냄
- 부채비율 : 회사의 자산 중 부채로 조달되는 비율
  - 부채비율 = $\dfrac{\text{총부채}}{\text{총자산}}$
  - 부채비율이 높을수록 회사 자산 중 부채를 통해 조달되는 비중이 높아져 재무위험이 높아짐
  - 부채비율이 0.5(또는 50%)를 초과한다는 것은 회사가 자기자본보다 부채가 더 많다는 것을 의미하며, 이는 투자자와 채권자에게 우려를 줄 수 있음
- 이자보상비율 : 영업이익으로 부채에 대한 이자를 지불할 수 있는 회사의 능력을 측정
  - 이자보상 = $\dfrac{\text{영업이익}}{\text{이자비용}}$
  - 이자보상비율이 높을수록 기업의 이자부담능력이 높다는 의미
  - 1 미만의 비율은 회사가 이자 지불을 충당하는 데 어려움을 겪을 수 있음을 의미

② **수익성 비율**
  ⊙ 수익, 자산, 자본 및 기타 재무 지표를 기준으로 수익을 창출하는 회사의 능력을 평가하는 재무 지표
  ⓒ 회사가 수익 창출을 위해 자원을 얼마나 효과적으로 활용하고 있는지에 대한 통찰력을 제공하여 전반적인 재무건전성과 운영 효율성을 나타냄
  ⓒ 수익성 비율의 종류
    - 자본이익률(ROE ; Return on Equity) : 주주 지분 대비 수익성을 측정하여 회사가 주주로부터 투자 수익을 얼마나 잘 창출하는지를 평가
      - 자본이익률 = $\dfrac{\text{당기순이익}}{\text{자기자본}} = \left(\dfrac{\text{순이익}}{\text{매출액}}\right) \times \left(\dfrac{\text{매출액}}{\text{자산}}\right) \times \left(\dfrac{\text{자산}}{\text{자본}}\right)$
      - ROE가 높을수록 자기자본을 효율적으로 활용하여 이익을 창출한다는 의미
      - 투자자가 자신의 자본이 회사 내에서 얼마나 잘 재투자되고 성장하고 있는지 이해함
      - 단, 자기자본보다 부채가 많을수록 레버리지 효과로 인해 ROE가 높아지므로 부채비율이 높은 회사의 높은 ROE를 좋은 것으로 보기 어려움
      - 듀폰항등식 : 자기자본이익률(ROE)을 구성하는 원천을 영업효율성(매출이익률), 자산 활용의 효율성(총자산회전율) 및 재무레버리지(자기자본승수)의 요소별로 구분하여 현재의 수익성을 분석하는 방법

- 총자산수익률(ROA ; Return on Total Assets) : 기업이 자산을 활용하여 수익을 창출하는 효율성을 평가
    - 총자산이익률 = $\dfrac{당기순이익}{총자산}$
    - ROA가 높을수록 자산을 활용하여 수익을 창출하는 데 있어 보다 효과적인 관리를 의미
    - 총자산 기반을 기준으로 회사의 수익성을 전반적으로 측정하는 지표
    - 주주의 돈과 은행에서 빌린 돈 등을 모두 이용해 얼마나 벌었는지를 판단하는 지표
- 매출액순이익률(매출순이익) : 수익에서 모든 비용을 공제한 후 이익으로 남는 비율을 측정
    - 순이익률 = $\dfrac{당기 순이익}{매출액}$
    - 순이익률이 높을수록 매출액을 실제 이익으로 전환하는 효율성이 높다는 의미
    - 세금, 이자 등 모든 비용을 고려한 기업의 수익성을 나타냄
- 투자자본수익률(ROI ; Return on Investment) : 회사가 관리하는 자본을 수익성 있는 투자에 할당하는 효율성을 평가
    - 순이익률 = $\dfrac{당기 순이익}{투자자본}$
    - ROI가 높을수록 회사가 자본을 효과적으로 사용하여 수익을 창출하고 있음을 나타냄
    - 부채와 자기자본 조달을 모두 고려하여 회사가 수익 창출을 위해 자본을 얼마나 잘 사용하고 있는지에 대한 통찰력을 제공

③ **활동성 비율**
  ㉠ 회사가 자산을 사용하여 판매 또는 수익을 창출하는 방법을 평가하며 효율성 또는 회전율 비율이라고도 함
  ㉡ 기업이 다양한 자산을 판매로 전환하는 속도와 효율성을 평가하여 운영 효율성과 자산 관리에 대한 통찰력을 제공
  ㉢ 활동성 비율의 종류
  - 재고자산회전율 : 특정 기간 동안 기업의 재고가 몇 번이나 판매되고 교체되는지를 측정하여 재고관리의 효율성 평가
      - 재고자산회전율 = $\dfrac{매출원가}{재고자산}$ 또는 $\dfrac{매출액}{재고자산}$
      - 재고회전율이 높을수록 회사의 재고 판매 및 보충 빈도가 높아져 효율적인 재고관리를 의미
      - 낮은 비율은 재고관리 프로세스의 과잉, 노후화 또는 비효율성을 나타낼 수 있음
  - 유형자산회전율 : 기업이 유형자산(예 자산, 공장, 장비)을 얼마나 효율적으로 사용하여 매출을 창출하는지 평가
      - 유형자산회전율 = $\dfrac{매출액}{유형자산}$

- 유형자산회전율이 높을수록 유형자산을 효율적으로 활용하여 수익을 창출한다는 의미함
- 기업의 물리적 자산에 대한 투자의 생산성을 반영함
- 매출채권회전율 : 기업이 신용판매를 통해 얼마나 효율적으로 수익을 수집하는지를 측정하여 신용 정책 및 매출채권 관리의 효율성을 나타냄

  - 매출채권회전율 = $\dfrac{\text{매출액}}{\text{매출채권}}$

  - 매출채권회전율이 높을수록 매출채권 회수가 빨라 효율적인 회수절차와 신용정책이 효과적임을 의미함
  - 낮은 비율은 신용 정책이나 추심 프로세스에 문제가 있음을 시사하여 미수금이 길어질 수 있음

④ 성장성 비율
  ㉠ 시간이 지남에 따라 자산, 자기자본, 매출과 같은 재무 지표를 증가시키는 회사의 능력을 평가
  ㉡ 기업의 성장 잠재력에 대한 통찰력을 제공하여 회사가 얼마나 잘 운영을 확장하고 재무건전성을 개선하며 이해관계자에게 더 높은 수익을 창출하고 있는지를 나타냄
  ㉢ 성장성 비율의 종류
   - 총자산증가율 : 특정 기간 동안 기업의 총자산이 증가하는 비율을 평가

     - 총자산증가율 = $\dfrac{\text{당기말 총자산} - \text{전기말 총자산}}{\text{전기말 총자산}}$

     - 총자산증가율이 높다는 것은 회사의 자산 기반이 확대되고 있음을 의미하며, 이는 영업 성장과 매출 증가 가능성을 시사함
     - 이는 비즈니스 성장을 지원하기 위해 새로운 자산에 투자하고 인수할 수 있는 회사의 능력을 반영함
   - 자기자본증가율 : 특정 기간 동안 회사의 자기자본이 증가하는 속도를 평가함

     - 자기자본증가율 = $\dfrac{\text{당기말 자기자본} - \text{전기말 자기자본}}{\text{전기말 자기자본}}$

     - 자기자본 증가율이 높을수록 기업이 효과적으로 이익을 유지하거나 신규 자본을 조달하고 있어 회사 전체의 재무건전성에 기여하고 있음을 의미함
     - 주주 기반을 확대하고 이익을 사업에 재투자하는 회사의 능력을 나타냄
   - 매출증가율 : 특정 기간 동안 기업의 매출이 증가하는 비율을 측정

     - 매출액증가율 = $\dfrac{\text{당기말 매출액} = -\text{전기말 매출액}}{\text{전기말 매출액}}$

     - 매출 성장률이 높을수록 회사의 매출이 성공적으로 증가하고 있음을 의미
     - 시장 점유율 증가, 효과적인 판매 전략, 제품 또는 서비스에 대한 강력한 수요의 신호일 수 있음
     - 시간이 지남에 따라 고객 기반을 확장하고 더 많은 매출을 창출할 수 있는 능력을 반영함

⑤ 생산성 비율
  ㉠ 기업이 일반적으로 수익이나 이익 측면에서 생산량을 창출하기 위해 노동 및 자본과 같은 자원을 사용하는 효율성을 평가함
  ㉡ 회사의 운영 효율성과 자원관리를 나타내는 데 도움이 됨
  ㉢ 생산성 비율의 종류
    • 노동생산성 : 일반적으로 각 직원의 노동 투입 단위당 생성된 생산량(일반적으로 수익 또는 이익)을 평가함
      $$노동생산성 = \frac{부가가치}{종업원수}$$
      − 높은 노동생산성 비율은 각 직원이 회사의 생산량에 더 많이 기여하고 있음을 의미
      − 이 비율은 다양한 기간의 생산성을 비교하거나 노동력의 성과를 평가하기 위한 업계 벤치마크와 비교하는 데 유용함
    • 자본생산성 : 자본 단위당 생성된 생산량을 측정하여 기업이 자본 자원을 얼마나 효율적으로 사용하는지 나타냄
      $$자본생산성 = \frac{부가가치}{총자본}$$
      − 자본생산성 비율이 높다는 것은 기업이 자본을 효율적으로 활용하여 더 높은 생산량을 창출하고 있음을 의미하며 이는 재원의 효율적 사용을 반영함
      − 이 비율은 자본 자산의 투자 수익률을 이해하는 데 도움이 되며 시간 경과에 따른 성과를 비교하거나 업계 표준과 비교하는 데 사용할 수 있음

⑥ 시장 가치 비율
  ㉠ 주식에 대한 시장 인식과 가치 평가를 평가하는 데 사용되는 재무 지표
  ㉡ 기업의 재무 성과와 시장 가격 간의 관계에 대한 통찰력을 제공하여 투자자가 회사 주식의 매력을 평가하는 데 도움이 됨
  ㉢ 시장 가치 비율의 종류
    • 주당순이익(EPS ; Earning per Share) : 기업 이익 중 보통주 발행 주식 1주당 할당된 부분을 측정
      $$주당순이익 = \frac{당기순이익}{발행총주식수}$$
      − EPS는 주당 기준으로 주주가 얻을 수 있는 수익성을 나타냄
      − EPS 값이 높을수록 수익성이 높아진다는 뜻이며 투자자들은 이를 긍정적으로 봄
    • 주가수익비율(PER ; Price Earning Ratio) : 주당 수익을 기준으로 기업의 주식의 시장 가격을 평가
      $$주가수익비율 = \frac{주가}{주당이익}$$

- 비율이 높을수록 시장이 향후 성장을 기대한다는 의미일 수 있고, 비율이 낮을 경우 해당 주식이 저평가되었거나 회사의 성장 전망이 그다지 밝지 않다는 의미일 수 있음
- 이는 투자자가 수익에 비해 주식이 과대평가되었는지 또는 과소평가되었는지를 평가하는 데 도움이 됨

- 주가순자산비율(장부가율, PBR ; Price Book Value Ratio) : 기업의 시장 가치를 장부가치와 비교

  - 주가순자산비율 = $\dfrac{\text{주가}}{\text{주당장부가치}}$

  - 비율이 1보다 크다는 것은 미래 성장에 대한 기대나 재무상태표에 반영되지 않은 무형자산으로 인해 시장이 장부가치보다 기업을 더 높게 평가한다는 것을 의미

- 주가현금흐름비율(PCR ; Price Cashflow Ratio) : 주가가 영업 현금흐름을 기준으로 몇 배로 평가되는가를 측정

  - 주가현금흐름비율 = $\dfrac{\text{주가}}{\text{영업현금흐름}}$

  - 기업의 영업 현금 창출 능력이 주식의 시장 가격을 얼마나 잘 뒷받침하는지 나타냄
  - 비율이 낮을수록 현금창출능력에 비해 저평가됐다는 뜻이고, 높을수록 과대평가됐다는 의미

- 주가매출액비율(PSR ; Price Selling Ratio) : 주가가 매출액의 몇 배로 평가되고 있는지를 보기 위한 비율

  - 주가매출액비율 = $\dfrac{\text{주가}}{\text{매출액}}$

  - 비율이 낮다는 것은 저평가를 의미할 수 있으며, 이는 해당 주식이 수익에 비해 상대적으로 낮은 가격에 거래되고 있음을 시사함
  - 높은 비율은 투자자들이 더 높은 매출 성장을 기대한다는 것을 암시할 수 있으며, 이는 더 높은 주가를 정당화할 수 있음

④ 재고자산

(1) 재고자산의 회계처리

① 재고자산의 개념
  ㉠ 기업이 재판매, 생산 또는 제조 과정에서 활용을 목적으로 보유하는 상품 및 자재
  ㉡ 기업자산의 중요한 구성요소이며, 적절한 재고관리는 기업이 과잉 재고나 판매되지 않은 상품에 너무 많은 자본을 묶지 않고 고객 요구를 충족할 수 있도록 하는 데 필수적임

② 재고자산 유형
  ㉠ 원재료 : 제품을 생산하는 데 사용되지만 아직 가공 또는 조립되지 않은 기본 재료
    예 자동차 제조업체에는 철강, 섬유 회사에는 면, 가구 제조업체에는 목재

ⓛ 재공품 또는 반제품 : 제조 공정에 착수했으나 아직 완성되지 않은 물품
   예 조립라인에서 부분적으로 조립된 자동차, 절단되었지만 아직 의류에 재봉되지 않은 직물
ⓒ 완제품 : 제조 공정을 완료하여 고객에게 판매할 준비가 된 상품
   예 완성차, 포장식품, 조립가구
② 유지 보수, 수리 및 운영 소모품 : 생산 과정에서 사용되지만 최종 제품의 일부가 아닌 품목
   예 청소용품, 윤활유, 기계 예비 부품
◎ 상품 : 소매 또는 도매 업체에서 추가 가공 없이 재판매를 위해 구매하는 완제품
   예 소매점의 의류, 도매 유통업체의 전자제품

③ **구매 비용**
   ⓐ 재고자산을 획득하는 데 발생한 총 비용
   ⓑ 구매 가격과 재고를 현재 상태 및 위치로 가져오는 데 필요한 운송, 취급, 세금 및 관세가 포함됨

④ **판매 가격**
   ⓐ 재고자산이 고객에게 판매되는 금액
   ⓑ 판매 가격은 구매 비용을 충당하고 이익 마진을 제공하도록 설정
   ⓒ 개별법, 선입선출법, 후입선출법, 평균법 등으로 결정됨
   • 개별법
     - 각 재고 품목은 구매부터 판매까지 개별적으로 계산함
       예 자동차, 보석, 예술품 등 고가 품목의 구매 및 판매를 추적함
     - 장점 : 고유하거나 고가치 품목에 적합하고 수익과 비용이 정확히 일치함
     - 단점 : 유사한 품목을 대량으로 보관하는 데는 실용적이지 않음
   • 선입선출(FIFO)법
     - 가장 먼저 구매한 품목의 원가는 판매된 상품 원가에 할당되고, 가장 최근에 구매한 품목의 원가는 기말재고로 유지
       예 우유나 빵과 같이 상하기 쉬운 상품을 판매하는 식료품점
     - 장점 : 많은 기업의 실제 상품 흐름을 반영하고 인플레이션 기간 동안 더 높은 기말재고 가치를 제공함
     - 단점 : 인플레이션 기간 동안 보고된 이익이 높아 세금이 높아질 수 있음
   • 후입선출(LIFO)법
     - 가장 최근에 구매한 재고 품목이 먼저 판매되는 것으로 가정
     - 가장 최근 구매원가는 판매된 상품 원가에 할당되고, 가장 이른 구매원가는 기말재고로 유지
       예 추출된 광물을 판매하는 광산 회사
     - 장점 : 인플레이션 기간 동안 보고된 이익이 낮아 세금이 낮아짐
     - 단점 : IFRS에서는 허용되지 않으며 상품의 실제 물리적 흐름을 반영하지 못할 수 있으며 인플레이션 기간 동안 기말재고 가치가 낮아지게 됨

- 평균(가중 평균)법
  - 해당 기간 동안 사용 가능한 모든 재고 품목의 가중 평균 원가를 기준으로 판매된 상품 원가와 기말재고 원가를 계산
  - 평균 비용은 판매 가능한 제품의 총 비용을 판매 가능한 총 단위로 나누어 결정
    예 유사 제품을 대량으로 생산하는 제조업체
  - 장점 : 가격 변동을 완화하고 개별 비용을 추적하는 것보다 적용하기가 더 간단함
  - 단점 : 특정 식별 방법만큼 정확하게 특정 비용과 수익을 일치시키지 못할 수 있음

(2) 감가상각의 회계처리

① 감가상각의 개념
  ㉠ 감가상각은 유형 고정 자산의 내용연수 동안 비용을 체계적으로 배분하는 것
  ㉡ 자산의 마모, 노후화를 반영함
  ㉢ 감가상각은 구입 연도에 전체 비용을 지출하는 대신 자산의 사용으로 이익이 되는 기간에 자산 비용을 배분하는 데 사용되는 회계 방법

② 감가상각의 회계처리
  ㉠ 감가상각비 기록 : 손익계산서에 비용으로 기록되어 해당 기간 동안 회사가 보고한 수익이 감소, 해당 대변은 재무상태표에 감가상각누계액이라는 대비 자산 계정에 생성됨
  ㉡ 손익계산서 : 감가상각비는 당기순이익을 감소시킴
  ㉢ 재무상태표 : 감가상각누계액은 관련 자산의 장부가액을 감소시킴
  ㉣ 현금흐름표 : 감가상각비는 비현금 비용이므로 영업활동 부문의 당기순이익에 다시 추가됨

③ 감가상각 계산 개념
  ㉠ 내용연수
    • 기업이 자산을 사용할 것으로 예상되는 기간
    • 결정 : 내용연수는 자산의 예상되는 물리적 마모, 기술 노후화, 법적 또는 규제 제한, 사용 패턴을 기반으로 추정
      예 회사는 배달 트럭의 내용연수를 5년으로 추정함
  ㉡ 잔존가치
    • 자산의 내용연수 말에 예상 처분비용을 공제한 후 회수될 예상 금액
    • 결정 : 잔존가치는 해당 자산의 내용연수 종료 시 예상되는 상태, 시장 상황, 유사한 자산에 대한 과거 경험을 바탕으로 추정
      예 한 회사에서는 배달 트럭을 5년 동안 사용한 후 2,000,000원에 판매할 수 있다고 추정함

④ 감가상각 방법
  ㉠ 정액법 : 자산의 비용을 내용연수 전반에 걸쳐 균등하게 분산시킴 `2024년 1회 기출`
    - 감가상각비 = (취득가액 − 잔존가치) / 내용연수
      예) 취득가액 : 30,000, 내용연수 : 5년, 잔존가치 : 2,000
        연간 감가상각비 = (30,000 − 2,000) / 5 = 5,600
    - 매년 일정한 감가상각비가 발생하므로 간단하고 이해하기 쉬운 접근 방식을 제공
  ㉡ 정률법 : 가속상각의 일종인 체감잔액법으로 매년 감소하는 자산의 장부가액에 일정한 감가상각률을 적용하는 방식
    - 감가상각비 = 기초장부금액 × 상각률
      예) 취득가액 : 30,000, 내용연수 : 5년, 잔존가치 : 2,000, 상각률 40%
        1년 감가상각 비용 = 30,000 × 0.4 = 12,000
        2년 감가상각 비용 = 18,000(30,000 − 12,000) × 0.4 = 7,200
    - 자산 수명 초기에는 감가상각비가 높아지고 말년에는 비용이 낮아짐
    - 유효 수명 초기에 가치가 더 빨리 떨어지는 자산에 유용함
  ㉢ 생산비례법(생산단위법) : 자산의 실제 사용량이나 생산량을 기준으로 감가상각을 결정
    - 매기 감가상각비 = (취득원가 − 잔존가치) × (당기생산량 / 총 예상 생산량)
      예) 취득가액 : 30,000, 잔존가치 : 2,000, 당기 생산량 : 50,000, 총 예상 생산량 : 100,000개
        1년 감가상각 비용 = (30,000 − 2,000) × (50,000개/100,000개) = 28,000/0.5 = 14,000
    - 자산의 실제 사용과 감가상각비를 일치시키기 때문에 시간보다는 생산 수준과 마모가 더 밀접한 자산에 이상적임
  ㉣ 연수합계법 : 자산의 내용연수 중 초기 연도에 더 높은 감가상각비를 할당하고 이후 연도에는 더 낮은 비용을 할당하는 가속 감가상각 방법
    - 매기 감가상각비 = (취득원가 − 잔존가치) × (당기초 잔존내용연수 / 내용연수 합계)
      예) 취득가액 : 30,000, 잔존가치 : 2,000, 내용연수 4년
        1년 감가상각 비용 = (30,000 − 2,000) × (4/1+2+3+4) = 28,000/0.4 = 11,200
        2년 감가상각 비용 = (30,000 − 2,000) × (3/1+2+3+4) = 28,000/0.3 = 8,400
        3년 감가상각 비용 = (30,000 − 2,000) × (2/1+2+3+4) = 28,000/0.2 = 5,600
        4년 감가상각 비용 = (30,000 − 2,000) × (1/1+2+3+4) = 28,000/0.1 = 2,800

5 투자

(1) 채권투자

① 채권
  ㉠ 기업, 지방자치단체, 정부 또는 기타 단체가 자본을 조달하기 위해 발행하는 부채 담보
  ㉡ 채권을 구매하면 정기적인 이자를 지급하고 만기 시 채권 액면가를 반환하는 대가로 발행자에게 돈을 빌려주는 것

> **TIP 투자용어**
> - 발행자 : 채권을 발행하는 기관(예 정부, 기업)
> - 액면가(액면가) : 만기일에 채권 보유자에게 상환되는 금액
> - 이표율 : 채권의 액면가에 대해 채권 발행자가 지불하는 이자율
> - 만기일 : 채권 원금을 전액 상환하는 날짜
> - 수익률 : 구매 가격, 쿠폰 지급, 만기까지 고려한 채권 수익률
> - 신용등급 : 발행사의 신용도를 평가하여 이자율과 위험에 영향

② **채권의 특징**

  ㉠ 수익성
  - 수익성은 투자자에게 수익을 창출하는 채권(또는 모든 투자)의 능력
  - 일반적으로 이자 지불 및 자본 이득의 형태일 수 있는 수익률로 측정

  ㉡ 안정성
  - 안정성은 수익률의 예측 가능성과 채권 가치의 낮은 변동성을 의미
  - 신용등급이 높은 채권(예 AAA)이 더 안정적
  - 이자율 위험 : 이자율 변화에 대한 채권가격의 민감도, 기간이 짧은 채권이 더 안정적

  ㉢ 만기성 : 만기란 채권발행자가 채권의 액면가를 채권 보유자에게 반환하고 채권을 종료할 때까지의 기간으로 만기에 소지인에게 상환해야 함

  ㉣ 유동성
  - 채권이 가격에 큰 영향을 주지 않고 시장에서 얼마나 빠르고 쉽게 판매될 수 있는지를 나타냄
  - 시장 깊이 : 시장의 구매자와 판매자 수로 구매자와 판매자가 많을수록 유동성이 높아짐
  - 거래량 : 일반적으로 거래량이 높을수록 유동성이 높다는 것을 의미

③ **채권의 종류** `2024년 2회 기출`

  ㉠ 발행기관별 채권 종류
  - 국고채 : 국가 정부가 발행하며 일반적으로 정부의 지원을 받기 때문에 위험도가 낮은 것으로 간주됨(예 만기가 10년 이상인 국토교통부 채권)
  - 지방채 : 지자체나 지방자치단체에서 발행하며 학교, 고속도로, 인프라와 같은 공공 프로젝트에 자금을 지원하는 데 사용
  - 특수채 : 특별법에 의해 설립된 기관이 발행하는 채권을 고채와 사채의 성격을 모두 갖추고 있음
  - 금융채 : 은행 등 금융기관에서 발행하며 종종 기관의 자본 및 자금 운용에 사용되고, 청산 시 다른 채무보다 후순위인 후순위채도 포함됨
  - 회사채 : 기업이 사업 활동을 위한 자본을 조달하기 위해 발행하며 발행사의 신용도에 따라 위험과 수익이 크게 달라질 수 있고, 일반적으로 국채에 비해 높은 수익률을 제공

- ⓒ 이자지급방식별 채권종류
    - 단리채 : 이자는 원금을 기준으로 일정한 간격으로 지급하며 원금은 만기일에 반환함
    - 복리채 : 이자는 원금뿐만 아니라 누적된 이자에도 지급하며 복리는 매년, 반기별 또는 분기별로 발생할 수 있음
    - 할인 채권 : 액면가 대비 할인된 가격으로 판매하며, 정기적으로 이자를 지급하지 않고 액면금액을 지급하는 만기일에 수익을 제공함
    - 이표채 : 정기적으로(보통 반기 또는 매년) 고정 이자를 지불하며 액면가는 만기 시 상환함
- ⓒ 상환기간별 채권종류
    - 단기채 : 만기가 1년 이하이며, 금리 변화에 덜 민감함(예 국채 및 상업어음)
    - 중기채 : 만기는 1~5년이며, 수익률과 위험 사이의 균형을 제공함(예 일부 회사채)
    - 장기채 : 만기가 5년 이상이며, 가격에 큰 영향을 미칠 수 있는 금리 변화에 더 민감함(예 장기국고채, 만기가 연장된 회사채 등)

④ 채권가격 결정
- ㉠ 미래 현금흐름의 현재가치 계산
    - 채권가격 $= \left(\dfrac{이자}{1+수익률}\right) \times \left(\dfrac{액면가}{1+수익률}\right)$
    - 채권가격은 미래에 발생할 현금흐름의 현재가치를 적절한 이자율로 할인하여 계산됨
    - 액면금액과 표면금리 그리고 원리금 지급 방식뿐만 아니라, 채권가격에 영향을 주는 국내외 전반적인 경제여건에 의해 결정됨
    - 채권가격과 수익률은 역의 관계에 있음. 즉, 수익률이 증가하면 가격이 하락하고, 수익률이 감소하면 가격이 상승함
- ㉡ 화폐의 시간가치
    - 시간이 지남에 따라 화폐의 가치가 변하는 것을 인식하는 금융 개념
    - 현재 특정 금액의 돈이 잠재적인 수익 능력으로 인해 미래의 같은 금액과 다른 가치를 갖는 다는 생각을 반영함
    - 이자율, 인플레이션, 위험과 같은 요소를 고려하여 돈의 기회비용을 기반으로 함
- ㉢ 미래가치
    - 미래가치 $=$ (현재가치) $\times [1+(이자율)]^N$
    - 현재가치에 이자율을 곱한 것
    - 가정된 성장률이나 이자율을 기준으로 미래 특정 날짜의 현재 자산 또는 금액의 가치
    - 주어진 이자율로 오늘 투자한 금액이 시간이 지남에 따라 얼마나 증가할지 이해하는 데 도움이 됨

② 현재가치
- 현재가치 = (미래가치) ÷ [1 + (이자율)]^N
- 특정 이자율을 사용하여 현재로 할인된 미래의 현금 합계 또는 현금흐름 흐름의 현재가치
- 미래 금액이 현재 얼마만큼의 가치가 있는지를 나타냄
- 시장 금리 변화
  - 이자율 상승 : 채권 발행 후 시장 이자율이 상승하면 새로운 채권이 더 높은 이자율로 발행됨. 쿠폰 금리가 낮은 기존 채권은 투자자가 새로운 채권에서 더 나은 수익을 얻을 수 있기 때문에 매력이 떨어짐. 따라서 기존 채권의 가격은 새로운 채권과 비슷한 수익률을 제공하기 위해 낮아짐
  - 금리 하락 : 시장 금리가 하락하면 새로운 채권이 더 낮은 금리로 발행됨. 이자율이 높은 기존 채권은 신규 채권에 비해 더 나은 수익을 제공하기 때문에 더욱 매력적이 됨. 따라서 투자자들이 더 높은 이자 지급에 대해 프리미엄을 지불할 의향이 있기 때문에 기존 채권의 가격이 상승함

⑤ **채권 수익률의 종류**
  ㉠ 만기수익률
  - 만기까지 채권을 보유할 경우 채권에서 예상되는 총 수익
  - 이자 지급, 자본 이득 또는 손실, 화폐의 시간가치를 통합하여 채권 수익에 대한 포괄적인 척도를 제공
  ㉡ 유효수익률 `2024년 2회 기출`
  - 정기 이자의 복리를 설명하는 채권 수익률
  - 채권의 정기 이자 지급이 동일한 비율로 재투자될 경우 투자자가 얻게 될 실제 연간 수익을 반영
  - 현재가치로부터 만기미래가치까지의 총수익률을 연단위 기하 평균한 수익률이며, 이론적으로도 가장 합리적임
  ㉢ 표면이율
  - 채권의 액면가에 대해 채권 발행자가 지불하는 연간 이자율
  - 이는 백분율로 표시되며 채권의 기간 동안 고정된 상태로 유지됨
  - 표면이자율은 채권의 액면가 대비 투자자가 정기적으로 받게 될 이자 소득 금액을 나타냄
  - 이는 시장 이자율에 따라 변하지 않으며 채권 수입에 대한 직접적인 척도를 제공함
  ㉣ 연평균수익률
  - 특정 기간 동안 채권에 대해 얻은 평균 연간 수익률로, 정기 이자 지급과 채권가격 변동을 모두 고려함
  - 이 수익률은 연간 채권 수익률의 평균 측정값을 제공하며, 다양한 만기 및 지불 구조를 가진 채권을 비교하는 데 유용함

⑥ **채권투자의 위험** : 채권투자에는 투자 수익과 채권의 전체 가치에 영향을 미칠 수 있는 다양한 위험이 수반됨 `2024년 1회 기출`

  ㉠ 채무불이행위험(부도위험)
  - 채권 발행자가 만기일에 필요한 이자 지급을 이행하지 못하거나 원금을 상환하지 못할 위험
  - 채무를 이행하기에 충분한 현금흐름을 창출하는 발행인의 능력이 중요
  - 발행인이 채무를 불이행할 경우 채권 보유자는 투자 자본과 예상 이자 지급액의 일부 또는 전부를 잃을 수 있음

  ㉡ 시장위험(이자율리스크)
  - 시장 금리 변화로 인한 위험이 채권의 시장 가치에 영향을 미침
  - 채권가격과 시장 금리는 반대로 움직이며, 금리가 오르면 채권가격은 하락함
  - 장기 채권은 단기 채권보다 금리 변화에 더 민감함
  - 채권이 만기 전에 판매될 경우 금리 변동으로 인해 자본 손실이 발생할 수 있음

  ㉢ 유동성위험
  - 채권 보유자가 채권을 공정한 시장 가치로 쉽고 빠르게 판매하지 못할 위험
  - 국채는 일반적으로 더 높은 수요와 더 큰 시장 규모로 인해 유동성위험이 더 낮은 반면, 회사채 또는 지방채는 유동성위험이 더 높을 수 있음
  - 채권 판매가 어려워지면 할인된 가격으로 판매하거나 구매자를 찾기까지 더 오랜 시간을 기다려야 하여 잠재적으로 손실이나 수익 감소로 이어질 수 있음

  ㉣ 구매력감소리스크(인플레이션리스크)
  - 채권 수익률이 인플레이션을 따라가지 못해 채권의 미래 현금흐름에 대한 구매력이 감소할 위험
  - 인플레이션이 예상보다 높으면 채권 수익률의 실질 가치가 감소하여 시간이 지남에 따라 채권 보유자의 구매력이 감소함

⑦ **옵션**

  ㉠ 옵션은 보유자에게 특정 기간 내에 사전 결정된 가격으로 채권 또는 채권 관련 증권을 사고 팔 수 있는 권리(의무는 아님)를 부여하는 금융 파생 상품
  ㉡ 옵션은 채권투자위험을 헤지하고, 채권가격 변동을 추측하거나 포트폴리오 수익을 향상시키는 데 사용될 수 있음
  ㉢ 옵션 관련 개념
  - 옵션 매수자(보유자)
    - 옵션을 구매하는 개인 또는 법인으로 구매자는 옵션을 행사할 권리를 가짐
    - 기초자산을 매수(콜옵션)하거나 매도(풋옵션)할 수 있는 권리에 대해 옵션 매도자에게 프리미엄을 지급함
    - 위험과 보상 : 위험은 지불한 프리미엄으로 제한되는 반면, 잠재적 보상은 콜 옵션의 경우 이론적으로 무제한이고 풋 옵션의 경우 상당함

- 옵션 매도자(작가)
  - 옵션을 판매하는 개인 또는 법인으로 구매자가 옵션을 행사하는 경우 판매자는 계약을 이행할 의무가 있음
  - 기초자산을 매수(풋옵션) 또는 매도(콜옵션)할 의무를 떠맡는 대가로 옵션 매수자로부터 프리미엄을 받음
  - 위험 및 보상 : 보상은 받은 프리미엄으로 제한되는 반면, 특히 노출되지 않은(노출된) 옵션의 경우 잠재적 위험이 상당할 수 있음
- 프리미엄 `2024년 1회 기출`
  - 옵션이 부여한 권리에 대해 옵션 구매자가 옵션 판매자에게 지불하는 가격
  - 프리미엄은 기초자산의 현재 가격, 행사 가격, 만료 시간, 변동성, 이자율 등의 요인에 의해 영향을 받음
  - 옵션 매도자가 감수하는 위험에 대한 보상과 매수자에게 옵션 비용을 나타냄
- 행사 가격(행사 가격)
  - 옵션 보유자가 기초자산을 매수(콜 옵션)하거나 매도(풋 옵션)할 수 있는 사전 결정된 가격
  - 옵션이 행사될 수 있는 가격을 결정하며, 옵션의 내재가치를 계산하는 핵심 요소임
  - 행사 가격과 기초자산의 현재 시장 가격 간의 관계가 옵션 가치에 영향을 미침
- 기초자산
  - 옵션 계약의 기반이 되는 금융 상품(예 채권, 채권 지수, 이자율)
  - 기초자산의 가격 변동에 따라 옵션의 가치가 결정됨
  - 기초자산은 특정 회사채 또는 정부 채권, 채권 지수 또는 이자율이 될 수 있음
- 만료일
  - 옵션 계약이 만료되고 옵션을 행사할 권리가 소멸되는 날짜
  - 옵션을 행사할 수 있는 기간을 결정하며, 옵션은 유럽식(만기일에만 행사 가능) 또는 미국식(만기일 이전 언제든지 행사 가능)이 있음
  - 옵션의 만기일이 가까울수록 시간가치가 더 많이 감소하여 프리미엄에 영향을 미침

⑧ **옵션가치** : 내재가치와 시간가치로 구성된 옵션의 총 가치로 이는 투자자가 시장에서 옵션에 대해 기꺼이 지불할 의사가 있는 금액을 반영함
  ㉠ 내가격(ITM ; In-the-Money)
    - 옵션이 지금 당장 행사될 경우 얻을 수 있는 즉각적인 이익을 보는 경우
    - 옵션을 행사하면 현금흐름이 플러스일 경우 해당 옵션은 내가격임
  ㉡ 등가격(ATM ; At-the-Money)
    - 기초자산의 현재 가격이 행사 가격과 같은 경우
    - ATM 옵션에는 내재가치가 없지만 여전히 상당한 시간가치가 있을 수 있음

ⓒ 외가격(OTM ; Out-the-Money)
- 옵션을 행사해도 긍정적인 현금흐름이 발생하지 않는 경우
- OTM 옵션에는 내재가치가 없고 시간가치만 있으며 행사될 가능성이 낮음

ⓔ 시간가치
- 옵션가격 중 내재가치를 초과하는 부분
- 이는 기초자산의 가격, 만기까지 남은 시간, 변동성 및 이자율의 변화로 인해 옵션이 만기 전에 가치를 얻을 가능성을 반영
- 옵션이 만료일에 가까워질수록 시간가치는 감소하는데, 이는 시간가치 하락으로 알려진 현상
- 만기까지 남은 시간이 길고 변동성이 높은 옵션은 일반적으로 시간가치가 더 높음

⑨ **옵션의 종류**
ⓐ 콜옵션 : 보유자에게 특정 기간 내에 특정 가격(행사 가격)으로 기초자산을 매수할 수 있는 권리를 부여하지만 의무는 부여하지 않음
  예 투자자가 행사 가격이 5만 원이고 만료일이 3개월인 주식에 대한 콜 옵션을 구매한다고 가정. 만기일 이전에 주가가 6만 원으로 상승하면 투자자는 행사 가격인 5만 원에 주식을 구매할 수 있으며, 잠재적으로 시장 가격인 6만 원에 팔아 이익을 얻을 수 있음

ⓑ 풋옵션 : 풋옵션은 보유자에게 특정 기간 내에 특정 가격(행사 가격)으로 기초자산을 매도할 수 있는 권리를 부여하지만 의무는 부여하지 않음
  예 투자자가 행사 가격이 5만 원이고 만료일이 3개월인 주식에 대한 풋옵션을 구매한다고 가정. 만기일 이전에 주가가 4만 원으로 떨어지면 투자자는 행사가 5만 원에 주식을 팔 수 있고, 잠재적으로 시장 가격 4만 원에 매수해 이익을 얻을 수 있음

⑩ **가치 평가 방법** : 잠재적 투자의 실행 가능성과 수익성을 결정
ⓐ 회수기간 방법
- 투자로 인해 발생한 현금 유입에서 초기 투자금이 회수되기까지 소요되는 시간을 측정함
- 공식 : $\dfrac{\text{투자액}}{\text{연간평균회수금액}}$
- 투자 회수 기간은 투자금이 얼마나 빨리 회수되는지에 대한 간단한 척도를 제공
- 일반적으로 투자 회수 기간이 짧은 것이 선호되며 이는 투자 회수가 더 빠르다는 것을 의미
- 장점 : 이해하고 계산하기 쉬우며, 유동성 및 위험을 평가하는 데 유용
- 단점 : 화폐의 시간가치를 무시하고 회수기간 이후의 현금흐름은 고려하지 않음. 수익성을 직접적으로 측정하지 않음

ⓑ 순현재가치(NPV ; Net Present Value) 방법
- 특정 할인율을 사용하여 투자와 관련된 모든 현금 유입 및 유출의 현재가치를 계산
- 순현재가치는 현금 유입의 현재가치와 현금 유출의 현재가치의 차이
- 공식 : $\sum_{t=1}^{n} \dfrac{CF_t}{(1+r)^t} - I_0$

[t = 기간, n = 총기간 수, r = 할인율, CF_t = t(기간)의 현금흐름, I_0 = 초기투자금액]

- 양의 NPV는 투자가 비용보다 더 많은 가치를 창출하여 수익성 있는 투자가 될 것으로 예상된다는 것을 나타냄
- 음의 NPV는 투자가 재정적으로 실행 가능하지 않음을 나타냄
- 장점 : 화폐의 시간가치를 고려, 투자의 부가가치를 직접적으로 측정, 투자 기간 동안의 모든 현금흐름을 고려함
- 단점 : 할인율 추정이 필요, 투자 회수 기간보다 계산하고 이해하는 것이 더 복잡

ⓒ 내부수익률(IRR ; Internal Rate of Return) 방법
- 투자의 모든 현금 유입과 유출에 대한 NPV가 0이 되는 할인율을 계산
- 이는 프로젝트가 손익분기점에 도달하는 수익률을 나타냄
- 공식 : $0 = \sum_{t=1}^{n} \frac{CF_t}{(1+IRR)^t} - I_0$

  [t = 기간, n = 총기간 수, r = 할인율, CF_t = t(기간)의 현금흐름, IRP = 내부수익률, I_0 = 초기투자금액]

- IRR은 투자의 NPV를 0으로 만드는 할인율로 IRR이 요구 수익률이나 자본 비용보다 큰 경우 해당 프로젝트는 허용 가능한 것으로 간주됨
- 장점 : 화폐의 시간가치 및 투자 기간 동안의 모든 현금흐름을 고려하고, 수익률을 백분율로 제공하여 요구 수익률과 쉽게 비교할 수 있음
- 단점 : 계산이 복잡하고 여러 개의 IRR을 제공할 수 있으며, IRR로 현금흐름을 재투자한다고 가정하지만 현실적이지 않을 수 있음

SECTION 02 인사 자원 기본정보

❶ 인사 – 조직 전략

(1) 인사 기획

① 인사 전략 수립
  ㉠ 인적 자원(HR) 전략이라고도 알려진 인사 전략은 조직이 전반적인 목표와 목표에 맞춰 인력을 관리하고 개발하는 방법을 개략적으로 설명하는 포괄적인 계획
  ㉡ 인력 계획, 인재 확보, 직원 개발, 성과 관리, 보상 및 혜택, 직원 참여, 다양성 및 포용성, 법률 준수가 포함됨

② 인력 운영 계획
  ㉠ 조직이 인력을 효과적으로 관리하기 위해 구현할 정책, 절차 및 관행을 개략적으로 설명하는 전략적 계획
  ㉡ 인적 자원 활동을 조직의 목표 및 목적에 맞게 조정하기 위한 로드맵 역할을 하여 조직이 적절한 시기에 적절한 역할과 기술을 갖춘 적절한 인력을 보유하도록 보장함

(2) **직무분석** `2024년 2회 기출`
  ① 직무분석
    ㉠ 특정 직무의 의무, 책임, 필요한 기술, 결과 및 작업 환경에 대한 정보를 수집하고 평가하는 체계적인 프로세스
    ㉡ 주요 절차에는 준비 및 계획, 데이터 수집, 데이터 검토 및 검증, 문서화, 구현 및 검토가 포함됨
    ㉢ 직무분석 방법 : 관찰법, 면접법, 설문법, 중요사건법, 기능적 직무분석, 직위분석 설문지법 등
  ② 직무평가
    ㉠ 조직 내 직무의 상대적 가치를 결정하는 데 사용되는 체계적인 프로세스
    ㉡ 책임, 기술, 노력, 근무 조건을 기준으로 직무를 서로 비교하여 공정하고 공평한 급여 구조를 확립하는 것을 목표로 함
    ㉢ 직무별 상대적 중요도를 평가하여 합리적인 급여체계 확립에 도움을 줌
    ㉣ 조직 내 다양한 직무를 비교할 수 있는 기반을 제공하여 내부 형평성을 보장함
    ㉤ 교육 요구, 경력 경로 및 개발 기회를 식별하여 효과적인 인적 자원관리에 도움이 됨
    ㉥ 직무평가 방법
      • 서열법(순위법)
        - 조직에 대한 전반적인 가치를 기준으로 가장 높은 것부터 가장 낮은 것까지 작업을 정렬하는 것
        - 절차 : 기술, 노력, 책임, 근무 조건 등 주요 직무 요소를 식별 → 식별된 요소를 기반으로 각 작업을 평가 → 상대적인 중요성이나 가치에 따라 직업의 순위 매김
        - 장점 : 이해하기 쉽고 구현하기 쉬움
        - 단점 : 주관적이며 자세한 분석이 부족함. 다양한 직무 역할을 수행하는 대규모 조직에는 적합하지 않음
      • 등급법
        - 업무, 책임, 자격의 유사성을 기준으로 직무를 사전 정의된 클래스 또는 등급으로 분류
        - 장점 : 구조화된 프레임워크를 제공하고 유사한 작업 간에 일관성을 보장
        - 단점 : 고유한 직업 차이를 설명하지 못할 수 있음. 분류 시스템을 만들고 유지하는 데는 시간이 많이 걸릴 수 있음

- 분류법
    - 직무를 핵심 요소(보상 가능한 요소 기술, 노력, 책임, 근무 조건 등)에 따라 나누고 각 요소에 금전적 가치를 부여하여 일자리의 전반적인 가치를 결정
    - 요소에 대해 각 직무의 순위를 부여하고 작업의 전반적인 가치를 결정하기 위해 값을 합산
    - 장점 : 상세하고 정량적인 평가를 제공하며 시장 금리와 직접 비교할 수 있음
    - 단점 : 복잡하고 상당한 시간과 전문 지식이 필요하며 주관적인 판단이 포함될 수 있음
- 점수법
    - 특정 직업 요소에 점수 값을 할당하고 이 점수를 합산하여 직업의 상대적 가치를 결정
    - 절차 : 주요 직업 요소와 하위 요소를 식별 → 상대적 중요도에 따라 각 요소에 점수를 할당 → 각 요소에 대해 각 작업을 평가하고 점수를 합산
    - 장점 : 체계적이고 객관적이며 정량화 가능한 접근 방식 제공하고 상세한 분석이 용이함
    - 단점 : 개발 및 구현에 시간이 많이 걸리며 세심한 유지관리와 주기적인 검토가 필요함
- 시장임금조사방법 `2024년 2회 기출`
    - 조직의 일자리를 외부 노동 시장의 유사한 일자리와 비교하여 일자리 가치를 결정
    - 절차 : 노동 시장에서 유사한 직업에 대한 임금 데이터를 수집하기 위해 설문조사 실시 → 설문조사 데이터를 분석하고 해석 → 내부 직업 가치를 외부 시장 요율과 일치시킴
    - 장점 : 대외 경쟁력 확보하며 인재를 유치하고 유지하는 데 도움을 줌
    - 단점 : 시장 데이터를 항상 쉽게 사용할 수 없으며, 내부 직무 차이를 완전히 반영하지 못할 수도 있음

(3) 성과관리

① 목표관리법(MBO ; Management By Objectives)

㉠ 직원과 조직을 위한 명확하고 구체적이며 측정 가능한 목표를 설정하고, 이러한 목표를 향한 진행 상황을 추적하는 것

㉡ 중요 요소
- 목표 설정 : 조직의 전략적 목표에 맞춰 명확하고 구체적이며 달성 가능한 목표를 정의
- 모니터링 : 성과 지표와 피드백을 사용하여 목표를 향한 진행 상황을 정기적으로 추적
- 평가 : 목표 달성 정도를 평가하고 개선이 필요한 영역을 식별
- 조정 : 성과 평가를 바탕으로 목표와 전략에 필요한 조정

㉢ 장점
- 직원들에게 명확한 방향과 초점 제공
- 동기 부여와 책임감을 향상
- 개인과 조직의 목표를 쉽게 조정

② 균형성과표(BSC ; Balanced Score Card)
  ㉠ 비즈니스 활동을 조직의 비전 및 전략에 맞추고 내부 및 외부 커뮤니케이션을 개선하며, 전략적 목표에 대한 조직 성과를 모니터링하는 데 사용되는 전략적 계획 및 관리 시스템
  ㉡ 중요 요소
    - 재무 : 재무 성과(예 수익, 이익 마진, 투자 수익)를 측정
    - 고객 : 고객 만족도 및 유지율을 평가(예 고객 만족도 지수, 순추천 지수)
    - 내부 비즈니스 프로세스 : 내부 프로세스의 효율성을 평가(예 프로세스 주기 시간, 품질 지표)
    - 학습 및 성장 : 조직 개선 및 혁신에 중점(예 직원 교육 시간, 기술 개발)
  ㉢ 장점
    - 조직 성과에 대한 포괄적인 시각을 제공
    - 일상적인 업무를 장기 전략에 맞춰 조정
    - 전략적 의사소통 및 성과 측정을 강화

③ 핵심성과지표(KPI ; Key Peformamce Indicator) `2024년 2회 기출`
  ㉠ 조직이 핵심 비즈니스 목표를 얼마나 효과적으로 달성하고 있는지를 보여주는 구체적이고 측정 가능한 값으로 시간 경과에 따른 성과를 모니터링하고 측정하는 데 사용됨
  ㉡ 중요 요소
    - 구체적 : 명확하게 정의되고 초점이 맞춰져 있음
    - 측정 가능 : 정량화 가능하고 객관적으로 측정 가능
    - 달성 가능 : 현실적이고 달성 가능
    - 관련성 : 조직의 목표와 일치
    - 시간 제한 : 성취를 위한 정의된 시간 프레임
  ㉢ 장점
    - 명확한 성과 목표와 지표를 제공
    - 데이터 기반 의사 결정을 촉진
    - 책임과 지속적인 개선을 강화

④ 목표와 핵심 결과(OKR ; Objectives and Key Results)
  ㉠ 조직이 목표와 결과를 정의하고 추적하는 데 도움이 되는 목표 설정 프레임워크로 높은 수준의 목표와 3~5개의 측정 가능한 주요 결과로 구성됨
  ㉡ 중요 요소
    - 목표 : 중요하고 행동 지향적이며 영감을 주는 목표(예 시장 점유율 증가)
    - 주요 결과 : 목표 달성을 나타내는 구체적이고 측정 가능한 결과(예 고객 기반 20% 증가, 3가지 신제품 출시)

ⓒ 장점
- 조직 전체의 정렬과 참여를 촉진
- 야심찬 목표 설정과 지속적인 개선을 장려
- 진행 상황과 성공을 측정할 수 있는 명확한 지표를 제공

② 인적 자원 관리

(1) 채용

① 조직의 요구사항을 충족하는 데 적합한 인재를 유치, 선택 및 배치하는 인적 자원관리의 중요한 기능
② **채용의 절차**
  ㉠ 채용 계획
   - 조직의 채용 요구사항을 파악하고 최고의 후보자를 유치하고 채용하기 위한 전략을 개발하는 프로세스
   - 중요 요소
     - 요구사항 평가 : 조직 목표, 인력 분석 및 향후 예측을 기반으로 필요한 직원 수와 유형을 결정
     - 직무 분석 : 채용할 직위에 대한 역할, 책임 및 자격을 정의
     - 예산 : 광고, 채용 대행사 및 기술을 포함한 채용 활동을 위한 자원 할당
     - 타임라인 : 직위가 적시에 채워지도록 채용 타임라인을 설정
   - 중요성
     - 채용 노력과 조직 목표 간의 조정을 보장
     - 인력의 잠재적 격차를 식별하고 그에 따라 계획을 세우는 데 도움
     - 채용 프로세스의 효율성을 향상
  ㉡ 인재 모집
   - 조직에 합류하기 위해 필요한 기술, 경험, 문화적 적합성을 갖춘 개인을 유치하고 선발하는 것
   - 주요 전략
     - 홍보 : 최고의 인재를 유치하기 위해 조직을 일하기 좋은 곳으로 홍보
     - 후보자 모집 : 채용 게시판, 소셜 미디어, 채용 대행사, 직원 추천 등 다양한 채널을 활용하여 잠재적인 후보자를 모집
     - 심사 및 선발 : 이력서, 인터뷰, 평가, 신원조회를 통해 후보자를 평가하여 해당 역할에 가장 적합한 사람을 식별
     - 제안 및 협상 : 채용 제안을 연장하고 선정된 후보자와 조건을 협상
  ㉢ 채용진행 : 사전에 수립된 기준에 따라 서류 전형, 시험, 인적성 검사, 면접, 건강 진단 등 전형 시행 및 최적의 채용 예정자 선발

ⓔ 채용 결과 정리
- 온보딩(Onborading) 절차 진행 : 결과 공지, 채용 예정자 관리, 구비 서류 요청, 고용 계약 체결, 오리엔테이션 시행, 입문 교육 및 조직 사회화 프로그램 실시, 업무 및 부서 배치 등 신규 입사자가 조직에 정착할 수 있도록 지원하는 것
- 채용 결과 분석 등
- 중요성
  - 채용 프로세스의 지속적인 개선을 위한 데이터를 제공
  - 조직이 고품질 인재를 유치하고 유지하는지 확인

(2) 배치

① 인적 자원 배치는 적절한 인력이 적시에 적절한 역할을 맡도록 하기 위해 조직 내에서 직원을 전략적으로 배치하고 활용하는 것
② 직원의 기술, 경험 및 조직의 요구사항을 기반으로 특정 작업, 프로젝트 또는 부서에 직원을 할당하는 작업이 포함됨
③ 배치 계획
  ㉠ 목표와 목표를 달성하기 위해 조직 내에서 인적 자원을 할당하고 활용하는 방법을 설명하는 세부 전략
  ㉡ 직원을 효과적으로 배치하여 조직에 대한 기여를 극대화하기 위한 로드맵 역할을 함
④ 배치 진행
  ㉠ 배치 계획 구현을 지속적으로 모니터링하고 추적하는 것을 의미함
  ㉡ 인적 자원 배치가 계획대로 진행되고 있는지 확인하고 필요에 따라 조정이 이루어질 수 있도록 함

(3) 성과평가

① 인적 자원 성과평가는 설정된 기준 및 조직 목표와 관련하여 직원의 직무 성과 및 생산성을 체계적으로 평가하는 것
② 피드백을 제공하고 개선이 필요한 영역을 식별하며 승진, 보상, 교육 및 개발과 관련된 결정을 지원하는 것을 목표로 함
③ 평가 계획
  ㉠ 평가 계획에는 직원 성과를 평가하기 위한 접근 방식, 방법 및 기준이 설명되어 있으며, 이는 조직 전반에 걸쳐 일관되고 공정하게 평가를 수행하기 위한 로드맵 역할을 함
  ㉡ 목표 : 평가의 목표가 무엇인지에 대한 명확한 목표(예 성과 개선, 개발 계획)
  ㉢ 기준 : 직원을 평가할 특정 성과 표준 및 지표
  ㉣ 방법 : 평가에 사용되는 기술 및 도구(예 순위, BARS)
  ㉤ 빈도 : 평가가 수행되는 빈도(예 매년, 반년마다)

- ⓑ 역할 및 책임 : 평가를 수행할 사람을 정의(예 관리자, 동료)
- ⓢ 피드백 메커니즘 : 직원에게 피드백을 제공하는 방법과 피드백이 사용되는 방법

④ **평가 방법**
  - ㉠ 서열법
    - 직원은 성과에 따라 최고에서 최하까지 순위가 매겨지며, 평가자가 직원을 직접 비교하고 순위를 매김
    - 장점 : 간단하고 구현이 쉬움
    - 단점 : 주관적일 수 있으며 개선을 위한 구체적인 피드백을 제공하지 않을 수 있음
  - ㉡ 강제할당법
    - 직원은 성과 스펙트럼 전반에 걸쳐 분포되어 있으며 일반적으로 최고 성과자, 중간 성과자, 최하위 성과자 등의 범주로 분류되고 평가자가 각 범주에 고정된 비율의 직원을 할당
    - 장점 : 직원 간의 차별화
    - 단점 : 하위 범주에 배치된 직원의 사기를 떨어뜨릴 수 있으며 건전하지 못한 경쟁으로 이어질 수 있음
  - ㉢ 서술법
    - 직원의 성과에 대한 서술적인 설명을 제공하며 평가자는 직원 성과, 강점, 개선 영역에 대한 자세한 보고서를 작성
    - 장점 : 포괄적이고 개인화된 피드백을 제공
    - 단점 : 시간이 많이 걸리고 주관적일 수 있음
  - ㉣ 행동 기반 평가 척도(BARS) `2024년 2회 기출`
    - 각 성과 수준에 대한 구체적인 행동 예를 설명하여 기존 등급 척도와 중대 사건 방법의 요소를 결합
    - 중요한 직무 행동을 식별하고 다양한 성과 수준에 대한 행동 기준을 만들어 기준에 따라 직원을 평가
    - 장점 : 명확한 기준을 제공하고 평가 편향을 줄임
    - 단점 : 개발이 복잡하고 유지 관리에 상당한 노력이 필요
  - ㉤ 행동 관찰 척도(BOS)
    - BARS와 유사하지만 특정 행동의 빈도에 중점을 두며, 주요 업무 행동을 식별하고 직원이 이러한 행동을 얼마나 자주 나타내는지 관찰 및 기록하여 그에 따라 평가함
    - 장점 : 상세한 행동별 피드백을 제공
    - 단점 : 지속적인 관찰이 필요하며 시간이 많이 소요됨
  - ㉥ 평가센터법 `2024년 1회 기출`
    - 다양한 기법을 사용하여 표준화되고 포괄적인 방식으로 직원을 평가하며 직원들은 여러 훈련된 평가자가 평가하는 직무 작업을 모방한 시뮬레이션, 연습 및 테스트에 참여함

- 장점 : 직원의 역량과 잠재력에 대한 전체적인 시각을 제공
- 단점 : 비용이 많이 들고 시간이 많이 소요됨

ⓧ 다면평가 방법
- 360도 피드백 또는 다중 소스 평가라고도 알려진 다면 평가 방법에는 감독자, 동료, 부하 직원, 때로는 고객을 포함한 여러 소스로부터 성과 피드백을 수집하는 작업이 포함됨
- 장점 : 직원 성과에 대한 보다 완전하고 정확한 그림을 제공하고 다양한 관점에서 개선이 필요한 강점과 영역을 식별하며, 자기개발과 개인적 성장을 장려함
- 단점 : 관리가 복잡할 수 있으며, 주의 깊은 해석이 필요한 상충되는 피드백이 발생할 수 있음

(4) 인적 자원평가 결과 활용

① 종업원의 관점
- ㉠ 개인 개발 계획 : 직원은 자신의 강점과 개선이 필요한 영역에 대한 피드백을 받아 개인 개발 계획을 세울 수 있음
- ㉡ 경력 발전 : 성과 평가를 통해 잠재적인 경력 경로와 조직 내 발전 기회를 강조할 수 있음
- ㉢ 교육 기회 : 직원은 평가 결과에 따라 자신의 기술과 역량을 강화하기 위한 특정 교육 프로그램을 식별할 수 있음
- ㉣ 인정 및 보상 : 긍정적인 평가 결과는 인정, 보상 및 동기 부여 증가로 이어질 수 있음

② 관리적 관점
- ㉠ 피드백 및 코칭 : 관리자는 평가 결과를 사용하여 직원 성과 개선을 위한 건설적인 피드백과 코칭을 제공
- ㉡ 의사결정 : 객관적인 성과 데이터는 관리자가 승진, 급여 조정 및 기타 HR 조치에 관해 정보에 입각한 결정을 내리는 데 도움이 됨
- ㉢ 팀 개발 : 팀 내의 기술 격차와 강점을 식별하면 관리자가 교육 및 개발 계획을 맞춤화할 수 있음
- ㉣ 승계 계획 : 평가 결과는 관리자가 승계 계획 및 핵심 역할 개발을 위해 잠재력이 높은 직원을 식별하는 데 도움

③ 조직적 관점
- ㉠ 인력 계획 : 집계된 평가 데이터는 전략적 인력 계획에 대한 정보를 제공하여 조직 목표를 달성하는 데 적합한 인재가 확보되도록 함
- ㉡ 조직 개발 : 평가 결과는 조직 개선이 필요한 시스템적 문제와 영역을 밝혀 개발 노력의 방향을 제시할 수 있음
- ㉢ 법률 및 규정 준수 : 성과 평가에 대한 철저한 문서화를 유지하면 HR 결정을 지원하고 고용법 및 규정을 준수
- ㉣ 공정성 및 형평성 : 일관되고 객관적인 성과 평가는 HR 관행의 공정성과 형평성을 촉진

(5) 보상

① 임금 : 고용주에게 제공된 노동이나 서비스에 대해 직원에게 지급되는 금전적 보상을 의미하며 급여, 시급, 보너스 및 기타 재정적 혜택과 같은 다양한 형태의 지불이 포함됨

② 임금 구성
  ㉠ 기본 급여 : 정기적·일반적으로 월별 또는 격주로 직원에게 지급되는 고정 금액
  ㉡ 시간당 임금 : 근무 시간에 따라 지급되며, 시간제 또는 임시 고용에서 일반적임
  ㉢ 초과근무 수당 : 표준 근무 시간을 초과하여 근무한 시간에 대한 추가 보상으로 일반적으로 더 높은 비율로 지급
  ㉣ 보너스 : 성과나 회사 수익성에 따라 직원에게 추가로 지급되는 지급금
  ㉤ 수당 : 주택, 교통, 식사 등 특정 요구사항을 충족하기 위한 추가 지급금
  ㉥ 혜택 : 건강 보험, 은퇴 계획, 유급 휴가 및 기타 특전과 같은 비금전적 보상

③ 임금 조정 방법
  ㉠ 베이스업(일반임금 인상) `2024년 1회 기출`
   • 인플레이션을 따라잡거나 전반적인 보상 기준을 개선하기 위해 조직 내 모든 직원의 기본 급여를 균일하게 인상하는 것
   • 경쟁력 있는 급여 수준을 유지하고 공정성을 보장하며 직원을 유지
  ㉡ 승진(직무승진)
   • 직원의 직위가 상승하는 것
   • 책임 증가, 급여 인상, 복지 혜택 향상 등이 수반되는 경우가 많으며 조직에 대한 성과, 기술 및 기여도를 보상함
  ㉢ 승격(급여증분) : 일반적으로 재직 기간과 성과를 개별적·종합적으로 기준 삼아 직원의 급여를 정기적으로 인상하는 것 `2024년 1회 기출`
  ㉣ 성과 보너스(성과급)
   • 개인의 성과, 성과, 조직 목표에 대한 기여도를 기준으로 직원에게 지급되는 보너스
   • 일반적으로 특정 성과 지표, 목표 또는 프로젝트 완료와 연결되며 분기별 또는 연간 등 정기적으로 지급됨

(6) 복리후생

① 직원에게 정규 급여나 급여 외에 추가로 제공되는 보상 형태
② 건강, 보안, 일과 삶의 균형 등 다양한 요구사항을 해결하여 직원의 전반적인 복지, 직무 만족도 및 충성도를 향상시키는 것을 목표로 함
③ 복리후생의 종류
  ㉠ 법정복리후생 : 고용주가 직원에게 제공해야 하는 법적 의무 후생 `2024년 1회 기출`
   • 국민연금 : 국가 사회보장 시스템에 기여하여 은퇴, 장애 및 유족 혜택을 제공
   • 건강 보험 : 직원이 의료 서비스를 받을 수 있도록 보장하는 필수 건강 보험 보장

- 실업 보험 : 실직한 직원에게 재정 지원을 제공하는 혜택
- 산재 보험 : 업무 중 부상을 입은 직원의 의료비와 임금 손실을 보장하는 보험
- 유급 휴가 : 필수 휴가, 휴가, 병가, 출산/육아 휴가, 가족 휴가가 포함

ⓒ 비법정 복리후생 : 이는 고용주가 재량에 따라 제공하는 혜택으로 법적으로 요구되지는 않지만 직원 유치, 유지 및 동기 부여를 위해 제공
- 은퇴 계획 : 고용주 후원 연금 계획, 401(k) 계획 또는 기타 퇴직 저축 옵션
- 추가 건강 혜택 : 보충 건강 보험, 치과 및 안과 진료, 웰빙 프로그램, 정신 건강 지원
- 유연한 근무 방식 : 재택근무, 탄력적인 근무 시간, 단축된 근무 시간 등의 옵션
- 교육 지원 : 수업료 상환, 학자금 대출 지원 및 전문성 개발 기회
- 보육 서비스 : 현장 보육, 보육 보조금 및 부모 지원 프로그램
- 종업원 지원 프로그램(EAP ; Employee Assistance Program) : 상담, 법률 자문 및 재정 계획을 제공하는 서비스 `2024년 1회 기출`

ⓒ 최근 선진화된 복리후생 프로그램 : 임직원의 새로운 요구에 부응하고 직장과 사회의 최신 트렌드를 반영한 혁신적인 복리후생 제도로 직원 만족도, 일과 삶의 균형, 전반적인 웰빙을 향상시키는 것을 목표로 함
- 정신 건강 및 웰니스 프로그램 : 상담 서비스, 스트레스 관리 프로그램, 마음챙김 교육, 정신 건강의 날을 통해 직원의 정신 건강을 지원하는 데 초점
- 원격 근무 지원 : 홈 오피스 급여, 인체 공학적 장비, 기술 지원 등 원격 근무를 위한 자원 제공
- 재정 복지 프로그램 : 재무 계획, 부채 관리, 저축 계획 및 투자 조언을 제공하는 서비스
- 부모 지원 및 가족 친화적 정책 : 직원들이 일과 가족 책임의 균형을 유지할 수 있도록 향상된 육아 휴직, 입양 지원, 불임 치료 보장, 간병인 지원 등을 지원
- 카페테리아(cafeteria) 복리후생 : 구성원의 다양한 여건과 선호를 수용하기 위해 정해진 금액 범위 내에서 개인이 원하는 프로그램을 선택할 수 있도록 함으로써 구성원 만족도와 예산 운영의 효율성을 극대화하기 위한 복리후생 제도

(7) 퇴직 관리

① 퇴직 관리의 의미
  ㉠ 조직 내 인력의 퇴직 상황을 파악하고 퇴직 결정을 전후로 해서 대두되어지는 문제들을 해결하려는 조직 관리의 활동을 의미
  ㉡ 인력 감축, 퇴직 프로그램 설계, 퇴직자 지원, 퇴직 후 사후 관리 등을 포함
  ㉢ 퇴직 관리를 효과적으로 수행하려면 퇴직 관련 법규, 정책, 절차, 커뮤니케이션, 지원 프로그램 등을 고려해야 함

② 퇴직 프로그램 설계
  ㉠ 퇴직 프로그램 목표 설정 : 퇴직 프로그램의 목적을 정의하고 목표를 설정하며 비용 절감, 인력 감축, 조직 변화 등을 포함할 수 있음

ⓒ 퇴직 프로그램 범위 및 기간 : 프로그램이 적용되는 직원 범위와 퇴직 기간을 결정
ⓒ 퇴직 보상 및 혜택 : 퇴직자에게 제공되는 보상과 혜택을 정의하며 퇴직금, 연금, 의료 보험, 재취업 지원 등을 포함함
ⓔ 커뮤니케이션 및 교육 : 직원들에게 퇴직 프로그램에 대한 정보를 제공하고 교육하는 방법을 고려함
ⓜ 퇴직자 지원 및 상담 : 퇴직자들이 원활하게 퇴직을 진행할 수 있도록 지원하는 프로그램을 설계하고 상담 서비스, 직업 탐색 지원, 스트레스 관리 등을 포함함
ⓗ 퇴직 후 사후 관리 : 퇴직 후에도 퇴직자들을 지원하는 방법을 고려하며 네트워킹 기회, 연락처 유지, 퇴직자 만남 등을 포함할 수 있음

(8) 전직지원

① 퇴직자가 민간 사회에서 적응하고 원하는 경력 목표를 달성할 수 있도록 지원하는 활동
② **진로 교육** : 퇴직자들이 새로운 직업이나 분야로 전환할 수 있도록 교육을 제공
③ **기본 교육** : 필요한 기술과 역량을 갖추도록 기본 교육을 제공
④ **맞춤형 교육** : 개별 퇴직자의 요구에 맞게 맞춤형 교육을 제공
⑤ **전직 컨설팅** : 취업이나 창업에 관한 조언과 지원을 제공

3 인적 자원 개발 및 조직 개발

(1) 인적 자원 개요

개인, 집단, 조직의 효율성을 향상시키기 위해 훈련, 조직개발, 경력 개발 노력을 통합적으로 활용하는 것

(2) 교육

① 조직의 목표를 달성하는 데 필요한 지식, 기술 및 역량을 직원에게 제공함으로써 HRD에서 중추적인 역할을 함
② **교육 및 개발** : 직원의 기술과 지식을 향상하여 업무 성과를 향상하고 경력 성장을 지원
③ **유형**
  ㉠ OJT(On-The-Job Training) : 감독하에 직장에서 실습 교육을 실시
  ㉡ 직장 외 교육 : 직장 외부에서 진행되는 워크숍, 세미나, 강좌가 포함
  ㉢ 기술 교육 : 소프트웨어 교육, 기계 작동 등 특정 직무 관련 기술에 중점
  ㉣ 소프트 기술 교육 : 대인 관계 기술, 의사소통, 리더십 및 팀워크를 개발

(3) 경력 개발

① 직원이 조직 내에서 자신의 경력을 계획하고 관리하도록 도움
② **구성요소**
  ㉠ 진로 : 조직 내에서 잠재적인 진로를 계획

           ⓒ 멘토십 프로그램 : 지도 및 지원을 위해 경험이 풍부한 멘토와 직원을 연결
           ⓒ 코칭 : 직원들이 경력 목표를 달성할 수 있도록 일대일 지원을 제공
           ⓔ 진로 워크숍 : 이력서 작성, 인터뷰 기술 및 경력 계획에 대한 세션을 제공
       ③ **경력 개발의 종류** `2024년 1회 기출`
           ⓐ 리스킬링
               - 직원들이 조직 내에서 다양한 역할을 맡을 수 있도록 새로운 기술을 교육하는 것
               - 일반적으로 기존 작업이 더 이상 쓸모 없게 되거나 조직이 기술 발전이나 비즈니스 전략 변경으로 인해 직원을 새로운 영역으로 이동해야 할 때 사용됨
               - 예 데이터 분석 도구 및 방법론을 가르쳐 데이터 분석가가 될 수 있도록 데이터 입력 담당자를 교육
           ⓑ 업스킬링 : 직원의 현재 기술을 향상하여 기존 역할의 성과를 향상시키는 데 중점을 두고 기술 혁신과 업계 표준을 따르기 위한 고급 교육 및 개발
               - 예 소프트웨어 개발자가 새로운 프로그래밍 언어 또는 프레임워크를 배울 수 있는 고급 코딩 워크샵을 제공
           ⓒ 핵심인재 육성 : 잠재력이 높은 직원을 식별하고 조직 내 리더십이나 중요한 역할을 준비할 수 있는 목표 개발 기회를 제공하는 것
               - 예 잠재력이 높은 관리자가 임원 역할을 준비할 수 있도록 빠른 리더십 프로그램을 개발
           ⓓ 이중 경력 제도
               - 직원들이 기술 및 관리 역할 모두에서 발전할 수 있는 체계적인 경력 경로를 제공함
               - 모든 직원이 관리직을 열망하는 것은 아니라는 점을 인식하고 직원들이 자신의 전문 분야에서 발전할 수 있도록 해줌
               - 예 엔지니어가 관리직으로 이동하지 않고도 수석 기술직(수석 엔지니어)으로 승진할 수 있도록 허용

(4) 조직 개발

① 전략적 변화와 개발 계획을 통해 조직의 전반적인 효율성을 향상
② **변화 관리 교육** : 조직 변화에 적응할 수 있도록 직원을 준비
③ **팀 구축** : 팀 결속력과 협업을 강화하는 활동을 촉진
④ **리더십 개발** : 팀을 효과적으로 관리하고 조직의 성공을 촉진하기 위해 현재 및 미래의 리더를 교육
⑤ **문화 발전** : 회사의 가치와 사명에 부합하는 긍정적인 조직 문화를 장려 등

SECTION 03 　마케팅·영업 기본 정보

1 마케팅 목표 및 계획 수립

(1) 시장 점유율 `2024년 1회 기출`

① 특정 기업의 제품 또는 서비스가 전체 시장에서 차지하는 비율을 나타내는 지표

② 시장 점유율 $= \dfrac{\text{(기업의 판매량 또는 판매금액)}}{\text{(전체 시장 판매량 또는 판매금액)}} \times 100\%$

③ **기업의 경쟁력** : 높은 시장 점유율은 기업의 강력한 경쟁력을 나타내며 이는 브랜드 인지도, 고객 충성도, 수익성 향상으로 이어질 수 있음

④ **시장 지위** : 기업의 시장 지위를 나타내는 것으로 높은 시장 점유율을 가진 기업은 시장에서 주도적인 역할을 수행하고 가격 책정, 제품 개발, 마케팅 전략 등을 유리하게 추진할 수 있음

⑤ **투자 유치** : 투자자들은 높은 시장 점유율을 가진 기업이 성장 가능성이 높다고 판단하여 투자를 유치할 가능성이 높아짐

⑥ **성장 잠재력** : 높은 시장 점유율을 유지하거나 증가시키는 것은 기업의 지속적인 성장을 의미

(2) 매출목표와 성장률

① **매출목표**
  ㉠ 기업이 특정 기간 동안 달성하고자 하는 판매량 또는 판매금액을 구체적인 수치로 제시한 것
  ㉡ 기업의 경영 활동 방향을 설정하고 직원들의 노력을 집중시키는 데 중요한 역할을 하며, 기업의 성장과 발전을 위한 기준으로 활용됨
  ㉢ **영업 계획 수립** : 매출목표는 영업 계획을 수립하는 데 기반이 되며, 영업 활동의 방향과 전략을 설정하고 필요한 자원을 배분하는 데 활용됨
  ㉣ **직원 평가** : 매출목표는 직원들의 성과를 평가하는 데 활용되며, 개인 또는 팀별 목표를 설정하고 목표 달성도를 기준으로 평가하여 보상이나 인센티브를 제공할 수 있음
  ㉤ **기업 성과 평가** : 매출목표는 목표 달성 여부를 통해 기업의 성장 잠재력과 경쟁력을 평가함

② **성장률**
  ㉠ 기업의 성장률은 일정 기간 동안 기업의 경영 성과가 얼마나 변화했는지를 나타내는 지표
  ㉡ 성장률은 매출, 이익, 자산, 시가총액 등 다양한 기준으로 계산할 수 있으며, 일반적으로 비율 또는 백분율로 표시됨
  ㉢ 성장률 $= \dfrac{\text{(특정시점의 규모} - \text{비교시점의 규모)}}{\text{비교시점의 규모}} \times 100\%$

(3) 제품 정보와 제품라인업

① 제품 정보
- ㉠ 기업이 생산하고 판매하는 제품에 대한 모든 정보를 포괄하는 개념
- ㉡ 제품의 특징과 기능 : 제품의 용도, 주요 기능, 성능, 사양 등을 설명
- ㉢ 제품의 이점 : 소비자에게 제공하는 가치와 차별점을 명확하게 제시
- ㉣ 제품의 사용 방법 : 제품의 올바른 사용 방법과 안전 지침을 제공
- ㉤ 제품의 가격 및 구마 방법 : 제품의 가격, 할인 정보, 구매 방법 및 장소 등
- ㉥ 제품의 A/S 정보 : 제품의 보증 기간, A/S센터 연락처, A/S 신청 방법 등

② 제품 라인업
- ㉠ 제품 종류 : 기업이 생산하는 제품의 기본적인 유형을 의미. 예 의류 회사의 경우 티셔츠, 셔츠, 바지 등
- ㉡ 제품 품목 : 제품 종류 내에서 세분화된 제품. 예 티셔츠 제품 종류 내에서 T셔츠, 플로셔츠, 맨투맨 등
- ㉢ 제품 가격대 : 제품의 가격 수준을 기준으로 제품 라인업을 구성. 예 저가, 중간 가격, 고가 제품 라인업 등

(4) 유통경로와 마케팅 예산

① 유통경로
- ㉠ 생산자가 생산한 제품이 최종 소비자에게 전달될 때까지 거치는 경로
- ㉡ 제조업체, 도매업체, 소매업체, 최종 소비자 등 다양한 참여자가 존재하며 각 참여자는 제품의 소유권 이전, 물리적 이동, 판매 촉진 등의 역할을 수행
- ㉢ 직접 유통경로 : 생산자가 소비자에게 직접 제품을 판매하는 경로. 예 온라인 쇼핑몰, 직영 매장 등
- ㉣ 간접 유통경로 : 생산자와 소비자 사이에 중간업체가 개입하는 경로. 예 도매업체, 소매업체 등
- ㉤ 적절한 유통경로를 선택하고 관리함으로써 제품의 가용성을 높이고, 소비자에게 신속하게 제품을 공급하며 유통 비용을 절감

② 마케팅 예산
- ㉠ 기업이 특정 기간 동안 제품 또는 서비스의 홍보와 판매를 위해 지출하는 총비용
- ㉡ 광고, 홍보, PR, 이벤트, 영업, 마케팅 연구, 인건비 등 다양한 항목으로 구성

③ 유통경로와 마케팅 예산의 관계
- ㉠ 유통경로 선택에 따른 마케팅 예산 변화 : 유통경로를 선택할 때마다 필요한 마케팅 활동과 비용이 달라짐
  - 예 직접 유통경로 선택 : 온라인 광고, 소셜 미디어 마케팅 등에 투자해야 할 수도 있음
    간접 유통경로 선택 : 도매업체, 소매업체에 대한 마케팅 활동에 투자해야 할 수도 있음

ⓒ 마케팅 예산 활용을 통한 유통경로 효율성 제고 : 마케팅 예산을 효과적으로 활용함으로써 유통경로의 효율성을 높임
> 예 광고를 통해 제품 인지도를 높이고, 홍보 활동을 통해 소비자의 구매 욕구를 자극하며, PR 활동을 통해 제품 이미지를 개선할 수 있음

❷ 투자 및 수익

(1) ROI, ROAS

① 투자수익률(ROI ; Return on Investment) `2024년 1회 기출`
  ㉠ 투자수익률(ROI)은 투자로 인해 얻은 이익이나 손실의 비율을 백분율로 나타낸 것
  ㉡ 투자수익률은 투자의 성과를 평가하는 데 중요한 지표이며 다른 투자 상품과의 비교, 투자 전략의 효과 판단, 투자 결정 등에 활용
  ㉢ ROI = [(수익) − (비용)] ÷ (비용) × 100%

② 광고투자대비수익률(ROAS ; Return On Ad Spend) `2024년 1회 기출`
  ㉠ 온라인과 모바일 마케팅에서 중요한 핵심성과지표(KPI)
  ㉡ ROAS = $\frac{해당\ 광고로부터의\ 매출}{광고\ 비용} \times 100$
  ㉢ ROAS 1(100%) 이상이면 광고투자대비 수익률이 많다는 뜻
  > 예 광고에 $1,000을 투자하여 $3,000의 매출을 올렸다고 가정할 때, ROAS 공식에 따른 값은 3이라는 것을 확인할 수 있으며, 이는 매우 높은 ROAS임

③ ROI는 투자 대비 수익률로 마케팅 목적으로 사용한 전체 비용 대비 수익률을 뜻하고, ROAS는 마케팅 목적으로 사용한 금액 중 오직 광고에 사용한 금액만 한정해 측정

(2) 매출액, 매출원가, 순이익

① 매출액
  ㉠ 기업이 영업 활동을 통해 벌어들인 총수입
  ㉡ 매출액 = (순매출액) − (매출원가)
  ㉢ 손익계산서의 가장 첫 번째 항목으로 표시되며, 기업의 수익 창출 능력을 평가하는 중요한 지표

② 매출원가
  ㉠ 기업이 제품 또는 서비스를 생산하거나 판매하기 위해 사용한 모든 비용
  ㉡ 원자재비용, 인건비, 제조비용, 판매비용 등

③ 순이익
- ㉠ 기업이 모든 영업 활동을 통해 실현한 최종적인 이익
- ㉡ 매출액에서 매출원가, 판매비와 관리비, 영업외수익과 비용, 세금 등을 모두 공제한 금액
- ㉢ 매출원가=(기초재고액)+(당기순매입액)-(기말재고액)
- ㉣ 이상의 지표들을 이해함으로써 투자자들은 기업의 수익 창출 능력, 수익성, 건전성을 평가하고, 투자 결정을 내릴 수 있음

(3) 판매지역, 제품 판매량, 서비스 판매량

① 판매지역
- ㉠ 기업이 제품 또는 서비스를 판매하는 지리적 영역
- ㉡ 국내 : 본국 또는 자극 내에서 판매하는 지역
- ㉢ 해외 : 본국 또는 자극 외의 국가에서 판매하는 지역
- ㉣ 지역별 : 국가 단위보다는 더 세분화된 지역(예 시도, 광역시, 특별자치도 등)

② 제품 판매량
- ㉠ 기업이 특정 기간 동안 판매한 제품의 개수 또는 금액
- ㉡ 제품별 인기, 판매 전략의 효과, 시장 점유율 등을 분석하는 데 활용
- ㉢ 개수 : 판매된 제품의 총 개수
- ㉣ 금액 : 판매된 제품의 총금액(판매 가격×판매 개수)

③ 서비스 판매량
- ㉠ 기업이 특정 기간 동안 제공한 서비스의 이용 건수 또는 금액
- ㉡ 서비스별 인기, 수익 창출 능력, 시장 경쟁력 등을 분석하는 데 활용
- ㉢ 이용 건수 : 제공된 서비스의 총 이용 횟수
- ㉣ 금액 : 제공된 서비스의 총금액(서비스 이용료×이용 횟수)

(4) 가격 및 할인

① 가격
- ㉠ 제품 또는 서비스를 교환하는 데 필요한 금전적 가치
- ㉡ 기업은 제품 또는 서비스의 생산 비용, 시장 상황, 경쟁 환경, 타겟 고객층 등을 고려하여 가격을 책정

② 할인
- ㉠ 기본 가격보다 낮은 가격으로 제품 또는 서비스를 판매하는 것
- ㉡ 가격 할인율 : 제품 또는 서비스의 기본 가격 대비 얼마나 할인된 가격으로 판매하는지 백분율로 나타낸 지표

ⓒ 가격 할인율 계산 공식 : $\frac{(기본\ 가격 - 할인\ 가격)}{기본\ 가격} \times 100\%$

ⓔ 재고 정리, 매출 증대, 시장 진출, 고객 유치 등 다양한 목적으로 할인을 진행하며 할인은 고객에게 가격적 이점을 제공하여 구매를 유도하는 효과

ⓜ 금액 할인 : 기본 가격에서 일정 금액을 할인하는 방식

ⓗ 비율 할인 : 기본 가격의 일정 비율을 할인하는 방식

ⓢ 쿠폰 할인 : 쿠폰을 사용하여 할인 혜택을 받는 방식

ⓞ 프리미엄 할인 : 특정 조건을 충족하는 고객에게만 할인 혜택을 제공하는 방식

ⓩ 패키지 할인 : 여러 제품 또는 서비스를 함께 구매할 경우 할인 혜택을 제공하는 방식

❸ 판매 및 영업

(1) 신규 고객과 기존 고객 판매

① 신규 고객 판매 `2024년 1회 기출`

㉠ 시장 인지도 및 브랜드 인지도 부족
- 신규 고객은 아직 기업이나 제품/서비스에 대해 잘 모르는 경우가 많음
- 광고, 홍보, PR 활동 등을 통해 기업과 제품/서비스를 알리는 데 집중

㉡ 낮은 구매 가능성
- 신규 고객은 아직 구매 의사 결정 단계의 초기 단계에 있으며, 경쟁 제품/서비스와 비교 고려할 가능성이 높음
- 경쟁력 있는 가격을 제시하거나 할인 행사를 진행하는 것이 효과적

㉢ 높은 마케팅 비용
- 신규 고객을 유치하기 위해서는 광고, 홍보 등에 많은 투자가 필요함
- 제품/서비스의 장점을 직접 경험할 수 있도록 무료 체험 또는 사용 기회를 제공
- 온라인 스토어, 간편 결제 시스템 도입으로 쉽고 편리하게 구매할 수 있도록 해야 함

② 기존 고객 판매

㉠ 높은 구매 가능성
- 이미 기업과 제품/서비스에 대한 경험이 있고, 만족도가 높아 구매 가능성이 높음
- 고객 데이터를 수집하고 분석하여 개인 맞춤형 고객 관계 관리(Customer Relatiship Management) 구축 서비스를 제공

㉡ 낮은 마케팅 비용
- 신규 고객 유치 대비 기존 고객 유지에 드는 마케팅 비용이 훨씬 적음
- 포인트 적립, 혜택 제공 등을 통해 고객 충성도 프로그램 운영

ⓒ 높은 평생 가치(LTV ; Life Time Value)
- 장기적으로 더 많은 구매를 하고, 추천할 가능성도 높아 기업에게 높은 가치를 제공
- 신속하고 친절한 고객 서비스를 제공하여 고객 만족도 제고
- 설문 조사, 인터뷰 등을 통해 고객 의견을 적극 수렴

(2) 재고관리

① 재고회전율
ⓐ 특정 기간 동안 회사가 얼마나 자주 재고를 판매하고 새로 재고를 구매했는지를 나타내는 지표
ⓑ 재고회전율 = $\dfrac{\text{매출}}{\text{평균 재고}}$
- 매출 : 특정 기간 동안의 총 매출
- 평균 재고 : 특정 기간 동안의 평균 재고 가치
ⓒ 높은 재고회전율 : 재고를 빠르게 판매하고 새로 재고를 구매하여 재고관리 효율성이 높음
ⓓ 낮은 재고회전율 : 재고를 천천히 판매하고 새로 재고를 구매하여 재고관리 비용이 높아짐

② 평균 주문액
ⓐ 한 번의 구매당 고객이 평균적으로 지출하는 금액을 나타내는 지표
ⓑ 한 번에 얼마나 사는지를 보여주는 지표
ⓒ 평균 주문액 = $\dfrac{\text{총매출}}{\text{총주문건수}}$
- 총매출 : 특정 기간 동안의 총매출
- 총주문건수 : 특정 기간 동안의 총주문건수
ⓓ 높은 평균 주문액 : 고객들이 한 번에 많은 상품을 구매하는 것을 의미
ⓔ 낮은 평균 주문액 : 고객들이 한 번에 적은 상품을 구매하는 것을 의미
ⓕ 마케팅 전략 수립 : 평균 주문액을 분석하여 고객 구매 패턴을 파악하고, 이에 맞는 마케팅 전략을 수립

③ 재구매율
ⓐ 이미 한 번 이상 구매한 고객이 다시 구매하는 비율을 나타내는 지표
ⓑ 얼마나 자주 다시 사는지를 보여주는 지표
ⓒ 재구매율 = $\dfrac{\text{재구매고객 수}}{\text{총고객 수}}$
- 재구매고객 수 : 특정 기간 동안에 두 번 이상 구매한 고객 수
- 총고객 수 : 특정 기간 동안에 구매한 모든 고객 수
ⓓ 높은 재구매율 : 고객 만족도가 높고, 브랜드 충성도가 높음
ⓔ 낮은 재구매율 : 고객 만족도가 낮거나, 경쟁사에 의해 고객을 빼앗기고 있음

(3) 업셀링(Upselling)과 크로스셀링(Cross selling) `2024년 2회 기출`

① 일반적으로 크로스셀링 비율이 업셀링 비율보다 높은 경향이 있음
② 고객들은 기존 구매 제품과 관련된 제품을 추가적으로 구매할 가능성이 더 높음
③ 크로스셀링 제품 가격은 업셀링 제품 가격보다 저렴하여 고객 거부 반응이 적음
④ 다양한 제품을 함께 구매하면 배송비 등을 절감할 수 있어 고객에게 매력적으로 작용함
⑤ 업셀링과 크로셀링 비교

구분	업셀링	크로스셀링
정의	기존 고객에게 더 비싸거나 고급 버전의 제품/서비스를 판매	기존 고객에게 기존 구매 제품과 관련된 제품/서비스를 판매
목표	고객의 지출 규모를 늘림	고객 구매 건수를 늘림
장점	• 높은 이윤율 기대 가능 • 고객 만족도 향상 가능성	• 고객 LTV(Life Time Value) 향상 가능성 • 추가 매출 창출 기회 확대
단점	• 고객 거부 반응 가능성 높음 • 과도한 추천 시 역효과	• 고객 니즈 파악 중요 • 적절한 제품 추천 필수
예시	• 스마트폰 기본 모델 구매 고객에게 프리미엄 모델 추천	• 컴퓨터 구매 고객에게 프린터 판매 • 면도기 구매 고객에게 면도날 판매 • 맥주 구매 고객에게 맥주 안주 추천

④ 판매성과 정보

(1) 상품 판매 수

① 특정 기간 동안 판매된 상품의 개수
② 판매팀의 판매 노력을 평가하는 데 사용
③ 가격이나 상품 자체의 인기 등 다른 요인들에 의해 영향을 받을 수 있으므로, 단독으로 판매팀의 성과를 평가하기에는 부족함

(2) 대금 회수율

① 판매 대금의 납입률을 나타내는 지표
② 높은 대금 회수율은 판매팀의 신용 관리 능력을 나타냄

(3) 고객 단가

① 한 명의 고객당 평균 매출액을 나타내는 지표
② 높은 고객 단가는 판매팀의 고객 단가 상승 전략이 효과적임을 나타냄

(4) 해약 건수

① 특정 기간 동안 발생한 해약 건수를 나타내는 지표
② 낮은 해약 건수는 판매팀의 고객 유지 능력이 뛰어남을 나타냄

(5) 고객 불만 수
① 특정 기간 동안 접수된 고객 불만 건수를 나타내는 지표
② 낮은 고객 불만 수는 판매팀의 고객 서비스 품질이 우수함을 나타냄

(6) 상담 건수
① 잠재 고객과의 상담 건수를 나타내는 지표
② 높은 상담 건수는 판매팀의 잠재 고객 발굴 능력이 뛰어남을 나타냄

(7) 수주 건수
① 특정 기간 동안 접수된 수주 건수를 나타내는 지표
② 높은 수주 건수는 판매팀의 영업 활동이 활발함을 나타냄

5 고객 관리

(1) 순수고객추천지수(NPS ; Net Promoter Score)
① 고객이 회사의 제품이나 서비스를 다른 사람에게 추천할 가능성을 측정
② 0에서 10까지 이 제품이나 서비스를 친구나 동료에게 얼마나 추천할 것인가를 물어본 결과

(2) 고객평생가치(LTV ; Lifetime Value) `2024년 2회 기출`
① 고객이 회사와의 전체 관계에 걸쳐 회사의 제품이나 서비스에 지출할 것으로 예상되는 총금액
② 기업이 고객의 장기적인 가치를 추정하는 데 도움을 주고 수익성을 극대화하기 위한 마케팅 및 영업 전략을 안내하는 예측 지표

(3) 고객유지율(CRR ; Customer Retention Rate)
① 특정 기간 동안 해당 기업과 계속 거래를 하는 고객의 비율
② 기업의 고객 유지 능력을 측정
③ 고객유지율 $= \dfrac{\text{재방문 고객 수}}{\text{이전 기간의 총고객 수}} \times 100$

(4) 고객 성향
① 고객이 구매, 서비스 가입, 마케팅 캠페인 반응 등 특정 행동에 참여할 가능성
② 기업이 고객을 보다 효과적으로 타겟팅하는 데 도움이 되는 데이터 분석 및 모델링 기술을 사용하여 예측

(5) 고객 욕구

① 고객이 제품이나 서비스에 대해 갖고 있는 관심이나 욕구의 수준
② 고객의 구매 결정을 유도하는 정서적·심리적 요인을 포함하며 마케팅, 제품 기능, 브랜드 평판 및 개인 선호도에 의해 영향을 받을 수 있음

(6) 구매 패턴

① 구매하는 제품이나 서비스의 빈도, 시기, 수량, 유형 등을 포함하는 고객의 습관적인 구매 행동
② 고객 선호도를 이해하고 향후 구매 행동을 예측하여 재고관리, 마케팅 전략 및 제품 개발에 정보를 제공할 수 있음

(7) 고객 만족도 [2024년 2회 기출]

① 회사의 제품이나 서비스가 고객의 기대를 얼마나 잘 충족하거나 초과하는지 측정
② 일반적으로 설문 조사와 피드백을 통해 평가되며 고객 충성도, 유지 및 회사의 전반적인 성공을 나타내는 핵심 지표
③ 표적집단면접, 설문조사, 심층면접 등에 활용

(8) 고객 행동 데이터 [2024년 1회 기출]

① 고객이 회사의 제품, 서비스 및 브랜드와 상호작용하는 방식과 관련된 모든 정보
② 검색 기록, 구매 내역, 제품 사용, 피드백, 마케팅 캠페인에 대한 반응, 소셜 미디어 상호작용에 대한 데이터
③ 고객 행동 데이터를 분석하면 기업은 고객의 요구와 선호도에 대한 통찰력을 얻을 수 있어 보다 개인화되고 효과적인 마케팅 및 판매 전략을 세울 수 있음

> **TIP 고객 행동 데이터 유형**
>
> - 검색 데이터 : 방문한 페이지, 각 페이지에 소요된 시간, 클릭수 및 탐색 패턴, 검색어
> - 구매 데이터 : 구매한 제품, 구매빈도, 주문 금액 및 수량, 사용된 결제수단, 구매 날짜 및 시간
> - 제품 사용 데이터 : 고객이 제품이나 서비스를 사용하는 방법, 사용 빈도, 사용기간, 제품 피드백 및 평가
> - 피드백 및 리뷰 : 제품 및 서비스 평가, 작성된 리뷰, 설문조사 응답, 고객 불만사항 및 지원 티켓
> - 마케팅 상호작용 데이터 : 이메일 오픈 요금, 클릭률, 프로모션 제안에 대한 응답, 소셜 미디어 상호작용(예 좋아요, 댓글, 공유)
> - 인구통계학적 데이터 : 나이, 성별, 위치, 소득 수준, 교육 수준
> - 거래 데이터 : 구매 내역, 반품 및 환불 내역, 로열티 프로그램 참여, 할인 및 쿠폰 사용
> - 고객 서비스 데이터 : 고객 서비스와의 상호작용(예 전화, 채팅, 이메일), 해결 시간, 서비스 만족도
> - 참여 데이터 : 웹사이트 방문, 모바일 앱 사용, 뉴스레터 구독, 행사참석
> - 소셜 미디어 데이터 : 언급 및 태그, 댓글과 게시물의 감성 분석, 영향력과 도달 범위
> - 장바구니 데이터 : 장바구니에 추가된 상품, 장바구니에서 제거된 품목, 버려진 카트, 카트 복구 작업
> - 추천 데이터 : 고객이 추천한 내용, 추천 소스(예 친구, 가족, 소셜 미디어)
> - 행동 세분화 데이터 : 행동 패턴에 따른 세그먼트 기반의 타겟 마케팅
> - 웹사이트 분석 데이터 : 반송률, 전환율, 고객이 클릭하는 위치를 보여주는 히트맵

6 잠재 고객과 고객 획득

(1) 고객 세그먼트
① 유사한 특성, 행동 또는 요구사항을 공유하는 서로 다른 고객 그룹
② 기업에서는 마케팅 노력, 제품 및 서비스를 특정 그룹에 보다 효과적으로 맞춤화하기 위해 고객 기반을 여러 세그먼트로 나눔
    ㉠ 인구통계 : 연령, 성별, 소득, 교육 등
    ㉡ 지리 : 위치, 지역, 기후 등
    ㉢ 심리학 : 라이프스타일, 가치관, 관심사 등
    ㉣ 행동 : 구매 행동, 사용 패턴, 브랜드 충성도 등
③ 세그먼트를 이해하고 타겟팅함으로써 기업은 각 그룹의 고유한 요구사항과 선호도를 더 잘 해결할 수 있으며 이는 만족도와 충성도를 높일 수 있음

(2) 잠재 고객
① 아직 회사의 제품이나 서비스를 구매하지 않았지만 앞으로 구매할 능력이나 가능성이 있는 개인 또는 법인
② 잠재 고객을 식별하려면 목표 시장 프로필에 적합하고 특성, 행동 또는 요구사항을 기반으로 제품에 관심을 가질 수 있는 고객을 식별하는 것

(3) 잠재 비용
① 잠재 고객이나 리드 확보와 관련된 비용
② 유료 고객이 될 수 있는 개인을 유치하고 참여시키기 위한 마케팅 및 광고 활동과 관련된 비용

(4) 고객 획득 비용(CAC ; Customer Acquisition Cost)
① 기업이 신규 고객을 확보하기 위해 지출한 총비용
② 광고, 판촉, 영업 및 마케팅 담당자의 급여, 기타 관련 비용 등 모든 마케팅 및 영업 비용
③ 고객 획득 비용 = $\dfrac{\text{총 마케팅 비용}}{\text{특정 기간 동안 획득한 신규 고객 수}}$

(5) 월간 평균 사용자(MAU ; Monthly Active Users) 2024년 2회 기출
① 특정 달 내에 제품, 서비스 또는 애플리케이션에 참여한 고유 사용자 수를 측정하는 지표
② 기술 및 디지털 부문의 기업에서 사용자 참여 및 활동 수준을 측정
③ MAU는 플랫폼이나 서비스와 정기적으로 상호작용하는 사용자 수를 반영하므로 사용자 기반의 상태와 성장을 나타내는 지표

7 고객관계관리(CRM ; Customer Relationship Management)

기업이 현재 고객과 잠재 고객과의 상호작용을 관리하는 데 사용하는 전략 및 기술

(1) 고객 정보 및 관련 데이터

① 고객의 개인 신상정보
- ㉠ 이름, 나이, 성별, 생년월일, 결혼 여부, 직업, 학력 등 고객의 개인정보
- ㉡ 기업이 고객이 누구인지 이해하고 이에 따라 제품과 커뮤니케이션을 맞춤화함

② 마케팅 채널 기본 선호도
- ㉠ 이메일, 소셜 미디어, 전화, SMS, 다이렉트 메일 등 고객이 선호하는 커뮤니케이션 채널에 대한 정보
- ㉡ 선호도를 이해하면 기업은 가장 효과적인 채널을 통해 고객에게 접근하여 참여도와 응답률을 높일 수 있음

③ 통화 기록
- ㉠ 통화 날짜, 시간, 기간 및 목적을 포함하여 고객과 회사 콜센터 간의 모든 상호작용에 대한 로그
- ㉡ 고객 문제와 서비스 성과를 추적

④ 이메일 교환 기록
- ㉠ 마케팅 이메일, 거래 이메일, 고객 서비스 상호작용을 포함하여 고객과 회사 간의 이메일 통신 기록
- ㉡ 기업이 이메일 캠페인의 효과를 모니터링하고 고객 문의를 추적하며 일관된 커뮤니케이션을 운영함

⑤ 채팅 로그
- ㉠ 고객과 회사 고객 서비스 담당자 간의 실시간 채팅 세션 기록
- ㉡ 고객의 우려사항, 질문 및 문제에 대한 통찰력을 제공하며 고객 지원을 개선하고 일반적인 문제를 식별하는 데 사용

⑥ 소셜 미디어 상호작용 기록
- ㉠ 좋아요, 댓글, 공유, 멘션, 다이렉트 메시지 등 회사 소셜 미디어 계정과 고객의 상호작용에 대한 데이터
- ㉡ 기업이 고객 감정을 이해하고 브랜드 평판을 추적하며 소셜 플랫폼에서 고객과 소통에 활동

⑦ 고객 의견 및 피드백
- ㉠ 고객 설문조사, 피드백 양식, 리뷰 및 평점을 통해 수집된 정보
- ㉡ 고객 만족도, 선호도, 개선 영역에 대한 귀중한 통찰력을 제공하여 기업이 데이터 기반 결정을 내려 제품과 서비스를 향상할 수 있도록 함

(2) 구매 이력 및 서비스 요청 이력 데이터

① 구매 날짜
  ㉠ 거래가 완료된 구체적인 날짜와 시간
  ㉡ 개별 고객의 구매 패턴, 계절성 및 구매 빈도를 추적하는 데 도움

② 거래 금액
  ㉠ 품목 비용, 세금, 할인 및 추가 수수료를 포함한 구매의 총 금전적 가치
  ㉡ 고객의 지출 습관을 분석하고 수익을 계산

③ 결제정보
  ㉠ 신용카드, 직불카드, PayPal, 은행 송금, 기타 결제 옵션 등 사용된 결제 수단에 대한 세부정보
  ㉡ 거래 ID, 결제 확인 번호, 결제 상태(완료, 보류, 실패)도 포함

④ 구매채널
  ㉠ 매장, 온라인(웹사이트, 모바일 앱), 전화, 제3자 플랫폼 등 구매가 이루어진 매체
  ㉡ 구매 채널을 이해하면 기업이 각 판매 채널을 최적화하고 그에 따라 마케팅 전략을 맞춤화하는 데 도움이 됨

⑤ 문의내역
  ㉠ 문의 일시, 이용 채널(전화, 이메일, 라이브 채팅, 소셜 미디어), 문의 성격 등 모든 고객 문의에 대한 기록
  ㉡ 기업이 일반적인 질문과 문제를 추적하고, 응답 시간을 측정하며 고객 문의가 즉시 처리되도록 하는 데 도움

⑥ 서비스 문제 해결 기록
  ㉠ 문제 설명, 보고 날짜, 문제 해결을 위해 취한 조치, 해결 날짜 및 결과를 포함하여 고객이 보고한 서비스 관련 문제에 대한 정보
  ㉡ 이는 서비스 팀의 효율성과 효과를 분석하고 반복되는 문제를 식별하며, 서비스 프로세스를 개선하는 데 도움

⑦ 서비스 품질 평가
  ㉠ 받은 서비스에 대한 고객의 만족도와 관련된 피드백 정보
  ㉡ 평가, 리뷰, 설문 조사 응답 및 지원 품질, 적시성, 전문성 및 전반적인 만족도에 대한 의견이 포함됨
  ㉢ 서비스 성능을 평가하고 개선이 필요한 영역을 파악하여 고객 만족도를 높이는 데 필수적임

8 전자상거래(E-Commerce, 이커머스)

(1) 고객 참여 지표

① 웹사이트 방문자 수
- ㉠ 정의 : 특정 기간 내에 웹사이트를 방문한 총 고유 방문자 수
  - 예 월 방문자 수 10,000명
- ㉡ 용도 : 웹사이트의 도달 범위와 인기를 측정하여 마케팅 및 콘텐츠 전략을 알려줌

② 모바일 장치 사용자 수
- ㉠ 정의 : 모바일 기기를 통해 웹사이트나 앱에 액세스하는 순 방문자 수
  - 예 월별 모바일 사용자 수 5,000명
- ㉡ 용도 : 모바일 사용자 경험을 최적화하고 모바일 관련 마케팅 활동을 안내

③ 자연 검색량
- ㉠ 정의 : 자연(무료) 검색 엔진 결과에 웹사이트가 나타나는 횟수
  - 예 '유기농 스킨케어'에 대한 월별 검색 횟수는 2,000회
- ㉡ 용도 : 검색엔진최적화(SEO ; Search Engine Optimization) 노력의 효율성과 검색 엔진에서 웹사이트의 가시성을 나타냄

④ 노출수
- ㉠ 정의 : 클릭 여부에 관계없이 콘텐츠가 사용자에게 표시되는 횟수
  - 예 소셜 미디어 광고의 노출수는 50,000회
- ㉡ 용도 : 콘텐츠 또는 광고의 잠재적 도달 범위를 측정

⑤ 클릭률(CTR ; Click-Through Rate) `2024년 2회 기출`
- ㉠ 정의 : 총 노출수 대비 링크를 클릭한 사용자의 비율
  - 예 이메일 캠페인의 CTR은 2%
- ㉡ 용도 : 마케팅 및 광고 활동의 효율성을 평가

⑥ 특정 콘텐츠 방문자 수
- ㉠ 정의 : 웹사이트의 특정 페이지나 콘텐츠를 조회하는 고유 방문자 수
  - 예 건강한 식습관에 대한 블로그 게시물 방문자 1,000명
- ㉡ 용도 : 인기 콘텐츠를 식별하고 콘텐츠 제작 전략을 알려줌

⑦ 페이지 잔류 시간
- ㉠ 정의 : 방문자가 특정 페이지에서 보내는 평균 시간
  - 예 제품 페이지의 평균 시간은 3분
- ㉡ 용도 : 방문자의 참여 수준과 콘텐츠의 관련성을 나타냄

⑧ 콘텐츠 반응률(공유, 좋아요, 댓글 등)
  ㉠ 정의 : 사용자로부터 콘텐츠 참여(소셜 액션) 수준
    예 Facebook 게시물에 좋아요 500개와 공유 100개
  ㉡ 용도 : 잠재 고객의 참여와 공감을 이끌어내는 콘텐츠의 효과를 측정

⑨ SNS 방문자 수 증가율
  ㉠ 정의 : 시간이 지남에 따라 소셜 미디어 플랫폼 방문자 수가 증가하는 비율
    예 Instagram 방문자의 월간 성장률이 10%
  ㉡ 용도 : 트래픽 유도에 있어서 소셜 미디어 전략의 성공을 추적

⑩ 다운로드 수(앱, 콘텐츠 상품 등)
  ㉠ 정의 : 앱이나 디지털 콘텐츠가 다운로드된 횟수
    예 전자책 다운로드 1,000회
  ㉡ 용도 : 디지털 제품의 인기와 수요를 측정

⑪ 팔로어 수
  ㉠ 정의 : 소셜 미디어 플랫폼에서 회사나 브랜드를 팔로우하는 총 사람 수
    예 20,000명의 Twitter 팔로어
  ㉡ 용도 : 브랜드의 소셜 미디어 도달 범위와 영향력을 반영

⑫ 리드(Lead)
  ㉠ 정의 : 회사의 제품이나 서비스에 관심을 표명한 잠재 고객
    예 웹 세미나에서 500개의 리드가 생성
  ㉡ 용도 : 리드를 고객으로 전환하기 위한 판매 예측 및 타겟팅 마케팅 활동에 도움이 됨

(2) 성능 및 효율성 지표

① SNS 플랫폼별 투자수익률(ROI ; Return On Investment)
  ㉠ 정의 : $\frac{(수익-비용)}{비용}$ 으로 계산되는 소셜 미디어 플랫폼에 대한 투자 수익성
    예 Facebook 광고의 ROI가 150%
  ㉡ 용도 : 소셜 미디어 투자의 효율성과 효과를 측정

② 클릭당 비용(CPC ; Cost per Click)
  ㉠ 정의 : 유료 광고 클릭당 지불되는 금액
    예 Google 광고의 CPC는 1.50달러
  ㉡ 용도 : 클릭당 지불 광고 캠페인의 비용 효율성을 평가

③ 천 번 노출당 비용(CPM ; Cost per Millennium)
  ㉠ 정의 : 광고에서 1,000회의 노출을 생성하는 데 드는 비용
    예 디스플레이 광고의 경우 CPM이 10달러
  ㉡ 용도 : 노출 측면에서 광고의 비용 효율성을 평가

④ 인스톨당 비용(CPI ; Cost per Install)
  ㉠ 정의 : 앱을 설치하는 신규 사용자 확보와 관련된 비용
    예 모바일 앱의 경우 CPI 5달러
  ㉡ 용도 : 앱 마케팅 캠페인의 효율성을 측정

⑤ 액션당 비용(CPA ; Cost per Action)
  ㉠ 정의 : 사용자가 구매, 가입 등 특정 작업을 완료할 때 발생하는 비용
    예 완료된 구매에 대해 CPA 20달러
  ㉡ 용도 : 원하는 행동을 유도하는 데 있어 캠페인의 비용 효율성을 평가

⑥ 이탈률
  ㉠ 정의 : 한 페이지만 본 후 웹사이트를 떠나는 방문자의 비율
    예 방문 페이지 이탈률이 40%
  ㉡ 용도 : 웹사이트 콘텐츠의 관련성과 참여 수준을 나타냄

⑦ 전환율(CVR ; Conversion rate) 2024년 1회 기출
  ㉠ 정의 : 구매 등 원하는 작업을 완료한 방문자의 비율
    예 전자상거래 사이트의 전환율이 5%
  ㉡ 용도 : 전환 유도에 있어 웹사이트 또는 캠페인의 효과를 측정

⑧ 고착도(Stickiness, 스티키니스)
  ㉠ 정의 : 사용자가 웹사이트나 앱에 참여하는 정도이며 재방문이나 소요 시간
    예 사용자는 뉴스 앱에서 세션당 평균 10분
  ㉡ 용도 : 사용자 참여 및 충성도 수준을 나타냄

⑨ 장바구니에 있는 제품 수
  ㉠ 정의 : 사용자가 장바구니에 추가한 평균 항목 수
    예 장바구니당 평균 3개의 제품
  ㉡ 용도 : 쇼핑 행동을 이해하고 장바구니 가치를 최적화하는 데 도움이 됨

| SECTION 04 | **공급 관리(생산운영 관리) 기본 정보**

1 생산시스템의 효율성 분석을 위해 필요한 투입 및 산출 데이터

(1) 투입 및 산출 데이터
① 투입 데이터 : 상품이나 서비스를 생성하기 위해 생산 과정에서 사용되는 자원, 자재 및 정보
② 산출 데이터 : 생산 과정에서 발생하는 완제품이나 서비스

(2) 유형별 투입 및 산출 데이터
① 회사
  ㉠ 입력 데이터 : 원자재(강철, 플라스틱, 직물), 노동(직원 시간 및 기술), 자본(기계, 기술, 건물), 정보(시장 조사, 고객 피드백) 등
  ㉡ 출력 데이터 : 완제품(자동차, 전자제품, 의류), 폐기물 또는 부산물, 재무 보고서(손익계산서), 고객 만족도 보고서 등

② 공장
  ㉠ 입력 데이터 : 원자재(금속, 목재, 화학물질), 노동(근로자, 엔지니어, 감독자), 기계 및 장비, 에너지(전기, 연료) 등
  ㉡ 출력 데이터 : 제조품(가구, 가전제품, 의약품), 생산 효율성 지표, 폐기물 또는 스크랩 재료, 품질 관리 보고서 등

③ 대학
  ㉠ 입력 데이터 : 학생(등록), 교직원(교직원, 연구원, 행정직원), 교육자료(도서, 실험장비), 자금조달(지원금, 수업료) 등
  ㉡ 출력 데이터 : 졸업생(학위 수여), 연구 출판물, 졸업생 취업률, 학생 성취도 지표(성적, 시험 점수) 등

④ 국가
  ㉠ 입력 데이터 : 천연자원(광물, 석유, 물), 인적 자원(인구, 인력), 인프라(도로, 학교, 병원), 자본(투자, 기술) 등
  ㉡ 출력 데이터 : 국내총생산(GDP), 국내 수출(상품 및 서비스), 공공 서비스(교육, 의료), 환경 영향 보고서 등

⑤ 레스토랑
  ㉠ 입력 데이터 : 재료(채소, 고기, 향신료), 직원(셰프, 웨이터, 청소부), 장비(오븐, 냉장고, 테이블), 레시피 및 메뉴 등
  ㉡ 출력 데이터 : 준비된 식사, 고객 피드백, 판매 보고서, 음식물 쓰레기 등

② 수요예측

(1) 수요예측의 정의 및 목적
① 특정 기간 동안 제품이나 서비스에 대한 미래 고객 수요를 추정하는 프로세스
② 과거 데이터, 시장 분석, 다양한 통계 및 분석 기술을 사용하여 고객이 필요로 하는 제품 또는 서비스의 양을 예측하는 작업
③ 수요 예측의 목적 : 기업이 생산 계획, 재고관리, 예산 책정 및 기타 운영 측면에 대해 정보에 기초한 결정을 내려 공급을 예상 수요에 맞춰 효율성과 수익성을 극대화하는 것

(2) 수요예측의 종류
① **질적 예측** : 전문가의 판단, 시장 조사 및 직관을 사용하며 과거 데이터가 거의 없는 신제품이나 시장에 적합
  ㉠ 시장조사법
    - 고객, 경쟁사, 시장 전체에 대한 데이터를 체계적으로 수집, 기록, 분석하는 것
    - 시장 역학, 소비자 선호도 및 추세를 이해하여 정보에 입각한 비즈니스 결정을 내리는 것을 목표로 함
  ㉡ 델파이법 : 특정 문제에 대한 의견 수렴을 달성하기 위해 전문가 패널에 의존하는 구조화된 커뮤니케이션 기술로 예측과 의사결정에 사용
  ㉢ 유추법
    - 유추 방법에는 유사한 제품, 서비스 또는 시장 상황과 비교하여 미래 수요를 예측하는 것
    - 신제품을 출시하거나 직접적인 과거 데이터를 이용할 수 없는 새로운 시장에 진출할 때 유용
  ㉣ 전문가 의견
    - 경험이 풍부한 전문가와 업계 전문가의 통찰력과 판단에 의존하여 수요를 예측
    - 정량적 데이터가 제한적이거나 시장 상황이 빠르게 변화하는 상황에서 특히 유용

② **정량적 예측** : 과거 데이터와 통계 기법을 사용하며 과거 판매 데이터가 있는 제품에 적합
  ㉠ 시계열 예측 : 과거의 시계열 자료의 구조나 양상이 미래에도 지속될 것으로 보고 예측기법을 적용하여 과거의 구조나 양상을 발견하고 이를 미래로 연장시켜 예측하는 방법
  ㉡ 이동평균법 : 시계열분석에서 단기 변동을 완화하고 장기 추세 또는 주기를 강조하는 데 사용되는 통계 기법
  ㉢ 지수평활법 : 과거 관측치에 기하급수적으로 감소하는 가중치를 적용하는 시계열 예측 기법
  ㉣ 추세변동법 : 일정 기간 동안 시계열 데이터세트의 기본 방향이나 패턴을 분석하고 예측하는 방법
  ㉤ 계절변동법 : 일정한 간격(예 일별, 월별, 분기별)으로 발생하는 시계열 데이터세트에서 반복되는 패턴이나 주기를 분석하고 예측
  ㉥ 인과 모형 : 변수 간의 상호관계를 모형화하여 예측하는 기법
  ㉦ 선형회귀분석 : 두 개 이상의 변수 간의 관계를 모델링하고 분석하는 데 사용되는 통계 기법

(3) 수요변화 그래프

① 추세 요인(Trend factor) : 인구의 변화, 자원의 변화, 자본재의 변화, 기술의 변화 등과 같은 요인들에 의해 영향을 받는 장기 변동
② 순환 요인(Cycle factor) : 경제활동의 팽창과 위축과 같이 불규칙적이며 반복적인 중기 변동
③ 계절 요인(Seasonal factor) : 12개월(1년)의 주기를 가지고 반복되는 변화
④ 불규칙 요인(Irregular/Random factor, Noise) : 일정한 규칙성을 인지할 수 없는 변동

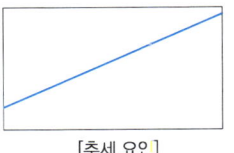
[추세 요인]

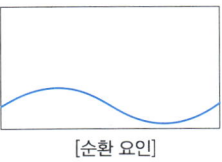
[순환 요인]

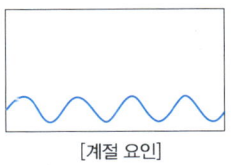
[계절 요인]

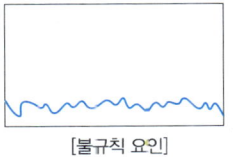
[불규칙 요인]

③ 품질 관리(QC)

(1) 품질 관리의 정의 및 목적

① 제품과 서비스가 지정된 품질 표준 및 요구사항을 충족하는지 확인하는 체계적인 프로세스
② 생산 공정 전반에 걸쳐 품질을 모니터링, 측정 및 개선하기 위한 다양한 기술과 활동
③ 품질 관리의 목적 : 최종 제품이 일관되고 신뢰할 수 있으며 고객 기대를 충족하는지 확인하기 위해 품질 표준에서 결함이나 편차를 감지하고 수정하는 것

(2) 품질 검사의 정의

① 제품, 재료, 구성요소 또는 서비스를 검사하여 지정된 표준 및 요구사항을 준수하는지 확인하는 품질 관리의 중요한 구성요소
② 결함 확인, 치수 측정, 성능 테스트, 제품이 설계 및 기능 사양을 충족하는지 확인하는 작업

(3) 품질 검사의 절차

① 준비
  ㉠ 검사 기준 정의 : 허용 가능한 품질과 허용되지 않는 품질을 구성하는 명확한 표준과 기준을 설정
  ㉡ 검사 계획 개발 : 검사 프로세스 중에 사용될 특정 절차, 도구 및 방법을 설명

② 샘플링
  ㉠ 무작위 샘플링 : 생산 로트에서 제품이나 자재를 무작위로 샘플링하여 검사
  ㉡ 체계적 샘플링 : 미리 결정된 시스템 또는 간격(예 10번째 항목마다)을 기반으로 샘플 선택

③ 검사 실행
  ㉠ 육안 검사 : 표면 결함, 색상 일관성, 전체적인 외관 등 눈에 보이는 결함이 있는지 제품 검사
  ㉡ 치수 검사 : 제품의 물리적 치수를 측정하여 지정된 공차를 충족하는지 확인

ⓒ 기능 테스트 : 제품의 성능과 기능을 테스트하여 의도한 대로 작동하는지 확인
② 비파괴 검사(NDT) : X선, 초음파 검사, 자분 검사 등의 기술을 사용하여 제품을 손상시키지 않고 내부 결함을 확인
⑩ 파괴 테스트 : 성능 한계를 이해하고 잠재적인 약점을 식별하기 위해 샘플에 오류를 유발하는 스트레스나 조건을 가하여 테스트

④ **녹음 및 보고**
㉠ 문서 결과 : 검사 결과를 기록하고 품질 표준에서 벗어난 결함이나 편차를 기록
㉡ 보고서 생성 : 합격/불합격률 및 필요한 시정 조치를 포함하여 결과를 요약하는 상세한 검사 보고서 작성

⑤ **의사결정**
㉠ 승인 또는 거부 : 검사 결과에 따라 제품을 승인, 거부 또는 재작업할지 결정
㉡ 시정 조치 실행 : 결함이 발견되면 근본 원인을 해결하고 재발을 방지하기 위한 시정 조치를 실행

(4) 검사 중 고려사항

① **검사 기준** : 기준이 명확하고 구체적이며 고객 요구사항 및 업계 표준과 일치하는지 확인
② **샘플링 방법** : 전체 생산 로트를 대표하는 관점을 제공하는 적절한 샘플링 방법을 선택
③ **검사 도구 및 기법** : 정확하고 신뢰할 수 있는 검사 결과를 보장하려면 보정되고 적절한 도구와 기술을 사용
④ **검사관 교육** : 검사관이 제품, 표준 및 검사 절차에 대해 잘 훈련되고 지식이 있는지 확인
⑤ **환경 조건** : 검사 중 환경 조건(예 조명, 온도)이 결과에 영향을 미칠 수 있으므로 고려
⑥ **문서화 및 추적성** : 검사 결과에 대한 철저한 문서화를 유지하고 특정 생산 로트 또는 배치에 대한 추적성을 보장함
⑦ **지속적인 개선** : 검사 데이터를 활용해 생산 공정의 추세와 개선 영역을 파악하고 지속적인 품질 개선을 추진
⑧ **커뮤니케이션** : 품질 문제의 신속한 해결을 보장하기 위해 검사팀, 생산 직원 및 경영진 간의 효과적인 의사소통을 촉진

> **TIP** 검사 시기에 따른 품질 검사의 구분 2024년 1회 기출
> • 생산 전 검사 : 투입되는 자원의 적합성 검사[샘플링(Sampling) 검사]
> • 생산 중 검사 : 투입자원의 결과물 전환과정의 적합성 검사(공정관리)
> • 생산 후 검사 : 제품이 고객에게 인도되기 전에 최종적으로 실시하는 적합성 검사(샘플링 검사)로, 공정관리 형태로 진행

(5) 품질 기법

① 체크리스트 기법
  ㉠ 필요한 모든 단계, 구성요소 또는 기준이 프로세스, 프로젝트 또는 작업에 포함되거나 처리되었는지 확인하는 데 사용되는 구조화된 품질 관리 도구
  ㉡ 적용 : 품질 검사, 프로젝트 관리, 안전 점검, 유지 보수 절차

② 히스토그램 기법
  ㉠ 데이터 분포를 그래픽으로 표현한 것
  ㉡ 지정된 범위(빈) 내에서 데이터 포인트의 빈도를 표시하여 데이터세트의 모양, 확산 및 중심 경향을 시각화
  ㉢ 적용 : 데이터의 패턴 식별, 프로세스의 변동성 감지, 품질 관리 및 공정 개선

③ 산점도 기법
  ㉠ 두 양적 변수 간의 관계를 표시하는 데이터 시각화 유형
  ㉡ 산점도의 각 점은 두 변수의 값에 해당하는 좌표를 갖는 관측치를 나타냄
  ㉢ 적용 : 변수 간의 관계 분석, 추세 및 패턴 식별, 이상값 감지

④ 그래프 기법
  ㉠ 선그래프, 막대 차트, 원형 차트 등을 포함하여 데이터와 관계를 시각화
  ㉡ 그래프는 복잡한 데이터를 쉽게 이해할 수 있는 형식으로 전달
  ㉢ 적용 : 데이터 제시 및 보고, 성과지표 모니터링, 의사결정 지원

⑤ 파레토 분석 기법 `2024년 1회 기출`
  ㉠ 파레토 원리(80/20 규칙)를 적용하여 데이터세트에서 가장 중요한 요소를 식별하는 통계 기법
  ㉡ 대략 80%의 결과가 20%의 원인에서 나온다는 것을 나타냄
  ㉢ 적용 : 주요 품질 문제 식별, 개선 노력의 우선순위 지정, 자원 할당

⑥ 서비스 품질(SERVQUAL) `2024년 2회 기출`
  ㉠ 조직에서 제공하는 서비스 품질을 평가하고 측정하기 위해 개발된 서비스 품질 프레임워크
  ㉡ 고객의 기대와 서비스에 대한 인식을 비교한 결과
  ㉢ 적용 : 서비스 품질 평가, 고객 만족도 측정, 서비스 개선이 필요한 부분 파악

> **TIP** SERVQUAL 5개 요인
>
> - 유형성(Tangibility) : 서비스 환경의 물리적 측면과 서비스 제공과 관련된 유형적 요소
>   예 물리적 시설, 장비, 인력, 커뮤니케이션, 자료의 외관 등
> - 신뢰성(Reliability) : 약속된 서비스를 신뢰할 수 있고 정확하게 수행하는 능력
>   예 일관성, 신속성, 정확성, 약속이행 등
> - 반응성(Responsiveness) : 서비스 제공업체가 고객을 돕고 고객의 요구에 즉각적으로 대응하려는 의지와 능력
>   예 신속한 서비스와 고객 문의 및 요청에 대한 세심한 배려, 가용성, 유연성 등
> - 확신성(Assurance) : 직원의 지식, 역량, 예의 및 신뢰와 자신감을 전달하는 능력
>   예 직원 역량, 예의, 신뢰성 및 보안 등
> - 공감성(Empathy) : 고객에게 배려와 개별화된 관심을 제공하는 것을 포함하여 각 고객의 고유한 요구사항과 우려사항을 이해하고 해결하는 것을 의미
>   예 개별적인 관심, 고객 요구사항 이해, 접근성, 커뮤니케이션

4 공급사슬 관리(Supply Chain Management) `2024년 1회 기출`

(1) 공급사슬 관리의 정의

① 소싱, 조달, 전환 및 물류 관리와 관련된 모든 활동을 조정하고 관리하는 전체적인 프로세스
② 원자재 조달의 초기 단계부터 고객에게 최종 배송될 때까지 제품이나 서비스를 만들고 제공하는 데 필요한 모든 프로세스와 활동을 계획하고 관리하는 것

(2) 공급사슬 관리의 목표

① **효율성** : 비용과 리소스를 최소화하는 동시에 생산성을 극대화
② **품질** : 공급망 전반에 걸쳐 고품질 제품과 서비스를 보장
③ **대응성** : 수요와 시장 상황의 변화에 신속하게 적응
④ **고객 만족** : 고객의 기대를 충족하거나 초과하는 제품과 서비스를 제공
⑤ **협업** : 공급업체, 파트너, 고객과의 강력한 관계를 조성하여 조정 및 의사소통을 개선

(3) 공급사슬 관리에서의 이동 유형

① **물리적 움직임**
  ㉠ 공급망 전체에 걸쳐 원자재, 재공품(WIP) 재고, 완제품의 운송 및 처리를 의미
  ㉡ 공급업체에서 제조업체, 창고, 유통 센터, 마지막으로 고객에게로 제품이 실제로 이동하는 과정이 포함됨
  ㉢ 주요 활동 : 운송, 창고 보관, 자재 취급, 재고관리

② **현금흐름**
  ㉠ 공급망 내에서의 자금 이동
  ㉡ 공급업체, 제조업체, 유통업체, 고객 등 다양한 주체 간에 발생하는 금융 거래가 포함
  ㉢ 주요 활동 : 공급업체에 대한 지불, 고객 지불, 재무 계획, 신용 관리

③ 정보교환
- ㉠ 공급망 내 다양한 주체 간의 정보 흐름
- ㉡ 효과적인 정보교환은 활동을 조정하고 정보에 입각한 결정을 내리며, 공급망 전반에 걸쳐 가시성과 투명성을 유지하는 데 매우 중요
- ㉢ 주요 활동 : 데이터 공유, 커뮤니케이션, 추적 및 모니터링, 협업 도구

5 구매 관리

(1) 구매 관리의 정의
① 조직이 효율적으로 운영하고 목표를 달성하는 데 필요한 상품, 서비스 및 자재를 획득하는 프로세스
② 적시 납품을 보장하면서 가장 유리한 가격으로 최고 품질의 제품과 서비스를 소싱하는 것을 목표로 하는 일련의 활동

(2) 구매 관리의 주요 목표
① 비용 효율성 : 품질 저하 없이 조달 비용을 최소화
② 품질 보증 : 구매한 상품과 서비스가 요구되는 품질 표준을 충족하는지 확인
③ 적시 배송 : 생산 지연을 방지하기 위해 자재와 서비스가 제시간에 배송되도록 보장
④ 공급업체 관계 관리 : 공급업체와 강력한 관계를 구축하고 유지하여 신뢰성과 협력을 보장
⑤ 위험 관리 : 공급망 중단, 가격 변동성 등 조달과 관련된 위험을 식별하고 완화

(3) 구매 관리 활동의 정의
① 조직이 효과적으로 운영하는 데 필요한 상품, 서비스, 자재를 획득하는 데 관련된 체계적인 프로세스와 기능
② 요구사항 식별부터 공급업체 성과 평가까지 다양한 단계가 포함되며 비용, 품질 및 납품 성과 최적화를 목표로 함

(4) 주요 구매 관리 활동
① 요구사항 식별 : 자재, 상품 및 서비스 측면에서 조직에 필요한 것이 무엇인지 결정
② 공급업체 선택 : 필요한 상품이나 서비스를 제공할 수 있는 잠재적 공급업체를 식별하고 평가 공급업체 조사, 견적 요청, 제품 비교가 포함
③ 협상 : 공급업체와 구매 조건에 대해 논의하고 동의. 가격 협상, 지불 조건, 배송 일정 및 기타 계약 조건 등
④ 구매 주문 관리 : 합의된 품목, 수량, 가격 및 배송 조건을 자세히 설명하는 구매 주문서를 공급업체에 발행

⑤ **주문 추적 및 신속 처리** : 적시 배송을 보장하기 위해 구매 주문 상태를 모니터링. 신속 주문에 지연이 발생하거나 더 빠른 배송이 필요한 경우 배송 프로세스를 가속화하기 위한 조치를 취함
⑥ **접수 및 검사** : 배송된 상품을 수령하고 지정된 요구사항과 품질 표준을 충족하는지 확인하기 위한 검사
⑦ **지불 처리** : 구매와 관련된 금융거래를 관리. 합의된 조건에 따라 공급업체에 대한 지불을 처리
⑧ **공급업체 관계 관리** : 지속적인 신뢰성, 협력 및 상호 이익을 보장하기 위해 공급업체와 강력한 관계를 구축하고 유지
⑨ **성능 평가** : 납품 적시성, 상품 또는 서비스 품질, 계약 조건 준수 등의 기준을 바탕으로 공급업체의 성과 평가

(5) 구매 유형

① **중앙 집중식 구매**
  ㉠ 조직 내 단일 중앙 부서에서 모든 구매 활동을 수행하는 조달 전략
  ㉡ 이 부서는 전체 조직의 모든 조달 결정 및 조치를 담당하며, 대량 구매로 인해 협상력이 향상되나 현지 요구와 조건에 대응하는 유연성이 떨어짐

② **분산 구매**
  ㉠ 조직 내의 개별 부서 또는 단위가 자체 구매 활동을 수행할 권한을 갖는 조달 전략
  ㉡ 각 부서는 특정 요구사항에 따라 자체 조달을 관리
  ㉢ 현지 요구에 대한 유연성과 대응력이 향상되나 조직 전반에 걸쳐 품질과 표준이 일관되지 않을 가능성이 있음

③ **직접 구매**
  ㉠ 생산 과정에서 직접 사용되거나 최종 제품 생성에 필수적인 원자재, 구성요소 또는 서비스를 조달하는 것
  ㉡ 생산에 필수적인 재료의 가용성을 보장하며, 대량 구매를 통해 규모의 경제를 활용할 수 있으나 생산지연을 방지하기 위해서는 세심한 재고관리가 필요함

④ **간접구매**
  ㉠ 최종 제품에 직접 포함되지 않지만, 조직의 일상적인 운영에 필요한 상품 및 서비스의 조달 형태
  ㉡ 전반적인 비즈니스 운영 및 직원 생산성을 지원하지만, 전략적 조달 계획에서 간과될 수 있음

6 황소채찍 효과 `2024년 2회 기출`

(1) 채찍효과의 정의

① 소비자 차원의 작은 수요 변동이 도매, 유통, 제조업체, 원자재 공급업체 차원에서 점차 수요 변동이 커지는 현상
② 이러한 효과는 수요 정보가 공급망 위로 이동하면서 왜곡 및 증폭되기 때문에 발생

(2) 채찍효과의 예시

① **소비재** : 인기 있는 장난감에 대한 소비자 수요가 증가하면 소매업체는 유통업체로부터 더 많은 제품을 주문 → 유통업체는 제조업체에 대한 주문을 늘리고 제조업체는 생산량을 늘림 → 소비자 구매 패턴의 작은 변화로 인해 생산 수준이 크게 변함

② **식료품점** : 통조림 수프와 같은 제품에 대한 프로모션은 고객 구매 급증을 유발 → 소매업체는 진열대를 재입고하기 위해 대량 주문 → 주문이 늘어나는 것을 본 도매업체도 제조업체에 대량 주문을 하게 되면서 생산량이 급증하게 됨

(3) 채찍효과의 영향

① **재고 비용 증가** : 조직은 수요를 과대평가하고 초과 재고를 생산하거나 주문할 수 있으며, 이로 인해 제품이 만료되거나 더 이상 사용되지 않게 되기 전에 판매할 수 없는 경우 보유 비용이 높아지고 잠재적인 낭비가 발생

② **품절 및 부족** : 조직이 불규칙한 주문 패턴으로 인해 수요를 과소평가하면 재고 부족에 직면할 수 있으며, 이는 판매 기회를 놓치고 고객 불만족으로 이어질 수 있음

③ **비효율적인 생산 일정** : 제조업체는 불규칙한 주문 패턴으로 인해 생산 실행을 효율적으로 계획하고 일정을 잡는 데 어려움을 겪을 수 있음

④ **높은 운영 비용** : 인지된 수요변화에 신속하게 대응해야 하는 필요성은 높은 운송 비용(예 신속한 배송), 인건비 증가(예 초과 근무) 및 기타 운영 비효율성을 초래

⑤ **불량한 고객 서비스** : 재고 수준의 변동으로 인해 제품 가용성이 일관되지 않아 고객 만족도와 충성도에 부정적인 영향을 미침

⑥ **공급업체 관계 긴장** : 불규칙한 주문 패턴은 공급업체와의 관계를 긴장시킬 수 있으며, 공급업체는 갑작스러운 수요 급증을 충족하기 위해 애쓰거나 예고 없이 주문량이 감소할 수 있음

7 재고와 경제적 주문량

(1) 재고관리 지표

① **재고회전율** : 평균 재고투자액 대비 판매된 제품의 역간 비용(매출액) 비율
  ㉠ 모든 산업과 기업에 통용되는 것은 아니지만, 일반적으로 재고회전율이 높을수록 효과적인 재고관리가 이루어진 것으로 판단할 수 있음
  ㉡ 산업 및 기업의 이윤에 따라 적정 회전수는 다를 수 있음

② **재고공급 일수** : 현재 보관 중인 재고를 이용할 시 기대되는 판매 가능 일수로 "현재의 재고로 며칠을 공급할 수 있는가?"에 대한 답

③ **리드타임(lead time)** : 주문 시점과 해당 주문의 배송 시점 간의 시간 간격
  예 딜러를 통해 자동차를 주문한 고객이 5일 뒤에 차량을 인도받았다면, 그 고객의 리드타임은 5일임

(2) 경제적 주문량(EOQ ; Economic Order Quantity)

① 기본 경제적 주문량 모형

⊙ 연간 재고유지관리 및 주문 비용의 합계를 최소화하는 고정 주문량을 결정하는 데 사용되는 모형

⊙ 기본 경제적 주문량 모형 관련 수식(단, Q=주문량, H=단위당 유지비용, D=연간 수요량, S=주문비용)

- 연간재고유지비용 = $\left(\dfrac{Q}{2}\right) \times H$
- 연간주문비용 = $\left(\dfrac{D}{Q}\right) \times S$
- 총비용 : 연간재고유지비용과 연간주문비용의 합
- 총비용이 최소가 되는 주문량 Q를 구하기 위해서는 연간재고유지비용과 연간주문비용의 값이 같은 주문량을 구하여야 하며, $\left(\dfrac{Q}{2}\right) \times H = \left(\dfrac{D}{Q}\right) \times S$를 통해 구할 수 있음
- 총비용의 최소가 되는 주문량 $Q = \sqrt{\dfrac{2DS}{H}}$ 가 됨, 즉 경제적 주문량임

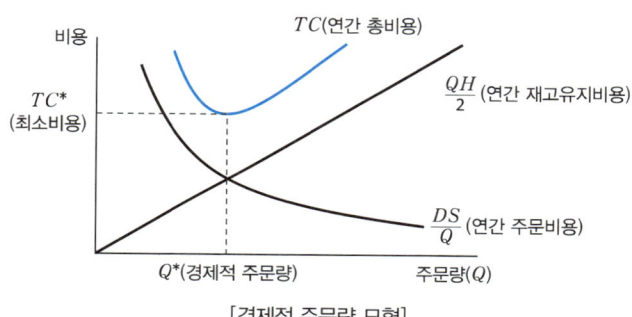

[경제적 주문량 모형]

② 정량 주문 모형(경제적 주문, EOQ)

⊙ EOQ(경제적 주문 수량) 모형으로 알려진 정량적 주문 모형은 재고 주문 및 보유와 관련된 총비용을 최소화하는 최적의 주문 수량을 결정하도록 설계됨

⊙ 주문 비용(주문할 때마다 발생하는 비용)과 보유 비용(재고를 보관하는 데 발생하는 비용) 간의 균형을 찾는 것

③ 정기 주문 모형

⊙ 고정 주문 간격 모형으로 알려진 정기 주문 모형에는 사전에 결정된 정기적인 간격으로 주문

⊙ 주문 수량은 현재 재고 수준과 각 주문 후 달성할 목표 재고 수준에 따라 달라짐

④ 정량 주문 모형과 정기 주문 모형 비교

⊙ 초점 및 목적

- EOQ 모형 : 총재고 비용(주문 및 유지비용)을 최소화하는 최적의 주문 수량을 찾음
- 정기 주문 모형 : 현재 재고 수준에 관계없이 고정된 간격으로 재고를 주문하여 정기적인 보충을 보장하는 데 중점

- ⓒ 계산 및 복잡성
    - EOQ 모형 : 수요, 주문 비용, 유지비용 등을 고려하여 최적의 주문 수량을 결정하려면 상세한 계산이 필요
    - 정기 주문 모형 : 현재 재고 수준과 목표 수준을 기준으로 정기적인 검토와 주문이 포함되므로 구현이 더 간단함
- ⓒ 주문 타이밍
    - EOQ 모형 : 재고가 재주문 지점에 도달하면 주문이 이루어지고 이로 인해 주문 간격이 불규칙
    - 정기 주문 모형 : 주문은 고정된 간격으로 이루어지며 예측 가능한 주문 일정을 제공
- ⓔ 수요 패턴 적합성
    - EOQ 모형 : 안정적이고 예측 가능한 수요 패턴을 갖춘 환경에 가장 적합
    - 정기 주문 모형 : 가변적이거나 예측할 수 없는 수요 패턴에 더욱 유연하게 적응
- ⓜ 재고 수준
    - EOQ 모형 : 일반적으로 총비용을 최소화하면서 보다 최적의 재고 수준을 달성
    - 정기 주문 모형 : 검토 기간 간의 변동성을 고려하여 안전 재고 수준이 높아질 수 있음
- ⓗ 장점
    - EOQ 모형 : 총 재고 비용을 최소화하고 주문 수량을 정확하게 제어
    - 정기 주문 모형 : 계획 및 물류를 단순화하고 주문 일정의 일관성을 제공
- ⓢ 단점
    - EOQ 모형 : 정확한 수요 예측과 비용 추정이 필요하며 계산이 복잡함
    - 정기 주문 모형 : 적절하게 관리되지 않으면 과잉 재고 또는 품절로 이어질 수 있으며, 재고 비용에 대한 덜 정확한 통제

8 PERT/CPM과 프로젝트 관리

(1) 개요

① PERT(Program Evaluation and Review Technique)와 CPM(Critical Path Method)은 복잡한 프로젝트를 계획, 예약 및 제어하는 데 사용되는 프로젝트 관리 도구임
② 두 가지 방법 모두 프로젝트 관리자가 가장 중요한 작업을 식별하고, 프로젝트 일정을 최적화하고, 적시에 프로젝트를 완료하는 데 도움이 됨

(2) PERT(프로그램 평가 및 검토 기법)

① 프로젝트 완료와 관련된 작업을 분석하고 표현하는 데 사용되는 통계 도구
② 각 작업을 완료하는 데 필요한 시간과 전체 프로젝트를 완료하는 데 필요한 최소 시간을 식별
③ 예상 시간이 불확실한 프로젝트에 특히 유용함

④ 주요 특징
　㉠ 활동 추정 : 각 작업에 대해 낙관적(O), 가능성이 가장 높음(M), 비관적(P)의 세 가지 시간 추정을 사용
　㉡ 네트워크 다이어그램 : 순서도를 사용하여 작업과 해당 종속성을 나타냄
　㉢ 주요 경로 : 네트워크 다이어그램을 통과하는 가장 긴 경로로, 프로젝트를 완료하는 데 걸리는 최단 시간을 결정

(3) CPM(핵심 경로 기법)

① 프로젝트 종료까지 계획된 활동의 가장 긴 경로와 프로젝트를 더 이상 연장하지 않고 각 활동을 시작하고 완료할 수 있는 가장 빠른 경로와 가장 늦은 경로를 결정하는 데 사용되는 결정론적 도구
② 시간과 비용의 절충에 중점을 두고 잘 알려진 작업과 기간이 있는 프로젝트에 유용함
③ 주요 특징
　㉠ 활동 순서 : 프로젝트를 완료하는 데 필요한 모든 활동을 나열
　㉡ 네트워크 다이어그램 : PERT와 유사하게 순서도를 사용하여 작업과 종속성을 나타냄
　㉢ 중요 경로 : 프로젝트 기간을 결정하는 작업 순서를 식별. 프로젝트를 지연시키지 않고는 요주의 경로에 대한 작업을 지연할 수 없음

(4) PERT와 CPM의 장점

① PERT
　㉠ 불확실성 처리 : 확률론적 시간 추정을 사용하므로 기간이 불확실한 프로젝트에 유용
　㉡ 계획 및 일정 개선 : 자세한 프로젝트 일정을 제공하고 중요한 작업을 식별하는 데 도움
　㉢ 위험 관리 : 잠재적인 지연을 식별하고 비상 상황을 계획하는 데 도움
　㉣ 시각화 : 네트워크 다이어그램은 작업 종속성과 프로젝트 흐름을 시각화하는 데 도움

② CPM
　㉠ 결정적 접근 방식 : 활동과 기간이 잘 정의된 프로젝트에 적합
　㉡ 시간 및 비용 최적화 : 중요한 작업과 중요하지 않은 작업을 식별하여 시간-비용 균형을 분석
　㉢ 자원 할당 : 작업 우선순위를 파악하여 자원의 효율적인 할당 및 활용에 도움
　㉣ 프로젝트 제어 : 프로젝트 진행 상황을 모니터링하고 제어하기 위한 명확한 프레임워크를 제공

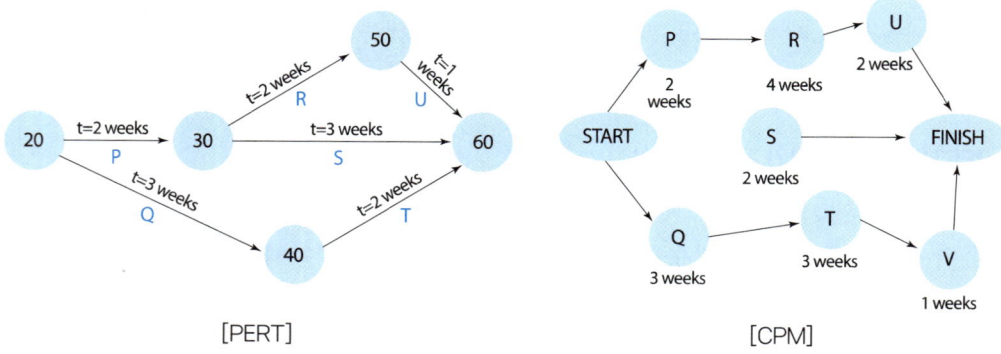

[PERT]　　　　　　[CPM]

(5) PERT와 CPM의 단점

① PERT
  ㉠ 복잡성 : 특히 대규모 프로젝트의 경우 개발이 복잡하고 시간이 많이 걸릴 수 있음
  ㉡ 추정의 주관성 : 정확한 시간 추정에 따라 달라지며, 이는 주관적이며 매우 다양함
  ㉢ 중요 경로에 대한 지나친 강조 : 중요하지 않은 활동을 무시하게 되어 프로젝트에도 영향을 미칠 수 있음

② CPM
  ㉠ 유연성이 낮음 : 고정된 예상 시간을 가정하므로 프로젝트 범위나 조건의 변화에 적응하기가 어려움
  ㉡ 상세 정보 요구사항 : 작업 기간 및 종속성에 대한 상세하고 정확한 정보가 필요함
  ㉢ 불확실성을 간과함 : 복잡한 프로젝트의 한계가 될 수 있는 작업 기간의 불확실성을 설명하지 않음

(6) PERT/CPM의 계산 알고리즘

① 확률적 시간 추정은 통계학적 지식이 함께 병행되어 학습되어야 하며, 확정적 시간 추정은 소요시간이 확정적임
  ㉠ ES(Early Start) : 활동을 시작할 수 있는 가장 빠른 시간으로 앞선 모든 활동이 최대한 빨리 시작된 것을 가정
  ㉡ EF(Early Finish) : 활동을 끝낼 수 있는 가장 빠른 시간
  ㉢ LS(Late Start) : 활동을 시작할 수 있으며, 프로젝트를 지연하지 않는 가장 늦은 시간
  ㉣ LF(Late Finish) : 활동을 끝낼 수 있으며, 프로젝트를 지연하지 않는 가장 늦은 시간

② 알고리즘 계산을 통해 도출 가능한 것
  ㉠ 프로젝트의 총소요시간에 영향을 주는 주요한 활동인 주 경로
  ㉡ 전체 프로젝트의 총소요시간에 영향을 주지 않는 범위 내에서 각 활동을 얼마나 늦게 시작하거나 늦게 완료할 수 있는지에 대한 지연시간 정보
  ㉢ 시각화할 경우 현재 프로젝트가 어떠한 마일스톤에 와 있는지, 얼마나 지연될 것인지 등에 대한 정보

 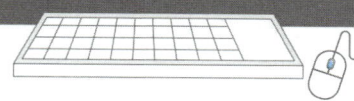

CHAPTER 02 실전예상문제

01 다음 중 한국재무보고기준(K-IFRS)에 대한 설명으로 옳은 것은?

① K-IFRS는 국제회계기준(IFRS)과 완전히 독립되어 있으며, 오로지 한국의 특수한 상황에 기초하여 개발되었다.
② K-IFRS는 국제회계기준(IFRS)을 기준으로 우리나라 실정에 맞게 제정되었다.
③ K-IFRS는 설립 이후 국내 모든 기업에 적용되어 왔다.
④ K-IFRS는 상장기업에게 K-IFRS 기준을 준수하도록 요구하지 않는다.

정답 ②
해설 K-IFRS는 한국의 특수한 상황에 맞게 조정된 회계기준이지만, 세계적으로 인정받는 국제회계기준(IFRS)을 기반으로 한다. 2011년부터 주식회사의 외부감사에 관한 법률의 적용을 받는 모든 상장회사는 K-IFRS를 적용해야 한다.

02 다음 중 회사 경영과 관련된 내부 의사결정 프로세스에 유용한 정보를 제공하는 데 주로 관심을 갖는 회계 유형으로 옳은 것은?

① 재무회계
② 관리회계
③ 원가계산
④ 세무회계

정답 ②
해설 관리회계는 내부 사용자를 대상으로 하며, 경영진이 비용 추정, 계획, 성과 평가 등 회사 경영과 관련된 의사 결정을 내리는 데 유용한 정보를 제공한다.
① 재무회계는 외부 이해관계자를 대상으로 한다.
③, ④ 원가회계와 세무회계는 각각 제품 원가 계산 및 세금 계산과 관련된 특정 목적을 가지고 있다.

03 다음 중 재무상태표의 구성요소로 옳지 <u>않은</u> 것은?

① 유동자산
② 비유동부채
③ 매출원가(COGS)
④ 지분

정답 ③
해설 재무상태표(대차대조표)의 구성요소는 유동자산, 비유동부채, 자본 등이다. 매출원가(COGS)는 재무상태표가 아닌 손익계산서의 구성요소이다.

04 다음 중 손익계산서의 특성으로 옳은 것은?

① 특정 시점의 회사의 자산, 부채, 자본을 요약한 것
② 특정 기간 동안의 당기순이익(손익)
③ 특정 기간 동안 기업의 현금흐름 변화
④ 회사의 이익잉여금어 대한 상세한 설명

정답 ②
해설 손익계산서(손익계산서)는 회사의 수익과 지출을 기록하고 요약하여 특정 기간 동안의 순이익(손익)을 계산한다.
　① 재무상태표는 자산, 부채, 자본을 요약한다.
　③ 현금흐름표는 현금흐름의 변화를 보여준다.
　④ 자본변동표는 이익잉여금과 기타 자본의 움직임에 대한 세부사항을 제공한다.

05 다음 중 현금흐름표에서 로열티, 수수료, 중개 수수료로 인한 현금 유입을 기록하는 부분으로 옳은 것은?

① 영업활동으로 인한 현금흐름
② 투자활동으로 인한 현금흐름
③ 재무활동으로 인한 현금흐름
④ 배당금 지급에 따른 현금흐름

정답 ①
해설 로열티, 커미션, 중개 수수료로 인한 현금 유입은 회사의 주요 사업 활동의 일부이며 영업활동 현금흐름에 기록된다.

06 다음 중 회사가 유형자산이나 주식을 매각할 때 발생하는 현금흐름의 유형으로 옳은 것은?

① 영업활동으로 인한 현금흐름
② 투자활동으로 인한 현금흐름
③ 재무활동으로 인한 현금흐름
④ 배당금 지급에 따른 현금흐름

정답 ②
해설 유형자산 또는 주식 매각으로 인한 현금흐름은 유형자산, 무형자산 및 금융 투자와 관련된 현금흐름을 다루는 투자활동 현금흐름이 발생한다.

07 다음 중 재무활동으로 인한 현금흐름에 따라 현금 유출이 발생하는 활동으로 옳은 것은?

① 직원 급여 지급
② 상품 및 서비스 구매
③ 은행 대출 상환
④ 상품 판매 및 서비스 제공

정답 ③
해설 은행 대출금 상환은 기업 금융 활동과 관련되어 있으며 금융활동으로 인한 현금흐름에 기록되고, 이로 인해 현금 유출이 발생한다.

08 다음 중 현금흐름표를 이용한 기업의 재무건전성 평가 방법으로 옳은 것은?

① 회사의 수익과 비용 분석
② 일정 기간 동안 회사에 들어오고 나가는 현금 기록
③ 회사의 대차대조표 검토
④ 회사의 주식실적 검토

정답 ②
해설 현금흐름표는 특정 기간 동안의 현금 유입과 유출을 기록하여 기업의 현금흐름에 대한 전반적인 정보를 제공하며, 이는 기업의 재무건전성을 평가하는 데 도움이 된다.

09 다음 중 재고를 제외하고 가장 유동적인 자산으로 단기부채를 충족할 수 있는 회사의 능력을 측정하는 재무비율로 옳은 것은?

① 유동비율
② 당좌비율
③ 부채비율
④ 이자보상비율

정답 ②
해설 당좌비율은 재고를 제외하고 유동성이 가장 높은 자산으로 기업의 단기부채 상환 능력을 평가한다. 현금으로 빠르게 전환되지 않는 재고를 제외함으로써 유동비율 대비 보다 엄격한 유동성 척도를 제공한다.

10 다음 중 회사의 재무 건정성과 관련하여 부채비율의 0.5(또는 50%) 초과가 나타내는 의미로 옳은 것은?

① 유동성이 강한 회사이다.
② 회사는 자기자본보다 부채가 많아 재무위험이 증가한다.
③ 회사의 이자부담능력이 더 높다.
④ 회사가 이자 지급에 어려움을 겪고 있다.

정답 ②
해설 부채비율이 0.5(또는 50%)를 초과한다는 것은 회사의 자본보다 부채가 더 많다는 것을 의미한다. 이는 부채를 통해 자금을 조달하는 회사 자산의 비율이 높아짐을 의미하며, 이는 재무위험을 증가시키고 투자자와 채권자에게 우려가 될 수 있다.

11 다음 중 수익에서 모든 비용을 공제한 후 이익으로 남는 비율을 측정하는 수익성 비율로 옳은 것은?

① 자기자본이익률(ROE)　　② 총자산수익률(ROA)
③ 매출순이익률　　　　　　④ 투자수익률(ROI)

> **정답** ③
> **해설** 매출순이익률은 수익에서 세금, 이자 등 모든 비용을 공제한 후 수익으로 남는 비율을 측정한다. 순이익률이 높을수록 매출을 실제 이익으로 전환하는 효율성이 높아진다는 의미이다.

12 다음 중 총자산수익률(ROA)이 높을수록 회사의 재무건전성 상황을 위한 조치로 옳은 것은?

① 회사는 이익창출을 위해 자기자본을 활용하는 것이 더 효율적이다.
② 회사는 이익창출을 위해 자산을 관리하는 것이 더 효과적이다.
③ 회사는 매출에서 모든 비용을 제하고 이익으로 남는 비율이 높다.
④ 회사는 수익성 있는 투자에 자본을 배분하는 데 더 효율적이다.

> **정답** ②
> **해설** 총자산수익률(ROA)이 높을수록 회사가 수익 창출을 위해 자산을 더 효율적으로 관리한다는 의미이다. 이는 총자산 기반을 기준으로 회사의 전반적인 수익성을 측정하는 것이다.

13 다음 중 특정 기간 동안 회사의 재고가 판매 및 교체된 횟수를 측정하는 활동 비율로 옳은 것은?

① 재고회전율　　　　　　② 유형자산회전율
③ 매출채권회전율　　　　④ 총자산수익률(ROA)

> **정답** ①
> **해설** 재고회전율은 특정 기간 동안 회사의 재고가 몇 번 판매되고 교체되는지 평가하여 재고관리의 효율성을 측정한다. 재고회전율이 높을수록 효율적인 재고관리를 의미한다.

14 다음 중 높은 매출채권회전율이 기업의 재무관리에 대해 의미하는 바로 옳은 것은?

① 효율적인 재고관리
② 유형자산을 보다 효율적으로 활용하여 수익 창출
③ 매출채권 회수가 빨라짐
④ 주주자본 대비 높은 수익성

> **정답** ③
> **해설** 매출채권회전율이 높을수록 기업이 외상매출을 통한 수익회수에 효율적이라는 것을 의미한다. 이는 효율적인 추심 절차와 효과적인 신용 정책을 제시하여 매출채권 추심 속도를 더욱 빠르게 한다.

15 다음 중 특정 기간 동안 회사의 총자산이 증가하는 비율을 측정하는 성장률로 옳은 것은?

① 자기자본증가율
② 매출증가율
③ 총자산증가율
④ 노동생산성

정답 ③
해설 총자산증가율은 특정 기간 동안 회사의 총자산이 증가하는 비율을 평가한다. 총자산증가율이 높다는 것은 회사의 자산 기반이 확대되고 있다는 의미로, 매출 증가와 영업 성장 가능성이 높다는 뜻이다.

16 다음 중 높은 노동생산성 비율이 회사의 운영 효율성에 대해 의미하는 바로 옳은 것은?

① 회사는 성공적으로 매출을 늘리고 있다.
② 각 직원은 회사의 성과에 더 많은 기여를 하고 있다.
③ 회사는 더 높은 생산량을 창출하기 위해 자본을 효율적으로 사용하고 있다.
④ 회사는 효과적으로 이익을 유지하거나 새로운 자본을 조달하고 있다.

정답 ②
해설 노동생산성 비율이 높다는 것은 각 직원이 회사의 성과에 더 많이 기여한다는 것을 의미하며, 이는 운영 효율성이 향상되고 효과적인 인력 성과가 있음을 나타낸다. 이 비율은 다양한 기간 동안 또는 업계 벤치마크와 비교하여 인력의 성과를 평가하는 데 도움이 된다.

17 다음 회사의 이익 중 발행 보통주 각 주에 할당된 부분을 측정하는 시장 가치 비율로 옳은 것은?

① 주가수익률(PER)
② 주당순이익(EPS)
③ 주가/장부가액비율(PBR)
④ 가격/판매비율(PSR)

정답 ②
해설 주당순이익(EPS)은 회사의 이익 중 발행 보통주 1주당 할당된 부분을 측정한다. EPS 값이 높을수록 주당 기준으로 주주가 얻을 수 있는 수익성이 더 높다는 것을 의미하며, 이는 투자자들에게 긍정적으로 보인다.

18 다음 중 1보다 큰 가격/장부가액비율(PBR)이 회사의 시장 가치 평가에 대해 나타내는 바로 옳은 것은?

① 현재 주가는 실적 대비 저평가되어 있다.
② 시장은 향후 성장을 기대하며 주가 상승을 정당화한다.
③ 회사는 수익 창출을 위해 자산을 효율적으로 사용하고 있다.
④ 시장에서는 향후 성장에 대한 기대로 장부가액보다 회사의 가치를 더 높게 평가하고 있다.

정답 ④
해설 1보다 큰 가격/장부가액비율(PBR)은 시장이 해당 회사를 장부가치보다 더 높게 평가한다는 것을 나타낸다. 이러한 높은 가치 평가는 종종 미래 성장에 대한 기대나 재무상태표에 반영되지 않은 무형자산의 존재로 인해 발생한다.

19 다음 중 제조 공정을 시작했지만, 아직 완료되지 않은 상품이 포함된 재고 유형으로 옳은 것은?

① 원료
② 유지 보수, 수리 및 작동 소모품
③ 완제품
④ 작업 중이거나 반제품

정답 ④
해설 작업 중 또는 반제품은 제조 공정에 착수했지만, 아직 완료되지 않은 제품을 의미한다. 예를 들어 조립라인에서 부분적으로 조립된 자동차 또는 절단되었지만 아직 의류에 재봉되지 않은 직물이 포함된다.

20 다음 중 가장 최근에 구매한 재고 품목이 먼저 판매된다고 가정하는 재고 원가 계산 방법으로 옳은 것은?

① 개별법
② 선입선출(FIFO)법
③ 후입선출(LIFO)법
④ 평균(가중평균)법

정답 ③
해설 후입선출(LIFO)법은 가장 최근에 구매한 재고 품목이 먼저 판매된다고 가정한다. 이 방법은 가장 최근의 구매원가를 매출원가에 할당하고 가장 이른 구매원가를 기말재고에 유지한다. 이는 세금 목적상 인플레이션 기간 동안 유리하지만 IFRS에서는 허용되지 않는다.

21 다음 중 자산의 비용을 내용연수 전반에 걸쳐 균등하게 배분하는 감가상각 방법으로 옳은 것은?

① 정액법
② 정률방식
③ 생산량비례법
④ 연수합계법

정답 ①
해설 정액법은 자산의 비용을 내용연수 동안 균등하게 분배하므로 매년 일정한 감가상각비가 부과된다. 이 방법은 간단하고 이해하기 쉽다.

22 다음 중 마모와 손상이 시간보다는 생산 수준과 더 밀접하게 관련되어 있는 자산에 이상적인 감가상각 방법으로 옳은 것은?

① 정액법
② 정률법
③ 생산량비례법
④ 연수합계법

정답 ③
해설 생산단위법이라고도 알려진 생산비례법은 자산의 실제 사용량이나 생산량을 기준으로 감가상각비를 결정한다. 이 방법은 자산의 실제 사용과 감가상각을 일치시켜 마모와 손상이 시간의 경과보다는 생산 수준과 더 밀접하게 관련되어 있는 자산에 이상적이다.

23 다음 중 국가 정부가 발행하고 정부의 지원을 받기 때문에 일반적으로 위험이 낮은 것으로 간주되는 채권 유형으로 옳은 것은?

① 지방채
② 회사채
③ 국고채
④ 금융채권

정답 ③
해설 국채는 중앙 정부가 발행하며 정부의 지원으로 인해 위험이 낮은 것으로 간주된다. 이는 채권 시장의 위험을 측정하기 위한 벤치마크로 자주 사용되며 일반적으로 만기가 길다.

24 다음 중 채권 발행 후 시장이자율이 상승할 경우 이루어지는 기존 채권가격의 변화로 옳은 것은?

① 가격은 동일하게 유지된다.
② 물가는 상승한다.
③ 가격은 하락한다.
④ 가격은 이자율의 영향을 받지 않는다.

정답 ③
해설 채권 발행 후 시장 금리가 상승하면 새로운 채권이 더 높은 금리로 발행되므로 표면이자율이 낮은 기존 채권의 매력이 떨어진다. 따라서 기존 채권의 가격은 더 높은 금리의 신규 채권과 비슷한 수익률을 제공하기 위해 하락한다.

25 다음 중 정기적인 이자 지불의 복리를 설명하는 채권 수익률 유형으로 옳은 것은?

① 만기수익률
② 유효수익률
③ 표면이자율
④ 연평균수익률

정답 ②
해설 유효수익률은 정기적인 이자 지급의 복리를 설명한다. 이는 채권의 정기적인 이자 지불이 동일한 비율로 재투자될 경우 투자자가 받게 될 실제 연간 수익을 반영하여 연간 채권 수익률을 보다 정확하게 측정한다.

26 다음 중 채권 보유자가 채권을 공정한 시장 가치로 쉽고 빠르게 판매할 수 없을 가능성과 관련된 위험으로 옳은 것은?

① 부도위험
② 시장위험
③ 유동성 리스크
④ 인플레이션 위험

정답 ③
해설 유동성 위험은 채권 보유자가 채권을 공정한 시장 가치로 빠르고 쉽게 판매하지 못할 위험을 의미한다. 이러한 위험은 수요가 낮고 시장 규모가 작기 때문에 국채에 비해 회사채나 지방채의 경우 더 높다.

27 다음 중 옵션이 부여한 권리에 대해 옵션 구매자가 옵션 판매자에게 지불하는 가격으로 옳은 것은?

① 행사 가격
② 프리미엄
③ 기초자산
④ 사용기한

정답 ②
해설 프리미엄은 옵션이 부여한 권리에 대해 옵션 구매자가 옵션 판매자에게 지불하는 가격이다. 이는 옵션 매도자가 부담하는 위험에 대한 보상과 옵션 구매자가 부담하는 옵션 비용을 나타낸다.

28 다음 중 내재가치는 없지만, 기초자산의 현재 가격이 행사 가격과 동일하기 때문에 여전히 상당한 시간가치를 가질 수 있는 옵션을 설명하는 용어로 옳은 것은?

① 내가격(ITM)
② 등가격(ATM)
③ 외가격(OTM)
④ 시간가치

정답 ②
해설 등가격(ATM) 옵션은 기초자산의 현재 가격이 행사 가격과 동일한 옵션이다. 내재가치는 없지만, 만기 전 가격 변동 가능성으로 인해 여전히 상당한 시간가치를 가질 수 있다.

29 다음 중 긍정적인 순현재가치(NPV)가 투자에 대해 나타내는 바로 옳은 것은?

① 투자는 비용보다 더 많은 가치를 창출할 것으로 예상되어 수익성 있는 투자가 될 것으로 간주된다.
② 투자가 재정적으로 실행 가능하지 않다.
③ 투자수익률은 할인율과 같다.
④ 투자 회수 기간이 내용연수보다 길다.

정답 ①
해설 긍정적인 NPV는 투자로 인한 현금 유입의 현재가치가 현금 유출의 현재가치를 초과한다는 것을 의미한다. 이는 투자가 비용보다 더 많은 가치를 창출할 것으로 예상되므로 수익성이 있는 것으로 간주된다.

30 다음 중 특정 직무 요소에 점수 값을 할당하고 이러한 점수를 추가하여 직무의 상대적 가치를 결정하는 직무평가 방법으로 옳은 것은?

① 서열법
② 분류법
③ 점수법
④ 시장임금조사법

정답 ③
해설 점수법에는 상대적 중요도를 기준으로 특정 직무 요소에 점수 값을 할당한 다음 이러한 점수를 추가하여 직무의 전체 가치를 결정하는 방법이 포함된다. 이 접근 방식은 직업 가치에 대한 체계적이고 객관적이며 정량화 가능한 평가를 제공한다.

31 다음 중 조직이 적시에 적절한 역할의 인력을 확보할 수 있도록 HR 활동을 조직 목표에 맞추는 데 중점을 두는 인적 자원 전략 구성요소로 옳은 것은?

① 직무분석 ② 직무평가
③ 인력운영계획 ④ 인사전략

정답 ③

해설 인적 자원 운영계획은 조직이 인력을 효과적으로 관리하기 위해 구현할 정책, 절차 및 관행을 개략적으로 설명하는 전략적 계획이다. 이는 인적 자원 활동을 조직의 목표 및 목적에 맞추기 위한 로드맵 역할을 하여 조직이 적시에 적절한 역할과 기술을 갖춘 적절한 인력을 보유하도록 보장한다.

32 다음 중 직원과 조직을 위한 명확하고 구체적이며 측정 가능한 목표를 설정하고 해당 목표를 향한 진행 상황을 추적하는 성과 관리 시스템으로 옳은 것은?

① 균형성과표(BSC) ② 핵심성과지표(KPI)
③ 목표관리(MBO) ④ 목표 및 주요 결과(OKR)

정답 ③

해설 목표별 관리(MBO)에는 직원과 조직을 위한 명확·구체적이며 측정 가능한 목표를 설정하고, 해당 목표를 향한 진행 상황을 추적하는 작업이 포함된다. 여기에는 목표 설정, 모니터링, 평가 및 전략적 목표와의 일치를 달성하기 위해 필요한 조정이 포함된다.

33 다음 중 재무 성과 측정, 고객 만족도 평가, 내부 비즈니스 프로세스 효율성 평가, 조직 개선 및 혁신에 중점을 두는 전략 계획 및 관리 시스템으로 옳은 것은?

① 목표관리(MBO) ② 균형성과표(BSC)
③ 핵심성과지표(KPI) ④ 목표 및 주요 결과(OKR)

정답 ②

해설 균형성과표(BSC)는 재무 성과 측정, 고객 만족도 평가, 내부 비즈니스 프로세스 효율성 평가, 조직 개선 및 혁신에 중점을 두는 전략 계획 및 관리 시스템이다. 이는 조직 성과에 대한 포괄적인 보기를 제공하고 일상적인 운영을 장기 전략에 맞게 조정하는 데 도움이 된다.

34 다음 중 채용 계획을 수립하는 데 있어 중요한 요소로 옳은 것은?

① 직원 성과평가 실시 ② 채용 활동을 위한 예산 결정
③ 교육 프로그램 실시 ④ 직원 만족도 모니터링

정답 ②

해설 채용 계획 개발에서 중요한 요소는 채용 활동에 대한 예산을 결정하는 것이다. 여기에는 최고의 후보자를 유치하고 고용하기 위한 광고, 채용 대행사 및 기술에 대한 자원 할당이 포함된다.

35 다음 중 인적 자원관리에서 배치 계획의 목적으로 옳은 것은?

① 직원 성과 평가
② 신입사원 교육
③ 조직의 목표 달성
④ 직원 복리후생 및 보상 관리

정답 ③
해설 인적 자원관리의 배치 계획은 목표와 목적을 달성하기 위해 조직 내에서 인적 자원을 할당하고 활용하는 방법을 설명하는 상세한 전략이다. 이는 직원들이 조직에 대한 기여도를 극대화할 수 있는 역할에 효과적으로 배치되도록 보장한다.

36 다음 중 각 성과 수준에 대한 구체적인 행동 예를 설명하는 성과 평가 방법으로 옳은 것은?

① 서열법
② 강제할당법
③ 행동 기반 평가 척도(BARS)
④ 서술법

정답 ③
해설 행동 기반 평가 척도(BARS)는 각 성과 수준에 대한 구체적인 행동 예를 설명하여 기존 평가 척도와 중대한 사건 방법의 요소를 결합한다. 이 방법은 명확한 기준을 제공하고 평가 편향을 줄인다.

37 다음 중 360도 평가법이라고도 알려진 다면평가법의 장점으로 옳은 것은?

① 간단하고 구현하기 쉽다.
② 명확한 기준을 제시함으로써 평가 편향을 줄인다.
③ 포괄적이고 개인화된 피드백을 제공한다.
④ 여러 소스로부터 피드백을 수집하여 직원 성과에 대한 보다 완전하고 정확한 그림을 제공한다.

정답 ④
해설 다면 평가 방법 또는 360도 평가 방법에는 감독자, 동료, 부하 직원, 때로는 고객을 포함한 다양한 소스로부터 성과 피드백을 수집하는 것이 포함된다. 이 접근 방식은 다양한 관점을 통합하여 직원 성과에 대한 보다 완전하고 정확한 그림을 제공한다.

38 다음 중 직원의 관점에서 성과평가 결과가 갖는 이점으로 옳은 것은?

① 승계 계획
② 팀 개발
③ 법률 및 규제 준수
④ 개인 발전 계획

정답 ④
해설 직원의 관점에서 성과평가 결과는 강점과 개선이 필요한 부분에 대한 피드백을 제공하여 개인의 발전 계획을 세우는 데 도움이 된다. 이 계획은 직원들이 특정 교육 프로그램과 경력 발전 기회를 식별하는 데 도움이 된다.

39 다음 중 임금 조정 방법에서 'Base Up'의 의미로 옳은 것은?

① 조직 내 모든 직원에 대한 기본급의 균일한 인상
② 개인의 성과에 따라 직원에게 지급되는 상여금
③ 일반적으로 책임과 급여의 증가를 동반하는 직원의 지위 증가
④ 근속 기간이나 성과에 따른 직원 급여의 정기적 인상

정답 ①
해설 'Base Up'은 조직 내 모든 직원에 대한 기본급이 균일하게 인상되는 것을 의미한다. 이러한 조정은 인플레이션을 유지하고, 경쟁력 있는 급여 수준을 유지하고, 공정성을 보장하고, 직원을 유지하기 위해 종종 이루어진다.

40 다음 중 직원 만족도와 복지 향상을 목표로 최근 선진화된 복지 프로그램에 해당하는 것은?

① 국민연금
② 금융 웰니스 프로그램
③ 실업보험
④ 유급휴가

정답 ②
해설 금융 복지 프로그램은 직원 만족도, 일과 삶의 균형 및 전반적인 복지 향상에 초점을 맞춘 최근 발전된 복지 프로그램의 구성요소이다. 재무설계, 부채관리, 저축설계, 투자상담 등의 서비스를 제공한다.
①, ③, ④ 법정 혜택 또는 전통적인 복지 프로그램의 일부이다.

41 다음 중 회사의 높은 시장 점유율로 인한 직접적인 이점으로 옳지 않은 것은?

① 브랜드 인지도 향상
② 고객 충성도 향상
③ 직원 이직률 증가
④ 수익성 향상

정답 ③
해설 높은 시장 점유율은 브랜드 인지도 향상, 고객 충성도 향상, 수익성 향상으로 이어질 수 있으며 직원 이직률 증가는 높은 시장 점유율로 인한 직접적인 이점이 아니다.

42 다음 중 판매 목표에 대한 설명으로 옳지 않은 것은?

① 판매 목표는 회사의 사업 활동에 대한 방향을 제시한다.
② 판매 목표는 개인 및 팀 성과를 평가하는 데 사용된다.
③ 판매 목표는 항상 시장 지배력을 보장한다.
④ 판매 목표는 회사의 성장과 발전을 위한 기준으로 활용된다.

정답 ③
해설 판매 목표는 방향 제시, 성과 평가, 성장 기준 결정 등에서 중요한 역할을 한다. 그러나 판매 목표를 달성한다고 해서 항상 시장 지배력이 보장되는 것은 아니다. 시장 상황, 경쟁 등 다른 요인도 영향을 미치기 때문이다.

43 다음 중 일반적으로 제품 정보에 포함되지 않는 것은?

① 제품 특징 및 기능
② 회사의 조직도
③ 제품 사용 방법
④ 상품가격 및 구매 방법

정답 ②
해설 제품 정보에는 일반적으로 제품 특징 및 기능, 사용 지침, 가격, 구매 방법에 대한 세부정보가 포함된다. 회사의 조직도는 제품 정보와 관련이 없다.

44 다음 중 제품 라인업의 구성에 대한 설명으로 옳은 것은?

① 판매량에 따른 제품 분류
② 유형 및 가격대별 제품 그룹화
③ 제조원가에 따른 제품 분류
④ 색상별로 제품 그룹화

정답 ②
해설 제품 라인업은 일반적으로 다양한 고객 부문과 선호도에 맞춰 제품 유형과 가격대별로 구성된다. 판매량, 제조 비용 또는 색상별로 그룹화하는 것은 제품 라인업 구조를 정의하는 데 덜 일반적이다.

45 다음 중 유통 채널과 마케팅 예산 간의 관계에 대한 설명으로 옳은 것은?

① 직접 유통 채널을 선택하면 항상 마케팅 예산이 줄어든다.
② 마케팅 예산은 유통채널의 효율성에 영향을 미치지 않는다.
③ 마케팅 활동 및 비용은 선택한 유통 채널에 따라 다르다.
④ 간접 유통 채널을 사용하면 마케팅 예산이 필요하지 않다.

정답 ③
해설 유통 채널 선택에 따라 요구되는 마케팅 활동 및 관련 비용은 달라진다. 직접 유통 채널에는 온라인 광고 및 소셜 미디어 마케팅에 대한 투자가 필요할 수 있는 반면, 간접 유통 채널에는 도매업체 및 소매업체를 대상으로 하는 마케팅 노력이 필요할 수 있다. 이러한 가변성은 마케팅 예산을 효과적으로 할당하는 방법을 이해하는 데 중요하다.

46 다음 중 ROI와 ROAS에 대한 설명으로 옳은 것은?

① ROI는 총 마케팅 투자 수익을 측정하고 ROAS는 광고 지출 수익을 측정한다.
② ROI와 ROAS는 모두 동일한 방식으로 계산되지만 서로 다른 맥락에서 사용된다.
③ ROI는 수익을 백분율로만 측정하는 반면 ROAS는 수익을 달러로 측정한다.
④ ROI는 온라인 광고의 효과를 평가하는 데 사용되는 반면 ROAS는 모든 마케팅 투자에 사용된다.

정답 ①
해설 투자수익률(ROI ; Return on Investment)은 마케팅, 운영 등을 포함하여 투자와 관련된 모든 비용을 고려하여 총 투자의 전반적인 수익을 평가하는 보다 광범위한 측정기준이고, 광고투자대비수익률(ROAS ; Return On Ad Spend)은 마케팅 목적으로 사용한 금액 중 오직 광고에 사용한 금액만 한정해 측정한 기준이다.

47 다음 중 총매출, 매출원가, 매출총이익 간의 관계에 대한 설명으로 옳은 것은?

① 매출총이익은 총매출과 매출원가를 합한 금액이다.
② 총매출에서 에누리, 환입 및 할인을 제외하면 순매출이 되며, 여기에서 매출원가를 공제하여 매출총이익이 계산된다.
③ 매출원가에는 원자재비만 포함되며, 매출총이익은 총매출에서 매출원가를 차감한 금액이다.
④ 총매출, 매출원가, 매출총이익은 모두 동일한 뜻을 가지며 혼용하여 사용할 수 있다.

정답 ②
해설 순매출은 총매출에서 에누리, 환입 및 할인 등을 제외하여 계산하고, 매출총이익은 순매출에서 매출원가를 공제하여 산출한다.
① 매출총이익은 회사가 총매출액에서 에누리, 환입 등을 공제한 순매출액을 계산한 후에 매출원가를 공제하여 산출한 이익이다.
③ 매출원가에는 원자재비, 인건비, 제조비 등 제품이나 서비스를 생산하거나 판매하는 데 직접 관련된 모든 비용이 포함된다.
④ 매출액, 매출원가, 순이익은 각각 별도의 뜻을 가지며, 혼용하여 사용할 수 없다.

48 다음 중 비즈니스 분석에서 제품 판매량과 서비스 판매량의 사용에 대한 설명으로 옳은 것은?

① 상품 판매량은 제공되는 서비스의 개수를 의미하며, 서비스 판매량은 판매된 상품의 개수를 의미한다.
② 상품 판매량과 서비스 판매량은 모두 상품의 인기도와 수익성을 분석하는 데 사용된다.
③ 총매출액은 상품 판매량으로, 총비용은 서비스 판매량으로 계산한다.
④ 상품 판매량과 서비스 판매량은 상품과 서비스를 모두 갖춘 기업에만 해당된다.

정답 ②
해설 상품 판매량은 특정 기간 동안 기업이 판매한 상품의 수나 양을 측정하며, 각 상품의 인기도, 판매 전략의 효율성, 시장 점유율을 분석하는 데 사용된다. 마찬가지로 서비스 판매량은 특정 기간 동안 기업이 제공하는 서비스의 수나 양을 측정하여 각 서비스의 인기도, 수익 창출 능력, 시장 경쟁력을 분석하는 데 사용된다. 두 지표 모두 회사의 제품이 시장에서 얼마나 잘 수행되고 있는지 이해하는 데 중요하다.

49 다음 중 할인이 비즈니스에서 전략적으로 어떻게 사용될 수 있는지에 대한 설명으로 옳은 것은?

① 할인은 항상 수익 감소로 이어지므로 피해야 한다.
② 할인은 재고 정리, 매출 증대, 신규 시장 진출 및 고객 유치에 사용될 수 있다.
③ 할인은 고객에게만 이익이 되며 기업에 전략적 가치는 없다.
④ 할인은 항상 기본 가격에서 일정 비율로 할인되며 다른 형태로 제공될 수 없다.

정답 ②
해설 할인은 기업에서 다양한 목적으로 사용하는 전략적 도구이다. 오래된 재고를 정리하고, 부진한 기간 동안 판매를 늘리고, 새로운 시장 진출을 촉진하며 새로운 고객을 유치하는 데 도움이 될 수 있다. 할인은 금액 할인, 백분율 할인, 쿠폰 할인, 프리미엄 할인, 패키지 할인 등 다양한 형태로 제공될 수 있으며, 각각은 서로 다른 전략적 목적을 제공하고 마케팅 및 판매 전략에 유연성을 제공한다.

50 다음 중 신규 고객 판매와 기존 고객 판매 간의 마케팅 전략 차이에 대한 설명으로 옳은 것은?

① 신규 고객 판매는 기존 고객 판매에 비해 광고 투자 비용이 적게 든다.
② 기존 고객에 대한 판매는 브랜드 인지도 향상과 높은 마케팅 비용에 중점을 둔다.
③ 신규 고객 판매에는 높은 마케팅 비용이 소요되고 판촉 활동에 중점을 두는 반면, 기존 고객에 대한 판매는 개인화된 고객 서비스 및 충성도 프로그램에 중점을 둔다.
④ 기존 고객에 대한 판매는 신규 고객 판매에 비해 평생 가치(LTV)가 낮다.

정답 ③
해설 신규 고객을 유치하려면 일반적으로 시장 및 브랜드 인지도를 구축하고 잠재 고객이 회사의 제품이나 서비스를 사용해 보도록 유도하기 위해 광고 및 판촉 활동에 상당한 투자가 필요하다. 여기에는 더 높은 마케팅 비용이 포함된다. 대조적으로, 기존 고객을 유지하는 것은 일반적으로 마케팅 비용을 낮추며 개인화된 서비스와 충성도 프로그램을 통해 고객 관계를 유지하고 강화하는 데 중점을 둔다. 기존 고객은 이미 회사의 제품에 대한 경험이 있어 구매 가능성이 높아지고 평생 가치(LTV)가 높아진다.

51 다음 중 상향 판매 전략과 교차 판매 전략의 차이점에 대한 설명으로 옳은 것은?

① 상향 판매에는 기존 구매와 관련된 추가 제품을 판매하는 것이 포함되며, 교차 판매에는 제품의 더 비싸거나 프리미엄 버전을 판매하는 것이 포함된다.
② 상향 판매와 교차 판매 모두 관련 상품을 추천하여 고객의 구매를 늘리는 것을 목표로 한다.
③ 상향 판매는 더 비싸거나 프리미엄 버전의 제품을 판매하여 고객 지출을 늘리는 것을 목표로 하며, 교차 판매는 관련 제품을 판매하여 고객 구매 수를 늘리는 것을 목표로 한다.
④ 상향 판매는 일반적으로 프리미엄 제품에 중점을 두기 때문에 교차 판매보다 수익률이 더 높다.

정답 ③
해설 상향 판매에는 고객이 이미 고려 중이거나 구매한 제품이나 서비스의 고급형 또는 더 비싼 버전을 구매하도록 권장하는 것으로 고객의 지출을 늘리는 것을 목표로 한다. 예를 들어, 기본 모델을 고려 중인 고객에게 프리미엄 스마트폰 모델을 추천하는 경우이다. 반면, 교차 판매는 고객에게 관련 상품을 추가로 추천하여 구매 횟수를 늘리는 것을 목표로 한다. 예를 들어, 프린터를 구입하는 고객에게 프린터 잉크를 추천하는 경우이다. 두 가지 전략 모두 판매 성과를 향상시키는 데 사용되지만, 고객 지출 행동의 서로 다른 측면을 목표로 삼는다.

52 다음 중 고객 관계 및 신용 관리에 있어 판매 영업팀의 효율성을 직접적으로 반영하는 영업 성과 지표로 옳은 것은?

① 상품 판매 건수
② 대금 회수율
③ 취소 건수
④ 고객단가

정답 ②
해설 대금 회수율은 영업팀이 신용을 얼마나 효과적으로 관리하고 고객이 청구서를 제때에 결제하는지 나타내는 지표이다. 회수율이 높다는 것은 영업팀이 신용 관리에 능숙하고 고객과 건전한 재무 관계를 유지하고 있음을 의미한다. 이 지표는 판매를 하는 것뿐만 아니라 회사가 해당 판매로부터 수익을 받도록 보장하는 데 있어 영업팀의 효율성을 이해하고 고객 관계 및 신용을 효율적으로 관리하는 능력을 반영하는 데 중요하다.

53 다음 중 특정 기간 동안 고객이 회사와 계속 비즈니스를 할 가능성을 구체적으로 측정하는 측정항목으로 옳은 것은?

① 순수고객추천지수(PCRI)　　② 고객평생가치(CLV)
③ 고객 유지율(CRR)　　　　　④ 고객 만족

정답 ③

해설 고객 유지율(CRR)은 구체적으로 특정 기간 동안 회사와 계속 비즈니스를 수행하는 고객의 비율을 측정한다. 이 지표는 회사가 고객을 얼마나 잘 유지하는지 이해하는 데 중요하며 고객 충성도와 고객 관계 관리 전략의 효율성을 나타낸다. 다른 지표와 달리 시간 경과에 따른 고객 유지를 직접적으로 수량화한다.
① PCRI : 추천 가능성에 초점을 맞춘다.
② CLV : 고객의 장기적인 가치를 예측한다.
④ 고객 만족도 : 회사가 고객 기대치를 얼마나 잘 충족하는지 측정한다.

54 다음 중 고객 서비스 문제의 해결 효율성과 효과를 추적하는 데 가장 직접적으로 유용한 데이터로 옳은 것은?

① 고객의 개인정보　　　　　② 통화기록
③ 서비스 장애처리 기록　　　④ 구매 채널 정보

정답 ③

해설 서비스 문제 해결 기록은 고객 서비스 문제 해결의 효율성과 효과를 추적하는 데 가장 직접적으로 유용하다. 이 데이터에는 문제 설명, 보고 날짜, 문제 해결을 위해 취한 조치, 해결 날짜 및 결과 등 고객이 보고한 서비스 관련 문제에 대한 세부정보가 포함된다. 이 정보를 분석하면 기업은 서비스 팀이 고객 문제를 얼마나 빠르고 효과적으로 해결하고, 반복되는 문제를 식별하고, 서비스 프로세스를 개선하는지 측정하는 데 도움이 된다.
①, ② 고객의 개인정보 및 통화기록은 유용한 상황과 배경을 제공하지만, 서비스 문제 해결을 직접 추적하지는 않는다.
④ 구매 채널 정보는 구매 방법과 장소를 이해하는 데 관련이 있지만, 서비스 문제 해결과 직접적인 관련이 없다.

55 다음 고객 참여 지표 중 방문자가 특정 페이지에 머문 시간을 표시하여 웹사이트 방문자의 관심을 얼마나 잘 유도하는지 측정하는 고객 참여 지표로 옳은 것은?

① 홈페이지 방문자 수
② 특정 콘텐츠의 방문자 수
③ 페이지 잔류 시간
④ 콘텐츠 반응률(공유, 좋아요, 댓글 등)

정답 ③

해설 페이지 잔류 시간(또는 페이지에 머문 평균 시간)은 방문자가 특정 페이지에 머무르는 시간을 측정한다. 이 지표는 방문자 참여와 콘텐츠의 관련성을 이해하는 데 중요하다. 페이지에서 보내는 시간이 길다는 것은 방문자가 해당 콘텐츠를 매력적이고 가치 있다고 생각한다는 것을 의미한다.

56 다음 중 구매나 가입과 같은 특정 행동을 유도하는 캠페인의 효과를 측정하는 데 사용되는 성과 지표로 옳은 것은?

① 이탈률
② 클릭당 비용(CPC)
③ 액션당 비용(CPA)
④ 전환율(CVR)

> **정답** ③
> **해설** CPA(액션당 비용)는 사용자가 구매, 가입 등 특정 작업을 완료할 때 발생하는 비용을 측정한다. 이 지표는 원하는 행동을 유도하는 데 있어 캠페인의 비용 효율성을 평가한다. 또한, 특정 결과를 생성하는 경우 마케팅 노력의 재정적 효율성을 이해할 수 있도록 중요한 역할을 한다.

57 다음 중 특히 직접적인 과거 데이터를 사용할 수 없는 경우 유사한 제품이나 시장 조건과 비교하여 미래 수요를 예측하는 데 가장 적합한 수요 계측 방법으로 옳은 것은?

① 시장 조사
② 델파이 방식
③ 유추법
④ 시계열 예측

> **정답** ③
> **해설** 수요 예측의 유추법이는 유사한 제품, 서비스 또는 시장 상황과 비교하여 미래 수요를 예측하는 것이 포함된다. 이 접근 방식은 신제품을 출시하거나 직접적인 과거 데이터를 사용할 수 없는 새로운 시장에 진출할 때 특히 유용하다. 유사한 맥락에서 얻은 통찰력을 활용함으로써 기업은 잠재적 수요에 대해 정보에 입각한 예측을 할 수 있다.
> ①, ②, ④ 데이터 수집 및 전문가 판단(정성적) 또는 과거 데이터 패턴(정량적)에 의존한다.

58 다음 중 제품이 의도한 대로 작동하는지 확인하기 위해 제품의 성능과 기능을 테스트하는 단계로 옳은 것은?

① 육안검사
② 치수검사
③ 기능 테스트
④ 비파괴검사(NDT)

> **정답** ③
> **해설** 기능 테스트는 제품이 의도한 대로 작동하는지 확인하기 위해 제품의 성능과 기능을 테스트하는 품질 관리 절차의 단계이다. 이러한 유형의 테스트는 제품이 필수 사양을 충족하고 의도된 용도로 올바르게 작동하는지 확인한다.
> ① 육안검사 : 눈에 보이는 결함을 확인한다.
> ② 치수검사 : 물리적 치수를 측정한다.
> ④ 비파괴검사(NDT) : 제품을 손상시키지 않고 내부 결함을 식별한다.

59 다음 중 80/20 규칙을 적용하여 데이터세트에서 가장 중요한 요소를 식별하는 데 사용되는 품질 기술로 옳은 것은?

① 히스토그램 기법
② 산점도 기법
③ 파레토 분석 기법
④ 서브퀄(SERVQUAL) 기법

정답 ③
해설 파레토 분석 기법은 80/20 법칙이라고도 알려진 파레토 원리를 적용한 통계 방법이다. 이 원칙은 결과의 약 80%가 20%의 원인에서 나온다는 것을 의미한다. 파레토 분석은 데이터세트에서 가장 중요한 요소를 식별하고 우선순위를 지정하는 데 사용되며, 이는 가장 실질적인 영향을 미칠 영역에 개선 노력을 집중하는 데 도움이 된다. 이 기술은 주요 품질 문제를 식별하고 자원을 효과적으로 할당하기 위한 품질 관리에 특히 유용하다.
①, ② 주로 데이터 분포 및 관계를 시각화하는 데 사용된다.
④ 서비스 품질을 평가하기 위한 프레임워크이다.

60 다음 중 공급망 관리의 주요 목표에 대한 설명으로 옳지 않은 것은?

① 효율성 : 비용과 자원을 최소화하면서 생산성을 극대화한다.
② 품질 : 공급망 전반에 걸쳐 고품질 제품과 서비스를 보장한다.
③ 직원 만족 : 공급망 내 모든 직원이 만족하도록 보장한다.
④ 고객 만족 : 고객의 기대를 충족하거나 그 이상의 제품과 서비스를 제공한다.

정답 ③
해설 공급망 관리의 주요 목표에는 효율성, 품질, 대응성, 고객 만족 및 협업이 포함된다. 이러한 목표는 생산성 극대화, 고품질 제품 보장, 시장 변화에 대한 신속한 적응, 고객 기대 충족, 공급업체 및 파트너와의 강력한 관계 육성에 중점을 두고 있다. 직원 만족은 모든 조직에 중요하지만, 상품, 서비스 및 정보의 흐름을 최적화하는 데 더 중점을 두는 공급망 관리의 주요 목표는 아니다.

61 다음 중 구매 관리의 주요 목표에 대한 설명으로 옳지 않은 것은?

① 비용 효율성 : 품질 저하 없이 조달 비용을 최소화한다.
② 품질 보증 : 구매한 상품과 서비스가 요구되는 품질 표준을 충족하는지 확인한다.
③ 직원 만족도 극대화 : 모든 직원이 자신의 직무에 만족하도록 보장한다.
④ 공급업체 관계 관리 : 공급업체와 강력한 관계를 구축하고 유지하여 신뢰와 협력을 보장한다.

정답 ③
해설 구매 관리의 주요 목표에는 비용 효율성, 품질 보증, 적시 배송, 공급업체 관계 관리 및 위험 관리가 포함된다. 이러한 목표는 조달 프로세스를 최적화하여 비용을 최소화하고 품질을 보장하며 강력한 공급업체 관계를 구축하는 데 중점을 둔다. 직원 만족도를 극대화하는 것은 조직 전체의 성공에 중요하지만 구매 관리의 기본 목표는 아니며, 조직 운영에 필요한 상품과 서비스를 효과적이고 효율적으로 획득하는 데 더 중점을 두고 있다.

62 다음 중 공급망 관리에서 채찍 효과의 직접적인 영향으로 옳지 않은 것은?

① 재고비용 증가
② 품절 및 품절
③ 고객 만족도 향상
④ 비효율적인 생산 일정

정답 ③

해설 채찍 효과는 일반적으로 재고 비용 증가, 품절 및 부족, 비효율적인 생산 일정, 높은 운영 비용, 열악한 고객 서비스 및 공급업체 관계 긴장으로 이어진다. 이러한 영향은 공급망 내에서 비효율성과 과제를 야기하므로 부정적이다. 고객 만족도 향상은 채찍 효과의 직접적인 영향이 아니다. 실제로, 채찍 효과로 인한 열악한 고객 서비스와 일관되지 않은 제품 가용성은 고객 만족도와 충성도에 부정적인 영향을 미칠 수 있다.

63 다음 중 주문을 하고 해당 주문이 배송되기까지의 시간 간격을 측정하는 재고 관리 지표로 옳은 것은?

① 재고회전율
② 재고공급일수
③ 리드타임
④ 경제적 주문량(EOQ)

정답 ③

해설 리드 타임은 주문 접수부터 해당 주문 배송까지의 시간 간격이다. 이는 재고 보충 시점에 영향을 미치고 고객 수요를 신속하게 충족하는 능력에 영향을 미치기 때문에 재고 관리에서 중요한 지표이다.
① 재고회전율 : 일정 기간 동안 재고가 얼마나 자주 판매되고 교체되는지를 측정하여 재고 관리의 효율성을 나타낸다.
② 재고공급일수 : 예상 판매량을 기준으로 현재 재고가 유지되는 일수를 나타낸다.
④ 경제적 주문량(EOQ) : 재고 주문 및 보유와 관련된 총비용을 최소화하는 최적의 주문량을 결정하는 데 사용되는 모델이다.

64 다음 중 PERT와 CPM의 주요 차이점에 대한 설명으로 옳은 것은?

① PERT는 활동과 기간이 잘 정의된 프로젝트에 사용되는 반면 CPM은 기간이 불확실한 프로젝트에 사용된다.
② PERT는 확률론적 시간 추정을 사용하는 반면 CPM은 결정론적 시간 추정을 사용한다.
③ PERT는 시간과 비용의 균형에 초점을 맞추는 반면 CPM은 비용을 고려하지 않는다.
④ PERT는 작업을 나타내는 네트워크 다이어그램을 생성하지만 CPM은 그렇지 않다.

정답 ②

해설 PERT와 CPM의 주요 차이점은 PERT는 각 작업에 대해 낙관적, 가장 가능성이 높음, 비관적이라는 세 가지 다른 추정치를 포함하는 확률론적 시간 추정치를 사용한다는 것이다. 이 접근 방식은 작업을 완료하는 데 필요한 시간이 불확실한 프로젝트에 유용하다. 이와 대조적으로 CPM은 결정론적 시간 추정을 사용한다. 즉, 각 작업에 대해 잘 정의된 고정된 기간을 사용한다. 두 가지 방법 모두 작업과 해당 종속성을 나타내는 네트워크 다이어그램을 생성하지만, 주요 차이점은 시간 추정 처리 및 프로젝트 기간과 관련된 확실성 수준에 있다.

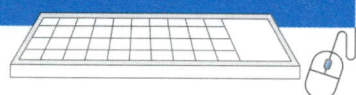

PART 01_ 경영정보 일반

기업 외부 정보 파악

SECTION 01 기업 외부 정보의 활용

① 의미

외부 기업 정보 활용에는 의사 결정, 전략 계획 및 운영 활동을 지원하기 위해 조직 외부 소스로부터 데이터를 수집, 분석 및 적용하는 프로세스가 포함됨

② 기업 외부 정보의 활용의 중요성

① **전략 계획** : 외부 기업 정보는 기업이 시장 환경을 이해하고 정보에 입각한 전략적 결정을 내리는 데 도움이 됨(예 성장 기회 식별, 시장 수요 이해, 업계 변화 예측 등)
② **위험 관리** : 기업은 규제 변화, 경제적 변화, 경쟁업체의 조치를 최신 상태로 유지함으로써 위험을 더 잘 예측하고 완화할 수 있음
③ **경쟁 우위** : 시의적절하고 관련성이 높은 외부 정보에 액세스하면 기업은 최신 시장 정보를 기반으로 전략과 운영을 조정하여 경쟁사보다 앞서 나갈 수 있음
④ **혁신 및 개발** : 기술 발전 및 고객 선호도에 대한 정보는 혁신, 제품 개발 및 서비스 제공 개선을 촉진할 수 있음
⑤ **규정 준수 및 법적 보호** : 새로운 규정과 법률을 이해하고 준수하면 법적 문제를 예방하고 회사가 규정을 준수할 수 있음
⑥ **시장 포지셔닝** : 시장 동향과 소비자 행동에 대한 통찰력은 시장 수요와 고객 기대를 충족하기 위해 제품이나 서비스를 효과적으로 포지셔닝하는 데 도움이 됨

SECTION 02 기업 외부 정보 제공 웹사이트 및 획득 가능 정보

1 국가통계포털(https://kosis.kr)

(1) 개요
① KOSIS(한국통계정보서비스)로 알려진 통계청 국가통계포털은 한국에 대한 종합적인 통계 데이터와 정보를 제공하는 광범위하고 권위 있는 온라인 플랫폼임
② 이 포털은 정책 수립, 연구, 공공 지식 지원을 위해 통계 정보를 수집, 처리, 보급하는 국가 통계청인 통계청에서 운영함

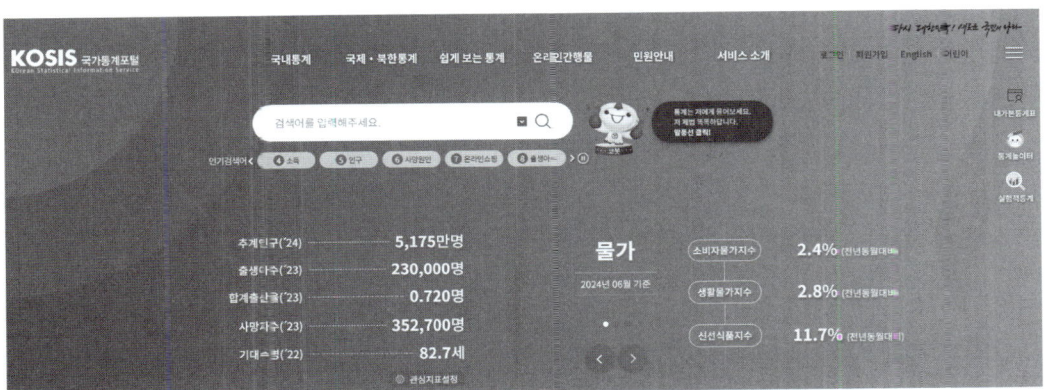

[국가통계포털 사이트]

(2) 주요 기능 및 정보

① 경제 통계
  ㉠ 국내총생산(GDP) : 성장률, 부문별 기여도, 분기별 추세를 포함한 GDP 데이터
  ㉡ 인플레이션 및 소비자물가지수(CPI) : 다양한 상품과 서비스에 대한 인플레이션율, CPI, 가격지수에 대한 정보
  ㉢ 고용 및 노동 통계 : 고용률, 실업률, 노동력 참여 및 임금 통계

② 사회통계
  ㉠ 인구 및 인구통계 : 인구 규모, 연령 구조, 출생률 및 사망률, 이주 패턴, 인구 예측에 대한 데이터
  ㉡ 보건 통계 : 의료 접근성, 기대 수명, 사망 원인, 의료비 지출에 대한 정보
  ㉢ 교육통계 : 입학률, 졸업률, 학력, 교육기관 통계
  ㉣ 산업 및 무역 통계 : 산업 생산 : 산업 생산량, 저조 지수, 부문별 성과에 대한 데이터
  ㉤ 무역통계 : 수출, 수입, 무역수지 정보, 국가별, 상품별 세부 무역자료 등을 제공
  ㉥ 경영통계 : 사업장, 중소기업, 경영실적 등에 관한 통계

③ 환경 통계
- ⊙ 환경 품질 : 대기 및 수질, 폐기물 관리, 오염 수준에 대한 데이터
- ⊙ 천연자원 : 천연자원 소비, 보존 노력, 재생에너지 사용에 대한 통계

④ 주택 및 인프라 통계
- ⊙ 주택통계 : 주택공급, 수요, 가격, 주택건설 등에 관한 정보를 제공
- ⊙ 인프라 : 교통망, 공공시설, 인프라 개발에 관한 데이터

⑤ 지역 통계
- ⊙ 지역 경제 지표 : GRDP(지역 국내총생산), 지역 고용 통계 등 지역별 경제 성과 데이터
- ⊙ 지역개발 : 지역개발사업, 도시화 동향, 농촌개발 정보를 제공

(3) 데이터 도구 및 서비스

① **사용자 정의 가능한 데이터 테이블** : 사용자는 사용 가능한 데이터를 사용하여 사용자 정의 테이블과 차트를 만들 수 있음
② **데이터 시각화 도구** : 지도, 그래프, 대시보드를 통해 통계 데이터를 시각화하기 위한 대화형 도구
③ **API 액세스** : 개발자와 연구원은 애플리케이션 및 시스템에 통합하기 위해 API를 통해 데이터에 액세스할 수 있음

> **TIP 국가통계포털 획득 가능 데이터 종류** 2024년 1회 기출
> - 국내 통계
>   - 주제별 통계 : 인구, 노동, 복지 등 관심 주제를 설정하여 검색할 수 있는 통계 데이터
>   - 기관별 통계 : 중앙행정기관, 지방자치단체, 금융기관, 공사/공단 등
>   - E-지방지표 : 지역자치단체의 생활환경 및 경영상황에 대한 주요 통계
> - 국제·북한 통계 : 주제별, 국제기구별, 아주지역, 인구추계 등
> - 쉽게 보는 통계 : 대상별 접근, 이슈별 접근, 통계시각화 콘텐츠
> - 온라인 간행물 : 주제별, 명칭별, 기획 간행물
> - 공유 서비스(Open API) : 공공 및 민간 등에서 자체적으로 서비스를 개발할 수 있도록 국가통계통합DB에 접근하기 위한 인터페이스(API)를 제공하는 서비스

❷ 기상자료개방포털(https://data.kma.go.kr)

(1) 개요

① 기상청(KMA) 날씨데이터 서비스인 기상자료개방포털은 다양한 기상 데이터에 대한 대중의 접근을 제공하기 위해 설계된 플랫폼임
② 연구, 교육, 농업, 재난 관리 등 다양한 분야에서 기상 데이터의 활용도를 높이는 것을 목표로 함

[기상자료개방포털 사이트]

(2) 역할

① 기상 데이터의 중앙 저장소 역할을 하며 실시간 및 과거 날씨 정보를 모두 제공
② 정확하고 포괄적인 기상 데이터를 제공하여 다양한 애플리케이션을 지원함으로써 다양한 분야의 의사결정 프로세스를 지원함

(3) 주요 특징

① **포괄적인 데이터 수집** : 다양한 기상 관측소, 위성, 레이더 및 해양 부표의 데이터를 집계
② **사용자 친화적인 인터페이스** : 쉬운 데이터 검색 및 검색을 위한 직관적인 인터페이스
③ **실시간 데이터 액세스** : 최신 기상 조건 및 예측을 제공
④ **사용자 정의 옵션** : 사용자가 위치, 기간, 데이터 유형 등 특정 요구사항에 따라 데이터 쿼리를 사용자 정의
⑤ **오픈 액세스** : 데이터는 대중에게 무료로 공개되어 투명성과 광범위한 사용을 지원

(4) 데이터 사용 범위
① 날씨 예측 및 분석
② 기후 연구 및 모니터링
③ 농어업경영
④ 재난 대비 및 대응
⑤ 도시 계획 및 인프라
⑥ 환경 모니터링
⑦ 교육 및 학술 연구

(5) 사용 가능한 데이터 유형
① 기상 관측
  ㉠ 표면 관찰 : 온도, 습도, 풍속 및 풍향, 강수량, 대기압
  ㉡ 해양 관측 : 해수면 온도, 파고, 해류
  ㉢ 고층 대기 관측 : 기상 관측 기구와 항공기에서 얻은 데이터

② 위성 데이터
  ㉠ 정지궤도 위성 : 천리안호와 같은 위성의 이미지 및 데이터
  ㉡ 극궤도 위성 : 상세한 지구 관측 데이터

③ 레이더 데이터
  ㉠ 반사율 및 도플러 레이더 데이터 : 강수량 강도 및 바람 패턴에 대한 정보
  ㉡ 복합 레이더 이미지 : 포괄적인 범위를 보장하기 위해 레이더 데이터를 결합

④ 예측 데이터
  ㉠ 단기 및 장기 예보 : 시간별, 일일 및 계절별 일기 예보
  ㉡ 특별 기상 예보 : 태풍 경로, 악천후 경고

⑤ 기후 데이터
  ㉠ 역사적 기후 데이터 : 기온, 강수량 및 기타 기후 변수에 대한 장기 기록
  ㉡ 기후 변화 지표 : 기후 데이터의 추세 및 이상 현상

⑥ 환경 데이터
  ㉠ 대기질 지수 : PM2.5, PM10, CO, NO_2와 같은 오염물질 수준
  ㉡ UV 지수 및 태양 복사 데이터 : UV 노출 및 태양 에너지에 대한 정보

⑦ 지구물리학적 데이터
  ㉠ 지진 및 화산 모니터링 : 지진 활동 및 화산 폭발에 대한 데이터

❸ 국토교통부 브이월드(V – World)(https : //map.vworld.kr/map/dtkmap.do)

(1) 개요

① 브이월드는 국토교통부가 추진하는 개방형 공간정보 플랫폼으로 국민이 다양한 공간정보에 접근할 수 있도록 설계되었음
② 브이월드는 상세하고 정확한 공간정보를 제공하여 다양한 분야를 지원하도록 설계된 종합 공간정보 플랫폼임
③ 도시 계획, 환경 관리, 재난 대응 등 다양한 응용 분야에서 공간정보 데이터의 활용도를 높이는 것을 목표로 함

[국토교통부 브이월드 사이트]

(2) 역할

① **도시 계획 및 개발** : 상세한 지도와 공간 데이터를 제공하여 도시 계획자와 건축가가 정보에 기반한 의사 결정을 내릴 수 있도록 지원
② **환경 모니터링** : 환경 변화를 추적하고 천연자원을 관리하는 데 도움
③ **재난 관리** : 자연재해에 대비·대응하고 복구하는 데 중요한 데이터를 제공
④ **인프라 개발** : 교통 네트워크, 유틸리티 및 기타 인프라의 계획 및 건설을 지원
⑤ **교육 및 연구** : 학술 및 과학 연구 프로젝트를 위한 귀중한 데이터를 제공

(3) 특징

① 3D 매핑 및 시각화 : 더 나은 공간 이해를 위해 대한민국의 상세한 3D 지도를 제공
② 포괄적인 데이터 액세스 : 위성 이미지, 지적도, 지형 정보를 포함한 광범위한 지리공간 데이터를 제공
③ 대화형 도구 : 데이터 분석, 지도 사용자 정의 및 공간 쿼리를 위한 도구가 포함됨
④ 개방형 API : 개발자가 지리공간 데이터를 애플리케이션에 쉽게 통합할 수 있음
⑤ 사용자 친화적인 인터페이스 : 전문가와 일반 대중 모두가 쉽게 탐색하고 데이터를 검색할 수 있도록 설계됨

(4) 사용 가능한 데이터 유형

① 기본 지도
  ㉠ 지형 지도 : 이 지도는 지형 등고선, 수역, 숲, 건축물 등 지구 표면의 자연 및 인공 지형을 자세히 표현
  ㉡ 지적 지도 : 토지 소유권 및 자산 관리에 필수적인 자세한 자산 경계 및 토지 필지 정보를 표시
  ㉢ 위성 이미지 : 지구 표면의 실시간 및 과거 보기를 제공하는 위성의 고해상도 이미지로 다양한 분석

② 3D 공간 데이터
  ㉠ 3D 건물 모델 : 도시 계획, 건축 및 인프라 개발에 도움이 되는 건물의 상세한 3차원 표현
  ㉡ 디지털 고도 모델(DEM) : 지구의 지형 표면을 나타내며 지형 분석, 유역 모델링 및 기타 지리 공간적 응용 프로그램에 사용

③ 주제 지도
  ㉠ 토지 이용 및 토지 피복 지도 : 토지가 어떻게 사용되는지 도시 계획, 농업 및 환경 관리에 중요한 식물 또는 기타 피복의 유형에 대한 정보를 제공
  ㉡ 지질 지도 : 지질 연구, 광업 및 천연 자원 관리에 중요한 암석층의 분포, 특성 및 연대 관계를 표시

④ 환경 데이터
  ㉠ 대기질 데이터 : 공중 보건 모니터링 및 환경 정책 수립에 필수적인 다양한 오염물질 및 대기질 지수 측정값이 포함
  ㉡ 수질 데이터 : pH, 탁도, 오염 물질 수준과 같은 매개변수를 포함하여 수자원 관리 및 환경 보호에 필수적인 수역 상태에 대한 정보

⑤ 인프라 데이터
  ㉠ 교통망 : 도로, 철도, 대중교통 시스템의 상세 지도를 제공하여 도시 계획, 탐색, 교통 물류를 지원
  ㉡ 유틸리티 네트워크 : 인프라 관리 및 도시 계획에 도움이 되는 전기, 물, 가스 등 유틸리티 배포에 대한 데이터

⑥ 재난 관리 데이터
　㉠ 홍수 지도 : 홍수가 발생하기 쉬운 지역을 표시하여 재해 대비, 위험 평가 및 대응 계획에 도움
　㉡ 지진 위험 지도 : 건축 규정, 토지 이용 계획 및 비상대비에 매우 중요한 지진 활동에 취약한 지역 표시

④ 국가교통데이터베이스(DB)(https : //www.ktdb.go.kr)

(1) 개요
① 우리나라의 국가교통데이터베이스(DB)는 국토교통부가 관리하는 교통 관련 데이터를 중앙집중적으로 관리하는 기관임
② 교통 시스템의 다양한 측면에 대한 포괄적이고 신뢰할 수 있는 데이터를 제공함으로써 교통 계획, 정책 수립, 연구 및 개발을 지원하는 것을 목표로 함

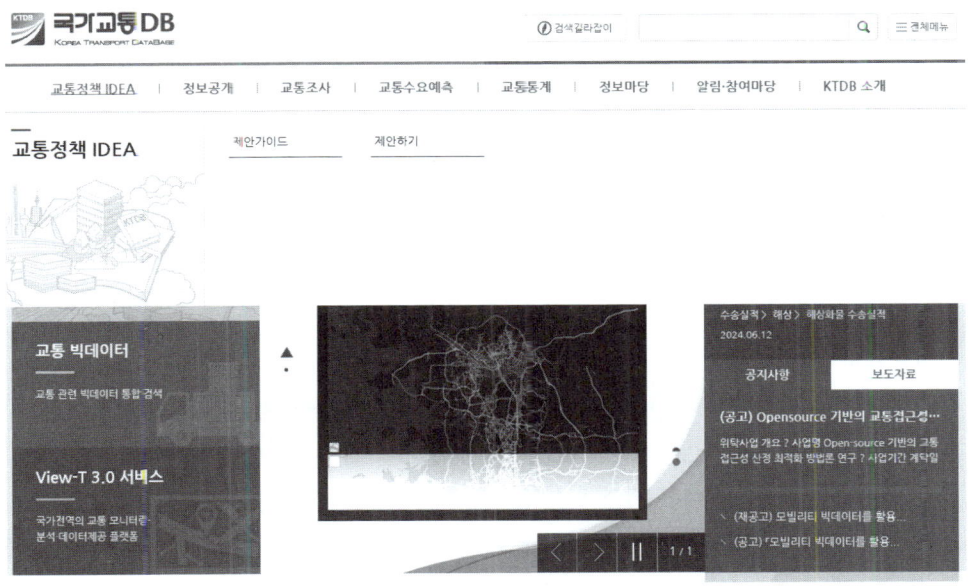

[국가교통DB 사이트]

(2) 특징
① **포괄적인 범위** : 데이터베이스에는 도로, 철도, 항공, 해상 등 모든 운송 수단을 포괄하는 광범위한 데이터
② **고품질 데이터** : 정기적인 업데이트와 엄격한 데이터 검증 프로세스를 통해 정확성과 신뢰성을 보장
③ **접근성** : 정부 기관, 연구자 및 대중이 데이터에 쉽게 액세스할 수 있음
④ **통합** : 다양한 소스의 데이터를 결합하여 운송 네트워크에 대한 전체적인 시각을 제공
⑤ **의사결정 지원** : 정책 입안자와 기획자가 데이터 기반 통찰력을 바탕으로 정보에 입각한 결정을 내릴 수 있도록 지원

(3) 사용 가능한 데이터 유형

① 도로교통
- ㉠ 교통량 및 혼잡도 : 주요 도로 및 고속도로의 차량 대수, 교통 속도, 혼잡 지수에 대한 데이터
- ㉡ 도로 인프라 세부정보 : 도로 유형(예 고속도로, 도시도로), 길이, 상태 및 유지 관리 일정에 대한 정보
- ㉢ 사고통계 및 안전자료 : 교통사고 발생위치, 원인, 결과 등을 기록하여 안전분석 및 개선방안을 지원
- ㉣ 대중교통 경로 및 일정 : 버스, 택시 및 기타 대중교통 서비스에 대한 자세한 일정, 경로 및 운영 데이터

② 철도 운송
- ㉠ 기차 시간표 및 운행 간격 : 다양한 노선의 운행 간격을 포함한 여객 및 화물 열차 시간표
- ㉡ 승객 및 화물량 : 철도로 운송되는 승객 수 및 화물량에 대한 데이터
- ㉢ 철도 인프라 데이터 : 철도 선로, 역 세부정보 및 철도 네트워크 확장 프로젝트에 대한 정보
- ㉣ 성능 및 시간 엄수 보고서 : 서비스 개선을 위한 열차 성능, 지연 및 시간 엄수에 대한 통계

③ 항공 운송
- ㉠ 항공편 일정 및 빈도 : 국내 및 국제선 항공편 일정 및 운항 빈도에 대한 정보
- ㉡ 승객 및 화물량 : 공항에서 처리하는 승객 수와 화물량에 대한 데이터
- ㉢ 공항 인프라 데이터 : 활주로, 터미널 및 기타 공항 시설에 대한 세부정보
- ㉣ 안전 및 사고 보고서 : 항공 안전 사고 및 안전 강화를 위해 취해진 조치에 대한 기록

④ 해상 운송
- ㉠ 해운 경로 및 일정 : 해상 운송 경로, 선박 일정 및 기항 빈도에 대한 데이터
- ㉡ 항만 및 항만 세부정보 : 항만 시설, 용량 및 인프라 개발에 대한 정보
- ㉢ 화물량 및 유형 : 항구를 통해 운송되는 화물의 유형 및 양에 대한 통계
- ㉣ 해상 교통 및 안전 데이터 : 해상 교통 이동, 안전 사고 및 항해 보조 장치에 대한 데이터

⑤ 교통통계
- ㉠ 국가 및 지역 교통 통계 : 국가 및 지역 수준의 교통 이용, 추세, 경제적 영향에 대한 종합 통계
- ㉡ 경제적 영향 평가 : 교통 인프라 및 정책의 경제적 영향에 대한 연구 및 보고서
- ㉢ 추세 및 예측 : 교통 수요 및 인프라 요구사항에 대한 현재 추세와 미래 예측을 분석

⑥ 지리공간 데이터
- ㉠ 교통망용 GIS 데이터 : 교통망 매핑 및 분석을 위한 지리정보시스템(GIS) 데이터
- ㉡ 교통 접근성 및 연결성에 대한 공간 분석 : 다양한 교통 수단을 통해 다양한 지역이 얼마나 잘 연결되고 접근 가능한지 분석

⑦ 데이터의 응용
- ㉠ 도시 계획 : 효율적인 교통 시스템 설계 및 인프라 개발을 지원
- ㉡ 정책 수립 : 교통 정책 개발 및 평가를 지원
- ㉢ 연구 : 운송 공학, 물류 및 관련 분야의 학술 및 산업 연구를 촉진
- ㉣ 공공 서비스 : 대중 교통 서비스 및 인프라 계획을 강화
- ㉤ 안전 관리 : 데이터 분석 및 위험 관리를 통해 교통 안전을 향상

5 한국데이터거래소(https : //kdx.kr/data/data)

(1) 개요
① 한국데이터거래소(KDX)는 정부기관, 기업, 개인 등 다양한 이해관계자 간의 데이터 공유 및 거래를 촉진하기 위해 설립된 플랫폼
② 다양한 부문에 걸쳐 데이터의 접근성과 유용성을 향상하여 데이터 중심 경제를 촉진하는 것을 목표로 함

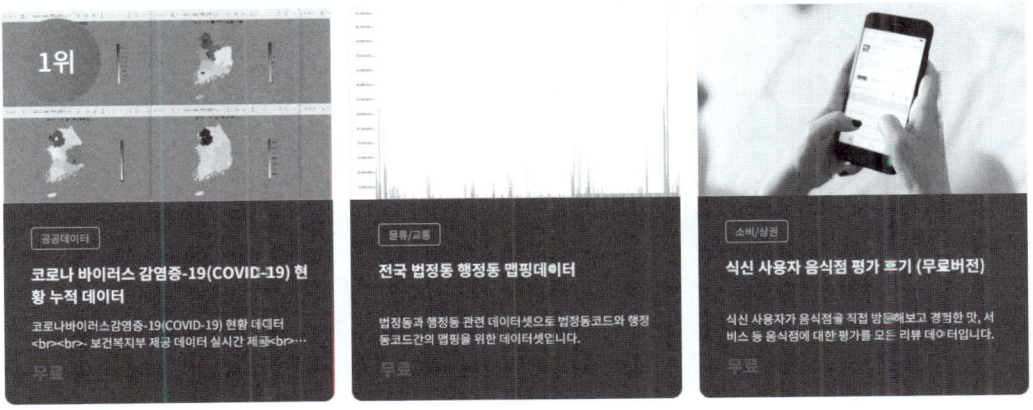

[데이터 마켓 – KDX 한국데이터거래소 사이트]

(2) 한국데이터거래소의 사업 영역
① AI 학습용 데이터 생산 및 유통
② 데이터 공급자와 수요자의 데이터 거래 중개
③ 맞춤형 데이터 컨설팅 및 데이터 바우처 사업

④ 맞춤형 데이터 분석 및 플랫폼 서비스
⑤ 데이터 전문 온라인 뉴스레터 「데이터 루」 발행

(3) 사용 가능한 데이터 유형

한국데이터거래소(KDX)는 다양한 기업 회원이 제공하는 다양한 데이터 제품을 다양한 분야에 맞춰 제공

① 경제/산업 데이터
  ㉠ 경제 성과, 산업 생산량, 부문별 성장에 대한 데이터
  ㉡ 주요 공급자
    • 한국개발연구원(KDI) : 경제 전망 및 산업 분석 보고서
    • 산업연구원(KIET) : 분야별 산업 데이터 및 시장 동향
  ㉢ 경제/산업 분야 KDX한국데이터거래소 데이터 상품 현황 예시
    • 나이스디앤비 : 산업 생태계 분석 데이터, 기업 정보(재무, 국민연금, 등기) 데이터, 중소기업 특화 ESG 평가항목 데이터 등

② 금융/증권 데이터
  ㉠ 금융시장, 주가, 투자동향, 증권거래 등에 관한 정보 제공
  ㉡ 주요 공급자
    • 한국거래소(KRX) : 주식시장 데이터, 지수, 거래량
    • 금융감독원(FSS) : 은행 거래, 재무제표 및 규제 서류
  ㉢ 금융/증원 분야 KDX한국데이터거래소 데이터 상품 현황 예시
    • 웰컴에프앤디 : 대부업 대출 신용등급 분포 정보 데이터, 저축은행 대출 분포 정보 데이터
    • 나이스디앤비 : 채무불이행 데이터, 단기연체 정보 데이터 등

③ 통신/인구 데이터
  ㉠ 인구통계학적 데이터, 인구통계, 의사소통 패턴
  ㉡ 주요 공급자
    • 한국통계청(KOSTAT) : 인구조사, 인구통계조사, 인구추계
    • 과학기술정보통신부 : 통신이용통계 및 기술도입률

④ 소비/상거래 데이터
  ㉠ 소비자 지출 데이터, 소매 판매 및 상거래 동향
  ㉡ 주요 공급자
    • 한국소비자원(KCA) : 소비자 행동 분석 및 지출 패턴
    • 대한상공회의소(KCCI) : 소매 및 상업 동향, 시장 조사 보고서

ⓒ 소비/상권 분야 KDX한국데이터거래소 데이터 상품 현황 예시
- 삼성카드 : 지역별/일별 소비 행태 데이터, 반려동물 보유자의 소비 행태 데이터, 그객유형별 소비 행태 데이터
- 신한카드 : 시군구별 가맹점 데이터
- 식신 : 전국 핫플레이스 권역 정보(좌표)데이터, 전국 맛집 정보(메뉴, 가격) 데이터 등

⑤ 전자상거래 날짜
ⓐ 온라인 판매, 고객 선호도, 거래량에 대한 데이터
ⓑ 주요 공급자
- 쿠팡 : 전자상거래 거래 데이터, 고객 인구통계
- 11번가 : 온라인 쇼핑 동향, 판매 데이터

⑥ 유통/마케팅 데이터
ⓐ 유통 채널, 마케팅 효과 및 소비자 지원 전략에 대한 데이터
ⓑ 주요 공급자
- 닐슨코리아 : 마케팅 효과, 소비자 도달률, 미디어 소비
- 한국유통학회 : 유통채널, 물류자료
ⓒ 유통/마케팅 분야 KDX한국데이터거래소 데이터 상품 현황 예시
- GS리테일 : 지역별 GS25 점포 매출 분포 데이터, 지역별-상품 분류별 매출 구성비 데이터
- 엠코퍼레이션 : 온라인 배달 음식 카테고리 데이터 분석 온라인 상품 구매 데이터
- MarketLink : RetaH Pos Index 데이터, 대형마트/체인슈퍼 카테고리별 판매 데이터, 치킨 프렌차이즈 판매 점유율 데이터
- 휴머스온 : 이커머스 상품별 구매 및 관심사 데이터

⑦ 물류/운송 데이터
ⓐ 화물 이동, 운송 네트워크, 물류 운영에 관한 데이터
ⓑ 주요 공급자
- 한국교통연구원(KOTI) : 교통통계, 교통인프라 자료
- 한국철도공사(코레일) : 철도운송자료, 화물량

⑧ 의료 데이터
ⓐ 의료 데이터, 환자 통계, 건강 동향
ⓑ 주요 공급자
- 건강보험심사평가원(HIRA) : 의료 기록, 의료 서비스 이용
- 질병관리본부(KCDC) : 공중보건자료, 질병통계

⑨ 부동산/지리 데이터
　㉠ 부동산 데이터, 지리 정보, 부동산 시장 동향
　㉡ 주요 공급자
　　• 한국감정원(KAB) : 부동산 가격, 거래량
　　• 국토교통부 : 지리 및 공간정보, 토지이용정보

⑩ 자동차 데이터
　㉠ 차량 판매, 사용 패턴, 자동차 시장 동향에 대한 데이터
　㉡ 주요 공급자
　　• 한국자동차공업협회(KAMA) : 차량 생산, 판매 데이터
　　• 국토교통부 : 차량등록자료, 교통안전통계

⑪ 레저 데이터
　㉠ 여가활동, 관광통계, 레저산업 동향에 대한 정보
　㉡ 주요 공급자
　　• 한국관광공사(KTO) : 관광통계, 여행행태
　　• 문화체육관광부 : 문화행사, 여가활동 자료

(4) AI와 SNS를 위한 데이터 제품

① 인공지능(AI)
　㉠ 레이블이 지정된 데이터, 알고리즘, 기계 학습 리소스를 포함하여 AI 모델 교육용으로 설계된 데이터
　㉡ 주요 공급자
　　• AI 허브 : 다양한 영역을 포괄하는 AI 훈련을 위한 포괄적인 데이터세트
　　• 네이버 AI 연구소 : 언어 처리, 이미지 인식 데이터세트 등 전문 AI 데이터

② 소셜 네트워킹 서비스(SNS)
　㉠ 소셜 미디어 상호작용, 사용자 행동 및 참여 지표
　㉡ 주요 공급자
　　• 네이버 : 소셜 미디어 사용 데이터, 상호작용 지표
　　• 카카오 : 사용자 참여 통계, 콘텐츠 상호작용 데이터

③ 미디어
　㉠ 미디어 소비, 광고 효과, 시청자 인구통계에 대한 데이터
　㉡ 주요 공급자
　　• 한국방송광고공사(KOBACO) : 광고 도달률, 미디어 소비 습관
　　• 서울방송(SBS) : 시청자 평점, 콘텐츠 인기 지표

④ 공개 데이터
    ㉠ 공공 기록, 환경 데이터, 행정 통계 등 정부가 제공하는 데이터
    ㉡ 주요 공급자
        • 정부 오픈 데이터 포털 : 정부 기관의 다양한 공개 데이터세트
        • 국립환경과학원(NIER) : 환경모니터링자료, 기후통계

6 공공데이터포털(https://www.data.go.kr/)

(1) 개요
① 공공데이터포털은 공공데이터 공개를 위한 국가 플랫폼임
② 다양한 정부기관 및 공공기관에서 수집한 방대한 공공데이터에 투명하고 쉽게 접근할 수 있도록 하기 위해 설립되었음
③ 사용자가 연구, 정책 입안, 사업 개발, 일반 대중 사용 등 다양한 목적으로 데이터를 검색 다운로드 및 활용할 수 있는 중앙 저장소 역할을 함

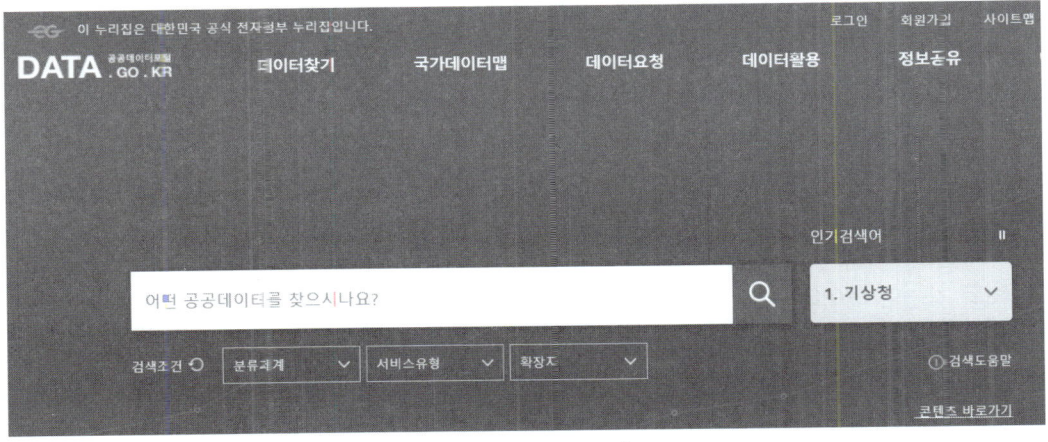

[공공데이터포털 사이트]

(2) 설립목적

① **투명성과 책임성 증진**
    ㉠ 정부 데이터를 공개함으로써 공공 행정의 투명성과 책임성을 강화하는 것을 목표로 함
    ㉡ 시민들은 정부 운영, 공공 지출 및 기타 중요한 활동에 대한 정보에 접근할 수 있음

② **시민 참여 장려** : 시민이 공공데이터에 접근하고 활용할 수 있도록 하여 시민참여를 도모하는 포털로 정부 절차 및 공개 담론에 참여할 수 있음

③ **경제 성장과 혁신 지원** : 데이터에 대한 공개 액세스를 제공함으로써 포털은 기업, 연구원 및 개발자가 새로운 제품, 서비스 및 기술을 개발할 수 있도록 지원

④ 데이터 활용도 향상
  ㉠ 공공데이터를 사용자 친화적인 형태로 제공하여 활용도를 극대화함
  ㉡ 이를 통해 사용자는 학계, 산업계, 시민사회 등 다양한 분야에서 데이터를 보다 쉽게 분석하고 적용할 수 있음
⑤ 공공 서비스 개선
  ㉠ 공공기관은 오픈데이터를 활용하여 공공서비스의 질과 효율성을 향상시킬 수 있음
  ㉡ 데이터 기반 의사 결정은 더 나은 리소스 할당과 향상된 서비스 제공으로 이어질 수 있음

[공공데이터포털의 주요서비스]

(3) 기능 및 콘텐츠
① 데이터 카테고리 : 건강, 환경, 교통, 교육, 경제 등을 포함한 여러 카테고리의 데이터를 호스팅함
② API 및 다운로드 : 사용자는 API를 통해 데이터에 액세스하고 다양한 형식의 데이터세트를 다운로드 할 수 있음
③ 검색 및 필터 : 고급 검색 및 필터링 옵션을 통해 사용자는 특정 데이터세트를 쉽게 찾을 수 있음
④ 데이터 시각화 : 데이터 시각화 도구는 사용자가 복잡한 데이터세트를 이해하고 해석하는 데 도움이 됨

(4) 획득 가능한 데이터
① 데이터 목록 : 공공기관의 방대한 데이터를 데이터 목록의 분류체계, 서비스 유형, 제공기관 유형, 확장자 등의 조건검색을 통해 조회·다운로드가 가능함
② 국가중점데이터 : 다양한 데이터(공공행정, 과학기술, 교육, 교통물류, 국토관리, 농축수산, 문화관광, 법률, 보건의료, 사회복지, 산업고용, 식품건강, 재난안전, 재정금융, 통일외교안보, 환경기상 등)를 수요자(국민, 기업 등) 중심으로 개방의 효과성, 시급성 등이 높은 분야를 선정하고 민간에서 활용하기 용이한 형태로 정제·가공하여 개방된 양질의 대용량 데이터를 제공함
③ 이슈 및 추천데이터 : 사회 현안별 공공데이터 및 공공데이터포털에서 추천하는 데이터를 제공함
④ 국가데이터맵 : 데이터맵을 통해 국가 데이터의 조회·다운로드가 가능함

[공공기관포털의 이슈 및 추천데이터]   [공공기관포털의 국가데이터맵]

(5) 데이터 활용

① 공공데이터 시각화 : 공공데이터를 활용하여 다양한 시각화 차트를 만들어 공유

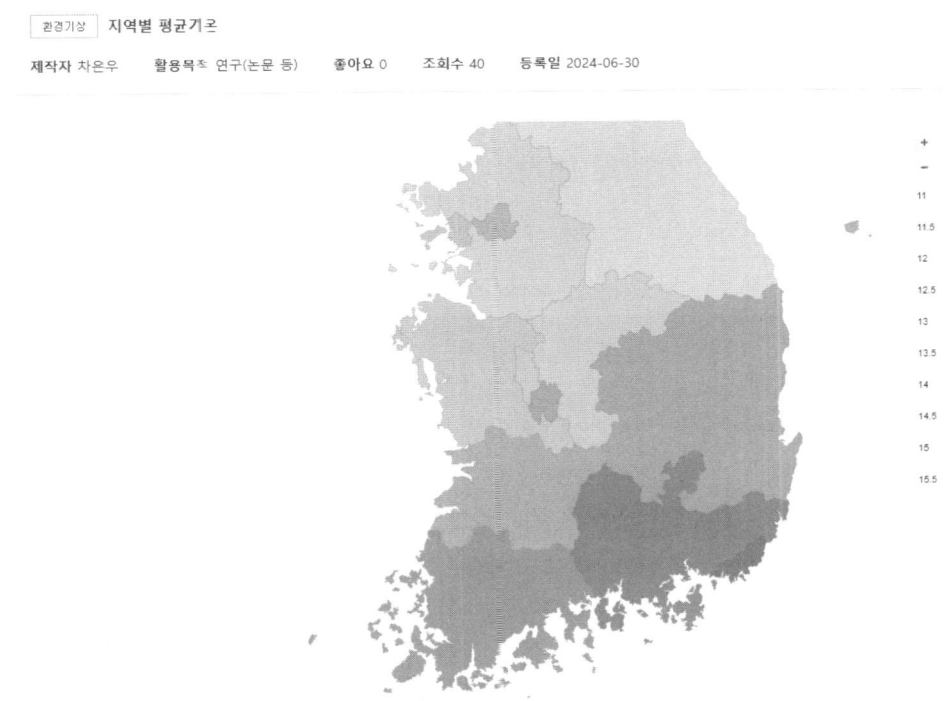

[공공데이터를 활용한 지역평 평균기온 시각화 사례]

CHAPTER 03 기업 외부 정보 파악

② 국민참여지도 : 주제에 맞춰 공유하고 싶은 토픽를 지도에 표시하고 공유

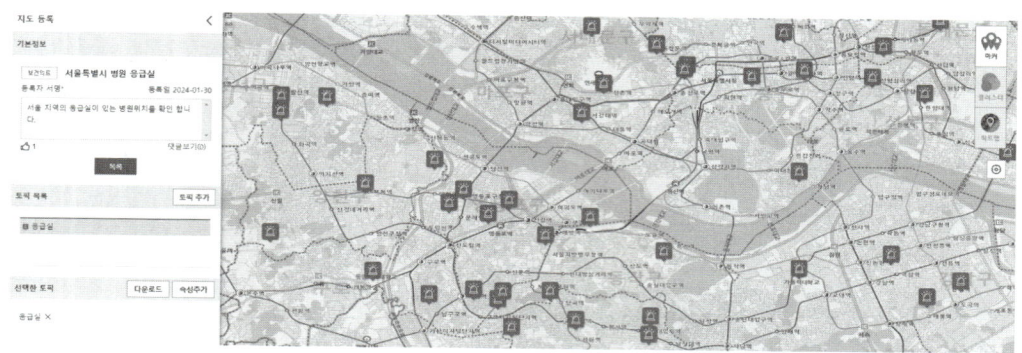

[국민참여지도를 활용한 서울시 응급실 지도 공유 사례]

③ 위치정보 시각화 : 지도상에 56개 위치 정보 서비스 항목에 따라 다양한 속성정보를 행정구역별로 조회 가능
④ 공공데이터 활용사례 : 공공데이터를 활용하여 개발된 국내외 다양한 사례와 가공데이터를 공유
⑤ 공공데이터 우수사례 : 공동데이터 관련 공모전에서 입상한 우수사례 공유

7 항공정보포털시스템(https://www.airportal.go.kr)

(1) 개요

① 항공정보포털시스템은 항공과 관련된 다양한 정보와 서비스를 제공하기 위한 종합 플랫폼임
② 대한민국 국토교통부가 관리하는 이 사이트는 업계 전문가와 일반 대중 모두를 위한 중앙화된 정보제공자 역할을 함

[항공정보포털시스템 사이트]

(2) 목적

① 중앙 집중식 정보 허브 : 다양한 항공데이터를 통합하여 한 곳에서 쉽게 접근
② 항공산업 지원 : 항공사, 공항, 항공사업에 필수적인 정보를 제공하여 운영 효율성과 안전성을 향상
③ 공개 정보 접근 : 실시간 항공 정보, 항공 뉴스, 소비자 가이드를 대중에게 제공하여 투명성과 정보에 입각한 의사 결정을 촉진
④ 안전 및 보안 : 중요한 안전 및 보안 정보를 전파하여 항공 분야의 규정 준수 및 안전 표준을 지원

(3) 기능 및 서비스

① 공항 및 항공사 정보 : 국내 및 국제 공항 및 항공사에 대한 상세 데이터
② 항공편 정보 : 항공편 도착, 출발 및 일정에 대한 실시간 업데이트
③ 항공 통계 및 보고서 : 항공의 다양한 측면에 대한 종합적인 통계 및 분석 보고서
④ 항공 뉴스 및 이벤트 : 업계 이벤트를 포함한 항공 부문의 최신 뉴스 및 업데이트
⑤ 소비자 가이드 : 안전 팁 및 권리를 포함하여 항공 여행 소비자를 위한 리소스 및 가이드

(4) 획득 가능한 데이터

① 공항 정보
　㉠ 세부정보 : 위치, 터미널 시설, 서비스, 운영 데이터 등 국내 및 국제 공항에 대한 정도
　㉡ 서비스 : 주차 가능 여부, 라운지, 식사 옵션, 쇼핑 및 대중교통 연결
　㉢ 운영 데이터 : 활주로 사양, 공항 수용 능력, 연간 승객 및 화물 통계

② 항공사 정보
　㉠ 세부정보 : 보유 항공기 세부정보, 운항 노선, 성과 지표를 포함한 국내 및 국제 항공사의 프로필
　㉡ 일정 : 실시간 항공권 일정, 지연 및 취소
　㉢ 고객 서비스 : 연락처 정보 및 서비스 등급

③ 항공기 정보
　㉠ 세부정보 : 기술 세부정보, 좌석 구성 및 안전 기록을 포함한 다양한 항공기 유형의 사양정보
　㉡ 운영현황 : 등록내역, 유지 보수 기록, 사고 이력

④ 항공법
　㉠ 세부정보 : 항공 관련 규정 및 지침에 대한 종합적인 데이터베이스
　㉡ 준수 : 항공 운영에 영향을 미치는 법률 업데이트 및 준수 요구사항에 대한 정보

⑤ 항공 소비자
　㉠ 가이드 : 권리, 안전 팁, 자주 묻는 질문 등 여행자를 위한 정보
　㉡ 지원 : 소비자 보호 정보 및 불만 해결 서비스

⑥ 항공 통계
  ㉠ 데이터 : 승객 수, 화물 운송, 항공편 운항, 경제적 영향 등 항공의 다양한 측면에 대한 자세한 통계 보고서
  ㉡ 트렌드 : 업계 동향 및 예측 분석

⑦ 항공 보안
  ㉠ 프로토콜 : 보안 규정, 심사 절차 및 안전 조치
  ㉡ 모범 사례 : 항공 운영의 보안을 보장하기 위한 지침

⑧ 항공 도서관
  ㉠ 자원 : 광범위한 항공 관련 간행물, 연구 논문, 기술 문서 및 업계 보고서에 액세스
  ㉡ 아카이브 : 항공산업과 관련된 역사적 문서 및 과거 연구

⑨ 항공 역사
  ㉠ 타임라인 : 한국과 전 세계 항공 발전의 연대순 역사
  ㉡ 이정표 : 항공 역사상 중요한 사건, 선구적인 비행, 기술 발전

⑩ 항공 레저
  ㉠ 활동 : 에어쇼, 항공 박물관, 교육 프로그램 등 항공 관련 여가 활동에 대한 정보
  ㉡ 이벤트 : 예정된 항공 이벤트 및 전시회 일정 등

8 유통데이터 서비스 플랫폼(https://retaildb.or.kr/)

(1) 개요

유통데이터 서비스 플랫폼은 소매 및 유통과 관련된 데이터를 수집, 관리, 전파하는 중앙집중형 플랫폼임

[데이터 서비스 플랫폼 사이트]

(2) 목적

① 비즈니스 모델 지원 : 비즈니스 전략을 개발하고 최적화하기 위해 소매 데이터 사용을 촉진
② 시장 투명성 강화 : 시장 동향 및 소비자 행동에 대한 포괄적인 데이터를 제공
③ 혁신 촉진 : 상세한 유통 및 거래 데이터에 대한 액세스를 제공하여 기업의 혁신을 지원
④ 중소기업(SME) 지원 : 중소기업의 시장 경쟁력 향상을 위해 맞춤형 데이터 서비스를 제공

(3) 획득 가능한 데이터

① 유통데이터
  ㉠ 유통산업에서 활용하거나 발생되는 모든 데이터를 의미하며, 본 사업에서는 유통데이터의 가장 근간이 되는 '상품데이터'와 '거래데이터'를 의미함
  ㉡ 상품데이터
   - 대한상공회의소(유통물류진흥원)가 유통표준코드(880바코드)를 기준으로 유통시장에서 판매되고 있는 상품들의 정보를 표준화된 체계로 수집하여 구축한 데이터
   - 상품데이터 항목은 상품군에 따라 상이하며, 이미지를 포함하여 상품기본 정보와 속성정보로 구성되어 있음

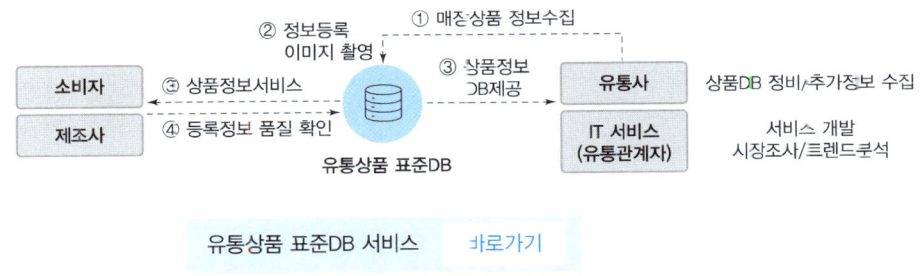

[상품데이터 샘플은 확인 서비스 - 유통상품 표준DB 서비스 바로가기]

  ㉢ 거래데이터
   - 한국전자정보통신산업진흥회에서 구매정보 빅데이터 플랫폼에서 수집하고 있는 유형, 무형 상품에 대한 거래데이터
   - 대량 회원을 보유한 통신사, 금융사, 유통사 등의 모바일지갑 서비스 앱 등을 통해 구매데이터를 수집
   - 사전에 소비자들의 동의를 받고 전용 SW를 통해 전자영수증 내역을 거래데이터로 전환
   - 언제(When), 어디서(Where), 무엇을(What), 얼마나(How) 구입했는지에 대한 정보 수집

② **상품데이터 확대 모델** : 빅데이터와 상품데이터의 융합을 통한 상품데이터 가치 및 활용성을 제고하기 위해 상품표준DB를 활용한 새로운 상품 관련 정보 수집 플랫폼 및 분석서비스 모델 및 상품데이터 서비스 모델 실증

③ **거래데이터 분석 모델** : 다양한 유통채널에서 발생되는 데이터 수집을 위하여 2018~2020년도 산업부의 지식서비스 과제를 통하여 배포된 수집 라이브러리가 존재함. 수집된 데이터의 관리는 현재 R&D 과제 종료로 인하여 더 이상 수집된 데이터를 처리하기 위한 인프라가 운용되지 않는 상태로 본 구매데이터 활용 기반 플랫폼을 구축하기에 앞서 보다 크고 안전한 규모로 구축되어야 하는 과정을 진행

④ **유통데이터 활용지원모델** : 2018년도 산업부의 지식서비스 과제를 통하여 연구 개발된 기술로 당시 연구 목표에 따라 공공의 목적으로 사용되기 위하여 본 과제에 해당 기술인프라를 활용하며, 기술을 실제 기업들이 활용할 수 있는 인프라 서비스로 확대 구축하는 과정을 진행

⑤ **온라인 수출 지원 모델** : 국내에서 제조되고 유통되는 상품들이 전자상거래상으로 해외 소비자에게 판매되는 비중이 점차 증가함에 따라 해외 유통사 입점부터 주문관리, 수출신고, 현지 통관 및 물류 배송까지 정확하고 일관된 형태의 상품표준DB의 활용 모델을 시험하고 그 효과를 실증하고자 함

⑥ **중소유통 지원 모델** : 상품표준DB를 활용한 중소유통 디지털 트랜스포메이션 지원을 통해 POS 시스템과 모바일 애플리케이션 일체화를 지원하며 지역 마트 디지털화의 걸림돌을 제거함. 또한 유통데이터 분석을 통한 데이터 기반의 중소유통매장 운영 관리를 지원함

⑦ **약어/감성정보/평판정보** : 상품표준DB 기준 총 29개 카테고리(간식, 국탕찌개, 유아식, 껌, 면류, 분말가루, 분유, 생수, 씨리얼, 어묵맛살, 죽스프, 카레짜장, 탄산수, 파이류, 스낵, 기타제과, 과채음료, 조미료, 아이스크림, 장류, 드레싱소스, 유지류, 종합조미료향신류, 맥주, 우유, 라면, 커피, 요구르트, 건강식품), 약 5,000개 상품에 대한 정보를 제공

❾ 국가통계 마이크로 서비스(https://mdis.kostat.go.kr/) 2024년 2회 기출

(1) 개요

① 국가 주요정책 수립, 기업 경영전략 수립, 학술논문 등 심층 연구·분석에 활용되는 마이크로데이터의 수요가 지속해서 증가하고 있음

② 이에 통계청은 자체 작성하는 마이크로데이터뿐만 아니라 정부 각 부처, 지자체, 연구기관 등 타 통계작성기관의 마이크로데이터를 한곳에 모아 MDIS(MicroData Integrated Service)를 통해 국민들이 다양한 통계자료를 편리하게 이용할 수 있도록 서비스하고 있음

③ **마이크로데이터** : 통계조사 원자료에서 조사·입력 오류 등을 수정한 개별 단위(개인, 가구, 사업체 등) 자료

④ **제공원칙**
  ㉠ 심층적인 경제, 사회현상 분석을 원하는 다양한 계층의 이용자를 위해 제한 없이 제공을 원칙으로 하고 있음
  ㉡ 단, 통계조사 응답자의 비밀보호를 위해 최대한 보호되는 범위 내에서 제공함

(2) 획득 가능한 정보

① 주제별 제공 자료로 22개 분야에 대한 정보를 제공하며 괄호 안의 숫자는 제공정보 개수
② 인구(5), 사회일반(20), 범죄·안전(10), 노동(16), 소득·소비·자산(15), 보건(10), 복지(10), 교육·훈련/문화·여가(24), 주거/국토이용(6), 경제일반·경기/기업경영(21), 농림/수산(26), 광업·제조업(7), 건설/교통·물류(6), 정보통신/과학·기술(31), 도소매·서비스(14), 임금/물가(3), 정부·재정(1), 금융/무역·국제수지(1), 환경(5), 에너지(2), 지역통계(168)

(3) 서비스 유형

① 다운로드 서비스 : 무료
　㉠ 이용자가 원하는 자료를 선택하고 PC로 다운로드하여 이용하는 서비스
　㉡ 개체식별 정보, 민감 변수 등을 제외한 일반 공개용 자료

② 온라인 분석 서비스 : 무료
　㉠ 이용자가 온라인 통계분석 시스템에 접속하여 데이터를 추출, 편집, 분석할 수 있는 서비스
　㉡ 개체식별 정보, 민감 변수 등을 제외한 일반 공개용 자료

③ 인가용 서비스
　㉠ 원격 접근 서비스(RAS ; Remote Access Service) : 유료
　　• 이용자가 집, 사무실에서 원격 접근 시스템에 접속하여 제공받은 자료를 분석하고 결과만 통계청 승인하에 반출하는 서비스
　　• 인가용 자료 : 공공용 자료보다 제공 항목 추가, 항목별 제공 수준 상세화 등 보다 세부적인 자료
　㉡ 이용센터 서비스(RDC ; Research Data Center) : 유료
　　• 이용자가 물리적 보안 환경이 갖추어진 이용센터에 방문하여 제공받은 자료를 분석하고 결과만 통계청 승인하에 반출하는 서비스
　　• 인가용 자료 : 원격 접근 자료보다 제공 항목 추가, 항목별 제공 수준 상세화 및 연계식별 정보(암호화 대체키) 등 가장 세부적인 자료

④ 주문형 서비스
　㉠ 통계 작성용 명부 : 통계 작성용 명부 또는 사업체 기본 정보 제공 서비스, 사업체 명부, 가구 명부, 사업체 기본 정보
　㉡ 사망원인 연계 : 이용자의 자료와 통계청의 사망원인 통계자료 연계 서비스, 사망원인 정보
　㉢ 통계자료 분석 서비스 : MDIS 제공 자료를 통계표 형태로 집계하여 제공하는 서비스, 공공용 자료, 인가용 자료

CHAPTER 03 실전예상문제

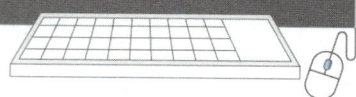

01 다음 중 KOSIS가 제공하는 통계 항목 중 대기 및 수질, 폐기물 관리, 오염도에 대한 데이터가 포함된 것은?

① 경제통계
② 사회통계
③ 환경통계
④ 주택 및 인프라 통계

정답 ③

해설 KOSIS에서 제공하는 환경통계에는 대기 및 수질, 폐기물 관리, 오염도에 대한 데이터가 포함된다. 이 카테고리는 환경 정책 결정 및 대중 인식에 중요한 정보를 제공하는 환경 및 천연자원의 품질에 중점을 둔다. 경제 통계, 사회 통계, 주택 및 인프라 통계와 같은 다른 범주는 각각 경제 성과, 인구 인구 통계 및 인프라 개발과 같은 다양한 측면에 중점을 둔다.

02 다음 중 해수면 온도, 파고, 해류에 대한 정보를 포함하는 데이터 유형으로 옳은 것은?

① 기상관측
② 위성 데이터
③ 레이더 데이터
④ 환경 데이터

정답 ①

해설 기상청 개방형 기상데이터포털의 기상관측 데이터에는 지표관측, 해양관측, 상층대기관측이 포함된다. 구체적으로 해양관측은 해수면 온도, 파고, 해류에 대한 정보를 제공한다.
② 위성 데이터 : 정지궤도 위성과 극궤도 위성의 이미지와 정보가 포함된다.
③ 레이더 데이터 : 반사율과 도플러 레이더 데이터가 포함된다.
④ 환경 데이터 : 대기 질과 태양 복사 수준이 포함된다.

03 다음 중 도시 계획 및 개발에서 V-World의 주요 역할은?

① 과거 기상 데이터 제공
② 온라인 교육과정 제공
③ 상세 지도 및 공간 데이터 제공
④ 인구 조사 실시

정답 ③

해설 V-World는 도시 계획자와 건축가가 도시 계획 및 개발에 대해 정보에 근거한 결정을 내리는 데 중요한 상세한 지도와 공간 데이터를 제공한다.

04 다음 중 사용자가 지리공간 데이터를 자신의 애플리케이션에 통합할 수 있도록 하는 V-World의 기능으로 옳은 것은?

① 3D 매핑 및 시각화
② 대화형 도구
③ 포괄적인 데이터 접근
④ 오픈 API

정답 ④

해설 V-World의 Open API 기능을 사용하면 개발자가 지리공간 데이터를 애플리케이션에 쉽게 통합하여 공간정보로 소프트웨어 기능을 향상시킬 수 있다.

---

05 다음 중 국가교통데이터베이스의 도로교통에 포함되는 데이터 유형으로 옳은 것은?

① 승객 및 화물량
② 고통량 및 혼잡도
③ 비행 일정 및 빈도
④ 배송 경로 및 일정

정답 ②

해설 도로교통 분야에서는 국가교통데이터베이스(National Transportation Database)에 차량 대수, 교통 속도, 주요 도로 및 고속도로의 혼잡 지수 등 교통량 및 혼잡도에 대한 데이터가 포함되어 있다.

---

06 다음 중 국가교통데이터베이스의 도시 계획 지원 방법으로 옳은 것은?

① 도시교통과 관련된 인터테인먼트 콘텐츠를 제공
② 온라인 교통 강좌 제공
③ 효율적인 교통체계 설계 및 기반시설 개발을 지원
④ 실시간 교통정보 관리

정답 ③

해설 국가교통데이터베이스(National Transportation Database)는 효율적인 교통 시스템 설계와 인프라 개발에 도움이 되는 데이터를 제공하여 도시 지역이 교통 네트워크를 통해 잘 서비스되도록 보장함으로써 도시 계획을 지원한다.

---

07 다음 중 한국데이터거래소(KDX)에 금융/증권 데이터를 공급하는 주요 공급업체로 옳은 것은?

① 한국소비자원(KCA)
② 한국거래소(KRX)
③ 닐슨코리아
④ 한국개발연구원(KDI)

정답 ②

해설 한국거래소(KRX)는 한국데이터거래소(KDX)에 금융/증권 데이터를 제공하는 주요 공급업체이다. 금융시장, 주가, 투자동향을 이해하는 데 필수적인 주식시장 데이터, 지수, 거래량 정보를 제공한다.

08 다음 중 공공부문포털을 구축하는 주요 목적으로 옳은 것은?

① 데이터 과학에 대한 온라인 교육과정 제공
② 공공행정의 투명성과 책임성 증진
③ 정부 데이터를 민간 기업에 판매
④ 정부 지원 모바일 애플리케이션 개발

정답 ②
해설 공공데이터 포털을 구축하는 주요 목적 중 하나는 정부 데이터를 대중에게 공개하고 접근 가능하게 하여 공공행정의 투명성과 책임성을 강화하는 것이다. 이를 통해 시민들은 정부 운영, 공공 지출 및 기타 중요한 활동에 대한 정보에 접근할 수 있으므로 투명성과 책임성이 향상된다.

09 다음 중 항공정보포털시스템의 주요 목적으로 옳은 것은?

① 온라인 파일럿 교육과정 제공
② 다양한 항공데이터 통합
③ 여행 패키지 및 할인 제공
④ 항공권 판매 관리

정답 ②
해설 항공정보포털시스템의 주요 목적은 다양한 항공데이터를 통합하여 쉽게 접근할 수 있는 중앙화된 정보 허브 역할을 하는 것이다. 이 플랫폼은 항공산업을 지원하고, 운영 효율성을 개선하며, 실시간 정보에 대한 대중의 접근을 제공하고, 항공의 안전과 보안을 강화하는 것을 목표로 한다.

10 다음 중 리테일 데이터 서비스 플랫폼의 주요 목적으로 옳은 것은?

① 소매 제품을 소비자에게 직접 판매
② 온라인 소매 관리 과정 제공
③ 비즈니스 전략을 개발하고 최적화하기 위해 소매 데이터의 사용을 장려
④ 정부 소매점 관리

정답 ③
해설 소매 데이터 서비스 플랫폼의 주요 목적 중 하나는 소매 데이터의 사용을 촉진하여 기업이 전략을 개발하고 최적화하는 데 도움을 주는 것이다. 여기에는 기업이 특히 중소기업(SME)의 시장 경쟁력을 혁신하고 향상시키는 데 사용할 수 있는 시장 동향, 소비자 행동 및 거래 세부정보에 대한 포괄적인 데이터를 제공하는 것이 포함된다.

11 다음 중 국가통계 마이크로데이터 통합서비스(MDIS)의 주요 기능으로 옳은 것은?

① 마이크로데이터를 상업 기업에 판매한다.
② 사용자가 심층 분석을 위해 다양한 통계 데이터에 편리하게 접근할 수 있는 플랫폼을 제공한다.
③ 개별 기업을 위한 맞춤형 설문조사를 제공한다.
④ 기밀성을 보호하기 위해 모든 마이크로데이터에 대한 접근을 제한한다.

> **정답** ②
> **해설** 국가통계 마이크로데이터 통합서비스(MDIS)는 각종 통계기관으로부터 마이크로데이터를 수집하여 국민에게 서비스를 제공함으로써 이용자가 각종 통계데이터에 편리하게 접근하고 분석할 수 있도록 하는 서비스이다. 이 서비스는 설문조사 및 입력 오류가 수정된 마이크로데이터를 제공하는 동시에 응답자의 기밀을 보호하여 심층적인 조사 및 분석을 지원한다.

12 다음 중 한국국가통계포털(KOSIS)의 주요 목적으로 옳은 것은?

① 실시간 일기예보 및 과거 기후 데이터 제공
② 정책수립, 연구, 국민지식지원을 위한 종합적인 통계자료 수집 및 전파
③ 환경 모니터링을 위한 위성 이미지 및 레이더 데이터 제공
④ 재난 관리를 위해 지구물리학적 데이터를 중앙 집중화

> **정답** ②
> **해설** KOSIS는 경제, 사회, 환경, 주택, 지역통계 등 다양한 통계자료를 제공하도록 설계되었다. 해당 데이터는 정책수립, 연구 및 대중 지식 지원에 매우 중요하다.

13 다음 중 기상자료오픈포털(KMA)이 한국국가통계포털(KOSIS)과 비교하여 특별한 기능을 제공하는 영역으로 옳은 것은?

① 종합교육통계
② 역사적 경제 데이터
③ 상세한 지역 개발 데이터
④ 실시간 기상 조건 및 예측

> **정답** ④
> **해설** KMA는 실시간 기상 데이터 및 예측을 제공하도록 특별히 설계된 반면, KOSIS는 다양한 통계자료에 중점을 두고 있으나 실시간 기상정보를 제공하지는 않는다.

14 다음 중 사용자 인터페이스와 데이터 접근성 측면에서 KOSIS가 데이터 활용을 촉진하는 방법으로 옳은 것은?

① 환경 과학자들에게 위성 및 레이더 데이터를 제공한다.
② 실시간 날씨 업데이트 및 맞춤형 날씨 알림을 제공한다.
③ 지구물리학적 모니터링 데이터를 공공 용도로 중앙 집중화한다.
④ 직관적인 데이터 시각화 도구, 사용자 정의 가능한 데이터 테이블 및 다국어 지원을 제공한다.

정답 ④
해설 KOSIS는 데이터 시각화 도구(지도, 그래프, 대시보드), 사용자 정의 가능한 데이터 테이블과 같은 사용자 친화적인 기능을 제공하며 한국어와 영어를 모두 지원하므로 광범위한 청중이 접근할 수 있다.

15 다음 중 국가교통DB와 비교하여 브이월드 플랫폼의 고유한 기능으로 옳은 것은?

① 포괄적인 3D 매핑 및 시각화
② 상세한 교통량 및 혼잡도 데이터
③ 대중교통 일정 및 노선
④ 교통사고 및 안전에 관한 통계 데이터

정답 ①
해설 브이월드는 플랫폼 고유의 포괄적인 3D 매핑 및 시각화를 제공하며 다양한 애플리케이션에 대한 더 나은 공간 이해를 지원한다. 국가교통DB는 교통량, 혼잡도, 안전통계 등 교통데이터를 중점적으로 다루고 있다.

16 다음 중 브이월드가 국가교통DB와 다르게 재난관리를 지원하는 방법으로 옳은 것은?

① 비상시 대중교통 일정을 관리한다.
② 교통동향에 대한 통계분석을 제공한다.
③ 자세한 홍수 및 지진 위험 지도를 제공한다.
④ 실시간 교통 업데이트 및 혼잡 보고서를 제공한다.

정답 ③
해설 브이월드는 자세한 홍수 및 지진 위험 지도를 제공하고 위험 평가 및 비상 계획을 지원함으로써 재해 관리를 지원한다.

17 다음 중 대중교통 일정 및 경로에 대한 종합적인 데이터를 얻을 수 있는 가장 유용한 플랫폼으로 옳은 것은?

① 브이월드
② 국가교통DB
③ 기상자료오픈포털(KMA)
④ 한국국가통계포털(KOSIS)

정답 ②
해설 국가교통DB는 대중교통 일정 및 경로에 대한 포괄적인 데이터를 제공하므로 이러한 유형의 정보에 가장 유용한 플랫폼이다. 브이월드는 공간 데이터와 환경 모니터링에 더 중점을 두고 있다.

18 다음 중 공공데이터포털이 한국데이터거래소(KDX)와 비교하여 제공하는 특별한 기능으로 옳은 것은?

① 데이터 거래 및 중개 서비스
② 맞춤형 데이터 분석 및 플랫폼
③ 데이터 컨설팅 및 바우처 서비스
④ 정부가 수집한 광범위한 공공 데이터에 대한 투명한 접근 서비스

> **정답** ④
> **해설** 공공데이터포털은 정부가 수집한 광범위한 공공 데이터에 대한 투명한 액세스를 제공하도록 특별히 설계되어 있다. 본 플랫폼은 사용자가 연구, 정책수립, 사업개발 등 다양한 목적으로 데이터를 검색, 다운로드, 활용할 수 있는 국가 저장소 역할을 한다.

19 다음 중 상업적 용도로 상세한 경제 및 산업별 데이터에 액세스하려는 회사에 더 적합한 플랫폼으로 옳은 것은?

① 공공데이터포털
② 한국데이터거래소(KDX)
③ 기상자료오픈포털(KMA)
④ 한국국가통계포털(KOSIS)

> **정답** ②
> **해설** 한국 데이터 거래소(KDX)는 상업적 용도로 상세한 경제 및 산업별 데이터에 액세스하려는 기업에 더 적합하다. KDX는 경제, 산업, 금융 등 여러 부문에 걸쳐 상업적 분석 및 의사결정에 필수적인 다양한 데이터 상품을 제공한다.

20 다음 중 유통 데이터 서비스 플랫폼의 목적으로 옳지 않은 것은?

① 온라인 상품 판매 촉진
② 비즈니스 전략 개발 및 최적화를 위한 소매 데이터 활용 촉진
③ 시장 동향 및 소비자 행동에 대한 포괄적인 데이터 제공
④ 중소기업의 시장 경쟁력 향상을 위한 맞춤형 데이터 서비스 제공

> **정답** ①
> **해설** 유통 데이터 서비스 플랫폼은 비즈니스 모델을 지원하고 시장 투명성을 강화하며, 혁신을 주도하고 중소기업을 지원하는 것을 목표로 한다. 온라인 제품 판매 촉진은 유통 데이터 서비스 플랫폼의 목적이 아니다.

PART 02

데이터의 해석 및 활용

CHAPTER 01 데이터의 이해 및 해석
실전예상문제

CHAPTER 02 데이터 파일 시스템
실전예상문제

CHAPTER 03 데이터 활용
실전예상문제

CHAPTER 01

PART 02_ 데이터의 해석 및 활용

데이터의 이해 및 해석

SECTION 01 데이터 개념

1 데이터의 개념

(1) 정의

① 관찰, 측정, 조사 등으로 얻은 사실이나 값
   예) 일별 기온과 강수량, 어느 학급 학생들의 키, 브랜드에 대한 고객 만족도

② 추정, 예측의 기초가 되는 사실 또는 자료
   예) 대한민국 인구, 주식 가격과 거래량

③ 객관적 사실 또는 추론, 예측, 전망을 위한 근거
   예) 일출 및 일몰 시각, 기준금리와 물가상승률

(2) 어원

① '주어진 것'이라는 뜻의 라틴어 'Datum'의 복수형인 'Data'에서 유래
② 'Data'라는 단어는 1646년 영국 문헌에 처음 등장하여 추상적인 개념으로 사용
③ 1940년대 이후 컴퓨터의 등장으로 숫자/문자/이미지/소리 등의 사실적 의미로 변화

(3) DIKW 피라미드 `2024년 1회 기출`

① 아래에서부터 Data(자료) – nformation(정보) – Knowledge(지식) – Wisdom(지혜)/Insight(통찰)의 4가지 계층으로 이루어진 피라미드
② 각 층의 첫 글자를 따서 'DIKW 피라미드'라고 부름
③ 미국 펜실베이니아 대학의 러셀 L. 애코프에 의해 처음 언급됨

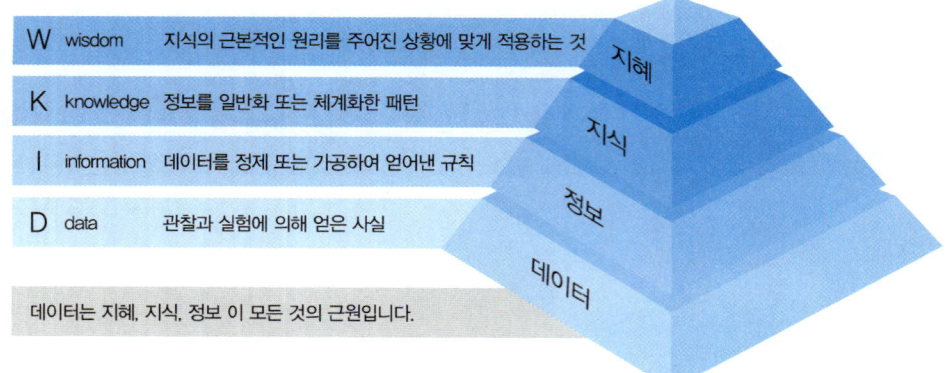

[DIKW 피라미드]

④ 구성요소

ⓐ 데이터(Data)
- 관찰과 실험에 의해 얻은 사실
- 가공되기 전 있는 그대로의 것을 의미
- 데이터는 어떠한 결론, 판단, 예측을 내리는 데 기초

  예 "올해 벚꽃이 처음 핀 날짜는 4월 10일이다.", 주식 거래가격과 거래량, 고객이 홈페이지에 로그인한 시간

ⓑ 정보(Information) 2024년 1회 기출
- 데이터를 가공하여 원하는 형태로 얻어낸 규칙 또는 구조화된 결과물
- 다양한 데이터에서 필요한 내용을 뽑아낸 것으로 시간과 상황에 따라 유용할 수 있음
- 관찰된 숫자에 대한 평균이나 분류값 또는 요약과 해석 등이 해당

  예 "지역별 벚꽃이 핀 날짜 지도", 주식 시가/종가/고점/저점 차트, 가입 고객의 연령별 분포도, 대리점별 평균 매출액, 전년도 베스트 판매 상품

ⓒ 지식(Knowledge)
- 가공한 정보를 일반화 또는 체계화한 패턴
- 현실에 적용 또는 의사결정에 활용할 수 있음
- 다양한 방면의 정보들이 서로 비교되거나 융합되기도 함

  예 "우리나라 벚꽃 개화 시기가 매년 빨라지고 있다.", 주식 시장 전망 리포트

ⓓ 지혜(Wisdom)/통찰(Insight)
- 지식의 축적과 아이디어가 결합된 창의적인 산물
- 지식의 근본적인 원리를 주어진 상황과 맥락에 맞게 적용하는 것
- 원리에 대한 깊은 이해를 통해 미래를 예측함. 문제에 대한 해결 및 판단

  예 "내년에는 벚꽃 여행을 빨리 예약해야 겠다.", 주식 시장 변동성 돌파 전략

⑤ 데이터 · 정보 · 지식 · 지혜/통찰 비교

구분	데이터	정보	지식	지혜/통찰
정의	관찰 측정, 조사 등으로 얻은 사실이나 값	데이터를 가공하여 얻어낸 규칙 또는 구조화된 결과물	정보를 일반화 또는 체계화한 패턴	지식의 축적과 아이디어가 결합된 창의적인 산물
특징	가공되기 전 있는 그대로의 것	시간과 상황에 따라 유용성 결정	현실에 적용 또는 의사결정에 활용	미래를 예측, 문제에 대한 해결 및 판단
예시	• 벚꽃 개화 일자 • 주식 거래가격과 거래량	• 벚꽃 개화 지도 • 주식 차트	• 벚꽃 개화 시기 추세 • 주식 시장 전망	• 내년 벚꽃 여행 계획 • 주식 변동성 돌파 전략

(4) 빅데이터의 개념

① 빅데이터의 정의
  ㉠ "기존의 관리 및 분석 체계로는 감당할 수 없을 정도의 거대한 데이터의 집합" – 삼성경제연구소
  ㉡ "대용량 데이터를 활용 · 분석하여 가치 있는 정보를 추출하고, 생성된 지식을 바탕으로 능동적으로 대응하거나 변화를 예측하기 위한 정보화 기술" – 국가정보화전략위원회

② 빅데이터 3V, 5V `2024년 2회 기출`
  ㉠ 초기 빅데이터의 특징은 Volume(규모), Variety(다양성), Velocity(속도)로 3V를 언급
  ㉡ 오늘날에는 3V에 데이터의 정확성(Veracity)과 가치(Value)를 더해서 5V로 통용
  • 규모(Volume) : 데이터의 양
    – 전 세계에서 생산되는 데이터는 하루에 약 25억 기가바이트로 추산됨(IBM)
    – 세계 데이터 총량은 2022년 80 ZB(제타바이트)이며, 2025년에는 175 ZB로 전망함
    – 1 ZB(제타바이트) : 10의 21제곱으로 Full HD 영화 2,500억 개를 저장할 수 있는 용량
  • 다양성(Variety) : 사용 가능한 데이터 유형의 다양성
    – 과거 : 주로 숫자나 문자를 데이터로 인식
    – 오늘날 : 사진과 같은 이미지, 음성, 유튜브로 익숙한 동영상 등 데이터의 형태도 다양해짐
  • 속도(Velocity) : 데이터의 수신 및 처리 속도
    – '오늘날 존재하는 데이터의 90%는 지난 10년 동안에만 생성됐다[Portsmouth 대학의 멜빈 봅손(Melvin Vopson)].' 할 만큼 생성과 공유 속도가 엄청나게 빠름
  • 정확성(Veracity) : 데이터의 품질과 오류
    – 인구가 많아질수록 범죄자 수도 증가하는 것처럼 데이터가 많아질수록 엉터리 데이터 증가
    – 데이터를 분석할 때 데이터 품질이 믿을 만한지, 정확한지 살펴야 하는 필요 발생
  • 가치(Value) : 통찰과 가치를 제공
    – 데이터를 기반으로 한 의사결정을 통해 기존에는 얻지 못했던 통찰력을 얻을 수 있음
    – 데이터 분석을 통해 고객과 비지니스에 효과적인 가치를 창출해 냄

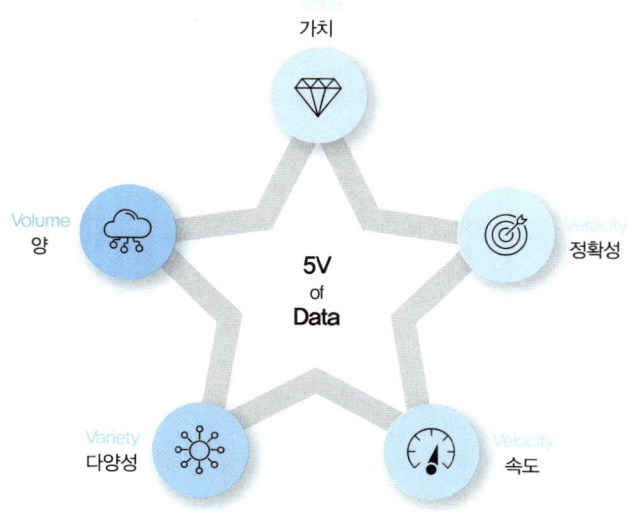

[5V로 나타나는 빅데이터의 특성]

③ 빅데이터의 역사
  ㉠ 1960~70년대에 데이터 센터가 등장하고 관계형 데이터베이스가 개발되면서 대규모 데이터세트의 시대가 시작됨
  ㉡ 2005년 무렵에는 페이스북, 유튜브 등의 온라인 서비스로부터 사용자가 생성하는 많은 양의 데이터에 대한 인식이 확산되었으며, 이에 하둡과 NoSQL 등의 기술이 등장함
    • 하둡(Hadoop) : 대용량 데이터 처리를 위해서 성능 좋은 슈퍼컴퓨터 한 대 대신, 범용적 컴퓨터 여러 대를 그룹으로 묶어서 동시에 병렬처리하여 처리 속도를 높이는 데이터 분산처리 오픈소스 프레임워크
  ㉢ 더 나아가 사물인터넷의 등장과 머신러닝 기술 발전으로 인해 더 많은 데이터가 생성되고 있음
  ㉣ 빅데이터의 역사는 오래되었지만, 빅데이터의 활용은 이제 막 시작되었음

④ 빅데이터의 활용사례
  ㉠ 제품 개발 : 빅데이터를 사용하여 고객 수요를 예측하고 신제품을 계획, 생산, 출시할 수 있음
  ㉡ 예측적 유지 보수 : 빅데이터를 활용하여 장비 고장을 예측하고 유지 보수를 비용 효율적으로 진행할 수 있음
  ㉢ 운영 효율성 : 생산 및 고객 피드백을 분석하여 운영 중단을 줄이고 향후 수요를 예측할 수 있음
  ㉣ 머신러닝(Machine Learning) : 컴퓨터가 방대한 양의 데이터를 학습하여 복잡한 패턴이나 상황에 대한 예측 등 의사결정을 도움 2024년 1회 기출
  ㉤ 빅데이터는 제품 개발부터 운영까지 다양한 분야에서 활용되고 있음

> **TIP** 빅데이터 활용사례 – 패션 브랜드
>
> 패션 산업에서 각 패션 브랜드들은 빅데이터를 효과적으로 활용하여 다음 분야에 적용하고 있다.
> - 수익 극대화를 위한 생산 시기&재고 확보 시기 조절
>   - 잘 팔리는 상품의 수요를 예측하여 생산 시기를 조절하고, 특정 기간에 맞추어 재고를 확보
>   - 이를 통해 매출을 극대화하고 재고 손실을 최소화
> - 세분화된 타겟팅
>   - 빅데이터를 분석하여 고객의 취향, 구매 패턴, 지역별 특성 등을 파악하여 세분화된 타겟팅을 실시
>   - 이를 통해 고객들에게 맞춤형 상품 및 마케팅을 제공
> - 트렌드 예측
>   - 빅데이터를 기반으로 한 트렌드 분석을 통해 패션 트렌드를 예측
>   - 이를 반영한 상품을 디자인하거나 제작
> - 디자인 기획
>   - 고객의 피드백과 빅데이터 분석을 바탕으로 상품 디자인을 기획
>   - 이를 통해 수요에 맞는 제품을 개발하고 출시
> - 개인화 혜택 제공
>   - 개인의 구매 이력과 취향을 분석하여 맞춤형 혜택을 제공
>   - 이를 통해 고객들의 충성도를 높이고 재구매율을 증가
>
> 이처럼 패션 브랜드들은 빅데이터를 적극적으로 활용하여 수익의 극대화를 위해 고객에게 보다 맞춤형 서비스를 제공하고, 패션 트렌드에 빠르게 대응하여 경쟁력을 확보하고 있다.

> **TIP** 빅데이터 활용사례 – 국내 유통기업(쿠팡 빅데이터 활용사례)
>
> 국내 대표 이커머스 기업 쿠팡은 광범위한 고객 데이터를 활용한 빅데이터 분석에 중점을 두고 있다. 이를 통해 쿠팡은 개인화된 서비스 제공, 상품 추천, 배송 최적화, 고객 서비스 향상 등 다양한 분야에서 빅데이터를 활용하고 있다.
> - 개인화된 상품 추천
>   - 고객들의 구매 이력, 검색 기록, 페이지 방문 기록 등을 분석하여 개인화된 상품 추천을 제공
>   - 이를 통해 그객은 자신의 선호에 맞는 상품을 쉽게 찾을 수 있고, 쿠팡은 고객 만족도를 높이고 매출을 증가시킬 수 있음
> - 배송 최적화
>   - 쿠팡은 배송 데이터를 분석하여 배송 루트를 최적화하고, 배송 시간을 줄임
>   - 이는 '로켓 배송'이라는 쿠팡의 주요 서비스에 기여하며, 고객들에게 빠른 배송을 제공함으로써 경쟁력을 유지하고 있음
> - 고객 서비스 개선
>   - 쿠팡은 고객의 피드백 및 상품 리뷰 데이터를 분석하여 고객 서비스를 개선함
>   - 특정 상품의 리뷰에서 반복적으로 나타나는 문제점을 파악하면, 해당 문제를 해결하기 위한 조치를 취할 수 있음
>
> 이외에도 쿠팡은 마케팅 효율성 분석, 재고 관리, 가격 최적화 등에서도 빅데이터를 활용하고 있다. 이를 통해 쿠팡은 고객 만족도를 높이고, 비즈니스 운영의 효율성을 증가시키고 있다.

⑤ **빅데이터의 작동원리** : 데이터의 통합, 관리, 그리고 분석으로 이루어짐

㉠ 통합 : 빅데이터는 다양한 소스와 애플리케이션으로부터 데이터를 수집하고 이를 통합함

㉡ 관리 : 스토리지를 활용하여 데이터를 저장하고 원하는 형식으로 가공함

㉢ 분석 : 다양한 데이터세트의 시각적 분석을 통해 명확성을 확보하고, 머신러닝 및 인공지능으로 데이터를 분석하여 업무에 활용함

⑥ 빅데이터 기술
　㉠ 데이터 수집기술
　　• 빅데이터 기술은 데이터 수집기술로 시작함
　　• 다양한 소스로부터 대규모의 데이터를 수집하고 저장하는 과정
　　• 센서, 로그 파일, 소셜 미디어, 웹사이트 등에서 데이터를 수집하며, 이를 실시간으로 처리함
　㉡ 데이터 저장기술
　　• 대용량 데이터를 안정적으로 저장하는 방법
　　• 대표적으로는 관계형 데이터베이스 시스템, NoSQL 데이터베이스, 데이터 웨어하우스 등이 있음
　　• 데이터를 효율적으로 저장하고 관리하며, 필요한 때에 빠르게 접근할 수 있음
　㉢ 분석기술
　　• 수집된 데이터를 분석하고 가치 있는 정보로 변환하는 과정
　　• 이는 데이터를 이해하고 패턴을 발견하며 예측하는 것을 포함함
　　• 통계 분석, 머신러닝, 인공지능 등의 기술을 사용하여 데이터를 분석함
　㉣ 시각화 기술
　　• 복잡한 데이터를 직관적으로 이해할 수 있도록 시각적으로 표현하는 기술
　　• 그래프, 차트, 지도 등을 사용하여 데이터를 시각화
　　• 패턴을 발견하거나 의사결정에 도움이 됨
　㉤ 정보보호 및 보안 기술
　　• 빅데이터 시스템을 보호하는 데 중요한 역할을 함
　　• 데이터의 기밀성, 무결성, 가용성을 보장하고 보안 위협으로부터 시스템을 보호하는 것
　　• 암호화, 접근 제어, 감사 로깅 등의 기술을 사용함
　㉥ 분산 컴퓨팅 기술
　　• 대용량 데이터를 처리하기 위해 여러 컴퓨터를 동시에 사용하는 기술
　　• 이를 통해 데이터 처리 속도를 높이고 대규모 데이터를 효율적으로 처리할 수 있음
　㉦ 클라우드 기술
　　• 대규모 데이터를 저장하고 처리하기 위해 필요한 하드웨어 자원을 인터넷을 통해 제공
　　• 기업은 자체 데이터 센터를 운영하는 비용을 절감
　㉧ 플랫폼
　　• 빅데이터 처리를 위한 소프트웨어 및 하드웨어 환경을 제공하는 기술
　　• 하둡, 스파크 등의 플랫폼을 이용하여 대용량 데이터를 처리함
　㉨ 프레임워크
　　• 데이터 처리 및 분석을 위한 소프트웨어 구조를 제공하는 기술
　　• 이를 통해 개발자는 더 효율적으로 데이터를 처리하고 분석할 수 있음
　　• 프레임워크는 코드를 재사용하고 유지 보수를 간편하게 할 수 있도록 도와줌

② 데이터의 종류

(1) 구조에 따른 분류 [2024년 1회 기출]

① 정형 데이터
- ㉠ 정량적인 값과 숫자로 구성되며, 접근과 해석이 용이하도록 구조화된 데이터
- ㉡ 행과 열로 구성되며 표 형태를 띠고 있음
- ㉢ 사전에 정의된 데이터 모델 또는 스키마라는 엄격한 형식을 준수해야 함

> **TIP 스키마(Schema)란?**
> 데이터 저장소에 어떤 구조로 데이터가 저장되는가를 나타내는 구조

- ㉣ 형태 : Excel 파일, 구글 스프레드시트, SQL 데이터베이스, 테이블
- 예 날짜 데이터, 고객 데이터, 판매 데이터, 예약내역 데이터

② 반정형 데이터
- ㉠ 정형 데이터와 비정형 데이터의 중간 형태
- ㉡ 구조화되지 않은 데이터이지만 일부 구조를 갖고 있는 데이터
- ㉢ 일반적으로 텍스트 형태로 저장되며, 태그(Tag), 키(Key) : 값(Value)이나 메타데이터(Metadata)를 포함할 수 있다.

> **TIP 메타데이터(Metadata)란?**
> 데이터에 대한 데이터로 '어떤 목적을 가지고 만들어진 데이터(캐런 코일)'를 정의하고 기술하는 데이터
> 예 도서관에서 책 제목, 저자, 도서 위치 등을 담은 데이터
> 디지털 사진에서 촬영시간, 위치, 크기, 해상도 등을 기록한 데이터

- ㉣ 메타데이터를 사용하여 데이터 요소를 정의하므로 체계적으로 축적이 가능함
- ㉤ 형태 : 태그(Tag) 형태의 XML 파일, 키(Key)와 값(Value) 형태의 JSON 데이터, 웹페이지
- 예 〈이름〉민지〈/이름〉〈나이〉20〈/나이〉, {"고객번호" : 240101, "고객이름" : 하니}

③ 비정형 데이터
- ㉠ 데이터의 구조가 없거나 정해진 형식이 없는 데이터
- ㉡ 데이터를 분석하기 위해서는 추가적인 처리가 필요함
- ㉢ 형태 : 텍스트, 이미지, 오디오, 비디오 등 구조화 되지 않은 형태
- 예 소셜 미디어 게시글, 이메일 본문, 음성 녹음 파일, 동영상 파일

④ 구조에 따른 데이터 분류

구분	정형 데이터	반정형 데이터	비정형 데이터
정의	정량적인 값과 숫자로 구성되며, 접근과 해석이 용이하도록 구조화된 데이터	정형 데이터와 비정형 데이터의 중간 형태로, 구조화되지 않은 데이터이지만 일부 구조를 갖고 있는 데이터	데이터의 구조가 없거나 정해진 형식이 없는 데이터
형태	행과 열로 구성되며 표 형태를 띄고 있음	일반적으로 텍스트 형태로 저장되며, 태그 혹은 키 : 값 형태를 가지고, 메타데이터를 포함할 수 있음	텍스트, 이미지, 오디오, 비디오 등의 형태로 존재하며, 구조화되지 않은 형태를 가짐
장점	해석과 분석이 용이하며, 구조화된 형태로 데이터 관리 가능	메타데이터를 활용하여 일부 구조화된 정보를 포함하며, 체계적인 데이터 관리 가능	다양한 형식의 데이터를 수집할 수 있으며, 실시간 데이터 포함 가능
단점	새로운 데이터 형식이 추가될 때 스키마 수정이 필요함	데이터의 특정 부분에만 접근하거나 필요한 정보를 추출하기 위해 추가적인 처리가 필요함	데이터를 처리하기 위한 추가적인 고도의 작업(자연어 처리, 이미지 인식, 음성 인식)이 필요함
예시	Excel 파일, 구글 스프레드시트, SQL 데이터베이스, 테이블	XML, JSON, 웹페이지	소셜 미디어 게시글, 이메일 본문, 음성 녹음 파일, 동영상 파일

(2) 특성에 따른 분류

① 범주형 데이터
  ㉠ 명목형 데이터 : 범주 간에 순서가 없고, 서로 구분되는 범주들을 나타냄
    예 성별(남성, 여성), 혈액형(A, B, AB, O), 직업(의사, 변호사, 회계사)
  ㉡ 순위형 데이터 : 범주 간에 순서가 있고, 상대적인 크기나 순서를 나타냄
    예 학점(A, B, C, D, F), 선호도(매우 좋음, 좋음, 보통, 나쁨, 매우 나쁨), 등수(1등, 2등, 3등)

② 수치형 데이터
  ㉠ 연속형 데이터 : 연속적인 값을 가지며, 무한한 범위 안에서 어떤 값이든 가질 수 있음
    예 키, 체중, 온도, 시간
  ㉡ 이산형 데이터 : 정수값을 가지며, 불연속적인 값을 가짐
    예 가족 구성원 수(1명, 2명, 3명, …), 주사위 눈금(1, 2, 3, 4, 5, 6), 제품 수량(1개, 2개, 3개, …)

③ 특성에 따른 데이터 분류

구분	명목형	순위형	연속형	이산형
정의	데이터가 여러 범주 또는 카테고리로 나누어지는 경우를 나타냄	범주 간에 순서가 있고, 상대적인 크기나 순서를 나타냄	숫자로 표현되며, 수치적인 값으로 측정되는 데이터	정수값을 가지며, 불연속적인 값을 가짐
분석 방법	주로 빈도 분석을 통해 각 범주의 빈도와 비율을 계산	순서에 따른 분포 및 순위 비교를 통해 분석	평균, 분산, 표준편차 등의 통계적 분석을 통해 데이터 특성 파악	빈도 분석을 통해 각 값을 나타내는 횟수 파악

구분	명목형	순위형	연속형	이산형
시각화 방법	막대 그래프, 원 그래프	막대 그래프, 상자 그림	히스토그램, 상자 그림	막대 그래프, 도수분포표, 히스토그램
예시	성별(남성, 여성), 혈액형(A, B, AB, O)	학점(A, B, C, D, F), 등수(1등, 2등, 3등)	키, 체중, 온도	가족 구성원 수(1명, 2명, 3명, …), 주사위 눈금(1, 2, 3, 4, 5, 6)

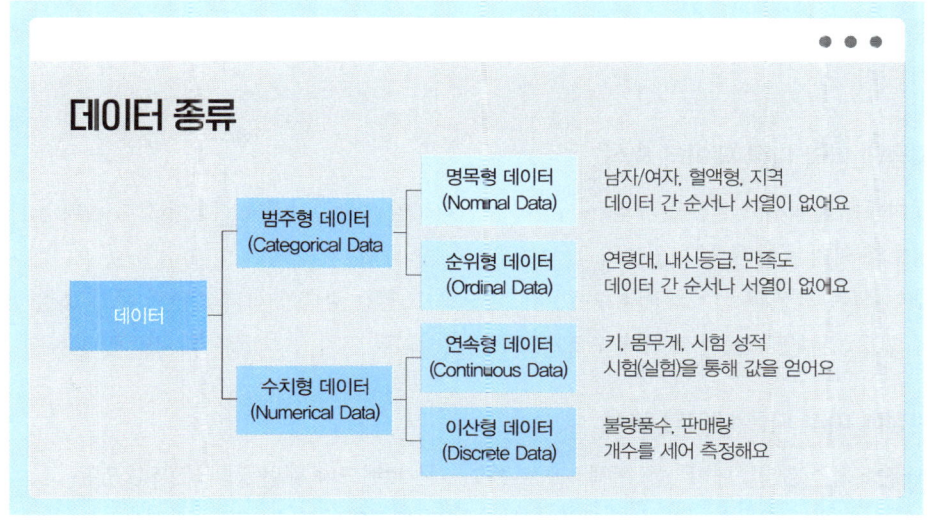

[데이터의 특성에 따른 분류]

3 데이터 파일 형식

① CSV(Comma-Separated Values)
  ㉠ 쉼표로 구분된 텍스트 파일로 가장 일반적이고 간단한 형식
  ㉡ 엑셀과 같은 스프레드시트 프로그램에서 사용 가능하며, 텍스트 편집기로도 열람 가능함
  ㉢ 단순하고 가벼우며 다양한 소프트웨어에서 지원됨

② JSON(JavaScript Object Notation)
  ㉠ 키-값 쌍으로 이루어진 경량의 데이터 형식으로 데이터를 표현하는 데 사용됨
  ㉡ 사람과 기계 모두 이해하기 쉬우며 웹 API와 데이터 전송에 많이 사용됨
  ㉢ 구조가 복잡하고 중첩될 수 있어 다양한 데이터 형식을 표현할 수 있음

③ XML(Extensible Markup Language)
  ㉠ 텍스트 기반의 마크업 언어로 데이터를 계층 구조로 표현하는 데 사용됨
  ㉡ 다양한 플랫폼에서 사용할 수 있고, 데이터의 의미와 구조를 명확하게 설명할 수 있음
  ㉢ JSON보다 데이터 크기가 크고 복잡함

SECTION 02 | 데이터 해석

1 데이터 해석의 개념

(1) 개요
① 데이터에서 유용한 정보를 발굴하고 정보와 통찰력을 얻는 행위
② 데이터는 시점, 관점(전체, 맥락, 부분)에 따라 해석이 달라질 수 있다는 데이터의 한계점을 인식하는 것이 중요

(2) 시점에 따라 다른 데이터 해석
데이터를 분석하고 결론을 내리는 시점에는 합리적인 판단일지라도 시간이 흐름에 따라 데이터가 주는 정보와 의미는 달라질 수 있음

예) 2020년 3월 코로나 확진자 수 76명. "앞으로 15일간 강력한 사회적 거리 두기 조치"
2022년 4월 코로나 확진자 수 125,832명. "사회적 거리 두기 조치 약 2년 만에 해제"

(3) 관점에 따라 다른 데이터 해석
① **전체적인 관점** : 데이터를 전체적으로 볼 때, 큰 트렌드나 패턴을 파악할 수 있음
예) 전체 코로나 확진자 수의 증가 추이를 보면 팬데믹의 전반적인 심각성을 이해할 수 있음

② **부분적인 관점** : 데이터를 세부적으로 분석할 때, 특정 세그먼트나 기간의 변화를 이해할 수 있음
예) 특정 지역이나 연령대의 코로나 확진자 수 변화를 보면 그 그룹에 대한 맞춤형 대응책을 마련할 수 있음

③ **맥락적인 관점** : 데이터를 해당 상황이나 환경의 맥락에서 해석할 때, 그 데이터가 가지는 의미를 더 깊이 이해할 수 있음
예) 코로나 확진자 수가 급증한 특정 시기에 백신 접종률이나 방역 정책의 변화를 고려하면 그 데이터의 의미가 더 명확해짐

2 데이터 해석 오류

(1) 인과관계와 상관관계 [2024년 2회 기출]
① **인과관계** : 원인과 결과의 관계로 한 사건이 일어났기 때문에(원인) 그에 따라 다른 사건이라는 결과가 생겨난 경우
예) "까마귀가 날자(원인) 배가 떨어졌다(결과)."

② **상관관계** : 두 사건이 동시에 일어날 확률이 높거나, 동시에 일어날 관련성이 있는 관계
예) 아이스크림의 판매량과 에어컨 판매량의 관계

③ 인과관계 ≠ 상관관계로 모든 상관관계가 모두 인과관계는 아님
④ 상관관계는 인과관계를 포함하는 더 큰 개념
⑤ 상관관계와 인과관계 구분방법
  ㉠ 시간순서 : 일이 일어난 시간 순서를 판단
  ㉡ 재현성 : 반복적으로 같은 일이 일어나는 증명
  ㉢ 제3원인 : 다른 원인들의 영향은 없는지 검증

(2) 심슨의 역설(Simpson's paradox)

데이터의 세부 그룹별로 일정한 추세나 경향성이 나타나지만, 전체적으로 보면 그 추세가 사라지거나 반대 방향의 경향성을 나타내는 현상

> **TIP 심슨의 역설 실제 사례**
>
> 1973년 미국 캘리포니아 버클리 대학교는 대학원 입학에서 성차별 혐의로 소송을 당했다. 남성 지원자 8,442명 중 44%가 합격했지만, 여성 지원자 4,351명 중 35%만이 합격했다는 것이 이유였다. 하지만 학과별로 남녀 합격률을 비교해보니 여성의 합격률이 높은 과가 더 많았다. 이는 특정 학과에 여성 지원자가 많기 때문이다. 이처럼 데이터를 전체로 바라보았을 때와 부분으로 나눠서 들여다봤을 때는 정반대 결과가 나타날 수 있다. 이것이 바로 데이터를 올바르게 봐야 하는 이유이다.
>
> **[UC Berkeley 대학원 남녀 합격률 비교(1973)]**
>
> 전체 남녀 합격률: 남자 44%, 여자 30%
>
> 학과별 남녀 합격률(정원이 많은 순) — 남자 / 여자
> - A과: 62% / 82%
> - B과: 63% / 68%
> - C과: 37% / 34%
> - D과: 33% / 35%
> - E과: 28% / 24%
> - F과: 6% / 7%
>
> [심슨의 역설 예시 – 버클리 대학교 합격률 비교 그래프]

(3) 데이터 인지 편향(10가지)

① 데이터 확증 편향(Data confirmation bias)
  ㉠ 본인이 원래 가지고 있는 생각을 강화시켜주는 데이터에만 중요성을 부여
  ㉡ 최근 유튜브와 같은 플랫폼에서 맞춤형 콘텐츠를 추천해주면서 편향이 더욱 심해짐
  예 집을 팔고 난 뒤에는 집값이 떨어진다는 뉴스기사와 데이터에만 집중하고 집을 산 이후에는 집값 상승에 대한 데이터만 중점적으로 확인하는 경향

② 과거 데이터 또는 최신 데이터 편향(Data conservatism bias/recency)
　㉠ 기존의 증명된 데이터를 새로운 데이터나 바로 축적된 데이터보다 선호하는 현상
　　예 기존에 갔던 네이게이션 경로를 새롭게 안내한 더 빠른 경로보다 선호
　㉡ 과거 데이터보다 최신 데이터를 무조건 높게 평가하는 경향
　　예 "오늘 주가지수가 올랐기 때문에 내일도 주가지수가 오를 것이다."

③ 기준 데이터 편향(Data anchoring bias)
　㉠ 맨 처음 수집하고 저장한 데이터, 처음 얻은 데이터가 기준이 되는 현상
　㉡ 데이터가 심리적 기준과 무의식적 한계를 설정
　　예 연봉 협상 시, 제시된 "10만 원 인상"의 숫자 '10'과 단위 '만 원'이 기준이 되는 편향

④ 친근 데이터 편향(Friendly data bias) : 기존에 익숙한 데이터에 가중치를 높이는 성향
　예 "비트코인으로 50억 원을 벌고 퇴사한 사람이 있다." → "내 옆자리 김대리도 1억 원을 벌었다."
　→ "비트코인으로 누구나 큰돈을 벌 수 있다."라고 일반화

⑤ 데이터 편승 효과(Data bandwagon effect)
　㉠ 본인의 문제와 더 적합한 데이터가 있음에도 오픈소스 데이터와 같이 많은 사람들이 사용한 데이터에 의지하는 경향
　㉡ 팀장, 저명한 박사와 같이 사회적 위치가 높은 사람이 사용한 데이터나 많은 사람들이 추천한 데이터를 따르는 경향
　　예 인용 수가 높은 논문을 계속 인용하게 됨, 리뷰가 많은 상품을 구매함

⑥ 데이터 클러스터 착각(Data clustering illusion)
　㉠ 실제로는 무작위로 발생한 데이터에서 어떤 패턴을 발견하는 경향
　㉡ 데이터의 샘플 수가 적을 때 발생하기 쉬움
　　예 사람들이 도박을 하거나 복권 번호를 고를 때 범하기 쉬운 오류

⑦ 데이터 욕심(Data greed)
　㉠ '더 많은 데이터가 더 정확할 것이다.'라고 믿는 편향
　㉡ 데이터가 이미 충분한데도 추가로 데이터를 더 얻으려고 노력하는 경향

⑧ 승자 데이터 편향(Winner's bias) : 승리한 사람들의 데이터만 남는다는 것을 뜻함
　예 암 완치 생존자들의 식습관 데이터만 비중 있게 모아서 암을 치료하는 식단을 만드는 것, 2차 세계대전 때 전투에서 돌아온 비행기의 총탄 자국을 분석해 총탄 자국이 많은 부위를 보강하였지만 엔진과 조종석 총탄 자국이 없는 것은 돌아오지 못했기 때문임을 간과

⑨ 데이터 특징 효과(Data feature effect) : 어떤 데이터를 접할 때, 우리는 가장 눈에 띄는 특징을 먼저 발견하고 그것에만 집중
　예 데이터 시각화를 통해 이상치(지나치게 크거나 작은)나 데이터들의 그룹(때로는 의미 없는 그룹)에 대해 지나치게 의미를 부여하는 경우

⑩ 체리피킹(Cherry picking)/데이터 선택 편향(Data selective bias)
　㉠ 불리한 데이터나 사례는 숨기고 유리한 데이터를 활용하여 주장을 뒷받침하는 것
　㉡ 데이터 분석 결과를 본인이 문제를 바라보는 방식에 따라 취사선택
　예 주식 수익률이 오른 종목과 계좌만을 다른 사람에게 인증하고 손실 계좌는 비공개, 아들이 잘한 축구 경기의 데이터만을 사람들에게 보여주는 경우

③ 데이터 기초 통계

(1) 통계의 기초 개념
① 통계의 정의 : 특정 집단에 대해 조사나 실험으로 얻은 수치를 요약해 표현한 것
② 통계의 목적 : 의사결정, 불확실성 해소, 데이터의 요약, 연관성 파악, 미래 예측
③ 통계의 종류 : 기술통계와 추론통계로 나눔
　㉠ 기술통계(Descriptive statistics) : 측정, 실험을 통해 얻은 데이터를 정리하고 요약해서 특성을 파악하는 방법
　㉡ 추론통계(Inferential statistics) : 표본을 통해 모집단의 특성을 추측하는 방법
　　• 추론(Inference) : 실제의 정확한 값을 짐작하는 것
　　• 추론은 항상 틀릴 가능성을 가지고 있으므로, 추론의 결과가 실젯값과 어느 정도 일치하는지에 대한 비율을 확률(Probability)로 정의함

(2) 통계 용어의 기초 개념
① 모집단과 표본
　㉠ 모집단(Population) : 연구나 조사 대상이 되는 전체 집단
　㉡ 표본(Sample) : 모집단의 일부분을 추출한 것

② 추정과 예측
　㉠ 추정(Statistical estimation) : 표본으로부터 얻은 통계로 모수를 짐작
　㉡ 예측(Statistical prediction) : 추정을 반복해서 얻은 결과를 바탕으로 패턴을 도출하고 모수를 결정함

(3) 확률의 기초 개념
① 확률과 사건 　2024년 2회 기출
　㉠ 확률(Probability)
　　• 어떤 사건이 일어날 가능성
　　• 응용 분야 : 수학, 통계, 회계, 도박, 과학, 철학 등
　　예 주사위를 던졌을 때 1이 나올 확률은 1/6이다.

ⓒ 사건(Event)
- 확률 실험에서 특정 조건을 만족하는 결과의 집합
  예 주사위를 던졌을 때 1의 면이 나타나는 결과
- 사건의 독립성 : 한 사건이 다른 사건의 확률에 영향을 미치지 않을 때 두 사건은 독립임
  예 주사위를 던졌을 때 1이 나올 확률과 동전을 던졌을 때 앞면이 나올 확률은 서로 독립이다.

② 조건부 확률(Conditional probability) 2024년 1회 기출
  ㉠ 한 사건이 주어졌을 때 다른 사건이 일어날 확률
  ㉡ $Pr(A|B)$: B가 일어났을 때 A가 일어날 확률

(4) 데이터 분포와 시각화

① 도수분포와 히스토그램 2024년 2회 기출
  ㉠ 도수분포표(Frequency distribution table) : 데이터가 속하는 항목의 빈도를 나타낸 표
  ㉡ 히스토그램(Histogram) : 데이터 항목의 빈도를 나타낸 그래프

② 산포도와 박스플롯
  ㉠ 산포도(Scatter plot) : 두 변수 간의 관계를 시각적으로 나타낸 그래프로 각 점은 두 변수의 값을 나타냄
  ㉡ 박스플롯(Box plot) : 데이터의 분포를 시각적으로 나타내는 그래프로 중앙값, 사분위수, 이상치 등을 포함

(5) 데이터의 중심 경향과 변동성

① 중심 경향 2024년 2회 기출
  ㉠ 평균(Mean) : 전체 데이터의 총합을 데이터 수로 나눈 값
  ㉡ 중앙값(Median)
    - 데이터를 나열했을 때 가운데 있는 값
    - 데이터가 홀수일 때는 가운데 값, 짝수일 때는 가운데 두 데이터의 평균값
      예 '1, 2, 3, 4, 5'의 중앙값은 3이고, '1, 2, 3, 4'의 중앙값은 '2'와 '3'의 평균인 2.5임
      2024년 1회 기출
    - 중앙값을 계산할 때 결측치(Null), NaN는 포함하지 않음
  ㉢ 최빈값(Mode) : 가장 자주 나오는 값

② 변동성 2024년 1회 기출
  ㉠ 분산(Variance)
    - 데이터가 평균에서 얼마나 떨어져 있는지를 나타낸 값
    - 분산의 제곱근인 표준편차가 더 자주 사용됨
  ㉡ 표준편차(Standard deviation) : 분산의 제곱근

ⓒ 공분산(Covariance) : 두 변수가 얼마나 함께 변하는지를 나타낸 값
ⓓ 상관계수(Correlation coefficient) : 두 변수 사이의 관계 강도를 수치로 나타낸 값

③ 왜도와 첨도
  ㉠ 비대칭도/왜도(Skewness)
    • 데이터 분포의 비대칭 정도를 나타내는 지표
    • 분포가 왼쪽으로 치우치면 양수, 오른쪽으로 치우치면 음수
    • 왜도 값에 따른 분포
      －왜도＞0 : 왼쪽으로 치우친 분포＝오른쪽으로 긴 꼬리(Right-skewed)
      －왜도＝0 : 좌우 치우침이 없는 정규분포 형태
      －왜도＜0 : 오른쪽으로 치우친 분포＝왼쪽으로 긴 꼬리(Left-skewed)

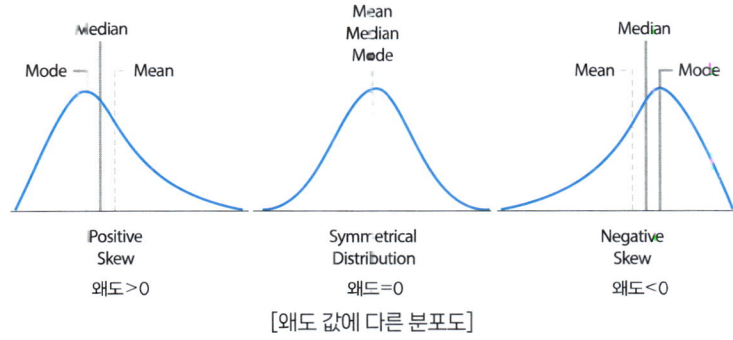

[왜도 값에 다른 분포도]

  ㉡ 첨도(Kurtosis)
    • 정규분포와 비교하여 얼마나 더 뾰족한지를 측정한 값
    • 첨도 값에 따른 분포
      －첨도＞0 : 위로 뾰족한 분포
      －첨도＝0 : 뾰족한 정도가 정규분포와 유사
      －첨도＜0 : 상대적으로 평평한 분포

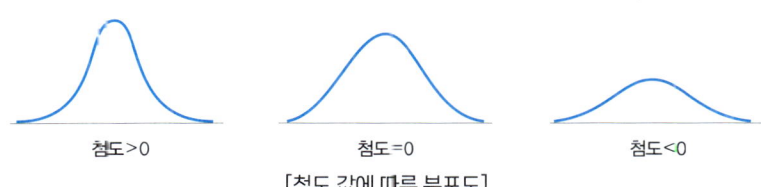

[첨도 값에 따른 분포도]

(6) 분포

① 사분위수와 백분위수
  ㉠ 사분위수(Quartile)
    - 데이터를 4등분 하는 지점
    - 1사분위수(Q1)는 하위 25%, 2사분위수(Q2)는 중앙값, 3사분위수(Q3)는 상위 25% 지점
  ㉡ 백분위수(Percentile)
    - 데이터를 100등분하는 지점
    - 90백분위수는 데이터의 상위 10% 지점

② 신뢰 구간과 표본분포
  ㉠ 신뢰 구간(Confidence interval) : 모집단의 파라미터가 특정 확률로 포함될 범위로 일반적으로 95% 신뢰 구간 사용함
  ㉡ 표본분포(Sampling distribution) : 표본 통계량의 분포
  ㉢ 많은 표본을 추출해 그 통계량의 분포를 관찰

(7) 가설 검정

① 귀무가설(Null hypothesis) : 실험이나 연구에서 처음에 세우는 가설로 일반적으로 '효과 없음'을 주장하며 검정의 기준이 됨
② 대립가설(Alternative hypothesis) : 귀무가설과 반대되는 주장으로 연구자가 입증하고자 하는 가설
③ p - 값(p - value ; Probability - value)
  ㉠ 귀무가설이 참일 때, 관찰된 데이터가 나타날 확률
  ㉡ $p < 0.05$ 의미 : p - 값이 0.05보다 작다는 말은 어떤 사건이 우연히 발생할 확률이 5%보다 작기 때문에 이 사건이 우연히 일어날 가능성은 거의 없다는 것을 의미함

(8) 추정과 검정

① 분산분석(ANOVA ; Analysis of variance)
  ㉠ 정의 : 3개 이상의 집단에 대한 평균의 차이를 검증하는 분석방법
  ㉡ 사용 : 집단구분 변수(X)가 범주형 또는 이산형(Categorical/Discere)이면서, 처리결과 변수(Y)가 연속형인 데이터
  ㉢ 개념
    - F - 값 : 분산비율(F)는 집단 간의 분산(Between variance)에 대한 집단 내의 분산(Within variance)의 비를 나타냄
    - 공식 : $F = \dfrac{\text{집단 간 분산}}{\text{집단 내 분산}} = \dfrac{\text{집단 간의 평균의 제곱}}{\text{집단 내의 평균의 제곱}}$

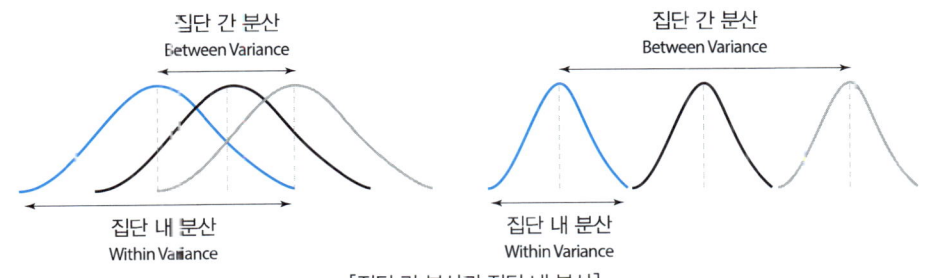

[집단 간 분산과 집단 내 분산]

- F-값과 분산분석
  - 집단 간 분산이 클수록, 집단 내 분산이 작을수록 F-값이 큼(집단 간의 평균 차이가 크다.)
  - 집단 간 분산이 작을수록, 집단 내 분산이 클수록 F-값이 작음(집단 간의 평균 차이가 작다.)
㉣ 예시 : 편의점, 마트, 인터넷에서 구매한 과일에 대한 만족도 평균의 차이
　　　　공장1, 공장2, 공장3에서 생산한 과자에 대한 중량 평균의 차이
㉤ 분산분석의 조건
  - 정규성 : 각 모집단은 정규분포를 이룸
  - 등분산성 : 집단 간 분산이 동일해야 함
  - 독립성 : 각 모집단을 이루는 표본은 서로 독립적으로 표본 추출 시 영향을 주지 않음
㉥ 종류
  - 일원분산분석(one-way ANOVA) : 하나의 요인의 변화(범주형 변수)에 따른 측정결과(연속형 변수)의 평균 차이를 확인
    예 브랜드 A, 브랜드 B, 브랜드 C 아파트에 대한 소비자 만족도 평균의 차이
  - 이원분산분석(two-way ANOVA) : 두 가지 요인의 변화에 따른 측정결과(연속형 변수)의 평균 차이를 확인
    예 브랜드(A, B, C), 지역(서울, 수도권, 지방) 아파트에 대한 소비자 만족도 평균의 차이
  - 다원분산분석(multi-way ANOVA) : 세 가지 이상 요인의 변화에 따른 측정결과(연속형 변수)의 평균 차이를 확인
    예 브랜드(A, B, C), 지역(서울, 수도권, 지방), 향(동향, 서향, 남향) 아파트에 대한 소비자 만족도 평균의 차이
  - 다변량분산분석(multivariate ANOVA) : 하나의 요인의 변화(범주형 변수)에 따른 측정결과(연속형 변수)의 평균 차이를 확인
    예 브랜드 A, 브랜드 B, 브랜드 C 아파트에 대한 소비자 만족도, 가격 상승률의 평균의 차이 분석

② t-검정
  ㉠ 정의 : 두 집단 간의 평균 차이가 통계적으로 유의미한지 검증하는 분석 방법
  ㉡ 사용 : 독립 변수(X)가 범주형(이진 또는 두 범주), 종속 변수(Y)가 연속형인 데이터
  ㉢ 개념
    • t-값: 두 집단의 평균 차이를 표준 오차로 나눈 값으로, 두 집단 간 차이가 우연히 발생할 확률을 나타냄
    • 공식 : $t = \dfrac{\text{평균의 차이}}{\text{흩어진 정도} \div \text{샘플 수}} = \dfrac{\text{표본 평균} - \text{비교 대상값}}{\text{표준편차} \div \sqrt{\text{샘플 수}}}$
    • t-값과 t-검정
      - t-검정은 t-값을 계산하여 t-분포에 대입하면 해당 t-값에 관한 확률을 계산할 수 있음에 기반
      - t-값이 클수록 두 집단 간 평균 차이가 통계적으로 유의미함
      - t-값이 작을수록 두 집단 간 평균 차이가 통계적으로 유의미하지 않음
    • 단측검정과 양측검정
      - 단측검정 : 분포의 한쪽만을 확인하는 방법으로 '평균 중량이 10g보다 작다(크다)'를 검증
      - 양측검정 : 분포의 양쪽을 확인하는 방법으로 '평균 중량이 10g과 다르다(같다)'를 검증
    • p-값
      - 동일한 모집단에서 표본을 추출 시 계산된 t-값 이상일 확률로 나타낸 값
      - t-값의 분포에 대한 누적분포함수를 사용하여 t-값이 t표본보다 작을(클) 확률
      - t-값의 절댓값이 클수록 p-값도 작아지며, 이는 유의미한 결과임을 의미
  ㉣ 예시 : 과자의 실제 중량이 표기 중량과 같은지 검정(1변량 데이터의 t-검정), 남자와 여자의 키 평균 차이가 있는지 검정(2변량 독립표본 t-검정), 약물 투여군과 위약군의 혈압 변화 평균 차이를 검정(2변량 대응표본 t-검정)
  ㉤ t-검정의 조건
    • 정규성 : 각 모집단은 정규분포를 이룸
    • 등분산성 : 두 집단의 분산이 동일해야 함
    • 독립성: 각 모집단을 이루는 표본은 서로 독립적으로, 표본 추출 시 영향을 주지 않음
  ㉥ 종류
    • 독립표본 t-검정(Independent samples t-test) : 서로 다른 두 집단의 평균 차이를 비교
      예 남자와 여자의 체중 평균 차이 분석
    • 대응표본 t-검정(Paired samples t-test) : 동일한 집단에서의 사전-사후 또는 쌍으로 된 데이터의 평균 차이를 비교
      예 운동 전후의 심박수 평균 차이 분석

③ 독립성검정(카이제곱검정, Chi-square test) `2024년 1회 기출`
  ㉠ 정의 : 두 개 이상의 '범주형 변수 간'의 종속성 또는 독립성을 확인하는 통계적 방법
  ㉡ 사용 : 범주형 변수 간의 연관성(상관관계)이 있는지 확인하는 교차분석에 사용
  ㉢ 개념
    - 교차표(Cross-tabulation) : 두 개의 요인 데이터를 행과 열로 교차하여 만든 빈도표
    - 관측빈도 : 실제 수집된 빈도 데이터
    - 기대빈도 : 전체 빈도수 N 대비 행과 열에 교차되는 셀에서 예상되는 기대 빈도
    - 카이제곱통계량(x^2) : $x^2 = \sum \frac{(관측빈도-기대빈도)^2}{기대빈도}$
  ㉣ 예시 : 온라인 쇼핑몰에서 할인쿠폰과 적립쿠폰의 구매 차이, 남성과 여성의 특정 제품 구매 차이
  ㉤ 종류
    - 적합도검정 : 하나의 변수에 대해 기존에 알려진 기준을 따르는지 검정
      예 공장의 불량률이 3%일 때, 실제 샘플링 조사를 통해 조사한 불량률이 같은지 여부 확인
    - 독립성검정 : 두 개 이상의 범주형 변수 사이에 서로 관계가 있는지 확인하는 검정
      예 문제집 A, B로 공부했을 때 성적 향상(오름, 변화 없음, 떨어짐) 여부를 확인 200명 조사 데이터 분석
    - 동질성검정 : 교차표에서 행과 행을 비교하여 다른 두 집단의 차이가 있는지 확인
      예 문제집 A로 공부한 인원 100명의 성적 향상(오름, 변화 없음, 떨어짐) 여부, 문제집 B로 공부한 인원 100명의 성적 향상(오름, 변화 없음, 떨어짐) 여부 데이터를 가지고 분석

④ 확률과 확률분포

(1) 개요

① 완벽한 데이터 분석도 다음의 이유로 100% 옳을 수 없음
  ㉠ 대부분 조사에서 모집단 전체가 아닌 샘플링 데이터를 대상으로 분석
  ㉡ 모집단 전체 분석은 시간과 비용의 한계 존재

② 따라서 표본으로 모수를 추정하는 데 오차가 있을 수 밖에 없음
③ 오차는 필연적이며 추정한 통계가 맞을 확률을 같이 제시해주기 위해 확률(Probability)을 함께 표현함

(2) 확률분포와 함수

① 확률분포 `2024년 1회 기출`
  ㉠ 일정한 표본에서 각 사건에 대한 확률을 변수(확률변수)로 표현한 분포
  ㉡ 확률변수가 특정 값을 가질 확률을 나타내는 분포 함수로서 사건이 발생할 확률을 표나 그래프 형태로 나타낸 것

ⓒ 확률변수의 기댓값은 확률분포(또는 모집단)의 무게중심에 해당하는 값
ⓓ 이산확률분포와 연속확률분포로 나누어짐

② **이산확률분포**

ⓐ 셀 수 있는 값을 가지는 확률변수의 분포

예 주사위를 던져서 나오는 확률변수는 1, 2, 3, 4, 5, 6의 6개로 셀 수 있는 이산확률변수임

ⓑ 이산확률분포의 종류

- 베르누이분포
  - 성공 또는 실패, YES/NO와 같이 서로 반대되는 사건을 통해 나타난 결과의 분포
  - 이 사건이 일어나는 실험을 반복적으로 시행하는 것을 '베르누이 시행'이라고 부름
- 이항분포
  - 성공확률이 p인 베르누이 시행을 독립적으로 n번 시행했을 때의 성공 횟수에 대한 확률분포
  - 2개의 서로 다른 사건이 배타적으로 발생하는 경우의 분포
  - 하나의 사건이 발생하면 다른 사건은 발생하지 않음
    예 동전 던지기의 결과(앞면 또는 뒷면), 출생아의 성별(남 또는 여)
- 기하분포 : 성공확률이 p인 베르누이 시행에서 처음 성공이 일어날 때까지 반복한 시행 횟수의 확률분포
- 음이항분포
  - 성공확률이 p인 베르누이 시행을 r번 성공할 때까지 반복시행한 횟수의 확률분포
  - 기하분포는 성공 횟수 r=1(처음 성공할 때)인 음이항분포에 해당
- 푸아송분포
  - 특정한 사건이 발생할 가능성이 매우 드문 확률분포
    예 출근길에 교통사고가 날 확률, 포켓몬 고 게임에서 포켓몬을 우연히 만날 확률, 승객들이 휴대폰을 택시에 놓고 내릴 확률
  - 단위 시간당 평균 사건 발생 건수를 λ(lambda 람다)로 정의하고 푸아송분포표를 이용해서 누적확률변수를 계산하면 정규분포의 형태를 갖게 됨

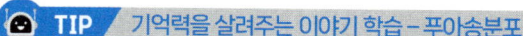

TIP 기억력을 살려주는 이야기 학습 - 푸아송분포

프랑스의 수학자 푸아송은 군대 시절 기마대의 군의관으로 근무하면서, 말에서 떨어져 다치거나 죽는 병사가 발생할 확률을 계산했다. 전쟁 중이 아닌 평화로운 시기에 이런 사고가 발생할 확률은 매우 드물었으며, 이를 '푸아송확률분포'로 정의했다.

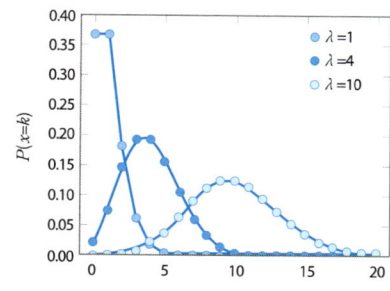

[기댓값 λ의 변화에 따른 확률질량함수]

> **TIP 확률질량함수&확률밀도함수**
>
> - 확률질량함수 : 이산확률변수에서 특정 값에 대한 확률을 나타내는 함수
>   예) 주사위를 던졌을 때 기대되는 값은 1, 2, ⋯, 6 으로 이산변수이며, 확률질량함수는 $f(x) = \frac{1}{6}$
> - 확률밀도함수 : 연속확률변수에서 확률밀도함수로 확률질량함수의 연속 형태이며, 확률변수의 분포를 나타냄
>   예) 대한민국 대학생 중에서 특정 키(연속형 변수, 175.123, ⋯)를 가진 사람들의 확률 $f(x)$

③ 연속확률분포
  ㉠ 셀 수 없는 값을 가지는 확률변수의 분포
   예) 특정인의 몸무게(72.212kg), 키(180.564cm), 체온(36.812도) 등과 같이 연속적인 값을 가지는 확률변수
  ㉡ 연속확률분포의 종류
   - 정규분포(Normal distribution) : 종형 곡선 형태를 가지며, 평균과 표준편차에 의해 결정되는 연속적인 확률분포
     예) 키, 체중 등과 같이 자연 현상에서 나타나는 데이터의 분포
   - Z분포(Standard normal distribution)
     - 평균 0, 표준편차 1인 표준 정규분포
     - 표준화된 값(z score)을 구할 때 사용
     예) 수능성적과 같이 표준화된 값 계산, 표준 정규분포와의 비교 등에 사용
   - t-분포(Student's t-distribution)
     - 표본평균분포로 정규분포를 따르지 않는 작은 표본에 대한 통계적 추정을 할 때 사용
     - 모집단은 정규분포를 이룬다는 가정하에 표본의 개수가 작으면서 표준편차를 모를 때 사용
     예) 생산라인에서 샘플링한 작은 표본에 대한 통계적 추정, 신뢰 구간 계산 등이 사용
   - 카이제곱분포(Chi-square distribution)
     - 독립적인 표준 정규분포를 가지는 확률변수(k)의 제곱 합에 대한 분포
     - 자유도(Degree of freedom)에 의해 결정
     예) 실험에서의 분산, 카이제곱검정 등에 사용
   - F분포(F-distribution)
     - 두 모집단의 분산 비율을 비교하는 데 사용되는 분포
     - 두 개의 분산 추정값의 비율에 대해 사용
     예) 분산분석(ANCVA), 회귀분석 등
   - 균일분포(Continuous uniform distribution) : 일정한 범위 내에서 모든 값이 동일한 확률을 가지는 연속적인 분포
     예) 주사위를 던져서 나오는 눈의 수와 같이 각 값이 나올 확률이 동일한 경우
   - 지수분포(Exponential distribution)
     - 사건이 발생하는 간격을 모델링하는 데 사용되는 연속적인 확률분포

- 주로 사건 간 간격이 일정하지 않은 경우에 사용
  예) 제품의 수명, 서비스 요청 사이의 대기 시간 등을 모델링할 때 지수분포가 사용
- 감마분포 : a번째 사건이 일어날 때까지 걸리는 시간에 대한 연속확률분포
- 베타분포 : 두 매개변수 α와 β에 따라 [0, 1] 구간에서 정의되는 연속확률분포

> **TIP 큰 수의 법칙과 중심극한정리**
>
> - 큰 수의 법칙(Law of large numbers)
>   - 독립적인 확률변수들의 평균이 그 확률변수들의 기댓값에 가까워지는 경향을 설명함
>   - 시행 횟수가 증가함에 따라 표본 평균이 모평균에 수렴한다는 원리
>   예) 동전 던지기 : 동전을 던질 때 앞면이 나올 확률을 p라고 하면 동전을 계속해서 던질수록 앞면이 나올 확률은 p에 가까워짐 → 동전을 천 번 던지면 앞면이 나올 확률은 0.5에 매우 가까워짐
> - 중심극한정리(Central limit theorem)
>   - 독립적이고 동일한 분포를 가진 확률변수들의 합 또는 평균이 정규분포에 수렴하는 현상을 설명함
>   - 즉, 표본의 크기가 충분히 크다면 표본 평균의 분포는 정규분포에 가까워짐
>   예) 여러 번 주사위를 던졌을 때 나오는 눈의 합 : 주사위를 던지는 행위는 균일분포를 따르지만, 여러 번 던지면서 그 합을 구할 경우 중심극한정리에 따라 그 합의분포는 정규분포에 가까워짐
>
>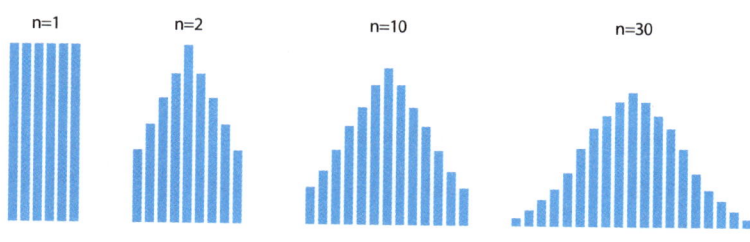
>
> [중심극한정리 – 샘플수(n)에 따라 달라지는 분포]
>
> - 큰 수의 법칙과 중심극한정리는 통계적 추론이나 데이터 분석에서 샘플의 크기가 충분히 크다면 표본의 평균이 모집단의 평균에 근접하고, 표본 평균의 분포가 정규분포에 가까워질 것을 보장하여 통계적으로 의미 있는 결과를 얻을 수 있음을 보여줌

5 데이터 마이닝

(1) 정의

① 대규모 데이터 집합에서 유용한 정보를 발견하고 통찰력을 얻는 과정
② 패턴이나 관계를 탐색하여 의사결정에 활용하는 기술

(2) 데이터 마이닝의 종류

① 지도 학습(Supervised learning) : 레이블된 데이터를 사용하여 모델을 학습하고, 미래의 데이터를 예측하는 분석 기법
② 비지도 학습(Unsupervised learning) : 레이블이 없는 데이터를 기반으로 패턴을 발견하고, 데이터를 그룹화하는 분석 기법

(3) 데이터 마이닝 프로세스

① 문제 정의 및 목표 설정 : 분석 목적을 설정하고 해결해야 할 문제를 정의함
② 데이터 획득 및 정제 : 필요한 데이터를 수집하고, 노이즈를 제거하거나 결측치를 처리하여 데이터의 품질을 향상시킴
③ 분석 유형 결정 : 지도 학습 또는 비지도 학습 등 적합한 분석 유형을 결정함
④ 분석 기법 선택 : 예측, 분류, 연관분석, 군집 분석 등 적합한 분석 기법을 선택함
⑤ 기법 구현 : 선택된 분석 기법을 구현하고 모델을 학습시킴
⑥ 분석 결과 해석 : 모델의 결과를 해석하고 의사결정에 활용할 수 있는 인사이트를 도출함
⑦ 필요에 따라 알고리즘 수정 : 분석 결과를 피드백으로 받아들여 알고리즘을 수정하고 개선함

(4) 데이터 마이닝 분석기법

① 예측(Prediction)
 ㉠ 주어진 데이터의 패턴을 기반으로 미래의 결과를 예측하는 기법
 ㉡ 주로 연속형 데이터에 적용되며, 과거 데이터를 기반으로 모델을 학습하여 새로운 입력에 대한 결과를 예측
  예 주식 시장에서 주가 예측, 날씨 데이터를 사용한 날씨 예보, 의료 데이터를 활용한 질병 예측 등에 활용
 ㉢ 대표 알고리즘 : 선형 회귀, 의사결정나무(Decision tree), 랜덤포레스트(Random forest), 신경망 등
 ㉣ 회귀분석(Regression Analysis) [2024년 2회 기출]
  • 변수 간의 함수관계를 추구하는 통계적 방법[Y=f(X)]
  • 독립 변수(X)와 종속 변수(Y) 간의 함수관계를 규명하는 통계적 방법
  • 독립 변수(Independent variable)/설명변수(Explanatory variable) : 입력값이나 원인(X 변수)
  • 종속 변수(Dependent variable)/반응변수(Response variable) : 결과물이나 효과(Y 변수)
  • 회귀모델을 사용하여 수치형 데이터를 예측하거나, 시계열 데이터를 활용하여 미래시점을 예측 가능 [2024년 1회 기출]

② 분류(Classification)
 ㉠ 주어진 데이터를 미리 정의된 클래스나 범주로 나누는 기법
 ㉡ 레이블된 데이터를 학습하여 새로운 데이터의 클래스를 예측하는 데 사용
  예 이메일 스팸 필터링, 질병 진단, 고객 세분화, 이미지 분류 등에 활용
 ㉢ 대표 알고리즘 : 의사결정나무, 랜덤포레스트, 로지스틱회귀, k-NN, 나이브베이즈, 서포트벡터머신 등
 ㉣ 의사결정나무(Decision tree)
  • 데이터를 분류하거나 예측하는 데 사용되는 분류분석 알고리즘
  • 노드(node)와 가지(branch)로 구성. 각 노드는 특정 변수를 나타냄

- 처음 시작하는 노드를 뿌리 노드(root node), 아래로 분기 전을 부모노드, 분기 후를 자식노드라고 말함
- 조건에 따라 분기되어 더 이상 분할되지 않을 때까지 계속해서 가지가 뻗어나감
- 각 분기된 노드에는 샘플 수와 조건 표기
- 분류 과정에서는 불순도(impurity)나 순도(purity) 등의 지표를 사용
- 직관적이고 해석하기 쉬우며, 범주형 및 연속형 변수 모두에 적용
- 과적합(overfitting)의 위험이 있으며, 이를 방지하기 위해 가지치기(pruning) 사용
- 설명력이 좋고 해석이 용이하므로 비전문가들도 쉽게 이해 가능

③ 연관분석(Association analysis) `2024년 2회 기출`
　㉠ 데이터세트에서 항목 간의 연관성을 발견하는 기법
　㉡ 이는 대량의 트랜잭션 데이터에서 항목 간의 관계를 파악하고 규칙을 도출하는 데 사용
　　예) 상품 추천 시스템, 구매 패턴 분석, 마케팅 전략 수립 등에 활용
　㉢ 대표 알고리즘 : Apriori 알고리즘, FP-Growth, FPV

> **TIP 연관분석의 시작과 추천 시스템**
>
> '맥주와 기저귀' 사례는 데이터 분석을 시작하는 데 가장 유명한 사례 중 하나로 미국의 한 드럭스토어가 고객의 구매 패턴을 조사하면서 발견되었다. 이 드럭스토어는 기저귀과 우유, 혹은 바나나와 사과같이 한 바구니에 들어가는 상품을 발견하기 위해 구매 데이터를 분석했다. 그 결과, 맥주와 기저귀가 함께 구매되는 현상이 관찰됐다. 초기 맥주와 기저귀는 전혀 관련이 없어 보였지만, 분석가들은 남편들이 퇴근길에 아내의 심부름으로 마트에 들러 기저귀를 사러 갈 때 자신에게 작은 보상으로 맥주를 구매한다는 것을 알아냈다. 또는 맥주가 마시고 싶지만, 맥주를 사러 가는 것에 대한 잔소리를 듣지 않기 위해 '기저귀를 사러 간다'는 핑계를 댄다고 한다. 이러한 이유로 몇몇 마트에서는 맥주와 기저귀를 비슷한 위치에 진열하기도 했다. 이 사례는 연관분석의 시작을 알리며 데이터 마이닝의 중요성을 부각시켰다. 오늘날 데이터 마이닝은 매장진열, 패키지 상품의 개발, 교차판매전략 구사, 기획상품의 결정뿐만 아니라, 유튜브와 넷플릭스, 상품 등 다양한 추천 시스템에 사용된다.
>
>

　㉣ Apriori 알고리즘
　　- 주어진 데이터 집합에서 특정 아이템 집합의 지지도(support), 신뢰도(confidence), 향상도(lift)를 계산하여 연관 규칙을 생성

- 지지도(Support)
  - 전체 트랜잭션에서 특정 아이템 집합이 발생하는 빈도를 의미
  - 높은 지지도는 해당 규칙이 유용함을 나타냄
- 신뢰도(Confidence)
  - 조건부 확률을 의미
  - 특정 아이템 집합이 발생한 경우 다른 아이템 집합이 발생할 확률을 나타냄
- 향상도(Lift)
  - 아이템 집합 간의 관련성을 나타냄
  - 특정 아이템 집합이 발생할 때, 다른 아이템 집합 발생을 얼마나 증가시키는지를 의미

> **TIP** 기저귀(A) → 맥주(B)의 지지도, 신뢰도, 향상도 계산문제

척도	정의	계산식	예시
지지도 (Support)	전체 거래 중, '기저귀'와 '맥주' 가 동시에 포함된 거래의 확률	$\dfrac{\text{기저귀} \cap \text{맥주}}{\text{전체 거래 수}}$	$P(\text{기저귀} \cap \text{맥주})$
신뢰도 (Confidence)	'기저귀'를 샀을 때, '기저귀'와 '맥주'를 동시에 살 확률	$\dfrac{\text{지지도}}{P(\text{기저귀})}$	$\dfrac{P(\text{기저귀} \cap \text{맥주})}{P(\text{기저귀})}$
향상도 (Lift)	'맥주'를 샀을 때 대비, '기저귀' 와 '맥주'를 동시에 살 때의 확률 증가	$\dfrac{\text{신뢰도}}{P(\text{맥주})}$	$\dfrac{P(\text{기저귀} \cap \text{맥주})}{P(\text{기저귀}) \times P(\text{맥주})}$

거래 내역	지지도, 신뢰도, 향상도 계산
우유, 기저귀, 맥주	〈방법1〉 지지도 = 3/5 = 0.6 신뢰도 = 3/3 = 1 향상도 = (3×5)/(3×4) = 15/12 = 1.25
우유, 맥주, 콜라	
기저귀, 맥주, 콜라	〈방법2〉 지지도 = 0.6 신뢰도 = 지지도/P(기저귀) = 0.6/0.6 = 1 향상도 = 신뢰도/P(맥주) = 1/0.8 = 1.25
우유, 콜라, 라면	
기저귀, 맥주, 라면	

- 향상도의 해석
  - 향상도 = 1 : 기저귀와 맥주의 구매가 독립적 → $P(\text{기저귀} \cap \text{맥주}) = P(\text{기저귀}) \times P(\text{맥주})$
  - 향상도 > 1 : 기저귀 구매 시, 맥주를 구매할 확률 증가 → $P(\text{기저귀} \cap \text{맥주}) > P(\text{기저귀}) \times P(\text{맥주})$
  - 향상도 < 1 : 기저귀 구매 시, 맥주를 구매할 확률 감소 → $P(\text{기저귀} \cap \text{맥주}) < P(\text{기저귀}) \times P(\text{맥주})$

④ 군집분석(Clustering) `2024년 1회 기출`
  ㉠ 데이터를 유사한 항목끼리 그룹으로 묶는 기법
  ㉡ 데이터 내에서 패턴을 식별하고 유사성에 따라 데이터를 분할하는 데 사용
    예 고객 세분화, 이상치 탐지, 이미지 분류, 자연어 처리 등에 활용
  ㉢ 대표 알고리즘 : k-means 클러스터링, 계층적 클러스터링, DBSCAN 등

ⓐ k-means 알고리즘
- 초기화 단계
  - 데이터세트에서 k개의 초기 중심을 무작위로 선택
  - 이 중심들은 군집의 초기 위치를 나타냄
- 할당 단계
  - 각 데이터를 가장 가까운 중심에 할당
  - 유클리드 등 거리계산 방식을 사용하며 각 데이터 포인트는 가장 가까운 중심에 속함
- 업데이트 단계
  - 각 군집의 중심을 해당 군집에 속한 모든 데이터 포인트들의 평균으로 이동
  - 새로운 중심은 군집 내 모든 포인트들의 좌표 평균으로 계산
- 반복 단계
  - 할당과 업데이트 단계를 중심들이 더 이상 움직이지 않을 때까지 반복
  - 중심들의 변화가 없으면 알고리즘은 수렴한 것으로 간주하고 종료

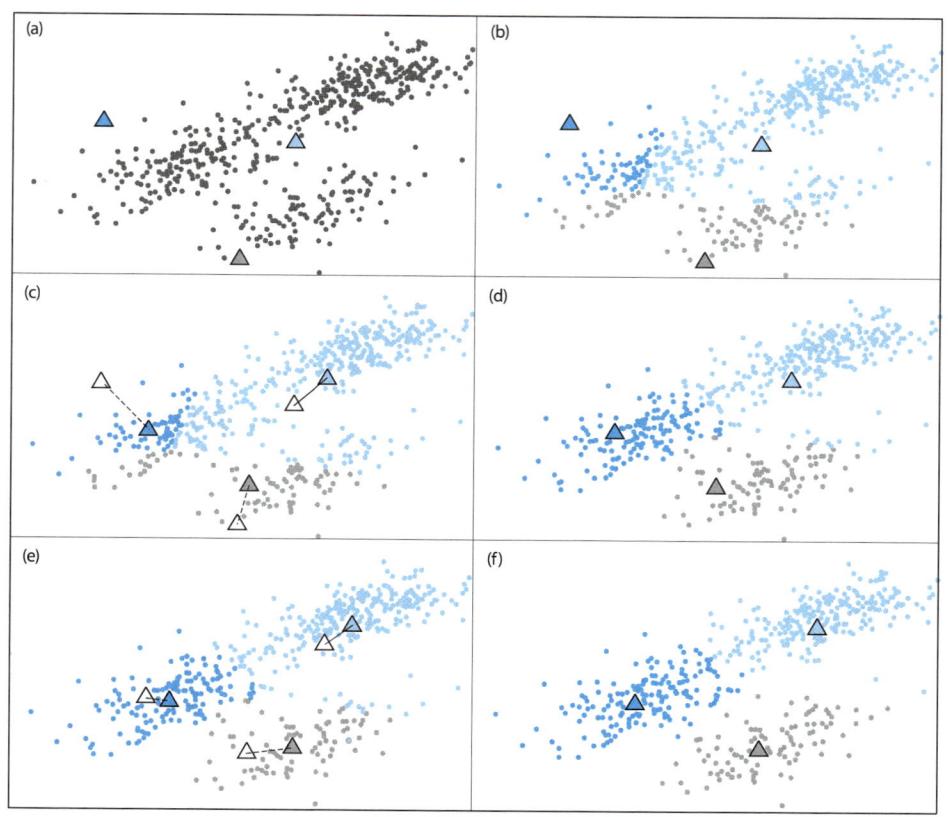

[k-means 알고리즘]

CHAPTER 01 실전예상문제

01 다음 중 데이터의 정의에 대한 설명으로 옳은 것은?

① 데이터는 가공된 정보를 의미한다.
② 데이터는 의사결정을 위한 구체적인 지식이다.
③ 데이터는 관찰, 측정, 조사 등으로 얻은 사실이나 값이다.
④ 데이터는 추론과 예측을 위한 아이디어이다.

> **정답** ③
> **해설** 데이터는 관찰, 측정, 조사 등을 통해 얻은 사실이나 값을 의미하며, 정보와 달리 가공되지 않은 상태를 말한다.
> ① 데이터는 가공되기 전의 원자료이다.
> ②, ④ 데이터는 의사결정과 예측의 기초가 된다.

02 빅데이터의 5V 특성 중 'Veracity'에 대한 설명으로 옳은 것은?

① 데이터의 양
② 데이터의 수신 및 처리 속도
③ 데이터의 유형의 다양성
④ 데이터의 품질과 오류

> **정답** ④
> **해설** 빅데이터의 5V 중 Veracity는 데이터의 품질과 오류를 의미한다. 이는 데이터의 신뢰성과 정확성을 높이는 것이 중요하며, 데이터를 분석할 때 오류를 최소화하고 신뢰할 수 있는 데이터를 사용하는 것이 필요하다.

03 다음 중 DIKW 피라미드의 '지식(Knowledge)' 단계에 대한 설명으로 옳은 것은?

① 관찰과 실험에 의해 얻은 사실
② 데이터를 가공하여 얻은 구조화된 결과물
③ 정보를 일반화 또는 체계화한 패턴
④ 지식의 축적과 아이디어가 결합된 창의적인 산물

> **정답** ③
> **해설** DIKW 피라미드에서 지식(Knowledge)은 정보를 일반화하거나 체계화한 패턴을 의미한다. 이는 의사결정에 활용될 수 있으며 여러 정보를 비교하거나 융합하여 현실에 적용할 수 있는 형태로 가공된 결과물이다.

04 다음 중 빅데이터의 특징과 작동 원리에 대한 설명으로 옳은 것은?

① 빅데이터는 주로 텍스트 데이터만을 수집하여 분석한다.
② 빅데이터의 작동 원리는 데이터의 통합, 관리, 분석으로 이루어진다.
③ 빅데이터 분석은 오직 정형 데이터만을 대상으로 한다.
④ 빅데이터는 단일 소스에서 데이터를 수집하여 처리한다.

정답 ②
해설 빅데이터의 작동 원리는 다양한 소스와 애플리케이션에서 데이터를 통합, 관리, 분석하는 과정을 포함한다. 이는 통합된 데이터를 저장하고 가공하며, 분석을 통해 유의미한 정보를 도출한다.

05 다음 중 빅데이터 기술인 '데이터 저장기술'에 대한 설명으로 옳은 것은?

① 데이터를 수집하여 실시간으로 처리한다.
② 데이터를 이해하고 패턴을 발견하며 예측하는 과정을 포함한다.
③ 대용량 데이터를 안정적으로 저장하고 관리한다.
④ 복잡한 데이터를 시각적으로 표현한다.

정답 ③
해설 데이터 저장기술은 대용량 데이터를 효율적으로 저장하고 관리하는 방법을 의미한다. 이는 관계형 데이터베이스 시스템, NoSQL 데이터베이스, 데이터 웨어하우스 등을 활용하여 필요한 때에 데이터를 빠르게 접근할 수 있도록 한다.
① 데이터 수집기술에 대한 설명이다.
② 분석기술에 대한 설명이다.
④ 시각화 기술에 대한 설명이다.

06 다음 중 빅데이터 기술인 '분석기술'에 대한 설명으로 옳은 것은?

① 데이터를 시각적으로 표현하여 의사결정에 도움을 준다.
② 데이터를 수집하여 다양한 소스로부터 실시간으로 처리한다.
③ 수집된 데이터를 분석하고 가치 있는 정보로 변환한다.
④ 데이터를 인터넷을 통해 저장하고 처리하는 하드웨어 자원을 제공한다.

정답 ③
해설 분석기술은 수집된 데이터를 분석하여 패턴을 발견하고 예측하며, 이를 통해 데이터에서 가치 있는 정보를 추출하는 과정을 의미한다. 이는 통계 분석, 머신러닝, 인공지능 등의 기술을 사용하여 데이터를 분석하는 것을 포함한다.
① 시각화 기술에 대한 설명이다.
② 데이터 수집기술에 대한 설명이다.
④ 데이터 저장기술에 대한 설명이다.

07 다음 중 빅데이터를 활용한 패션 브랜드의 사례로 옳은 것은?

① 고객의 구매 이력보다는 전통적인 방식으로 재고를 관리한다.
② 매출을 극대화하기 위해 모든 상품을 동일한 시기에 생산한다.
③ 빅데이터를 분석하여 트렌드를 예측하고 이를 반영한 상품을 디자인한다.
④ 패션 트렌드를 예측하지 않고, 과거의 디자인을 반복 생산한다.

정답 ③
해설 패션 브랜드는 빅데이터를 활용하여 트렌드를 예측하고 이를 반영한 상품을 디자인함으로써 경쟁력을 확보할 수 있다. 빅데이터 분석을 통해 고객의 취향, 구매 패턴, 지역별 특성 등을 파악하여 세분화된 타겟팅과 맞춤형 상품 제공이 가능하다.

08 다음 중 정형 데이터의 예시로 옳은 것은?

① 소셜 미디어 게시글
② 텍스트 문서
③ XML 파일
④ SQL 데이터베이스

정답 ④
해설 정형 데이터는 행과 열로 구성된 표 형태로, 사전에 정의된 데이터 모델이나 스키마를 따르는 데이터를 의미한다. SQL 데이터베이스는 이러한 구조를 가진 데이터의 대표적인 예시이다.
①, ② 비정형 데이터에 해당한다.
③ 반정형 데이터에 해당한다.

09 다음 중 반정형 데이터의 특징에 대한 설명으로 옳은 것은?

① 데이터의 구조가 없거나 정해진 형식이 없는 데이터이다.
② 행과 열로 구성되며, 표 형태를 띠고 있다.
③ 일부 구조를 가지며, 태그(Tag)나 키(Key) : 값(Value) 형태로 저장된다.
④ 정량적인 값과 숫자로 구성되며, 접근과 해석이 용이하다.

정답 ③
해설 반정형 데이터는 정형 데이터와 비정형 데이터의 중간 형태로, 일부 구조를 가지며 텍스트 형태로 저장되고 태그(Tag)나 키(Key) : 값(Value) 형태로 표현된다. XML 파일과 JSON 데이터가 그 예시이다.
① 비정형 데이터의 특징이다.
②, ④ 정형 데이터의 특징이다.

10 다음 중 데이터의 특성에 따른 분류와 그 예시가 올바르게 짝지어진 것은?

① 명목형 데이터 – 주사위 눈금(1, 2, 3, 4, 5, 6)
② 순위형 데이터 – 체중
③ 연속형 데이터 – 학점(A, B, C, D, F)
④ 이산형 데이터 – 제품 수량(1개, 2개, 3개, …)

정답 ④
해설 이산형 데이터와 제품 수량(1개, 2개, 3개, …)의 짝이 올바르게 매칭되었다.
① 명목형 데이터는 서로 구분되는 범주들을 나타내고, 주사위 눈금은 정수값을 가지는 불연속적인 값이므로 이산형 데이터에 해당한다.
② 순위형 데이터는 범주 간에 순서가 있고, 체중은 연속적인 값을 가지므로 연속형 데이터에 해당한다.
③ 연속형 데이터는 연속적인 값을 가지며, 학점은 범주 간 순서가 있는 순위형 데이터이다.

11 다음 중 키 – 값 쌍으로 이루어져 있으며 웹 API와 데이터 전송에 자주 사용되는 데이터 파일 형식으로 옳은 것은?

① CSV   ② JSON
③ XML   ④ TXT

정답 ②
해설 JSON(JavaScript Object Notation)은 키 – 값 쌍으로 이루어진 경량의 데이터 형식으로, 웹 API와 데이터 전송에 많이 사용된다.
① CSV : 쉼표로 구분된 텍스트 파일 형식으로, 주로 스프레드시트 프로그램에서 사용된다.
③ XML : 텍스트 기반의 마크업 언어로, 데이터를 계층 구조로 표현한다.
④ TXT : 일반적인 텍스트 파일 형식으로, 특정 데이터 구조를 나타내지 않는다.

12 다음 중 데이터 해석 시 '관점'에 따라 다른 해석이 가능한 예시로 옳은 것은?

① 2020년 3월의 코로나 확진자 수 76명과 2022년 4월의 코로나 확진자 수 125,832명
② 특정 지역의 코로나 확진자 수 변화를 분석하여 그 지역의 맞춤형 대응책 마련
③ 코로나 확진자 수 급증 시기의 백신 접종률과 방역 정책의 변화 고려
④ 아이스크림 판매량과 에어컨 판매량 간의 관계 분석

정답 ②
해설 '특정 지역'이라는 부분적인 관점에서 데이터를 해석하는 예시로 관점에 따라 해석이 달라질 수 있다.
① 시점에 따른 데이터 해석을 나타낸다.
③ 맥락적인 관점에서의 해석을 의미한다.
④ 상관관계 분석의 예시이다.

13 다음 중 '심슨의 역설(Simpson's paradox)'에 해당하는 사례로 옳은 것은?

① 아이스크림 판매량과 에어컨 판매량이 동시에 증가하는 경우
② 특정 학과에서 여성 지원자의 대학원 입학 합격률이 높지만, 전체적으로는 남성 지원자의 합격률이 높게 나타나는 경우
③ 코로나 확진자 수가 급증한 시기에 백신 접종률이 증가한 경우
④ 특정 기간 동안 사회적 거리두기 조치로 코로나 확진자 수가 감소하는 경우

정답 ②
해설 심슨의 역설은 세부 그룹별로 일정한 추세나 경향성이 나타나지만, 전체적으로 보면 그 추세가 사라지거나 반대 방향의 경향성을 나타내는 현상이다. 특정 학과에서 여성 지원자의 합격률이 높지만, 전체적으로는 남성 지원자의 합격률이 높게 나타나는 것은 심슨의 역설을 잘 보여준다.

14 다음 중 인과관계와 상관관계의 차이에 대한 설명으로 옳은 것은?

① 인과관계는 두 사건이 동시에 일어날 확률이 높은 관계이다.
② 상관관계는 한 사건이 일어났기 때문에 다른 사건이 생겨난 경우이다.
③ 인과관계는 원인과 결과의 관계이며, 상관관계는 두 사건이 관련성이 있는 관계이다.
④ 상관관계는 원인과 결과의 관계를 포함하며, 인과관계는 관련성이 있는 두 사건의 관계이다.

정답 ③
해설 인과관계는 원인과 결과의 관계를 의미하며, 한 사건이 일어났기 때문에 다른 사건이 발생하는 경우이다. 상관관계는 두 사건이 동시에 일어날 확률이 높거나 관련성이 있는 관계이다.

15 다음 중 상관관계와 인과관계를 구분할 때 고려해야 할 요소로 옳지 않은 것은?

① 일이 일어난 시간 순서를 판단하는 것
② 두 사건이 동시에 일어나는 빈도를 분석하는 것
③ 반복적으로 같은 일이 일어나는지 증명하는 것
④ 다른 원인들의 영향이 없는지 검증하는 것

정답 ②
해설 상관관계와 인과관계를 구분할 때는 시간 순서, 재현성, 제3원인 검증이 중요하다. 두 사건이 동시에 일어나는 빈도를 분석하는 것은 단순히 상관관계를 나타내는 요소로, 인과관계와는 직접적인 관련이 없다.

16 다음 중 데이터 확증 편향을 보여주는 예시로 옳은 것은?

① 기존에 갔던 네비게이션 경로를 새롭게 안내한 더 빠른 경로보다 선호하는 경향
② 본인이 원래 가지고 있는 생각을 강화시켜주는 데이터에만 중요성을 부여하는 경향
③ 연봉 협상 시 처음 제시된 인상 금액이 기준이 되어 협상하는 경향
④ 익숙한 데이터에 더 높은 가중치를 부여하는 경향

정답 ②
해설 데이터 확증 편향(data confirmation bias)은 본인이 원래 가지고 있는 생각을 강화시켜주는 데이터에만 중요성을 부여하는 경향이다. 예를 들어 집을 팔고 난 뒤에는 집값이 떨어진다는 뉴스 기사와 데이터만 집중하고, 집을 산 이후에는 집값 상승에 대한 데이터만 중점적으로 확인하는 경향이 있다.
① 과거 데이터 편향에 대한 설명이다.
③ 기준 데이터 편향에 대한 설명이다.
④ 친근 데이터 편향에 대한 설명이다.

17 다음 중 승자 데이터 편향(winner's bias)의 예시로 옳은 것은?

① 인용 수가 높은 논문을 계속 인용하는 경향
② 도박을 하거나 복권 번호를 고를 때 무작위로 발생한 데이터에서 패턴을 발견하는 경향
③ 암 완치 생존자들의 식습관 데이터만을 비중 있게 모아서 암을 치료하는 식단을 만드는 경향
④ 데이터를 분석할 때 눈에 띄는 특징에만 집중하는 경향

정답 ③
해설 승자 데이터 편향(winner's bias)은 승리한 사람들의 데이터만 남아 그것만을 분석하는 경향을 의미한다. 예를 들어, 암 완치 생존자들의 식습관 데이터만 비중 있게 모아서 암을 치료하는 식단을 만드는 경우가 있다. 2차 세계대전 때 전투에서 돌아온 비행기의 총탄 자국만 분석해 보강하는 것 역시 이러한 편향을 나타낸다.
① 데이터 편승 효과에 대한 설명이다.
② 데이터 클러스터 착각에 대한 설명이다.
④ 데이터 특징 효과에 대한 설명이다.

18 다음 중 체리피킹(Cherry picking)에 해당하는 예시로 옳지 않은 것은?

① 연구 결과를 보여줄 때, 유리한 데이터와 사례만을 공개하고 불리한 데이터는 감추는 경우
② 실리콘밸리에서 투자자들에게 기술 스타트업의 성공 사례만을 소개하고 실패 사례는 언급하지 않는 경우
③ 주식 포트폴리오의 수익률을 보여줄 때, 수익을 올린 종목만을 공개하고 손실을 본 종목은 제외하는 경우
④ 모든 데이터를 공정하게 분석하고 결과를 도출하는 것이 중요하다는 인식을 갖는 경우

정답 ④
해설 체리피킹(Cherry picking)은 불리한 데이터나 사례를 숨기고 유리한 데이터나 사례만을 선택적으로 사용하는 편향적인 행위를 말한다. 따라서 모든 데이터를 공정하게 분석하고 결과를 도출하는 것이 중요하다는 인식을 갖는 경우는 체리피킹의 정의에 부합하지 않는다.
①, ②, ③ 체리피킹의 전형적인 사례이다.

19 다음 중 통계학의 기본 개념에 대한 설명으로 옳지 않은 것은?

① 추론통계는 표본을 통해 모집단의 특성을 추정하는 방법이다.
② 기술통계는 데이터의 측정과 실험을 통해 얻은 데이터를 정리하고 요약하는 방법이다.
③ 통계는 불확실성을 해소하고, 데이터의 요약과 함께 미래를 예측하는 도구로 사용된다.
④ 추론은 항상 틀릴 가능성을 가지고 있으므로, 결과를 신뢰할 수 없다.

정답 ④
해설 추론이 항상 틀릴 가능성을 가진다는 것은 옳지만, 이는 추론의 결과가 실젯값과 얼마나 일치하는지를 확률(probability)로 정의한다.

20 다음 중 확률에 대한 설명으로 옳지 않은 것은?

① 확률은 어떤 사건이 일어날 가능성을 나타낸다.
② 수학, 통계, 회계, 도박, 과학, 철학 등 다양한 분야에서 활용된다.
③ 사건은 확률 실험에서 특정 조건을 만족하는 결과의 집합을 의미한다.
④ 독립적인 두 사건은 서로에게 영향을 미치는 경우를 말한다.

정답 ④
해설 독립적인 두 사건은 서로에게 영향을 미치지 않으므로 서로 독립적이라고 한다.

21 다음 중 데이터 시각화에 대한 설명으로 옳지 않은 것은?

① 히스토그램은 데이터 항목의 빈도를 시각적으로 나타낸 그래프이다.
② 박스플롯은 데이터의 분포를 중심값과 함께 시각적으로 나타내는 그래프이다.
③ 산포도는 한 변수가 다른 변수에 어떻게 영향을 미치는지를 나타낸다.
④ 도수분포표는 데이터가 속하는 항목의 빈도를 나타낸 표이다.

정답 ③
해설 산포도는 두 변수 간의 관계를 나타내는 그래프로, 한 변수가 다른 변수에 영향을 미치는지를 직접적으로 나타내는 것은 아니다.

22 다음 중 데이터의 중심 경향에 대한 설명으로 옳지 않은 것은?

① 평균은 전체 데이터의 총합을 데이터 수로 나눈 값이다.
② 중앙값은 데이터를 크기 순서대로 나열했을 때 가운데 있는 값이다.
③ 최빈값은 데이터에서 가장 자주 나오는 값이다.
④ 변동성은 데이터의 측정된 값들이 얼마나 퍼져 있는지를 나타낸다.

정답 ④
해설 변동성은 데이터가 평균에서 얼마나 떨어져 있는지를 나타내는 지표로, 데이터의 분산이나 표준편차로 표현된다.

23 다음 중 왜도와 첨도에 대한 설명으로 옳지 <u>않은</u> 것은?

① 왜도는 데이터 분포의 비대칭 정도를 나타내는 지표이다.
② 왜도가 양수일 경우 데이터 분포는 왼쪽으로 긴 꼬리를 가지고 있는 형태이다.
③ 첨도는 데이터 분포의 뾰족한 정도를 나타내는 지표이다.
④ 첨도가 0인 경우에는 데이터가 정규분포의 형태를 보인다.

정답 ②
해설 왜도는 분포가 어느 방향으로 비대칭인지를 나타내는 지표이다. 왜도가 양수일 경우 데이터 분포는 왼쪽으로 치우쳐져 있고, 오른쪽으로 꼬리가 긴 형태이다.

24 다음 중 사분위수와 백분위수에 대한 설명으로 옳지 <u>않은</u> 것은?

① 사분위수는 데이터를 4등분하는 지점을 나타낸다.
② 1사분위수(Q1)는 하위 25% 지점을 의미한다.
③ 백분위수는 데이터를 100등분하는 지점을 나타낸다.
④ 사분위수 범위는 전체 자료의 25%를 포함한다.

정답 ④
해설 사분위수 범위(IQR ; Interquartile range) = Q3 − Q1로 전체 자료의 50%를 포함하는 범위를 의미한다.

25 다음 중 가설 검정에 대한 설명으로 옳지 <u>않은</u> 것은?

① 귀무가설은 실험에서 처음에 세우는 가설로, '효과가 없음'을 주장한다.
② 대립가설은 귀무가설과 반대되는 주장을 나타낸다.
③ p−값은 귀무가설이 참일 때, 관측된 데이터가 나타날 확률을 의미한다.
④ p<0.05의 결과는 일반적으로 귀무가설을 기각할 충분한 증거가 있다는 것을 의미한다.

정답 ③
해설 p−값은 귀무가설이 참일 때, 관측된 데이터보다 극단적인 결과가 나타날 확률을 의미한다.

26 다음 중 사건의 독립과 종속에 따른 조건부 확률(Conditional Probability)에 대한 설명으로 옳지 <u>않은</u> 것은?

① 두 사건 A와 B가 독립이면 P(A|B)=P(A)가 성립한다.
② 독립인 두 사건 A와 B는 항상 상호배반적이다.
③ 복원 추출의 경우 독립시행이며, 비복원 추출의 경우 종속시행이다.
④ 두 사건 A와 B의 확률이 0이 아닐 때, 서로 독립이기 위한 필요충분조건은 P(A∩B)=P(A)P(B)이다.

정답 ②
해설 독립인 사건 A와 B는 서로 영향을 미치지 않으므로, 독립인 경우에는 동시에 발생할 수 있다. 따라서 독립인 사건은 상호배반적이지 않다. 상호배반적인 사건은 동시에 발생할 수 없는 사건들을 말한다.

---

27 다음 데이터에 대한 기초통계로 옳은 것은?

> 데이터 : 10, 20, 30, 40, NULL

① 평균 : 20
② 중앙값 : 25
③ 최빈값 : NULL
④ 데이터의 수 : 4

정답 ④
해설 데이터의 수는 결측값 NULL을 제외하여 총 4개이다.
① 평균을 계산할 때 NULL 값은 제외하고 계산한다. 따라서 평균은 25이다.
② 데이터 개수가 짝수일 때, 중앙값은 20과 30의 평균인 25이다.
③ 데이터의 빈도수가 모두 같은 경우, 최빈값은 없다(최빈값 : None).

---

28 다음 중 이항분포에 대한 설명으로 옳은 것은?

① 이항분포는 연속적인 확률 변수에 대해 정의된다.
② 이항분포의 평균과 분산은 항상 같다.
③ 이항분포는 베르누이 시행에서 독립적으로 발생한 사건들을 계산한다.
④ 이항분포의 확률 함수는 특정 시행 횟수에서 성공할 확률을 나타낸다.

정답 ④
해설 이항분포는 독립적인 베르누이 시행에서 특정 시행 횟수에서 성공할 확률을 나타내는 분포이다.
① 이항분포는 셀 수 있는 값을 가지는 확률변수의 분포(이산확률분포)이며, 연속확률분포가 아니다.
② 이항분포의 평균과 분산이 항상 같지 않다. 이항분포의 확률변수 $X \sim B(n, p)$ 평균이 n이고 분산이 p인 분포를 따르며, 기댓값의 평균 $E(X)=np$, 분산 $V(X)=np(1-p)$로 계산한다.
③ 이항분포는 베르누이 시행에서 동전 던지기와 같이 한 사건이 발생하면 다른 사건이 발생하지 않는 상호배타적인 사건에서의 확률분포이다.

29 다음 중 푸아송분포에 대한 것으로 옳지 않은 것은?

① 푸아송분포는 일정 시간 또는 공간에서 발생하는 사건의 횟수를 모델링한다.
② 푸아송분포의 모수 λ(lambda)는 사건이 발생할 평균 비율을 나타낸다.
③ 푸아송분포의 평균은 λ, 분산도 $\sqrt{\lambda}$ 이다.
④ 푸아송분포는 이항분포와 마찬가지로 이산확률분포이다.

정답 ③
해설 푸아송분포는 이항분포와 같은 이산확률분포이다. 푸아송분포는 연속적인 시간 또는 공간에서 발생하는 사건의 횟수를 모델링하며, 평균과 분산은 λ로 같다.

30 다음 중 연속확률분포에 대한 설명으로 옳지 않은 것은?

① 종형곡선 형태를 가지며, 평균과 표준편차에 의해 결정되는 연속적인 확률 분포를 정규분포라고 한다.
② 두 모집단의 분산 비율을 비교하는 데 사용되는 분포로서 두 개의 분산 추정값의 비율에 대해 사용되는 분포는 F분포이다.
③ t-분포는 정규분포를 따르지 않는 충분히 큰 표본에 대한 통계적 추정을 할 때 사용한다.
④ 카이제곱분포는 실제 분산과의 차이를 검정하기 위한 카이제곱검정에 사용되는 분포이다.

정답 ③
해설 t-분포(Student's t-Distribution)는 표본평균분포로, 정규분포를 따르지 않는 작은 표본에 대한 통계적 추정을 할 때 사용한다. 모집단은 정규분포를 이룬다는 가정하에 표본의 개수가 작으면서 표준편차를 모를 때 쓰인다. 예를 들어 생산 라인에서 샘플링한 작은 표본에 대한 통계적 추정, 신뢰 구간 계산 등에 사용된다.

31 다음 중 데이터 마이닝 분석 기법에 대한 설명으로 옳지 않은 것은?

① 예측은 주어진 데이터의 패턴을 기반으로 미래의 결과를 예측하는 기법이다.
② 분류는 주어진 데이터를 미리 정의된 클래스나 범주로 나누는 기법이다.
③ 의사결정나무는 데이터를 분류하거나 예측하는 데 사용되는 비지도 학습 알고리즘이다.
④ 연관분석은 데이터세트에서 항목 간의 연관성을 발견하는 기법이다.

정답 ③
해설 의사결정나무(Decision Tree)는 주어진 데이터를 분류하거나 예측하는 데 사용되는 지도 학습 알고리즘이며, 분류 문제와 예측 문제 모두에 사용될 수 있다. 반면, 비지도 학습 알고리즘으로는 주로 클러스터링이나 차원 축소와 같은 기법이 있다.

32 다음 중 연속확률분포와 그 예시가 올바르게 짝지어지지 않은 것은?

① 정규분포 : 키, 체중과 같이 자연 현상에서 나타나는 데이터의 분포
② 지수분포 : 서비스 센터에서의 고객 도착 간격 시간
③ 이항분포 : 주사위를 한 개 던져서 각 눈이 나올 확률의 분포
④ 베타분포 : 야구선수가 타석에서 안타를 치는 비율의 분포

> **정답** ③
> **해설** 이항분포는 독립적인 시행에서 두 가지 가능한 결과(성공 또는 실패)를 가지는 사건의 횟수를 모델링한다. 주사위를 던져서 나오는 눈의 수는 이항 분포가 아니라 균등 분포에 해당한다. 균등 분포는 각 값이 동일한 확률로 나오는 경우를 나타낸다. 반면, 주사위를 10번 던져서 1이 나오는 사건이 일어나는 횟수에 대한 확률분포는 이항분포로 정의할 수 있다[$X \sim B(n, p) = B(10, 1/6)$].
> ① 정규분포는 종형곡선 형태를 가지며, 키와 체중과 같이 연속적인 데이터의 분포를 모델링하는 데 사용된다. 이처럼 자연 현상에서 나타나는 다양한 데이터에 적용된다.
> ② 지수분포는 서비스 센터에서의 고객 도착 간격 시간과 같이 주로 사건 간 간격이 일정하지 않은 경우에 사용한다.
> ④ 베르누이와 이항분포에서는 성공의 횟수가 확률변수인 데 반해, 베타분포는 성공의 비율이 확률변수인 경우에 해당한다.

33 다음 설명에 해당하는 데이터 마이닝 기법으로 옳은 것은?

> 주어진 데이터를 레이블된 데이터를 기반으로 모델을 학습하고, 미래의 데이터를 예측하는 분석 기법

① 클러스터링(Clustering)
② 연관분석(Association Analysis)
③ 지도 학습(Supervised Learning)
④ 비지도 학습(Unsupervised Learning)

> **정답** ③
> **해설** 지도 학습(Supervised Learning)은 레이블된 데이터를 기반으로 모델을 학습하고, 새로운 데이터에 대한 예측을 수행하는 데이터 마이닝 기법이다. 예를 들어, 고객의 구매 기록과 해당 고객이 이탈할지 여부(레이블)를 학습하여 새로운 고객의 이탈 가능성을 예측하는 것이 지도 학습의 한 예이다.

34 다음 중 연속확률분포에 해당하지 않는 것은?

① 정규분포, 이항분포
② 균등분포, 지수분포
③ 지수분포, 균등분포
④ 베타분포, 카이제곱분포

> **정답** ①
> **해설** 정규분포와 이항분포는 서로 다른 종류의 확률분포이다. 정규분포는 연속적인 값을 가지며 대표적인 연속확률분포이며, 이항분포는 이산적인 사건의 발생 횟수를 나타내는 분포이다.

35 다음 중 상품 추천 시스템에서 고객의 구매 패턴을 분석하여 상품 간의 연관성을 파악하고자 할 때 사용되는 데이터 마이닝 기법으로 옳은 것은?

① 분류분석　　　　　　　　　② 군집분석
③ 연관분석　　　　　　　　　④ 회귀분석

> **정답** ③
> **해설** 연관분석은 대량의 트랜잭션 데이터에서 항목 간의 연관성을 발견하고, 이를 바탕으로 자주 함께 구매되는 상품들을 찾아내는 기법이다. 상품 추천 시스템에서는 고객의 구매 이력을 바탕으로 연관분석을 수행하여 상품 간의 관계를 분석하고 추천을 제공한다.
> ① 분류분석 : 주어진 데이터를 미리 정의된 범주로 분류하는 기법
> ② 군집분석 : 비슷한 특성을 가진 데이터를 그룹화하는 기법
> ④ 회귀분석 : 종속 변수와 독립 변수 간의 관계를 분석하는 기법

36 다음 중 Apriori 알고리즘에서 사용되는 개념에 대한 설명으로 옳지 않은 것은?

① 지지도(Support)는 전체 트랜잭션에서 특정 아이템 집합이 발생하는 빈도를 의미한다.
② 신뢰도(Confidence)는 특정 아이템 집합이 발생한 경우 다른 아이템 집합이 발생할 확률을 나타낸다.
③ 향상도(Lift)는 '맥주'를 샀을 때와 대비하여 '기저귀'와 '맥주'를 동시에 살 때의 확률 증가를 의미한다.
④ 향상도(Lift)<1은 두 상품의 구매가 독립적이라는 것을 의미한다.

> **정답** ④
> **해설** Apriori 알고리즘에서 사용되는 지지도, 신뢰도, 향상도는 연관 규칙을 평가하고 생성하는 데 사용되는 중요한 개념이다. 향상도(Lift) 값이 1보다 크면 두 아이템 집합이 서로 양의 상관관계에 있음을, 1보다 작으면 서로 관계가 떨어짐을, 1이면 독립적 관계임을 나타낸다.
> ① 지지도 : 특정 아이템 집합이 전체 데이터에서 발생하는 빈도
> ② 신뢰도 : 조건부 확률을 의미하여 특정 아이템 집합이 발생했을 때 다른 아이템 집합이 발생할 확률
> ③ 향상도 : 두 아이템 집합 간의 관련성

37 k-means 알고리즘에 대한 설명으로 옳지 않은 것은?

① k-means 알고리즘은 주어진 데이터를 k개의 클러스터로 그룹화하는 비지도 학습 알고리즘이다.
② k-means 알고리즘은 클러스터링의 초기 중심점을 무작위로 선택하고, 클러스터링을 반복적으로 수행하여 중심점을 업데이트한다.
③ k-means 알고리즘은 클러스터 내의 데이터 포인트 간의 거리 제곱합을 최소화하는 방식으로 작동한다.
④ k-means 알고리즘은 클러스터링 결과가 초기 중심점의 선택에 크게 의존한다.

> **정답** ④
> **해설** k-means 알고리즘은 초기 중심점의 선택에 따라 클러스터링 결과가 달라질 수 있지만, 이는 알고리즘이 무작위로 초기 중심점을 선택하기 때문에 발생하는 현상이다. 초기 중심점을 선택하는 방법에는 무작위 선택 외에도 k-means++ 기법과 같은 보다 정교한 초기화 방법이 있어 초기 중심점의 영향을 줄일 수 있다. 따라서, k-means 알고리즘은 클러스터링 결과가 초기 중심점의 선택에 크게 의존하지 않는다.

38 다음 중 군집분석(k-means)의 순서로 적절하게 짝지은 것은?

① 군집 개수 설정 → 초기 중심점 설정 → 데이터 할당 → 중심점 갱신 → 데이터 할당(반복)
② 초기 중심점 설정 → 군집 개수 설정 → 중심점 갱신 → 데이터 할당 → 군집 개수 설정(반복)
③ 데이터 할당 → 초기 중심점 설정 → 군집 개수 설정 → 중심점 갱신 → 데이터 할당(반복)
④ 군집 개수 설정 → 초기 중심점 설정 → 데이터 할당 → 중심점 갱신 → 군집 개수 갱신(반복)

정답 ①
해설 k-means 알고리즘 순서
- 군집 개수 설정 : 군집화할 개수 k를 결정한다.
- 초기 중심점 설정 : k개의 초기 중심점을 설정한다.
- 데이터 할당 : 각 데이터를 가장 가까운 중심점에 할당하여 군집을 형성한다.
- 중심점 갱신 : 각 군집의 중심점을 해당 군집에 속하는 데이터들의 평균으로 갱신한다.
- 데이터 할당(반복) : 중심점이 변경되었으므로 다시 각 데이터를 새로운 중심점에 할당하고, 이 과정을 수렴할 때까지 반복한다.

39 다음 중 큰 수의 법칙과 중심극한정리에 대한 설명으로 옳지 않은 것은?

① 시행 횟수가 증가함에 따라 표본 평균이 모평균에 수렴한다는 원리가 큰 수의 법칙이다.
② 중심극한정리에 의해 표본이 충분히 클때 평균이 정규분포에 수렴하는 현상이 설명된다.
③ 중심극한정리를 적용하기 위해 주장할 수 있는 최소 샘플 수는 일반적으로 10 이상이다.
④ 동전 던지기를 1,000번 이상 반복했을 때, 앞면이 나올 확률 기댓값은 0.5에 가까워지는 것은 큰 수의 법칙에 해당한다.

정답 ③
해설 중심극한정리를 적용하기 위해서는 일반적으로 샘플의 크기가 30 이상이어야 한다. 따라서, 10보다는 더 많은 샘플이 필요할 수 있다.

40 다음 중 연속형 데이터 분석에 대한 설명으로 옳지 않은 것은?

① 분산분석(ANOVA)은 여러 그룹 간의 평균 차이를 검정하는 방법으로, 그룹 간의 차이가 통계적으로 유의한지 확인할 수 있다.
② 공분산은 두 연속형 변수 간의 방향성과 크기를 측정하는 지표로, 상관관계와 유사한 개념이다.
③ 카이 제곱 검정은 주로 연속형 데이터의 종속성이나 독립성을 확인하는 데 사용된다.
④ t-검정은 두 그룹 간의 평균 차이가 통계적으로 유의한지를 검정하는 방법으로, 독립표본 t-검정과 대응표본 t-검정이 있다.

정답 ③
해설 카이제곱검정은 주로 범주형 데이터의 독립성검정에 사용되며, 연속형 데이터의 종속성이나 독립성 확인에는 적절하지 않다.
① 분산분석(ANOVA)은 여러 그룹 간의 평균 차이를 검정하는 방법으로, 그룹 간의 차이가 통계적으로 유의한지 확인할 수 있다. 이는 연속형 데이터 분석에서 많이 사용된다.

CHAPTER 01 데이터의 이해 및 해석

② 공분산은 두 연속형 변수 간의 방향성과 크기를 측정하는 지표로, 상관관계와 유사한 개념이다. 상관계수는 공분산을 표준화한 형태이다.
④ t-검정은 두 그룹 간의 평균 차이가 통계적으로 유의한지를 검정하는 방법으로, 독립표본 t-검정과 대응표본 t-검정이 있다. 이는 연속형 데이터 분석에서 많이 사용된다.

CHAPTER 02

PART 02_데이터의 해석 및 활용

데이터 파일 시스템

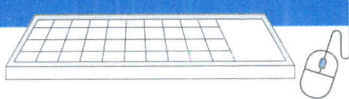

SECTION 01 데이터 파일 시스템의 개념과 종류

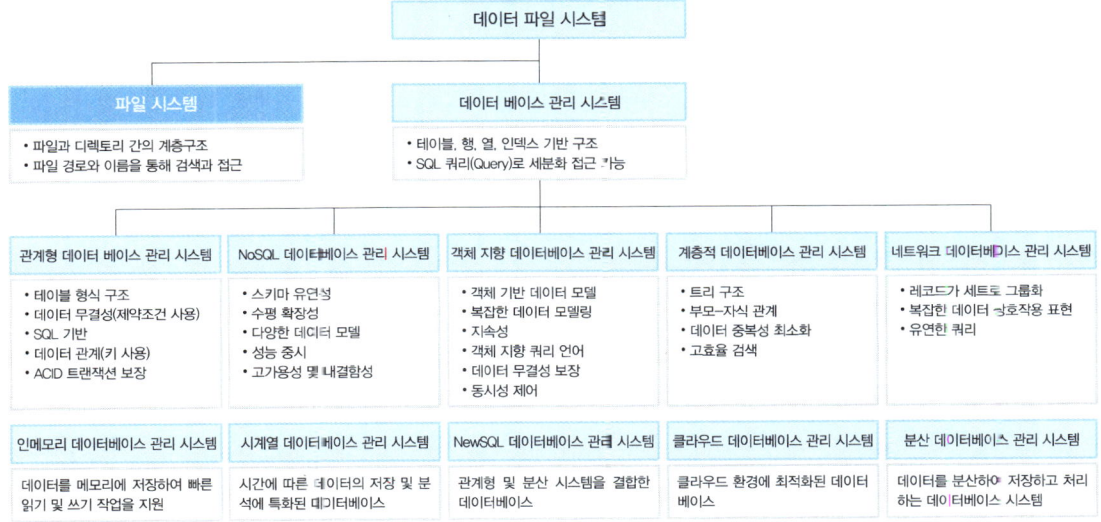

1 데이터 파일 시스템

(1) 개요

① 데이터를 저장하고 관리 하기 위한 소프트웨어 또는 하드웨어 집합
② 데이터의 안정성과 보안 관리에 필요
③ 데이터 파일 시스템은 파일 시스템과 데이터베이스 관리 시스템을 통칭

(2) 데이터 파일 시스템의 공통적인 기능

① 데이터 저장
  ㉠ 저장 : 두 시스템 모두 데이터를 영구적으로 저장하여 데이터 손실을 방지함
  ㉡ 데이터 구조화 : 데이터를 체계적으로 구조화하여 저장(파일 시스템의 디렉토리, DBMS의 테이블 등)

② 데이터 액세스 및 관리
  ㉠ 읽기 및 쓰기 : 데이터를 읽고 쓰는 기본적인 기능
  ㉡ 데이터 수정 : 저장된 데이터를 수정할 수 있는 기능

③ 데이터 보호 및 보안
  ㉠ 권한 관리 : 사용자별 또는 그룹별로 접근 권한을 설정하여 데이터에 대한 접근을 제어
  ㉡ 백업 및 복구 : 데이터 손실을 방지하기 위한 백업 및 복구 기능을 제공

④ 데이터 검색 및 질의
  ㉠ 검색 기능 : 특정 데이터를 빠르게 찾을 수 있도록 검색 기능을 제공
  ㉡ 인덱싱 : 데이터 검색을 효율적으로 하기 위해 인덱스를 사용

(3) 파일 시스템과 데이터베이스 관리 시스템 차이점 2024년 1회 기출

① 파일 시스템 : 파일과 폴더에 데이터를 저장하고, 경로와 이름을 통해 검색과 접근
② 데이터베이스 관리 시스템 : 테이블 형태로 데이터를 저장하고, SQL을 이용해 데이터에 접근
③ 파일 시스템과 데이터베이스 관리 시스템 비교

항목	파일 시스템	데이터베이스 관리 시스템(DBMS)
데이터 저장 구조 및 접근 방법	• 파일 및 디렉토리 기반 구조 • 파일 단위로 경로, 이름으로 접근	• 테이블, 행, 열, 인덱스 기반 구조 • SQL 쿼리(Query) - 세분화 접근 가능
데이터 무결성 및 중복성	• 데이터 무결성 제약조건 없음 • 중복 데이터 발생 가능	• 데이터 무결성 제약조건 보장 • 정규화를 통해 중복 최소화
보안 및 권한관리 동시접속	• 파일 수준 보안 • 동시 접근 제어 어려움	• 사용자 및 계정 권한 관리 • 다중 사용자 동시성 제어 가능
성능 및 확장성	• 파일 크기 증가 시 성능 저하 • 대용량 데이터 관리 어려움	• 인덱스 및 최적화로 고성능 유지 • 수평 및 수직 확장 용이
백업 및 복구	• 수동 백업 및 복구 • 파일 손상 시 복구 어려움	• 자동 백업 및 복구 기능 제공 • 트랜잭션 관리 - 데이터 일관성 보장

❷ 파일 시스템

(1) 파일 시스템 개념

① 대용량 저장공간에 파일을 효율적으로 관리하는 방법
② 원하는 파일을 빠르게 검색하고, 읽고, 쓰고, 삭제하는 역할
③ 데이터 계층 구조를 가지고 있음

④ 파일 시스템 계층 구조
  ㉠ 파일 시스템은 데이터를 트리(tree) 형태로 구조화하여 데이터를 효과적으로 관리
  ㉡ 구조를 통해 파일과 디렉토리 간의 계층관계를 이해하고 접근 및 탐색
  ㉢ 파일 시스템 계층 구조 및 경로

구분	설명
블록 (Block)	• 파일 시스템의 가장 낮은 계층으로, 일정한 크기의 데이터 조각으로 저장 • 각 블록은 고유한 주소를 가짐. 파일 시스템은 블록에 파일이나 폴더 할당
파일 (File)	• 사용자가 생성하는 데이터의 단위 • 파일은 블록들의 집합으로 구성 • 파일명 혹은 파일 경로 같은 고유한 식별자를 가짐 • 메타데이터(크기, 생성 일자, 수정 일자 등)+데이터로 구성 • 파일 시스템은 파일의 데이터를 여러 개의 블록에 분산 저장 • 메타데이터는 특정 블록에 저장되거나 다른 영역에 저장
디렉토리 (Directory)	• 파일이나 다른 디렉토리를 포함하는 컨테이너 역할을 수행 • 파일을 조직화하기 위한 계층 구조를 제공 • 각 디렉토리는 사용자가 접근 가능한 고유한 식별자인 경로를 가짐 • 파일 시스템 내에서 파일의 계층 구조를 형성 • 파일과 다른 하위 디렉토리를 포함
경로 (Path)	• 파일 시스템에서 각 파일 및 디렉토리는 고유한 경로를 가짐 • 경로는 파일의 위치를 나타내는 주소 • 절대경로(최상위 디렉토리부터 파일까지 전체경로)와 상대경로(현재 작업 디렉토리부터 파일까지)로 표현

(2) 파일 시스템 영역구분

① 메타 영역과 데이터 영역으로 구분함
  ㉠ 메타 영역 : 데이터 영역에 기록된 파일 이름, 위치, 크기, 시간 등 파일 정보를 저장하는 공간
  ㉡ 데이터 영역 : 파일 데이터가 저장되는 물리적 공간
② 데이터 다운로드 필요시 데이터 영역 접근, 파일 정보 필요시 메타 영역 접근

(3) 파일 시스템 구성요소

① 파일과 디렉토리 : 데이터를 저장하고 계층 구조를 구성하는 논리적인 단위
② 파일 관리 시스템 : 파일과 디렉토리를 관리하는 소프트웨어
③ 저장 하드웨어 : 하드디스크와 같이 데이터를 저장하기 위한 물리적인 공간

(4) 파일 시스템 유형

① 디스크 파일 시스템
  ㉠ 디스크 드라이브에 파일을 저장하도록 설계된 시스템
  ㉡ ext4(extended file system 4, 확장된 파일 시스템 4) : 리눅스의 저널링 파일 시스템 중 하나로 ext3에서 쓰이던 전통적인 블록 매핑(block mapping) 방식을 대체함

> **TIP 저널링(Journaling File System)이란?**
> 주 파일 시스템에 변경사항을 반영(commit)하기 전에, 저널(주로 파일 시스템의 지정된 영역 안의 원형 로그) 안에 생성되는 변경사항을 추적하는 파일 시스템으로 비정상적 종료 시 파일 복구 가능

② 데이터베이스 파일 시스템
  ㉠ 파일 시스템의 단점 보완한 시스템
  ㉡ 파일을 계층 구조로 관리하지 않고 주제, 형식, 내용 등 특성에 따라 분류 관리하는 시스템

(5) 파일 시스템 종류

① 파일 시스템은 데이터 저장장치에 데이터를 조직하고 관리하는 방식을 정의하는 시스템
② 대표적인 파일 시스템의 종류로는 FAT32, NTFS, ext4, APFS, HFS+ 등이 있음
③ 각 파일 시스템은 특정 사용 사례와 Windows와 Linux와 같은 운영체제 호환성 요구를 충족하기 위해 개발됨
④ 운영체제에 따른 파일 시스템
  ㉠ Windows 운영체제 기반 파일 시스템 : FAT(FAT16, FAT32), exFAT, NTFS
    • FAT32(File Allocation Table 32)
      - 특징 : 오래된 파일 시스템, 광범위한 호환성
      - 장점 : 대부분의 운영체제와 호환, 간단한 구조
      - 단점 : 단일 파일 크기 제한 4GB, 보안 및 오류 정정 기능 부족
      - 사례 : USB 드라이브, 메모리 카드
    • NTFS(New Technology File System)
      - 특징 : 윈도우 운영체제에서 주로 사용, 고급 기능 지원
      - 장점 : 대용량 파일 및 디스크 지원, 보안, 오류 정정, 압축 기능
      - 단점 : 윈도우 NT 계열에서만 주로 사용, 다른 운영체제와 호환성 낮음
      - 사례 : 윈도우 시스템의 하드 드라이브
    • exFAT(Extended File Allocation Table)
      - 특징 : FAT32의 한계를 극복하기 위해 개발됨
      - 장점 : 4GB 이상의 파일 지원, NTFS가 호환되지 않는 환경에서도 사용 가능
      - 단점 : 보안 및 고급 기능은 NTFS에 비해 부족한 보안 및 고급 기능
      - 사례 : 휴대용 모바일 기기, 메모리 카드, USB 드라이브
  ㉡ Mac 운영체제 기반 파일 시스템 : HFS+, APFS
    • HFS+(Hierarchical File System Plus)
      - 특징 : 맥 OS에서 사용되는 파일 시스템
      - 장점 : 맥 환경에서 최적화, 메타데이터 지원, 유니코드 파일명 지원
      - 단점 : 윈도우와 호환성 낮음
      - 사례 : 맥 OS의 하드 드라이브, 타임 머신 백업

- APFS(Apple File System)
  - 특징 : HFS+를 대체하기 위해 개발된 Apple의 차세대 파일 시스템
  - 장점 : 플래시/SSD 저장장치에 최적화, 강력한 암호화 기능을 제공, COW(Copy-On-Write) 메타데이터, 공간 공유, 파일 및 디렉토리 복제, 스냅샷, 빠른 디렉토리 크기 조절 등을 지원
  - 단점 : Apple 장치에서만 사용 가능
  - 사례 : Apple의 모든 플랫폼(iPhone, iPad, iPod touch, Mac, Apple TV, Apple Watch)
ⓒ Linux 운영체제 기반 파일 시스템 : ext(ext2, ext3, ext4)
- ext4(Fourth Extended File System)
  - 특징 : 리눅스에서 사용되는 파일 시스템
  - 장점 : 저널링 지원, 대용량 파일 및 디스크 지원, 높은 성능
  - 단점 : 윈도우와 호환성 낮음
  - 사례 : 리눅스 시스템의 하드 드라이브

⑤ 파일 시스템 비교

구분	특징	장점	단점	사례
FAT32	오래된 파일 시스템, 광범위한 호환성	대부분의 운영체제와 호환, 간단한 구조	단일 파일 크기 4GB 제한, 보안 및 오류 정정 부족	USB 드라이브, 메모리 카드
NTFS	윈도우 운영체제에서 주로 사용	대용량 파일 및 디스크 지원, 보안, 오류 정정 기능	윈도우 NT 계열에서만 주로 사용, 호환성 낮음	윈도우 시스템의 하드 드라이브
exFAT	FAT32의 한계를 극복하기 위해 개발됨	4GB 이상의 파일 지원, 높은 호환성	보안 및 고급 기능 부족	휴대용 모바일 기기, 메모리 카드, USB 드라이브
HFS+	맥 OS에서 사용	맥 환경에서 최적화, 메타데이터 및 유니코드 지원	윈도우와 호환성 낮음	맥 OS의 하드 드라이브, 타임 머신 백업
APFS	Apple의 차세대 파일 시스템	강력한 암호화, 데이터 신뢰성, 성능 최적화	주로 Apple 장치에서만 사용 가능	iPhone, iPad, Mac, Apple TV, Apple Watch
ext4	리눅스에서 사용	저널링 지원, 대용량 파일 및 디스크 지원, 성능 우수	윈도우와 호환성 낮음	리눅스 시스템의 하드 드라이브

(6) 파일 시스템의 단점

① **데이터 중복과 불일치** : 같은 데이터가 여러 파일에 중복 저장, 데이터 불일치 발생 가능성, 데이터 관리 효율 저하
② **데이터 보안 및 무결성 부족** : 접근 제어 미비로 인한 보안 취약점, 데이터 무결성 확인 어려움
③ **데이터 검색의 비효율성** : 파일 구조 복잡화로 인한 검색 시간 증가, 인덱싱 및 검색 기능 제한적
④ **데이터 종속성 문제** : 특정 애플리케이션에 종속된 데이터, 데이터 포맷 변경 시 호환성 문제 발생
⑤ **데이터 복구 및 백업의 어려움** : 데이터 손실 시 복구 어려움, 백업 절차의 번거로움
⑥ **데이터 일관성 문제** : 동시 접근 시 데이터 일관성 유지 어려움, 트랜잭션 처리 기능 결여
⑦ **저장공간 낭비** : 중복 데이터로 인한 저장공간 비효율적 사용, 파일 크기 관리 어려움

⑧ 데이터 공유의 제한 : 다중 사용자 환경에서 데이터 공유 어려움, 접근 권한 설정의 복잡성
⑨ 유지 보수 비용 증가 : 데이터 중복으로 인한 유지 보수 비용 증가, 시스템 관리 복잡성 증가
⑩ 확장성 제한 : 데이터 양 증가 시 성능 저하, 확장성 고려한 설계 어려움
⑪ 파일 시스템 단점 정리

번호	단점	설명
1	데이터 중복과 불일치	중복 저장, 불일치 가능성, 관리 효율 저하
2	데이터 보안 및 무결성 부족	보안 취약점, 무결성 확인 어려움
3	데이터 검색의 비효율성	검색 시간 증가, 인덱싱 및 검색 기능 제한
4	데이터 종속성 문제	애플리케이션 종속, 호환성 문제 발생
5	데이터 복구 및 백업 어려움	데이터 손실 시 복구 어려움, 백업 절차 번거로움
6	데이터 일관성 문제	동시 접근 시 일관성 유지 어려움, 트랜잭션 처리 미흡
7	저장공간 낭비	중복 데이터로 인한 비효율적 공간 사용, 파일 크기 관리 어려움
8	데이터 공유의 제한	다중 사용자 환경에서 공유 어려움, 접근 권한 설정 복잡
9	유지 보수 비용 증가	중복 데이터로 인한 유지 보수 비용 증가, 시스템 관리 복잡성 증가
10	확장성 제한	데이터 양 증가 시 성능 저하, 확장성 고려한 설계 어려움

⑫ 파일 시스템의 단점을 보완하고, 데이터를 효율적으로 관리하기 위해 데이터베이스 관리 시스템을 사용

❸ 데이터베이스 관리 시스템(DBMS ; Database Management System)

(1) 데이터베이스 관리 시스템의 기능 2024년 2회 기출

① 데이터의 구조화
  ㉠ 데이터를 테이블이나 컬렉션과 같은 구조로 관리하여 중복된 데이터를 최소화함
  ㉡ 데이터 일관성 및 무결성을 유지

② 데이터의 무결성 유지
  ㉠ 데이터베이스의 스키마를 정의하고 제약조건을 설정하여 데이터 일관성과 무결성을 유지하는 데 사용
  ㉡ 예를 들어 고유한 값을 가져야 하는 속성이나 참조 무결성 등의 제약조건을 정의함

③ 데이터의 동시 접근 제어
  ㉠ 여러 사용자가 동시에 데이터에 접근하고 수정하는 것을 효율적으로 관리하기 위해 트랜잭션 개념을 도입함
  ㉡ 트랜잭션 수준의 잠금 메커니즘을 사용하여 충돌을 방지

④ 데이터의 보안 및 권한 관리
  ㉠ 사용자 인증, 권한 부여 및 데이터 암호화를 통해 데이터의 보안을 강화함
  ㉡ 로그 파일을 활용하여 데이터 변경 이력을 기록하고 복구 기능을 제공
⑤ 데이터의 공유와 일관성 유지
  ㉠ 데이터의 공유와 일관성 유지 기능을 제공하여 트랜잭션이 ACID 원칙을 준수하도록 지원

> **TIP** ACID 원칙
> - 원자성(Atomicity) : 연산을 전체 처리 또는 미처리, 일부는 실행이 불가능(예 Commit or Rollbck)
> - 일관성(Consistency) : 실행을 성공적으로 완료하면 항상 모순이 없는 상태 유지
> - 고립성(Isolation) : 트랜잭션은 개별 실행되며, 실행 중인 중간결과는 다른 트랜잭션 접근 불가
> - 지속성(Durability) : 성공이 완료된 트랜잭션 결과는 데이터베이스상 영구 보존

  ㉡ 트랜잭션의 원자성과 일관성을 보장하며, 동시성과 데이터의 지속성을 유지
⑥ 데이터의 독립성 `2024년 1회 기출`
  ㉠ 데이터베이스 관리 시스템(DBMS)은 파일 시스템에서 발생하는 종속성 및 중복성 문제를 해결하기 위해 고안
  ㉡ 데이터의 논리적 구조나 물리적 구조가 변경되더라도 응용 프로그램이 영향을 받지 않는 것
  ㉢ 데이터베이스 관리시스템(DBMS)의 목적은 데이터 독립성을 제공하는 것
  ㉣ 데이터 독립성은 크게 논리적 데이터 독립성과 물리적 데이터 독립성으로 나눠짐
    - 논리적 데이터 독립성 : 데이터베이스의 논리적 구조를 변경하더라도 기존 응용 프로그램들에 아무런 영향을 주지 않음
    - 물리적 데이터 독립성 : 데이터베이스의 물리적 구조를 변경하더라도 기존 응용 프로그램들에 아무런 영향을 주지 않는 것

(2) 데이터베이스 관리 시스템의 주의사항

① 데이터 종속성
  ㉠ 테이블 내 속성들 사이의 종속 관계를 나타냄
  ㉡ 이를 적절하게 관리하지 않으면 데이터 중복, 일관성 문제, 데이터 무결성 문제, 유지 보수의 어려움, 성능 저하 등의 문제가 발생

② 데이터 중복과 일관성 문제
  ㉠ 같은 내용의 데이터가 다수의 테이블에 중복으로 저장될 수 있음
  ㉡ 이는 데이터베이스의 용량을 낭비하고 데이터의 일관성을 해칠 수 있음

③ 데이터 무결성 문제
  ㉠ 무결성 : 데이터베이스 내의 데이터가 정확하고 일관된 상태를 유지하는 것
  ㉡ 데이터 종속성을 적절하게 관리하지 않으면 무결성 제약조건에 위배됨
  ㉢ 데이터의 정확성과 일관성을 보장할 수 없음

④ 유지 보수의 어려움
　　㉠ 복잡한 종속성 구조는 데이터베이스의 유지 보수를 어렵게 만듦
　　㉡ 하나의 속성을 수정하거나 추가할 때, 관련된 모든 종속 속성을 수정해야 함
　　㉢ 이는 실수 가능성을 높이고 유지 보수 작업의 비용을 증가시킬 수 있음

⑤ 성능 저하
　　㉠ 너무 많은 종속성이 있는 경우 데이터베이스의 성능에 영향을 줄 수 있음
　　㉡ 데이터 검색, 데이터 조작, 테이블 간 조인 작업 등이 더 복잡하고 느려질 수 있음

(3) 데이터베이스 관리 시스템의 종류

① 데이터를 관리 및 저장하는 데이터베이스 관리 시스템에는 다양한 유형이 있음
② 주요 유형
　　㉠ 관계형 데이터베이스 관리 시스템(RDBMS)
　　㉡ NoSQL 데이터베이스 관리 시스템
　　㉢ 객체 지향 데이터베이스 관리 시스템(OODBMS)
　　㉣ 계층적 데이터베이스 관리 시스템(HDBMS)
　　㉤ 네트워크 데이터베이스 관리 시스템(NDBMS)
　　㉥ 인메모리 데이터베이스 관리 시스템
　　㉦ 시계열 데이터베이스 관리 시스템
　　㉧ NewSQL 데이터베이스 관리 시스템
　　㉨ 클라우드 데이터베이스 관리 시스템
　　㉩ 분산 데이터베이스 관리 시스템

③ 관계형 데이터베이스 관리 시스템(RDBMS)
　　㉠ 특징 : 테이블 형식 구조, 데이터 무결성(제약조건 사용), SQL 기반, 데이터 관계(키 사용), ACID 트랜잭션 보장
　　㉡ 구성요소 : 테이블, 속성(열), 행(레코드), 키(기본키, 외래키), 인덱스, 제약조건
　　㉢ 장점 : 데이터 무결성, 관계 관리, 강력한 쿼리 기능, 보안, ACID 트랜잭션
　　㉣ 단점 : 복잡한 스키마, 성능 문제, 확장성 한계, 유연성 부족

④ NoSQL 데이터베이스 관리 시스템 `2024년 1회 기출` `2024년 2회 기출`
　　㉠ 유형 : 문서 저장소(예 MongoDB, Couchbase), 키-값 저장소(예 Amazon DynamoDB, Redis), 열군 저장소(예 HBase, Apache Cassandra), 그래프 데이터베이스(예 Neo4j, Amazon Neptune)
　　㉡ 특징 : 스키마 유연성, 수평 확장성, 다양한 데이터 모델, 성능 중시, 고가용성 및 내결함성, 관계형 데이터베이스뿐만 아니라(Not only SQL) 여러 유형의 데이터베이스를 사용하는 비관계형(Non-Relational) 데이터베이스 유형

ⓒ 구성요소 : 데이터 모델, 스토리지 엔진, 쿼리 언어 또는 API, 인덱싱 메커니즘, 복제 및 샤딩
ⓔ 장점 : 확장성, 유연한 스키마 설계 제공, 비정형 또는 반정형 데이터 처리 가능, 빠른 성능, 고가용성, 데이터 다양성
ⓜ 단점 : ACID 트랜잭션 부족, 학습 곡선, 일관성 문제, 데이터 조각화, 제한된 도구 사용

⑤ 객체 지향 데이터베이스 관리 시스템(OODBMS)
ⓐ 특징 : 객체 기반 데이터 모델, 복잡한 데이터 모델링, 지속성, 객체 지향 쿼리 언어, 데이터 무결성 보장, 동시성 제어
ⓑ 구성요소 : 객체, 클래스, 상속, 캡슐화, 다형성
ⓒ 장점 : 자연스러운 데이터 표현, 복잡한 관계 관리, 유연한 스키마, 개발 효율성
ⓔ 단점 : 복잡성, 학습 곡선, 성능 오버헤드, 제한된 표준화, 성능 가변성

⑥ 계층적 데이터베이스 관리 시스템(HDBMS)
ⓐ 특징 : 트리 구조, 부모-자식 관계, 데이터 중복성 최소화, 고효율 검색
ⓑ 구성요소 : 루트 노드, 상위 노드, 하위 노드, 세그먼트, 레코드, 필드
ⓒ 장점 : 효율적인 검색, 단순성, 데이터 무결성
ⓔ 단점 : 제한된 데이터 관계, 복잡한 쿼리, 데이터 독립성 부족, 확장성 문제, 데이터 무결성 유지 어려움

⑦ 네트워크 데이터베이스 관리 시스템(NDBMS)
ⓐ 특징 : 레코드가 세트로 그룹화, 복잡한 데이터 상호작용 표현, 유연한 쿼리
ⓑ 구성요소 : 세트, 회원 기록, 소유자-구성원 관계, 포인터
ⓒ 장점 : 복잡한 관계 표현, 유연한 쿼리, 데이터 무결성
ⓔ 단점 : 복잡성, 유지 관리 어려움, 확장성 문제

⑧ 인메모리 데이터베이스 관리 시스템
ⓐ 특징 : 데이터를 메모리에 저장하여 빠른 읽기 및 쓰기 작업을 지원
ⓑ 구성요소 : 인메모리 데이터 저장소, 쿼리 처리 엔진
ⓒ 장점 : 빠른 읽기/쓰기 속도, 높은 성능, 실시간 데이터 처리가 가능
ⓔ 단점 : 메모리 요구사항이 높아서 비용이 발생할 수 있으며, 구축 및 유지 보수 비용이 비쌈
⯈ 예 메모리 내에서 대용량 데이터세트를 빠르게 분석해야 하는 응용 프로그램에 사용될 수 있음

⑨ 시계열 데이터베이스 관리 시스템
ⓐ 특징 : 시간에 따른 데이터의 저장 및 분석에 특화된 데이터베이스
ⓑ 구성요소 : 시계열 데이터 저장 구조, 시계열 쿼리 및 분석 도구
ⓒ 장점 : 시계열 데이터의 최적화된 저장 및 검색, 고성능, 유연한 데이터 모델을 제공
ⓔ 단점 : 다양한 유형의 데이터에 적합하지 않을 수 있으며, 고유한 데이터 구조를 이해해야 하는 단점
⯈ 예 센서 데이터, 로그 데이터, 금융 데이터 등의 시계열 데이터를 저장하고 분석하는 데 사용

⑩ NewSQL 데이터베이스 관리 시스템
　㉠ 특징 : 관계형 및 분산 시스템을 결합한 데이터베이스, 전통적인 관계형 데이터베이스 시스템의 ACID[원자성(Atomicity), 일관성(Consistency), 고립성(Isolation), 지속성(Durability)]를 지원하면서 온라인 트랜잭션의 분산처리가 가능한 NoSQL의 확장성을 결합
　㉡ 구성요소 : 분산 데이터 구조, 분산 쿼리 처리 엔진
　㉢ 장점 : 분산 시스템의 확장성과 관계형 데이터베이스의 강력한 기능을 결합하여 성능과 확장성을 제공
　㉣ 단점 : 복잡성, 학습 곡선, 별도의 표준화가 필요하며 일관성 및 견고성 문제가 발생
　예 대규모 트랜잭션 처리 및 고가용성이 요구되는 응용 프로그램에 사용

⑪ 클라우드 데이터베이스 관리 시스템
　㉠ 특징 : 클라우드 환경에 최적화된 데이터베이스
　㉡ 구성요소 : 클라우드 데이터 스토리지, 분산 쿼리 및 처리 엔진
　㉢ 장점 : 확장성, 유연성, 자동화, 고가용성을 제공하여 클라우드 환경 데이터 관리 용이
　㉣ 단점 : 보안 문제, 의존도, 네트워크 대역폭 제한 등의 단점
　예 클라우드에서 서비스되는 웹 애플리케이션, 모바일 앱 등에 사용

⑫ 분산 데이터베이스 관리 시스템
　㉠ 특징 : 데이터를 분산하여 저장하고 처리하는 데이터베이스 시스템
　㉡ 구성요소 : 분산 데이터 스토리지, 분산 쿼리 및 처리 엔진
　㉢ 장점 : 고가용성, 확장성, 분산 처리, 데이터 복제 및 안정성 보장이 가능
　㉣ 단점 : 데이터 일관성 유지, 네트워크 대역폭 제한, 복잡한 구현 및 관리가 어려움
　예 대규모 데이터 집합을 다루고 네트워크상의 여러 위치에서 액세스가 필요한 응용 프로그램에 사용

⑬ DBMS 유형 비교

DBMS 유형	특징	구성요소	장점	단점
관계형 데이터베이스 관리 시스템	테이블 형식 구조	테이블, 속성(열), 행(레코드), 키(기본키, 외래키), 인덱스, 제약조건	• 데이터 무결성 • 관계 관리 • 강력한 쿼리 기능 • 보안 • ACID 트랜잭션	• 복잡한 스키마 • 성능 문제 • 확장성 한계 • 유연성 부족
NoSQL 데이터베이스 관리 시스템	스키마 유연성	데이터 모델, 스토리지 엔진, 쿼리 언어 또는 API, 인덱싱 메커니즘, 복제 및 샤딩	• 확장성 • 유연한 스키마 • 빠른 성능 • 고가용성 • 데이터 다양성	• ACID 트랜잭션 부족 • 학습 곡선 • 일관성 문제 • 데이터 조각화 • 제한된 도구 사용

DBMS 유형	특징	구성요소	장점	단점
객체 지향 데이터베이스 관리 시스템	객체 기반 데이터 모델	객체, 클래스, 상속, 캡슐화, 다형성	• 자연스러운 데이터 표현 • 복잡한 관계 관리 • 유연한 스키마 • 개발 효율성	• 복잡성 • 학습 곡선 • 성능 오버헤드 • 제한된 표준화 • 성능 가변성
계층적 데이터베이스 관리 시스템	트리 구조	루트 노드, 상위 노드, 하위 노드, 세그먼트, 레코드, 필드	• 효율적인 검색 • 단순성 • 데이터 무결성	• 제한된 데이터 관계 • 복잡한 쿼리 • 데이터 독립성 부족 • 확장성 문제 • 데이터 무결성 유지 어려움
네트워크 데이터베이스 관리 시스템	레코드가 세트로 그룹화	세트, 회원 기록, 소유자-구성원 관계, 포인터	• 복잡한 관계 표현 • 유연한 쿼리 • 데이터 무결성	• 복잡성 • 유지 관리 어려움 • 확장성 문제
인메모리 데이터베이스 관리 시스템	데이터를 메모리에 저장	인메모리 데이터 저장소, 쿼리 처리 엔진	• 빠른 읽기/쓰기 속도 • 높은 성능 • 실시간 데이터 처리	• 메모리 요구사항이 높음 • 비싼 구축 및 유지 보수 비용
시계열 데이터베이스 관리 시스템	시간에 따른 데이터 저장 및 분석	시계열 데이터 저장 구조, 시계열 쿼리 및 분석 도구	• 시계열 데이터의 최적화된 저장 및 검색 • 고성능 • 유연한 데이터 모델	• 다양한 유형의 데이터에 적합하지 않을 수 있음 • 고유한 데이터 구조를 이해해야 함
NewSQL 데이터베이스 관리 시스템	관계형 및 분산 시스템 결합	분산 데이터 구조, 분산 쿼리 처리 엔진	• 분산 시스템의 확장성과 관계형 데이터베이스의 강력한 기능 결합	• 복잡성 • 학습 곡선 • 일관성 및 견고성 문제
클라우드 데이터베이스 관리 시스템	클라우드 환경에 최적화	클라우드 데이터 스토리지, 분산 쿼리 및 처리 엔진	• 고가용성 • 확장성 • 유연성 • 자동화	• 보안 문제 • 의존도 • 네트워크 대역폭 제한
분산 데이터베이스 관리 시스템	데이터의 분산 저장 및 처리	분산 데이터 스토리지, 분산 쿼리 및 처리 엔진	• 고가용성 • 확장성 • 분산 처리 • 데이터 복제 및 안정성 보장	• 데이터 일관성 유지 • 네트워크 대역폭 제한 • 복잡한 구현 및 관리

SECTION 02 데이터베이스의 이해

1 데이터베이스 구성요소

(1) 테이블(Table)

① 데이터베이스에서 정보를 체계적으로 저장하는 기본 단위
② 엔터티(Entity) 또는 릴레이션(Relation)으로도 불림
③ 행과 열로 구성된 2차원 구조를 가지며, 각 테이블은 특정 유형의 데이터를 저장
  예) "학생" 테이블은 학생들의 정보를 저장

④ Fact 테이블, Dimension 테이블 등이 있음
  ㉠ Fact 테이블(Fact Table)
   - 기능 : Fact 테이블은 비즈니스 프로세스에서 발생한 사건이나 거래를 저장
   - 주로 측정값이나 수치 데이터를 포함
   - 내용 : 판매량, 수익, 수량 같은 실제 숫자 데이터(측정값)를 포함
   - 키 : 각 레코드는 외래키(Foreign Key)를 통해 여러 Dimension 테이블과 연결
   - 행의 수 : 일반적으로 매우 많은 수의 행을 가질 수 있으며, 주요 데이터 저장소 역할
   예) "판매" Fact 테이블은 각 판매 거래의 수량, 금액, 할인 등을 저장
  ㉡ Dimension 테이블(Dimension Table)
   - 기능 : Dimension 테이블은 Fact 테이블의 데이터를 설명하는 컨텍스트 정보를 저장
   - 분석에 필요한 설명적 속성을 포함
   - 내용 : 날짜, 제품, 지역, 고객 등과 같은 설명적인 속성(차원)을 포함
   - 키 : 기본키(Primary Key)를 가지며, 이 키는 Fact 테이블의 외래키와 일치
   - 행의 수 : 일반적으로 Fact 테이블보다 적은 수의 행을 가지며, 데이터의 카테고리를 정의
   예) "제품" Dimension 테이블은 각 제품의 이름, 카테고리, 브랜드 등을 저장
  ㉢ Fact 테이블 vs Dimension 테이블

구분	Fact 테이블	Dimension 테이블
기능	비즈니스 프로세스에서 발생한 사건이나 거래를 저장	Fact 테이블의 데이터를 설명하는 컨텍스트 정보를 저장
내용	판매량, 수익, 수량 등의 수치 데이터	날짜, 제품, 지역, 고객 등의 설명적 속성
키	여러 Dimension 테이블의 외래키 포함	기본키를 가지며, Fact 테이블의 외래키와 연결
행의 수	매우 많은 수의 행을 가질 수 있음	Fact 테이블보다 상대적으로 적은 수
데이터 유형	주로 수치 데이터(매출액, 수량 등)	설명적 속성 데이터(제품 이름, 고객 이름 등)
용도	비즈니스 이벤트나 트랜잭션을 기록	Fact 테이블의 수치 데이터를 설명
관계	여러 Dimension 테이블과 연결 (각 Dimension의 외래키 포함)	Fact 테이블에 의해 참조됨(기본키 제공)

구분	Fact 테이블	Dimension 테이블
갱신 빈도	데이터가 자주 추가됨	상대적으로 자주 변경되지 않음
예시	Sale_ID, Product_ID, Customer_ID, Date_ID, Sales_Amount, Quantity 등	Product_ID, Product_Name, Category 등

(2) 속성(Attribute) 2024년 1회 기출

① 테이블의 열을 나타내며, 특정 데이터 유형을 설명
② 필드(Field) 또는 변수(Variable)라고도 함
③ 속성은 고유한 이름을 가지며, 데이터의 유형을 정의
예 "지원자" 테이블에서 "번호", "이름", "점수" 속성에 대해, 레코드 '20240001', '해린', 99 저장

(3) 레코드(Record)

① 테이블의 행을 나타내며, 튜플(Tuple)로도 불림
② 각 레코드는 테이블 속성에 대응하는 값들의 집합으로 구성
예 "지원자" 테이블의 한 레코드는 특정 지원자의 번호, 이름, 점수 등의 값을 포함

(4) 메타데이터(Metadata)

① 데이터에 대한 데이터로 데이터의 특성, 구조, 의미 등을 설명
② 데이터베이스 관리에 필요한 정보를 제공
③ 데이터 검색 및 조회, 데이터베이스의 일관성 유지, 데이터 분석 등에 활용
예 테이블 속성 이름, 데이터 유형, 제약 조건, 관계 등의 정보

(5) 데이터 딕셔너리(Data Dictionary)

① 데이터베이스 시스템에서 사용되는 데이터 구조와 메타데이터 정보를 저장하고 관리
② 스키마, 사용자, 테이블, 속성, 제약 조건, 권한 등 정의와 구조를 포함하는 객체
③ 데이터의 정확성과 일관성을 유지하는 데 도움
④ 딕셔너리에서 사용하는 뷰를 딕셔너리 뷰라고 하며 ALL, DBA, USER 3가지 뷰가 있음
  ㉠ ALL : 데이터베이스의 모든 객체에 대한 정보 조회
  ㉡ DBA : 데이터베이스 관리자(Database Administrator)들만 모든 객체에 대해 접근 가능
  ㉢ USER : 데이터베이스에 접속 중인 사용자가 소유한 객체의 정보를 조회

(6) 트랜잭션 관리자(Transaction Manager)

① 데이터베이스에서 트랜잭션의 관리와 제어를 담당
② 트랜잭션은 여러 데이터 조작 작업을 하나의 논리적 단위로 묶어 일관성과 안전성을 보장
③ 트랜잭션의 시작, 종료, 병합, 롤백 등을 처리하여 데이터의 일관성과 동시성 제어

④ 트랜잭션 관리자 기능과 설명

기능 구분	설명
트랜잭션 시작	트랜잭션 ID 생성 및 리소스 할당. 트랜잭션의 시작을 기록
트랜잭션 작업	일련의 데이터 조작 작업을 수행
일관성 검사	각 작업 후 데이터 일관성을 확인하여 오류를 방지
커밋(Commit)	모든 작업이 성공적으로 완료되면, 트랜잭션을 커밋하여 변경 사항을 영구 저장
롤백(Rollback)	작업 중 오류 발생 시, 모든 변경 사항을 취소하여 원래 상태로 복원
동시성 제어	여러 트랜잭션이 동시에 실행될 때 데이터 일관성을 유지하기 위한 동시성 제어

(7) 저장 데이터 관리자(Storage Data Manager)

① 데이터베이스의 물리적 저장 구조와 데이터 접근, 관리를 담당
② 블록 할당, 파일 시스템, 인덱스 구조, 버퍼 관리 등을 관리함. 데이터의 효율적 저장 및 검색 지원
③ 디스크 공간 관리, 인덱스 생성 및 유지, 데이터베이스 파일 관리 등의 작업 수행

(8) 질의 처리기(Query Processor)

① 사용자의 데이터 처리 요구질의(SQL)를 처리하고 데이터베이스에서 원하는 정보를 추출
② 질의를 해석하고 최적의 실행 계획을 생성하여 데이터 검색 또는 조작
③ DBMS의 질의 처리 3단계
 ㉠ Parsing, Translation : 쿼리문을 파싱하고, 관계대수 식으로 변환하는 작업

> **TIP** 관계대수란?
> 질의를 어떻게 처리할 것인지를 명시하는 중간 처리 언어

 ㉡ Optimization : 질의 최적화
 ㉢ Evaluation : 최적화된 관계대수 식을 보고, 작업을 수행하여 결과를 도출하는 작업

❷ 데이터베이스 구조

(1) 스키마

① 스키마라는 단어는 '형태' 또는 '모양'을 뜻하는 그리스어에서 유래함
② 스키마는 논리적 구조를 나타내는 데이터베이스의 골격임
③ 데이터베이스에서 자료의 구조, 자료의 표현 방법, 자료 간의 관계를 형식 언어로 정의한 구조
④ 데이터베이스를 구성하는 데이터 개체(Entity), 속성(Attribute), 관계(Relationship) 및 데이터 조작 시 데이터 값들이 갖는 제약조건 등에 관해 전반적으로 정의함
⑤ 데이터베이스의 구조와 제약조건에 관한 전반적인 명세를 기술한 메타데이터의 집합

⑥ **3단계 데이터베이스 구조** : 외부 스키마, 개념 스키마, 내부 스키마
  ㉠ 외부 스키마(External schema) `2024년 1회 기출`
    - 사용자나 응용 프로그램의 관점에서 데이터베이스의 논리적 설계와 구조에 대한 정의
    - 테이블, 뷰, 인덱스, 관계, 제약 조건 등을 포함
    - 사용자 또는 응용 프로그램이 액세스하는 데이터의 모습
    - 여러 개의 외부 스키마가 존재할 수 있으며, 사용자에 따라 다르게 출력됨
    - 질의어(SQL)를 이용하여 DB를 쉽게 사용할 수 있음
    - 개별 외부 스키마는 개인 사용자나 응용 프로그램이 필요로 하는 데이터의 부분집합에 대한 뷰(View)로서 동작
    - 데이터베이스 시스템에서 개별적으로 정의되며, 다수의 외부 스키마가 존재할 수 있음
  ㉡ 개념 스키마(Conceptual schema)
    - 전체 데이터베이스의 논리적 구조 정의로 '스키마'라고 하면 일반적으로 개념 스키마를 의미함
    - 통합된 조직 전체의 DB, 데이터베이스의 전체적인 구조와 데이터 간의 관계
    - 데이터베이스 시스템의 관리 및 조작을 위한 기반 제공하며, 데이터의 일관성과 무결성을 유지함
    - 데이터 개체, 관계, 제약조건, 접근권한 등을 명세
    - 응용 프로그램과 사용자 그룹을 포함하여 데이터베이스 전체적인 뷰 제공
  ㉢ 내부 스키마(Internal schema)
    - 저장장치의 입장에서 DB 전체가 저장되는 방법을 명세
    - 물리적 저장장치에 데이터의 물리적인 저장을 나타냄
    - 데이터베이스가 실제 기계적 처리에 의해 분배되고 저장됨
    - DBA가 관리하며, 사용자 접근이 제한됨
  ㉣ 관점에 따른 스키마별 데이터 구조 정의

구분	정의	특징 및 설명
외부 스키마	사용자 관점에서 데이터베이스의 모습 정의	• 서브 스키마 또는 사용자 뷰라고도 불림 • 여러 개 존재 가능 • 사용자에게 맞춤형 정보를 제공 • SQL, C, JAVA 등의 언어로 접근
개념 스키마	조직 전체의 데이터베이스 구조 정의	• 모든 응용 시스템과 사용자의 데이터 통합 • 데이터베이스 전체를 논리적으로 정의 • 데이터 개체, 관계, 제약 조건, 접근 권한, 무결성 규칙 명세
내부 스키마	물리적 저장장치에 데이터의 물리적 저장 정의	• 컴퓨터 관점에서의 정의 • 물리적 설계로 DBA가 관리 • 단 하나만 존재 가능 • 정보의 독립성과 중복 배제

⑦ 스키마 단계

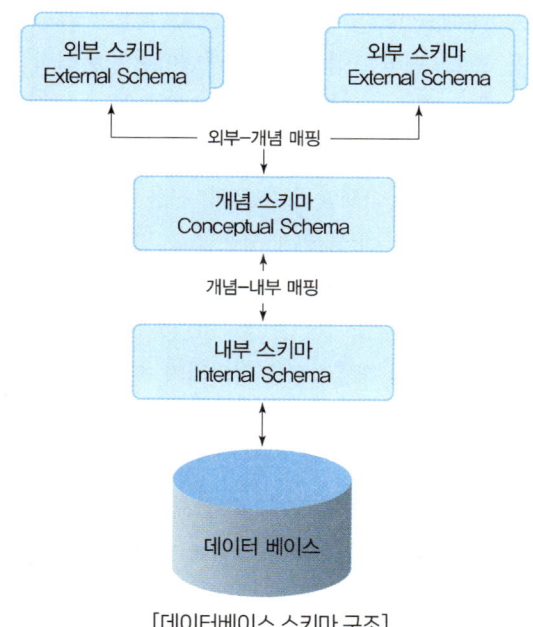

[데이터베이스 스키마 구조]

㉠ 외부 단계(외부 스키마) → 개념 단계(개념 스키마) → 내부 단계(내부 스키마)
㉡ 외부-개념 매핑(응용 인터페이스) : 개념 스키마가 바뀌어도 외부 스키마는 영향 × → 논리적 데이터 독립성
㉢ 개념-내부 매핑(저장 인터페이스) : 내부 스키마가 바뀌어도 개념 스키마는 영향 × → 물리적 데이터 독립성

(2) 데이터베이스 언어

① 질의 언어를 사용하여 저장된 데이터를 조회, 입력, 수정, 삭제하는 등의 조작을 수행
② 데이터베이스를 정의하고 접근하기 위한 시스템과의 통신을 위해 사용
③ 데이터 언어 3가지 : 데이터 정의어, 데이터 조작어, 데이터 제어어
　㉠ 데이터 정의어(DDL ; Data Definition Language)
　　• 데이터베이스 구조를 정의하고 변경하는 데 사용
　　• 논리적 데이터 구조의 정의 : 스키마, 외부 스키마 명세
　　• 물리적 데이터 구조의 정의 : 내부 스키마 명세 → 데이터 저장 정의어
　　• 사상 정의 : 논리적 데이터 구조 ↔ 물리적 데이터
　㉡ 데이터 조작어(DML ; Data Manipulation Language)
　　• 절차적(Procedural) DML
　　　- 저급 데이터 언어 → "What + How" 명세
　　　- 한 번에 하나의 레코드만 처리
　　　- 응용 프로그램 속에 삽입되어 사용(DML 예비 컴파일러가 처리)

- 비절차적(Non-procedural) DML
  - 고급 데이터 언어→ "What" 명세
  - 한 번에 여러 개의 레코드 처리
  - 질의어(Query Language)
ⓒ 데이터 제어어(DCL ; Data Control Language)
  - 공용 데이터베이스 관리를 위해 데이터 제어(Data Control)를 정의하고 기술
  - 데이터베이스의 보안과 무결성을 유지하기 위한 제약조건을 설정, 해제, 관리를 위해 사용
  - 데이터 제어 내용 : 보안(security), 무결성(integrity), 회복(recovery), 병행수행(concurrency)

④ 데이터 언어 3가지 비교 `2024년 1회 기출` `2024년 2회 기출`

구분	정의 및 기능	핵심 명령어
데이터 정의어 (DDL)	• 데이터베이스 구조를 정의하고 관리하는 언어 • 데이터베이스, 테이블, 인덱스 등을 생성, 변경, 삭제	• CREATE : 데이터베이스 테이블, 인덱스 뷰 등 객체 생성 • ALTER : 데이터베이스 객체 수정 • DROP : 데이터베이스 객체 삭제
데이터 조작어 (DML)	• 데이터베이스의 데이터를 조작하는 언어 • 데이터를 조회, 입력, 수정, 삭제	• SELECT : 데이터 조회 • INSERT : 데이터 삽입 • UPDATE : 데이터 수정 • DELETE : 데이터 삭제
데이터 제어어 (DCL)	• 데이터베이스의 데이터 접근을 제어하는 언어 • 데이터의 무결성과 보안을 유지	• GRANT : 권한 부여 • REVOKE : 권한 회수 • COMMIT : 트랜잭션 저장 • ROLLBACK : 트랜잭션 취소

❸ 키와 변수의 개념

(1) 키(Key) `2024년 1회 기출`

① 데이터베이스에서 각 행을 구분하는 고유한 식별값
② 테이블에서 하나 이상의 열(속성)으로 구성되며, 데이터의 고유성과 무결성을 보장
③ 고유한 식별값으로 데이터의 정합성 유지, 검색, 수정, 삭제, 연결에 사용

> **TIP** 데이터의 무결성&데이터의 정합성 `2024년 2회 기출`
> - 데이터의 무결성(Data Integrity) : 데이터 값이 중복이나 누락 없이 현실의 실젯값과 정확히 일치
>   예 메뉴판에 "아메리카노 : 5,000원", "아메리카노 : 4,500원"이 중복인 경우 또는 실제로는 없는 메뉴 "수박 주스 : 5,000원"이 존재하는 경우
> - 데이터의 정합성(Data Consistency) : 데이터들 간에 서로 모순 없이 일치되는 상태를 의미
>   예 메뉴판에 있는 "아메리카노 : 5,000원"이 키오스크에는 "아메리카노 : 5,500원"인 경우

④ 키의 종류 : 기본키, 외래키, 슈퍼키, 후보키, 대체키
　㉠ 기본키(Primary Key)
　　• 정의 : 테이블의 각 행을 고유하게 식별하는 데 사용되는 하나 또는 여러 개의 열
　　• 특징 : 값이 고유해야 하며, NULL 값을 가질 수 없음
　　• 사용 : 각 레코드를 유일하게 식별하고 관계형 데이터베이스의 무결성을 유지하는 데 사용됨
　　예 학생 테이블에서 '학번' 열이 '수업' 테이블에서 '과목번호' 열이 기본키가 될 수 있음
　㉡ 외래키(Foreign Key)
　　• 정의 : 다른 테이블의 기본키를 참조하는 열 또는 열의 집합
　　• 특징 : 외래키는 참조 무결성을 유지하며, NULL 값을 가질 수 있음
　　• 사용 : 테이블 간의 관계를 정의하고, 데이터의 일관성을 유지하는 데 사용됨
　　예 '수강생' 테이블에서 '학번' 열이 '학생' 테이블의 기본키를 참조하는 외래키일 수 있음
　㉢ 슈퍼키(Super Key)
　　• 정의 : 테이블의 행을 고유하게 식별할 수 있는 하나 이상의 열의 조합
　　• 특징 : 기본키를 포함하며, 테이블 내 모든 열 조합이 슈퍼키가 될 수 있음
　　• 사용 : 데이터베이스 설계 시 각 행을 고유하게 식별할 수 있는 열 조합을 찾는 데 사용됨
　　예 학생 테이블에서 학번, 이름, 생년월일을 모두 포함하는 집합이 슈퍼키일 수 있음
　　　"A240612_강해린_20060101"
　㉣ 후보키(Candidate Key)
　　• 정의 : 기본키로 선택될 수 있는 열 또는 열의 집합
　　• 특징 : 유일성과 최소성을 만족해야 하며, NULL 값을 가질 수 없음
　　• 사용 : 기본키로 선택할 수 있는 잠재적인 키를 찾는 데 사용됨
　　예 학생 테이블에서 학번과 주민등록번호가 후보키가 될 수 있음(이름은 동명이인으로 중복이 있을 수 있음)
　㉤ 대체키(Alternate Key)
　　• 정의 : 후보키 중에서 기본키로 선택되지 않은 키
　　• 특징 : 유일성과 최소성을 만족하며, 기본키와 동일한 제약 조건을 가짐
　　• 사용 : 기본키 이외의 유일한 식별자를 필요로 할 때 사용됨
　　예 학생 테이블에서 학번이 기본키로 선택되고, 주민등록번호가 대체키가 될 수 있음

⑤ 종류별 키 비교

구분	정의	사용	예시
기본키	• 각 행을 고유하게 식별하는 열(집합) • 유일성, NULL 불가	레코드 식별, 무결성 유지	학번
외래키	• 다른 테이블의 기본키를 참조하는 열 • 참조 무결성, NULL 가능	테이블 관계 정의, 데이터 일관성 유지	수강 테이블의 학번
슈퍼키	• 행을 고유하게 식별 가능한 열의 조합 • 기본키 포함, 여러 열 조합 가능	고유 식별자 열 조합 찾기	학번+이름+생년월일
후보키	• 기본키로 선택될 수 있는 열(집합) • 유일성, 최소성, NULL 불가	잠재적 기본키 식별	학번, 주민등록번호

(2) 변수(Variable)

① 데이터를 담아둘 수 있는 메모리의 공간
② 변수에는 하나의 값만 저장할 수 있고 이 값을 변경하기 때문에 변하는 수라는 뜻의 '변수'라고 함
③ 데이터베이스에서는 데이터를 저장하고 처리하는 속성값의 의미
④ 통계에서는 실험과 관찰을 통해 얻어지며 데이터의 특성을 기록된 값을 의미
⑤ 데이터베이스에서 변수 개념과 정의
  ㉠ 데이터 타입에 따른 변수의 종류
   • 정수형 변수(Integer) : 정수 값을 저장하는 변수 예 int age=25;
   • 실수형 변수(Float/Double) : 부동 소수점 값을 저장하는 변수 예 float salary=5000.50;
   • 문자형 변수(Character) : 단일 문자를 저장하는 변수 예 char grade='A';
   • 문자열 변수(String) : 문자열을 저장하는 변수 예 String name="Alice";
   • 불린형 변수(Boolean) : 참 또는 거짓 값을 저장하는 변수 예 boolean isValid=true;
  ㉡ 기능에 따른 변수의 종류
   • 지역 변수(Local Variable) : 함수나 블록 내에서 선언되며, 해당 블록 안에서만 유효
     예 함수 내부의 int localVar;
   • 전역 변수(Global Variable) : 프로그램 전체에서 접근 가능한 변수 예 클래스 외부에서 선언된 static int globalVar;
   • 정적 변수(Static Variable) : 클래스에 속하며 모든 객체가 공유 예 static int staticVar;
   • 인스턴스 변수(Instance Variable) : 클래스의 각 객체에 속하며, 객체마다 별도의 값을 가짐 예 클래스 내부의 int instanceVar;
  ㉢ 값 변경 가능성에 따른 변수의 종류
   • 변경 가능한 변수(Mutable Variable) : 값이 변경될 수 있는 변수 예 일반 변수들(int a=5; a=10;)

- 변경 불가능한 변수(Immutable Variable) : 한 번 초기화되면 값을 변경할 수 없는 변수
  예 상수(final int CONSTANT=100; in Java)
ㄹ) 저장 위치에 따른 변수의 종류
- 스택 변수(Stack Variable) : 함수 호출 시 스택 메모리에 저장되는 변수 예 함수 내부의 지역 변수
- 힙 변수(Heap Variable) : 동적 메모리 할당 시 힙 메모리에 저장되는 변수 예 동적으로 생성된 객체(new 키워드 사용 in Java)
ㅁ) 사용 용도에 따른 변수의 종류
- 인덱스 변수(Index Variable) : 반복문에서 인덱스를 나타내기 위해 사용되는 변수
  예 for(int i=0; i<10; i++)
- 카운터 변수(Counter Variable) : 특정 이벤트 발생 횟수를 세기 위해 사용되는 변수 예 int count=0;
- 플래그 변수(Flag Variable) : 상태를 나타내기 위해 사용되는 변수 예 boolean isComplete=false;
- 요약 변수(Summary Variable) : 특성이나 측정값의 요약 통계를 저장하는 변수 예 평균 점수 : averageScore=totalScore/numberOfStudents
- 파생 변수(Derived Variable) : 기존의 다른 변수들로부터 계산되거나 생성된 변수 예 BMI 계산 : BMI=weight/(height*height)
- 시계열 변수(Time Series Variable) : 시간에 따라 변하는 값을 저장하는 변수 예 금융, 경제, 기상 등 시간에 따른 데이터

⑥ 통계에서 변수 개념과 정의
ㄱ) 종속 변수(Dependent Variable)
- 정의 : 실험이나 연구에서 결과로 측정되는 변수로, 독립 변수의 영향을 받음
- 특징 : 독립 변수의 변화에 따라 값이 변하며, 종속 변수의 값을 통해 연구의 결과를 분석
- 사용 : 실험에서 독립 변수의 조작이 종속 변수에 미치는 영향을 분석할 때 사용
  예 학생들의 학업 성취도는 교사, 교육방법(독립 변수)에 따른 결과(종속 변수)로 측정
ㄴ) 독립 변수(Independent Variable)
- 정의 : 실험이나 연구에서 조작되거나 변화되는 변수로, 종속 변수에 영향
- 특징 : 연구자가 조작하거나 통제하며, 종속 변수에 미치는 영향을 파악하기 위해 사용
- 사용 : 실험에서 결과를 예측하거나 특정 가설을 검증하기 위해 독립 변수를 조작
  예 식물 성장 연구에서 빛의 양은 식물의 성장(종속 변수)에 영향을 미치는 독립 변수
ㄷ) 양적 변수(Quantitative Variable)
- 정의 : 수치로 표현되며, 측정 가능한 변수
- 특징 : 숫자로 표현할 수 있으며, 크기나 양을 나타내는 데이터

- 사용 : 통계 분석, 수학적 모델링, 데이터 시각화 등에서 사용

  예 나이, 키, 체중, 시험 점수 등은 양적 변수

ㄹ 질적 변수(Qualitative Variable)
- 정의 : 범주나 그룹으로 분류되는 변수로, 수치가 아닌 질적 특성을 나타냄
- 특징 : 특정 속성이나 특성을 분류하는 데 사용되며, 순서가 없는 명목형 변수와 순서가 있는 서열형 변수로 나눌 수 있음
- 사용 : 설문조사, 마케팅 리서치, 사회과학 연구 등에서 사용

  예 성별, 혈액형, 설문조사의 응답(좋다, 보통이다, 나쁘다) 등은 질적 변수

ㅁ 유형에 따른 변수 분류

구분	유형	정의 및 특징	예시
분석 대상	종속 변수	• 결과로 측정되며, 독립 변수의 영향을 받는 변수 • 독립 변수의 변화에 따라 값이 변함	학생 시험 점수
	독립 변수	• 실험에서 조작되거나 변화되는 변수 • 연구자가 조작하며, 종속 변수에 영향을 미침	공부시간, 교재, 학원, 방법, 교사
유형·성질	양적 변수	• 수치로 표현되며 측정 가능한 변수 • 숫자로 표현 가능, 크기나 양을 나타냄	나이(25세), 연봉($50,000)
	질적 변수	• 범주나 그룹으로 분류되는 변수 • 특정 속성이나 특성을 분류 - 명목형(남성, 여성) - 서열형(1등급, 2등급)	성별(남성, 여성), 혈액형(A형, B형 등)

❹ 분산 데이터베이스

(1) 분산 데이터베이스 연혁

① 클라우드 컴퓨팅과 SOA(Service-Oriented Architecture) 도입된 2000년대 이후 주목
② DBMS 기능 강화 및 네트워크 속도 향상으로 분산 데이터베이스가 예상보다는 확대되지 않음
③ 현재 다수 기업은 네트워크를 통한 데이터 공유를 통해 분산 데이터베이스를 활용 중

(2) 분산 데이터베이스 정의

① 물리적으로 여러 곳에 분산되어있는 데이터베이스를 네트워크로 연결해 하나의 가상 시스템으로 사용할 수 있도록 한 데이터베이스
② 여러 지역에 분산된 노드를 빠른 네트워크 환경을 이용하여 연결함으로써 사용성/성능 등을 극대화시킨 데이터베이스

(3) 분산 데이터베이스 구성요소

① 분산 처리기(Distributed Processor)
  ㉠ 지역별로 필요한 데이터를 처리할 수 있는 지역 컴퓨터(local computer)
  ㉡ 각 지역의 데이터베이스를 자체적으로 관리하는 DBMS를 별도로 가지고 있음

② 분산 데이터베이스(Distributed Database)
  ㉠ 물리적으로 분산된 지역 데이터베이스(local database)
  ㉡ 해당 지역에서 가장 많이 사용하는 데이터를 저장

③ 통신 네트워크
  ㉠ 분산 처리기는 통신 네트워크를 통해 자원을 공유
  ㉡ 특정 통신 규약에 따라 데이터를 전송함

(4) 분산 데이터베이스의 투명성

구분	투명성 유형	설명	효과
1	위치 투명성 (Location Transparency)	사용자가 데이터의 실제 위치를 알 필요 없이 데이터에 접근할 수 있는 능력	생산성과 활용성
2	중복 투명성 (Replication Transparency)	사용자가 데이터의 중복 복제본을 알지 못해도, 시스템이 자동으로 중복 데이터를 관리하고 사용할 수 있는 능력	병목현상 해소
3	병행 투명성 (Concurrency Transparency)	다수의 사용자들이 동시에 데이터베이스를 사용하더라도, 일관성을 유지하고 사용자 간의 간섭이 없는 능력	동시 처리 데이터 양 및 속도 향상
4	분할 투명성 (Fragmentation Transparency)	데이터베이스가 여러 조각으로 나뉘어 있더라도, 사용자는 이를 하나의 일관된 데이터베이스로 인식할 수 있는 능력	일관성 유지
5	장애 투명성 (Failure Transparency)	시스템의 일부가 고장 나더라도, 전체 시스템이 계속 작동하고 데이터의 무결성을 유지할 수 있는 능력	시스템 안정성
6	지역사상 투명성 (Local Transparency)	지역-물리 간 매핑(Mapping)이 가능하기 때문에 각 지역 시스템의 이름과 관련 없이 물리적 DB 이름 부여 가능	확장성

(5) 분산 데이터베이스 시스템의 장단점

구분	장점	단점
데이터 접근	지리적으로 분산된 위치에서도 빠르고 효율적인 데이터 접근이 가능함	데이터가 여러 위치에 분산되어 있어 데이터 일관성 유지가 어려울 수 있음
확장성	시스템 확장 시에 추가적인 데이터베이스 노드를 쉽게 추가할 수 있음	시스템 확장에 따른 복잡성이 증가하고 새로운 노드 추가 시 관리와 설정이 어려울 수 있음
신뢰성 및 가용성	시스템의 일부에 장애가 발생하더라도 다른 노드에서 데이터에 접근 가능하고 가용성이 높아짐	네트워크 장애 시 데이터 접근이 어려워질 수 있으며, 복구 시 데이터 일관성 문제 발생 가능
성능	분산된 노드에서 병렬 처리가 가능하여 전체 시스템의 성능이 향상됨	데이터의 분산으로 인해 네트워크 지연이 발생할 수 있으며, 동기화 비용이 증가할 수 있음

구분	장점	단점
유연성	다양한 위치에서 데이터를 저장하고 접근할 수 있어 유연성이 높음	데이터 분산으로 인한 복잡성이 증가하고 데이터베이스 설계 및 관리가 어려워질 수 있음
보안	데이터가 여러 위치에 분산되어 있어 한 장소에서의 보안 위협에 대해 더 나은 보호를 제공	분산된 여러 위치에서 보안 설정 및 관리가 복잡해질 수 있음
비용절감	로컬 서버를 사용하여 데이터 접근 비용 절감 가능	네트워크 인프라 구축 및 유지 비용과 데이터 동기화 및 복제 비용 증가

(6) 분산 데이터베이스 적용 방법

① 업무의 흐름을 보고 아키텍처 특징에 따라 데이터베이스를 구성
② 단순히 분산 환경이 중심이 아닌, 업무의 특징에 따라 분산 구조를 선택적으로 설계
③ 데이터베이스 분산 설계는 데이터베이스 구조(아키텍처) 설계가 핵심

(7) 분산 데이터베이스의 적용 기법

① 테이블 위치 분산
  ㉠ 테이블의 구조는 변하지 않음
  ㉡ 테이블이 다른 데이터베이스에 중복 생성되지 않음
  예 자재 품목을 본사와 지사 단위로 분산
  • 아래 그림의 분산방법은 설계된 테이블 각각이 지역별로 분산되어 생성

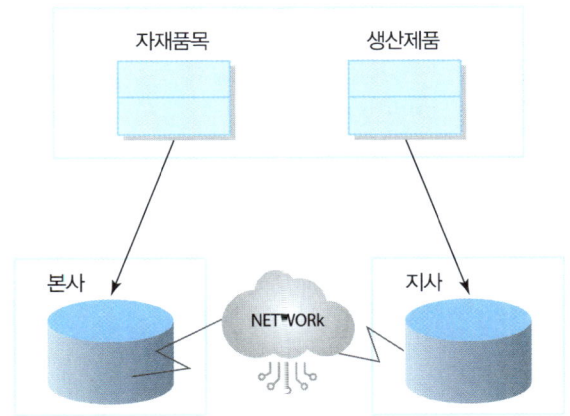

출처 : 한국데이터산업진흥원, 데이터온에어 참고

[테이블별 위치 분산]

• 아래 표와 같이 각각 테이블마다 위치를 표기하여 테이블을 생성

위치 \ 테이블	자재품목	생산제품	협력회사	사원	부서
본사	●		●		●
지사		●		●	

② 테이블 분할(Fragmentation) 분산
  ㉠ 수평분할 : 테이블의 특정 칼럼 값을 기준으로 로우(Row)를 분리하여 지사별로 분리

  예

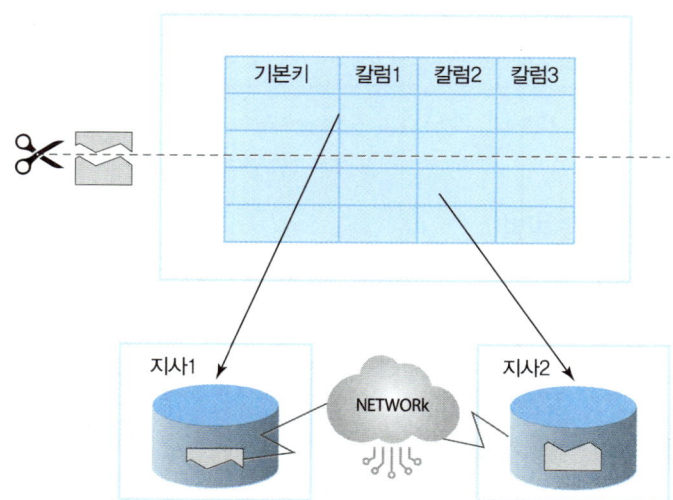

[테이블 분할 분산 – 수평분할]

  ㉡ 수직분할 : 테이블의 칼럼을 기준으로 칼럼(Column)을 분리하여 지사별로 분리

  예

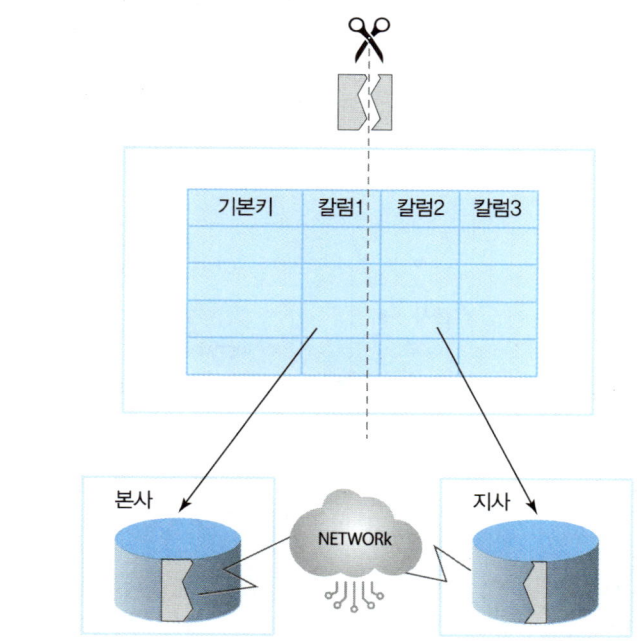

[테이블 분할 분산 – 수직분할]

③ 테이블 복제(Replication) 분산
  ㉠ 동일한 테이블을 다른 지역이나 서버에서 동시에 생성하여 관리
  ㉡ 부분 복제 : 마스터 데이터베이스의 일부 내용단 다른 지역이나 서버에 위치

예 위치 \ 테이블	고객
본사	●
지사 1	◐
지사 2	◐

  - 본사 : 전국의 고객정보를 관리
  - 지사 1 : 지사 1에 속한 고객정보 관리
  - 지사 2 : 지사 2에 속한 고객정보 관리

  ㉢ 광역 복제 : 마스터 데이터베이스의 내용을 각 지역이나 서버에 존재

예 위치 \ 테이블	코드
본사	●
지사 1	●
지사 2	●

  - 본사, 지사 1, 지사 2 : 모두 동일한 양의 코드 테이블의 데이터를 가지고 있음

④ 테이블 요약(Summarization) 분산
  ㉠ 분석 요약 : 지사별 요약 정보를 본사에 통합하여 전체 요약 정보 산출

예 위치 \ 테이블	판매실적
본사	●
지사 1	●
지사 2	●

  - 지사 1 : 지사 1의 판매실적이 존재함
  - 지사 2 : 지사 2의 판매실적이 존재함
  - 본사 : 모든 지사의 판매실적을 통합한 실적 데이터 생성

  ㉡ 통합 요약 : 지사별로 다른 내용을 본사에 통합하여 전체 요약 정보 산출

⑤ 분산 데이터베이스 적용으로 성능 향상 사례
  ㉠ 성능이 중요한 사이트에 분산 설계 적용
  ㉡ 공통 코드, 기준 정보, 마스터 데이터 등에 대해 분산 환경 구성 시 성능 향상
  ㉢ 실시간 동기화가 요구되지 않을 때 효과적
  ㉣ 특정 서버에 부하가 집중될 때 부하 분산
  ㉤ 백업 사이트(Disaster recovery site) 구성 시 분산 기능 적용

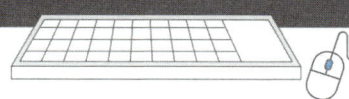

CHAPTER 02 실전예상문제

01 다음 중 데이터 파일 시스템에 대한 설명으로 옳은 것은?

① 데이터 파일 시스템은 주로 소프트웨어가 아닌 하드웨어를 지칭한다.
② 데이터 파일 시스템은 데이터를 임시적으로 저장하여 손실을 방지하지 않는다.
③ 데이터 파일 시스템은 데이터의 구조화, 보호, 검색, 무결성 유지를 포함하는 기능을 제공한다.
④ 데이터 파일 시스템은 파일 시스템과 데이터베이스 관리 시스템을 완전히 분리된 개념으로 본다.

정답 ③
해설 데이터 파일 시스템은 데이터의 구조화, 보호, 검색 및 무결성 유지를 포함하는 다양한 기능을 제공한다.
① 데이터 파일 시스템은 데이터를 저장하고 관리하기 위한 소프트웨어 또는 하드웨어 집합을 의미한다.
② 데이터 파일 시스템은 파일 시스템과 데이터베이스 관리 시스템을 통칭하며, 두 시스템 모두 데이터를 영구적으로 저장하여 데이터 손실을 방지한다.
④ 파일 시스템과 데이터베이스 관리 시스템을 통칭하여 사용하기도 한다.

02 다음 중 데이터베이스 관리 시스템(DBMS)과 파일 시스템의 차이점에 대한 설명으로 옳지 않은 것은?

① DBMS는 데이터를 테이블, 행, 열로 구조화하여 저장하고 SQL을 이용해 접근한다.
② 파일 시스템은 파일과 디렉토리 기반 구조로 데이터를 저장하고 경로와 이름을 통해 접근한다.
③ DBMS는 데이터 무결성 제약조건을 보장하며 정규화를 통해 중복을 최소화한다.
④ 파일 시스템은 자동 백업 및 복구 기능을 제공하여 데이터 손실을 방지한다.

정답 ④
해설 파일 시스템은 수동 백업 및 복구를 지원하며 파일 손상 시 복구가 어려울 수 있다. 자동 백업 및 복구 기능은 주로 데이터베이스 관리 시스템(DBMS)에서 제공하는 기능이다.

03 다음 중 데이터 보호 및 보안에 대한 설명으로 옳은 것은?

① 데이터 보호 및 보안은 데이터 파일 시스템의 기능에 포함되지 않는다.
② 데이터 보호를 위해 사용자별 또는 그룹별로 접근 권한을 설정할 수 없다.
③ 데이터 보호 및 보안을 위해 백업 및 복구 기능을 제공한다.
④ 데이터 보호 및 보안은 데이터 무결성 유지와 관련이 없다.

정답 ③
해설 데이터 보안은 승인되지 않은 액세스로부터 데이터를 보호하고 데이터 기밀성, 무결성, 가용성을 유지하기 위해 도입된 보호 조치를 일컫는다. 데이터 보호 및 보안은 백업 및 복구 기능을 제공하여 데이터 손실을 방지하고 보안을 유지한다.
① 데이터 보호 및 보안은 데이터 파일 시스템의 중요한 기능 중 하나이다.
② 데이터 보호 및 보안은 사용자별 또는 그룹별 접근 권한 설정이 가능하다.
④ 데이터 무결성 유지는 데이터 보호 및 보안의 일부이다.

04 다음 중 파일 시스템의 계층 구조에 대한 설명으로 옳지 않은 것은?

① 블록은 파일 시스템의 가장 낮은 계층으로, 일정한 크기의 데이터 조각으로 저장된다.
② 파일은 블록들의 집합으로 구성되며, 메타데이터와 데이터를 포함한다.
③ 디렉토리는 파일이나 다른 디렉토리를 포함하는 컨테이너 역할을 수행하며, 계층 구조를 제공한다.
④ 경로는 파일이나 디렉토리의 물리적 위치를 나타내는 주소로, 항상 절대경로로 표현된다.

정답 ④
해설 경로는 파일의 위치를 나타내는 주소로 절대경로와 상대경로 두 가지로 표현될 수 있다. 절대경로는 최상위 디렉토리부터 시작하는 전체경로를, 상대경로는 현재 작업 디렉토리부터 시작하는 경로를 의미한다.

05 다음 중 파일 시스템 영역 구분에 대한 설명으로 옳지 않은 것은?

① 메타 영역은 파일 이름, 위치, 크기, 시간 등 파일 정보를 저장하는 공간이다.
② 데이터 영역은 파일 데이터가 저장되는 물리적 공간이다.
③ 메타 영역과 데이터 영역 접근 모두 파일 정보가 필요할 때 이루어진다.
④ 메타 영역 접근은 파일 정보가 필요할 때 이루어진다.

정답 ③
해설 데이터 영역 접근은 실제 파일 데이터를 읽거나 쓸 때 이루어지며, 파일 정보가 필요할 때는 메타 영역에 접근하여 정보를 얻는다.

06 다음 중 파일 시스템의 구성요소에 대한 설명으로 옳은 것은?

① 파일과 디렉토리는 데이터를 저장하고 계층 구조를 구성하는 물리적인 단위이다.
② 파일 관리 시스템은 파일과 디렉토리를 물리적으로 관리하는 소프트웨어이다.
③ 저장 하드웨어는 데이터를 저장하기 위한 논리적인 공간이다.
④ 파일과 디렉토리는 데이터를 저장하고 계층 구조를 구성하는 논리적인 단위이다.

정답 ④
해설 파일과 디렉토리는 데이터를 저장하고 계층 구조를 구성하는 논리적인 단위이다.
② 파일 관리 시스템은 파일과 디렉토리를 관리하는 소프트웨어이다.
③ 저장 하드웨어는 데이터를 저장하기 위한 물리적인 공간이다.

07 다음 중 디스크 파일 시스템의 특징으로 옳은 것은?

① 디스크 파일 시스템은 데이터를 주제, 형식, 내용 등 특성에 따라 분류하여 관리한다.
② 디스크 파일 시스템은 대용량 파일과 디스크를 지원하지 않는다.
③ 디스크 파일 시스템은 주로 파일을 계층 구조로 관리하며, 블록 매핑 방식을 사용한다.
④ 디스크 파일 시스템은 데이터베이스 파일 시스템에 비해 복잡한 구조를 가진다.

정답 ③
해설 디스크 파일 시스템은 주로 파일을 계층 구조로 관리하며, 블록 매핑 방식을 사용하여 데이터를 효율적으로 저장한다.
① 데이터베이스 관리 시스템(DBMS)에 대한 설명이다. 디스크 파일 시스템은 주로 파일과 디렉토리 구조를 관리하며, 데이터의 주제나 형식에 따라 분류하지 않는다.
② 현대 디스크 파일 시스템은 대용량 파일과 디스크를 지원한다. 예를 들어, NTFS나 ext4와 같은 파일 시스템은 매우 큰 파일과 디스크를 관리할 수 있다.
④ 일반적으로 데이터베이스 파일 시스템은 디스크 파일 시스템보다 더 복잡한 구조를 가진다. 데이터베이스는 인덱스, 테이블, 관계 등을 포함한 복잡한 구조로 데이터를 관리한다.

08 다음 중 파일 시스템의 단점으로 옳지 않은 것은?

① 파일 시스템에서는 같은 데이터가 여러 파일에 중복 저장될 수 있어 데이터 불일치가 발생할 가능성이 있다.
② 파일 시스템은 접근 제어가 잘 되어 있어 보안에 강점을 가진다.
③ 파일 시스템은 데이터 구조가 복잡해지면 검색 시간이 증가할 수 있다.
④ 파일 시스템에서는 데이터 손실 시 복구가 어려울 수 있다.

정답 ②
해설 파일 시스템은 접근 제어가 미비하여 보안 취약점이 있을 수 있다. 이는 데이터베이스 관리 시스템에 비해 보안 및 무결성 관리가 어려운 이유 중 하나이다.

09 다음 중 FAT32 파일 시스템의 특징으로 옳지 않은 것은?

① 대부분의 운영체제와 호환성이 높다.
② 단일 파일 크기 제한이 4GB이다.
③ 대용량 파일 및 디스크를 지원하며 보안 기능이 뛰어나다.
④ USB 드라이브와 메모리 카드에 주로 사용된다.

정답 ③
해설 FAT32 파일 시스템은 대부분의 운영체제와 호환성이 높지만, 단일 파일 크기 제한이 4GB로 대용량 파일 및 디스크를 지원하지 않는다. 보안 기능이 뛰어나지 않으며, 주로 USB 드라이브와 메모리 카드에 사용된다

10 다음 중 NTFS 파일 시스템의 장점으로 옳은 것은?

① 윈도우 NT 계열에서만 주로 사용되며 다른 운영체제와의 호환성이 높다.
② 간단한 구조로 인해 대부분의 운영체제에서 호환된다.
③ 대용량 파일 및 디스크를 지원하고 보안, 오류 정정, 압축 기능이 있다.
④ 파일 크기 제한이 4GB로 제한된다.

정답 ③
해설 NTFS 파일 시스템은 대용량 파일 및 디스크를 지원하며, 보안, 오류 정정, 압축 기능을 가지고 있다.
① 윈도우 NT 계열에서 주로 사용되며, 다른 운영체제와의 호환성은 높지 않다.
②, ④ FAT32 파일 시스템의 특징이다.

11 다음 중 데이터베이스 관리 시스템(DBMS)의 기능으로 옳지 않은 것은?

① 데이터를 테이블과 같은 구조로 관리하여 데이터 일관성과 무결성을 유지한다.
② 데이터베이스의 스키마를 정의하고 제약조건을 설정하여 데이터의 일관성을 유지한다.
③ 여러 사용자가 동시에 데이터에 접근할 때 데이터 손실을 방지하기 위해 트랜잭션을 사용한다.
④ 사용자의 데이터 접근 권한을 무시하고 모든 데이터를 공개한다.

정답 ④
해설 DBMS는 사용자 인증, 권한 부여 및 데이터 암호화를 통해 데이터의 보안을 강화한다. 사용자의 데이터 접근 권한을 무시하고 모든 데이터를 공개하는 것은 DBMS의 기능이 아니다.

CHAPTER 02 데이터 파일 시스템

12 다음 중 데이터베이스 관리 시스템(DBMS)의 동시 접근 제어를 설명하는 기능으로 옳은 것은?

① 데이터베이스의 스키마를 정의하고 제약조건을 설정하여 데이터의 무결성을 유지한다.
② 여러 사용자가 동시에 데이터에 접근하고 수정하는 것을 효율적으로 관리한다.
③ 데이터베이스 내의 데이터를 암호화하여 보안을 강화한다.
④ 데이터를 테이블과 같은 구조로 관리하여 중복 데이터를 최소화한다.

정답 ②
해설 DBMS는 여러 사용자가 동시에 데이터에 접근하고 수정하는 것을 효율적으로 관리하기 위해 트랜잭션 개념을 도입하고, 트랜잭션 수준의 잠금 메커니즘을 사용하여 충돌을 방지한다.
① 데이터베이스 관리 시스템의 기능 중 데이터의 무결성 유지에 대한 설명이다.
③ 데이터베이스 관리 시스템의 기능 중 데이터의 보안 및 권한 관리에 대한 설명이다.
④ 데이터베이스 관리 시스템의 기능 중 데이터의 구조화에 대한 설명이다.

13 다음 중 데이터베이스 관리 시스템(DBMS)의 데이터 일관성을 유지하는 방법으로 옳지 <u>않은</u> 것은?

① 고유한 값을 가져야 하는 속성에 대한 제약조건을 정의한다.
② 참조 무결성을 유지하기 위해 외래키 제약조건을 설정한다.
③ 모든 사용자가 자유롭게 데이터를 수정할 수 있도록 한다.
④ 데이터베이스 스키마를 정의하고 제약조건을 설정한다.

정답 ③
해설 모든 사용자가 자유롭게 데이터를 수정할 수 있도록 하면 데이터 일관성이 유지되지 않다. DBMS는 제약조건을 설정하여 데이터의 일관성과 무결성을 유지한다.

14 다음 중 관계형 데이터베이스 관리 시스템(RDBMS)의 특징으로 옳은 것은?

① 스키마 유연성을 제공하여 다양한 데이터 모델을 지원한다.
② 트리 구조를 사용하여 부모-자식 관계를 정의한다.
③ 테이블 형식 구조로 데이터를 저장하며, SQL을 사용하여 데이터를 쿼리한다.
④ 객체 기반 데이터 모델을 사용하여 데이터를 저장한다.

정답 ③
해설 관계형 데이터베이스 관리 시스템(RDBMS)은 테이블 형식 구조로 데이터를 저장하며, SQL을 사용하여 데이터를 쿼리한다.
① NoSQL 데이터베이스 관리 시스템의 특징이다. NoSQL 데이터베이스는 스키마가 고정되어 있지 않기 때문에 다양한 데이터 모델(문서, 키-값, 그래프 등)을 지원한다.
② 계층형 데이터베이스 관리 시스템(HDBMS ; Hierarchical Database Management System)의 특징이다. HDBMS는 데이터를 트리 구조로 저장하며, 부모-자식 관계를 통해 데이터 간의 계층적 연결을 정의한다
④ 객체 지향 데이터베이스 관리 시스템(OODBMS ; Object-Oriented Database Management System)의 특징이다. OODBMS는 객체 기반 데이터 모델을 사용하여 데이터를 저장하며, 객체와 클래스 등의 개념을 지원한다.

15 다음 중 NoSQL 데이터베이스 관리 시스템의 단점으로 옳지 않은 것은?

① ACID 트랜잭션 부족
② 유연한 스키마 제공
③ 일관성 문제
④ 데이터 조각화 문제

정답 ②

해설 유연한 스키마 제공은 NoSQL 데이터베이스의 장점이다. NoSQL의 단점은 ACID 트랜잭션 부족, 일관성 문제, 데이터 조각화 문제 등이 있다.

16 다음 중 데이터베이스 트랜잭션의 ACID 원칙에 포함되지 않는 것은?

① 원자성(Atomicity)
② 일관성(Consistency)
③ 고립성(Isolation)
④ 복잡성(Complexity)

정답 ④

해설 ACID 원칙은 원자성(Atomicity), 일관성(Consistency), 고립성(Isolation), 지속성(Durability)을 포함한다. 복잡성(Complexity)은 ACID 원칙에 포함되지 않다.

17 다음 설명에 해당하는 데이터베이스 시스템의 장점으로 옳은 것은?

> 데이터를 분산하여 저장하고 처리하는 데이터베이스 시스템이며 분산 데이터 스토리지, 분산 쿼리 및 처리 엔진으로 구성된다.

① 데이터 일관성 유지
② 고가용성
③ 네트워크 대역폭 제한
④ 복잡한 구현 및 관리가 어려움

정답 ②

해설 분산 데이터베이스 관리 시스템에 대한 설명이다. 장점으로는 고가용성, 확장성, 분산 처리, 데이터 복지 및 안정성 보장이 있고 데이터 일관성 유지와 네트워크 대역폭 제한, 복잡한 구현 및 관리의 어려움은 단점에 해당한다.

18 다음 중 Fact 테이블의 특징으로 옳은 것은?

① 비즈니스 프로세스에서 발생한 사건이나 거래를 저장하며 주로 측정값이나 수치 데이터를 포함한다.
② 비즈니스 프로세스에서 발생한 사건이나 거래를 설명하는 컨텍스트 정보를 저장한다.
③ Fact 테이블의 데이터를 설명하기 위해 주로 설명적 속성의 데이터를 포함한다.
④ 데이터가 상대적으로 자주 변경되지 않으며, 데이터의 카테고리를 정의한다.

정답 ①

해설 Fact 테이블은 비즈니스 프로세스에서 발생한 사건이나 거래를 저장하며 주로 판매량, 수익, 수량 등 측정값이나 수치 데이터를 포함한다.
②, ③, ④ Dimension 테이블에 대한 설명이다.

19 다음 중 Dimension 테이블의 기능으로 옳은 것은?

① 비즈니스 프로세스에서 발생한 사건이나 거래를 저장
② 데이터베이스의 물리적 저장 구조와 데이터 접근을 관리
③ Fact 테이블의 데이터를 설명하는 컨텍스트 정보를 저장
④ 트랜잭션의 시작, 종료, 병합, 롤백 등을 관리

> **정답** ③
> **해설** Dimension 테이블은 Fact 테이블의 데이터를 설명하는 컨텍스트 정보를 저장하며, 분석에 필요한 설명적 속성을 포함한다. 예를 들어 날짜, 제품, 지역, 고객 등의 속성을 가진다.
> ① Fact 테이블에 대한 설명이다.
> ② 저장 데이터 관리자에 대한 설명이다.
> ④ 트랜잭션 관리자에 대한 설명이다.

20 다음 중 속성(Attribute)에 대한 설명으로 옳은 것은?

① 테이블의 행을 나타내며, 튜플(Tuple)로도 불림
② 테이블의 열을 나타내며, 특정 데이터 유형을 설명
③ 데이터베이스의 모든 객체에 대한 정보를 조회
④ 데이터베이스에서 트랜잭션의 관리와 제어를 담당

> **정답** ②
> **해설** 속성(Attribute)은 테이블의 열을 나타내며, 특정 데이터 유형을 설명한다. 필드(Field) 또는 변수(Variable)라고도 하며, 고유한 이름을 가지고 데이터의 유형을 정의한다.
> ① 레코드에 대한 설명이다.
> ③ 데이터 딕셔너리에서 사용하는 뷰인 딕셔너리 뷰 중 ALL에 대한 설명이다.
> ④ 트랜잭션 관리자에 대한 설명이다.

21 다음 중 메타데이터(Metadata)의 기능으로 옳은 것은?

① 데이터베이스에서 정보를 체계적으로 저장하는 기본 단위
② 데이터베이스의 물리적 저장 구조와 데이터 접근을 관리
③ 데이터의 특성, 구조, 의미 등을 설명하며 데이터베이스 관리에 필요한 정보를 제공
④ 여러 데이터 조작 작업을 하나의 논리적 단위로 묶어 일관성과 안전성을 보장

> **정답** ③
> **해설** 메타데이터(Metadata)는 데이터에 대한 데이터로 데이터의 특성, 구조, 의미 등을 설명하고 데이터베이스 관리에 필요한 정보를 제공한다. 이는 데이터 검색 및 조회, 데이터베이스의 일관성 유지, 데이터 분석 등에 활용된다.

22 다음 중 데이터 딕셔너리(Data Dictionary)의 역할로 옳은 것은?

① 데이터베이스의 모든 객체에 대한 정보를 조회
② 트랜잭션의 시작, 종료, 병합, 롤백 등을 처리하여 데이터의 일관성을 유지
③ 데이터베이스 시스템에서 사용되는 데이터 구조와 메타데이터 정보를 저장하고 관리
④ 데이터베이스의 물리적 저장 구조와 데이터 접근을 관리

정답 ③
해설 데이터 딕셔너리(Data Dictionary)는 데이터베이스 시스템에서 사용되는 데이터 구조와 메타데이터 정보를 저장하고 관리하는 역할을 한다. 스키마, 사용자, 테이블, 속성, 제약조건, 권한 등의 정의와 구조를 포함하는 객체로 데이터의 정확성과 일관성을 유지하는 데 도움을 준다.
① 데이터베이스의 모든 객체에 대한 정보를 조회하는 것은 데이터 딕셔너리의 일부 기능일 수 있지만, 데이터 딕셔너리의 주요 역할은 메타데이터 정보를 저장하고 관리하는 것이다.
② 트랜잭션 관리 시스템(TMS)의 역할이다.
④ 데이터베이스의 물리적 저장 구조와 데이터 접근을 관리하는 것은 저장장치 관리자(Storage Manager)와 파일 시스템의 역할이다.

23 다음 중 트랜잭션 관리자(Transaction Manager)의 역할로 옳은 것은?

① 데이터베이스의 물리적 저장 구조와 데이터 접근을 관리
② 여러 데이터 조작 작업을 하나의 논리적 단위로 묶어 일관성과 안전성을 보장
③ 테이블의 열을 나타내며, 특정 데이터 유형을 설명
④ 데이터베이스 시스템에서 사용되는 데이터 구조와 메타데이터 정보를 저장하고 관리

정답 ②
해설 트랜잭션 관리자(Transaction Manager)는 데이터베이스에서 여러 데이터 조작 작업을 하나의 논리적 단위로 묶어 일관성과 안전성을 보장한다. 트랜잭션의 시작, 종료, 병합, 롤백 등을 처리하여 데이터의 일관성과 동시성 제어를 담당한다.

24 다음 설명에 해당하는 데이터베이스 구성요소로 옳은 것은?

- 데이터베이스의 물리적 저장 구조와 데이터 접근, 관리를 담당한다.
- 블록 할당, 파일 시스템, 인덱스 구조, 버퍼 관리 등을 관리하며 데이터의 효율적 저장 및 검색을 지원한다.
- 디스크 공간 관리, 인덱스 생성 및 유지, 데이터베이스 파일 관리 등의 작업을 수행한다.

① 트랜잭션 관리자   ② 질의 처리기
③ 저장 데이터 관리자   ④ 데이터 딕셔너리

정답 ③
해설 저장 데이터 관리자(Storage Data Manager)에 대한 설명이다. 데이터베이스의 물리적 저장 구조와 데이터 접근, 관리를 담당하며 블록 할당, 파일 시스템, 인덱스 구조, 버퍼 관리 등을 관리한다. 디스크 공간 관리, 인덱스 생성 및 유지, 데이터베이스 파일 관리 등의 작업을 수행하여 데이터의 효율적 저장 및 검색을 지원한다.

25 다음 중 외부 스키마에 대한 설명으로 옳은 것은?

① 데이터베이스의 물리적 저장 방법을 명세
② 통합된 조직 전체의 데이터베이스 구조를 정의
③ 사용자나 응용 프로그램의 관점에서 데이터베이스의 논리적 설계와 구조를 정의
④ 데이터베이스의 전체적인 구조와 데이터 간의 관계를 정의

정답 ③
해설 외부 스키마는 사용자나 응용 프로그램의 관점에서 데이터베이스의 논리적 설계와 구조를 정의한다. 사용자 또는 응용 프로그램이 액세스하는 데이터의 모습이며, 여러 개의 외부 스키마가 존재할 수 있다.

26 다음 중 개념 스키마에 대한 설명으로 옳은 것은?

① 사용자 관점에서 데이터베이스의 논리적 설계를 정의
② 데이터베이스의 물리적 저장장치에 대한 정의
③ 데이터베이스의 구조와 제약조건에 관한 전반적인 명세를 정의
④ 질의어(SQL)를 이용하여 데이터베이스를 쉽게 사용할 수 있음

정답 ③
해설 개념 스키마는 데이터베이스의 구조와 제약조건에 관한 전반적인 명세를 정의하는 메타데이터의 집합이다. 데이터베이스 전체의 논리적 구조를 정의하며 데이터 개체, 관계, 제약조건, 접근 권한 등을 명세한다.

27 다음 중 내부 스키마의 특징으로 옳은 것은?

① 데이터베이스 전체의 논리적 구조를 정의
② 사용자 또는 응용 프로그램이 접근하는 데이터의 모습을 정의
③ 물리적 저장장치에 데이터가 저장되는 방법을 명세
④ 데이터베이스의 무결성과 보안을 유지

정답 ③
해설 내부 스키마는 데이터베이스의 물리적 저장장치에 데이터가 저장되는 방법을 명세한다. 저장장치의 입장에서 데이터베이스 전체가 저장되는 방법을 정의하며, DBA가 관리하고 사용자 접근이 제한된다.

28 다음 데이터베이스 언어 중 데이터의 구조를 정의하고 관리하는 언어로 옳은 것은?

① 데이터 정의어(DDL)　　② 데이터 조작어(DML)
③ 데이터 제어어(DCL)　　④ 데이터 접근어(DAL)

정답 ①
해설 데이터 정의어(DDL)는 데이터베이스 구조를 정의하고 관리하는 언어이다. 데이터베이스, 테이블, 인덱스 등을 생성, 변경, 삭제하는 데 사용된다.

29 다음 중 데이터 조작어(DML)에 해당하는 명령어로 옳은 것은?

① CREATE
② SELECT
③ GRANT
④ ALTER

정답 ②
해설 데이터 조작어(DML)는 데이터베이스의 데이터를 조작하는 언어로 데이터를 조회, 입력, 수정, 삭제하는 명령어를 포함한다. SELECT는 데이터 조회를 위한 DML 명령어이다.
①, ④ 데이터 정의어(DDL)에 해당한다.
③ 데이터 제어어(DCL)에 해당한다.

30 다음 중 키(key)에 대한 설명으로 옳지 않은 것은?

① 키는 데이터베이스에서 각 행을 구분하는 고유한 식별값이다.
② 기본키는 NULL 값을 가질 수 있다.
③ 외래키는 다른 테이블의 기본키를 참조하는 열 또는 열의 집합이다.
④ 슈퍼키는 행을 고유하게 식별할 수 있는 열의 조합이다.

정답 ②
해설 기본키는 NULL 값을 가질 수 없는 열(속성)이어야 한다. 기본키는 각 행을 고유하게 식별하기 위해 사용되므로 NULL 값이 있으면 식별할 수 없다.

31 다음 중 데이터베이스에서 사용되는 변수에 대한 설명으로 옳지 않은 것은?

① 지역 변수는 함수나 블록 내에서 선언되며 해당 블록 안에서만 유효하다.
② 전역 변수는 프로그램 전체에서 접근 가능한 변수이다.
③ 정적 변수는 클래스에 속하며 모든 객체가 공유한다.
④ 힙 변수는 스택 메모리에 저장되는 변수이다.

정답 ④
해설 힙 변수는 동적 메모리 할당 시 힙 메모리에 저장되는 변수를 말하며, 함수 호출 시 스택 메모리에 저장되는 것은 스택 변수이다. 메모리의 힙(heap) 영역은 사용자가 직접 관리할 수 있는 '그리고 해야만 하는' 메모리 영역이다. 힙 영역은 사용자에 의해 메모리 공간이 동적으로 할당되고 해제되며, 메모리의 낮은 주소에서 높은 주소의 방향으로 할당된다.

32 다음 중 데이터 타입에 따른 변수의 종류에 대한 설명으로 옳지 않은 것은?

① 정수형 변수는 정수 값을 저장하는 변수로, int 형식을 사용한다.
② 실수형 변수는 부동 소수점 값을 저장하는 변수로, float 또는 double 형식을 사용한다.
③ 문자형 변수는 여러 문자를 저장할 수 있는 변수로, String 형식을 사용한다.
④ 불린형 변수는 참과 거짓 값을 저장하는 변수로, boolean 형식을 사용한다.

정답 ③
해설 문자형 변수는 단일 문자를 저장하는 변수로, char 형식을 사용한다. 문자열 변수는 문자열을 저장하는 변수로, String 형식을 사용한다.

33 다음 중 사용 용도에 따른 종류별 변수에 대한 설명으로 옳지 않은 것은?

① 인덱스 변수는 반복문에서 반복 횟수를 제어하기 위해 사용되며, 주로 int 형식을 사용한다.
② 카운터 변수는 특정 이벤트 발생 횟수를 기록하기 위해 사용되며, 값을 초기화하지 않고 선언할 수 있다.
③ 플래그 변수는 상태를 나타내기 위해 사용되며, 주로 boolean 형식을 사용한다.
④ 요약 변수는 특성이나 측정값의 요약 통계를 저장하기 위해 사용되며, 평균 점수 등을 계산할 때 활용된다.

정답 ②
해설 카운터 변수는 특정 이벤트 발생 횟수를 세기 위해 사용되며, 초깃값을 설정해야 한다. 값을 초기화하지 않고 선언할 수 없다.

34 다음 중 양적 변수에 대한 설명으로 옳은 것은?

① 수치로 표현되며 크기나 양을 나타내는 데이터를 분석하는 데 사용된다.
② 범주나 그룹으로 분류되며, 특정 속성이나 특성을 나타내는 데 사용된다.
③ 실험이나 연구에서 결과로 측정되며, 종속 변수에 미치는 영향을 분석하는 데 사용된다.
④ 순서가 없는 명목형 변수와 순서가 있는 서열형 변수로 나눌 수 있다.

정답 ①
해설 양적 변수는 수치로 표현되며, 크기나 양을 나타내는 데이터를 분석하는 데 사용된다.
② 질적 변수에 대한 설명이다.
③ 독립 변수는 실험이나 연구에서 조작되거나 변화되는 변수로, 종속 변수에 영향을 준다.
④ 질적 변수는 순서가 없는 명목형 변수와 순서가 있는 서열형 변수로 나눌 수 있다.

35 다음 중 질적 변수에 대한 설명으로 옳은 것은?

① 수치로 표현되며 크기나 양을 나타내는 데이터를 분석하는 데 사용된다.
② 범주나 그룹으로 분류되며, 특정 속성이나 특성을 나타내는 데 사용된다.
③ 실험이나 연구에서 결과로 측정되며, 종속 변수에 미치는 영향을 분석하는 데 사용된다.
④ 순서가 없는 명목형 변수와 순서가 있는 서열형 변수로 나눌 수 있다.

정답 ②
해설 질적 변수는 범주나 그룹으로 분류되며, 특정 속성이나 특성을 나타내는 데 사용된다. 실험 결과를 측정하거나 분류할 때 주로 활용된다.
① 양적 변수에 대한 설명이다.
③ 독립 변수는 실험이나 연구에서 조작되거나 변화되는 변수로, 종속 변수에 영향을 준다.
④ 질적 변수는 순서가 없는 명목형 변수와 순서가 있는 서열형 변수로 나눌 수 있다.

36 다음 중 분산 데이터베이스의 정의로 옳은 것은?

① 여러 지역에 분포된 데이터베이스를 빠른 네트워크로 연결하여 하나의 시스템으로 사용하는 데이터베이스
② 단일 지역에만 존재하는 데이터베이스를 사용하는 시스템
③ 복잡한 네트워크 인프라를 사용하지 않고 독립적으로 운영되는 데이터베이스
④ 클라우드 컴퓨팅과 SOA(Service-Oriented Architecture)를 이용하여 구축된 데이터베이스

정답 ①
해설 분산 데이터베이스는 여러 지역에 분포된 데이터베이스를 네트워크로 연결하여 하나의 가상 시스템으로 사용할 수 있도록 구성된 데이터베이스를 말한다.

37 다음 중 분산 데이터베이스의 장점으로 옳은 것은?

① 데이터 접근이 여러 위치에 분산되어 있어 일관성 유지가 어려울 수 있음
② 시스템 확장 시 추가적인 노드를 쉽게 추가할 수 있음
③ 네트워크 장애 발생 시 데이터 접근이 용이함
④ 데이터 분산으로 인해 동기화 유지

정답 ②
해설 분산 데이터베이스의 장점 중 하나는 시스템 확장 시 추가적인 데이터베이스 노드를 쉽게 추가할 수 있다는 점이다. 이는 수평적 확장을 용이하게 하여, 시스템의 처리 능력과 저장 용량을 필요에 따라 유연하게 증가시킬 수 있다.
① 분산 데이터베이스에서는 데이터가 여러 위치에 분산되어 저장되기 때문에 데이터의 일관성을 유지하는 것이 어려울 수 있다. 이는 네트워크 지연, 동기화 문제, 분산 트랜잭션 관리 등의 문제로 인해 발생할 수 있는 단점이다.
③ 데이터가 여러 노드에 분산되어 있기 때문에 네트워크 장애가 발생하면 특정 데이터에 접근하는 것이 불가능하거나 지연될 수 있다.
④ 데이터가 여러 위치에 분산되어 저장되기 때문에 각 노드 간의 데이터 동기화를 유지해야 한다. 이 과정에서 네트워크 트래픽이 증가하고, 동기화 비용이 발생하게 된다는 단점이 있다.

38 다음 중 분산 데이터베이스의 단점으로 옳은 것은?

① 지리적으로 분산된 위치에서도 효율적인 데이터 접근이 가능함
② 시스템 확장 시 복잡성이 증가하며 관리 및 설정이 어려움
③ 시스템 일부의 장애 발생 시 다른 노드에서 데이터 접근이 어려움
④ 분산된 데이터베이스에서는 데이터 보안이 취약함

정답 ②
해설 분산 데이터베이스의 단점 중 하나로 시스템 확장 시 복잡성이 증가하며, 추가적인 노드 관리 및 설정이 어려워질 수 있다는 점이 있다. 각 노드 간의 데이터 일관성 유지, 네트워크 통신, 분산 트랜잭션 관리 등 여러 가지 복잡한 문제가 발생할 수 있다.
① 지리적으로 분산된 위치에서도 로컬 노드를 통해 빠른 데이터 접근이 가능하며, 데이터 접근 속도와 성능을 향상시킬 수 있는 것은 장점이다.
③ 현대 분산 데이터베이스 시스템은 장애 허용성을 높이기 위해 여러 노드에 데이터를 복제하고, 일부 노드 장애 시에도 다른 노드에서 데이터에 접근할 수 있도록 설계된다.
④ 분산 데이터베이스는 보안 프로토콜, 암호화 기술, 접근 제어 등을 통해 보안을 강화할 수 있다.

39 다음 중 분산 데이터베이스의 분할 투명성 유형에 대한 설명으로 옳은 것은?

① 사용자가 데이터의 실제 위치를 알 필요 없이 접근할 수 있는 능력
② 시스템의 일부가 고장 나더라도 전체 시스템이 계속 작동할 수 있는 능력
③ 다수의 사용자가 동시에 데이터베이스를 사용해도 일관성을 유지할 수 있는 능력
④ 데이터베이스가 여러 조각으로 나뉘어 있어도 사용자가 하나의 일관된 데이터베이스로 인식할 수 있는 능력

정답 ④
해설 분산 데이터베이스의 투명성 중 하나인 분할 투명성은 데이터베이스가 여러 조각으로 나뉘어 있더라도 사용자가 하나의 일관된 데이터베이스로 인식할 수 있는 능력을 의미한다.
① 위치 투명성(Location Transparency)에 대한 설명이다.
② 장애 투명성(Failure Transparency)에 대한 설명이다.
③ 병행 투명성(Concurrency Transparency)에 대한 설명이다.

40 다음 중 분산 데이터베이스의 구성요소로 옳은 것은?

① 여러 지역에 분산된 데이터베이스
② 데이터 처리를 위한 지역 컴퓨터
③ 통신 네트워크
④ 모든 것이 해당됨

정답 ④
해설 분산 데이터베이스의 구성요소는 여러 지역에 분산된 데이터베이스, 데이터 처리를 위한 지역 컴퓨터, 그리고 이들을 연결하는 통신 네트워크로 이루어진다.

41 다음 중 분산 데이터베이스의 특징으로 옳지 않은 것은?

① 클러스터링(Clustering), 레플리케이션(Replication), 샤딩(Sharding) 기술 등이 있다.
② 분산 저장을 하기 때문에 단일 지점 피해를 막을 수 있는 장점이 있다.
③ 데이터베이스 설계, 관리의 복잡도와 개발 비용이 증가하는 단점이 있다.
④ 샤딩 기술은 서버의 수직적 확장이 가능하고, 광범위한 스캔으로 쿼리 반응 속도가 빠르다.

정답 ④
해설 샤딩은 사금파리(Shard, 사기그릇의 깨어진 작은 조각)라는 어원에서 비롯된 말로 데이터를 여러 조각으로 나눠서 저장하는 기술을 말한다. 서버의 수평적 확장이 가능하고, 스캔범위를 줄여주기 때문에 쿼리 반응 속도가 빨라지는 장점이 있지만, 데이터를 적절히 분리하지 못하면 샤딩 전보다 더 비효율적일 수도 있다.

42 다음 중 관계형 데이터베이스 관리 시스템(RDBMS)의 특징으로 옳지 않은 것은?

① 데이터를 테이블 형식으로 저장하며, 각 테이블은 고유한 기본키를 가진다.
② 데이터 간의 관계를 외래키를 통해 정의하고 유지한다.
③ RDBMS의 대표적인 예로는 Oracle, MySQL, SQL Server가 있다.
④ 데이터가 트리 구조로 저장되어 빠른 탐색이 가능하다.

> **정답** ④
> **해설** 데이터가 트리 구조로 저장되는 것은 계층형 데이터베이스 관리 시스템의 특징이다.
> ①, ② 관계형 데이터베이스 관리 시스템(RDBMS)은 데이터를 테이블 형태로 저장하고, 기본키와 외래키를 통해 데이터 간의 관계를 정의하고 유지한다.
> ③ 대표적인 RDBMS로는 Oracle, MySQL, SQL Server 등이 있다.

43 다음 중 데이터베이스의 주요 장점으로 옳지 않은 것은?

① 데이터의 무결성과 일관성을 유지할 수 있다.
② 데이터의 중복을 줄여 저장 공간을 효율적으로 사용할 수 있다.
③ 데이터 간의 종속성을 최대화하여 관리의 복잡성을 높일 수 있다.
④ 여러 사용자가 동시에 데이터를 사용할 수 있다.

> **정답** ③
> **해설** 데이터베이스는 데이터의 무결성과 일관성을 유지하며, 데이터 중복을 최소화하여 저장 공간을 효율적으로 사용하게 한다. 또한, 여러 사용자가 동시에 데이터를 사용할 수 있게 해준다. 데이터 간의 종속성을 최대화하는 것은 데이터베이스의 장점이 아니라 단점으로 데이터베이스의 목표는 데이터 간의 독립성을 높이는 것이다.

44 다음 중 데이터베이스에서 데이터를 체계적으로 관리하기 위해 사용하는 단위로 옳은 것은?

> (   )은/는 테이블 내에서 하나의 데이터 항목을 나타내며, 데이터베이스의 기본 저장 단위 중 하나이다. 각 행은 고유한 데이터 집합을 나타내며, 여러 속성의 값을 포함한다.

① 필드(Field) ② 레코드(Record)
③ 테이블(Table) ④ 속성(Attribute)

> **정답** ②
> **해설** 레코드(Record)는 테이블 내에서 하나의 데이터 항목을 나타내며, 각 행이 고유한 데이터 집합을 의미한다.
> ①, ④ 필드(Field)와 속성(Attribute) : 테이블 내의 열을 나타낸다.
> ③ 테이블(Table) : 여러 레코드를 포함하는 데이터베이스의 구조적 단위이다.

45 다음 중 데이터베이스에서 데이터를 검색하고 수정하는 데 사용되는 언어로 옳은 것은?

> 이 언어는 데이터베이스 내의 데이터를 삽입, 수정, 삭제, 검색하는 기능을 수행한다. 주요 명령어로는 SELECT, INSERT, UPDATE, DELETE 등이 있다.

① 데이터 정의어(Data Definition Language)
② 데이터 관리어(Data Management Language)
③ 데이터 조작어(Data Manipulation Language)
④ 데이터 제어어(Data Control Language)

정답 ③
해설 데이터 조작어(Data Manipulation Language)는 데이터베이스 내의 데이터를 삽입, 수정, 삭제, 검색하는 기능을 수행한다. 주요 명령어로는 SELECT, INSERT, UPDATE, DELETE 등이 있다.
① 데이터 정의어 : 데이터베이스 구조를 정의
② 데이터 관리어 : 일반적으로 사용되지 않는 용어
④ 데이터 제어어 : 데이터의 접근 권한을 제어

46 다음 괄호 안에 들어갈 스키마 유형으로 옳은 것은?

> (   )은/는 사용자나 응용 프로그램이 데이터베이스를 접근할 수 있는 방법을 정의한다. 각 사용자가 필요로 하는 데이터만을 볼 수 있게 하여 데이터의 보안과 사용자 편의를 제공한다.

① 개념 스키마
② 내부 스키마
③ 내용 스키마
④ 외부 스키마

정답 ④
해설 외부 스키마는 사용자나 응용 프로그램이 데이터베이스를 접근할 수 있는 방법을 정의하며, 각 사용자가 필요로 하는 데이터만을 볼 수 있게 한다. 이는 데이터의 보안과 사용자 편의를 제공하는 역할을 한다.
① 개념 스키마 : 데이터베이스의 논리적 구조를 정의
② 내부 스키마 : 데이터의 물리적 구조를 정의
③ 내용 스키마 : 일반적으로 사용하지 않는 용어

47 다음 중 기본키(Primary Key)에 대한 설명으로 옳은 것은?

① 기본키는 한 테이블에서 다른 테이블의 기본키를 참조하는 키이다.
② 기본키는 테이블 내 모든 레코드를 고유하게 식별하며, 중복 값을 가질 수 있다.
③ 기본키는 테이블 내 모든 레코드를 고유하게 식별할 수 있으며, NULL 값을 가질 수 없다.
④ 기본키는 여러 개의 후보키 중에서 선택되며, 최소성 조건을 만족시키지 않아도 된다.

정답 ③
해설 기본키(Primary Key)는 테이블 내 모든 레코드를 고유하게 식별할 수 있으며, 중복 값을 가질 수 없고 NULL 값을 가질 수 없다. 기본키는 데이터베이스에서 각 레코드를 유일하게 식별하기 위해 사용된다. 후보키는 기본키로 선택될 수 있는 키들을 말하며, 외래키는 다른 테이블의 기본키를 참조하는 키이다.

CHAPTER 03

PART 02_ 데이터의 해석 및 활용

데이터 활용

SECTION 01 데이터 가공 방법

1 데이터 오류

(1) 개요

① 데이터 오류 : 데이터의 정확성, 무결성, 일관성이 손상된 상태를 의미
② 데이터에 부정확하거나 잘못된 정보가 포함되거나 누락된 것
③ 데이터 입력, 처리, 저장 또는 전송 과정에서 발생할 수 있는 실수나 결함으로 인해 발생
④ 데이터 오류는 데이터의 신뢰성을 저해하며, 분석 및 의사 결정 과정에 부정적인 영향
⑤ 데이터의 활용과 분석의 신뢰성을 보장하기 위해서 데이터 유효성 검사와 검증 프로세스 필수

> **TIP** Garbage in, Garbage out(가비지 인 가비지 아웃, GIGO)
>
> GIGO는 '쓰레기가 들어가면 쓰레기가 나온다.'라는 뜻으로 데이터의 품질이 결과의 품질에 직접적인 영향을 미친다는 사실을 간결하게 설명한다. 이는 인공지능과 데이터 분석에서도 마찬가지인데 부정확하거나 불완전한 데이터를 입력하면, 그 결과로 나온 분석이나 예측 역시 신뢰할 수 없다. 데이터는 모든 분석의 기초가 되며 데이터의 품질이 높을수록 결과의 정확성도 높아진다. 인공지능 모델은 훈련 데이터에 의존하여 학습하므로, 잘못된 데이터는 모델의 성능을 저하시킨다. 또한, 데이터 오류는 잘못된 비즈니스 결정을 초래할 수 있으며, 이는 시간과 비용의 낭비로 이어질 수 있다. 따라서, 데이터 수집, 처리, 저장 및 분석의 각 단계에서 데이터의 품질을 유지하고 검증하는 것은 필수적이다. 데이터의 품질은 분석과 모델에 신뢰를 제공하며, 이는 성공적인 데이터 기반 의사결정에 중요한 역할을 한다.

(2) 데이터 오류의 원인

① 입력실수 : 사용자가 데이터를 수동으로 입력하는 과정에서의 오타나 숫자 입력 오류, 임의 입력
② 기술적 결함 : 소프트웨어 버그로 인한 데이터 처리 오류, 시스템 업데이트로 인한 비호환성 문제
③ 하드웨어 오작동 : 하드 드라이브 고장으로 인한 데이터 손실, 메모리 오류로 인한 데이터 왜곡
④ 데이터 수집 오류 : 센서 고장으로 인한 잘못된 데이터 수집, 웹 스크래핑 등 자동 수집 과정에서의 데이터 누락
⑤ 저장 및 전송 과정 오류 : 네트워크 장애로 인한 데이터 전송 실패, 저장 매체 손상으로 인한 데이터 유실

(3) 데이터 오류의 유형

① 정확성 오류
- ㉠ 오입력 및 오타 : 사용자의 입력 실수로 인한 잘못된 데이터
- ㉡ 이상값 : 데이터세트에서 비정상적으로 높거나 낮은 값
- ㉢ 계산 오류 : 알고리즘이나 공식을 잘못 적용하여 발생하는 잘못된 계산 결과

② 무결성 오류
- ㉠ 중복 : 동일한 데이터가 중복되어 저장된 경우
- ㉡ 누락 : 필요한 데이터가 기록되지 않거나 유실된 경우

③ 일관성 오류
- ㉠ 잘못된 서식 : 데이터 형식이 일관되지 않아 발생하는 오류
- ㉡ 잘못된 정렬 : 데이터가 잘못 정렬되어 발생하는 문제
- ㉢ 데이터 유형 오류 : 잘못된 데이터 유형 사용(텍스트, 날짜, 정수, 통화 등)
  - 예 날짜 형식이 일관되지 않거나 텍스트 필드에 숫자가 포함된 경우

(4) 데이터 오류 예방 및 관리 방안

① 데이터 입력 단계
- ㉠ 입력 검증 및 유효성 검사 : 입력된 데이터가 지정된 형식과 범위를 준수하도록 실시간 검증 및 유효성 검사를 실시
- ㉡ 자동화 도구 사용 : 데이터 입력 과정을 자동화하여 사람의 실수를 최소화
- ㉢ 입력 표준화 : 입력 데이터의 형식을 표준화하여 일관성을 유지

② 데이터 처리 단계
- ㉠ 정기적 데이터 검토 및 정제 : 데이터세트를 주기적으로 검토하여 오류를 식별하고 정제
- ㉡ 데이터 정규화 : 데이터베이스를 정규화하여 중복과 불일치를 방지
- ㉢ 이상값 감지 및 처리 : 이상값을 감지하고 적절히 처리하여 데이터의 정확성을 유지

③ 데이터 저장 단계
- ㉠ 데이터 백업 : 정기적으로 데이터를 백업하여 데이터 손실 대비
- ㉡ 무결성 검증 : 저장된 데이터의 무결성을 주기적으로 검증하여 오류를 예방
- ㉢ 보안 강화 : 데이터 저장소에 대한 접근을 제어하고 암호화하여 데이터를 보호

④ 데이터 전송 단계
- ㉠ 전송 오류 검출 및 수정 : 데이터 전송 시 오류를 실시간으로 검출하고 수정
- ㉡ 네트워크 안정성 확보 : 안정적인 네트워크 환경을 구축하여 데이터 전송 중 오류를 최소화
- ㉢ 데이터 전송 로그 관리 : 전송 과정의 로그를 기록하고 검토하여 문제 발생 시 신속히 대응

⑤ 데이터 활용 단계
  ㉠ 데이터 분석 전 사전 검토 : 데이터 분석 전에 데이터의 품질을 검토하여 오류를 사전에 발견
  ㉡ 모니터링 및 피드백 : 데이터 활용 과정에서 지속적으로 모니터링하고 피드백 반영, 오류 예방
  ㉢ 데이터 품질 보고서 작성 : 데이터의 품질 상태를 정기적으로 보고하여 관리 및 개선에 활용

⑥ 전사적 데이터 관리
  ㉠ 교육 및 훈련 : 데이터를 다루는 모든 직원들에게 데이터 관리 및 오류 예방에 대한 교육
  ㉡ 표준 운영 절차(SOP) 마련 : 데이터 관리에 대한 표준 운영 절차를 마련하고 준수
  ㉢ 데이터 품질 관리 책임자 지정 : 각 데이터 관리 단계에 책임자를 지정하여 데이터 품질 관리의 책임을 명확화

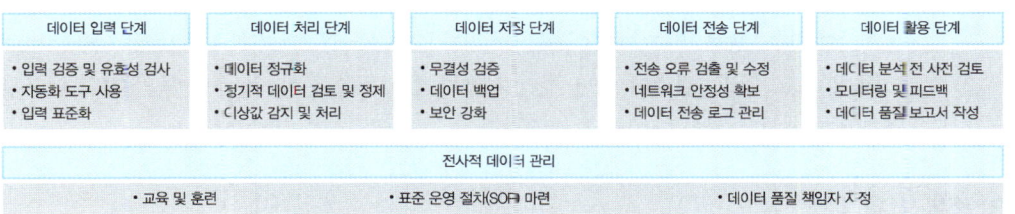

[데이터 처리 단계별 오류 예방 및 관리 방안]

② 데이터 정제

(1) 개요
① 데이터 정제 : 데이터의 품질과 정확성을 높이는 작업
② 데이터 분석, 머신 러닝, 데이터베이스 관리 등 다양한 분야에서 중요한 단계
③ 데이터를 정제함으로써 오류, 결측치, 중복값 등을 제거하여 신뢰할 수 있는 데이터세트를 확보

(2) 결측값 처리
① 정의 : 'Missing Value'라는 뜻으로 데이터세트에서 값이 존재하지 않는 상태 또는 누락된 값을 의미
  ㉠ NA(Not Available) : 값이 들어갈 공간이 없음
  ㉡ Null(존재하지 않음을 뜻하는 독일어) : 값이 들어갈 공간은 있지만 값이 없음
  ㉢ NaN(Not a Number) : 계산상 오류 때문에 값이 계산되지 않아 없음

② 결측치 처리 주의사항
  ㉠ 결측치를 다 제거할 경우, 막대한 데이터가 손실될 수 있음
  ㉡ 분석가의 관점에 따라 결측치를 잘못 대체할 경우, 데이터 편향(bias) 발생 가능
  ㉢ 결측치의 비율, 분포, 다른 변수와의 관계 확인
    예 데이터의 분포가 한쪽으로 치우친 경우, 평균의 사용은 오류를 가져옴
  ㉣ 원본 데이터를 삭제하지 말고, 데이터를 복사하여 작업 및 분석 수행

③ **결측값 식별** : 결측값을 확인하는 방법에는 통계 요약, 시각화, 특정 함수 사용 등이 있음
④ **결측값 처리 방법 결정** : 결측값의 특성과 분석 목적에 따라 적절한 처리 방법을 선택해야 함
⑤ **결측값 제거** : 결측값이 포함된 데이터 행 또는 열을 제거
   예 데이터의 일부 열이 거의 모든 행에서 결측인 경우 해당 열을 제거

⑥ **결측값 대체** : 결측값을 다른 값으로 채워 넣는 방법
   ㉠ 변수의 형태에 따라 일반적으로 다음과 같은 방법을 사용
      • 연속형 변수 : 평균 또는 중앙 값으로 대체
      • 이산형 변수 : 최빈값(가장 출현 빈도가 높은 값)으로 대체
   ㉡ 예측 모델을 이용한 대체
      • 연속형 변수 : 다른 독립 변수(X)를 입력으로 하는 회귀모델을 통해 수치를 예측
      • 이산형 변수 : 종속 변수에 대한 결측치 처리를 KNN(K-Nearest Neighbor)을 이용한 Imputation(대체)으로 처리. 결측이 아닌 값만 사용하여 이웃을 구한 뒤, 이웃들의 값의 대표값으로 결측을 대체하는 결측치 예측 모델(예 sklearn-impute-KNNImputer)

(3) 중복값 제거

① **정의** : 동일한 데이터가 여러 번 반복되어 존재하는 경우
② **중복값 식별** : 데이터세트에서 동일한 행이 여러 번 나타나는지 확인
③ **중복값 처리 방법 결정** : 중복값의 특성과 데이터세트의 요구사항에 따라 처리 방법을 결정
④ **중복값 제거** : 중복된 행을 제거하여 데이터세트의 순도를 높임
   예 고객 정보 데이터베이스에서 동일한 고객이 여러 번 등록된 경우 중복 행 제거

⑤ **중복값 제거 시 주의사항**
   ㉠ 중복 기준 설정 : 어떤 속성(열)을 기준으로 중복을 판단할 것인지 정의
      예 고객 데이터에서는 이름과 생년월일을 기준으로 중복을 판단
   ㉡ 데이터 손실 방지 : 중복값 제거 시 유용한 데이터가 함께 삭제되지 않도록 주의
      예 동일한 고객의 중복된 행에 서로 다른 구매 정보가 포함된 경우, 별도 처리 필요
   ㉢ 데이터의 맥락 이해 : 단순히 중복된 행을 제거하는 것이 아니라, 데이터의 맥락을 이해하여 중복값 발생 원인 분석
      예 데이터 입력 오류인지, 시스템 문제인지 확인
   ㉣ 중복 제거 후 검증
      • 중복값을 제거한 후 데이터세트를 검증하여 필요한 정보가 유지되고 있는지 확인
      • 이 과정에서 데이터의 일관성과 완전성을 확인
   ㉤ 백업 유지
      • 중복값 제거 전에 원본 데이터의 백업을 유지
      • 제거 과정에서 실수로 중요한 데이터를 잃을 수 있으므로 원본 데이터 백업

⑥ 중복 제거 방법 결정 : 중복값을 제거할 때 어느 행을 남길 것인지 결정
  예 최신 데이터 또는 특정 기준에 맞는 데이터를 남길 수 있음

(4) 불일치 데이터 처리
① 불일치 데이터 : 데이터 내에서 서로 일관성이 없거나 충돌하는 값을 의미
② 불일치 데이터 식별 : 데이터 내의 불일치 항목을 탐지하는 과정
③ 데이터 표준화 : 데이터의 포맷과 구조를 일관되게 갖추는 작업
④ 불일치 오류 수정 : 불일치 데이터를 식별한 후, 이를 표준화된 형식으로 수정

(5) 이상값 처리
① 이상값 식별 : 통계적 방법이나 시각화를 통해 데이터세트에서 유의미하게 벗어난 값을 탐지
② 이상치 처리 방법 결정 : 도메인 지식과 분석 목적에 따라 처리 방법을 결정
③ 이상값 제거
  ㉠ 도메인 지식을 고려 : 전문가의 지식을 활용하여 이상값을 판단
  ㉡ 통계적 방법 : 평균 ±3 표준편차, 사분위수 범위(IQR) 등을 사용
  ㉢ 시각화를 통한 이상치 제거 : 박스플롯, 산점도 등을 통해 시각적으로 이상치 확인 후 제거
④ 이상치 대체 : 이상값을 다른 값으로 대체하여 데이터세트의 품질을 유지
  예 이상값을 중앙값이나 예측된 값으로 대체

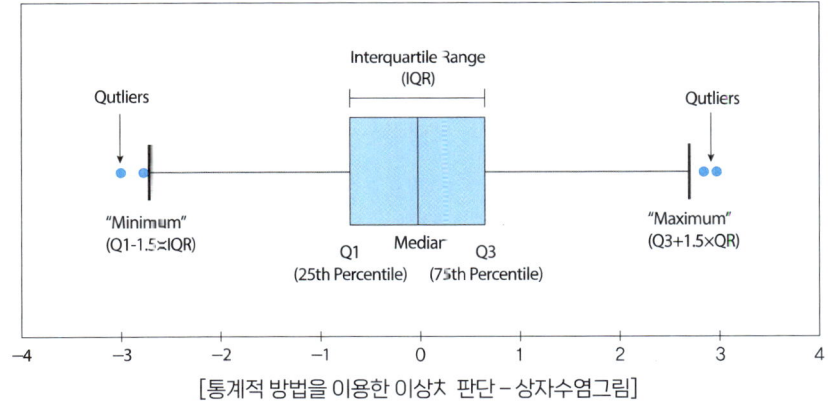

[통계적 방법을 이용한 이상치 판단 – 상자수염그림]

⑤ 이상치 처리 주의사항
  ㉠ 이상값 식별 및 원인 분석
    • 이상값의 원인 분석 : 데이터 입력 오류, 측정 기기 문제 등
    • 도메인 지식 활용 이상치 제거 : 단순 통계가 아닌 도메인 전문가 의견을 참고하여 이상값을 판단 및 제거
    • 데이터 분포 이해 : 데이터의 분포를 파악하여 이상값을 식별

- 시각화 도구 활용 : 박스플롯, 히스토그램, 산점도 등을 사용하여 이상값 시각적 확인 단계 필수
ⓛ 이상값 처리 방법 결정
- 이상값의 상대적 중요성 평가 : 이상값이 분석에 미치는 영향을 평가
- 이상값 제거 시 데이터 손실 방지 : 유용한 또는 대부분의 데이터가 삭제되지 않도록 주의
- 이상값 대체 방법 결정 : 이상값을 평균값, 중앙값, 예측값 등으로 대체
- 통계적 방법 사용 시 주의 : 평균 ±3 표준편차, IQR 등 통계적 방법을 데이터 특성에 맞게 조정
ⓒ 이상치 처리 과정 문서화 및 자동화
- 문서화 : 이상값 처리 과정을 문서화하여 투명성과 재현성을 확보(코드 내 주석 등)
- 자동화 도구 활용 : 자동화 도구나 알고리즘을 사용하되, 도메인 지식을 반영하여 설정
- 정기적인 데이터 모니터링 : 데이터 업데이트 시 이상값 정기 모니터링 및 처리

(6) 데이터 유효성 검사

① 사전에 정의된 규칙과 제약조건에 따라 데이터의 품질을 확인
② 이상치, 결측치, 중복값, 불일치에 대한 데이터 전처리 과정
③ 데이터 유효성 검사를 통해 데이터의 일관성, 정확성, 완전성을 확인하고 보장

❸ 데이터 변환

(1) 개요

① 데이터 변환 : 원본 데이터를 분석이나 모델링을 위해 필요한 형태로 변경하는 과정
② 데이터의 유형을 변환하거나 새로운 특성을 생성하고 데이터 품질을 향상 분석 가능한 형태로 가공함
③ 데이터 변환은 데이터 전처리 과정에서 가장 중요하고 시간이 많이 소요되는 단계
④ 데이터의 정확성과 유효성을 확보하고 분석의 정확성을 높이는 데 기여함

(2) 데이터 스케일링

① 데이터를 원하는 형태로 변환하는 전처리 과정 중 하나
② 인공지능 모델링 및 데이터 분석에서 변수의 척도를 동일하게 만들어 영향도를 같게 함
③ **목적** : 데이터 분포 조정, 이상치 처리, 알고리즘 성능 향상
④ 데이터 표준화와 정규화라는 용어를 사용하지만 실제 데이터 분석에서는 스케일링으로 표현

예 x는 0부터 1 사이의 값을 갖고, y는 10부터 100 사이의 값을 갖는다고 가정하면, x의 특성은 y를 예측하는 데 큰 영향을 주지 않을 수 있음. 따라서, 데이터 스케일링 작업을 통해 모든 특성의 범위 또는 분포를 같게 만들어서 영향도를 같도록 만들어주는 작업을 함

⑤ **스케일링 방법의 선택** : 특정 스케일링이 우수한 것이 아니라 '데이터+모델+스케일링'의 조합에 따라 성능이 달라짐에 유의하여 목적과 결과에 따라 비교 검증을 통해 선택

⑥ **데이터 표준화** : 데이터세트 간의 비교가 쉽도록 평균과 표준편차를 조정하여 분포를 동일하게 만드는 작업 `2024년 1회 기출`

㉠ StandardScaler
- 데이터의 평균을 0, 분산(표준편차)을 1로 조정하여 표준 정규분포로 만드는 것($Z-score$)
- 모든 변수들을 동일한 척도로 변경해주기 위한 목적
- 데이터 분석에서 회귀보다 '분류'에 유용
- 최솟값과 최댓값의 크기를 제한하지 않으므로 이상치로부터 영향을 많이 받음

㉡ RobustScaler
- 평균과 분산 대신에 중간값(정렬 시 중간에 있는 값)과 사분위값(정렬 시 1/4, 3/4에 위치한 값)을 사용
- 이상치 영향을 최소화하여 정규분포보다 더 넓게 분포
- 스케일링 결과가 StandardScaler 대비 더 넓은 범위로 분포

⑦ **데이터 정규화** : 서로 다른 크기를 가진 데이터를 특정 범위 내의 데이터로 조정하는 작업

㉠ MinMaxScaler
- 특성들을 특정 범위(주로 [0,1])로 변환, 가장 작은 값은 0, 가장 큰 값은 1로 변환
- 이상치에 매우 민감하여, 이상치가 존재할 경우 매우 좁은 범위로 압축될 수 있음
- 분류보다 회귀에 유용
- 데이터의 최솟값과 최댓값을 알 때 사용

㉡ MaxAbsScaler
- 각 특성의 절댓값이 0과 1 사이가 되도록 스케일링
- 모든 값은 -1과 1 사이로 표현되며, 데이터가 양수일 경우 MinMaxScaler와 유사하게 동작
- 이상치에 매우 민감. 특히 큰 이상치에 민감할 수 있음(가장 큰 값의 절댓값으로 모든 값을 나눠주기 때문임)

⑧ **데이터 스케일링 방법 비교**

방법	정의	수식	예시
Standard Scaler	평균이 0, 표준편차가 1이 되도록 데이터의 스케일을 조정하는 방법	$X' = \dfrac{(x-\mu)}{\sigma}$ $Z = \dfrac{x-\mu}{\sigma}$	• 원본 데이터 : [10, 20, 30] • 정규화 데이터 : [-1.225, 0, 1.225]
Robust Scaler	중앙값과 IQR(Interquartile Range)을 사용하여 이상치의 영향을 최소화하면서 데이터를 정규화하는 방법	$X' = \dfrac{(x-Q_2)}{(Q_3-Q_1)}$ $Z = \dfrac{(x-Q_2)}{(Q_3-Q_1)}$	• 원본 데이터 : [10, 20, 30] • 정규화 데이터 : [-0.667, 0.5, 0.667]

방법	정의	수식	예시
MinMax Scaler	데이터의 최솟값을 0, 최댓값을 1로 변경하여 범위를 조정하는 방법	$X' = \dfrac{(x - X_{\min})}{(X_{\max} - X_{\min})}$	• 원본 데이터 : [10, 20, 30] • 정규화 데이터 : [0, 0.5, 1]
MaxAbs Scaler	데이터의 절대 최댓값을 1로 하여 양수와 음수 값을 동일한 비율로 조정하는 방법	• $X' = \dfrac{x}{\|X_{\max}\|}$ • $X'_i = \dfrac{X_i}{abs(X_{\max})}$	• 원본 데이터 : [10, 20, 30] • 정규화 데이터 : [0.333, 0.667, 1]

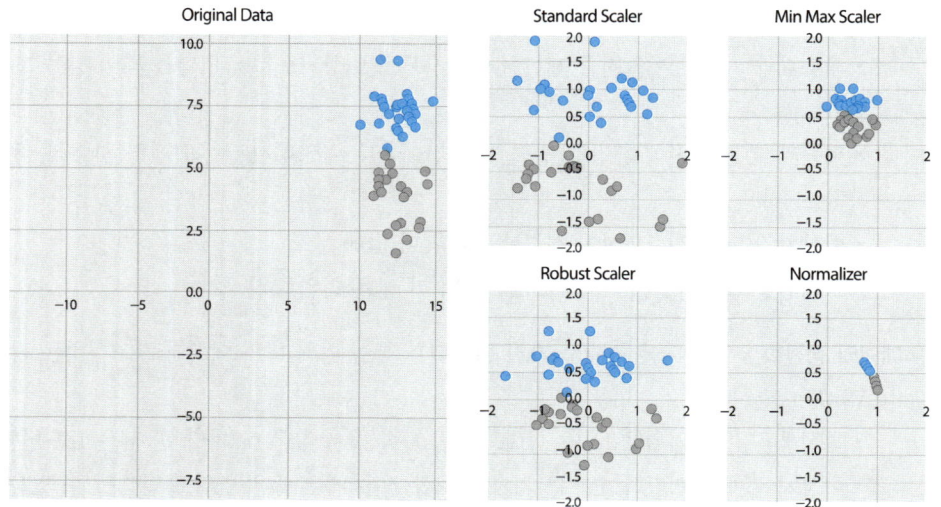

출처 : Ivan Zakharchuk, Importance of Data Preprocessing and Scaling in Machine Learning, Medium, 2021.02.24.

[데이터 스케일링 방법별 결과]

(3) 데이터 유형 변환

① 문자를 숫자로, 숫자를 문자로, 숫자나 문자를 Boolean(참/거짓)으로 변환하는 작업

② 범주형 데이터 인코딩

　㉠ 원핫(One-Hot) 인코딩 : 범주형 변수를 0과 1의 이진 벡터로 변환

　　예 과일 종류를 '사과', '바나나', '오렌지'는 [1, 0, 0], [0, 1, 0], [0, 0, 1]로 변환됨

　㉡ 레이블(Label) 인코딩 : 범주형 변수의 각 범주에 숫자값을 할당

　　예 과일 종류를 '사과', '바나나', '오렌지'를 순서대로 0, 1, 2로 변환됨

③ 연속형 데이터 범주화

　㉠ 등간 구간화(Equal Width Binning) : 데이터의 전체 범위를 동일한 간격으로 나누는 방법

　　예 데이터의 최솟값과 최댓값 사이를 일정 간격으로 나누어 구간을 정함

　㉡ 등율 구간화(Equal Frequency Binning) : 각 구간에 포함되는 데이터의 수가 동일하도록 구간을 나누는 방법

　　예 데이터를 정렬한 후 동일한 개수의 데이터를 각 구간에 할당

(4) 결측치와 이상치 처리

① 결측치
- ⊙ 데이터의 값이 누락되어 있는 상태
- ⓒ 결측치를 채우는 방법 : 평균값, 중앙값, 최빈값으로 대체
- 예 주어진 데이터에서 특정 열의 결측치를 해당 열의 평균값으로 대체

② 이상치
- ⊙ 데이터의 일반적인 패턴에서 벗어나는 극단적인 값 또는 패턴을 가진 데이터
- ⓒ 이상치를 탐지하고 처리하는 방법 : 제거, 대체 특정 값으로 변경
- 예 수치 데이터에서 범위를 벗어나는 값을 이상치로 간주하고 제거

(5) 텍스트 전처리

① 우리가 쓰는 언어를 자연어라고 하며, 컴퓨터가 알아들을 수 있는 형태로 변환
- ⊙ 토큰화(Tokenization) : 텍스트를 단어나 문장으로 분할하는 작업
- ⓒ 벡터화(Vectorization) : 텍스트를 수치화하여 모델에 입력할 수 있는 형태로 변환하는 작업
- 예 "나는 과일을 좋아해"라는 문장을 토큰화하면 ['나는', '과일을', '좋아해']가 됨
  벡터화는 각 단어를 고유한 인덱스로 변환하여 처리함

② 데이터 집계 및 그룹화
- ⊙ 데이터를 특정 기준에 따라 요약하거나 그룹화하는 작업
- ⓒ 데이터 집계 : 평균, 합계 등을 계산하여 데이터를 요약하는 작업
- 예 고객 데이터에서 지역별 평균 구매액 계산, 혹은 날짜별 판매량을 집계하는 작업

(6) 데이터 구조 변환

① 피벗(Pivot) : 데이터의 형태를 재구성하여 새로운 축에 따라 재정렬하는 작업
② 언피벗(Unpivot) : 피벗된 데이터를 다시 원래의 구조로 되돌리는 작업
- 예 특정 기준에 따라 행과 열을 변환하여 데이터를 요약하는 피벗 테이블 생성 후 다시 원래 형태로 돌아가는 작업

(7) 날짜 및 시간 처리

① 분할 : 날짜/시간 데이터를 년, 월, 일, 시, 분 등으로 분할
② 파생 : 날짜/시간 데이터로부터 시간대(오전, 오후, 저녁), 요일 또는 계절 등의 파생 변수를 생성

(8) 차원 축소

① 주성분 분석(PCA, Principal Component Analysis) : 데이터의 분포를 최대한 보존하면서 고차원 데이터를 저차원 데이터로 변환하는 대표적인 차원 축소기법
② 특징 선택(Feature Selection) : 모델 구성을 위한 특징(변수) 선택

4 데이터 분리

(1) 데이터세트 분할

① **분할 목적**
  ㉠ 인공지능 모델을 효과적으로 학습시키고 평가하기 위함
  ㉡ 훈련 데이터는 모델 학습에 사용하며, 검증 데이터는 모델의 성능 일반화와 최적화에 사용
  ㉢ 테스트 데이터는 모델이 실제 환경에서 얼마나 잘 작동하는지를 평가하는 데 사용

② **분할 방법** : 시계열 또는 순차적 테이블을 기준으로 데이터세트를 분할 할 수 있음
  ㉠ 훈련 데이터세트(Training data set) : 모델 학습을 위한 데이터세트로, 모델의 매개변수를 조정하며 학습 과정을 진행
  ㉡ 검증 데이터세트(Validation data set) `2024년 1회 기출`
    - 모델의 성능을 평가하고 최적의 매개변수를 선택하기 위한 데이터세트
    - 훈련 데이터에 과대 적합(지나치게 훈련 데이터에만 국한되어 성능이 발휘되는 것)되지 않도록 성능 일반화를 위해 매개변수(하이퍼파라미터) 조정에 사용
    - 과소 적합은 데이터 분석 모델이 너무 단순하거나 충분한 학습이 이뤄지지 않았을 때 발생
  ㉢ 테스트 데이터세트(Test data set)
    - 모델이 실제 환경에서 얼마나 잘 일반화되는지 평가하기 위한 독립적인 데이터세트
    - 훈련 과정에 전혀 사용되지 않으며, 최종적인 성능 평가에 사용

③ **분할 시 고려사항**
  ㉠ 데이터의 랜덤성 유지
    - 데이터를 분할할 때는 데이터의 순서를 섞어서 랜덤성을 유지
    - 모델이 특정 순서에 의존하지 않도록 하기 위함
  ㉡ 데이터의 균형
    - 각 데이터세트(훈련, 검증, 테스트)에서 클래스 또는 레이블의 분포가 골고루 포함
    - 특히, 클래스 불균형이 있는 경우 적절한 샘플링 기법을 사용
  ㉢ 데이터의 일반화 가능성
    - 테스트 데이터는 모델이 실제로 만날 데이터와 유사한 특성을 가져야 함
    - 훈련 데이터와 검증 데이터는 테스트 데이터와 유사한 분포를 갖도록 해야 함

(2) 교차 검증(cross-validation) `2024년 1회 기출`

① 기계 학습 모델의 성능을 신뢰할 수 있는 방법으로 평가하기 위한 기술
② 주어진 데이터를 여러 개의 fold(부분 집합)로 나눈 후, 각 fold를 한 번씩 테스트 세트로 사용하고 나머지를 훈련 세트로 사용하여 모델을 여러 번 학습 및 평가하는 방법
  - **예** 5-fold cross-validation에서는 데이터를 5개의 부분 집합으로 나눈 뒤, 각각의 부분 집합을 차례로 테스트 세트로 사용하고 나머지 4개 부분 집합을 훈련 세트로 사용하여 모델을 평가. 이 과정을 5번 반복하여 각 fold에서 얻은 성능 지표들의 평균을 최종 성능 지표로 사용

(3) 표본추출

① 무작위 표본 추출(Simple random sampling)
  ㉠ 모집단(population) 내에서 모든 개체가 동등한 확률로 선택될 수 있는 방식임
  ㉡ 개체가 선택될 확률이 알려지지 않으며, 선택 과정에서 주관이나 편향이 개입되지 않음
  ㉢ 데이터가 무작위로 선택되어 모집단을 대표할 수 있는 가장 기본적이고 효과적인 방법
  - **예** 선거 출구조사를 국민 1,000명을 무작위로 추출하여 의견 조사를 실시하는 경우

② 계통 표본 추출(Systematic sampling)
  ㉠ 모집단 내에서 일정한 간격으로 표본을 추출하는 방식
  ㉡ 모든 개체를 번호 순서대로 배열한 후 일정한 간격(**예** 매 10번째 개체)으로 표본을 선택
  ㉢ 무작위 추출보다 편리하게 적용할 수 있으며, 특히 모집단의 구조가 정돈되어 있을 때 유용
  ㉣ 장점 : 계통 추출은 손쉽게 체계적으로 표본을 추출할 수 있음
  ㉤ 단점 : 패턴을 가진 모집단이라면 왜곡된 결과가 나올 수 있음

③ 층화 표본 추출 또는 계층적 분리 추출(Stratified sampling) `2024년 2회 기출`
  ㉠ 모집단 내 개체들을 기준(**예** 나이, 성별 등)에 따라 구분 후, 각 구분 내에서 무작위 추출
  ㉡ 이 방법은 모집단의 다양한 특성을 고려하여 표본을 추출할 수 있도록 도와줌
  ㉢ 장점 : 층을 나눠 계산하기 때문에 표본의 크기가 크지 않아도 대표성이 보장됨
  ㉣ 단점 : 모집단의 층에 대한 정확한 정보를 알아야 적용할 수 있음
  - **예** 특정 도시의 인구를 나이별로 구분한 후, 각 연령 그룹에서 무작위로 표본을 추출

④ 군집 표본 추출(Cluster sampling)
  ㉠ 집락 표본 추출은 모집단을 작은 집단(집락)으로 나눈 후, 일부 집단을 무작위로 선택
    - **예** 한 도시의 각 구역을 집단으로 나눈 후, 몇 개의 구역을 무작위로 선택하여 각 구역 추출
  ㉡ 지리적으로 특정 집단에 집중된 특성을 반영하기 위해 사용에 많이 쓰임

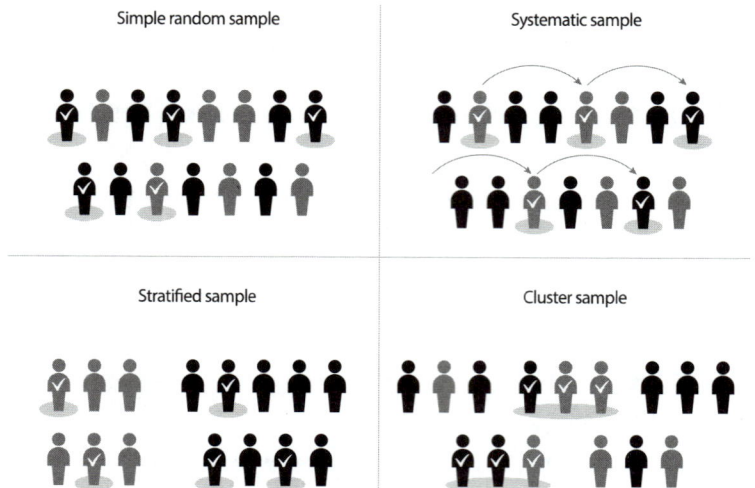

출처 : Shona McCombes, Sampling Methods | Types, Techniques & Examples, Scribbr, 2019.09.19.

[데이터 샘플링(추출) 방법]

5 데이터 결합

① 다수의 데이터세트를 하나의 통합된 데이터세트로 병합하거나 통합하는 작업
② 유니온(union) : 동일한 변수 또는 열을 가진 데이터세트를 수직으로 결합
③ 조인(join) : 공통 키 또는 식별자를 기반으로 데이터세트를 조합하는 방법
  ㉠ 합집합 방식(Union)/외부조인(Outer Join)
    • 두 데이터세트를 결합할 때, 기준이 되는 열(또는 인덱스)의 모든 값을 포함하는 방식
    • 양쪽 데이터세트의 모든 행을 포함하여 결합
    • 중복된 값이 있을 경우에도 모두 포함
    • 두 데이터세트의 모든 정보를 보존하며 결합해야 할 때 사용
  ㉡ 교집합 방식(Intersection)/내부조인(Inner Join)
    • 두 데이터세트에서 공통된 값만을 기준으로 결합하는 방식
    • 기준 열에서 양쪽 데이터세트에 모두 존재하는 행만을 선택하여 결합
    • 두 데이터세트 간에 중복된 값만을 분석하거나, 공통된 요소에 대해 연구하고자 할 때 사용
  ㉢ 왼쪽 기준 병합(Left Join)
    • 첫 번째 데이터세트(왼쪽 데이터세트)를 기준으로 하여, 두 데이터세트를 결합
    • 왼쪽 데이터세트의 모든 행을 포함하고, 오른쪽 데이터세트에서는 왼쪽과 동일한 기준 값이 있는 경우에만 오른쪽 데이터를 추가
    • 첫 번째 데이터세트의 정보를 중심으로 두 번째 데이터세트를 보완하거나 확장할 때 사용

ⓔ 오른쪽 기준 병합(Right Join)
- 두 번째 데이터세트(오른쪽 데이터세트)를 기준으로 하여, 두 데이터세트를 결합
- 오른쪽 데이터세트의 모든 행을 포함하고, 왼쪽 데이터세트에서는 오른쪽과 동일한 기준 값이 있는 경우에만 왼쪽 데이터를 추가
- 두 번째 데이터세트의 정보를 중심으로 첫 번째 데이터세트를 보완하거나 확장할 때 사용

④ 추가 : 기존 데이터세트에 새로운 관측값(행) 또는 변수(열) 추가
⑤ 데이터 혼합 : 서로 다른 구조 또는 변수를 가진 서로 다른 소스의 데이터세트 사이에 일치하는 정보를 식별하고 정렬하여 데이터세트를 통합

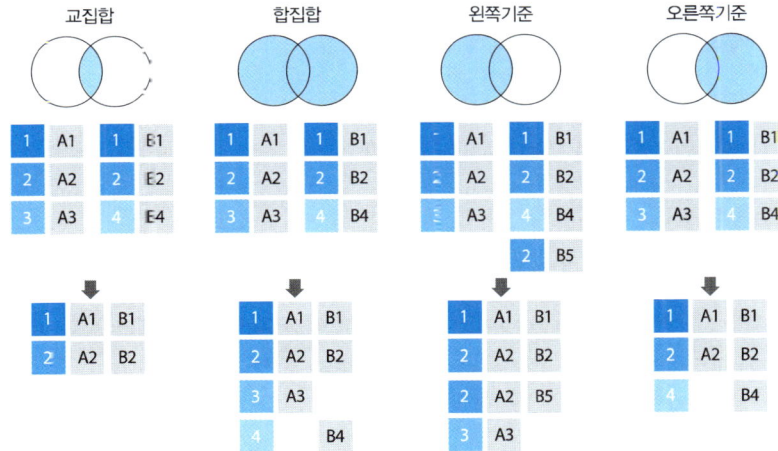

출처 : 정경문(2023), 「나는 처세술 대신 데이터 분석을 택했다」, 로드북
[데이터 결합 – 교집합, 합집합, 왼쪽 기준, 오른쪽 기준]

SECTION 02 데이터 관리

1 데이터 수집

(1) 개요

① 데이터 수집 목적에 따라 요구사항 정의, 소스식별, 및 수집방법 선택과 실행, 전처리, 저장과 관리의 일련의 과정을 수반함
② SQL 쿼리, API 요청, 웹 스크래핑, IoT 등의 기술을 사용하여 식별된 소스에서 데이터 추출

(2) 데이터 수집 프로세스

① **데이터 요구사항 정의** : 분석 목표를 달성하기 위해 필요한 데이터의 유형과 속성을 정의함
   예 고객 만족도 분석을 위해 고객 설문조사 데이터가 필요함

② **데이터 소스 식별** : 필요한 데이터를 얻을 수 있는 내부 및 외부 데이터 소스를 식별함
   예 내부 CRM 시스템과 외부 소셜 미디어 플랫폼

③ **데이터 수집 방법 선택** : 데이터 소스에 맞는 적절한 수집 방법을 결정함
   예 API를 통한 소셜 미디어 데이터 수집

④ **데이터 수집 실행** : 선택한 방법을 통해 실제 데이터를 수집함
   예 API 호출을 통해 트위터에서 해시태그 데이터를 수집함

⑤ **데이터 변환** : 수집된 데이터를 분석에 적합한 형태로 변환함
   예 JSON 형식의 데이터를 CSV 파일로 변환함

⑥ **데이터 검증 및 관리** : 데이터의 정확성, 일관성, 완전성을 검증하고 관리함
   예 중복된 데이터 제거 및 누락된 값 채우기

⑦ **적재 및 저장** : 변환된 데이터를 데이터베이스나 데이터 웨어하우스에 저장함
   예 정제된 데이터를 MySQL 데이터베이스에 적재함

(3) 데이터 수집 방법

① 데이터베이스 쿼리(Query, 질의요청)
   ㉠ 쿼리 : 데이터베이스에서 데이터 검색 및 조작을 위한 요청
   ㉡ SQL(Structured Query Language)을 사용하여 데이터베이스 내의 데이터 조회 및 관리
   ㉢ 쿼리 종류
      - SELECT : 데이터 조회
      - INSERT : 데이터 삽입
      - UPDATE : 데이터 수정
      - DELETE : 데이터 삭제
   ㉣ 쿼리의 중요성
      - 정확한 데이터 검색과 분석 가능
      - 데이터베이스 관리 및 유지 보수 용이
      - 다양한 데이터 조작 기능 제공

② API(Application Programming Interfaces)
　㉠ API 정의 및 기능
　　• 응용 프로그램 간 또는 클라이언트와 서버 간의 상호 작용을 위한 인터페이스 규약
　　• 시스템 간의 효율적인 데이터 통신
　　• 개발 시간과 비용 절감
　　• 기능 확장의 용이성 제공
　㉡ API의 동작원리
　　• 클라이언트와 서버 간의 요청과 응답 메커니즘
　　　－HTTP 요청 방식 : GET, POST 등
　　　－응답 데이터 형식 : JSON, XML 등
　　• 우리가 사용하는 서비스들 속의 API
　　　－공데이터포털 API, 국가통계포털API, 증권사 API, 비트코인거래소 API
　　　－날씨 앱 : 기상 데이터 제공
　　　－소셜 미디어 : 사용자 데이터 및 포스트 관리
　㉢ API의 종류
　　• 공개된 API(Public API) : 누구나 접근 가능한 API로, 개발자 커뮤니티에 유용한 자원 제공
　　• 개인용 API(Private API) : 특정 사용자 또는 내부 시스템에 한정된 API로, 보안 및 접근 제어가 중요한 경우 사용
　　• 외부 서비스 API(Third－party API) : 타사 서비스와의 통합을 위한 API로, 외부 서비스 기능을 애플리케이션에 통합 가능
　㉣ API 사용 예시
　　• 간단한 요청과 응답 예시 : HTTP GET 요청으로 데이터 가져오기, HTTP POST 요청으로 데이터 전송
　　• "이메일 보내기" API : 이메일 전송 기능 구현
　　• "날씨 정보 가져오기" API : 기상 정보 제공 서비스 활용, 위치 기반 날씨 데이터 수집
　㉤ API의 장점
　　• 데이터 무결성과 보안 보장
　　• 개발과 기능 확장이 용이함
　　• 인증 및 권한 부여 메커니즘
　㉥ 안전하게 API 사용하기
　　• API 키와 토큰을 통한 접근 제어
　　• HTTPS를 통한 데이터 암호화
　　• 개인정보 보호
　　• 민감 데이터의 안전한 처리

③ 웹 스크래핑
  ㉠ 정의 : 웹페이지에서 데이터를 자동으로 추출 및 수집하는 방법
  ㉡ HTML 등 웹 페이지 분석을 통한 데이터 파싱
  ㉢ 활용 : 가격 비교 사이트 데이터 수집, 뉴스 기사 및 블로그 포스트 수집, 온라인 리뷰 및 댓글 데이터 추출에 활용
  ㉣ 장점 : 비정형 데이터 수집에 유리, 자동화된 데이터 수집으로 시간 절약 가능함
  ㉤ 주의사항 : 웹사이트의 이용 약관 준수 필요, 데이터 수집의 법적 문제 검토 필요

> **TIP** 웹 스크래핑은 합법일까? 불법일까?
>
> - 사건 : 채용정보 회사 A가 채용정보 회사 B사의 채용정보를 웹 스크래핑하여 기재한 사건
> - 1심 판결 요약
>   - 명령 : 피고 채용정보 회사 B는 채용정보 회사 A의 HTML 소스를 폐기하고, 소송비용의 1/3은 원고 채용정보 회사 A가, 나머지는 피고 채용정보 회사 B가 부담
>   - 부작위의무 판단 : 이전 조정결정의 내용과 일치하지 않음. 부작위의무 위반 인정
>   - 저작권 침해 판단 : HTML 소스의 창작성을 인정하기 어려워 저작권 침해로 보기 어려움
>   - 부정경쟁행위 판단 : 피고 채용정보 회사 B가 VPN을 통해 우회 접속하며 원고 채용정보 회사 A의 HTML 소스를 무단 복제, 사용한 점을 인정하여 부정경쟁행위로 판단. 다만, 손해액 입증 부족으로 손해배상은 인정하지 않음
> - 2심 판결 요약
>   - 명령 : 피고 채용정보 회사 B는 원고 채용정보 회사 A에게 2억 5천만 원 지급하고, 소송비용의 절반씩 부담
>   - 데이터베이스 제작자의 권리 침해 판단 : 원고 채용정보 회사 A의 웹사이트는 체계적인 배열과 검색 기능을 갖춘 데이터베이스로 인정받아 원고가 데이터베이스 제작자의 권리를 가진다고 판단됨. 원고의 마케팅 비용과 당기순이익을 근거로 손해를 인정함

> **TIP** HTML(HyperText Markup Language)이란?
>
> - 웹 페이지의 구조를 정의하는 마크업 언어
> - HTML은 텍스트 콘텐츠를 다양한 요소로 구성하여 웹 브라우저가 이를 이해하고 표시할 수 있도록 함
> - HTML 태그를 사용하여 웹 페이지의 제목, 단락, 이미지, 링크 등 다양한 콘텐츠를 정의
> - HTML 예시
> ```
> <!DOCTYPE html>
> <html>
> <head>
>     <title>My Web Page</title>
> </head>
>     <body>
>     <h1>Welcome to My Web Page</h1>
>     <p>This is a paragraph of text on my web page.</p>
>     <img src="image.jpg" alt="An example image">
>     <a href="https://example.com">Visit Example.com</a>
> </body>
> </html>
> ```

> **TIP** 데이터 파싱(data parsing)이란?
> - 데이터를 특정 형식으로 변환하거나 구조화된 정보로 해석하는 과정
> - 데이터를 파싱을 통해 데이터의 구성요소를 식별하고, 의미 있는 데이터로 변환하여 다른 시스템이나 애플리케이션에서 활용할 수 있도록 함
> 예 웹 페이지의 HTML 코드를 파싱하여 원하는 텍스트 정보(뉴스 제목, 링크 등)를 추출

④ 머신 및 IoT 데이터 수집
  ㉠ 다양한 디바이스 및 센서에서 생성되는 데이터를 실시간 데이터 스트리밍 및 수집하는 방법
  ㉡ 생산공장 센서, 기기 상태 및 생산 데이터 모니터링, 센서 데이터를 통한 예측 유지 보수에 활용
    예 스마트폰, 자동차, 키보드 등 디바이스 센서, 위치, 속도, 사용 패턴 데이터 수집, 사용자 행동 분석 및 서비스 개선
  ㉢ 장점 : 실시간 데이터 수집 가능, 디바이스 간의 상호 작용 및 통합 용이
  ㉣ 데이터 보안 및 프라이버시 고려사항
    • 센서 데이터의 무결성과 보안 유지
    • 사용자 프라이버시 보호

⑤ 파일 업로드 및 다운로드
  ㉠ 서버와 클라이언트 간의 파일 전송하는 것을 말하며 다양한 파일 형식의 데이터 전송 가능
  ㉡ 방법 : 웹 인터페이스를 통한 파일 업로드, API를 통한 파일 전송
  ㉢ 주의사항 : 파일 크기 및 형식 제한 고려, 전송 데이터의 보안 유지, 데이터 무결성 검증 필요

⑥ 클라우드를 활용한 데이터 수집
  ㉠ AWS, Google Cloud, Azure 등 주요 클라우드 서비스를 활용하여 데이터 저장 및 처리
  ㉡ 분산된 데이터 수집 및 관리가 가능함
  ㉢ 장점
    • 클라우드 데이터베이스 및 스토리지 서비스 연계
    • 확장성과 유연성 제공
    • 비용 효율적인 데이터 저장 및 처리
    • 글로벌 데이터 접근 및 분산 처리 가능
  ㉣ 보안 : 데이터 암호화 및 접근 제어, 클라우드 보안 정책 준수

❷ 데이터 적재

(1) 개요
  ① 데이터 적재 : 데이터를 수집해서 전처리를 수행하기 전 원천 데이터를 저장해놓은 상태
  ② 데이터의 효과적인 적재와 저장은 데이터의 무결성, 접근성 및 효율성 유지가 관건

(2) 데이터 적재 방법

① 데이터 적재는 데이터를 원천 시스템에서 목적 시스템으로 옮기는 과정

② 옮기는 시기와 방법에 따라 일괄 적재, 실시간 적재, 증분 적재로 구분되며 특정 상황과 목적에 따라 선택함

③ 일괄 적재
  - ㉠ 일정한 시간 간격으로 대량의 데이터를 한 번에 적재하는 방법
  - ㉡ 데이터 처리 시간 동안 운영 시스템의 부하를 줄이고, 자원을 효율적으로 사용하기 위함
  - ㉢ 스케줄러를 통해서 데이터 적재 주기를 예약, 설정하고, 반복할 수 있음
  - 예 당일 생산라인이 가동 중에 쌓인 데이터를 매일 자정 12:00 데이터 웨어하우스에 적재

④ 실시간 적재
  - ㉠ 데이터가 생성되자마자 즉시 적재하는 방법
  - ㉡ 데이터의 최신성을 유지하고, 실시간 분석이나 모니터링이 필요한 경우에 적합
  - 예 금융 회사가 고객의 거래를 실시간으로 모니터링하여 사기 탐지를 수행하는 경우

⑤ 증분 적재 [2024년 2회 기출]
  - ㉠ 이전 적재 이후에 변경된 데이터만 적재하는 방법
  - ㉡ 전체 데이터를 반복해서 적재하는 비효율성을 피하고, 적재 시간과 자원을 절약
  - 예 공공기관 API 서비스 사용 신청자에 대해 전날 이후에 추가된 사용자 프로필 정보를 적재

(3) 데이터 적재 과정

① 스키마 정의
  - ㉠ 데이터베이스나 데이터 웨어하우스에서 데이터를 저장하기 위해 데이터 구조를 설계하는 단계
  - ㉡ 데이터 필드, 데이터 타입, 제약 조건 등을 정의하여 데이터가 일관성 있게 저장될 수 있도록 함
  - 예 고객 정보를 저장하기 위해 고객 ID, 이름, 주소 등의 필드를 포함하는 스키마를 정의

② 데이터 적재
  - ㉠ 원천 시스템에서 목표 시스템으로 데이터를 실제로 이동시키는 단계
  - ㉡ 데이터 소스에서 데이터를 추출하여 변환한 후 적절한 형식으로 목표 시스템에 저장
  - 예 매일 밤 ERP 시스템에서 주문 데이터를 추출하여 데이터 웨어하우스로 적재

③ 데이터 변환
  - ㉠ 데이터를 적재하기 전에 필요한 형식으로 변환하는 단계
  - ㉡ 데이터 정제, 서식 변경, 집계 등의 작업을 포함하여 데이터를 분석에 적합한 상태로 변환
    - 데이터 정리 : 데이터세트의 불일치, 오류 또는 중복을 제거 및 수정
    - 데이터 서식 : 데이터를 분석 또는 저장에 적합한 일관된 형식으로 변환
    - 데이터 집계 : 특정 속성별로 데이터를 집계하여 요약 데이터를 생성
  - 예 다양한 소스에서 수집된 데이터를 일정한 형식에 맞게 정규화하고, 필요에 따라 집계

④ 데이터 검증 및 관리
  ㉠ 데이터가 정확하게 적재되었는지 확인하고, 적재된 데이터의 품질을 유지하는 단계
  ㉡ 데이터 일관성, 무결성, 정확성을 검증하고 필요에 따라 데이터 정제 작업 수행
    • 데이터 무결성 검증 : 데이터의 정확성, 일관성 및 완전성 검사 실시
    • 품질 보증 : 데이터 품질 검사 및 유효성검사 규칙을 구현하여 이상 징후, 이상값 또는 데이터 품질 문제를 식별하고 해결
      예 적재된 판매 데이터가 정상적으로 적재되었는지 확인하고, 결측값이나 오류 데이터를 정제

⑤ 데이터 저장
  ㉠ 변환된 데이터의 볼륨, 구조 및 접근 요구사항이 따라 적절한 데이터 스토리지 솔루션을 결정
  ㉡ 대표적인 데이터 스토리지 솔루션 : 관계형 데이터베이스, NoSQL 데이터베이스, 데이터 웨어하우스 또는 클라우드 기반 스토리지 솔루션 등

(4) 데이터 적재기술 - ETL(Extract, Transform, Load) 추출, 변환, 적재
① 다양한 소스의 데이터를 데이터 웨어하우스 등 데이터 저장소에 결합하는 과정을 말함
② 개별 원시 데이터세트를 분석과 활용에 적합한 형식과 구조로 만듦
③ ETL 작동 단계 : 추출, 전환, 적재(ETL)는 데이터를 소스 시스템에서 대상 시스템으로 정기적으로 이동하는 방식으로 다음 세 단계로 작동
  ㉠ Extract : 소스 데이터베이스에서 관련 데이터 추출
    • 업데이트 알림 : 데이터 레코드가 변경되면 사용자에게 알림. 이후 변경사항 추출 실행
    • 증분 추출 : 일/주/월 등 주기적인 간격으로 변경 사항을 확인. 변경된 데이터만 추출
    • 전체 추출
      - 일부 시스템에서는 데이터 변경 사항을 식별하거나 알림을 제공 불가 시 모든 데이터 로드
      - 마지막 추출의 복사본을 보관. 새 레코드를 확인
      - 데이터 전송량이 많으므로 크기가 작은 테이블에만 사용
  ㉡ Transform : 분석이 더 적합한 형식으로 데이터 변환
    • 데이터 정리 : 오류 제거와 소스 데이터를 대상 형식에 매핑하는 작업
    • 데이터 중복 제거 : 중복 레코드를 식별하고 제거하는 작업
    • 데이터 형식 수정 : 문자 집합, 측정 단위, 날짜/시간 값을 일관된 형식으로 변환하는 작업
    • 파생 : 기존 값에서 새로운 값을 계산하여 데이터를 생성하는 작업
    • 결합 : 서로 다른 데이터 소스의 동일한 데이터를 연결하는 작업
    • 분할 : 하나의 데이터 속성을 여러 열로 나누는 작업
    • 요약 : 많은 데이터 값을 더 작은 데이터세트로 줄여 데이터 품질을 높이는 작업
    • 암호화 : 데이터를 보호하기 위해 스트리밍 중에 암호화하는 작업

ⓒ Load : 변환된 데이터를 대상 데이터베이스에 로드
- 전체 로드 : 소스의 전체 데이터를 변환하여 데이터 웨어하우스로 이동하는 작업
- 증분 로드 : 마지막 추출 날짜 이후의 변경된 데이터만 주기적으로 로드하는 작업
    - 스트리밍 증분 로드 : 지속적인 변경 사항을 실시간으로 데이터 웨어하우스로 스트리밍
    - 배치 증분 로드 : 일정한 주기로 데이터 변경 사항을 배치 단위로 수집하여 로드하는 방법

④ ETL 장점
ⓐ 데이터 통합 프로세스를 통해 데이터의 이동, 분류, 표준화 시간을 최소화 하여 데이터 통합 보기 가능
ⓑ ETL 도구를 데이터 품질 도구와 통합하여 데이터를 프로파일링, 감사 및 정리함으로써 데이터의 신뢰성을 보장
ⓒ 효율적인 분석을 위해 반복적인 데이터 처리 작업을 자동화

❸ 데이터 저장소

(1) 개요

① 데이터 저장소 : 데이터를 안정적으로 저장하고 관리하는 장소를 의미
② 비즈니스의 필요에 따라 다양한 유형의 데이터를 효율적으로 저장하고 접근
③ 데이터 거버넌스 구축
ⓐ 데이터의 가용성, 유용성, 통합성, 보안성을 관리하기 위한 정책과 프로세스
ⓑ 다양한 정책과 표준을 통해 조직 데이터의 가용성, 품질 및 보안 강화 및 관리 규정 준수
ⓒ 데이터에 접근, 수정 가능한 사람과 용도 및 목적을 결정
ⓓ 장점 : 데이터 활용 개선, 보안과 데이터 프라이버시 및 규정 준수 보장, 데이터 품질 관리
  예 특정 데이터에 접근할 수 있는 사람, 데이터를 소유하고 관리 책임이 있는 사람 관리
④ 백업과 복구 보장
ⓐ 데이터 손실을 방지하고 시스템 장애 시에도 데이터를 복구하는 과정
ⓑ 정기적인 백업 계획과 복구 전략을 수립하여 비즈니스 연속성을 보장

(2) 데이터 저장소 유형

① 관계형 데이터베이스
ⓐ 구조화된 데이터를 저장
ⓑ 대표적인 솔루션 : MySQL, PostgreSQL, Oracle 등

② NoSQL 데이터베이스
ⓐ 비정형 또는 반정형 데이터를 저장
ⓑ 대표적인 솔루션 : MongoDB, Cassandra, Redis 등

③ 데이터 웨어하우스 [2024년 2회 기출]
  ㉠ 다양한 소스에서 수집된 대량의 데이터를 저장, 관리 및 분석하도록 설계된 중앙저장소로 비즈니스 인텔리전스를 위한 플랫폼
  ㉡ 조직의 다양한 출처로부터 수집된 데이터를 통합, 저장, 관리하는 기술을 '데이터 웨어 하우징'이라고 함 [2024년 1회 기출]
  ㉢ 대표적인 솔루션 : Amazon Redshift, Google BigQuery, Snowflake 등

④ 분산파일 시스템
  ㉠ 대량의 비정형 데이터를 저장
  ㉡ 대표적인 솔루션 : HDFS(Hadoop Distributed File System), Amazon S 등

⑤ 데이터 마트
  ㉠ 데이터 마트는 특정 부서나 사용자 그룹의 필요에 맞게 조직된 데이터 저장소
  ㉡ 데이터 웨어하우스의 하위 집합으로서, 특정 분석 목적을 위해 구성

⑥ 데이터 레이크
  ㉠ 데이터 레이크는 다양한 형태와 소스의 대규모 데이터를 저장하는 중앙 집중형 저장소
  ㉡ 데이터를 구조화하지 않고 저장하여 나중에 필요에 따라 처리 가능
  ㉢ 정형, 반정형, 비정형 데이터를 대량으로 저장 및 처리 가능

⑦ 데이터 댐
  ㉠ 데이터 댐은 물을 가두는 댐처럼 데이터를 한 곳으로 모아 제공하는 시스템 및 서비스
  ㉡ 물이 댐에 모여 방류되듯 여러 곳에서 생산되는 데이터를 수집·분류·가공
  ㉢ 누구나 쉽게 인공지능과 5G 네트워크를 결합해 쓸 수 있도록 공급하는 시스템
  ㉣ 정부 주도 AI 학습용 데이터를 구축하고 AI 통합지원플랫폼인 AI 허브를 통해 무료 개방

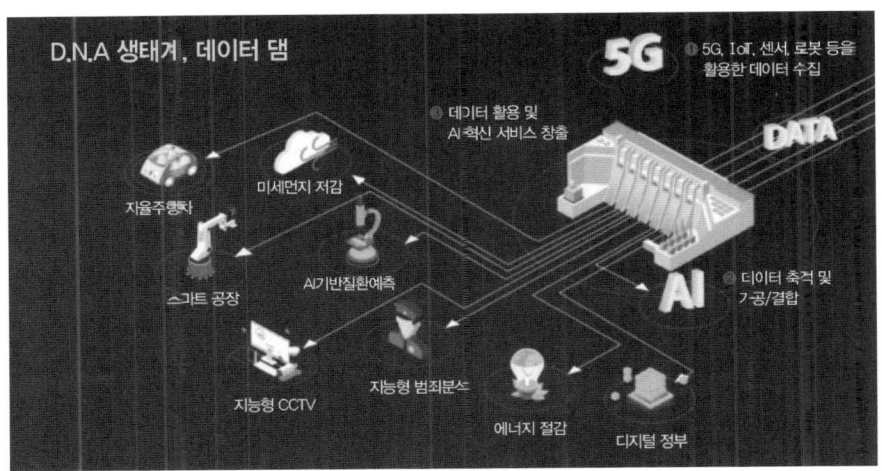

출처 : 과학기술정보통신부
[데이터 댐 개념도]

⑧ 유형별 데이터 저장소 비교

구분	데이터 마트	데이터 웨어하우스	데이터 레이크	데이터 댐
목적	부서 또는 특정 사용자 그룹의 데이터 요구를 충족하기 위함	기업 전체의 데이터를 중앙 집중형으로 통합하여 분석 및 의사 결정 지원	정형+비정형 데이터를 효율적으로 저장하고 처리하기 위함	여러 곳에서 생산되는 데이터를 수집·분류·가공해 공급하기 위함
구조	구체적이고 특정한 비즈니스 목적을 위한 데이터 집합	통합된 스키마와 데이터 모델을 가짐	비구조화된 형태로 데이터를 저장하며, 나중에 필요에 따라 구조화 가능	클라우드 소싱 방식 분산 환경에서의 파일 시스템 구조
처리방식	비교적 작고 특정한 데이터 집합에 초점을 맞춤	데이터 통합 및 변환을 통해 전사적 데이터 분석 가능	데이터 적재 시점에 구조화하지 않고 저장 후 필요 시 처리	스케일 아웃 가능한 분산 처리 시스템
적용사례	특정 부서의 실시간 분석, 예산 관리 등	전사적 비즈니스 인텔리전스, 실시간 분석, 예측 분석	대규모 데이터 수집 및 저장, IoT 데이터 관리	AI통합지원 플랫폼 AI허브

(3) 데이터 저장 요구사항

① 용량 및 속도
㉠ 대량의 데이터를 효율적으로 관리하고 빠르게 접근할 수 있어야 함
㉡ 데이터 처리 속도와 저장 용량의 확장성을 고려하여 시스템을 설계해야 함

② 안전성과 보안
㉠ 데이터의 안전성을 보장하기 위해 암호화, 접근 제어, 감사 로깅 등의 보안 기능을 제공
㉡ 데이터 손실과 유출을 방지하기 위한 정책과 백업 및 복구 등 기술적 조치가 필요

③ 유지 보수 및 비용 관리
㉠ 운영비용을 최적화하기 위해 하드웨어 선택, 클라우드 서비스 이용 등을 고려
㉡ 데이터 관리 비용과 성능 간의 균형을 유지하는 것이 중요

❹ 데이터 백업 및 복구

(1) 개요

① 백업(Back Up) : '임시 보관'을 뜻하는 말로, 정보 기술에서는 데이터 백업이라고 함
② 데이터를 임시로 복제하여, 데이터 손실 발생시 데이터를 복구할 수 있도록 미리 준비해 두는 것
③ 데이터 백업을 수행한 파일은 백업 파일이라고 함
④ 백업이 데이터베이스 장애 시 사용할 수 있는 원본 데이터의 카피본인 반면, 데이터 복구는 장애 발생 시 데이터베이스를 온전한(원래의) 상태로 복원하는 프로세스를 의미

(2) 데이터 백업 및 복구 용어 정의
① 재해(Disaster) : 정보기술 외부로부터 기인하여 예방 및 통제가 불가능한 사건으로 인해 정보서비스가 중단되거나, 정보시스템의 장애로부터의 예상 복구소요시간이 허용 가능한 범위를 초과하여 정상적인 업무 수행에 지장을 초래하는 피해
② 장애(Incident) : 인적 장애, 시스템 장애, 운영 장애, 설비 장애 등과 같이 통제 가능한 요인들에 의한 정보시스템의 기능 저하, 오류, 고장 등
③ 백업(Backup) : 정보시스템의 재해 및 장애에 대비하여 여분의 데이터를 복사, 저장하는 행위
④ 복구(Recovery) : 정보시스템의 재해 및 장애 상황 발생 시 훼손된 자료를 일정 시점으로 복원하는 행위
⑤ 백업 담당자 : 백업 정책에 맞추어 각종 백업 관련 작업을 수행하는 시스템 관리자

(3) 데이터 백업 유형
① 물리적 백업
　㉠ 데이터, 제어 파일, 로그 파일, 아카이빙된 재실행 로그 등 실제 데이터베이스 파일의 카피본
　㉡ 다른 위치에 데이터베이스 정보를 저장하는 파일의 카피본
　㉢ 데이터베이스 복구 메커니즘의 기초를 형성

② 논리적 백업
　㉠ 데이터베이스로부터 추출한 논리적 데이터로 테이블, 프로시저, 뷰, 함수 등으로 구성
　㉡ 논리적 백업만 유지하는 것은 구조적 정보만 제공. 권장되거나 유용하지 않을 수 있음

③ 전체 백업(Full Backup)
　㉠ 모든 데이터 카피를 디스크, 테이프, CD 등의 다른 미디어로 작성하는 기본적 백업 작업
　㉡ 모든 데이터의 전체 카피본을 단일 미디어 세트에서 사용
　㉢ 수행하는 데 시간이 걸리고 스토리지 공간도 많이 필요. 차등 백업이나 증분 백업과 함께 사용

④ 증분 백업 `2024년 1회 기출`
　㉠ 마지막 백업 작업 이후 변경된 데이터만 복사
　㉡ 백업 애플리케이션은 모든 백업 작업이 발생할 때 시간과 날짜를 추적하여 기록
　㉢ 전체 백업 솔루션에 비해 더 빠르고 필요한 스토리지 미디어도 더 적음

⑤ 차등 백업 : 증분 백업과 유사하며, 이전 에피소드에서 변경된 데이터를 모두 복사하지만 실행할 때마다 명시된 이전의 전체 백업 이후 변경된 데이터를 전부 계속 복사
⑥ 정기적인 백업 : 데이터 손실 또는 시스템 장애 발생 시 데이터 가용성과 복구를 보장하기 위해 정기적이고 자동화된 데이터 백업 수행

(4) 데이터 복구 프로세스

① 문제 발생 식별
  ㉠ 데이터베이스에서 데이터의 손상, 삭제, 기타 문제가 발생했을 때 이를 식별하는 단계
  ㉡ 주로 데이터베이스 모니터링 도구나 로그 분석을 통해 문제의 원인을 파악

② 복구 계획 수립
  ㉠ 문제의 성격에 따라 적절한 복구 전략을 수립
  ㉡ 데이터베이스의 유형과 크기, 문제의 심각성 등을 고려하여 결정

③ 백업 활용
  ㉠ 데이터베이스에서 정기적으로 생성된 백업을 활용하여 복구를 시도
  ㉡ 백업은 물리적인 미디어에 저장되어 있을 수도 있고, 클라우드 서비스를 통해 원격 저장될 수도 있음

④ 데이터 복구
  ㉠ 백업된 데이터를 사용하여 데이터베이스를 복구
  ㉡ 데이터의 일관성과 정확성을 유지하며, 데이터 손실을 최소화

⑤ 변경 로그 적용
  ㉠ 데이터 손상이나 삭제가 발생한 시점 이후의 변경 내역을 로그에서 추출하여 복구된 데이터에 적용
  ㉡ 이 과정을 통해 최신 상태의 데이터를 복구

⑥ 복원 테스트
  ㉠ 데이터 복원 프로세스를 주기적으로 테스트하여 백업의 무결성을 검증하고 데이터를 성공적으로 복구할 수 있는지 확인
  ㉡ 데이터 복구 후 시스템의 정상 작동 여부 및 복구된 데이터가 예상대로 작동하는지 확인

⑦ 모니터링 및 예방 조치
  ㉠ 복구 후에는 데이터베이스의 모니터링을 강화하고, 비슷한 문제가 재발하지 않도록 예방 조치를 강구
  ㉡ 보안 강화, 정기적인 백업 정책 검토 등을 포함

5 데이터 보안 및 개인정보 보호

(1) 데이터 3법 : 개인정보보호법, 정보통신망법, 신용정보법

① 개요
  ㉠ 4차 산업혁명 시대의 핵심 자원인 데이터의 안전하고 효율적인 이용을 촉진
  ㉡ 개인정보 보호와 데이터 경제의 활성화를 목표
  ㉢ 2020년 8월 5일 시행하여 2021년 9월 마이데이터 관련 일부 개정

② 「개인정보 보호법」
- ㉠ 가명정보 도입 : 개인을 식별할 수 없도록 처리된 데이터를 가명정보로 정의하고 이를 활용할 수 있도록 함
- ㉡ 개인정보의 범위 명확화 : 개인정보와 익명정보를 명확히 구분하여 법적 적용을 구체화함
- ㉢ 개인정보 보호 체계 일원화 : 개인정보보호위원회를 중앙행정기관으로 격상하여 일원적으로 개인정보 보호를 감독하도록 함

③ 「정보통신망 이용촉진 및 정보보호 등에 관한 법률(약칭 : 정보통신망법)」
- ㉠ 개인정보 보호 관련 규정 일원화 : 개인정보 보호 사항을 개인정보보호법으로 이관하고, 관련 규제와 감독을 개인정보보호위원회로 변경함

④ 「신용정보의 이용 및 보호에 관한 법률(약칭 : 신용정보법)」
- ㉠ 데이터 활용 법적 근거 강화 : 빅데이터 분석과 활용을 위한 법적 기반을 마련하고, 가명정보의 안전한 활용을 지원함
- ㉡ 신용정보 관련 산업의 규제 혁신 : 데이터 경제 활성화를 위해 신용정보 관련 산업의 규제체계를 선진화하고, 개인정보 자기결정권을 강화함

(2) 데이터 보안

① 데이터 보안 기술과 규정
- ㉠ 접근 제어 : 데이터에 접근 권한을 제어하고 인증하는 메커니즘 구현
- ㉡ 암호화 : 암호화 기술을 사용하여 미사용 데이터와 전송 중인 데이터 보호
- ㉢ 개인정보 보호 규정 준수 : 개인정보 및 민감한 데이터 보호 규정 준수

② **모니터링 및 유지관리** : 데이터 저장 및 저장 프로세스 추적, 이상 징후 감지, 데이터 스토리지 인프라의 상태와 성능을 정기적으로 모니터링하고 관리하여 데이터 스토리지의 환경을 효율적이고 안정적으로 유지

③ **데이터 보안** : 무단 접근, 공개, 변경, 파기로부터 데이터를 보호하기 위한 기술적, 관리적, 물리적 제어 포함

④ **데이터 분류** : 민감도와 중요도에 따라 공개, 내부, 기밀, 제한 등으로 데이터를 분류하고 적절한 수준의 보안 제어 결정

⑤ **접근 제어**
- ㉠ 사용자 인증 : 데이터 사용자를 확인하기 위해 비밀번호, 다단계 인증(MFA, Multi-Factor Authentication), 생체 인증 등과 같은 인증 메커니즘 구현
- ㉡ 사용자 권한 부여 : 사용자 역할과 권한에 따라 세분된 접근 제어 설정

⑥ 네트워크 보안
  ㉠ 방화벽 : 수신 및 발신 네트워크의 트래픽을 모니터링하고 제어하는 솔루션
  ㉡ 침입 탐지 및 방지 시스템(IDS/IPS ; Intrusion Detection System/Intrusion Prevention System) : 침입 시도, 멀웨어(Malware), 무단 접근 등의 네트워크 공격을 탐지하고 방지하는 시스템
  ㉢ Wi-Fi 네트워크 보안 : 비밀번호 변경 및 펌웨어 업데이트를 정기적으로 실시

⑦ 데이터 보안관리 방법
  ㉠ 정기적인 보안 업데이트 및 패치 관리
  ㉡ 소프트웨어 공급업체가 제공하는 업데이트와 보안 패치를 정기적으로 설치

⑧ 물리적 보안 조치
  ㉠ 데이터 센터 보안 : 접근 제한, 비디오 감시, 환경 제어 등 데이터 센터와 서버실을 보호하기 위한 물리적 보안 조치 실시
  ㉡ 보안 스토리지 : 무단 접근 및 도난 방지를 위해 저장매체를 안전하게 보관

(3) 개인정보 보호

① 규정 준수 : 관련된 데이터 개인정보보호 규정 이해 및 준수
② 개인정보 비식별화 : 가명화 또는 익명화를 이용하여 개인정보 비식별화
③ 개인정보
  ㉠ 「개인정보 보호법」상 개인정보는 살아 있는 개인에 관한 정보로 아래에 해당하는 정보
    • 성명, 주민등록번호 및 영상 등을 통하여 개인을 알아볼 수 있는 정보
    • 해당 정보만으로는 특정 개인을 알아볼 수 없더라도 다른 정보와 쉽게 결합하여 알아볼 수 있는 정보
    • 상단 2개의 정보를 가명처리함으로써 원래의 상태로 복원하기 위한 추가 정보의 사용, 결합 없이는 특정 개인을 알아볼 수 없는 정보(가명정보)
  ㉡ 개인정보의 주체는 자연인(自然人)이어야 하며, 법인(法人) 또는 단체는 해당되지 않음
  ㉢ 법인의 상호, 영업 소재지, 임원 정보, 영업실적 등의 정보는 「개인정보 보호법」에서 보호하는 개인정보의 범위에 해당되지 않음

④ 개인정보의 중요성
  ㉠ 개인정보는 전자상거래, 고객관리, 금융거래 등에서 필수적인 요소로 기능
  ㉡ 데이터 경제 시대에서 기업과 기관의 중요한 자산으로 평가됨
  ㉢ 악의적으로 이용되거나 유출될 경우 개인의 사생활, 안전, 재산에 큰 피해를 줄 수 있음
  ㉣ 유출된 개인정보는 스팸메일, 불법 텔레마케팅, 보이스 피싱 등 범죄에 악용될 수 있음

⑤ 개인정보의 영역 확대
  ㉠ 4차 산업혁명 시대로 발전함에 따라 개인정보의 범위와 영역이 확장
  ㉡ 이전에는 개인정보로 간주되지 않던 정보들이 개인정보의 영역에 포함되고 있음
  ㉢ 개인정보는 고정불변의 개념이 아니라 시대, 기술, 인식의 변화에 따라 확대되는 개념
  ㉣ 과거에는 'Privacy'가 물리적 침해로부터 자유로울 권리를 의미했으나, 정보화 사회에서는 정보 침해로부터 자유로울 권리로 4차 산업혁명 시대에서는 내 정보의 가치를 보호받을 권리로 변화

⑥ 개인정보 구분

구분	상세구분	내용
인적 사항	일반정보	성명, 주민등록번호, 주소, 연락처, 생년월일, 출생지, 성별 등
	가족정보	가족관계 및 가족구성원 정보 등
신체적 정보	신체정보	얼굴, 홍채, 음성, 유전자 정보, 지문, 키, 몸무게 등
	의료·건강 정보	건강상태, 진료기록, 신체장애, 장애등급, 병력, 혈액형, IQ, 약물테스트 등의 신체검사 정보 등
정신적 정보	기호·성향 정보	도서·비디오 등 대여기록, 잡지구독정보, 물품구매내역, 웹사이트 검색내역 등
	내면의 비밀 정보	사상, 신조, 종교, 가치관, 정당·노조 가입 여부 및 활동내역 등
사회적 정보	교육정보	학력, 성적, 출석상황, 기술 자격증 및 전문 면허증 보유내역, 상벌기록, 생활기록부, 건강기록부 등
	병역정보	병역 여부, 군번 및 계급, 제대유형, 근무부대, 주특기 등
	근로정보	직장, 고용주, 근무처, 근로경력, 상벌기록, 직무평가기록 등
	법적정보	전과·범죄 기록, 재판 기록, 과태료 납부내역 등
재산적 정보	소득정보	봉급액, 보너스 및 수수료, 이자소득, 사업소득 등
	신용정보	대출 및 담보설정 내역, 신용카드번호, 통장계좌번호, 신용평가 정보 등
	부동산정보	소유주택, 토지, 자동차, 기타 소유차량, 상점 및 건물 등
	기타 수익정보	보험(건강, 생명 등), 가입현황, 휴가, 병가 등
기타 정보	통신정보	E-mail 주소, 전화통화내역 로그파일, 쿠키 등
	위치정보	GPS 및 휴대폰에 의한 개인의 위치정보
	습관 및 취미 정보	흡연 여부, 음주량, 선호하는 스포츠 및 오락, 여가활동, 도박성 성향 등

⑦ 비식별화 개념 정리
  ㉠ 식별자(Identifiers)
    • 개인을 식별할 수 있는 속성들
    • 비식별 조치 시 두조건 '삭제'해야 함
    예 주민번호, 전화번호, 이메일, 이름, 계좌번호, MRI 사진, 유전자 정보 등

ⓛ 준식별자(QI ; Quasi-Identifiers)
- 자체로는 식별자가 아니지만, 다른 데이터와 결합을 통해 특정 개인을 간접적으로 추론할 수 있는 속성들
- 비식별화 기법에서 변형/조작의 대상
  예 거주 도시명, 몸무게, 혈액형 등

ⓒ 민감정보(SA ; Sensitive Attributes)
- 개인의 사생활을 드러낼 수 있는 속성
- 데이터 분석 시 주로 측정되는 대상 속성으로 데이터 값들을 보존
  예 병명, 예금 잔고, 카드 결제액

ⓔ 비식별화
- 식별자 제거를 통한 식별방지 및 프라이버시 모델 기반의 추론 방지
- 기본 원칙 : 식별방지(식별자 제거), 추론방지(프라이버시 모델 준수)
- 프라이버시 모델 : 다양한 추론 공격에 대해 개인정보 추론 위험 정도를 확률적/정량적으로 제한

ⓜ 프라이버시 모델
- 가능한 추론의 형태와 프라이버시 노출에 대한 정량적인 위험성을 규정하는 방법
- 관계형 마이크로 데이터를 위한 모델 : k-익명성, l-다양성, t-근접성 등
- 기타 데이터 유형을 위한 모델 : 그래프 데이터, 스트림 데이터, 위치 데이터 등
- 차등 사생활 기술(Differential Privacy) : 질의 결과를 통해 개인의 프라이버시가 누출되지 않도록 감시 및 관리

ⓗ k-익명성 **2024년 2회 기출**
- 레코드의 재식별성을 나타내는 데이터세트의 속성
- k-익명성이란 공개된 데이터 집합에서 나이, 거주 지역과 같은 준식별자 속성값들이 동일한 레코드가 적어도 k개 존재해야 하는 것
- 예를 들어 환자의 의료 정보를 연구 목적으로 개인정보 보호 처리(성명 속성을 삭제) 배포
- 한 개인이 $k-1$명의 다른 사람과 구별되지 않아야 함

ⓢ l-다양성
- k-익명성 모델은 동질성 공격에 취약
- 각 블록이 적어도 l개의 다양한 민감정보를 가져야 함

ⓞ t-근접성
- l-다양성을 만족하더라도 민감한 정보의 분포 차이를 통해 개인 사생활 정보가 노출될 수 있음
- 구별되지 않는 레코드들의 민감한 정보의 분포와 전체 데이터의 민감한 정보의 분포 차이를 t 이하로 제한

⑧ 비식별화 단계별 조치사항
  ㉠ 사전 검토 : 개인정보 해당 여부를 검토 후, 개인정보가 아닌 것이 명백한 경우 법적 규제 없이 자유롭게 활용
    - 개인정보 여부 판단
    - 식별자(ID), 준식별자(QI), 민감정보(SA) 구분
    - 식별자 삭제
    - 민감정보의 중요도 판단
    - 비식별화 이후 데이터 활용 방향 예측
  ㉡ 비식별 조치 : 정보 집합물(데이터세트)에서 개인을 식별할 수 있는 요소를 전부 또는 일부 삭제하거나 대체하는 등의 방법을 활용, 개인을 알아볼 수 없도록 하는 조치
    - 프라이버시 모델 및 안전도 수준 설정
    - 모델 구현을 위한 알고리즘 선택 및 추가 작업
    - 선택한 알고리즘/프로그램을 통한 비식별화 수행
  ㉢ 적정성 평가 : 다른 정보와 쉽게 결합하여 개인을 식별할 수 있는지를 「비식별 조치 적정성 평가단」을 통해 평가

> **TIP 비식별 조치 적정성 평가단이란?**
> 평가단은 해당 기관의 개인정보 보호책임자가 3명 이상의 관련 분야 전문가로 구성(외부전문가를 과반수 이상으로 위촉). 평가단은 데이터 이용목적과 직접적인 이해관계가 없는 자로 구성

    - 비식별화된 데이터의 적정성 검증
    - 전문가 평가단에 의한 평가
    - k-익명성은 최소한의 평가수단이며, 필요시 추가적인 평가모델(l-다양성, t-근접성) 활용
    - 필요시 2단계로 돌아가 비식별 조치 재수행
  ㉣ 사후관리 : 비식별 정보 안전조치, 재식별 가능성 모니터링 등 비식별 정보 활용 과정에서 재식별 방지를 위해 필요한 조치 수행

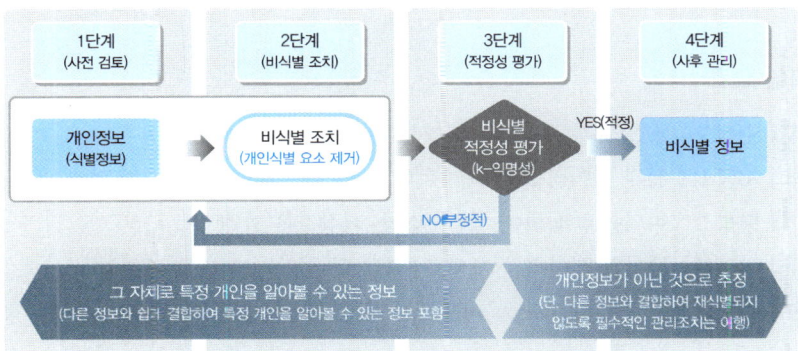

출처 : 개인정보 비식별 조치 가이드라인(행정안전부, 2016)
[비식별 조치 및 사후관리 절차]

⑨ 비식별화 기술

구분	설명	예시
마스킹	개인정보의 일부를 가려서 민감한 정보 노출 방지	김지, 010-8**-1234, 140101-4******
익명화	개인정보를 삭제하거나 수정하여 개별 개인을 식별할 수 없게 함	이름과 주소 삭제, 주민등록번호 무작위 변경
가명화	개인정보를 유지하되 개인을 식별하기 어렵게 추가적으로 처리	홍길동 → 사용자123, 고객001
집계	데이터를 그룹화하고 통계적 분석을 통해 개인 식별을 방지	연령대별 평균 소득, 지역별 인구수
임의화	데이터 값을 무작위로 변형하여 원래 데이터와의 연결성을 없앰. 임의 변동 추가 2024년 1회 기출	무작위로 섞인 고객 ID, 무작위로 변경된 전화번호
k-익명성	K-anonymity : 특정 개인을 식별할 수 없도록 전체 데이터세트에 동일 값 레코드 k개 이상 존재하도록 하는 비식별 모델	특정 지역, 연령, 성별을 통해 어떤 질병을 가지고 있는 개인을 식별이 가능 → 동일집합을 4개로 늘림
l-다양성	k-익명성에 대한 두 가지 공격, 즉 동질성 공격 및 배경지식에 의한 공격을 방어하기 위한 모델. 동질집합에서 l개 서로 다른 민감정보를 갖도록 적용	특정 지역에 거주하는 40대는 폐암 질병을 가지고 있다는 사실을 변수 조합으로 재식별 가능 → l개의 민감정보로 구성
t-근접성	l-다양성의 취약점(쏠림 공격, 유사성 공격)을 보완하기 위한 모델	특정 집합의 민감정보(급여, 재산 등) 분포도를 다른 집합과 비슷한 수준으로 적용하고 질병의 종류를 다양하게 적용

SECTION 03 비즈니스 인텔리전스

1 비즈니스 인텔리전스의 개념

(1) 비즈니스 인텔리전스(BI ; Business Intelligence) 정의

① 기업 및 사업 데이터를 수집, 저장, 분석하여 이를 실행 가능한 인사이트와 의미있는 정보를 생성하는 기술, 전략, 프로세스 등을 포함한 과정과 도구를 총칭
② 비즈니스 인텔리전스를 통해 조직은 기회포착, 문제해결, 전략적 의사결정에 도움을 받음

(2) BI의 핵심 요소

① 데이터 수집 : 다양한 내부 및 외부 소스에서 데이터를 수집
② 데이터 저장 : 수집된 데이터를 데이터 웨어하우스에 저장하여 일관성 있게 관리
③ 데이터 분석 : 데이터를 분석하여 패턴, 추세, 이상값을 발견
④ 데이터 시각화 : 분석된 데이터를 그래프, 차트 등 시각적 형태로 표현하여 이해를 도움
⑤ 리포팅 및 대시보드 : 분석 결과를 리포트와 대시보드 형태로 제공하여 실시간 성과 추적

(3) BI의 주요 기능

① 데이터 마이닝 : 대규모 데이터 집합에서 패턴을 발견
② 리포팅 : 데이터 분석 결과를 이해 관계자에게 공유
③ 성과 메트릭 및 벤치마킹 : 목표 대비 실적을 추적
④ 설명적 분석 : 어떤 일이 발생했는지 이해하는 데 도움
⑤ 쿼리 : 데이터에서 특정 질문에 대한 답을 찾음
⑥ 통계 분석 : 통계를 사용하여 데이터를 깊이 탐색
⑦ 데이터 시각화 : 데이터를 차트, 그래프 등 시각적 형식으로 변환
⑧ 시각적 분석 : 시각적 스토리텔링을 통해 인사이트를 전달
⑨ 데이터 준비 : 분석을 위해 데이터를 정제하고 준비

(4) BI의 중요성

① BI는 조직이 데이터 기반 의사 결정을 지원하는 데 필수적인 도구
② 데이터를 효율적으로 활용하여 성과를 극대화하고, 변화하는 비즈니스 환경에 빠르게 대응
③ BI의 지속적인 발전과 함께 조직은 더욱 정교한 분석과 인사이트를 통해 경쟁력을 강화
④ BI 도입효과 및 예시
　㉠ 수익 증가 : 매출을 극대화할 수 있는 기회를 파악
　㉡ 고객 행동 분석 : 고객의 행동을 분석하여 맞춤형 서비스를 제공
　㉢ 경쟁력 강화 : 경쟁사와의 비교를 통해 조직의 강점과 약점을 파악
　㉣ 실적 추적 : 실시간으로 성과를 모니터링하고 문제를 신속하게 해결
　㉤ 운영 최적화 : 비효율성을 제거하고 운영을 최적화
　㉥ 성공 예측 : 향후 성과를 예측하여 전략을 수립
　㉦ 시장 추세 파악 : 시장의 변화를 빠르게 감지하여 대응
　㉧ 문제 해결 : 발생 가능한 문제를 사전에 발견하고 해결

(5) 셀프서비스 비즈니스 인텔리전스(Self-service Business Intelligence) `2024년 1회 기출`

① 기존 BI는 주로 IT 부서가 주도하여 정적 보고서를 제공하는 하향식 접근 방식
② 반면 최신 BI는 셀프 서비스 분석을 강조하며, 사용자가 직접 대시보드를 사용자 지정하고 빠르게 인사이트를 얻을 수 있는 상향식 접근 방식
③ 최신 BI 도구는 사용자 친화적인 인터페이스를 제공하여 기술적인 지식이 없는 사용자도 데이터를 쉽게 분석하고 시각화할 수 있도록 지원

(6) BI 도구와 플랫폼

① 셀프 서비스 BI 도구와 플랫폼을 통해 사용자가 데이터를 스스로 분석 가능
② 대표적인 BI 도구 : 태블로(Tableau), 파워비아이(Power BI), Qlik 등이 있음

❷ 비즈니스 인텔리전스 구축

(1) 비즈니스 인텔리전스 프로세스
데이터를 데이터 웨어하우스 등 저장소에 수집하고, BI 도구를 사용하여 데이터를 분석, 시각화함
예 온라인 쇼핑 패턴, 운영비용 분석, 지역별 판매 정보를 분석, 동종사/업계 데이터 비교

(2) 비즈니스 인텔리전스 솔루션의 범주
① 온프레미스
  ㉠ 조직의 인프라에서 실행
  ㉡ 온프레미스 데이터 웨어하우스와 함께 사용
  ㉢ 클라우드 솔루션보다 확장성은 떨어짐

② 오픈소스
  ㉠ 경제적이며 클라우드 기반인 경우 인프라 비용 절감
  ㉡ 일정 수준의 지식과 수동 코딩 필요

③ 클라우드 기반
  ㉠ 스트리밍 데이터와 대용량 데이터 처리에 유용
  ㉡ 클라우드 공급업체가 인프라와 전문성을 담당하므로 경제적

④ 모바일 비즈니스 인텔리전스(Mobile Business Intelligence)
  ㉠ 스마트폰이나 태블릿 같은 모바일 기기를 사용하여 언제 어디서나 데이터에 접근하고 분석할 수 있는 기술
  ㉡ 실시간 데이터 확인과 분석이 가능하며, 빠르고 유연한 의사결정을 지원

(3) 비즈니스 인텔리전스 도구 선택
① 사용자의 요구사항을 충족하는 적합한 비즈니스 인텔리전스 도구 또는 플랫폼 선택
② 비즈니스 인텔리전스 도구 선택 시 사용 편의성, 확장성, 데이터 시각화 기능, 보고 옵션, 기존 시스템과의 통합과 같은 요소들 고려
  ㉠ 사용자 편의성 : 많은 사용자가 이해하기 쉬운 도구
    • 셀프 서비스 기능 : 사용자 누구나 데이터에 접근하여 분석을 수행할 수 있는 플랫폼을 선택
    • 사용자 지정 대시보드 : 모듈, 그래프, 차트를 사용하여 거의 실시간으로 업데이트 가능
    • 내부 플랫폼 게시 : 대시보드를 별도의 내부 플랫폼에 게시하여 공유 가능
  ㉡ 데이터 시각화 기능 : 직관적인 시각적 분석 기능
    • 시각적 탐색 : 데이터를 시각적으로 탐색하고 인사이트를 제공하는 플랫폼 선택
    • 단일 인터페이스 : 전처리, 시각화, 분석, 모델링 등을 위해 하나의 인터페이스에서 작업

ⓒ 전사 BI 전략 추진 목적과 일치
- 데이터 연결성 : 데이터 위치에 관계없이 최적화된 연결 제공
- 실시간 접근 : 데이터를 다운로드할 필요 없이 실시간으로 접근 및 분석 가능
- 노코딩 방식 : 코딩 작업 없이 데이터베이스를 빠르게 쿼리할 수 있는 기능
- 유연한 배포 : 클라우드, 로컬 서버, 외부 사이트 등 원하는 위치에 분석 배포 가능
- 기존 시스템 통합 : 기존 데이터 전략과 매끄럽게 통합되는 플랫폼 선택

ⓔ 라이센스, 운영비용 및 확장성
- 오픈 소스 BI 도구 : 사용자 지정이 쉽지만, 총 소유 비용을 고려
- 총 소유 비용 평가 : 가격표뿐 아니라 추가 구성요소 및 장기 비용 포함
- 확장성 BI 도구 : 데이터 전처리, 탐색, 분석 등 추가 기능을 제공하는지 검토

ⓜ 데이터 보안 유지 및 사용자 역량 강화
- 데이터 접근성 : 기술 수준에 관계없이 누구나 데이터와 소통하고 인사이트를 활용
- 셀프 서비스 분석 : 관리 가능한 셀프 서비스 분석을 배포하여 데이터 가치를 극대화
- 조직의 데이터 역량 강화 : 비즈니스 조직에서 주도하는 분석 접근 방식(IT 조직은 지원)
- 안전한 환경 구축 : 데이터를 보호하고 무결성을 보장하는 안전한 관리 환경 제공

(4) OLAP(Online Analytical Processing)

① 정의
ⓐ 대규모 비즈니스 데이터베이스를 구성하고 비즈니스 인텔리전스를 지원하는 기술
ⓑ 대량의 데이터를 신속히 분석하고 다각도로 조회할 수 있도록 설계된 기술
ⓒ 1993년 어드거 F. 커드에 의해 처음 제안

② 기능
ⓐ 다차원 데이터 분석 : 데이터를 여러 관점에서 분석하여 숨겨진 패턴과 통찰을 제공
ⓑ 대화형 질의 : 사용자가 원하는 데이터를 실시간으로 탐색하고 조회
ⓒ 요약 및 세부 분석 : 데이터를 집계와 상세 수준으로 조회하여 다양한 분석 결과 획득

③ 특성
ⓐ 의사결정 지원 : 복잡한 데이터에서 유의미한 정보를 도출하여 의사결정에 도움
ⓑ 다차원 데이터 저장 : 데이터는 다차원 큐브 형태로 저장되어 효율적인 분석이 가능
ⓒ 사용자 중심 접근 : 사용자가 직관적인 인터페이스를 통해 데이터를 직접 조회, 분석
ⓓ 빠른 응답 속도 : 데이터의 집계와 저장 구조를 최적화하여 빠른 질의 처리가 가능
ⓔ 유연성 : 다양한 기준(시간, 지역, 제품 등)으로 분석할 수 있는 유연한 구조를 제공

③ 비즈니스 인텔리전스와 데이터 기반 의사결정

(1) 데이터 기반 의사결정(DDDM ; Data-Driven Decision Making)
① 관련 데이터의 분석과 해석을 기반으로 정보에 입각한 선택과 전략적 계획을 세우는 접근 방식
② 데이터를 수집, 정리, 분석, 해석하여 통찰을 얻고 의사결정 프로세스를 추진하는 것 포함
③ 정확하고 신뢰할 수 있는 데이터를 사용하여 의사결정을 수행함으로써 편견을 줄이고 객관성 제고

(2) 비즈니스 인텔리전스와 데이터 기반 의사결정의 관계
① 비즈니스 인텔리전스는 데이터 기반 의사결정에 필요한 프레임워크, 도구 및 통찰을 제공함
② 데이터를 효과적으로 활용하고, 의미 있는 통찰을 얻고, 데이터를 근거로 의사결정
③ 비즈니스 인텔리전스는 데이터 기반 의사결정의 토대가 됨
④ 비즈니스 인텔리전스가 제공한 통찰을 통해 의사결정자는 비즈니스의 현재 상태를 이해하고, 기회를 파악하고, 문제를 진단함

(3) 비즈니스 인텔리전스와 데이터 기반 의사결정의 이점
① **정확한 의사결정** : 데이터를 바탕으로 하여 주관적 판단의 오류를 최소화
② **효율성 향상** : 빠르고 정확한 데이터 분석을 통해 시간과 비용 절감
③ **경쟁력 강화** : 시장 변화에 신속하게 대응하고 경쟁사보다 앞서 나갈 수 있는 인사이트 제공
④ **성과 향상** : 비즈니스 운영의 효율성을 높이고 성과를 극대화

(4) 성공적인 비즈니스 인텔리전스와 데이터 기반 의사결정을 위한 고려사항
① **데이터 거버넌스** : 데이터 품질, 보안, 프라이버시를 보장하기 위한 정책과 절차 마련
② **문화적 변화** : 조직 내 데이터 기반 사고방식과 문화를 조성
③ **사용자 교육** : BI 도구와 데이터 분석 방법에 대한 사용자 교육 및 훈련 제공
④ **지속적 개선** : BI 시스템과 프로세스를 지속적으로 평가하고 개선

(5) 비즈니스 인텔리전스를 활용한 데이터 기반 의사결정 사례
① **마케팅** : BI를 통해 고객 행동 데이터를 분석하여 타겟 마케팅 전략을 수립하고, DDDM을 통해 캠페인의 효과를 실시간으로 평가 및 조정
② **생산현장** : 생산 공정 데이터를 BI로 분석하여 데이터 추출 및 분석 횟수를 줄여서 업무 효율성을 높이고, DDDM을 통해 운영 최적화 전략을 수립
③ **재무** : BI를 사용해 재무 데이터를 분석하여 리스크를 관리하고, DDDM을 통해 투자 및 자금집행 결정을 내림

4 비즈니스 인텔리전스 활용

(1) 활용 방법
① 비즈니스 전략 및 방향 수립에 필요한 데이터 제공
② 복잡한 정보를 시각적으로 이해하기 쉽게 제공
③ 과거 데이터를 분석하여 미래 패턴 예측
④ 대규모 데이터세트에서 유용한 패턴과 추세 탐색
⑤ 실시간 데이터를 분석하여 즉각적인 의사결정 지원
⑥ 성과 목표 분석 및 측정

(2) 주요 활용 분야
① 보고 : 주요 의사 결정자에게 정기적인 요약 데이터 제공하고 비즈니스 전략 및 방향 수립 지원
② 데이터 시각화 : 복잡한 정보를 빠르게 이해하는 시각적 방식 제공
③ 예측 분석 : 데이터 마이닝, 머신러닝, 예측 모델링을 사용해 과거 데이터를 분석하고 미래의 패턴 예측
④ 데이터 마이닝 : 대규모 데이터세트를 검색하여 유용한 패턴이나 추세 발견
⑤ 복잡한 이벤트 처리 : 주식 시장 피드, 트래픽 보고서, 센서 부착 전기 그리드 등에서 실시간 데이터 분석
⑥ 비즈니스 성과 관리 : 운영 우수성 목표(온라인 쇼핑, 고객만족도 등) 분석 및 측정

(3) 비즈니스 인텔리전스 활용 단계
① 개요 : 비즈니스 인텔리전스를 효과적으로 사용하기 위해서는 BI 플랫폼, 데이터 거버넌스, 데이터 기반 사고방식이 필수적임
② 활용 단계
  ㉠ 비즈니스 목표 정의 : 비즈니스 목표 및 해결하고자 하는 구체적인 질문 또는 과제 정확하게 정의
  ㉡ 핵심성과지표 식별 : 조직의 성과를 모니터링하고 목표 진행 상황을 추적하는 데 유용한 지표인 핵심성과지표(KPI)를 비즈니스 목표와 일치하게 설정
  ㉢ 데이터 수집 및 통합
    - 다양한 소스에서 데이터 수집, 통합, 정리하여 정확하고 일관성 있는 데이터 준비
    - 데이터 정제 : 중복값 제거, 이상값 처리, 결측값 처리
    - 데이터 변환 : 정규화, 표준화, 인코딩
  ㉣ 대시보드 디자인 및 개발
    - 의미 있고 이해하기 쉬운 형식으로 데이터 표현
    - 직관적이고 시각적으로 매력적인 대시보드 디자인
    - 주요 지표, 차트, 시각화를 적절히 배치하여 포괄적 개요 제공
    - 대상 고객의 구체적 요구사항 수집 및 분석 중요

ⓜ 데이터 분석 수행
- 비즈니스 인텔리전스 도구로 데이터의 추세, 패턴, 상관관계, 이상 징후 탐색
- 통계 기법, 데이터 마이닝, 데이터 시각화 사용
- 비즈니스에 대한 깊은 이해와 통찰 발견을 목적으로 함

ⓑ 보고서 및 시각화 생성
- 분석을 기반으로 보고서와 시각화 생성하여 의사결정자에게 전달
- 명확하고 간결하며 시각적으로 매력적으로 정보 제시
- 차트, 그래프, 표, 내러티브 사용하여 주요 결과 강조, 스토리텔링 기법 활용

ⓢ 성과 모니터링 및 추적
- 비즈니스 성과를 지속적으로 모니터링하고 추적
- 경고 및 알림 설정하여 지표 편차 또는 이상 징후 사전 식별
- 대시보드와 보고서 정기적으로 검토하고 필요한 경우 적시 조치

ⓞ 협업 및 통찰 공유 : 팀과 부서 간 협업, 통찰 공유를 통해 데이터 기반 의사결정 문화 조성 및 정착

ⓩ 반복 및 개선 : 구현 효과에 대한 지속적인 평가와 피드백 수집 및 데이터, 핵심성과지표, 데이터 시각화 등에 대한 지속적인 개선

ⓒ 사용자 훈련 및 교육
- 조직 내 사용자에게 교육 및 훈련 프로그램 제공
- 사용자가 독립적으로 데이터 탐색하고 정보에 기반한 의사결정 내릴 수 있도록 장려
- 데이터 기반 문화 조성

CHAPTER 03 실전예상문제

01 다음 중 데이터 오류의 원인으로 옳은 것은?

① 데이터의 일관성을 유지하기 위한 데이터 정규화
② 자동화 도구를 사용한 데이터 입력 과정
③ 데이터 처리 과정에서의 알고리즘 오류
④ 데이터의 무결성을 확인하는 백업 과정

> **정답** ③
> **해설** 데이터 오류의 원인 중 하나는 데이터 처리 과정에서의 알고리즘 오류이다. 이는 공식을 잘못 적용하거나 알고리즘이 잘못 설계된 경우 발생할 수 있다.
> ①, ②, ④ 데이터 오류의 예방 및 관리 방안에 해당한다.

02 다음 중 데이터 오류의 유형에 대한 설명으로 옳은 것은?

① 정밀성 오류 : 데이터의 소수점 이하 자릿수에 차이가 발생하는 오류
② 무결성 오류 : 데이터가 중복되거나 누락된 경우 발생하는 오류
③ 형식 오류 : 데이터가 지정된 형식을 준수하지 않는 경우 발생하는 오류
④ 순차 오류 : 데이터가 입력된 순서와 상관없이 잘못 정렬된 경우 발생하는 오류

> **정답** ②
> **해설** 무결성 오류는 데이터가 중복되거나 누락된 경우 발생한다. 예를 들어, 동일한 데이터가 여러 번 저장되거나 필요한 데이터가 기록되지 않거나 유실된 경우가 이에 해당한다.
> ① 데이터 정확성의 오류에 대한 설명이다. 정확성의 오류는 오입력 및 오타, 이상값, 계산 오류 등이 있다.
> ③, ④ 데이터 일관성의 오류로 잘못된 서식이나 정렬에 관한 문제이다.

03 다음 중 데이터 오류를 예방하기 위한 방안으로 옳지 않은 것은?

① 데이터 입력 시 자동화 도구를 사용하여 사람의 실수를 최소화한다.
② 데이터 정규화를 통해 중복과 불일치를 방지한다.
③ 데이터 전송 시 전송 오류를 실시간으로 검출하고 수정한다.
④ 데이터 분석 후 데이터의 품질을 검토하여 오류를 발견한다.

> **정답** ④
> **해설** 데이터 오류를 예방하기 위해서는 데이터 분석 전에 데이터의 품질을 검토하는 것이 중요하다. 데이터 분석 후에 오류를 발견하는 것은 예방이 아니라 사후 관리에 해당한다.

04 다음 중 데이터 저장 단계에서 데이터 오류를 예방하기 위한 방안으로 옳은 것은?

① 입력 데이터의 형식을 표준화하여 일관성을 유지한다.
② 데이터 전송 시 오류를 실시간으로 검출하고 수정한다.
③ 저장된 데이터의 무결성을 주기적으로 검증한다.
④ 데이터 분석 전 데이터의 품질을 검토하여 오류를 사전에 발견한다.

> **정답** ③
> **해설** 데이터 저장 단계에서 오류를 예방하기 위해서는 저장된 데이터의 무결성을 주기적으로 검증하는 것이 중요하다. 이는 데이터 손실이나 왜곡을 방지하고, 저장된 데이터의 신뢰성을 높이는 데 기여한다.
> ① 데이터 입력 단계에서의 오류 예방 방안에 해당한다.
> ② 데이터 전송 단계에서의 오류 예방 방안에 해당한다.
> ④ 데이터 활용 단계에서의 오류 예방 방안에 해당한다.

05 다음 중 데이터 정제의 목적으로 옳은 것은?

① 데이터의 크기를 줄여 저장 공간을 절약한다.
② 데이터의 품질과 정확성을 높여 신뢰할 수 있는 데이터세트를 확보한다.
③ 데이터를 암호화하여 보안을 강화한다.
④ 데이터를 압축하여 전송 속도를 높인다.

> **정답** ②
> **해설** 데이터 정제의 주요 목적은 데이터의 품질과 정확성을 높여 신뢰할 수 있는 데이터세트를 확보하는 것이다. 이는 데이터 분석, 머신러닝, 데이터베이스 관리 등 다양한 분야에서 매우 중요한 단계이다.
> ①, ③, ④ 데이터 정제와 직접적인 관련이 없다.

06 다음 중 결측값 처리에 대한 설명으로 옳은 것은?

① 결측값은 항상 제거해야 한다.
② 결측값을 대체할 때는 변수의 형태에 관계없이 평균값을 사용한다.
③ 결측값을 대체할 때는 원본 데이터를 삭제하지 않고, 데이터를 복사하여 작업을 수행한다.
④ 결측값은 분석에 영향을 미치지 않으므로 무시해도 된다.

> **정답** ③
> **해설** 결측값을 처리할 때는 원본 데이터를 삭제하지 않고 데이터를 복사하여 작업을 수행하는 것이 중요하다. 이는 원본 데이터를 보존하여 추후 분석 및 검증에 사용할 수 있게 하기 위함이다.
> ①, ②, ④ 결측값 처리 방법으로 옳지 않다.

07 다음 중 불일치 데이터 처리 과정에서 가장 먼저 해야 할 작업으로 옳은 것은?

① 불일치 데이터를 표준화된 형식으로 수정한다.
② 데이터의 포맷과 구조를 일관되게 맞춘다.
③ 불일치 데이터 내의 불일치 항목을 탐지한다.
④ 불일치 데이터를 제거한다.

> **정답** ③
> **해설** 불일치 데이터 처리 과정의 첫 단계는 데이터 내의 불일치 항목을 탐지하는 것이다. 이를 통해 어떤 데이터가 불일치한지 식별한 후, 표준화된 형식으로 수정하거나 처리할 수 있다.

08 다음 중 이상값 처리 시 주의사항으로 옳지 않은 것은?

① 이상값의 원인을 분석하여 데이터 입력 오류나 측정 기기 문제 등을 파악한다.
② 박스플롯, 히스토그램 등을 사용하여 이상값을 시각적으로 확인한다.
③ 모든 이상값을 제거하여 데이터의 순도를 높인다.
④ 이상값 처리 과정을 문서화하여 투명성과 재현성을 확보한다.

> **정답** ③
> **해설** 모든 이상값을 제거하는 것은 데이터 손실을 초래할 수 있으며, 유용한 정보까지 삭제될 수 있다. 이상값의 처리 방법은 데이터의 특성과 분석 목적에 따라 신중하게 결정해야 한다.

09 다음 중 데이터 변환의 목적에 대한 설명으로 옳지 않은 것은?

① 데이터의 유형을 변환하여 분석이나 모델링에 적합한 형태로 변경한다.
② 새로운 특성을 생성하여 데이터의 품질을 향상시킨다.
③ 데이터 변환은 데이터 전처리 과정에서 가장 중요도가 떨어지고 시간이 적게 소요되는 단계이다.
④ 데이터의 정확성과 유효성을 확보하여 분석의 정확성을 높인다.

정답 ③
해설 데이터 변환은 데이터 전처리 과정에서 가장 중요하고 시간이 많이 소요되는 단계이다. 이를 통해 데이터의 품질과 정확성을 향상시켜 분석의 신뢰성을 높일 수 있다.

10 다음 중 데이터 정규화에 대한 설명으로 옳지 않은 것은?

① MinMaxScaler는 특성들을 특정 범위(주로 [0,1])로 변환하며, 가장 작은 값은 0, 가장 큰 값은 1로 변환한다.
② MinMaxScaler는 이상치에 민감하여 이상치가 존재할 경우 매우 좁은 범위로 압축될 수 있다.
③ MaxAbsScaler는 각 특성의 절댓값이 0과 1 사이가 되도록 스케일링하며, 모든 값은 −1과 1 사이로 표현된다.
④ MaxAbsScaler는 이상치에 민감하지 않으며, 이상치가 큰 쪽에 존재해도 영향을 받지 않는다.

정답 ④
해설 MaxAbsScaler는 이상치에 민감하며, 이상치가 큰 쪽에 존재할 경우 이에 민감하게 반응한다. 이는 MinMaxScaler와 유사하게 동작하지만, 모든 값이 절댓값으로 변환되어 −1과 1 사이로 표현되는 차이점이 있다.

11 다음 중 범주형 데이터 인코딩에 대한 설명으로 옳지 않은 것은?

① 원핫 인코딩은 범주형 변수를 0과 1의 이진 벡터로 변환하는 방법이다.
② 레이블 인코딩은 범주형 변수의 각 범주에 숫자값을 할당하는 방법이다.
③ 원핫 인코딩은 각 범주에 순서가 있음을 가정하고 숫자를 할당한다.
④ 레이블 인코딩은 '사과', '바나나', '오렌지'를 순서대로 0, 1, 2로 변환할 수 있다.

정답 ③
해설 원핫 인코딩은 범주형 변수를 0과 1의 이진 벡터로 변환하는 방법이며, 각 범주에 순서가 있음을 가정하지 않다. 순서를 가정하는 것은 레이블 인코딩의 특성이다.

12 다음 중 연속형 데이터 범주화에 대한 설명으로 옳지 않은 것은?

① 등간 구간화는 데이터의 전체 범위를 동일한 간격으로 나누는 방법이다.
② 등간 구간화는 각 구간에 포함되는 데이터의 수가 동일하도록 구간을 나누는 방법이다.
③ 등율 구간화는 데이터를 정렬한 후 동일한 개수의 데이터를 각 구간에 할당하는 방법이다.
④ 등율 구간화는 각 구간에 포함되는 데이터의 수가 같도록 조정한다.

정답 ②
해설 등간 구간화(Equal Width Binning)는 데이터의 전체 범위를 동일한 간격으로 나누는 방법이다. 즉, 구간에 포함되는 데이터의 수가 동일하도록 구간을 나누는 방법은 등율 구간화(Equal Frequency Binning)이다.

13 다음 중 텍스트 전처리 과정에서 토큰화(Tokenization)에 해당하는 것은?

① 단어를 고유한 인덱스로 변환하는 작업
② 텍스트를 단어나 문장으로 분할하는 작업
③ 텍스트 데이터에서 불필요한 단어를 제거하는 작업
④ 단어의 어근을 추출하는 작업

정답 ②
해설 토큰화(Tokenization)는 텍스트를 단어나 문장으로 분할하는 작업이다. 이는 텍스트 데이터를 분석하기 위한 초기 단계로, 각 단어 또는 문장을 별개의 단위로 나누어 처리할 수 있도록 한다.
① 단어를 고유한 인덱스로 변환하는 작업은 벡터화(Vectorization) 과정 중 하나로, 텍스트 데이터를 수치형 데이터로 변환하여 기계 학습 모델이 처리할 수 있도록 한다.
③ 텍스트 데이터에서 불필요한 단어를 제거하는 작업은 불용어 제거(Stop Words Removal) 과정에 해당한다.
④ 단어의 어근을 추출하는 작업은 어간 추출(Stemming) 또는 표제어 추출(Lemmatization) 과정에 해당한다.

14 다음 중 데이터 집계에 대한 설명으로 옳은 것은?

① 데이터의 전체를 요약하는 작업으로, 평균이나 합계 등을 계산하여 수행한다.
② 데이터를 특정 기준에 따라 정렬하는 작업으로, 데이터의 형태를 변환하는 과정이다.
③ 데이터의 형태를 재구성하여 새로운 축에 따라 재정렬하는 작업이다.
④ 날짜 및 시간 데이터 처리에서 날짜/시간을 다양한 기준으로 나누는 작업을 말한다.

정답 ①
해설 데이터 집계는 데이터의 전체를 요약하는 작업으로, 평균이나 합계 등을 계산하여 데이터를 요약한다. 데이터 그룹화는 특정 기준에 따라 데이터를 정렬하는 것이 아니라, 데이터를 그룹으로 묶는 작업을 의미한다. 피벗과 언피벗은 데이터의 형태를 재구성하고 다시 원래 형태로 변환하는 작업을 말한다. 날짜 및 시간 데이터 처리에서는 분할은 데이터를 구분하여 분류하는 작업이고, 파생은 기존 데이터에서 새로운 변수를 생성하는 작업을 의미한다.

15 다음 중 차원 축소에 대한 설명으로 옳은 것은?

① 주성분 분석(PCA)은 데이터의 분포를 최대한 보전하면서 고차원 데이터를 저차원으로 변환하는 기법이다.
② 특징 선택은 모든 변수를 선택하여 모델의 성능을 높이는 작업이다.
③ PCA는 차원 축소보다는 데이터의 특성을 확장시키는 방향으로 작용한다.
④ 차원 축소는 데이터를 원래의 형태로 되돌리는 작업을 의미한다.

> **정답** ①
> **해설** 주성분 분석(PCA)은 데이터의 분포를 최대한 보전하면서 고차원 데이터를 저차원으로 변환하는 기법이다. 이를 통해 데이터의 주요 특성을 잘 보존하면서도 계산 효율성을 높일 수 있다. 특징 선택은 모델 성능을 향상시키기 위해 가장 중요한 변수들을 선택하는 작업이다.

16 다음 중 교차 검증에 대한 설명으로 옳은 것은?

① 주어진 데이터를 훈련 데이터와 테스트 데이터로 단 한 번만 분할하여 모델을 평가하는 방법이다.
② 주어진 데이터를 여러 개의 fold(부분 집합)로 나눈 후, 각 fold를 한 번씩 테스트 세트로 사용하고 나머지를 훈련 세트로 사용하여 모델을 여러 번 학습 및 평가하는 방법이다.
③ 교차 검증은 테스트 데이터와 훈련 데이터를 분리하여 모델을 평가하는 과정에서 발생할 수 있는 오버피팅(과적합) 문제를 해결하기 위한 기법이다.
④ 5-fold cross-validation에서는 데이터를 6개의 부분 집합으로 나누어 각각의 부분 집합을 한 번씩 테스트 세트로 사용하여 모델을 평가한다.

> **정답** ②
> **해설** 교차 검증은 주어진 데이터를 여러 개의 fold로 나눈 후, 각 fold를 한 번씩 테스트 세트로 사용하고 나머지를 훈련 세트로 사용하여 모델을 여러 번 학습 및 평가하는 방법이다. 이 과정을 반복하여 모든 fold에 대해 모델의 성능을 평가하고, 각 평가 결과의 평균을 최종 성능 지표로 사용한다. 이를 통해 모델의 성능을 신뢰할 수 있는 방법으로 평가할 수 있다.

17 다음 중 표본 추출에 대한 설명으로 옳지 않은 것은?

① 무작위 표본 추출은 모집단 내에서 모든 개체가 동등한 확률로 선택될 수 있는 방식이다.
② 계통 표본 추출은 모집단 내에서 일정한 간격으로 표본을 추출하는 방식이다.
③ 층화 표본 추출은 모집단의 층에 대한 정보 없이 무작위로 표본을 추출하는 방식이다.
④ 군집 표본 추출은 모집단을 작은 집단으로 나눈 후, 일부 집단을 무작위로 선택하여 표본을 추출하는 방식이다.

> **정답** ③
> **해설** 층화 표본 추출은 모집단을 기준(층)에 따라 구분한 후, 각 층 내에서 무작위로 추출하는 방식이다. 층을 나눠 계산하기 때문에 표본의 크기가 크지 않아도 대표성이 보장되지만, 모집단의 층에 대한 정확한 정보를 알아야 적용할 수 있다. 각 층 내에서는 무작위 추출이 이루어지며, 이 방법은 모집단의 다양한 특성을 고려하여 표본을 추출할 수 있도록 도와준다.

18 다음 중 데이터 결합에 대한 설명으로 옳지 않은 것은?

① 유니온(Union)은 데이터세트를 수직으로 결합하는 방식이다.
② 외부조인(Outer Join)은 두 데이터세트의 공통 키를 기준으로 데이터를 결합하며, 중복된 값이 있을 경우에도 모두 포함한다.
③ 교집합 방식(Intersection)은 두 데이터세트에서 공통된 값만을 기준으로 결합하는 방식이다.
④ 데이터 혼합은 서로 다른 구조나 변수를 가진 데이터세트를 통합하는 작업을 말한다.

정답 ④
해설 데이터 혼합은 서로 다른 구조나 변수를 가진 데이터세트 사이에서 일치하는 정보를 식별하여 정렬하고 통합하는 작업을 의미한다. 이는 데이터세트 간의 일치하는 정보를 찾아서 병합하는 과정을 포함한다.

19 다음 중 데이터베이스 쿼리에 대한 설명으로 옳지 않은 것은?

① 데이터베이스에서 데이터 검색 및 조작을 위한 요청을 의미한다.
② 데이터베이스 쿼리를 작성하기 위해 주로 사용하는 언어는 SQL이다.
③ 쿼리의 종류로 SELECT, INSERT, DELETE, SORT가 있다.
④ 쿼리를 통해 데이터베이스 내의 데이터를 조회, 삽입, 수정, 삭제할 수 있다.

정답 ③
해설 쿼리의 종류로는 SELECT, INSERT, DELETE, UPDATE가 있으며, SORT는 쿼리의 종류에 해당하지 않는다.

20 다음 중 쿼리와 목적이 바르게 짝지어지지 않은 것은?

① SELECT : 데이터 조회
② INSERT : 데이터 삽입
③ UPGRADE : 데이터 수정
④ DELETE : 데이터 삭제

정답 ③
해설 데이터를 수정하는 쿼리는 UPDATE이다.

21 다음 중 API(Application Programming Interfaces)에 대한 설명으로 옳지 않은 것은?

① API는 응용 프로그램 간 또는 클라이언트와 서버 간의 상호 작용을 위한 인터페이스 규약을 제공한다.
② API는 HTTP 요청 방식(GET, POST 등)과 응답 데이터 형식(JSON, XML 등)을 통해 동작한다.
③ 개인용 API(Private API)는 누구나 접근 가능한 API로, 개발자 커뮤니티에 유용한 자원을 제공한다.
④ 외부 서비스 API(Third-party API)는 타사 서비스와의 통합을 위한 API로, 외부 서비스 기능을 애플리케이션에 통합할 수 있다.

정답 ③
해설 개인용 API(Private API)는 특정 사용자 또는 내부 시스템에 한정된 API로, 보안 및 접근 제어가 중요한 경우에 사용된다. 따라서 누구나 접근 가능한 공개된 API와는 달리 개발자 커뮤니티에 제한적인 자원을 제공한다.

22 다음 중 데이터 파싱(data parsing)에 대한 설명으로 옳은 것은?

① 데이터를 특정 형식으로 변환하거나 구조화된 정보로 해석하는 과정이다.
② 데이터를 암호화하여 보호하는 과정이다.
③ 데이터를 백업하여 보관하는 과정이다.
④ 데이터를 생성하고 저장하는 과정이다.

정답 ①
해설 데이터 파싱(data parsing)은 데이터를 특정 형식으로 변환하거나 구조화된 정보로 해석하는 과정을 말한다. 이 과정을 통해 데이터의 구성요소를 식별하고, 의미 있는 데이터로 변환하여 다른 시스템이나 애플리케이션에서 활용할 수 있도록 한다.

23 다음 중 머신 및 IoT 데이터 수집에 대한 설명으로 옳은 것은?

① 서버와 클라이언트 간의 파일 전송을 말하며, 주로 웹 인터페이스를 통해 이루어진다.
② 생산공장의 센서 데이터를 분석하여 예측 유지 보수에 주로 활용된다.
③ 주요 클라우드 서비스(AWS, Google Cloud, Azure 등)를 활용하여 데이터 저장 및 처리가 가능하다.
④ 데이터의 무결성과 보안 유지가 핵심 고려 사항이다.

정답 ②
해설 머신 및 IoT 데이터 수집은 다양한 디바이스 및 센서에서 생성되는 데이터를 실시간으로 스트리밍하고 수집하는 방법을 말한다. 이 과정에서 생산공장의 센서 데이터를 모니터링하고 기계 상태를 예측하여 유지 보수에 활용하는 것이 주된 목적이다.

24 다음 중 데이터 적재 방법에 대한 설명으로 옳지 <u>않은</u> 것은?

① 일괄 적재는 일정한 시간 간격으로 대량의 데이터를 한 번에 적재하는 방법이다.
② 실시간 적재는 데이터가 생성되자마자 즉시 적재하는 방법이며, 데이터의 최신성을 유지한다.
③ 증분 적재는 이전 적재 이후에 변경된 데이터만을 적재하는 방법이다.
④ 데이터 적재 방법의 선택은 실시간 적재＞증분 적재＞일괄 적재로 선택하는 것이 좋다.

정답 ④
해설 데이터의 효과적인 적재와 저장은 데이터의 무결성, 접근성 및 효율성 유지가 관건으로, 특정 상황과 목적에 따라 적재하는 방식을 선택하여 사용한다.

25 다음 중 ETL(추출, 전환, 적재) 과정에 대한 설명으로 옳지 않은 것은?

① 데이터 추출 단계에서 증분 추출은 변경된 데이터만을 주기적으로 확인하고 추출하는 방식이다.
② 데이터 추출 단계에서 암호화는 데이터를 보호하기 위해 스트리밍 전에 수행하는 작업이다.
③ 데이터 적재 단계에서 전체 로드는 소스의 전체 데이터를 변환하여 데이터 웨어하우스로 이동하는 방법이다.
④ 데이터 변환 단계에서는 기존 값에서 새로운 값을 계산하여 데이터를 생성하는 파생작업이 포함된다.

정답 ②
해설 ETL(추출, 전환, 적자) 과정에서 암호화는 데이터 추출(Extract) 단계가 아닌 변환(Transform) 단계에 수행된다. 암호화는 데이터가 전송되기 전에 데이터의 보안을 보장하기 위해 변환 처리되는 작업이므로 데이터 추출 단계에서 암호화는 수행되지 않는 작업이다.

26 다음 중 데이터 거버넌스 구축의 주요 목적에 대한 설명으로 옳은 것은?

① 데이터 저장소의 물리적 위치를 결정하는 것
② 데이터의 가공과 분석을 자동화, 효율화하는 것
③ 데이터의 가용성, 유용성, 통합성, 보안성을 관리하기 위한 정책과 프로세스를 수립하는 것
④ 데이터의 물리적 백업을 수행하는 것

정답 ③
해설 데이터 거버넌스는 데이터의 가용성, 유용성, 통합성, 보안성을 관리하기 위한 정책과 프로세스를 수립하는 것을 목적으로 한다. 이를 통해 조직 데이터의 가용성, 품질 및 보안을 강화하고 관리 규정을 준수할 수 있다. 데이터 저장소의 물리적 위치 결정이나 물리적 백업은 데이터 거버넌스의 일부일 수 있지만, 주요 목적은 아니다.

27 다음 중 관계형 데이터베이스(RDBMS)의 특징에 대한 설명으로 옳은 것은?

① 비정형 데이터를 효율적으로 저장한다.
② 구조화된 데이터를 테이블 형식으로 저장한다.
③ 데이터를 구조화하지 않고 원시 데이터 그대로 저장한다.
④ 대규모 데이터 분석에 최적화되어 있다.

정답 ②
해설 관계형 데이터베이스(RDBMS)는 구조화된 데이터를 테이블 형식으로 저장한다. 이 데이터베이스는 SQL을 사용하여 데이터를 관리하고, 데이터 간의 관계를 정의할 수 있어 데이터 무결성과 일관성을 유지할 수 있다.
①, ③ 비정형 데이터나 원시 데이터를 그대로 저장하는 것은 NoSQL 데이터베이스나 데이터 레이크의 특징이다.

28 다음 중 데이터 저장 요구사항에 대한 설명으로 옳은 것은?

① 데이터 처리 속도와 저장 용량의 확장성을 고려하지 않아도 된다.
② 데이터의 안전성을 보장하기 위해 암호화, 접근 제어, 감사 로깅 등의 보안 기능이 필요하다.
③ 데이터 손실과 유출을 방지하기 위한 정책과 백업 및 복구 등의 기술적 조치는 선택적이다.
④ 특정 하드웨어 선택이나 클라우드 서비스 이용은 유지 보수나 비용 절감 측면에서 불리하다.

정답 ②
해설 데이터 저장 요구사항에는 여러 중요한 요소가 포함되며 데이터의 안전성을 보장하기 위해 암호화, 접근 제어, 감사 로깅 등의 보안 기능이 필요하다.
① 대량의 데이터를 효율적으로 관리하고 빠르게 접근하기 위해 데이터 처리 속도와 저장 용량의 확장성을 고려해야 한다.
③ 데이터 손실과 유출을 방지하기 위한 정책과 백업 및 복구 등의 기술적 조치가 반드시 필요하다.
④ 운영비용을 최적화하기 위해 하드웨어 선택, 클라우드 서비스 이용 등을 고려하는 것이 중요하다.

29 다음 중 데이터 백업 및 복구에 대한 설명으로 옳은 것은?

① 백업은 데이터베이스 장애 시 사용할 수 있는 원본 데이터의 카피본을 의미한다.
② 데이터 복구는 데이터베이스의 장애를 예방하는 프로세스를 의미한다.
③ 전체 백업은 마지막 백업 이후 변경된 데이터만 복사하는 방식이다.
④ 물리적 백업은 테이블, 프로시저, 뷰 등의 논리적 데이터의 카피본을 의미한다.

정답 ①
해설 백업은 데이터베이스 장애 시 사용할 수 있는 원본 데이터의 카피본을 의미하며, 데이터 손실 발생 시 데이터를 복구할 수 있도록 미리 준비해 두는 것이다.
② 데이터 복구는 장애 발생 시 데이터베이스를 원래의 상태로 복원하는 프로세스를 의미한다.
③ 전체 백업은 모든 데이터를 복사하는 방식이며, 마지막 백업 이후 변경된 데이터만 복사하는 방식은 증분 백업이다.
④ 물리적 백업은 실제 데이터베이스 파일의 카피본을 의미한다.

30 다음 중 데이터 복구 프로세스에 대한 설명으로 옳은 것은?

① 백업 활용 단계에서는 데이터베이스 모니터링 도구를 사용하여 문제의 원인을 파악한다.
② 복구 계획 수립 단계에서는 백업된 데이터를 사용하여 데이터베이스를 복구한다.
③ 데이터 복구 단계에서는 백업된 데이터를 사용하여 손상된 데이터를 복원한다.
④ 변경 로그 적용 단계에서는 정기적인 백업 정책을 검토하고 보안을 강화한다.

정답 ③
해설 데이터 복구 프로세스는 데이터베이스에서 문제가 발생했을 때 이를 식별하고, 복구 계획을 수립한 후, 백업된 데이터를 활용하여 데이터베이스를 복구하는 단계로 구성된다. 백업 활용 단계에서는 정기적으로 생성된 백업을 사용하며, 데이터 복구 단계에서는 이 백업을 이용하여 손상된 데이터를 복원한다. 변경 로그 적용 단계에서는 데이터 손상 이후의 변경 내역을 적용하여 최신 상태로 복구한다. 마지막으로 모니터링 및 예방 조치 단계에서는 복구 후 시스템의 정상 작동 여부를 확인하고, 비슷한 문제가 재발하지 않도록 예방 조치를 강화한다.

31 다음 중 개인정보 보호에 대한 설명으로 옳은 것은?

① 개인정보의 주체는 법인이나 단체일 수 있다.
② 개인정보는 성명, 주민등록번호 및 영상 등을 통해 개인을 알아볼 수 있는 정보단 해당된다.
③ 개인정보 비식별화는 개인정보를 가명화 또는 익명화하여 보호하는 방법이다.
④ 개인정보는 고정불변의 개념으로 시대나 기술의 변화에 따라 확장되지 않는다.

정답 ③
해설 개인정보 비식별화는 개인정보를 가명화 또는 익명화하여 보호하는 방법으로, 이는 개인정보의 유출 및 오용을 방지하기 위한 중요한 보호 조치이다.
① 개인정보의 주체는 자연인(개인)이어야 하며, 법인이나 단체는 해당되지 않는다.
② 개인정보 보호법에 따르면 개인정보는 살아 있는 개인에 관한 정보로, 성명, 주민등록번호, 영상 등을 통해 개인을 알아볼 수 있는 정보, 다른 정보와 쉽게 결합하여 알아볼 수 있는 정보, 가명처리 되어 특정 개인을 알아볼 수 없는 정보 등을 포함한다.
④ 개인정보는 시대, 기술, 인식의 변화에 따라 그 범위와 영역이 확장될 수 있다.

32 다음 중 비식별화 개념에 대한 설명으로 옳은 것은?

① 식별자는 비식별 조치 시 변형/조작의 대상이다.
② 준식별자는 자체로 개인을 식별할 수 있는 속성이다.
③ 민감정보는 데이터 분석 시 주로 측정되는 대상 속성으로, 데이터 값들을 보존한다.
④ 비식별화는 프라이버시 모델 기반의 추론 방지만을 목표로 한다.

정답 ③
해설 민감정보는 개인의 사생활을 드러낼 수 있는 속성으로, 데이터 분석 시 주로 측정되는 대상 속성으로 데이터 값들을 보존한다.
① 식별자는 비식별 조치 시 무조건 삭제해야 하는 속성으로, 변형/조작의 대상이 아니다.
② 준식별자는 자체로는 개인을 식별할 수 없지만, 다른 데이터와 결합하면 특정 개인을 간접적으로 추론할 수 있는 속성이다.
④ 비식별화는 식별자 제거를 통한 식별방지와 프라이버시 모델 기반의 추론 방지 두 가지를 목표로 한다.

33 다음 중 k-익명성과 l-다양성에 대한 설명으로 옳은 것은?

① k-익명성은 한 개인이 k명의 다른 사람과 구별되지 않도록 하는 식별화 모델이다.
② l-다양성은 비식별화된 데이터 블록이 적어도 l개의 다양한 식별자를 가져야 함을 의미한다.
③ k-익명성 모델은 민감정보의 분포 차이를 통해 개인 사생활 정보가 노출되지 않도록 한다.
④ l-다양성은 k-익명성 모델이 동질성 공격에 취약하다는 점을 보완하는 모델이다.

정답 ④
해설 ① k-익명성은 한 개인이 $k-1$명의 다른 사람과 구별되지 않도록 하는 비식별화 모델이다.
② l-다양성은 비식별화된 데이터 블록이 적어도 l개의 다양한 민감정보를 가져야 함을 의미한다.
③ k-익명성 모델은 민감정보의 분포 차이를 제한하지 않는다. 이는 t-근접성 모델의 역할이다.

CHAPTER. 03 데이터 활용

34 다음 중 비식별화 절차의 '데이터 품질 평가' 단계에서 수행하는 작업으로 옳은 것은?

① 개인정보 여부 판단
② 비식별화된 데이터의 적정성 검증
③ 비식별화 방법 결정
④ 전문가 평가단에 의한 평가

정답 ②
해설 데이터 품질 평가 단계에서는 비식별화된 데이터의 적정성을 검증한다. 필요시에는 2단계로 돌아가서 수정 후 재수행할 수 있다. 이 단계는 비식별화가 적절하게 이루어졌는지 확인하는 중요한 과정이다.

35 다음 중 비식별화 기술의 예시에 대한 설명으로 옳지 않은 것은?

① 마스킹 – 김*지, 010 – 8*** – 1234, 140101 – 4******
② 익명화 – 이름 ***, 우편번호 *** – ***
③ 가명화 – 홍길동 → 사용자123, 고객001
④ 집계 – 개인의 이름을 무작위로 변경

정답 ④
해설 집계는 데이터를 그룹화하고 통계적 분석을 통해 개인 식별을 방지하는 기술이다. 개인의 이름을 무작위로 변경하는 것은 집계가 아니라 익명화나 임의화에 해당한다. 집계의 예시로는 연령대별 평균 소득, 지역별 인구 수 등이 있다.

36 다음 중 비즈니스 인텔리전스(BI)의 핵심 요소인 데이터 수집의 역할에 대한 설명으로 옳은 것은?

① 데이터를 그래프와 차트로 시각화하여 이해를 돕는다.
② 데이터 웨어하우스에 데이터를 일관성 있게 저장한다.
③ 다양한 내부 및 외부 소스에서 데이터를 수집한다.
④ 데이터를 분석하여 패턴과 추세를 발견한다.

정답 ③
해설 데이터 수집은 BI의 첫 번째 핵심 요소로, 다양한 내부 및 외부 소스에서 데이터를 모으는 과정을 의미한다. 수집된 데이터는 이후 저장, 분석, 시각화 등의 단계를 거쳐 비즈니스 의사결정에 활용된다.
① BI의 핵심 요소 중 데이터 시각화에 해당한다.
② BI의 핵심 요소 중 데이터 저장에 해당한다.
④ BI의 핵심 요소 중 데이터 분석에 해당한다.

37 다음 중 비즈니스 인텔리전스(BI) 솔루션의 범주에 대한 설명으로 옳은 것은?

① 온프레미스 솔루션은 클라우드 솔루션보다 확장성이 뛰어나다.
② 오픈소스 솔루션은 경제적이며 클라우드 기반인 경우 인프라 비용 절감이 가능하다.
③ 클라우드 기반 솔루션은 온프레미스 데이터 웨어하우스와 함께 사용된다.
④ 온프레미스 솔루션은 경제적이며 스트리밍 데이터 처리에 유용하다.

정답 ②

해설 온프레미스 솔루션은 조직의 자체 인프라에서 실행되며 확장성은 클라우드 솔루션보다 떨어진다. 오픈소스 솔루션은 경제적이며 클라우드 기반인 경우 인프라 비용 절감이 가능하다. 클라우드 기반 솔루션은 스트리밍 데이터와 대용량 데이터 처리에 유용하며, 클라우드 공급업체가 인프라와 전문성을 담당해 경제적이다.

38 다음 중 비즈니스 인텔리전스 도구 선택 시 고려해야 할 요소로 옳은 것은?

① 사용자의 요구사항과 상관없이 고급 기능을 많이 제공하는 도구를 선택해야 한다.
② 데이터 시각화 기능은 중요하지 않으므로 다른 요소들에 집중해야 한다.
③ 전사 BI 전략과 일치하는 도구를 선택해야 한다.
④ 라이센스 비용이 비싸더라도 고가의 도구를 선택해야 한다.

정답 ③

해설 데이터 시각화 기능은 전사 BI 전략과 일치하는 도구를 선택하는 것이 중요하다.
① 비즈니스 인텔리전스 도구를 선택할 때는 사용자의 요구사항을 충족하는 도구를 선택하는 것이 중요하다.
② 데이터 시각화 기능은 직관적인 시각적 분석과 인사이트 제공에 중요하다.
④ 라이센스 비용은 고려사항 중 하나이지만, 반드시 고가의 도구가 최선인 것은 아니다. 총 소유 비용과 확장성도 함께 고려해야 한다.

39 다음 중 비즈니스 인텔리전스와 데이터 기반 의사결정에 대한 설명으로 옳은 것은?

① 데이터 기반 의사결정은 주관적인 판단을 바탕으로 이루어진다.
② 비즈니스 인텔리전스는 데이터 기반 의사결정 과정에서 데이터를 수집하고 분석하는 데 중요한 역할을 한다.
③ 데이터 기반 의사결정은 비즈니스 인텔리전스를 필요로 하지 않는다.
④ 비즈니스 인텔리전스는 데이터를 가공하지 않고 원본 그대로 사용한다.

정답 ②

해설 데이터 기반 의사결정은 관련 데이터를 분석하고 해석하여 정보에 입각한 선택과 전략적 계획을 세우는 접근 방식이다. 비즈니스 인텔리전스는 이 과정에서 데이터를 수집하고 분석하는 데 중요한 역할을 하며, 이를 통해 의미 있는 통찰을 제공하여 의사결정을 돕는다.

40 다음 중 비즈니스 인텔리전스(BI)를 효과적으로 활용하기 위한 첫 번째 단계로 옳은 것은?

① 데이터 수집 및 통합
② 비즈니스 목표 정의
③ 대시보드 디자인 및 개발
④ 성과 모니터링 및 추적

정답 ②

해설 비즈니스 인텔리전스를 효과적으로 사용하기 위해서는 첫 번째로 비즈니스 목표를 명확하게 정의해야 한다. 구체적인 질문이나 해결하고자 하는 과제를 명확히 정의하는 것이 중요하다. 이는 이후의 데이터 수집, 분석, 보고서 작성 등의 모든 과정의 기초가 된다.

MEMO

MEMO

PART 03

경영정보시각화 디자인

- **CHAPTER 01** 시각화 디자인 기본원리
  실전예상문제
- **CHAPTER 02** 시각화 도구 활용
  실전예상문제
- **CHAPTER 03** 시각화 요소 디자인
  실전예상문제

내가 뽑은 원픽!

CHAPTER 01

PART 03_ 경영정보시각화 디자인

시각화 디자인 기본원리

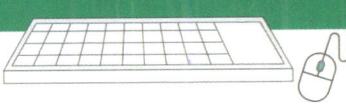

SECTION 01 경영정보시각화 개요

1 정보 시각화 개요

(1) 정보 시각화의 개념

① 데이터 표현과 이해 : 인간의 시각적 능력을 기반으로, 데이터를 그림이나 도형 등의 그래픽 요소로 표현하여 데이터에 대한 이해와 설득을 돕는 것
② 기하학 요소를 활용한 정보 인식 : 선, 막대, 원 등의 기하학적 형태를 활용하여 데이터의 특성을 잘 설명하고 새로운 인사이트를 도출하는 사고의 도구
③ 인지적 속성을 활용한 의사결정 지원도구 : 색상, 도형, 텍스트, 선의 종류 등 미학적 속성을 이용하여 상호작용적으로 데이터를 표현하고 의사결정을 지원하는 과정
④ 데이터 분석 결과의 시즈적 전달 : 데이터 분석의 과학적 측면과 시각적 표현의 미적 측면을 동시에 고려하여 분석 결과를 차트, 그래프, 지도 등을 통해 시각적으로 전달하는 과정
⑤ 정보 시각화의 분야와 발전 : 최근에는 데이터 시각화, 과학적 시각화, 인포그래픽과 같은 분야 주목
⑥ 정보 디자인 다이어그램(나단 셰드로프, Nathan Shedroff)
  ㉠ 데이터, 정보, 지식, 지혜가 생성되고 전환되는 과정 중에서 정보 디자인이 어떻게 전달되는지를 보여줌. 데이터가 정보로 이해, 활용되고, 지식으로 체계화되어 지혜로서 문제 해결과 미래 예측에 사용되는 과정을 그리고 있음
  ㉡ 맥락에 따라 시각화의 방법도 각 단계마다 다르게 나타남. 지식으로 갈수록 경험에 기반한 스토리텔링이 중요해짐을 알 수 있음

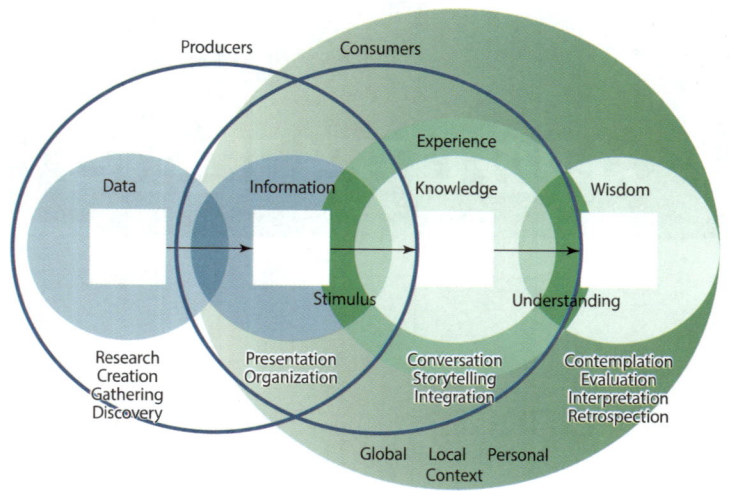

출처 : https://gtothewhitt.wordpress.com/wp-content/uploads/2013/03/wk3-part-1.jpg?w=551&h=375

[정보 디자인 다이어그램]

(2) 정보시각화의 종류

① 데이터 시각화(Data visualization)

㉠ 목적
- 데이터를 그래픽으로 표현하여 정보를 시각적으로 전달
- 데이터 분석 결과를 명확하게 전달
- 데이터에서 통찰력(Insight)을 발견하고, 의사결정에 도움을 주기 위함

㉡ 기능
- 데이터의 패턴과 트렌드를 쉽게 파악
- 많은 양 또는 복잡한 데이터를 이해하기 쉽게 단순화
- 데이터의 숨겨진 인사이트를 발견
- 의사결정을 더 효율적으로 만듦
- 실시간 데이터 시각화로 빠르게 비즈니스 상황 변화에 대응

㉢ 활용
- 비즈니스 인텔리전스 : 매출 데이터 분석, 고객 행동 패턴 분석
- 학술 연구 : 연구 데이터의 시각적 분석, 논문 결과 표현
- 마케팅 : 광고 캠페인 성과 분석, 시장 조사 결과 시각화

㉣ 예시
- 선그래프 : 시간 변화에 따른 신기술 트렌드의 성숙도와 시장의 기대 분석 - 하이프 사이클(Hype Cycle)
- 막대그래프 : 다양한 제품의 판매량 비교
- 히트맵 : 웹사이트 클릭 데이터 시각화

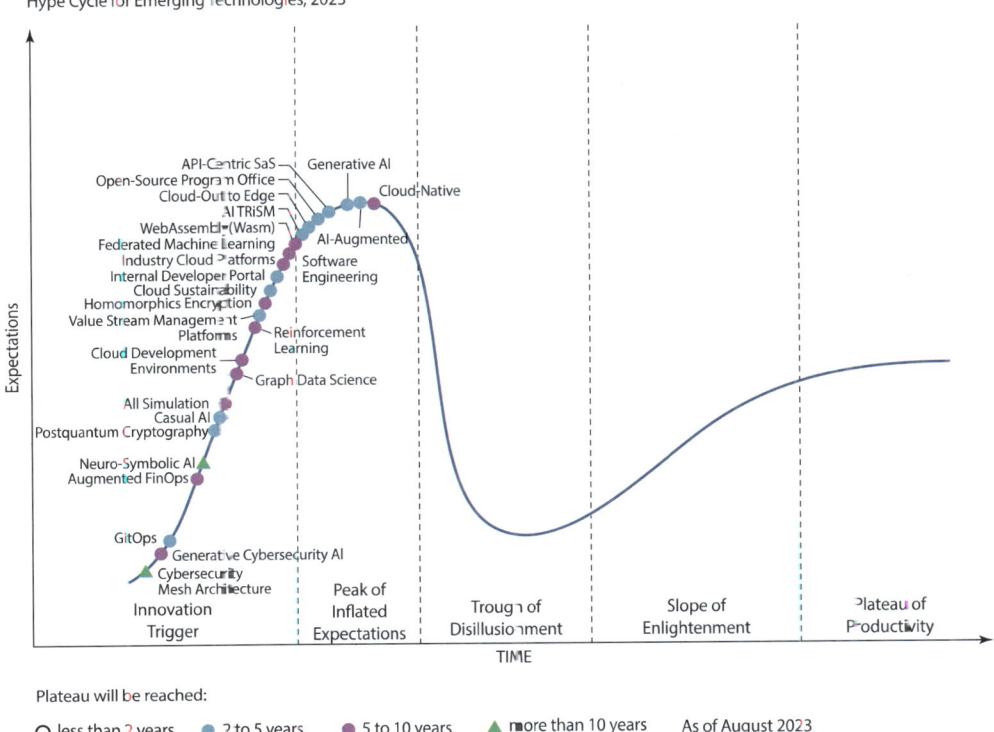

[Gartner, "Hype Cycle for Emerging Technologies", 2023]

② 과학적 시각화(Scientific visualization)

　㉠ 목적

　　• 물리학, 생물학 등 과학 데이터의 실험결과나 시뮬레이션 데이터를 시각적으로 표현

　　• 과학적 발견을 일반 대중에게 쉽게 전달

　　• 과학 연구 및 교육적 효율성 증대

　㉡ 기능

　　• 복잡한 과학 현상을 이해하는 데 도움

　　• 대규모 데이터세트에서 패턴 발견

　　• 실험 결과를 시각적으로 검증

　　• 컴퓨터 시뮬레이션 결과의 그래픽 표현

　　• 3D 모델링을 통한 구조 분석

　㉢ 활용

　　• 기후 과학 : 기후 변화 시뮬레이션 결과 표현

　　• 의학 : 신체 구조 및 기능 시각화, MRI 및 CT 데이터 분석

　　• 물리학 : 유체 역학 시뮬레이션, 입자 운동 분석

② 예시
- 3D 모델링 : 단백질 구조 시각화
- 기후 시각화 : 지구 온난화 모델링
- 유체 시뮬레이션 : 비행기 날개 주위의 공기 흐름 분석

③ 인포그래픽(Information graphics) `2024년 2회 기출`
  ㉠ 목적
  - 데이터에서 얻을 수 있는 정보와 그래픽 디자인을 결합하여 간결한 메시지를 전달
  - 복잡하고 많은 정보를 짧은 시간 안에 쉽고 빠르게 이해할 수 있도록 미적으로 표현
  - 텍스트와 이미지를 결합하여 보는 사람의 기억에 오래 남는 정보 제공

  ㉡ 기능
  - 시각적 흥미를 높여 주의 집중
  - 데이터 이야기를 통해 공감 유발
  - 시각적 사고 촉진

  ㉢ 활용
  - 마케팅 : 제품 정보 시각화, 브랜드 스토리텔링
  - 교육 : 교육 자료의 시각적 설명, 학습 자료 제공
  - 언론 : 뉴스 데이터 시각화, 사회적 이슈 설명

  ㉣ 예시
  - 타임라인 인포그래픽 : 역사적 사건 연표
  - 원형차트 : 분야별 예산 분포 시각화
  - 정보 맵 : 글로벌 인구 분포 및 이동 패턴

  ㉤ 연혁
  - 1855년 John Snow가 브로드 스트리트 콜레라 발병을 시각화한 도트맵
  - 1857년 Florence Nightingale이 영국군의 위생 상태 개선을 위한 캠페인에 사용한 "coxcombs"
  - 1869년 Charles Joseph Minard의 나폴레옹 모스크바 행진 흐름도
  - 3차원 과학적 시각화의 초기 사례 : 1874년 James Clerk Maxwell이 점토로 조각한 Maxwell의 열역학적 표면

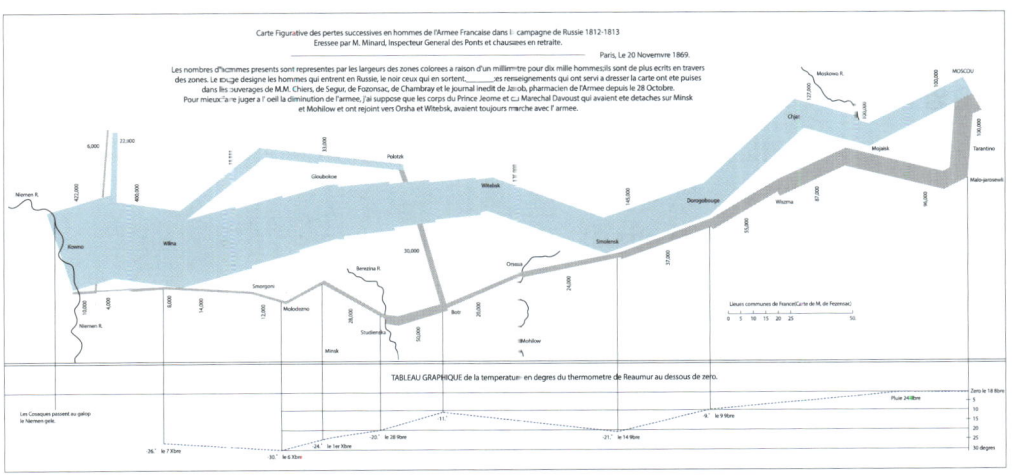

출처 : Grandjean Martin, Historical Data Visualization: Minard's map vectorized and revisited 2014

[Charles Minard의 나폴레옹 행진 흐름도]

(3) 정보 시각화의 기능

① 설명 기능 : 데이터로부터 도출된 주요 메시지와 분석 결과를 명확하게 설명하는 기능으로, 막대그래프나 선그래프를 사용하여 시간에 따른 데이터 변화를 시각적으로 보여주고 결과를 해석함

② 탐색 기능 : 데이터에 숨겨진 관계와 패턴을 찾기 위한 시각적 분석 도구로, 다양한 차원의 데이터를 3D 그래프나 히트맵으로 시각화하여 데이터 간의 상호작용을 살피어 찾음

③ 표현 기능 : 데이터 분석 결과를 넘어 개인의 창의적인 작품이나 예술적 표현을 통해 감정적인 시선이나 이야기를 전달하고 공감을 일으키는 기능으로, 예술적인 디자인과 색상을 사용하여 데이터의 복잡성을 간결하게 표현

(4) 정보 시각화의 목적

① 정보 전달
　㉠ 데이터의 진실을 간결하고 정확하게 전달하며, 실용적이고 과학적인 측면에서의 분석을 지향
　㉡ 간단한 그래픽 요소를 사용하여 복잡한 데이터를 이해하기 쉽게 만듦

② 설득
　㉠ 창의적이고 심미적인 표현을 통해 메시지를 전달하고, 관중의 감정적 반응을 유도하는 추상적이고 심미적인 목적을 가짐
　㉡ 인포그래픽이나 다이어그램을 사용하여 복잡한 데이터로부터 시각적 감동을 유발하게 함

❷ 경영정보시각화 프로세스

(1) 경영정보시각화 프로세스 개요

① 경영정보시각화(Business Information Visualization)는 데이터를 시각적으로 표현하여 경영 의사결정에 도움을 주는 중요한 과정
② 이를 효과적으로 수행하기 위해서는 체계적인 프로세스가 필요

(2) 경영정보시각화 프로세스 7단계

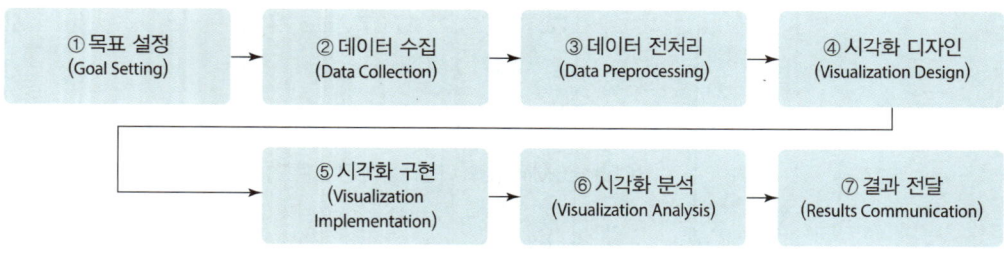

[경영정보시각화 프로세스 7단계]

① **목표 설정(Goal Setting)** : 시각화를 통해 전달하고자 하는 정보를 명확히 정의하며 다음과 같은 질문들을 포함함
  ㉠ 시각화를 통해 어떤 정보를 전달하고자 하는가?
  ㉡ 누가 이 정보를 필요로 하는가?
  ㉢ 최종 목표는 무엇인가?(예 경영진 의사결정, 매출목표 달성, 실적 개선 등)

② **데이터 수집(Data Collection)** : 필요한 데이터를 다양한 소스에서 가져오고 정리
  ㉠ 내부 시스템 : ERP, CRM, SCM 등에서 데이터를 추출
    • ERP(Enterprise Resource Planning) : 전사적 자원 관리
    • CRM(Customer Relationship Management) : 고객 관계 관리
    • SCM(Supply Chain Management) : 공급망 관리
  ㉡ 데이터베이스 : SQL 쿼리를 통해 구조화된 데이터베이스에서 데이터 가져오기
  ㉢ 엑셀 파일 : 기존의 스프레드시트 데이터를 활용
  ㉣ 외부 데이터 : 공개된 API, 웹 크롤링 등을 통해 외부 데이터를 수집

③ **데이터 전처리(Data Preprocessing)** : 수집한 데이터를 분석에 적합한 형태로 가공하는 단계
  ㉠ 데이터 정제 : 누락된 값, 오류, 이상치를 식별하고 처리
  ㉡ 데이터 변환 : 필요한 형식으로 변환(예 날짜 형식 통일, 범주형 데이터 인코딩)
  ㉢ 데이터 필터링 : 분석에 필요한 데이터만을 추출하고 불필요한 데이터를 제거

④ 시각화 디자인(Visualization Design) : 시각화의 형식과 디자인을 결정
  ㉠ 시각화 유형 선택 : 막대차트, 꺾은선차트, 파이차트, 히트맵, 산점도 등
  ㉡ 색상 및 레이아웃 선택 : 데이터의 특성과 전달하고자 하는 메시지에 맞게 색상 및 레이아웃 설계
  ㉢ 사용자 경험 고려 : 사용자 인터페이스(UI)와 사용자 경험(UX)을 고려하여 직관적으로 디자인

⑤ 시각화 구현(Visualization Implementation) : 선택한 시각화 도구를 사용하여 데이터를 시각적으로 표현
  ㉠ 도구 선택 : Tableau, Power BI, D3.js, matplotlib, ggplot2 등
  ㉡ 데이터 시각화 : 데이터를 그래프, 차트, 대시보드 등으로 변환하여 시각적으로 표현
  ㉢ 인터랙티브 요소 추가 : 필터, 드릴다운 기능 등을 추가하여 사용자와의 상호작용을 강화

⑥ 시각화 분석(Visualization Analysis) : 시각화된 데이터를 분석하고 해석
  ㉠ 패턴 및 추이 분석 : 시각화를 통해 데이터의 패턴, 추이, 관계 등을 파악
  ㉡ 비교 및 상호작용 : 데이터를 비교하고 상호작용을 통해 다양한 관점에서 분석
  ㉢ 경영정보 도출 : 분석 결과를 바탕으로 경영에 필요한 정보를 도출

⑦ 결과 전달(Results Communication) : 시각화 결과를 적절한 형태로 전달하여 의사결정에 활용
  ㉠ 보고서 작성 : 시각화 결과를 포함한 보고서를 작성하여 배포
  ㉡ 프레젠테이션 : 시각화 결과를 활용한 프레젠테이션 진행
  ㉢ 대시보드 제공 : 실시간으로 데이터를 확인할 수 있는 대시보드를 구축하여 공유
  ㉣ 인터랙티브 웹페이지 : 웹을 통해 인터랙티브한 시각화 결과를 제공

(3) 경영정보시각화의 기본원칙

① 경영정보시각화의 효과적인 정보 전달과 설득을 위해 준수해야 할 가이드라인을 가짐
② 독자를 고려하여 단순하게 시각화
  ㉠ 독자 분석 : 시각화를 사용할 대상(예 경영진, 실무자, 고객 등)을 이해하고, 그들의 이해 수준과 요구를 고려하여 시각화를 설계
  ㉡ 단순성 유지 : 과도한 정보나 복잡한 디자인은 피하고, 핵심 메시지를 명확하게 전달할 수 있도록 단순한 디자인을 유지

③ 목적에 맞는 시각화 요소 선택
  ㉠ 적합한 시각화 유형 선택 : 데이터의 특성과 전달하고자 하는 메시지에 맞는 시각화 유형
    예 막대차트, 꺾은선차트, 파이차트 등
  ㉡ 핵심 정보 강조 : 주요 정보를 쉽게 파악할 수 있도록 시각적 요소를 강조

④ 독자의 관심과 참여 유도
  ㉠ 시각적 흥미 유발 : 색상, 형태, 애니메이션 등을 활용하여 독자의 관심을 끌고, 시각화에 대한 흥미를 유발
  ㉡ 인터랙티브 요소 추가 : 필터, 드릴다운 기능 등을 통해 사용자가 시각화와 상호작용할 수 있도록 하여 참여를 유도

(4) 경영정보시각화의 시각적 속성(Visual Attributes)

① **시각적 속성** : 차트나 그래프를 구성하는 모든 요소를 의미함. 이 요소들은 데이터를 시각적으로 표현하는 데 중요한 역할
② **주요 시각적 속성 6가지** : 위치, 모양, 크기, 색상, 선 굵기, 선 유형
  ㉠ 위치(Position) : 데이터 포인트의 위치는 데이터를 비교하고 분석하는 데 중요하며 데이터의 상대적 크기나 순위를 나타낼 수 있음
    • 산점도(Scatter Plot) : X축과 Y축에 데이터를 배치하여 두 변수 간의 관계를 시각화
      예 제품에 대한 판매량과 광고비의 관계를 분석할 때 1, 2, 3, 4분면의 위치 표현
    • 히트맵(Heatmap) : 색상의 강도로 데이터의 밀도나 빈도를 시각적으로 표현
      예 웹사이트 방문자의 클릭 위치를 시각화할 때 사용
  ㉡ 모양(Shape) : 서로 다른 데이터를 구별하기 위해 다양한 모양(예 원, 사각형, 삼각형)을 사용
    • 범례(Legend) : 그래프에서 각 데이터의 범주를 나타내기 위해 다양한 형태를 사용
      예 제품 유형을 원, 삼각형, 다이아몬드 등으로 구별하여 표시
    • 산점도(Scatter Plot) : 서로 다른 데이터 집합을 구별하기 위해 다양한 모양을 사용
      예 고객 세그먼트를 구별하기 위해 원, 사각형, 삼각형을 사용
  ㉢ 크기(Size) : 데이터의 양을 나타낼 수 있음. 버블차트에서는 버블의 크기로 데이터를 표현
    • 버블차트(Bubble Chart) : 데이터 포인트의 크기로 양을 표현
      예 각 버블의 크기로 매출액을 나타내어 지역별 판매 성과를 비교
    • 트리 맵(Treemap) : 사각형의 크기로 데이터의 비율을 시각화
      예 부서별 예산 할당을 시각화하여 각 부서의 예산 비율을 비교
  ㉣ 색(Color) : 범주형 데이터의 구분, 수치형 데이터의 범위 표현, 특정 데이터의 강조 등에 사용함. 밝은 색은 덜 중요한 데이터를, 어두운 색은 중요한 데이터를 나타낼 수 있음
    • 명도와 채도(Brightness and Saturation) : 명도와 채도는 데이터의 중요도나 강도를 나타냄
    • 막대차트(Bar Chart) : 범주형 데이터를 구분하기 위해 각 막대에 다른 색상을 사용
      예 지역별 판매 데이터를 구분할 때, 각 지역을 다른 색상으로 표시
    • 히트맵(Heatmap) : 색상의 강도로 데이터의 범위를 표현
      예 온도 데이터를 시각화하여 다양한 온도 범위를 색상으로 표시
    • 강조(Highlighting) : 중요한 데이터를 강조하기 위해 색상을 사용
      예 목표치를 초과한 데이터를 빨간색으로 표시하여 강조
  ㉤ 선 굵기와 유형(Line Weight and Type) : 데이터의 흐름이나 추이를 나타낼 때 사용함. 굵은 선은 중요한 데이터, 점선은 예측 데이터를 나타낼 수 있음
    • 꺾은선차트(Line Chart) : 데이터의 추이를 시각화할 때 사용
      예 주요한 매출 경로는 굵은 실선으로, 예측 매출은 점선으로 표시
    • 네트워크 그래프(Network Graph) : 노드 간의 관계를 나타낼 때 사용
      예 굵은 선은 강한 연결을, 가는 선은 약한 연결을 나타내어 네트워크의 강도를 시각화

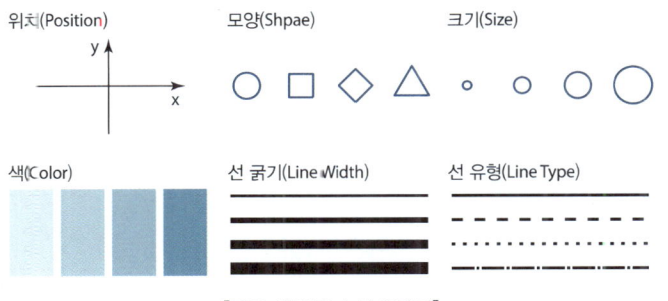

[주요 시각적 속성 6가지]

③ 자크 베르탱 – 색의 3가지 속성(시각적 속성 활용 예시)
- ㉠ 색상(Hue) : 색의 이름이나 종류
- ㉡ 명도(Brightness/Value) : 색의 밝고 어두운 정도
- ㉢ 채도(Saturation) : 색의 순수성이나 강도

SECTION 02 디자인의 기본원리

1 시각화 유형

(1) 시각화 유형의 개요
① 관계 범위에서 임의로 변할 수 있는 변수를 시각적으로 표현
② 시각 변수는 데이터의 변화 값을 점, 선, 면 등의 시각 요소에 담아 시각적으로 표현하는 체계
③ 시각 변수는 여러 학자들에 의해 다양한 형태로 정의됨

(2) 학자별 다양한 형태의 시각 변수
① 자크 베르탱(Jacques Bertin)
- ㉠ 시각 변수 : 위치, 크기, 모양, 명도, 색상, 방향, 질감

시각 변수	설명	예시
위치 (Position)	기호가 지도 상에서 배치되는 공간적 위치	기호가 도시를 나타내기 위해 특정 좌표에 위치
크기 (Size)	기호의 크기 또는 길이	인구수에 따라 도시를 나타내는 원의 크기
모양 (Shape)	기호의 형상	다양한 형태의 기호로 병원, 학교, 공원을 나타냄
명도 (Value)	밝기 또는 어둡기 수준	밝기의 차이를 사용하여 인구 밀도를 나타냄

시각 변수	설명	예시
색상 (Hue)	색상의 종류	빨간색, 파란색, 녹색 등 다양한 색상으로 지역 구분
방향 (Orientation)	기호의 방향	풍향을 나타내기 위해 화살표의 방향을 사용
텍스처 (Texture)	기호의 패턴 또는 텍스처	서로 다른 텍스처로 토지 이용 유형 구분

  ⓒ 기여 : 프랑스의 지도 학자이자 이론가로서 시각 변수를 소개
  ⓒ 시각 변수의 인식 수준
    • 선택적 변수(Selective Variables) : 변수의 변화에 따라 기호 그룹을 즉시 분리 가능
    • 연관 변수(Associative Variables) : 변수의 변경에도 불구하고 기호를 하나의 그룹으로 인식
    • 순서가 있는 변수(Ordered Variables) : 변수를 순서에 따라 차례로 정렬 가능
    • 정량 변수(Quantitative Variables) : 기호 간의 실제 수치 차이를 추정 가능

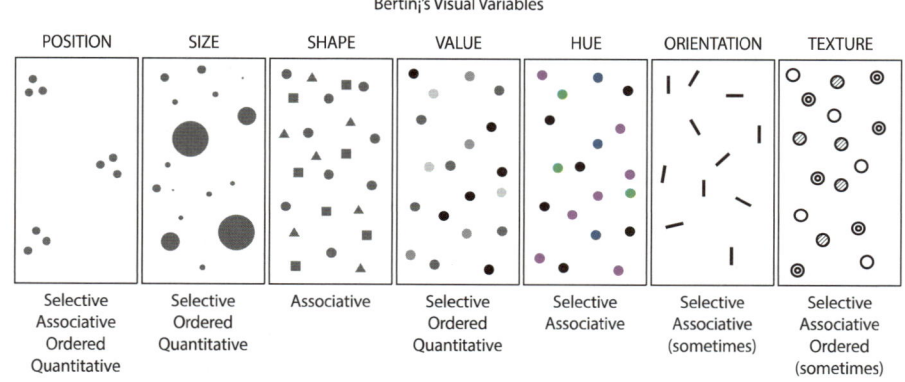

[자크 베르탱의 시각 변수 7가지]

  ⓔ 시각적 변수 사용법
    • 효과적인 커뮤니케이션을 위해 정보 유형에 따라 서로 다른 시각적 인코딩을 제안함
    • 시각적 변수는 다음을 고려하되, 데이터와 전달하는 바와 목적에 맞게 선택해야 함
    • 위치 변수는 주변 요소와의 관계 비교를 유도하고, 정보의 상하 구조를 효과적으로 전달할 수 있음
    • 크기 변수는 수치와 순서로 표현할 수 있으며, 주변요소와 상대적 비교를 통해 강조됨
    • 모양 변수는 크기나 색상보다 덜 효과적임
    • 명도 변수는 수치적 변화를 시각화 할 때 색상보다 더 효과적임
    • 색상 변수는 순서나 순위 설정에 적합하지 않으며, 수치로 표현하기 어려움
    • 방향 변수는 기호의 방향에 변화를 주어 나타냄
    • 질감변수는 색상과 모양 외 추가변수로 사용이 가능하지만 복잡해 보일 수 있음

② 에드워드 터프티(Edward Tufte)
　㉠ 시각 변수 : 크기, 명도, 선의 굵기, 종류, 색(Color), 방향 암시에서 화살표의 중요성
　㉡ 기여 : 정량값의 증감과 선 표현 변수 강조

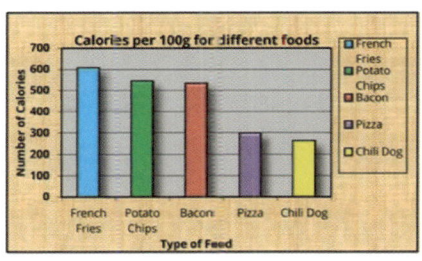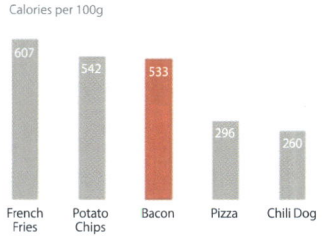

[에드워드 터프티의 데이터 잉크 – 더 이상 지울 수 없는 핵심 요소만을 남겨라]

　㉢ 정보 디자인 요소를 강조하기 위한 그래픽의 7요소 및 타이포그래피, 그리드, 색상, 아이소타입 등의 그래픽 기본원리를 이해하는 것이 중요함을 강조
　㉣ 데이터 잉크 비율 : "데이터 잉크는 그래픽의 지워지지 않는 핵심이며, 표현된 숫자의 변화는 중복되지 않는 잉크이다." – 「The Visual Display of Quantitative Information(1933)」

$$\text{Data ink ratio} = \frac{\text{data ink}}{\text{total ink used in the graphic}}$$

[데이터 잉크 비율 = 데이터 잉크/그래픽에 사용된 전체 잉크]

　㉤ 에드워드 터프티의 시각정보디자인 6가지 원칙
　　• 비교 : 종속 변수 간의 대조와 차이를 묘사하기 위해 비교(막대차트 등)를 통해 데이터를 표시
　　• 인과관계 : 하나 이상의 독립 변수가 종속 변수에 어떤 영향을 미치는지 설명
　　• 다변량 : 다양한 데이터를 결합하여 청중이 복잡할 수 있는 내러티브를 쉽게 해석할 수 있게 함
　　• 통합 : 다양한 유형(텍스트, 지도, 계산, 다이어그램 등)을 통합하여 조화롭게 구성
　　• 문서화 : 신뢰성을 위해 출처, 자세한 제목, 측정치(척도)를 포함
　　• 맥락 : 전/후 상태를 설명하거나 묘사. 맥락을 벗어난 데이터를 인용해서는 안 됨

③ 조크 맥킨레이(Jock D. Mackinlay)
　㉠ 시각 변수 : 위치, 길이, 각도, 기울기, 영역, 부피, 조밀도, 채도, 색상, 질감, 연결, 포함, 모양
　㉡ 기여 : 데이터 변수에 따른 시각 변수 사용 가이드 제시

④ 앨런 맥에어렌(Alan M. MacEachren)
　㉠ 시각 변수 : 크기, 모양, 밝기/명도, 방향, 질감, 위치, 색, 채도/강도, 배치, 초점, 해상도, 투명도
　㉡ 기여 : 다양한 시각 변수 정의 및 제시

⑤ 테리 슬로컴 외(Terry A. Slocum et al.)
　㉠ 시각 변수 : 크기, 모양, 밝기/명도, 방향, 위치, 색, 채도/강도, 배치, 간격, 투시/높이
　㉡ 기여 : 시각 변수의 확장 및 정의

⑥ 루카즈 해릭(Lukasz Halik)
  ㉠ 시각 변수 : 크기, 모양, 밝기/명도, 방향, 질감, 위치, 색, 채도/강도, 배치, 초점, 해상도, 투명도, 간격, 투시/높이
  ㉡ 기여 : 선행 학자들의 시각 변수를 종합하여 정리

⑦ 타마라 먼즈너(Tamara Munzner)
  ㉠ 시각 변수 : 위치, 길이, 기울기/각도, 영역(2D 크기), 깊이(3D 위치), 색(휘도, 채도), 곡률, 부피(3D 크기), 공간 영역, 색조, 모션, 모양
  ㉡ 기여 : 다양한 시각 변수의 정의 및 확장

⑧ 콜린 웨어(Colin Ware)
  ㉠ 시각 변수 : 크기, 밝기, 높이, 선명도, 길이, 방향
  ㉡ 기여 : 우리 뇌가 시각 정보를 처리하는 3단계 과정(시각적 요소 파악 → 패턴인식 → 해석) 제시

⑨ 리렌드 윌킨슨(Leland Wilkinson)
  ㉠ 시각변수 : 크기 및 색상, 도형, 분할 및 관점, 통계, 좌표, 테마
  ㉡ 기여 : The grammar of Graphics를 통해 향후 해들리위컴의 ggplot2(통계분석 프로그램 R 패키지)에 영향

⑩ 위톨드 외(Witold et al.)
  ㉠ 시각 변수 : 노드 개수, 형태, 위치, 노드 간 거리, 링크 라인의 모양 및 연결 밀도
  ㉡ 기여 : 네트워크 시각화에서의 노드와 링크 관련 변수 정의

❷ 색상모형

(1) HSV모형 `2024년 1회 기출`

① 빛의 3속성 : 색상(Hue), 채도(Saturation), 명도(Value)
② 색상(Hue) : 색의 이름이나 종류
  ㉠ 범주형 데이터 구분 : 여러 범주를 색상으로 구분하여 시각화
  ㉡ 막대그래프에서 각 막대를 다른 색상으로 표시하여 다양한 카테고리를 구별
  예 고객의 출신 국가를 나타내는 차트에서 각 국가를 다른 색상으로 구분하여 시각화
③ 채도(Saturation) : 색의 순수성이나 강도
  ㉠ 강조와 흐림 : 중요한 데이터를 강조하거나 덜 중요한 데이터를 흐리게 표현할 수 있음
  ㉡ 중요한 데이터 포인트는 채도가 높고, 덜 중요한 포인트는 채도가 낮게 설정
  예 지리적 데이터 시각화에서 주요 도시는 고채도로 표시하고, 덜 중요한 지역은 저채도로 표시

④ 명도(Value) : 색의 밝고 어두운 정도
  ㉠ 명도의 차이 강조 : 색의 밝고 어두운 정도를 이용해 값의 차이를 시각적으로 강조
  ㉡ 히트맵에서 명도가 높은 부분은 높은 값을, 명도가 낮은 부분은 낮은 값을 나타내도록 설정
  예 매출 데이터를 나타내는 히트맵에서 높은 매출 구간은 밝게, 낮은 매출 구간은 더둡게 표현

[색상(Hue), 채도(Saturation), 명도(Value)]

(2) RGB 모형

① 빛의 3원색 : 빨강(Red), 녹색(Green), 파랑(Blue)
② 빨강(Red) 활용 – 경고 및 강조 : 데이터 시각화에서 경고를 나타내거나 중요한 데이터를 강조할 때 사용
  예 대시보드에서 높은 위험 수준을 빨강으로 표시

③ 녹색(Green) 활용 – 긍정적 변화 : 성장을 나타내거나 긍정적인 변화를 표현할 때 사용
  예 재무 보고서에서 수익 증가를 녹색으로 표시

④ 파랑(Blue) 활용 – 중립적 정보 : 중립적이거나 일반적인 정보를 나타낼 때 사용
  예 인구 통계 그래프에서 평균 수준의 데이터를 파랑으로 표시

(3) CMY 모형

① 색의 3원색 : 청록색(Cyan), 자주색(Magenta), 노란색(Yellow)
② 청록색(Cyan) 활용 – 물과 관련된 데이터 : 수질 검사 결과나 해양 데이터에서 자주 사용됨
  예 수질 오염 지도를 청록색으로 표시

③ 자주색(Magenta) 활용 – 강조 및 포인트 : 특정 포인트나 중요한 데이터를 강조할 때 사용됨
  예 마케팅 자료에서 주요 통계치를 자주색으로 강조

④ 노란색(Yellow) 활용 – 주의 환기 : 주의가 필요한 데이터를 나타내거나 경고를 나타낼 때 사용됨
  예 안전 보고서에서 주의가 필요한 항목을 노란색으로 표시

> **TIP** 팬톤(PANTONE) 색상의 실무활용

- 팬톤은 그래픽 디자인, 섬유, 인쇄와 출판 등 다양한 산업 분야에 컬러를 선정하고 색의 아름다움을 제공하고 있음
  - 10,000가지 이상의 색을 시스템으로 체계화한 세계적으로 권위 있는 미국 기업
  - 2000년부터 매년 12월 올해의 컬러(Color of the Year)를 선정하여 발표
  - 1,757색 색상표를 사용하여 전 세계에서 유행 할 색상을 개발, 표준화 및 예측
  - 화장품, 인쇄, 출판, 영상, 디지털, 소비재 산업 등의 전반에 새로운 컬러 트렌드를 창조
- 실무에서는 팬톤의 다양한 컬러 팔레트를 데이터 시각화에 사용하고 있음

2000	2001	2002	2003	2004	2005	2006	2007
15-4020 Cerulean	17-2031 Fuchsia Rose	19-1664 True Red	14-4811 Aqua Sky	17-1456 Tigerlily	15-5217 Blue Turquoise	13-1106 Sand Dollar	19-1557 Chili Pepper
2008	2009	2010	2011	2012	2013	2014	2015
18-3943 Blue Iris	14-0848 Mimosa	15-5519 Turquoise	18-2120 Honeysuckle	17-1463 Tangerine Tango	17-5641 Emerald	18-3224 Radiant Orchid	18-1438 Marsala
2016	2016	2017	2018	2019	2020	2021	2021
13-1520 Rose Quartz	15-3919 Serenity	15-0343 Greenery	18-3838 Ultra Violet	16-1546 Living Coral	19-4052 Classic Blue	13-0647 Illuminating	17-5104 Ultimate Gray
2022	2023	2024					
17-3938 Very Peri	18-1750 Viva Magenta	13-1023 Peach Fuzz					

출처 : https://www.pantone.com

[올해의 색(Color of the Year)]

❸ 디자인 기본원리 11가지 `2024년 2회 기출`

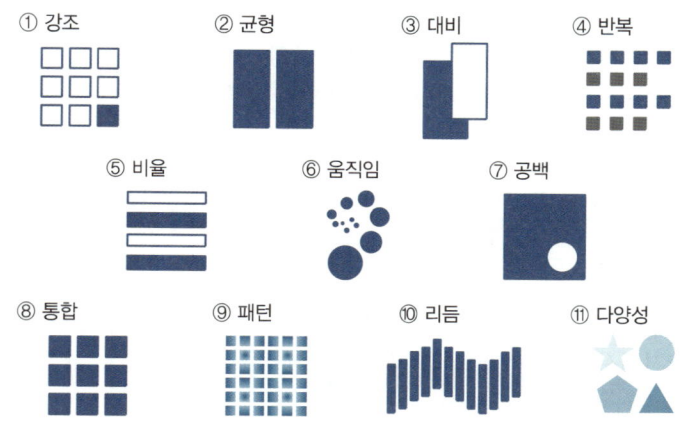

① 강조 ② 균형 ③ 대비 ④ 반복
⑤ 비율 ⑥ 움직임 ⑦ 공백
⑧ 통합 ⑨ 패턴 ⑩ 리듬 ⑪ 다양성

[디자인 기본원리 11가지]

(1) 강조(Emphasis)

① 디자인에서 초점이나 관심 영역을 설정하여 시각적으로 특정 부분에 바로 끌리게 만드는 것
② 효과적이고 시각적으로 매력적인 구성을 만드는 데 필수적인 디자인의 중요한 원칙
③ 강조의 중요성 : 특정 요소나 내용을 돋보이게 표현하여 시각적인 효과와 주목성을 높이는 역할을 함
④ 강조의 효과적인 사용법 : 시각적인 방법을 통해 이루어지며 크기, 색상, 형태, 위치, 명암 등의 다양한 요소 활용 가능
  ㉠ 크기를 키우거나 줄이는 등의 크기 변화는 요소를 강조하는 데 효과적임
  ㉡ 밝고 선명한 색상을 사용하거나 색상 대비를 조절하여 강조 효과 부여
  ㉢ 특이한 형태, 독특한 패턴, 뚜렷한 윤곽 등을 갖는 요소는 시선을 끌고 강조
  ㉣ 특정 위치에 요소를 배치하거나 배경과 대비를 이루는 방법으로 강조 구현
  ㉤ 명암을 조절하여 흑백의 대비나 그림자 효과를 활용하여 요소를 강조
⑤ 강조 방법 : 대비, 배치, 크기, 고립 및 반복 등
  ㉠ 대비 : 특정 요소를 돋보이게 하기 위해 색상, 질감, 모양 또는 크기에 차이를 만듦
  ㉡ 배치 : 페이지 중앙이나 상단과 같이 디자인 내 요소의 위치를 조절
  ㉢ 크기 : 강조하기 위해 어떤 요소를 다른 요소보다 더 크게 만드는 것
  ㉣ 고립 : 어떤 요소를 나머지 구성요소에서 분리하여 더 눈에 띄게 만드는 것
  ㉤ 반복 : 디자인 전체에서 특정 요소를 반복하여 강조

(2) 균형(Balance)

① 디자인 요소의 배치와 무게를 조절하여 시각적인 안정성을 형성함
② 디자인 요소 간의 관계를 조절하여 관찰자에게 평형과 조화로움을 전달함
③ 균형의 효과적인 사용방법
  ㉠ 대칭적 균형 : 중심을 기준으로 요소들이 대칭적으로 배치되는 형태로, 안정적이고 고전적인 느낌을 전달할 수 있음
  ㉡ 비대칭적 균형 : 요소들이 서로 다른 크기, 무게, 색상 등을 가지며 중심축을 기준으로 대칭되지 않는 형태로, 동적이고 흥미로운 느낌을 전달할 수 있음
  ㉢ 불균형적 균형 : 요소들이 무게나 크기 등의 측면에서 균형을 갖지 않고 조화롭게 배치되는 형태로, 강조나 움직임을 표현하는 데 사용할 수 있음
④ 균형의 중요성
  ㉠ 디자인의 균형이 좋지 않으면 모든 것이 어수선해 보임
  ㉡ 대칭이든 비대칭이든 눈으로 보기에 편안한 평형감을 만드는 것이 중요
  ㉢ 웹 사이트, 브로셔 또는 기타 시각적 커뮤니케이션 유형을 디자인할 때 균형 및 정렬이 중요

(3) 대비(Contrast)

① 색상, 모양, 크기, 질감 등의 차이를 활용해 시각적으로 흥미롭고 강렬하게 만드는 원리
② 대비는 리듬, 균형, 통일 등에 변화를 줄 수 있는 중요한 원리
③ 대비의 효과적인 사용법 : 디자인에서 요소 간의 명암, 색상, 크기 등의 차이를 강조하여 시각적인 대조를 만들어 냄
  ㉠ 명암 대비 : 밝기 차이를 이용하여 요소를 뚜렷하게 구분 짓고 시각적인 균형 조절
  ㉡ 색상 대비 : 색상 차이를 이용하여 요소를 돋보이게 하고 시각적인 경계 형성
  ㉢ 크기 대비 : 요소의 크기 차이를 이용하여 시선을 이끌거나 중요한 요소 강조

구분	예시	설명
색상 대비		• 같은 빨강색이라고 하더라도, 초록색 바탕 위의 빨강색과 주황색 바탕 위의 빨강색이 서로 차이가 나는 것을 볼 수 있음 • 초록 바탕의 빨강색은 선명하게 느껴지고 주황 바탕의 빨강색은 흐릿하게 느껴짐
명도 대비		• 같은 흰색이라고 하더라도, 검정 바탕 위의 흰색과 회색 바탕 위의 흰색이 서로 차이가 나는 것을 볼 수 있음 • 검정 바탕의 흰색은 더 밝게 보이고, 회색 바탕의 흰색은 더 어둡게 보임
크기 대비		• 같은 색상이라도 크기로 대비 효과를 줄 수 있음 • 크기에 따라 강조의 강도를 조절할 수 있음

④ 대비와 대조
  ㉠ 대비는 대조를 포함하는 광범위한 개념으로 '대조⊂대비' 관계를 가짐
  ㉡ 대조는 서로 반대되는 것들이 배치됨으로써 구성에서 시각적인 흥미와 충격을 조성하는 반면, 대비는 서로 차이나는 것들을 함께 구성함
  ㉢ 대비의 효과적인 사용법
    • 대비가 강한 디자인은 눈길을 끌고 강렬한 느낌을 주는 장점이 있음
    • 대비가 약한 디자인은 보다 미묘하고 세련된 느낌을 전달함
    • 디자인에 깊이감 및 차원감을 주거나 중요한 요소의 강조, 균형과 조화를 이루는 데 사용
    • 의도적이고 목적 지향적으로 활용해야 함

(4) 반복(Repetition)

① 구성 전반에 걸쳐 동일하거나 유사한 시각적 요소를 여러 번 사용하는 디자인 원칙
② 구성의 통일성과 응집력을 만드는 데 도움
③ 색상, 형태 질감, 패턴 등 다양한 시각적 요소에 반복을 적용하여 강력하고 일관된 시각적 주제를 만들 수 있음
④ 대비, 다양성과 같은 다른 디자인 원칙과 균형을 맞추는 것이 중요

⑤ 반복이 너무 많으면 지루하고 예측 가능하며, 반복이 너무 적으면 디자인이 분리되고 체계적이지 않게 느껴질 수 있음

(5) 비율(Proportion)
① 구성 내 다양한 요소의 크기와 규모를 포함하는 디자인 원칙
② 비율은 디자인 내에서 깊이감과 공간감을 만드는 데 사용
③ 비율의 중요성
  ㉠ 비율은 구성의 균형과 조화를 이루는 데 중요한 요소
  ㉡ 전체의 부분들 간의 관계이며 디자인의 전반적인 모습과 느낌에 큰 영향
  ㉢ 구성 내에서 계층 구조나 강조점, 디자인 내에서 깊이와 공간감을 표현할 수 있음
④ 비율의 효과적인 사용법
  ㉠ 디자인 요소 간의 상대적인 크기와 배치의 조합을 만들어줌
  ㉡ 요소들이 조화롭게 어우러지거나, 의도적으로 주목받을 수 있도록 비율을 조절

(6) 움직임(Movement)
① 눈이 디자인 속에서 움직일 때의 시각적 흐름이나 경로
② 의도된 메시지를 청중에게 효과적으로 전달하는 효과적인 구성을 만들 수 있음
③ 움직임의 중요성
  ㉠ 크기, 색상, 모양, 간격과 같은 구성요소를 제어함으로써 디자이너는 의도적인 방식으로 한 요소에서 다음 요소로 시선을 안내하는 움직임 감각을 만들 수 있음
  ㉡ 움직임은 디자인에서 내러티브나 스토리를 만드는 데 활용될 수 있으며, 청중에게 명확하고 간결한 방식으로 정보를 전달하는 데 도움
④ 움직임의 효과적인 사용법
  ㉠ 적절한 움직임이 없으면 디자인은 혼란스럽고 방향 감각을 잃게 할 수 있으며, 의도한 메시지를 효과적으로 전달하는 데 실패할 수 있음
  ㉡ 균형, 정렬, 대조를 사용하면 디자인에 움직임을 더할 수 있지만 의도적인 흐름이 없으면 디자인이 평면적이고 흥미롭지 않아 보일 수 있음
  ㉢ 디자인을 만들 때 움직임을 고려하여 시선이 한 요소에서 다음 요소로 원활하게 유도되어 시각적으로 매력적이고 효과적인 구성이 되도록 하는 것이 중요

(7) 공백(Whitespace)
① 공백은 디자인에서 네거티브 스페이스라고도 불리며, 요소들 사이나 주변에 있는 빈 공간 의미
② 디자인의 중요한 원칙 중 하나로, 전체적인 구성을 조화롭고 균형 있게 만드는 역할
③ 공백은 패턴이나 이미지로도 채울 수 있으며, 디자인에 표현되지 않은 의도적/비의도적 공간

④ 공백의 중요성
  ㉠ 색상, 질감, 재료 등 어떤 시각적 요소든 공백으로 활용될 수 있음
  ㉡ 특정 요소를 강조하거나 디자인에 차분함과 단순함을 부여하는 데 도움을 줌
  ㉢ 디자인 전반에 걸쳐 시선을 유도하고 의도한 메시지를 명확하게 전달할 수 있음

⑤ 공백의 효과적인 사용법
  ㉠ 디자인에서 공백은 구성의 균형을 잡고, 대비를 부각시키며 시각적 위계를 조절하는 데 사용
  ㉡ 공백은 항상 흰색이 아니며, 다양한 색상과 질감을 가질 수 있음
  ㉢ 공백의 양을 적절히 조절하는 것이 중요하며, 너무 많거나 적으면 디자인 효과성이 감소
  ㉣ 목표는 요소와 공백 사이의 균형을 맞추어 디자인이 시각적으로 매력적이고 의도한 메시지를 효과적으로 전달할 수 있도록 함

(8) 통합/통일(Unity)

① 모든 시각적 요소 간의 조화와 응집력을 만드는 것을 의미
② 디자인에서 요소들이 일관성을 유지하고 조화롭게 어우러지는 것을 의미. 변화와 상반된 개념
③ 통합의 종류
  ㉠ 일관된 스타일
    • 디자인 요소들이 동일한 디자인 스타일을 공유함
    • 디자인의 시각적 표현에 일관성을 제공하며, 하나의 통일된 표현으로 전달될 수 있도록 함
  ㉡ 일관된 색상 팔레트
    • 디자인에 사용되는 색상의 조합이 조화롭고, 색상 팔레트가 일관되는 경우 통일성을 나타냄
    • 디자인의 분위기와 감정을 일관되게 전달하고, 시각적인 조화를 형성하는 데 도움을 줌
  ㉢ 일관된 폰트 : 디자인에서 사용되는 폰트가 일관되고 조화를 이루는 것으로, 가독성과 일관성을 유지할 수 있도록 도와줌
  ㉣ 일관된 그래픽 요소 : 디자인에서 사용되는 그래픽 요소들이 일관된 디자인 원칙과 스타일에 따라 표현됨
    예 선의 굵기, 형태, 스타일 등이 일관되면 디자인 전체가 통일성을 가짐

④ 통합의 중요성
  ㉠ 통일성을 달성함으로써 요소들 간의 명확한 관계를 확립
  ㉡ 무작위적이고 분리된 요소가 아니라 자연스럽게 어울리는 구성을 만듦
  ㉢ 디자인에 질서와 조직감을 부여하고 보는 이의 시선을 부드럽게 유도하여 구성 전체를 일관되게 만듦

⑤ 통합의 효과적인 사용법
  ㉠ 일관된 색상 팔레트를 사용하여 유사한 색조와 톤을 유지함으로써 요소들을 하나로 묶어 디자인에 응집감을 부여함

ⓒ 모양, 선, 질감을 반복하여 구성의 일관성을 유지하고 서로 다른 요소들을 연결시킴
　　　ⓒ 요소들을 의도적으로 정렬하여 보이지 않는 연결점을 만들어 각 요소들 사이의 관계를 강화
　　　② 관련된 시각적 자료들을 그룹화하여 레이아웃을 체계적이고 깔끔하게 유지
　　　⑩ 너무 과한 통일성은 디자인을 지루하게 만들 수 있으므로, 적당한 다양성도 필요함

　⑥ 통합의 효과
　　　⊙ 전반적으로 통일성은 핵심 메시지를 명확히 전달하는 조화로운 구성을 만듦
　　　ⓒ 디자인을 평가할 때 각 요소가 중심 메시지를 강화하고 있는지를 고민하는 것이 중요
　　　ⓒ 불필요한 요소들을 제거하고, 목적을 훼손하지 않으면서도 통일된 디자인을 이루는 것이 목표

[통합과 다양성이 추가된 통합]

(9) 패턴(Pattern)

① 전체에 걸쳐 여러 요소를 규칙적이고 일관된 방식으로 반복하는 것을 의미
② 이음매 없는 패턴은 서로 원활하게 흐르는 요소의 반복 배열로 응집력 있는 단위를 형성
③ 패턴은 하나의 모티브가 반복되는 것과 달리, 여러 시각적 요소들이 반복되는 배열로 결합
④ 패턴은 배경, 테두리, 직물 등 다양한 장식적 맥락에서 사용
⑤ 중요한 점은 패턴이 중단 없이 한 타일/섹션에서 다음 타일/섹션으로 자연스럽게 연결됨
⑥ 시각적 리듬과 일관성을 유지함
⑦ 패턴의 유형
　　⊙ 반복되는 패턴 : 동일한 모티브를 일정한 배열로 반복해서 사용하는 패턴
　　ⓒ 거울 패턴 : 교대로 모티프를 반사하여 대칭적인 레이아웃을 형성
　　ⓒ 그리드 패턴 : 구조화된 그리드 시스템을 사용하여 모티프를 배치
　　② 무작위 패턴 : 의도적으로 불규칙한 방식으로 요소를 분산시키는 패턴
⑧ 패턴의 활용
　　⊙ 색상, 모양, 질감의 상호작용을 통해 보는 사람에게 매력적인 경험을 제공
　　ⓒ 반복을 통해 조화를 이루면서도 모티프 내에서 다양성을 허용
　　ⓒ 전반적으로 다른 요소와 조화롭게 결합되어 미적 매력을 향상시킬 수 있는 다재다능한 디자인 원칙
　　② 안정적인 반복적 성질로 안정감을 주고, 동시에 모티프의 변주를 통해 생동감을 더해줌

(10) 리듬(Rhythm)

① 디자인 요소들이 일정한 간격이나 규칙에 따라 반복적으로 배치됨으로써 형성
② 시각적 일관성과 조화를 부여하고, 디자인의 다양한 요소들을 조절하여 조화롭고 동적인 느낌을 제공함
③ 시각적 리듬감
    ㉠ 유사한 시각적 형태와 패턴을 반복해서 변화를 줌으로써 시각적인 흐름을 만드는 것
    ㉡ 인간의 시각적 인지를 이용하여 시선의 이동과 강조를 이끌어내는 일
    ㉢ 디자인이 아니라 전체를 이루는 시각적 리듬감으로 특정 콘텐츠에 주목하게 만들 수 있음
④ 리듬감의 중요성
    ㉠ 인간의 주의력이 한시적, 직렬적, 선택적, 일방적인 것에 기반
    ㉡ 외부 정보를 처리하는 과정 : 자극(Stimulus) → 지각(Perception) → 주의(Attention)
    ㉢ 선택적 주의(Selective Attention)
       • 여러 가지 자극 중에서 하나만 선택해서 주의를 기울이는 인간의 보편적인 사고 경향
       • 다른 자극을 무시하고 해당 자극에만 주의를 기울이게 됨

[같은 디자인 요소의 교차 및 반복을 통한 리듬감 표현]

⑤ 리듬감 효과적 사용법
    ㉠ 효과적인 리듬 사용을 위해서는 요소들을 조화롭게 반복하고 다양한 변화를 주어 일관된 시각적 템포를 유지
    ㉡ 엄격한 반복을 넘어서 모티프에 섬세한 변화를 도입하는 것이 중요
⑥ 리듬의 특징
    ㉠ 리듬은 에너지와 템포의 느낌을 제공하여, 시선을 구성 전체에 걸쳐 의도적인 경로로 유도하여 역동성과 활력을 만들어냄
    ㉡ 리듬은 요소를 반복하되 크기, 색상, 방향 등을 변화시킴으로써 구성을 다채롭게 만듦
    ㉢ 점진적인 변형을 통해 디자인 전체에서 모티프를 조금씩 수정하는 것도 리듬을 구현하는 방법
    ㉣ 요소들 사이의 간격을 변경하거나 형태의 방향을 바꾸는 것으로도 리듬을 표현할 수 있음
⑦ 리듬의 효과
    ㉠ 리듬은 경직된 반복이나 단순한 패턴보다 더 자연스럽고 유기적인 느낌
    ㉡ 변화와 반복이 함께 작용하여 시각적 재미를 더하고 응집력을 제공

ⓒ 잘 구현된 리듬은 움직임과 생동감을 느끼게 하여 활동적
ⓔ 시선이 리듬에 따라 자연스럽게 흐르면서 보는 사람의 관심을 끎
ⓜ 생생하고 에너지 넘치며 매혹적인 느낌을 주는 디자인을 만들어 낼 수 있음
ⓑ 리듬은 일관성과 변화 사이의 균형을 유지하여 레이아웃 전반에 걸쳐 쉽게 시선 이동을 도움

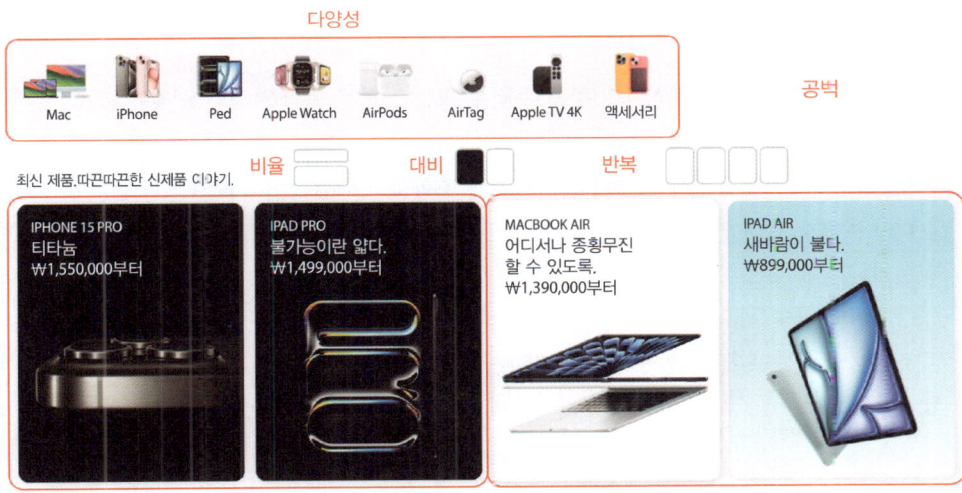

[애플 공식 홈페이지 - 대비, 반복, 비율, 다양성, 공백]

(11) 다양성(Diversity)

① 흥미를 유발하기 위해 디자인 내에서 시각적 차이점과 대조를 통합하는 것
② 작품에 복잡성과 미묘함을 더해줌으로써 디자인에 활력을 부여
③ 다양성의 특징
　ⓐ 다양성은 보는 사람이 디자인에서 능동적으로 탐험하며 발견할 수 있는 새로운 요소를 제공
　ⓑ 다양성을 통해 디자인이 단조로워지는 것을 방지
④ 다양성을 추가하는 방법
　ⓐ 단일 색상 대신 다양한 보색을 사용
　ⓑ 여러 종류의 모양과 선을 포함
　ⓒ 광택이나 무광의 다양한 텍스처를 추가
　ⓓ 다양한 글꼴을 섞어 사용하여 단조로운 느낌을 피함
　ⓔ 레이아웃과 구성을 변경하여 다양성을 확보
　ⓕ 독특한 관점과 주제를 담은 사진을 활용
⑤ 다양성의 효과적 사용방법
　ⓐ 의도적이고 핵심 메시지를 강화하는 방향으로 사용
　ⓑ 무작위하게 다양성을 추가하는 것보다는 구성의 일관성을 유지하면서도 충분한 변화를 줌

ⓒ 궁극적인 목표는 설득력 있는 균형을 유지하는 것
　　ⓓ 디자인 내에서 일관성을 유지하면서도 다양성을 통해 시각적인 매력을 높이는 것이 이상적

❹ 그 밖의 디자인 원리

(1) 대칭

① 디자인에서 요소들이 중심을 기준으로 좌우 또는 상하로 똑같은 모습을 갖는 것
② 디자인에 안정감과 조화 부여
③ 디자인 요소들이 균형을 이루어 관찰자에게 조화로운 느낌 전달 가능
④ 디자인 요소 간의 연결과 일관성을 형성하는 데 도움을 주고, 시각적인 균형과 안정성을 조절하여 시선의 집중을 유도할 수 있음
⑤ 디자인의 형태, 배치, 패턴 등 다양한 측면에서 활용될 수 있고, 대칭을 조절하여 강조하고자 하는 요소를 강조하거나 특정 분위기나 느낌을 전달할 수 있음

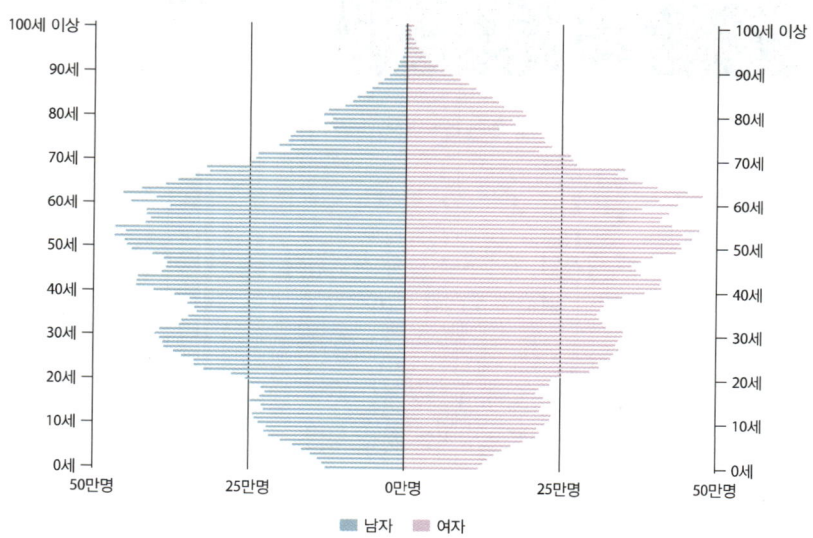

[2023 우리나라 남녀 연령별 인구 – 좌우 대칭 원리를 활용]

(2) 변화

① 디자인 요소들의 변동과 차이를 의미하며, 통일과 상반된 개념
② 디자인에 다양성과 차별성을 부여하고, 시각적인 흥미와 독특성을 제공함
③ 새로움과 혁신을 나타내며, 관찰자의 시선을 끌고 디자인에 생동감을 부여할 수 있음
④ 변화의 종류
　　㉠ 모양 변화 : 요소의 기하학적 형태 변화(예 사각형 → 원, 각진 모서리 → 부드러운 곡선 등)
　　㉡ 색상 변화 : 색상의 밝기, 채도, 톤 등을 조절하거나 다른 색상으로 변화시킴으로써 디자인에 다양성과 감각적 효과 부여

ⓒ 크기 변화 : 크기를 확대하거나 축소함으로써 디자인에 균형, 강조 또는 조화 등의 시각적인 효과 부여
　　ⓔ 배치 변화 : 요소의 위치, 간격, 방향 등을 조절하여 디자인의 구조나 조화 변경
　　ⓜ 패턴 변화 : 패턴의 반복, 회전, 대칭 등을 조절하여 디자인에 독특한 시각적인 효과 부여
　　ⓑ 텍스처 변화 : 요소의 질감이나 표면의 변화, 텍스처의 부드러움, 거칠기, 광택 등을 조절하여 디자인에 색다른 시각적인 경험을 줄 수 있음

(3) 조화
　① 각 요소가 서로 어우러져 일관성 있고 균형 잡힌 시각적인 효과를 만드는 것
　② 통일된 요소 간의 일관성과 변화를 조화롭게 조합하는 개념임
　③ 통일을 통해 디자인 요소들의 일관성을 유지하고, 변화를 통해 다양성과 차별성을 부여함으로써 조화로운 느낌과 시각적인 흥미를 동시에 제공할 수 있음
　④ 디자인 요소 간의 일관성과 변화의 조화를 통해 디자인의 품격과 독특성을 높일 수 있음

(4) 형태
　① 요소의 외부적인 형상, 모양, 윤곽 등을 의미함
　② 디자인의 전체적인 시각적 효과와 인식을 결정짓고 디자인의 분위기, 스타일, 특징 등을 전달함
　③ 형태에 따라 다른 시각적인 경험을 제공할 수 있음
　　　예 간단하고 깔끔한 형태는 현대적이고 간결한 느낌을 주며, 곡선과 복잡한 형태는 우아하고 복잡한 느낌을 전달함
　④ 디자인 요소 간의 관계와 상호작용을 형성함
　⑤ 요소의 형태가 조화롭게 어우러지면 디자인에 일관성과 조화를 부여할 수 있으며, 변화를 통해 디자인 요소의 구분과 강조에 사용될 수 있음
　⑥ 특정한 형태를 가진 요소는 시선을 끌어 디자인에 강조 효과를 부여할 수 있음

(5) 공간
　① 평면, 부피 등과 같은 개념으로 물리적 측면과 연관됨
　② 디자인 요소의 크기, 위치, 간격 등이 물리적 공간을 형성하며, 이를 조절하여 디자인의 시각적인 조화와 균형을 이룰 수 있음
　③ 디자인 요소의 배치와 관련되며, 디자인 요소 간 관계와 상호작용을 형성함

(6) 규모
　① 디자인 요소의 크기와 비율을 나타내는 것으로, 요소가 차지하는 실제 크기를 의미함
　② 주요 요소와 그 주변 요소 간의 크기 차이에 따라 다른 느낌을 줄 수 있음
　　　㉠ 큰 규모의 요소 : 힘과 강도를 나타낼 수 있음
　　　㉡ 작은 규모의 요소 : 섬세함과 부드러움을 표현할 수 있음

③ 규모의 조절은 디자인의 시각적인 효과와 감정 전달에 영향을 미침
  ㉠ 큰 규모의 요소를 중심으로 배치하면 시선을 집중시키고 강조할 수 있음
  ㉡ 작은 규모의 요소를 조화롭게 배치하면 디자인에 균형과 조화를 부여할 수 있음

(7) 비례
① 디자인 요소 간의 상대적인 크기와 배치의 조합을 의미함
② 요소 간의 크기 차이와 상대적인 배치에 중점을 둠
③ 요소들이 조화롭게 어우러지거나 주목을 받도록 할 수 있음

5 게슈탈트의 원리 2024년 1회 기출

(1) 개요
① 게슈탈트 심리학은 20세기 초 독일에서 발전한 심리학 이론
② 게슈탈트(Gestalt)는 독일어로 '형태' 또는 '구조'를 의미
③ 인간은 개별 요소의 나열이 아니라, 요소들을 전체적으로 인식하고 이해하려 함

(2) 게슈탈트의 6가지 원리
① **유사성(Similarity)** : 색상, 모양, 크기가 같은 객체들을 같은 그룹으로 인식함. 동일 군에 속하는 막대그래프 색상을 같게 하거나, 산점도에서 같은 분류를 같은 모양으로 표현
  예 동일 제품의 판매 데이터를 막대그래프로 나타낼 때, 제품군별로 색상을 동일하게 설정하여 각 제품군의 판매 현황을 쉽게 파악할 수 있게 함

② **근접성(Proximity)** : 서로 가까이 있는 객체들을 같은 그룹으로 인식함. 산점도에서 서로 가까이 있는 데이터 점들을 같은 군집으로 분리
  예 고객의 구매 패턴을 분석한 산점도에서 가까운 점들을 동일한 색상으로 표시하여 같은 군집으로 인식할 수 있도록 시각화

③ **공통성(Enclosure)** : 박스나 음영으로 물리적으로 묶어놓은 객체들을 같은 그룹으로 인식함. 막대그래프를 2개의 범주로 묶어서 상승기, 하락기 그룹으로 나눠서 인식 또는 개선 전/후로 물리적 분리
  예 재무 데이터를 시각화할 때, 특정 기간을 박스나 색상으로 구분하여 구간별 성과를 한눈에 파악할 수 있도록 함

④ **완결성(Closure)** : 일부가 생략된 원을 채워서 하나로 인식하고 그래프의 전체 FRAME을 삭제하더라도 하나의 그래프로 인식함. 불필요한 선 등 경계를 삭제해도 무관하고 오히려 데이터가 돋보여 집중할 수 있음
  예 라인그래프에서 불필요한 축을 제거하고 데이터 라인만 남겨두어 데이터 트렌드에 집중할 수 있게 함

⑤ 연속성(Continuity) : 일관성이 있다면 하나의 패턴으로 인식함. X, Y 축을 제거해도 라벨과 데이터 사이 공백이 연속적인 패턴으로 인식됨

> 예 시간 순서에 따른 데이터 변화를 보여주는 그래프에서 축을 제거하고 데이터 라인만을 남겨두어 자연스럽게 데이터의 흐름을 인식할 수 있게 함

⑥ 연결성(Connection) : 선과 같이 물리적으로 연결된 객체를 그룹으로 인식함. 점으로만 나타낸 그래프를 이어서 꺾은선그래프로 나타내어 데이터의 순서를 파악한 경우

> 예 각 월의 판매 데이터를 점으로 표시한 후, 이를 선으로 연결하여 월별 판매 트렌드를 쉽게 파악할 수 있게 시각화

⑦ 게슈탈트의 6가지 원리 정리

구분	게슈탈트 원리	데이터 적용
유사성 (Similarity)	색상, 모양, 크기가 같은 객체들을 같은 그룹으로 인식	• 동일 군에 속하는 막대그래프 색상을 같게 함 • 산점도에서 같은 분류를 같은 모양으로 표현
근접성 (Proximity)	서로 가까이 있는 객체들을 같은 그룹으로 인식	산점도에서 서로 가까이 있는 데이터 점들을 같은 군집으로 분리
공통성 (Enclosure)	박스나 음영으로 물리적으로 묶어놓은 객체들을 같은 그룹으로 인식	• 막대그래프를 2개의 범주로 묶어서 상승기, 하락기 그룹으로 나눠서 인식 • 개선 전/후로 물리적 분리
완결성 (Closure)	일부가 생략된 원을 채워서 하나로 인식	• 그래프의 전체 FRAME을 삭제하더라도 하나의 그래프로 인식 • 불필요한 선 등 경계를 삭제해도 무관. 오히려 데이터가 돋보여 집중할 수 있음
연속성 (Continuity)	일관성이 있다면 하나의 패턴으로 인식	X, Y 측을 제거해도 라벨과 데이터 사이 공백이 연속적인 패턴으로 인식됨
연결성 (Connection)	선과 같이 물리적으로 연결된 객체를 그룹으로 인식	점으로만 나타낸 그래프를 이어서 꺾은선그래프로 나타내어 데이터의 순서를 파악하도록 돕는 경우

SECTION 03 인포그래픽 디자인

1 인포그래픽 유형과 원리

(1) 인포그래픽(Infographic or Information graphics) 2024년 1회 기출

① 정의 : 복잡한 정보를 시각적으로 쉽게 이해할 수 있도록 디자인한 그래픽으로 텍스트, 이미지, 그래프, 아이콘 등을 결합하여 데이터를 시각적으로 표현함

② 특징
  ㉠ 정보 전달의 효율성 : 짧은 시간 내에 많은 정보를 전달할 수 있음

ⓒ 시각적 흥미 유발 : 독자들의 관심을 끌고 이해도를 높이는 디자인 요소를 포함
　　　ⓒ 공유 및 확산 용이 : 뉴스, 방송 및 신문, 소셜 미디어 및 웹을 통해 쉽게 공유할 수 있음
　③ 활용
　　　㉠ 데이터 분석 : 데이터를 시각적으로 분석하여, 보고서나 프리젠테이션에 활용
　　　ⓒ 비즈니스, 마케팅 및 홍보 : 제품 및 서비스의 장점을 시각적으로 표현하여 고객에게 어필
　　　ⓒ 교육 및 학습 : 과학, 역사, 사회 등 복잡한 개념을 쉽게 설명하기 위해 교재나 매체로 제작

(2) 인포그래픽의 유형
　① 그래프와 차트
　　　㉠ 선그래프, 막대그래프, 원 그래프 등과 같은 차트 형식을 사용하여 데이터 시각화
　　　ⓒ 데이터의 비교, 추세 파악, 관계 등을 시각적으로 보여줌
　　　ⓒ 종류
　　　　• 막대그래프 : 범주형 데이터를 비교하는 데 사용
　　　　• 원형차트 : 전체에 대한 각 부분의 비율을 시각적으로 나타냄
　　　　예 연도별 판매량을 막대그래프로 나타내어 성장 추이를 쉽게 파악할 수 있게 함

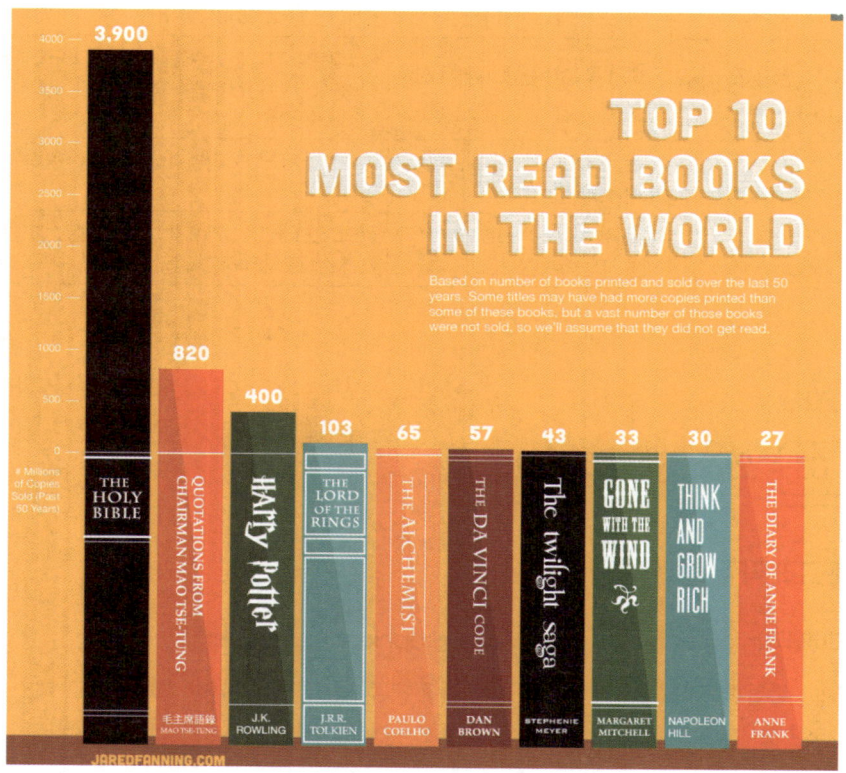

출처 : Charles Mburugu, 20 of the Best Infographics and What You Can Learn From Them, PIKTOCHART, 2023.09.18.

[막대그래프 – 세계에서 가장 많이 읽힌 책 10권]

② 지도 및 지리적 인포그래픽
  ㉠ 지도, 도표, 지리적 요소 등을 통해 지리적 정보 시각화
  ㉡ 지역, 국가, 대륙 등의 지리적 특성을 나타냄
  ㉢ 종류
    • 히트맵(Heat Map) : 특정 지리적 영역의 데이터 분포를 색상으로 나타냄
    • 지도 마커 : 특정 위치에 대한 정보를 표시하는 데 사용
    예 국가별 코로나19 확진자 수를 열지도로 표현하여 지역별 심각성을 한눈에 표현

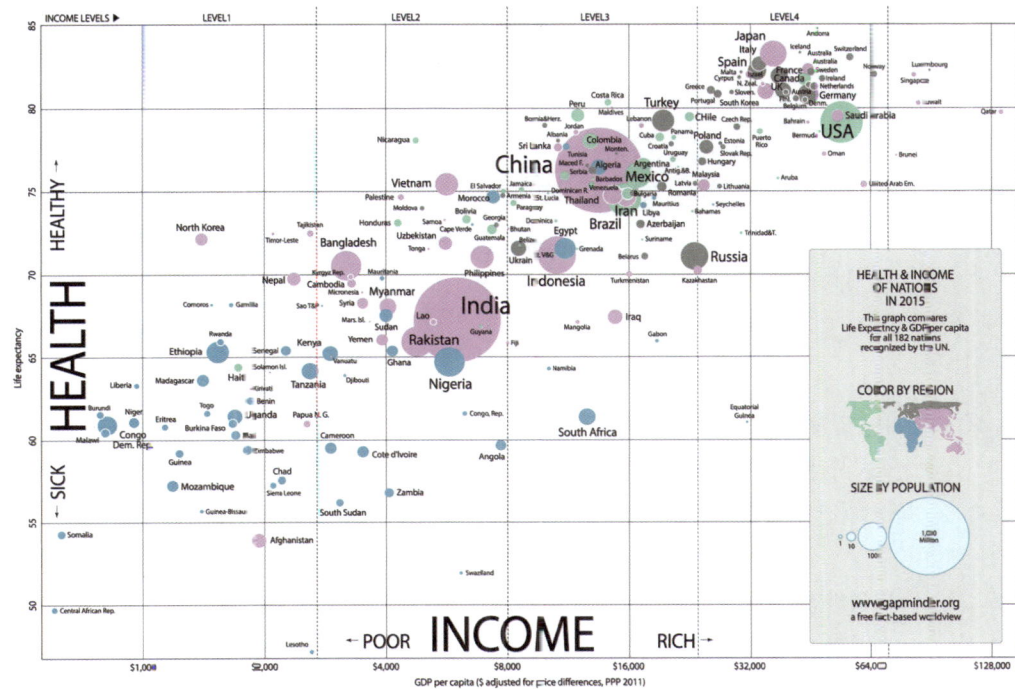

출처 : https://www.gapminder.org/

[지도 및 지리적 인포그래프 – 국가의 건강과 부]

③ 프로세스 및 플로우 차트
  ㉠ 화살표, 상자, 다이어그램을 사용해 데이터 흐름과 상호작용을 표현
  ㉡ 과정이나 절차를 단계 별로 시각화하여 보여줌
  ㉢ 종류
    • 흐름도(Flow chart) : 작업 흐름이나 프로세스를 단계별로 시각화
    • 다이어그램(Diagram) : 시스템이나 절차를 이해하기 쉽게 도식화
    예 제품 제작 과정을 플로우 차트로 나타내어 각 단계의 절차를 명확히 설명

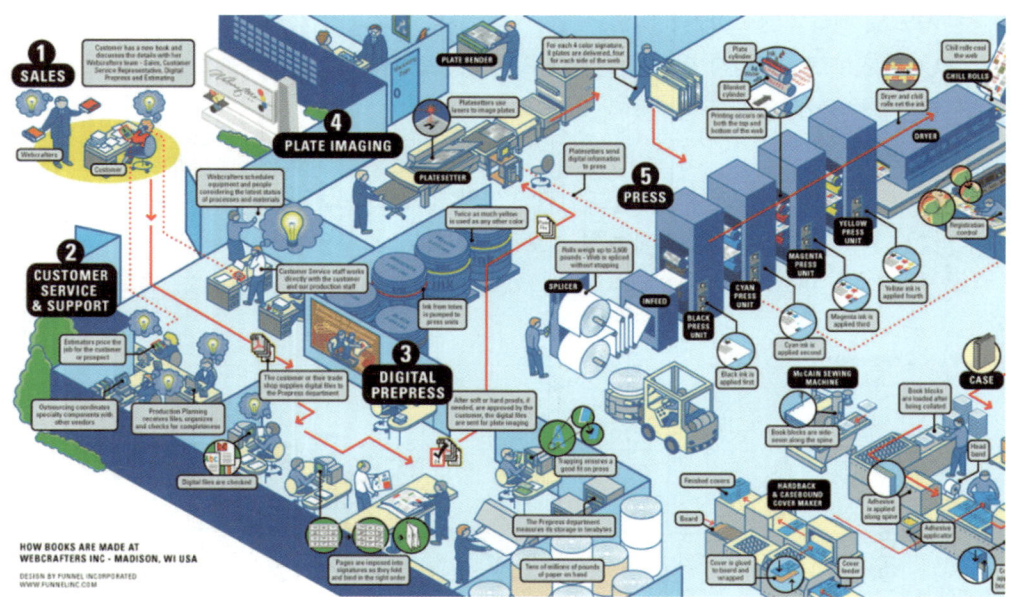

출처 : Charles Mburugu, 20 of the Best Infographics and What You Can Learn From Them, PIKTOCHART, 2023.09.18.

[프로세스 – 책은 어떻게 만들어지는가]

④ 타임라인 및 역사적 인포그래픽
  ㉠ 연표, 시간축 등을 사용하여 시간에 따른 변화나 역사적 이벤트를 시각화함
  ㉡ 특정 기간 동안의 데이터 변화나 발전 과정을 보여줌
  ㉢ 종류
    • 타임라인 : 특정 사건이나 활동의 시간 순서를 시각적으로 나타냄
    • 역사적 인포그래픽 : 과거의 사건이나 변화를 시각적으로 설명
    예 기업 연혁을 타임라인으로 표현하여 주요 사건과 발전 단계를 한눈에 볼 수 있게 표현

⑤ 설명 인포그래픽
  ㉠ 주제나 개념에 대한 설명과 함께 그림, 그래프, 텍스트 등을 조합하여 전체적인 이해를 도움
  ㉡ 종류
    • 단계별 설명 : 특정 절차나 방법을 단계별로 설명
    • 설명 다이어그램 : 복잡한 개념을 시각적으로 설명
    예 소프트웨어 설치 과정을 단계별로 설명하여 사용자들이 쉽게 따라할 수 있게 함

⑥ 인포그래픽 아이콘
  ㉠ 아이콘, 그림, 이미지를 활용하여 정보를 시각적으로 전달
  ㉡ 개념, 객체, 통계 등을 그림이나 아이콘 형태로 표현하여 쉽게 이해할 수 있도록 함
  ㉢ 종류
    • 상징적인 아이콘 : 복잡한 정보를 간단한 아이콘으로 시각화
    • 인터랙티브 아이콘 : 사용자와 상호작용이 가능한 아이콘을 사용
    예 교통사고 발생 원인을 설명할 때, 차량, 보행자, 신호등 등의 아이콘을 사용하여 시각적으로 쉽게 이해할 수 있게 표현

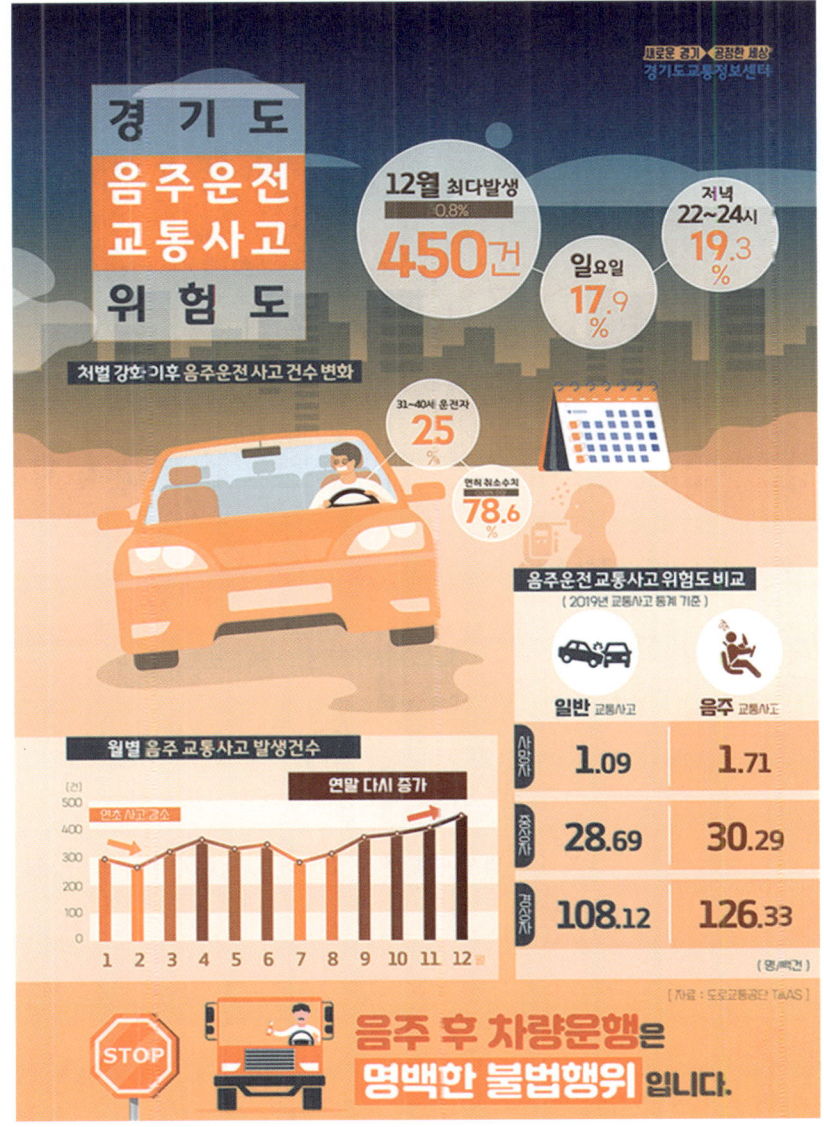

출처 : 경기도 교통정보센터
[인포그래픽 아이콘 – 일반/음주 아이콘 참고]

⑦ 비교 및 대조 인포그래픽
  ㉠ 막대차트, 원형(파이)차트 등을 사용하여 데이터의 차이나 비율 비교
  ㉡ 다양한 항목 또는 데이터를 비교하거나 대조하여 시각적으로 표현
  ㉢ 종류
    • 비교차트 : 두 개 이상의 항목을 비교하고 대조
    • 대조그래프 : 차이점과 유사점을 강조하여 시각화
    예 경쟁 제품과 자사 제품의 특징을 비교하여 차별점을 강조하는 인포그래픽을 만듦

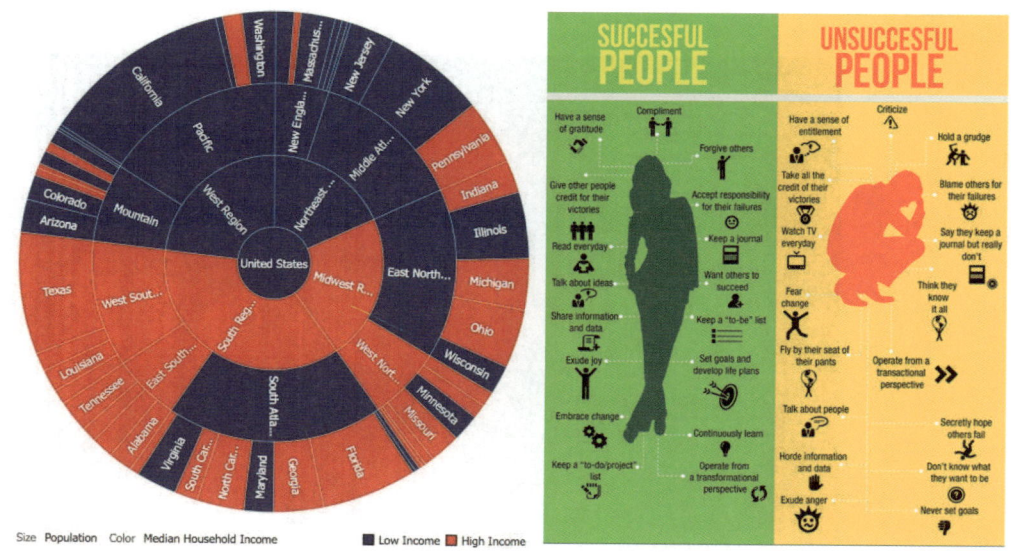

출처 : https://www.data-action-lab.com

[비교 및 대조 인포그래픽 – 저소득과 고소득 특성 비교(좌), 성공한 사람과 성공하지 못한 사람 성향 대조(우)]

(3) 인포그래픽의 원리

① **단순성(Simplicity)** : 복잡한 정보를 간단하고 명확하게 표현하며, 불필요한 요소를 제거하고 핵심 정보에 집중
  예 각 단계별 프로세스를 간단한 아이콘과 최소한의 텍스트로 표현하여 이해를 도움

② **명확성(Clarity)** : 정보가 명확하고 쉽게 이해될 수 있도록 디자인하며, 중요한 내용을 강조하고 시각적 힌트를 제공함
  예 중요한 데이터 포인트를 굵은 글씨나 밝은 색상으로 강조하여 주목도를 높임

③ **중요성(Importance)** : 가장 중요한 정보를 우선적으로 배치하고, 시각적 계층 구조를 통해 중요도를 구분함
  예 주요 통계치를 페이지 상단에 크게 배치하고, 세부 정보를 하단에 배치하여 가독성을 높임

④ 일관성(Consistency) : 디자인 요소와 색상, 글꼴 등을 일관되게 사용함. 일관된 스타일을 유지하여 시각적 혼란을 줄임
   예 동일한 색상 팔레트와 글꼴을 사용하여 전체 인포그래픽의 일관성을 유지

⑤ 가독성(Readability) : 텍스트와 시각 요소의 크기와 배치를 조정하여 쉽게 읽을 수 있도록 함. 적절한 간격과 여백을 사용하여 정보를 정리
   예 글씨 크기를 충분히 크게 하고, 섹션 간에 여백을 두어 정보가 잘 정리되도록 함

⑥ 효과성(Effectiveness) : 목적에 맞게 정보를 전달하고, 독자의 이해를 도움. 시각적 효과를 통해 정보 전달력을 높임
   예 메시지를 효과적으로 전달하기 위해 애니메이션이나 인터랙티브 요소를 추가하여 흥미 유발

(4) 오컴의 면도날(Occam's Razor) `2024년 2회 기출`

① 정의
   ㉠ "The simplest solution is always the best" : 단순함이 최선임
   ㉡ 과학적 추론과 이론 구축에서 단순한 설명이 복잡한 설명보다 선호되어야 한다는 원칙
   ㉢ 불필요한 가정이나 개념을 최소화하여 문제를 설명하는 것이 더 좋다는 의미

② 원리와 적용
   ㉠ 논리적 추론과 이론 구축
      • 오컴의 면도날은 불필요한 복잡성을 배제하고 단순한 해결책을 찾는 데 중점
      • 과학적 연구뿐만 아니라 철학, 수학, 그리고 일상적인 문제 해결에서도 널리 적용
   ㉡ 인포그래픽 디자인
      • 복잡한 정보를 시각적으로 전달하는 인포그래픽에서도 오컴의 면도날을 적용 가능
      • 정보가 더욱 명확하고 이해하기 쉽게 구성 가능

③ 인포그래픽 디자인에서 오컴의 면도날을 적용하는 방법
   ㉠ 핵심 메시지 강조 : 핵심 메시지를 간결하게 정의하여 불필요한 세부 정보를 제거하고 중요한 내용에 집중. 예 기업의 연간 실적을 나타낼 때, 전체 수익과 주요 성장 요인을 강조하고 세부적인 월별 데이터는 생략하여 핵심 메시지를 명확히 전달
   ㉡ 단순한 시각화 : 필요한 만큼의 시각화 요소만 사용하여 과도한 세부 정보나 복잡한 그래프를 배제. 예 소비자 만족도 조사 결과를 시각화할 때, 주요 만족도 점수를 원형차트로 나타내고, 세부적인 코멘트는 생략하여 전체 만족도 수준을 쉽게 파악할 수 있게 함

④ 불필요한 요소 제거 : 정보 전달에 불필요한 장식 요소를 배제하여 시각적 혼란을 줄이고 정보의 명확성을 높임. 예 제품 비교 인포그래픽에서 필수적인 비교 항목만을 표로 정리하고, 불필요한 배경 이미지나 장식을 제거하여 비교 내용을 명확히 함

⑤ **일관된 디자인 유지** : 일관된 스타일과 색상 사용하여 일관된 디자인 요소를 사용하여 시각적 일관성을 유지하고, 정보 전달을 명확히 함. 예 교육 자료 인포그래픽에서 같은 색상 팔레트와 글꼴을 사용하여 일관된 느낌을 주고, 중요한 정보는 동일한 색상으로 강조하여 시각적 일관성을 유지함

⑥ **적용의 효과**
  ㉠ 효율적 정보 전달 : 불필요한 정보를 제거하고 핵심을 강조함으로써 정보를 더 효율적으로 전달
  ㉡ 사용자 경험 향상 : 단순하고 명확한 디자인은 사용자가 정보를 더 쉽게 이해하고 기억할 수 있게 함
  ㉢ 디자인 일관성 유지 : 일관된 디자인 원칙을 적용하면 시각적 혼란을 줄이고, 메시지를 더 효과적으로 전달

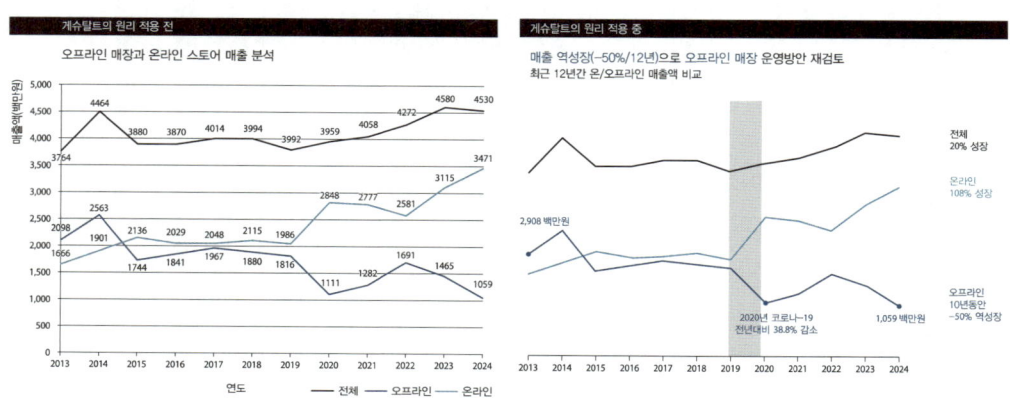

출처 : 퍼블리/데이터 분석가와 디자이너 없이 인포그래픽 만드는 방법
[오컴의 면도날 – 단순화 전(좌), 단순화 후(우)]

❷ 인포그래픽 디자인시 고려요소

(1) 기본 디자인 요소(9가지)

① **제목**
  ㉠ 주요 메시지 강조 : 제목은 주요 메시지를 강조하고 전반적인 주제를 파악할 수 있도록 도움
  ㉡ 주의 끌기 : 사용자의 주의를 끌며, 정보의 중요성을 강조
  ㉢ 목적과 목표 명확화 : 명확한 목적과 목표를 제시하여 사용자에게 가치 있는 정보를 제공
  ㉣ 시각적 부각 : 텍스트 스타일이 강조되어 시각적으로 부각
  ㉤ 일관성 유지 : 디자인 요소와 일관성을 유지하여 전체적인 통일감을 제공
  ㉥ 정보 파악 : 사용자가 적절한 정보를 신속하게 파악할 수 있도록 도움

② **서체**
  ㉠ 가독성 : 텍스트의 외관을 의미하며, 가독성과 사용자 경험에 영향을 미침
  ㉡ 스타일과 톤 설정 : 서체 선택은 스타일과 톤 설정에 중요한 역할을 함

ⓒ 내용 구분 : 서체의 크기와 스타일로 중요한 내용과 부가적인 내용을 구분
　　ⓔ 시각적 표현 : 정보 제시, 주의집중, 강조, 정보 계층 구조 표현 등에 활용
　　ⓜ 일관성 유지 : 대상 독자의 특성과 내용을 고려하여 일관성을 유지하며 선택

③ 주석
　　㉠ 추가 정보 제공 : 특정 부분에 대한 설명이나 추가 정보를 제공하여 이해를 도움
　　㉡ 텍스트 형태 : 주로 텍스트 형태로 제시되며, 그래픽 요소와 함께 사용
　　ⓒ 정보의 정확성 강화 : 중요한 세부 정보, 통계 데이터 해석, 용어 정의 등을 제공하여 정보의 정확성과 신뢰성을 강화
　　ⓔ 디자인 일관성 : 적절한 서체, 크기, 스타일을 사용하여 일관성을 유지하며, 시각적 강조를 활용
　　ⓜ 목적과 대상 독자 고려 : 목적과 대상 독자를 고려하여 전문용어 등에 대한 부가적 설명

④ 격자선
　　㉠ 구조 명확화 : 그래프나 차트의 구조를 명확히 나타내 데이터 비교, 패턴 파악, 위치 파악 등을 도움
　　㉡ 영역 구분 : 가로선·세로선의 조합으로 그래프의 영역을 구분하고 정보 배치를 정렬
　　ⓒ 데이터 비교 : 데이터 값의 상대적인 크기나 위치를 시각적으로 인식할 수 있음
　　ⓔ 패턴 파악 : 패턴이나 추세를 파악하고, 데이터 변화를 명확히 인식할 수 있게 함
　　ⓜ 가독성 향상 : 시선 이동과 정보 해석이 용이하며, 가독성을 높임
　　ⓗ 디자인 조정 : 격자선의 색상, 두께, 스타일 등을 조절
　　ⓢ 목적과 대상 독자 고려 : 필요한 경우에만 적절하게 사용해야 함

⑤ 클립아트
　　㉠ 시각적 표현 : 다양한 주제나 개념을 시각적으로 표현하여 시각적 이해를 도움
　　㉡ 정보 전달 용이 : 단순하고 명확한 형상으로 빠르고 쉽게 정보를 전달
　　ⓒ 정보의 생동감 : 특정 개념이나 사물을 시각화하여 정보를 생동감 있게 전달
　　ⓔ 복잡한 데이터 시각화 : 복잡한 데이터나 추상적인 개념을 쉽게 이해할 수 있는 그림으로 변환
　　ⓜ 디자인 일관성 : 선택된 스타일과 색상으로 일관성을 유지
　　ⓗ 저작권 주의 : 저작권에 주의하며, 무료 또는 라이센스가 부여된 클립아트를 사용

⑥ 두 번째 축
　　㉠ 추가 정보 제공 : 보조적인 축으로, 다른 데이터 요소를 나타내고 다른 척도의 데이터를 보여줌
　　㉡ 데이터 비교 용이 : 서로 다른 단위의 데이터를 동시에 표현하고 비교할 수 있음
　　ⓒ 가독성 향상 : 그래프의 가독성과 이해도 향상
　　ⓔ 목적과 대상 독자 고려 : 필요한 경우에만 적절하게 사용해야 함

⑦ 범례 `2024년 1회 기출`
  ㉠ 항목 설명 : 그래프나 차트에서 사용된 색상, 패턴, 기호 등에 대응하는 항목을 설명
  ㉡ 해석 도움 : 데이터 요소의 의미를 명확히 전달하고 그래프의 해석을 도움
  ㉢ 가독성 향상 : 그래프나 차트의 가독성을 높여 데이터를 이해하고 비교할 수 있도록 도움
  ㉣ 일관성 유지 : 디자인과 일관성을 유지하며 가독성과 시각적 조화를 고려

⑧ 질감
  ㉠ 표면 특성 표현 : 표면의 느낌이나 특성을 시각적으로 나타냄
  ㉡ 감정 및 분위기 전달 : 부드러운 질감은 친근함, 거친 질감은 강인함 등의 느낌을 줌
  ㉢ 시각적 강조 : 서로 다른 질감을 사용하여 구분되는 요소나 부분을 강조
  ㉣ 사용자 주의 끌기 : 특정 요소에 흥미로운 질감 효과를 적용하여 주의를 끌 수 있음
  ㉤ 과도 사용주의 : 과도하게 사용할 경우 가독성이 저하될 수 있음

⑨ 배경
  ㉠ 주요 내용 감싸기 : 주요 요소를 감싸는 영역으로, 시각적 톤과 미적 요소를 형성
  ㉡ 구분 제공 : 주변과의 구분을 제공하여 주요 내용을 독립적으로 인식할 수 있게 함
  ㉢ 시각적 요소 추가 : 색상, 패턴, 이미지를 사용하여 분위기나 주제에 맞는 시각적 요소를 추가
  ㉣ 내용 강조 : 중요한 텍스트나 그래픽 요소에 대한 대비를 제공
  ㉤ 일관성과 가독성 유지 : 목적과 대상 독자를 고려하여 일관성과 가독성을 유지

(2) 기억하는 정보 시각화 요소 활용방법

① 제목 : 데이터 시각화에서 '제목'은 가장 중요한 요소
  ㉠ 사람들은 시각화에서 제목을 가장 오래 기억함
  ㉡ 제목을 잘 지으면 사람들이 시각화를 더 오래 기억하는 경향이 있음

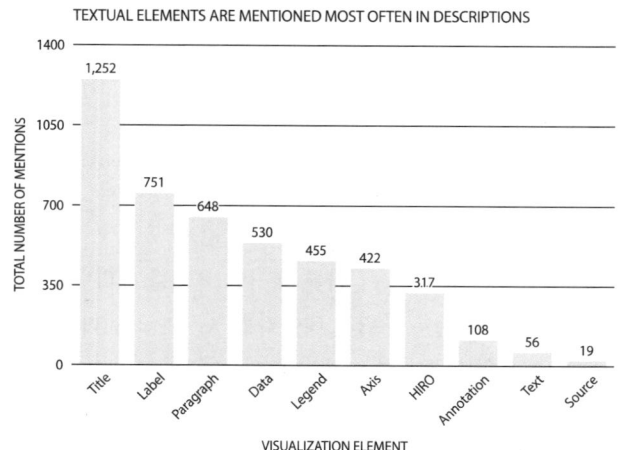

출처 : M. A. Borkin et al., "What Makes a Visualization Memorable?," in IEEE Transactions on Visualization and Computer Graphics, vol. 19, no. 12, pp. 2306–2315, 2013. 12.

[사람들이 가장 오래 기억하는 시각화 요소 - 제목, 라벨, 단락 순]

② 글자요소 : 레이블, 단칸, 범례, 축, 제목 등 글자요소에는 다음과 같은 규칙이 적용됨
　㉠ 읽기 쉽게 작성
　㉡ 축 제목은 가로로 작성(회전하지 말 것)
　㉢ 두 줄이 아닌 한 줄로 작성
　㉣ 축 레이블은 회전시키지 말고 적절한 위치에 표시
　㉤ 레이블은 간결하게 작성
　㉥ 적절한 차트 유형을 선택

출처 : Lisa Charlotte Muth, What to consider when using text in data visualizations, Datawrapper, 2022.09.28.

[독자의 고개를 돌리게 하지말 것 – 축 제목을 가로로 작성]

③ 레이블의 색과 위치
　㉠ 범례 대신 레이블을 직접 데이터에 작성하고 같은 색상으로 레이블과 선을 통일
　㉡ 독자의 눈을 편하게 하는 레이블과 색상 : 초점 이동을 최소화

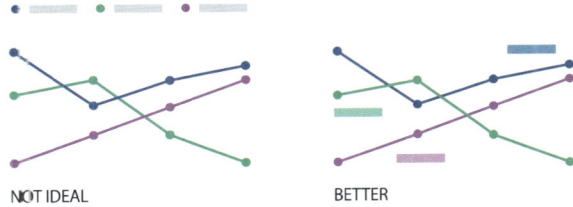

출처 : Lisa Charlotte Muth, What to consider when using text in data visualizations, Datawrapper, 2022.09.28.

[레이블의 색과 위치 – 범례 대신 레이블을 직접 데이터에 작성]

④ 데이터 측정 단위와 형식
  ㉠ 단위를 명확하게 표시하고 설명뿐만 아니라 축 레이블, 도구 설명, 주석에도 단위를 입력함
  ㉡ 많은 0과 소수점을 피하고, 숫자를 축약하여 표시(예 1,000,0000 → 1M)

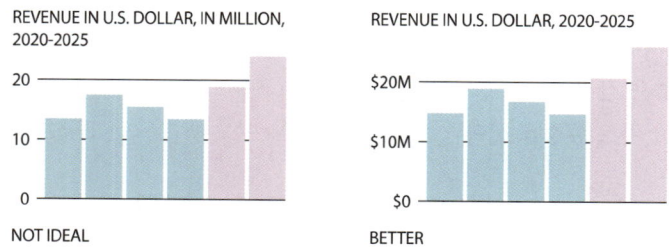

출처 : Lisa Charlotte Muth, What to consider when using text in data visualizations, Datawrapper, 2022.09.28.
[데이터 측정 단위와 형식 – 숫자를 축약하여 표시]

  ㉢ 불필요한 정밀도를 피함

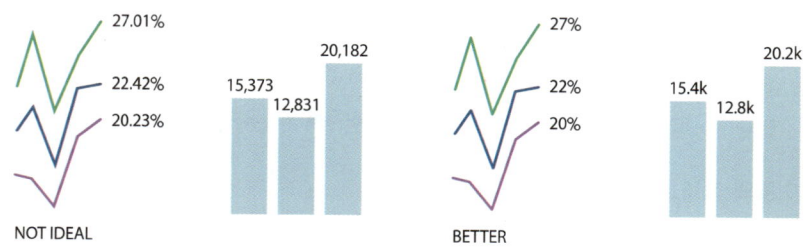

출처 : Lisa Charlotte Muth, What to consider when using text in data visualizations, Datawrapper, 2022.09.28.
[데이터 측정 단위와 형식 – 불필요한 정밀도를 피함]

⑤ 주석으로 강조하고 설명
  ㉠ 주석은 중요한 도구임. 작은 메모로도 독자의 관심을 끌 수 있음
  ㉡ 하이라이트 범위나 연결선, 변곡점, 교차점, 이상치 등에 주석을 표시함

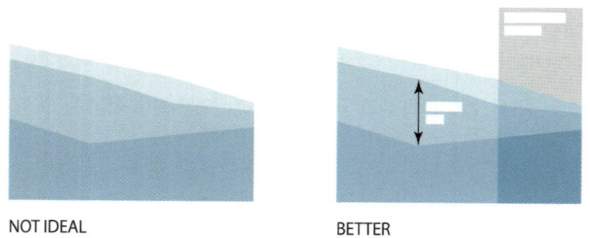

출처 : Lisa Charlotte Muth, What to consider when using text in data visualizations, Datawrapper, 2022.09.28.
[주석으로 강조하고 설명 – 작은 메모로도 독자의 관심을 끌 수 있음]

⑥ 규칙이 뚜렷한 글자 크기와 색상
   ㉠ 가장 중요한 정보는 가장 크고 굵게 표시
   ㉡ 덜 중요한 정보는 작고 얇게, 회색으로 표시
   ㉢ 중요한 텍스트는 강조하고 나머지는 덜 강조

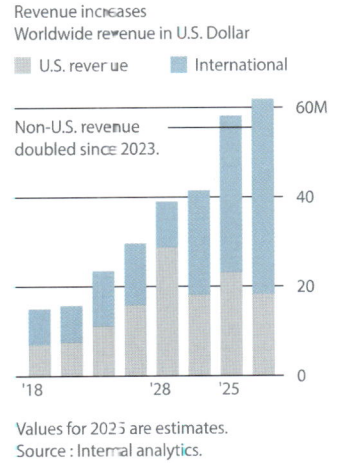
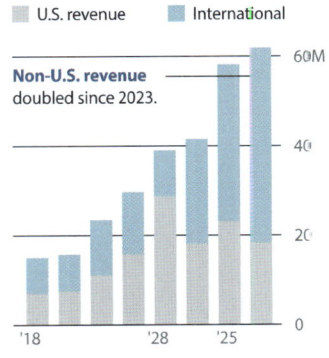

출처 : Lisa Charlotte Muth, What to consider when using text in data visualizations, Datawrapper, 2022.09.28.

[규칙이 뚜렷한 글자 크기와 색상 – 중요한 텍스트는 강조]

⑦ 글자 상자 사용
   ㉠ 글자와 차트가 겹칠 경우 글자 상자를 사용
   ㉡ 배경색을 활용해 깔끔하게 표현하고 강조하고 싶은 내용을 두드러지게 표현함

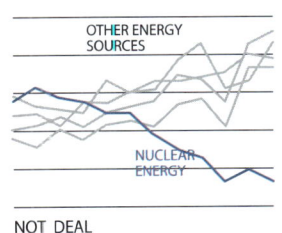

출처 : Lisa Charlotte Muth, What to consider when using text in data visualizations, Datawrapper, 2022.09.28.

[글자 상자 사용 – 글자와 차트가 겹치면 글자 상자를 사용]

⑧ 가독성을 위한 문구
  ㉠ 제목이나 설명은 가능하면 한 줄을 넘기지 않도록 최대한 간략히 표현
  ㉡ 간단한 문구를 사용하고 쉽게 이해할 수 있도록 설명함

출처 : Lisa Charlotte Muth, What to consider when using text in data visualizations, Datawrapper, 2022.09.28.

[가독성을 위한 문구 – 제목이나 설명은 최대한 간략히 표현]

CHAPTER 01 실전예상문제

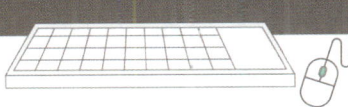

01 다음 중 정보 시각화에 대한 설명으로 옳은 것은?

① 정보 시각화는 데이터를 상세하게 표현하여 전문적인 분석 도구로 활용하는 것이다.
② 정보 시각화는 데이터를 가공하지 않고 그대로 시각적으로 표현하는 것이다.
③ 정보 시각화는 데이터의 과학적 분석과 미적 표현을 결합하여 결과를 시각적으로 전달하는 과정이다.
④ 정보 시각화는 디자인과 그래픽 요소를 활용하여 데이터의 속성을 변화시키는 것이다.

정답 ③
해설 정보 시각화는 데이터를 과학적으로 분석한 후 그 결과를 시각적으로 표현함으로써, 데이터에 대한 이해를 돕고 효과적인 의사소통을 가능하게 한다. 이 과정에서 데이터의 과학적 측면과 미적 측면을 모두 고려하여 다양한 차트, 그래프, 지도 등을 사용하여 데이터를 시각적으로 전달한다.

02 다음 중 데이터 시각화의 목적에 대한 설명으로 옳은 것은?

① 데이터를 텍스트로 표현하여 정보를 전달
② 데이터 분석 결과를 명확하게 전달
③ 데이터를 가공하지 않은 그대로의 값을 나타냄
④ 데이터의 숨겨진 인사이트를 감춤

정답 ②
해설 데이터 시각화의 목적은 데이터를 그래픽으로 표현하여 정보를 시각적으로 전달하고, 데이터 분석 결과를 명확하게 전달하며, 설득력 있는 프레젠테이션을 가능하게 하는 것이다.

03 다음 중 데이터 시각화의 기능에 대한 설명으로 옳지 않은 것은?

① 데이터의 패턴과 트렌드를 쉽게 파악
② 복잡한 데이터를 이해하기 쉽게 단순화
③ 데이터의 숨겨진 인사이트를 발견
④ 데이터를 가공하지 않고 그대로 표현

정답 ④
해설 데이터 시각화는 데이터를 가공하여 그래픽으로 표현함으로써 데이터를 이해하기 쉽게 만들고, 데이터의 패턴과 트렌드를 쉽게 파악하며, 숨겨진 인사이트를 발견하게 도와준다. 데이터를 가공하지 않고 그대로 표현하는 것은 데이터 시각화의 기능에 해당하지 않는다.

04 다음 중 과학적 시각화의 목적에 대한 설명으로 옳은 것은?

① 과학 데이터를 텍스트로 표현
② 과학적 발견을 일반 대중에게 쉽게 전달
③ 과학 데이터를 가공하지 않고 그대로 표현
④ 과학 실험 결과를 숨김

정답 ②
해설 과학적 시각화의 목적은 과학 데이터를 시각적으로 표현하고, 과학적 발견을 일반 대중에게 쉽게 전달하며, 과학 연구 및 교육적 효율성을 증대시키는 것이다. 이를 통해 복잡한 과학 현상을 더 쉽게 이해할 수 있도록 한다.

05 다음 중 과학적 시각화의 기능에 대한 설명으로 옳지 않은 것은?

① 복잡한 과학 현상을 이해하는 데 도움
② 대규모 데이터세트의 패턴 발견
③ 과학 데이터를 가공하지 않고 그대로 표현
④ 3D 모델링을 통한 구조 분석

정답 ③
해설 과학적 시각화는 복잡한 과학 현상을 이해하는 데 도움을 주고 대규모 데이터세트에서 패턴을 발견하며, 3D 모델링을 통해 구조를 분석하는 등의 기능을 한다. 과학 데이터를 가공하지 않고 그대로 표현하는 것은 과학적 시각화의 기능에 부합하지 않는다.

06 다음 중 과학적 시각화의 활용 예시로 옳지 않은 것은?

① 기후 과학 : 기후 변화 시뮬레이션 결과 표현
② 의학 : 신체 구조 및 기능 시각화, MRI 및 CT 데이터 분석
③ 물리학 : 유체 역학 시뮬레이션, 입자 운동 분석
④ 경제학 : 시장 동향 분석

정답 ④
해설 과학적 시각화는 기후 과학, 의학, 물리학 등 다양한 과학 분야에서 데이터를 시각적으로 표현하고 분석하는 데 활용된다. 경제학에서 시장 동향 분석은 일반적으로 데이터 시각화의 범주에 속하며, 과학적 시각화의 직접적인 예시는 아니다.

07 다음 중 정보 시각화의 목적에서 '설득'에 대한 설명으로 옳은 것은?

① 데이터의 진실을 간결하고 정확하게 전달하며, 실용적이고 과학적인 측면에서의 분석을 지향
② 데이터로부터 도출된 주요 메시지와 분석 결과를 명확하게 설명하는 기능
③ 창의적이고 심미적인 표현을 통해 메시지를 전달하고, 관중의 감정적 반응을 유도하는 목적
④ 다양한 차원의 데이터를 3D 그래프나 히트맵으로 시각화하여 데이터 간의 상호작용 분석

정답 ③
해설 정보 시각화의 목적 중 '설득'은 창의적이고 심미적인 표현을 통해 메시지를 전달하고, 관중의 감정적 반응을 유도하는 것을 의미한다. 또한, 인포그래픽이나 다이어그램을 사용하여 복잡한 데이터로부터 시각적 감동을 유발하게 한다.

08 다음 중 경영정보시각화 프로세스의 첫 번째 단계로 옳은 것은?

① 데이터 수집
② 목표 설정
③ 데이터 전처리
④ 시각화 디자인

정답 ②
해설 경영정보시각화 프로세스는 총 7단계로 이루어져 있으며, 그 첫 번째 단계는 '목표 설정'이다. 이 단계에서는 시각화를 통해 전달하고자 하는 정보를 명확히 정의한다. 데이터 수집은 두 번째 단계, 데이터 전처리는 세 번째 단계, 시각화 디자인은 네 번째 단계에 해당한다.

09 다음 중 시각화 구현 단계에서 사용하는 도구로 옳지 않은 것은?

① Tableau
② Power BI
③ D3.js
④ Java

정답 ④
해설 시각화 구현 단계에서는 데이터를 시각적으로 표현하기 위해 다양한 도구를 사용할 수 있다. Tableau, Power BI, D3.js 등은 대표적인 시각화 도구이다. 반면, Java는 프로그래밍 언어로 Highchart와 같은 라이브러리를 통해 시각화를 구현할 수 있지만, 자체적으로 시각화 도구로 분류되지는 않는다.

10 다음 중 경영정보시각화의 기본원칙에서 독자를 고려하여 단순하게 시각화하는 이유로 옳은 것은?

① 시각화 도구의 기능을 최대한 활용하기 위해
② 시각화의 복잡성을 높이기 위해
③ 독자의 이해 수준과 요구를 고려하여 핵심 메시지를 명확하게 전달하기 위해
④ 다양한 시각화 유형을 모두 사용하기 위해

정답 ③
해설 경영정보시각화의 기본원칙 중 하나는 독자를 고려하여 단순하게 시각화하는 것이다. 이는 시각화를 사용할 대상의 이해 수준과 요구를 고려하여 핵심 메시지를 명확하게 전달하기 위해 필요하다. 과도한 정보나 복잡한 디자인은 오히려 메시지 전달을 방해할 수 있다.

11 다음 중 경영정보시각화에서 독자의 관심과 참여를 유도하기 위한 방법으로 옳지 않은 것은?

① 색상, 형태, 애니메이션 등을 활용하여 시각적 흥미를 유발한다.
② 필터, 드릴다운 기능 등을 통해 사용자가 시각화와 상호작용할 수 있도록 한다.
③ 모든 데이터를 한 화면에 모두 표시하여 정보를 최대한 많이 제공한다.
④ 시각화를 통해 전달하고자 하는 메시지를 명확히 한다.

정답 ③
해설 독자의 관심과 참여를 유도하기 위해서는 시각적 흥미를 유발하고, 인터랙티브 요소를 추가하여 사용자가 시각화와 상호작용할 수 있도록 하는 것이 중요하다. 반면, 모든 데이터를 한 화면에 모두 표시하는 것은 오히려 정보를 과도하게 제공하여 독자가 혼란스러울 수 있으므로 옳지 않다.

12 다음 중 경영정보시각화의 시각적 속성인 '위치(Position)'에 대한 설명으로 옳은 것은?

① 위치는 데이터 포인트의 모양을 나타낸다.
② 위치는 데이터의 양을 나타낸다.
③ 위치는 데이터 포인트의 색상을 나타낸다.
④ 위치는 데이터의 상대적 크기나 순위를 나타낼 수 있다.

정답 ④
해설 위치는 데이터 포인트의 위치를 의미하며, 데이터의 비교와 분석에 중요한 역할을 한다. 위치는 데이터의 상대적 크기나 순위를 나타낼 수 있다. 예를 들어, 산점도(Scatter Plot)에서 X축과 Y축에 데이터를 배치하여 두 변수 간의 관계를 시각화하거나, 히트맵(Heatmap)에서 색상의 강도로 데이터의 밀도나 빈도를 시각적으로 표현할 수 있다.

13 다음 중 경영정보시각화의 시각적 속성인 '크기(Size)'의 활용 예시로 옳은 것은?

① 범례(Legend)에서 다양한 형태를 사용하여 데이터 범주를 구별한다.
② 버블차트(Bubble Chart)에서 데이터 포인트의 크기로 양을 표현한다.
③ 막대차트(Bar Chart)에서 범주형 데이터를 구분하기 위해 각 막대에 다른 색상을 사용한다.
④ 네트워크그래프(Network Graph)에서 노드 간의 관계를 나타낸다.

정답 ②
해설 크기는 데이터의 양을 나타낼 수 있다. 예를 들어, 버블차트(Bubble Chart)에서는 데이터 포인트의 크기로 양을 표현할 수 있으며, 각 버블의 크기로 매출액을 나타내어 지역별 판매 성과를 비교할 수 있다. 트리 맵(Treemap)에서는 사각형의 크기로 데이터의 비율을 시각화하여 부서별 예산 할당을 시각화하고 각 부서의 예산 비율을 비교할 수 있다.
① 형태(Shape)의 활용 예시이다.
③ 색(Color)의 활용 예시이다.
④ 선 굵기와 유형(Line Weight and Type)의 활용 예시이다.

14 다음 차트에 반영되지 않은 인포그래픽 디자인 요소로 옳은 것은?

① 격자선
② 2번째 Y축
③ 반전 X축
④ 범례

정답 ③
해설 선, 막대, 열, 영역, 콤보 차트의 경우 Y축을 반전하여 양수 값을 아래로 이동하고 음수 값을 위로 이동할 수 있다. 주로 y=0 값을 기준으로 y 값이 음수일 경우 아래 방향으로 표현한다.

15 다음 중 데이터 시각화의 기능과 시각 변수에 대한 설명으로 옳지 않은 것은?

① 데이터 시각 변수는 여러 학자들에 의해 다양한 형태로 정의된다.
② 데이터 시각화는 데이터를 텍스트로 표현하여 핵심요소만을 정확히 전달한다.
③ 위치, 크기, 모양 등을 시각 변수로 나타낼 수 있다.
④ 시각 변수는 데이터의 변화 값을 점, 선, 면 등의 시각 요소에 담아 시각적으로 표현하는 체계이다.

정답 ②
해설 데이터 시각화는 데이터를 그래픽으로 표현하여 정보를 시각적으로 전달하는 것을 목적으로 한다. 이를 통해 데이터의 패턴과 트렌드를 쉽게 파악하고, 복잡한 데이터를 이해하기 쉽게 단순화하여 데이터의 숨겨진 인사이트를 발견할 수 있다.

16 다음 중 자크 베르탱(Jacques Bertin)의 시각 변수에 대한 설명으로 옳은 것은?

① 기호의 패턴 또는 텍스처를 활용하여 데이터를 시각적으로 구분할 수 없다.
② 기호의 방향은 시각 변수에 포함되지 않는다.
③ 기호의 크기 또는 길이를 통해 데이터를 시각적으로 구분할 수 있다.
④ 명도와 색상은 시각 변수로 사용되지 않는다.

정답 ③
해설 자크 베르탱(Jacques Bertin)은 위치, 크기, 모양, 명도, 색상, 방향, 질감 등의 시각 변수를 정의하였다. 그중 기호의 크기 또는 길이를 통해 데이터를 시각적으로 구분하는 것은 중요한 시각 변수 중 하나이다. 이를 통해 인구수에 따라 도시를 나타내는 원의 크기 등을 표현할 수 있다.

17 다음 중 시각 변수의 인식 수준에 대한 설명으로 옳은 것은?

① 선택적 변수는 기호 간의 실제 수치 차이를 추정할 수 있게 해준다.
② 연관 변수는 변수의 변화에 따라 기호 그룹을 즉시 분리할 수 있게 해준다.
③ 순서가 있는 변수는 변수를 순서에 따라 차례로 정렬할 수 있게 해준다.
④ 정량 변수는 변수의 변경에도 불구하고 기호를 하나의 그룹으로 인식하게 해준다.

정답 ③
해설 시각 변수의 인식 수준 중 순서가 있는 변수(Ordered Variables)는 변수를 순서에 따라 차례로 정렬할 수 있게 해준다.
① 선택적 변수 : 변수의 변화에 따라 기호 그룹을 즉시 분리할 수 있게 해줌
② 연관 변수 : 변수의 변경에도 불구하고 기호를 하나의 그룹으로 인식하게 해줌
④ 정량 변수 : 기호 간의 실제 수치 차이를 추정할 수 있게 해줌

18 다음 중 에드워드 터프티(Edward Tufte)가 제시한 '데이터 잉크 비율(Data-Ink Ratio)'의 개념에 대한 설명으로 옳은 것은?

① 그래프나 차트에서 시각적으로 방해되는 요소를 추가하여 데이터의 중요성을 강조하는 것이다.
② 시각적 표현에서 실제 데이터를 나타내는 필수적인 잉크의 양을 늘려 복잡한 정보를 쉽게 전달하는 것이다.
③ 그래프나 차트에서 불필요한 잉크를 제거하여 데이터의 핵심 정보만을 강조하는 것이다.
④ 데이터를 시각화할 때 가능한 많은 색상과 효과를 사용하여 정보의 가독성을 높이는 것이다.

정답 ③
해설 데이터 잉크 비율(Data-Ink Ratio)은 그래프나 차트에서 불필요한 시각적 요소를 최소화하고, 핵심적인 데이터만을 강조하는 원칙을 의미한다. 에드워드 터프티는 이 원칙을 통해 시각화된 정보가 복잡해지지 않도록 불필요한 잉크를 제거하여 데이터의 본질적인 정보를 전달하는 것을 강조했다.

19 다음 중 에드워드 터프티(Edward Tufte)의 시각정보디자인 원칙에서 '통합'에 대한 설명으로 옳은 것은?

① 다양한 유형(텍스트, 지도, 계산, 다이어그램 등)을 통합하여 결과에 대한 증거를 제시하는 것이다.
② 하나 이상의 독립 변수가 종속 변수에 어떤 영향을 미치는지 설명하는 것이다.
③ 종속 변수 간의 대조와 차이를 묘사하기 위해 데이터를 비교하는 것이다.
④ 출처, 자세한 제목, 측정치(척도)를 포함하여 신뢰성을 높이는 것이다.

정답 ①
해설 에드워드 터프티의 시각정보디자인 원칙 중 '통합'은 다양한 유형의 데이터를 결합하여 청중이 복잡할 수 있는 내러티브를 쉽게 해석할 수 있게 하는 것이다. 텍스트, 지도, 계산, 다이어그램 등을 통합하여 결과에 대한 증거를 제시하는 것을 의미한다.

20 다음 중 시각 변수에 대한 학자들의 이론으로 옳지 않은 것은?

① 조크 맥킨레이(Jock D. Mackinlay) : 위치, 길이, 각도, 기울기, 영역, 부피, 조밀도, 채도 등
② 앨런 맥에어렌(Alan M. MacEachren) : 크기, 모양, 밝기/명도, 방향, 질감, 위치, 색, 채도/강도, 배치, 초점, 해상도, 투명도
③ 타마라 먼즈너(Tamara Munzner) : 영역(2D 크기), 깊이(3D 위치), 색(휘도, 채도), 곡률, 부피(3D 크기), 공간 영역
④ 콜린 웨어(Colin Ware) : 위치, 형태, 색상, 질감, 광학, 투명성

정답 ④
해설 콜린 웨어(Colin Ware)는 시각 변수로 '크기, 밝기, 높이, 선명도, 길이, 방향'을 주장하였다. 시각 변수로 '위치, 형태, 색상, 질감, 광학, 투명성'을 주장한 학자는 리렌드 윌킨슨(Leland Wilkinson)이다.

21 다음 중 색상모형과 그 설명이 바르게 짝지어진 것은?

① HSV : 색상, 채도, 명도를 기준으로 색을 표현하는 모형
② RGB : 색의 3원색인 청록색, 자주색, 노란색을 기본 색상으로 모든 색을 표현하는 모형
③ CMY : 빛의 3원색인 빨강, 녹색, 파랑을 기본 색상으로 모든 색을 표현하는 모형
④ HSV : 빛의 3원색인 빨강, 녹색, 파랑을 기본 색상으로 모든 색을 표현하는 모형

정답 ①
해설 HSV는 색상(Hue), 채도(Saturation), 명도(Value)를 기준으로 색을 표현하는 모형이다.
②, ④ RGB : 빛의 3원색인 빨강(Red), 녹색(Green), 파랑(Blue)을 기본 색상으로 모든 색을 표현하는 모형
③ CMY : 색의 3원색인 청록색(Cyan), 자주색(Magenta), 노란색(Yellow)을 기본 색상으로 모든 색을 표현하는 모형

22 다음 색상 모형의 ⓐ, ⓑ, ⓒ에 해당하는 요소가 바르게 짝지어진 것은?

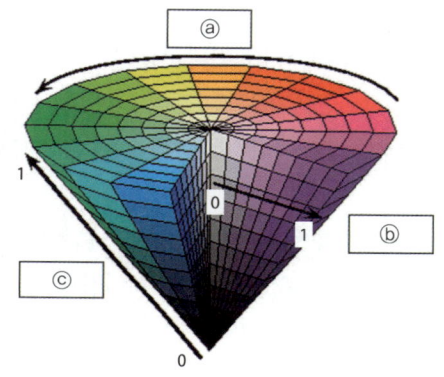

① ⓐ : 색상, ⓑ : 채도, ⓒ : 명도
② ⓐ : 채도, ⓑ : 명도, ⓒ : 색상
③ ⓐ : 명도, ⓑ : 채도, ⓒ : 색상
④ ⓐ : 색상, ⓑ : 명도, ⓒ : 채도

정답 ①
해설 ⓐ 색상(Hue) : 빨강, 노랑, 파랑과 같은 순수한 색의 속성으로, 특정한 파장의 빛을 지칭한다.
ⓑ 채도(Saturation) : 색의 선명도나 탁한 정도를 나타내며, 순수한 색이 얼마나 희석되었는지를 의미한다. 채도가 높을수록 색이 더 선명하고, 채도가 낮을수록 색이 더 회색에 가까워진다.
ⓒ 명도(Value) : 색의 밝고 어두운 정도를 나타내며, 색에 흰색이나 검은색이 얼마나 섞여 있는지를 의미한다.

23 다음 중 CMY 모형에 대한 설명으로 옳은 것은?

① CMY 모형은 색상, 채도, 명도를 기준으로 색을 표현하는 모형이다.
② CMY 모형은 주의가 필요한 데이터를 나타내거나 경고를 나타낼 때 노란색을 사용한다.
③ CMY 모형은 색의 3원색인 청록색, 자주색, 노란색을 기본 색상으로 모든 색을 표현하는 모형이다.
④ CMY 모형은 빛의 3원색을 이용하여 디지털 디스플레이에 사용된다.

> **정답** ③
> **해설** CMY 모형은 색의 3원색인 청록색(Cyan), 자주색(Magenta), 노란색(Yellow)을 기본 색상으로 모든 색을 표현하는 모형으로 주로 인쇄 및 출판물에서 사용된다.
> ① HSV 모형에 해당한다.
> ②, ④ RGB 모형에 해당한다.

24 다음에서 강조하는 시각화 디자인의 기본원리로 옳은 것은?

 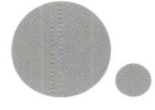   

① 리듬
② 균형
③ 강조
④ 대비

> **정답** ④
> **해설** 보기는 형태 대비, 크기 대비, 명암 대비, 질감 대비, 색상 대비의 그래픽을 보여주고 있다. 대비는 색상, 모양, 크기, 질감 등의 차이를 활용해 시각적으로 흥미롭고 강렬하게 만드는 원리로서 리듬, 균형, 통일 등에 변화를 줄 수 있는 중요한 원리이다.

25 다음 중 강조 방법인 '고립'에 대한 설명으로 옳은 것은?

① 특정 요소를 돋보이게 하기 위해 색상, 질감, 모양 또는 크기에 차이를 만드는 것
② 어떤 요소를 나머지 구성요소에서 분리하여 더 눈에 띄게 만드는 것
③ 강조하기 위해 어떤 요소를 다른 요소보다 더 크게 만드는 것
④ 페이지 중앙이나 상단과 같이 디자인 내 요소의 위치를 조절하는 것

> **정답** ②
> **해설** 고립은 어떤 요소를 나머지 구성요소에서 분리하여 더 눈에 띄게 만드는 것을 의미한다. 이는 강조 방법 중 하나로, 특정 요소를 돋보이게 하는 데 효과적이다.
> ① 대비 : 특정 요소를 돋보이게 하기 위해 색상, 질감, 모양 또는 크기에 차이를 만드는 것
> ③ 크기 : 강조하기 위해 어떤 요소를 다른 요소보다 더 크게 만드는 것
> ④ 배치 : 페이지 중앙이나 상단과 같이 디자인 내 요소의 위치를 조절하는 것

26 다음 중 강조의 중요성에 대한 설명으로 옳은 것은?

① 강조는 디자인에서 불필요한 요소로 간주된다.
② 강조는 시각적인 효과와 주목성을 높이는 역할을 한다.
③ 강조는 디자인의 일관성을 해치는 요소이다.
④ 강조는 디자인의 기본원칙과 무관하다.

정답 ②
해설 강조는 특정 요소나 내용을 돋보이게 표현하여 시각적인 효과와 주목성을 높이는 중요한 역할을 한다. 이는 디자인에서 초점이나 관심 영역을 설정하여 효과적이고 시각적으로 매력적인 구성을 만드는 데 필수적이다.

27 다음 중 균형의 효과적인 사용방법에 대한 설명으로 옳은 것은?

① 중심을 기준으로 요소들이 대칭적으로 배치되어 안정적이고 고전적인 느낌을 전달하는 것
② 모든 요소를 동일한 크기와 색상으로 통일하여 강조 효과를 줄이는 것
③ 불균형적 균형을 사용하여 시각적인 안정성을 해치는 것
④ 디자인 요소의 배치나 무게를 고려하지 않고 무작위로 배치하는 것

정답 ①
해설 대칭적 균형은 중심을 기준으로 요소들이 대칭적으로 배치되는 형태로 안정적이고 고전적인 느낌을 전달할 수 있다. 이는 균형의 효과적인 사용방법 중 하나로 시각적인 안정성과 평형감을 제공한다.

28 다음 중 비율의 중요성에 대한 설명으로 옳은 것은?

① 비율은 디자인에서 불필요한 요소이다.
② 비율은 디자인의 균형과 조화를 이루는 데 중요한 요소로, 전체의 부분들 간의 관계를 조절하여 디자인의 전반적인 모습과 느낌에 큰 영향을 미친다.
③ 비율은 디자인 내에서 깊이감과 공간감을 만드는 데는 전혀 사용되지 않는다.
④ 비율을 조절하면 디자인이 항상 무질서해진다.

정답 ②
해설 비율은 디자인의 균형과 조화를 이루는 데 중요한 요소로 전체의 부분들 간의 관계를 조절하여 디자인의 전반적인 모습과 느낌에 큰 영향을 미친다. 이를 통해 깊이감과 공간감을 표현할 수 있다.

29 다음 중 움직임의 중요성에 대한 설명으로 옳은 것은?

① 움직임은 디자인에서 전혀 필요하지 않다.
② 옳은 움직임이 없으면 디자인은 혼란스럽고 방향 감각을 잃게 하며, 의도한 메시지를 효과적으로 전달하는 데 실패할 수 있다.
③ 움직임은 디자인에서 내러티브나 스토리를 만드는 데 전혀 도움이 되지 않는다.
④ 디자인에 움직임을 고려하지 않아도 시선이 자연스럽게 유도된다.

정답 ②
해설 옳은 움직임이 없으면 디자인은 혼란스럽고 방향 감각을 잃게 하며, 의도한 메시지를 효과적으로 전달하는 데 실패할 수 있다. 움직임은 눈이 디자인 속에서 움직일 때의 시각적 흐름이나 경로를 만들어 내며, 내러티브나 스토리를 전달하는 데 중요한 역할을 한다.

30 다음 그래픽이 나타내는 효과의 차이에 대한 설명으로 옳은 것은?

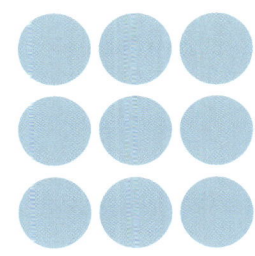 

① 불필요한 요소들을 제거하고, 목적을 훼손하지 않으면서도 통일된 디자인을 이룸
② 요소들을 의도적으로 정렬하여 보이지 않는 연결점을 만들어 각 요소들 사이의 관계를 강화
③ 너무 많은 통일성은 디자인을 지루하게 만들 수 있으므로 적당한 다양성 부여
④ 디자인 요소들이 동일한 디자인 스타일을 공유함

정답 ③
해설 통합은 모든 시각적 요소 간의 조화와 응집력을 만드는 것을 의미하며, 디자인에서 요소들이 일관성을 유지하고 조화롭게 어우러지는 것으로 변화와 상반된 개념이다. 통합의 효과적인 사용방법으로 너무 많은 통일성은 디자인을 지루하게 만들 수 있으므로, 적당한 다양성도 필요함을 나타내는 그래픽이다.

31 다음 중 게슈탈트의 유사성(Similarity) 원리에 대한 설명으로 옳은 것은?

① 서로 가까이 있는 객체들을 같은 그룹으로 인식한다.
② 색상, 모양, 크기가 같은 객체들을 같은 그룹으로 인식한다.
③ 일부가 생략된 원을 채워서 하나로 인식한다.
④ 선과 같이 물리적으로 연결된 객체를 그룹으로 인식한다.

> **정답** ②
> **해설** 게슈탈트의 유사성 원리는 색상, 모양, 크기 등이 같은 객체들을 하나의 그룹으로 인식하는 현상을 말한다. 예를 들어, 동일 제품의 판매 데이터를 막대그래프로 나타낼 때, 제품군별로 색상을 동일하게 설정하여 각 제품군의 판매 현황을 쉽게 파악할 수 있게 한다.

32 다음 중 게슈탈트의 근접성(Proximity) 원리에 대한 설명으로 옳은 것은?

① 서로 가까이 있는 객체들을 같은 그룹으로 인식한다.
② 색상, 모양, 크기가 같은 객체들을 같은 그룹으로 인식한다.
③ 일관성이 있다면 하나의 패턴으로 인식한다.
④ 박스나 음영으로 물리적으로 묶어놓은 객체들을 같은 그룹으로 인식한다.

> **정답** ①
> **해설** 게슈탈트의 근접성 원리는 서로 가까이 있는 객체들을 하나의 그룹으로 인식하는 현상을 말한다. 예를 들어, 고객의 구매 패턴을 분석한 산점도에서 가까운 점들을 동일한 색상으로 표시하여 같은 군집으로 인식할 수 있도록 시각화할 수 있다.

33 다음 그래프에서 사용된 게슈탈트의 원리로 옳은 것은?

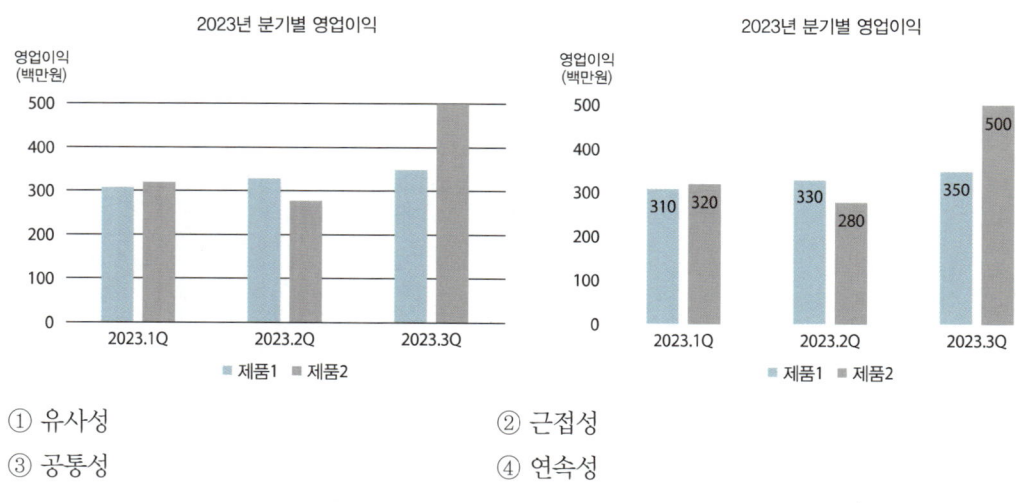

① 유사성
② 근접성
③ 공통성
④ 연속성

> **정답** ④
> **해설** 연속성(Continuity)은 일관성이 있다면 하나의 패턴으로 인식하는 것을 말한다. X, Y축을 제거해도 라벨과 데이터 사이 공백이 연속적인 패턴으로 인식되며, 시간 순서에 따른 데이터 변화를 보여주는 그래프에서 축을 제거하고 데이터 라인만을 남겨두어 자연스럽게 데이터의 흐름을 인식할 수 있게 하는 원리이다.

34 다음 그래픽과 같은 유형의 인포그래픽의 특징에 대한 설명으로 옳지 않은 것은?

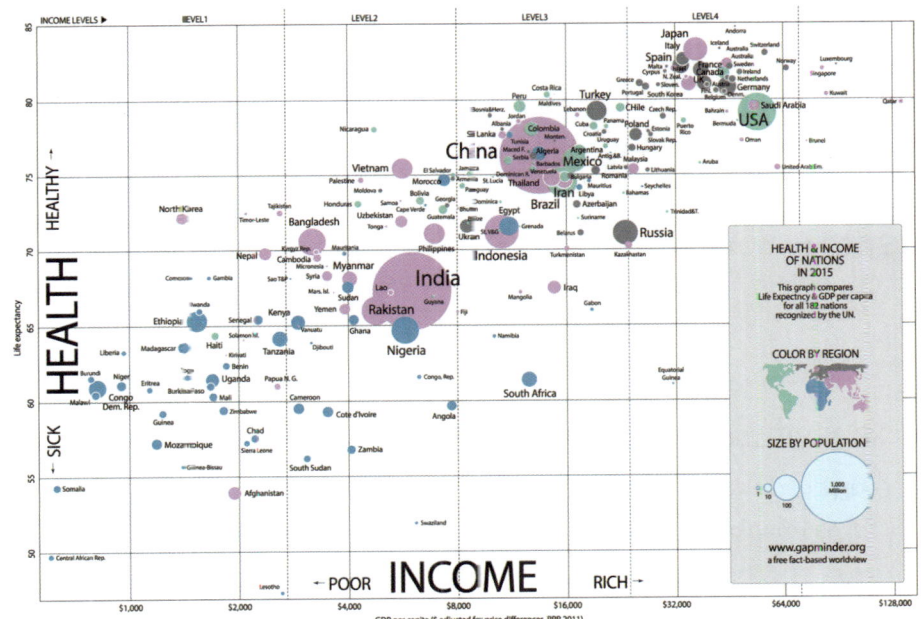

① 특정 지리적 영역의 데이터 분포를 색상으로 나타냄
② 특정 위치에 대한 정보를 표시하는 데 사용
③ 지리적 정보만을 시각 변수로 선택해서 집중적으로 표현
④ 지역, 국가, 대륙 등의 지리적 특성을 나타냄

정답 ③
해설 지도 및 지리적 인포그래픽은 지도, 도표, 지리적 요소 등을 통해 지리적 정보를 시각화한다. 이는 특정 지역, 국가, 대륙 등의 지리적 특성을 나타내는 데 유용하며, 히트맵이나 지도 마커 등을 사용하여 데이터를 효과적으로 시각적으로 표현한다. 제시된 차트는 국가의 건강과 부라는 지도 및 지리적 인포그래픽으로 지역 변수를 색상으로 표시하고, 인구 변수를 원의 크기로 나타내었고, 수입(INCOME)을 가운데 선을 중심으로 나타냈다.

35 다음 중 타임라인 및 역사적 인포그래픽에 대한 설명으로 옳은 것은?

① 타임라인 인포그래픽은 막대차트를 사용하여 데이터를 비교한다.
② 역사적 인포그래픽은 특정 사건이나 활동의 시간 순서를 시각적으로 나타낸다.
③ 비교 및 대조 인포그래픽은 시간에 따른 변화나 역사적 이벤트를 시각화한다.
④ 타임라인 인포그래픽은 과거의 사건이나 변화를 시각적으로 설명하지 않는다.

정답 ②
해설 타임라인 및 역사적 인포그래픽은 연표나 시간축을 사용하여 시간에 따른 변화나 역사적 이벤트를 시각화하는 데 사용된다. 타임라인 인포그래픽은 특정 사건이나 활동의 시간 순서를 시각적으로 나타내며, 역사적 인포그래픽은 과거의 사건이나 변화를 시각적으로 설명한다. 예를 들어, 기업 연혁을 타임라인으로 표현하여 주요 사건과 발전 단계를 한눈에 볼 수 있다.

36 다음 중 인포그래픽의 원리에 대한 설명으로 옳지 않은 것은?

① 복잡한 정보를 간단하고 명확하게 표현한다.
② 중요한 데이터를 굵은 글씨나 밝은 색상으로 강조하여 주목도를 높인다.
③ 텍스트와 시각 요소의 크기와 배치를 조정하여 쉽게 읽을 수 있도록 한다.
④ 모든 정보를 동일한 크기와 색상으로 표시하여 일관성을 유지한다.

정답 ④
해설 인포그래픽의 원리는 단순성, 명확성, 중요성, 일관성, 가독성, 효과성을 포함한다. 모든 정보를 동일한 크기와 색상으로 표시하는 것은 일관성을 유지하는 방법이 아니다. 중요한 정보를 강조하고, 시각적 계층 구조를 통해 중요도를 구분하며, 텍스트와 시각 요소의 크기와 배치를 조정하는 것이 인포그래픽의 원리에 부합한다.

37 다음 중 인포그래픽 디자인에서 오컴의 면도날을 적용하는 방법으로 옳지 않은 것은?

① 핵심 메시지를 간결하게 정의하고 불필요한 세부 정보를 제거한다.
② 필요한 만큼의 시각화 요소만 사용하여 과도한 세부 정보를 배제한다.
③ 모든 정보를 동일한 크기와 색상으로 표시하여 일관성을 유지한다.
④ 불필요한 배경 이미지나 장식을 제거하여 정보의 명확성을 높인다.

정답 ③
해설 인포그래픽 디자인에서 오컴의 면도날을 적용하는 방법은 핵심 메시지를 강조하고, 필요한 만큼의 시각화 요소만 사용하며, 불필요한 장식 요소를 제거하는 것이다. 모든 정보를 동일한 크기와 색상으로 표시하는 것은 일관성을 유지하는 방법이지만, 오컴의 면도날의 원리와는 다르다. 이는 오히려 정보의 중요도를 구분하기 어렵게 만들 수 있다.

38 다음 중 인포그래픽 디자인에서 색상 선택의 중요성에 대한 설명으로 옳은 것은?

① 색상은 디자인의 가독성에 영향을 미치지 않는다.
② 색상은 정보를 강조하고 구분하는 데 중요한 역할을 한다.
③ 색상 선택은 디자인의 일관성에 영향을 미치지 않는다.
④ 색상은 시각적 요소로서 크게 중요하지 않다.

정답 ②
해설 색상은 인포그래픽 디자인에서 중요한 요소이다. 옳은 색상 선택은 정보를 강조하고, 서로 다른 데이터 집합을 구분하며, 전체 디자인의 일관성을 유지하는 데 도움이 된다. 색상은 시각적인 관심을 끌고, 사용자의 이해를 돕는 데 중요한 역할을 한다.

39 다음 중 인포그래픽 디자인 시 아이콘 사용의 중요성에 대한 설명으로 옳은 것은?

① 아이콘은 정보 전달에 큰 영향을 미치지 않는다.
② 아이콘은 복잡한 정보를 간단하게 시각화하는 데 도움을 준다.
③ 아이콘 사용은 디자인의 일관성을 해친다.
④ 아이콘은 시각적 요소로서 크게 중요하지 않다.

정답 ②
해설 아이콘은 인포그래프 디자인에서 중요한 요소이다. 아이콘은 복잡한 정보를 간단하게 표현하고, 사용자가 정보를 빠르게 이해할 수 있도록 도와준다. 또한, 아이콘은 디자인의 시각적 흥미를 더하고 전체적인 일관성을 유지하는 데 기여한다. 옳은 아이콘 사용은 정보 전달을 효과적으로 하는 데 중요한 역할을 한다.

40 다음 중 데이터 시각화에서 '제목'에 대한 설명으로 옳은 것은?

① 제목은 시각화에서 가장 덜 중요한 요소이다.
② 제목을 잘 지으면 사람들이 시각화를 더 오래 기억하는 경향이 있다.
③ 제목은 시각화에서 기억할 필요가 없는 요소이다.
④ 제목은 시각화에 포함되지 않는 것이 좋다.

정답 ②
해설 데이터 시각화에서 '제목'은 가장 중요한 요소 중 하나로, 사람들은 시각화에서 '제목'을 가장 오래 기억하는 경향이 있다. 잘 작성된 제목은 시각화를 더 오래 기억하게 하는 데 도움이 된다.

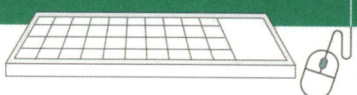

CHAPTER 02

PART 03_ 경영정보시각화 디자인

시각화 도구 활용

SECTION 01 사무자동화 프로그램을 활용한 시각화

1 사무자동화 프로그램의 시각화 관련 주요 기능

> **TIP 사무자동화 프로그램이란?**
> OA(Office Automation)프로그램이란 컴퓨터를 활용하여 새로운 기술과 여러 가지 기기를 이용해 사무의 간략화·효율화·시스템화를 추진함으로써 사무 기능을 자동화해서 사무 처리의 생산성을 높이는 프로그램이다. 대표적으로 엑셀, 워드프로세서, 파워포인트 등이 있다.

(1) 차트

① 설명 및 기능
  ㉠ 사무자동화 프로그램(엑셀, Power Point 등)에서 제공하는 가장 일반적인 기능
  ㉡ 크기, 추세, 관계, 비율 등 말하고자 하는 목적에 따라 시각적으로 표현하는 방법

② 차트의 종류
  ㉠ 막대그래프, 선그래프, 영역그래프, 원 또는 도넛 차트 등이 있음
  ㉡ 시각화 툴에 따라 생성방법은 다르지만 목적에 맞게 데이터를 입력하여 출력값을 생성

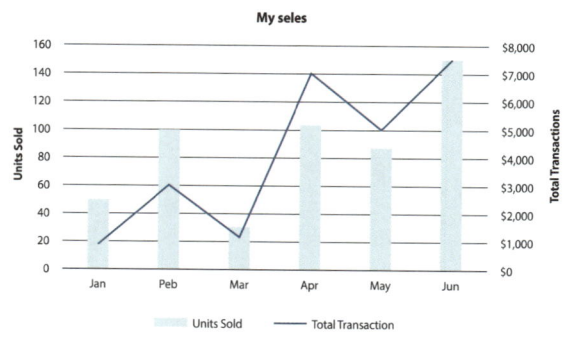

출처 : 마이크로소프트(Microsoft)

[막대그래프와 꺾은선그래프를 조합한 차트]

③ 차트와 그래프의 차이점
　㉠ 차트
　　• "모든 그래프는 차트의 일종이지만, 모든 차트가 그래프는 아니다."
　　• 차트는 그래프, 다이어그램 또는 표의 형태로 대량의 정보를 나타냄
　　• 데이터가 트렌드나 관계가 아닌 경우 분석에 주로 활용 : 파이차트(원 차트), 도넛 차트
　㉡ 그래프
　　• 두 개 이상의 숫자나 측정치 집합 간의 관계를 보여주는 수학적인 다이어그램
　　• 그래프는 차트의 하위 집합으로, 데이터에 초점을 맞추며 시간 경과 등에 따른 트렌드를 나타냄
　　• 축(X, Y)을 사용하여 데이터 간의 관계나 트렌드를 선이나 곡선 등을 통해 보여줌

기준	그래프	차트
의미	가로(X축)와 세로(Y축)를 통해 다양한 데이터 집합 간의 수학적 관계를 나타내는 차트	• 다이어그램, 표 또는 그래프 형태로 정보를 나타냄 • 대량의 정보를 제시하는 다양한 방법을 포함함
하위 집합	• 모든 그래프는 차트의 하위 집합 • 어떤 유형의 그래프를 사용하여도 데이터를 표시하는 것은 항상 차트의 하위 집합	• 모든 차트가 그래프는 아님 • 그래프가 포함된 차트뿐만 아니라 다른 유형의 차트도 있음
데이터	원시 데이터를 시각적으로 나타내어 데이터의 트렌드와 변화를 분석하는 데 사용됨	데이터를 쉽고 이해하기 쉽게 구조화되거나 분류된 간단한 부분 집합으로 나눌 수 있는 형태의 데이터에 이상적임
사용	• 원시 데이터와 정확한 숫자를 분석할 때 주로 사용됨 • 정확한 수치가 그래프의 축에 표시됨	• 비즈니스 프레젠테이션 및 설문 결과를 보여주는 데 주로 사용됨 • 파이차트 : 비즈니스 프레젠테이션에서 가장 인기 있는 차트 유형 중 하나
분석 대상	그래프에 표시된 변수들 간의 트렌드나 관계를 나타내는 데이터에 이상적임	데이터가 트렌드나 관계를 나타내지 않을 때 사용할 수 있음
일반 유형	선그래프와 막대그래프 등	파이차트, 히스토그램, 수직 및 역사적 막대차트 등

(2) 조건부 서식 `2024년 2회 기출`

　① 설명 및 기능
　　㉠ 데이터 값을 일정한 기준에 따라 서로 다른 서식이 지정되도록 하는 기능
　　㉡ 데이터의 특정 조건에 따라 셀의 서식을 변경하여 시각적인 효과를 줌
　　㉢ 특정 범위의 값을 강조하거나, 데이터 크기에 따라 서식을 변화시킬 수 있음
　　㉣ 조건부 서식을 통해 데이터의 패턴이나 예외를 빠르게 식별할 수 있음

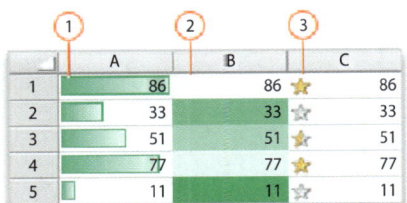

출처 : 마이크로소프트(Microsoft)

[데이터 막대, 색조 아이콘 집합]

② 배경색 또는 글꼴색 지정

　㉠ 서식 스타일 : 그라디언트/규칙/필드값

　㉡ 적용 대상 : 값만/값 및 합계/합계만

　㉢ 기준 필드 : 어떤 필드를 기반으로 그라디언트, 규칙을 지정할 것인지 선택

　㉣ 요약 : 합계/평균/최솟값/최댓값/개수/표준편차/분산/중앙값(숫자), 첫 번째나 마지막(텍스트) 등

　㉤ 빈 값의 서식 기준 : 서식 지정 안 함/0과 동일하게 등/특정 색상

　㉥ 색상선택 : 최솟값의 색상과 최댓값의 색상을 지정, 중간색 추가 가능

③ 규칙별 색상

　㉠ 규칙에 따라 셀 배경색 또는 글꼴 색을 서식 지정하려면 서식 스타일을 '규칙' 설정

　㉡ 어떤 필드를 기반으로 서식을 지정할 지를 데이터에서 선택

　㉢ 서식 지정 기준으로 요약되는 필드의 집계 유형을 표시

출처 : 마이크로소프트(Microsoft)

[조건부 서식을 이용한 테이블의 규칙별 색상]

(3) 데이터 막대 `2024년 1회 기출`

① 설명 및 기능

　㉠ 조건부 서식 지정하고 셀 값을 기반으로 데이터 막대를 표시

　㉡ 최솟값 및 최댓값, 데이터 막대 색 및 방향, 축 색을 지정할 수 있음

　㉢ 데이터 값에 따라 막대의 크기나 색상이 변화하여 시각적으로 비교하고 분석에 용이

　㉣ 데이터 막대 대화 상자의 막대 표시 옵션에서 해제 상태(기본) → 표시

출처 : 마이크로소프트(Microsoft)

[데이터 막대를 적용한 레코드간 데이터의 시각적 대조]

(4) 아이콘 세트

① 설명 및 기능
  ㉠ 조건부 서식의 일종 숫자나 특정 값을 화살표, 원형, 마크 등의 아이콘, 기호로 시각화
  ㉡ 데이터 값의 크기에 따라 아이콘의 크기나 색상이 변화하여 시각적으로 비교·분석

② 설정 방법
  ㉠ 조건부 서식에서 데이터 막대나 배경색, 글꼴색 대신 아이콘을 지정
  ㉡ 일정한 규칙이나 데이터 값을 기준으로 설정 가능
  ㉢ 아이콘의 모양, 생성 위치, 정렬 등 선택

[아이콘 집합을 활용한 조건부 서식 지정]

(5) 스파크라인

① 설명 및 기능
  ㉠ 표나 행렬의 셀 내에 표시되는 작은 차트로, 이를 통해 추세를 빠르게 보고 비교할 수 있음
  ㉡ 계절적 증가 또는 감소, 경제 주기와 같은 값으로 추세, 최솟값 및 최댓값을 강조 또는 표시
  ㉢ 데이터의 추세나 패턴을 한눈에 파악할 수 있어 시간에 따라 변화하는 데이터를 시각화

② 설정 방법
  ㉠ 스파크라인의 X축으로 사용할 변수(필드)를 선택(주로 날짜 또는 시점)
  ㉡ Y축에 표현할 값을 선택(주로 크기를 나타내는 변수)
  ㉢ 크기, 개수, 평균 등 표현하고자 하는 값 설정
  ㉣ 선 색상과 너비를 변경하고 다양한 값 유형(가장 높음, 처음, 마지막 등)에 대한 마커를 추가하고, 마커 크기, 색상 및 모양을 변경(막대로 변경도 가능)

	A	B	C	D	E	F
1	1-Jan-11	31-Mar-11	30-Jun-11	30-Sep-11	31-Dec-11	YTD performance
2	67.28	84.03	65.11	55.25	40.11	
3						
4						
5	31-Dec-07	31-Dec-08	31-Dec-09	31-Dec-10	31-Dec-11	5-year win/loss
6	3%	9%	29%	10%	-48%	

출처 : 마이크로소프트(Microsoft)

[스파크라인을 사용하여 데이터 추세 분석]

❷ 사무자동화 프로그램 활용 시각화의 장단점

(1) 사무자동화 프로그램의 장점

① 다양한 시각화 옵션
  ㉠ 다양한 그래프, 차트, 맵 등을 활용하여 데이터를 시각적으로 효과적이게 표현 가능
  ㉡ 복잡한 데이터를 한눈에 이해할 수 있도록 도와줌

② 사용자 친화적인 인터페이스
  ㉠ 직관적이고 간편한 인터페이스를 제공하여, 비전문가도 쉽게 사용 가능
  ㉡ 드래그 앤 드롭 방식으로 간편하게 시각화 요소를 생성하고 수정할 수 있음

③ 데이터 수정, 분석, 시각화 통합
  ㉠ 원하는 값을 즉시 입력하거나 수정, 변경, 저장할 수 있음
  ㉡ 데이터 필터링, 정렬, 피벗 테이블 등의 기능을 활용하여 데이터를 집계하고 분석할 수 있음
  ㉢ 필터링, 정렬, 피벗 테이블 등의 기능을 통해 데이터를 집계하고 분석할 수 있음
  ㉣ 데이터 처리 후 다른 기능과 통합하여 보고서를 작성하는 데 유용함

(2) 사무자동화 프로그램의 단점

① 기능 및 구현의 유연성/자유도의 제한
- ㉠ 특정 시각화 유형이나 고급 기능을 구현하는 데 제한이 있을 수 있음
- ㉡ 대규모 또는 복잡한 데이터를 처리하는 데 한계가 있을 수 있음

② 수작업의 번거로움
- ㉠ 데이터를 수작업으로 입력하고 수정해야 하는 한계를 가짐
- ㉡ 대규모 데이터세트를 처리할 때 성능 저하가 발생할 수 있음

③ 제한된 대시보드/전처리 기능
- ㉠ 복잡한 대시보드를 만들기 위해 수작업과 수식을 통해 시각화 요소와 데이터를 조합해야 하므로 번거로울 수 있음
- ㉡ 실시간 데이터 정제 및 변환을 위해 파워쿼리 등 외부 도구와의 연동이 필요할 수 있음

④ 협업 및 공유의 제한
- ㉠ 개인 데스크톱에서의 작업 및 활용은 유용하지만, 여러 사람과 협업하거나 데이터를 실시간으로 공유하는 데 한계가 있음
- ㉡ 동시 편집이 제한적이며, 파일 공유 및 업데이트 관리가 어려움

SECTION 02 시각화도구(BI소프트웨어)의 특징

❶ 시각화도구(BI소프트웨어)의 개념

(1) 개요

① 비즈니스 인텔리전스(BI) : 데이터를 분석하여 실행 가능한 통찰과 의미 있는 정보를 생성하기 위해 사용하는 기술, 전략, 프로세스
② 조직이 전략적 결정을 내리는 데 필요한 인사이트를 제공하는 소프트웨어
③ 비즈니스 인텔리전스 도구는 데이터를 분석하고 결과를 직관적인 시각적 개체로 표현
④ 데이터를 수집, 저장, 분석 및 결과의 시각화를 위한 일련의 프로세스 기능을 제공

(2) 비즈니스 인텔리전스 도구 활용 프로세스

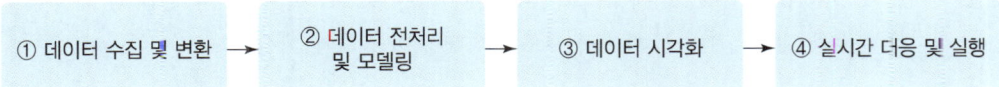

① 1단계 : 여러 소스에서 데이터 수집 및 변환
  ㉠ ETL(추출, 변환, 로드)방식을 사용하여 여러 데이터 소스에서 정형/비정형 데이터를 집계

② 2단계 : 데이터 전처리 및 모델링
  ㉠ 데이터 마이닝 또는 데이터 검색 자동화를 통해 추세, 패턴, 이상치 등을 도출
  ㉡ 데이터 모델링을 통해 데이터 간 연결, 탐색, 통계분석 및 예측 등 데이터 준비

③ 3단계 : 데이터 시각화를 통한 결과 설명
  ㉠ 비즈니스 인텔리전스 도구를 통해 데이터 시각화를 쉽고 빠르게 생성하여 공유 및 보고
  ㉡ 테이블, 차트, 그래프, 지도 및 대시보드 형태로 구성원들 간 공유

④ 4단계 : 실시간 대응 및 실행
  ㉠ 시장 등 비즈니스 환경에서 실시간으로 수집되는 데이터를 기반으로 문제 도출 및 해결
  ㉡ 시장 변화에 적응하고, 고객 이슈를 해결하는 등 실시간 대응이 가능

2 시각화도구(BI소프트웨어)의 특징

(1) 특징 [2024년 2회 기출]

① 데이터 분석, 예측, 협업 기능을 제공하여 데이터를 최대한 활용할 수 있는 환경 제공
② 다양한 데이터 소스로부터 데이터 추출(Extract), 변환(Transform), 로드(Load) 기능 제공
③ 차트, 그래프, 지도, 테이블 등 데이터를 다양한 시각화 개체로 나타낼 수 있음
④ 반응형 대시보드(상호작용)를 통해서 데이터를 다양한 관점에서 바라보고 인사이트를 도출

(2) SSBI(Self Service Business Intelligence, 셀프 서비스 비즈니스 인텔리전스 도구)

① 데이터 분석을 수행함에 있어, 경험이 풍부한 전문가 팀에 의존하지 않고도 스스로 데이터 분석을 수행할 수 있도록 하는 비즈니스 인텔리전스 접근 방식
② 데이터는 모든 조직의 자산이며, 사업의 주요 원동력이지만 데이터 분석가들이 모든 분야를 분석하는 것은 불가능함
③ 기존은 IT 조직에서 주도하는 접근 방식(하향식) → 현업 사용자가 직접 대시보드 생성(상향식)

(3) 시각화 도구의 필요성

① 경영진 또는 임원들이 다양한 분석을 요구할 때마다 보고서를 만들 필요가 없음
② 보고서를 위한 보고서를 만들 필요가 없음
③ 데이터의 신뢰가 떨어지는 문제(예 보고되는 데이터가 수시로 바뀐다거나 혼합됨) 해결
④ 시각적 분석을 데이터가 바뀔 때마다 새로 구성해야 하는 문제 해결

(4) 도입 효과

① 데이터에서 정보 및 인사이트를 추출하고 분석함으로써 빠른 성과 평가와 개선 수행 가능
② 잠재적인 문제에 대해 인식하고, 새로운 기회 및 미래 성장 동력을 파악
③ 과거 : 데이터 분석과 인사이트 도출이 데이터 분석가와 IT전공자의 영역으로 간주
④ 현재 : 경영진에서 운영팀까지 모든 사람이 셀프 서비스 BI platform에서 BI 도구 사용 가능

(5) 기존 업무방식과의 차이점

① 다양한 소스의 대용량 데이터를 신속하게 연결·처리할 수 있고, 실시간 업데이트가 가능
② 기존에는 정적 보고서 형식으로 구성 → 최신 BI 도구는 대화형/반응형 대시보드를 제공

구분	시각화 BI 도구 (Power BI, Tableau)	사무 자동화 프로그램 (Excel)
데이터 소스	멀티 데이터 소스	단일 데이터 소스
데이터 용량	대용량 빅데이터 처리 가능	소규모 로컬 데이터
데이터 업데이트	실시간 업데이트	수동 업데이트
전처리 및 모델링	기본 기능 제공	별도 작업 필요, 파워 쿼리 연결
상호작용	양방향(Interactive)	단방향(One-way)
리포팅 기능	실시간 데이터 보고서 및 대시보드	별도 작업 필요
분석 기능	슬라이싱, 드릴다운/업, 상호작용 기능	별도 작업 필요
협업 및 공유	웹기반 원격 협업 가능, 다수의 사용자가 쉽게 협업	개인 로컬 환경 작업 위주

❸ 시각화도구(BI소프트웨어)의 장단점

(1) 장점

① 탐색적 데이터 분석(EDA ; Exploratory Data Analysis)에 탁월
  ㉠ 데이터를 다양한 각도에서 관찰하는 과정을 통해서 문제정의부터 해결방안 인사이트 도출까지 가능
  ㉡ 전체적인 데이터의 구조, 변수 특성 및 추세와 패턴을 신속하게 파악 가능
  ㉢ 다양한 변수와 조합에 대한 이상치 및 결측치의 관찰에 용이
  ㉣ 평균, 편차 등 기술통계와 시각화 기능을 이용하여 데이터의 분포 및 상관관계를 빠르게 분석

② 데이터 활용도 향상, 강력한 데이터 연결 및 통합
  ㉠ 다양한 데이터 소스에서 데이터를 사용할 수 있도록 지원
  ㉡ 다양한 데이터 소스와의 연결이 원활하며, 실시간 데이터 업데이트를 지원
  ㉢ 여러 데이터베이스, 클라우드 서비스, 웹 API 등과 통합하여 데이터를 가져올 수 있음
  ㉣ 데이터 하우스웨어, 클라우드, 온프레미스 데이터 센터, ERP 시스템, Excel 스프레드시트, CSV 파일 등 다양한 데이터 원본 연결 기능 제공

③ 빠른 보고서 생성과 의사 결정
　　㉠ 다양한 차트와 그래프 등을 포함하여 비즈니스에 도움이 될 수 있는 보고서를 신속하게 생성
　　㉡ 비즈니스 도메인 전문가가 직접 데이터 분석, 인사이트 도출, 의사결정을 할 수 있음

④ 실시간 데이터 대시보드
　　㉠ 실시간으로 데이터를 업데이트하고 대시보드에 반영하여 최신 정보를 제공
　　㉡ 대시보드를 쉽게 공유하고 협업할 수 있는 기능을 제공
　　㉢ 클라우드 기반의 저장 및 공유 기능을 통해 언제 어디서나 데이터에 접근할 수 있음

⑤ 운영 프로세스 향상 및 비즈니스 개선
　　㉠ 부서 간 실시간으로 공유하는 분석이 가능함으로써 운영 프로세스의 효율성 증가
　　㉡ 고객 행동 및 패턴 등에 대한 인사이트 및 영업, 마케팅, 재무 성과에 대한 정확한 추적 가능
　　㉢ 데이터에 기반한 명확한 벤치마크로서 데이터 이상 및 고객 문제에 즉각적인 경고 가능

(2) 단점 `2024년 1회 기출` `2024년 2회 기출`

① 재현 가능성 구현 문제
　　㉠ "시각화 결과를 다른 사람이나 미래의 자신이 재현할 수 있는가?"에 대한 문제
　　㉡ 시각화 도구는 대시보드나 보고서 등 최종 성과물만을 저장(설명 및 주석 등이 없음)
　　㉢ 동일한 시각화 결과물을 구현을 위해 데이터, 전처리, 분석방법, 사용기능 등을 상세히 설명
　　㉣ 서로 다른 글꼴, 색상, 크기 등을 사용하더라도 전달 메시지가 같다면 재현성 구현을 만족

② 반복 가능성 구현 문제
　　㉠ "동일한 조건에서 동일한 시각화 결과를 다시 얻을 수 있는가?"에 대한 문제
　　㉡ 입력 데이터부터 출력 색상, 글꼴, 크기 하나까지 완벽하게 같은 결과물은 반복 가능성 만족
　　㉢ 랜덤(Random)으로 생성된 값이나 요소 들이 동일하게 표현될 수 있어야 함

③ 잘못된 해석의 리스크
　　㉠ 도메인 사용자가 올바른 데이터를 올바른 방법으로 분석하지 못하면 데이터를 잘못 해석하여 잘못된 결정을 내릴 수도 있음
　　㉡ 같은 데이터로 여러 사용자에 의해 다르게 분석되어 서로 다른 해석이 발생하고 혼란을 초래할 수 있음 → 데이터 분석가 및 데이터 사이언티스트는 신뢰성과 전문성을 가지고 리뷰

④ 고급 분석에 필요한 고난이도 학습 및 변화 관리
　　㉠ 고급 기능을 활용하기 위해서는 수식 및 프로그래밍 언어 추가 학습이 필요
　　㉡ 인터페이스가 복잡하거나 기능이 많아 오히려 초보자가 익히기 어려울 수 있음
　　㉢ 데이터 수집, 모델링, 시각화 등 생성해야 하는 대시보드에 오랜 시간이 소모될 수 있음
　　㉣ 모든 도메인 사용자가 스스로 사용하는 방법을 익히는 데는 많은 노력, 교육, 변화관리 필요

⑤ **보안과 권한 설정** : 데이터별 책임 및 권한 설정 등 IT팀의 보안을 관리 및 강화 필요

⑥ 비용 문제
  ㉠ 라이선스 비용이 상대적으로 높아 중소기업이나 개인에게는 부담
  ㉡ 무료 버전과 유료 버전 간의 기능 차이가 크며, 기능 확장을 위해 추가 비용이 발생
  ㉢ BI 도구를 도입하는 라이선스 비용의 중장기적 부담

④ 시각화도구 예시

(1) Power BI

① 마이크로소프트에서 제공하는 비즈니스 인텔리전스 도구로, 데이터를 시각화하고 비즈니스 인사이트를 도출하는 데 사용됨
② 주요 기능
  ㉠ 데이터 연결 및 통합 : 다양한 데이터 소스에 연결하여 데이터를 가져오고 통합할 수 있음
  ㉡ 데이터 변환 및 모델링 : Power Query를 사용해 데이터를 변환하고 데이터 모델을 구축
  ㉢ 대시보드 및 보고서 생성 : 사용자 친화적인 인터페이스로 대시보드와 보고서를 쉽게 생성·공유
  ㉣ 실시간 데이터 스트리밍 : 실시간으로 데이터를 스트리밍하여 대시보드에 반영할 수 있음
③ 장점
  ㉠ 마이크로소프트 제품군과의 높은 호환성(Excel, Azure 등)
  ㉡ 친숙한 UX/UI, 사용이 비교적 쉬워 비전문가도 빠르게 습득 가능
④ 단점 : 고급 분석 기능에서는 M언어 기반 DAX 함수 구현이 필요
⑤ 커뮤니티
  ㉠ Power BI Korea : https://www.facebook.com/groups/PowerBIKorea/
  ㉡ Power BI MS Fabric Community : https://community.fabric.microsoft.com/

(2) Tableau

① 세일즈포스에서 제공하는 비즈니스 인텔리전스 및 데이터 시각화 도구로, 사용자가 데이터를 쉽게 전처리 및 분석하고 시각화할 수 있도록 도와줌
② 주요 기능
  ㉠ 데이터 연결 : 다양한 데이터 소스에 쉽게 연결 가능
  ㉡ 데이터 준비 및 정리 : Tableau Prep을 사용해 데이터를 준비하고 정리할 수 있음
  ㉢ 고급 시각화 : 다양한 고급 시각화 옵션과 대화형 대시보드를 제공함
  ㉣ 스토리텔링 기능 : 데이터 스토리를 만들어 효과적으로 인사이트를 전달할 수 있음
  ㉤ 실시간 분석 및 대시보드 : 실시간으로 데이터를 분석하고 시각화, 대시보드 구현

③ 장점
　㉠ 고급 데이터 시각화 기능과 높은 사용자 인터랙티브성을 제공
　㉡ 커뮤니티와 리소스가 풍부하여 다양한 지원을 받을 수 있음
④ 단점 : 복잡한 계산이나 데이터 변환, 시각화 작업에서는 추가적인 기술적 지식이 필요
⑤ 커뮤니티
　㉠ 한국 태블로(Tableau) 사용자 모임 : https://facebook.com/groups/KoreaTUG
　㉡ 태블로 위키(블로그/갤러리/프로젝트) : https://tableauwiki.com
　㉢ 태블로 커뮤니티 : https://tableau.com/ko-kr/community
　㉣ 태블로 퍼블릭 : https://public.tableau.com/

5 시각화도구에서 활용되는 기본함수

구분	기능	파워BI	태블로
숫자/집계/ 통계함수	절댓값 반환	ABS	ABS
	나누기	DIVIDE	DIV
	반올림	ROUND	ROUND
	모든 값의 평균 반환	AVERAGE	AVG
	열에서 비어있지 않은 행의 수 반환	COUNT	COUNT
	최댓값 반환	MAX	MAX
	최솟값 반환	MIN	MIN
	합계 반환	SUM	SUM
	중앙값 반환	MEDIAN	MEDIAN
	샘플집단을 기준으로 모든 값의 통계적 표준편차 반환	STDEV.S	STDEV
	샘플집단을 기준으로 모든 값의 통계적 분산 반환	VAR.S	VAR
문자열 함수	주어진 문자열에 지정한 부분 문자열이 포함되어 있으면 TRUE 반환	CONTAINS	CONTAINS
	텍스트 문자열의 시작 부분부터 지정된 문자 수 반환	LEFT	LEFT
	텍스트 문자열의 끝 부분부터 지정된 문자 수 반환	RIGHT	RIGHT
	지정한 위치에서 지정된 문자 수 반환	MID	MID
	지정한 문자 수에 따라 텍스트 문자열의 일부를 다른 텍스트 문자열로 전환	SUBSTITUTE	REPLACE
	텍스트 문자열의 문자 수 반환	LEN	LEN
	문자열 앞/뒤의 공백 제거	TRIM	TRIM
	소문자를 모두 대문자로 변환	UPPER	UPPER

구분	기능	파워BI	타블로
논리 함수	조건을 확인하여 TRUE면 첫 번째 값, 그렇지 않으면 두 번째 값 반환	IF	IIF
	두 인수 중 하나 이상 TRUE인지 확인	OR	OR
	일련의 식을 테스트하여 TRUE인 경우 THEN 값을 반환	-	IF… THEN… (ELSE…) END
	논리 테스트를 수행하여 적합한 값 반환	-	CASE… WHEN… THEN… ELSE… END
날짜 함수	지정된 간격 수만큼 정방향 또는 뒤로 이동한 날짜 열이 포함된 테이블을 반환	DATEADD	DATEADD
	두 날짜 사이의 간격(월, 일 등) 반환	DATEDIFF	DATEDIFF
	날짜에 대한 반올림(가까운 월, 일, 주, 요일 등)	-	DATETRUNC
	주어진 날짜의 연도를 정수로 반환	YEAR	YEAR
	주어진 날짜의 분기를 정수로 반환	QUARTER	QUARTER
	주어진 날짜의 월을 정수로 반환	MONTH	MONTH
	주어진 날짜의 주를 정수로 반환	WEEKNUM	WEEK
	주어진 날짜의 일자(1~31)를 정수로 반환	DAY	DAY
	지정된 년, 월, 일로 구성된 날짜 값을 반환	DATE	MAKEDATE
	현재 로컬 시스템 날짜 반환	TODAY	TODAY
테이블 계산 함수	테이블 인수의 각 행에 대한 숫자 목록의 숫자 순위	RANKX	RANK
	지정된 테이블 또는 테이블 식에 계산 열 추가	ADDCOLUMNS	-
	다른 테이블에서 관련 값을 반환	RELATED	-

SECTION 03 시각화도구(BI소프트웨어)의 주요기능

1 대시보드 구현

(1) 개요

① 대시보드는 데이터의 시각적 표시를 통해 상황을 모니터링하고 이해하는 데 도움을 주는 도구
② 대시보드는 여러 시각화 요소를 배치하여 데이터를 쉽게 탐색할 수 있는 디자인 반영
③ 사용자에게 인사이트 및 정보, 아이디어를 제공, 다수의 사용자가 원하는 데이터를 볼 수 있음

(2) 대시보드의 예시

① KPI 대시보드 2024년 1회 기출

㉠ KPI는 대시보드 상에 주요 성과지표를 간결하게 표시하여 사용자가 비즈니스의 주요 성과를 빠르게 확인하도록 하여 성과를 즉각적으로 평가하고 의사결정에 활용할 수 있도록 지원

㉡ BI시각화 도구의 대시보드 보고서에 KPI 수치를 추가하려면 대시보드 편집 모드로 전환한 후 KPI 구성요소를 추가·표시할 데이터를 선택하고 목표로 하는 값과 현재 값 등을 설정

㉢ 대시보드를 통해 설정한 KPI는 실시간 데이터로부터 성과를 간결하게 파악할 수 있게 해줌

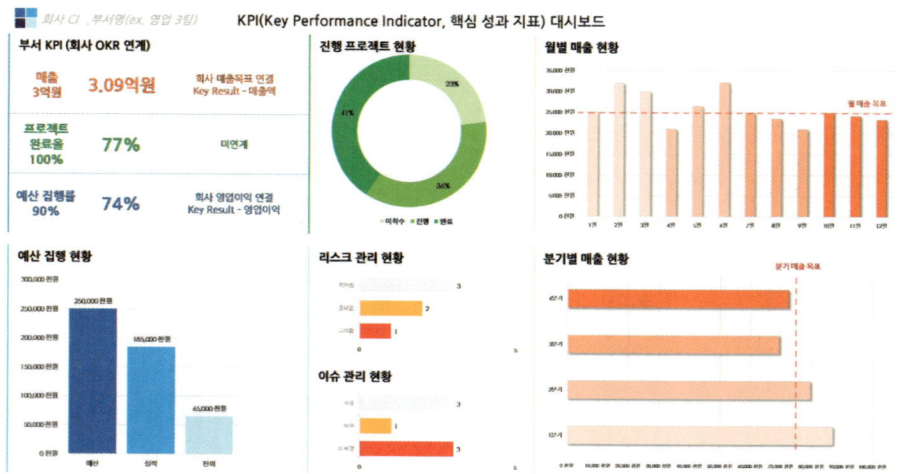

[KPI 대시보드 예시]

② 주요 경영 지표 대시보드 : 매주 월요일 아침에 경영진에게 이메일로 전송되는 PDF 형식의 주요 지표 보고서를 대체

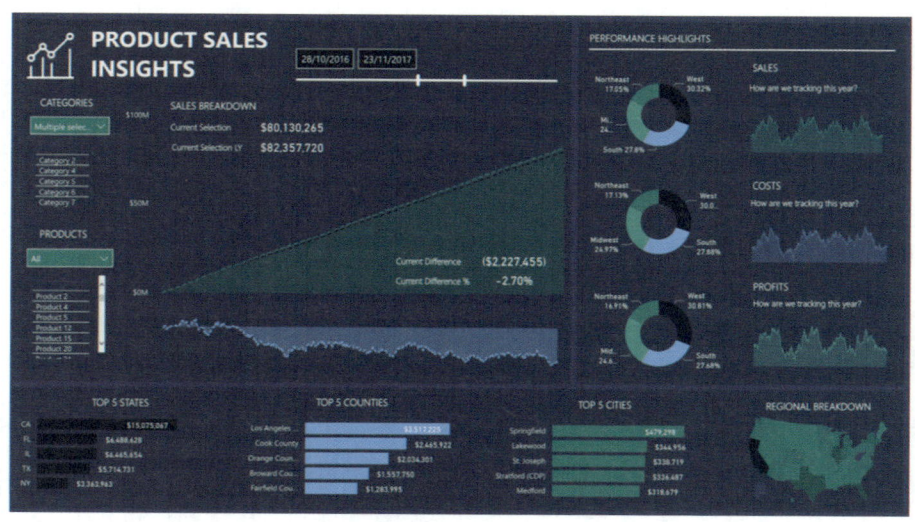

출처 : Sam McKay, Top 18 Microsoft Power BI Dashboard Examples 2024, ENTERPRISEDNA

[주요 경영지표 대시보드 예시]

③ 고객센터 실시간 현황단 : 고객지원센터의 실시간 통계를 시각적으로 표시하는 대형 벽걸이 현황판

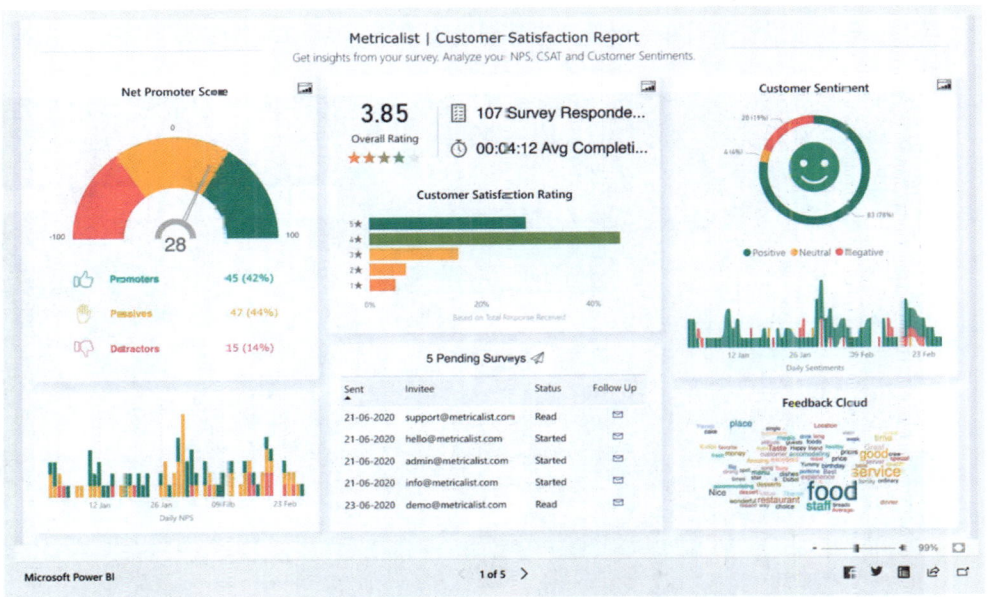

출처 : Top 18 Best Power BI Dashboard Examples, IMENSO, 2023.07.18.

[고객센터 대시보드 예시]

④ 보험 청구 정보 대시보드 : 지역, 산업 및 신체 부위별 노동자의 보상 청구 정보를 제공하는 인터랙티브 도면

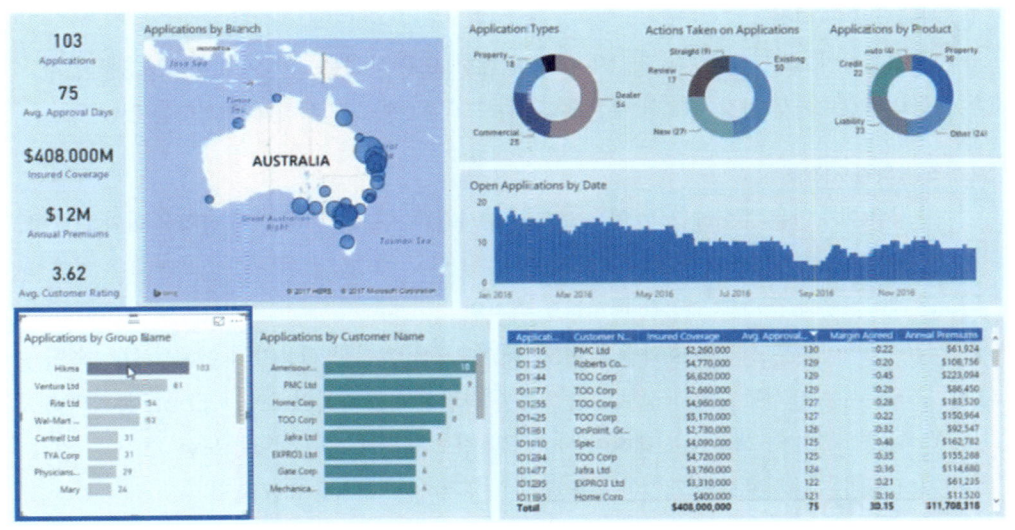

출처 : Sam McKay, Top 18 Microsoft Power BI Dashboard Examples 2024, ENTERPRISEDNA

[보험 청구 정보 대시보드 예시]

⑤ 모바일 영업 성과 애플리케이션
  ㉠ 지역별, 시기별 영업 성과를 종합하여 제시하는 모바일 애플리케이션
  ㉡ 이를 통해 영업 관리자는 여러 지역의 영업 성과를 검토하고 전년도와 비교할 수 있음

출처 : Daivi, 15 Best Power BI Dashboard Examples For BI Experts, ProjectPro, 2024.04.23.

[영업 성과 대시보드 예시]

(3) 좋은 대시보드의 특징

① 사용자 요구 분석
  ㉠ 사용자가 알고 싶어하는 정보와 목적에 대한 요구 분석을 기반으로 대시보드를 설계
  ㉡ 대시보드에서 가장 중요한 부분은 대시보드의 '목적'을 명확하게 설정하는 것

② 직관적인 시각화
  ㉠ 사용자가 한눈에 이해할 수 있는 보고서와 시각화 기능을 통해 전체 상황을 파악하고 보고 내용을 공유
  ㉡ 레이아웃과 순서를 고려한 대시보드 디자인
    • 레이아웃은 시각적 효과를 높이고, 대시보드의 흐름과 사용자의 이해를 돕는 역할
    • 순서는 대시보드에서 정보의 중요도를 정렬하고 효과적인 Drill-Down 분석의 기초
  ㉢ 적절한 크기와 색상을 선택하여 사용자가 정보를 쉽게 습득하도록 도움
    • 크기는 대시보드의 레이아웃과 균형을 유지하는 데에 중요한 역할
    • 색상은 강조하고자 하는 정보를 시각적으로 돋보이도록 함

③ 데이터 중심의 의사결정 지원 : 좋은 대시보드는 비즈니스에서 데이터 중심의 의사 결정을 신속하게 할 수 있도록 도움

④ 상호작용 및 접근성
  ㉠ 직관적인 시각화를 통해 사용자가 쉽게 접근하고 검색할 수 있도록 설계
  ㉡ 인터랙티브한 기능을 추가하여 사용자가 데이터를 더 깊이 파악하고, 원하는 정보 검색
  ㉢ 대시보드 간의 이동이 필요한 경우 네비게이션을 사용해 사용자가 쉽게 전환할 수 있도록 함

2 시각적 요소의 상호작용

① 대시보드의 추적
  ㉠ 대시보드가 사용자에 의해 계속 활용되고 있는지 추적
  ㉡ 활용도가 낮아지면 기존 대시보드에 대한 변화 요구 발생 가능성을 확인하고, 이를 위해 장기적인 대시보드 사용 횟수 지표 수집

② 사용자와의 상호작용
  ㉠ 사용자와의 충분한 대화를 통해 대시보드 구성
  ㉡ 사용자들이 대시보드를 어떻게 활용하는지 조사하고 필요한 이유 파악
  ㉢ 오래된 대시보드의 폐기, 기존 대시보드의 조정, 새로운 대시보드의 개발을 통해 사용자 요구 변화 지원 확인
  ㉣ 대시보드는 사용자의 역할, 선호도, 관심사 등에 맞게 개인화 가능
  ㉤ 사용자는 필요한 정보와 지표를 선택하고 구성하여 효과적인 의사결정을 할 수 있음
  ㉥ 개인화된 대시보드는 편의성과 생산성 향상, 데이터 분석 효율성 제공

3 기본 기능

① **그래프 및 차트** : 막대그래프, 선그래프, 원 그래프, 히스토그램 등 다양한 그래프 생성

누적 가로 막대형 차트	누적 세로 막대형 차트	묶은 가로 막대형 차트	묶은 세로 막대형 차트	100% 누적 가로 막대형 차트	100% 누적 세로 막대형 차트
꺾은 선형 차트	영역형 차트	누적 영역형 차트	100% 누적 영역 차트	꺾은선형 및 누적 세로 막대형 차트	꺾은선형 및 묶은 세로 막대형 차트
리본차트	폭포 차트	깔때기	분산형 차트	원형차트	도넛형 차트
트리 맵	맵	등치 지역도	Azure 맵	계기	카드
여러 행 카드	KPI	슬라이서	테이블	행렬	스크립트 시각적 개체
Python 시각적 개체	주요 영향 요인	분해 트리	질문 및 답변	내러티브	매트릭
페이지를 매긴 보고서	카드 (신규)	슬라이서 (신규)	Arc GIS	Power Apps	Power Automate

[POWER BI 기본 제공 차트 기능]

② **대시보드** : 다양한 시각화 요소를 묶은 대시보드 생성 및 관리
③ **데이터 필터링**
　㉠ 데이터를 필터링하여 원하는 범위의 데이터만 표시
　㉡ 필터를 적용하여 데이터를 세분화하거나 조건에 맞는 데이터만 시각화
④ **상호작용 및 탐색** : 시각화 결과와 상호작용하여 데이터 탐색
⑤ **데이터 연결 및 통합** : 데이터베이스, 엑셀 파일, CSV 파일 등 다양한 형식의 데이터를 연결 및 통합하여 시각화
⑥ **알림과 경고** : 정의된 조건에 따라 알림과 경고 표시
⑦ **데이터 분석** : 통계 지표, 추세 분석, 예측 등 수행
⑧ **조건부 서식**
　㉠ 테이블 및 행렬에 조건부 서식 지정을 사용하면 필드값을 기반으로 하는 색 그라데이션을 비롯하여 사용자 지정된 셀 색을 지정
　㉡ 배경색, 글꼴색, 데이터 막대, 아이콘 세트 등을 설정 가능

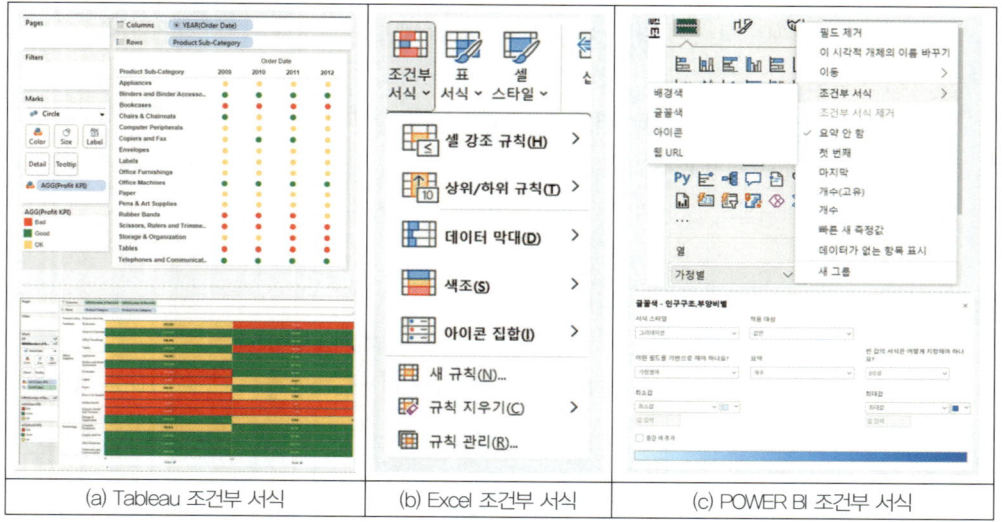

(a) Tableau 조건부 서식　(b) Excel 조건부 서식　(c) POWER BI 조건부 서식

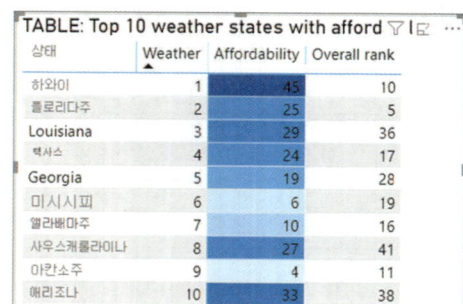

출처 : Tableau, 마이크로소프트(Microsoft)

[열에 색 눈금 배경, 글꼴 서식 지정이 있는 예제 테이블]

⑨ 데이터 막대

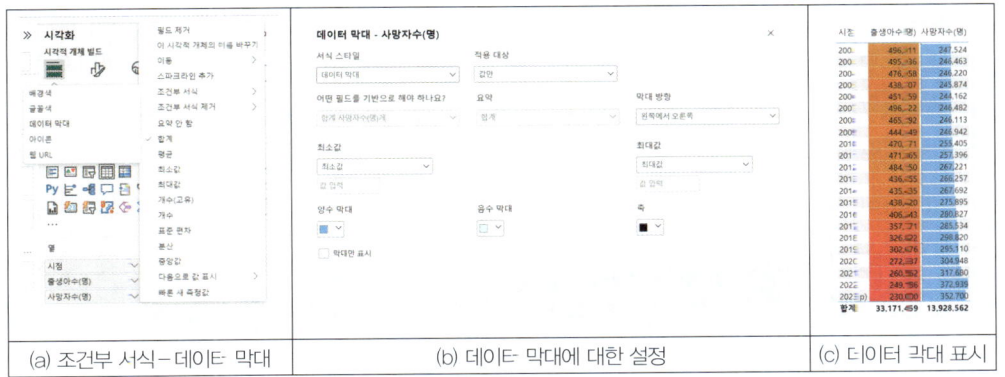

[조건부 서식 지정을 통해 데이터 막대 표시(Power BI)]

⑩ 아이콘 표시

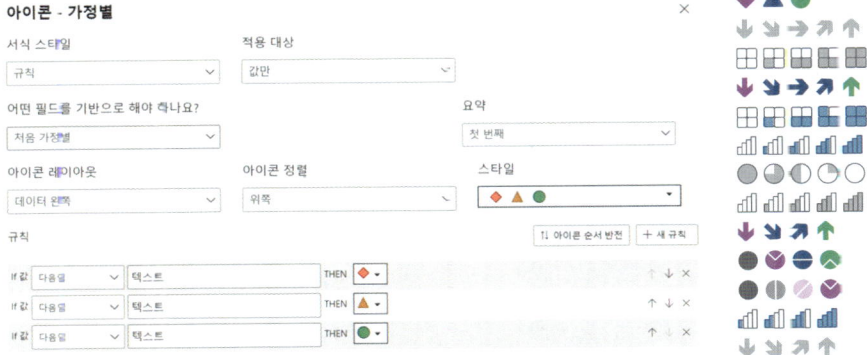

[조건부 서식 지정을 통해 아이콘 표시(Power BI)]

⑪ 스파크라인 : 추세를 빠르게 보고 비교할 수 있도록 테이블 또는 행렬의 셀 내에 표시되는 작은 차트

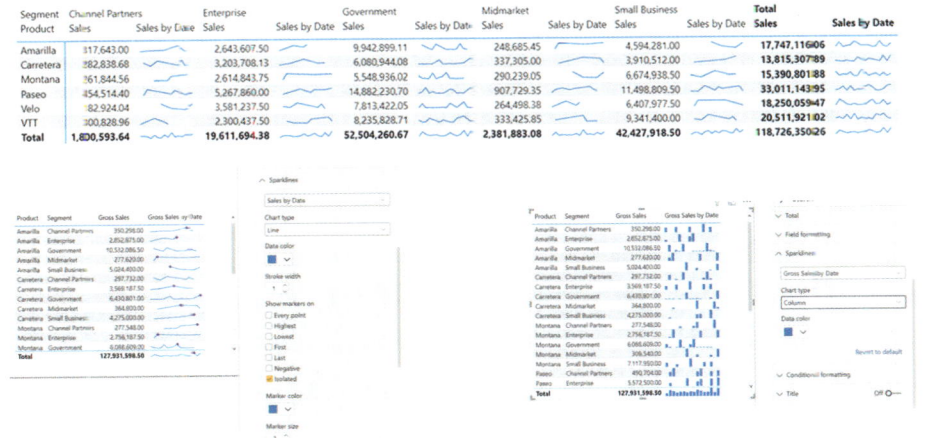

출처 : 마이크로소프트(Microsoft)

[스파크라인 추가 및 다양한 설정 변경(Power BI)]

⑫ 드릴 다운, 드릴 업, 확장
  ㉠ 시각화 결과와 상호작용하여 데이터 탐색하는 기능 중 하나
  ㉡ 드릴 모드는 계층 구조를 가지고 있는 데이터에 대해 하위/상위 레벨(수준) 데이터를 표시
  ㉢ 시각적 요소의 하위 계층 구조(드릴다운↓), 상위 계층 구조(드릴업↑), 전체 확장 보기 기능
  ㉣ 시각적 요소 위에 마우스를 올려 작업 표시줄의 아이콘을 사용 또는 시각적 요소에서 접근 가능
  ㉤ 아이콘(↑ ↓ ↓↓ ⇅)

  - ↑ : 한번에 한 필드씩 드릴 업
  - ↓ : 한번에 한 필드씩 드릴 다운
  - ↓↓ : 계층 구조의 다음 레벨로 이동
  - ⇅ : 확장옵션. 선택된 필드에 대한 확장 또는 두개 이상의 계층을 동시에 확장

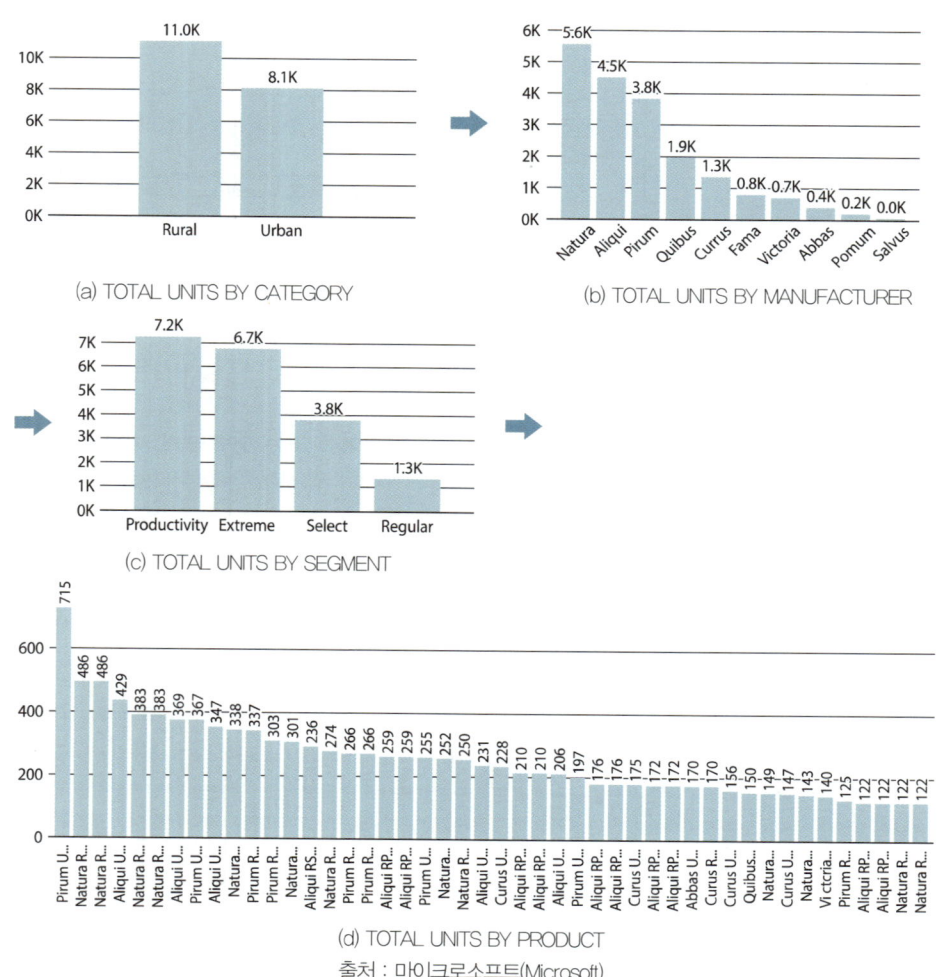

(a) TOTAL UNITS BY CATEGORY
(b) TOTAL UNITS BY MANUFACTURER
(c) TOTAL UNITS BY SEGMENT
(d) TOTAL UNITS BY PRODUCT
출처 : 마이크로소프트(Microsoft)

[필드 확장 옵션]

CHAPTER 02 실전예상문제

01 다음 중 사무자동화 프로그램의 시각화 기능에 해당하지 않는 것은?

① 차트
② 조건부 서식
③ 데이터 막대
④ 메모 작성

정답 ④

해설 사무자동화 프로그램의 시각화 기능에는 차트, 조건부 서식, 데이터 막대 등이 포함된다. 메모 작성은 시각화 기능이 아니라 텍스트 정보를 추가하는 기능이다.

02 다음 중 엑셀에서 데이터 값의 크기나 범위를 시각적으로 비교하고 분석할 수 있도록 하는 기능으로 옳은 것은?

① 차트
② 조건부 서식
③ 데이터 막대
④ 아이콘 세트

정답 ③

해설 데이터 막대는 조건부 서식의 일종으로 데이터 값에 따라 막대의 크기나 색상이 변화하여 시각적으로 비교하고 분석하는 데 용이하다.

03 다음 설명에 해당하는 사무자동화 프로그램의 기능으로 옳은 것은?

> 셀의 서식을 데이터 값에 따라 다르게 지정하여 특정 패턴이나 예외를 시각적으로 식별할 수 있는 기능

① 차트
② 조건부 서식
③ 데이터 막대
④ 스파크라인

정답 ②

해설 조건부 서식은 데이터 값을 일정한 기준에 따라 서로 다른 서식을 지정하여 시각적인 효과를 주는 기능이다. 이를 통해 특정 범위의 값을 강조하거나 패턴을 빠르게 식별할 수 있다.

04 다음 중 데이터 값에 따라 셀 내부에 작은 차트를 표시하여 추세를 빠르게 파악할 수 있게 하는 기능으로 옳은 것은?

① 차트
② 조건부 서식
③ 데이터 막대
④ 스파크라인

정답 ④

해설 스파크라인은 셀 내부에 표시되는 작은 차트로, 데이터의 추세나 패턴을 한눈에 파악할 수 있게 한다. 이를 통해 시간에 따라 변화하는 데이터를 시각적으로 표현할 수 있다.

05 다음 그림에서 나타난 시각화 도구의 기능에 대한 설명으로 옳지 않은 것은?

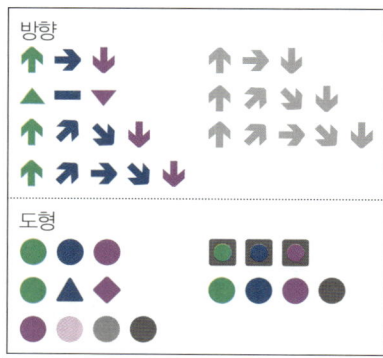
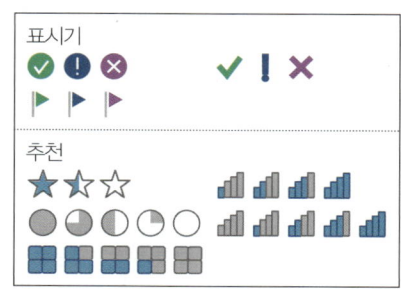

① 조건부 서식에서 데이터 막대나 배경색, 글꼴 색 대신 아이콘을 지정
② 일정한 규칙이나 데이터 값을 기준으로 설정 가능
③ 데이터 값의 크기에 따라 아이콘의 크기나 색상이 변화하여 시각적으로 비교·분석
④ 데이터의 추세나 패턴을 한눈에 파악할 수 있어 시간에 따라 변화하는 데이터를 시각화

정답 ④

해설 스파크라인에 대한 설명이다. 그림은 아이콘 세트로 조건부 서식의 일종이며 숫자나 특정 값을 화살표, 원형, 마크 등의 아이콘, 기호로 시각화한다. 아이콘 세트는 데이터 값의 크기에 따라 아이콘의 크기나 색상이 변화하여 시각적으로 비교·분석하고 조건부 서식에서 데이터 막대나 배경색, 글꼴 색 대신 아이콘을 지정한다. 일정한 규칙이나 데이터 값을 기준으로 설정 가능하며 아이콘의 모양, 생성 위치, 정렬 등을 선택한다.

06 다음 중 조건부 서식에서 데이터 값의 크기나 범위를 나타내기 위해 셀에 표시되는 시각적 요소로 옳은 것은?

① 차트
② 아이콘 세트
③ 스파크라인
④ 데이터 막대

정답 ④

해설 데이터 막대는 조건부 서식의 일종으로 데이터 값에 따라 셀 내부에 막대가 표시되어 값의 크기나 범위를 시각적으로 비교할 수 있게 해준다.

07 다음 중 사무자동화 프로그램의 시각화 관련 장점으로 옳은 것은?

① 특정 시각화 유형이나 고급 기능을 구현하는 데 제한이 있다.
② 대규모 데이터세트를 처리할 때 성능 저하가 발생할 수 있다.
③ 다양한 그래프, 차트, 맵 등을 활용하여 데이터를 시각적으로 효과적이게 표현할 수 있다.
④ 실시간 데이터 정제 및 변환을 위해 외부 도구와의 연동이 필요할 수 있다.

정답 ③
해설 사무자동화 프로그램의 시각화 관련 장점 중 하나는 다양한 그래프, 차트, 맵 등을 활용하여 데이터를 시각적으로 효과적이게 표현할 수 있다는 것이다. 이를 통해 복잡한 데이터를 한눈에 이해할 수 있다.

08 다음 중 사무자동화 프로그램의 단점으로 옳은 것은?

① 직관적이고 간편한 인터페이스를 제공하여 비전문가도 쉽게 사용 가능하다.
② 필터링, 정렬, 피벗 테이블 등의 기능을 활용하여 데이터를 집계하고 분석할 수 있다.
③ 데이터를 수작업으로 입력하고 수정해야 하는 번거로움이 있다.
④ 다양한 시각화 옵션을 제공하여 복잡한 데이터를 이해하기 쉽게 한다.

정답 ③
해설 사무자동화 프로그램의 단점 중 하나는 데이터를 수작업으로 입력하고 수정해야 하는 번거로움이 있다는 것이다. 이는 대규모 데이터세트를 처리할 때 성능 저하로 이어질 수 있다.

09 다음 중 엑셀에서 조건부 서식을 활용한 데이터 시각화에 대한 설명으로 옳지 않은 것은?

① 데이터 막대는 셀의 값에 따라 막대의 길이를 시각적으로 표현하는 기능이다.
② 조건부 서식을 통해 셀 배경색을 변경하여 데이터의 범주를 강조할 수 있다.
③ 아이콘 세트는 값의 크기에 따라 다양한 아이콘을 사용하여 데이터를 시각화한다.
④ 스파크라인은 데이터 값을 기준으로 셀 배경을 색상으로 채우는 기능이다.

정답 ④
해설 스파크라인은 셀 내에서 데이터의 추세를 작은 그래프로 보여주는 기능이다. 셀 배경을 색상으로 채우는 기능은 조건부 서식의 일환이지만 이는 스파크라인이 아닌 데이터 막대나 색조 서식 등이 담당한다.
① 데이터 막대 : 셀의 값에 따라 막대의 길이를 표현
② 조건부 서식 : 특정 조건에 따라 셀의 서식을 변경하여 시각적 효과를 줌
③ 아이콘 세트 : 값의 크기에 따라 다양한 아이콘을 사용하여 데이터를 시각화

10 다음 설명에 해당하는 엑셀의 기능으로 옳은 것은?

> • 조건부 서식의 한 종류로, 셀의 값에 따라 아이콘을 표시하여 데이터를 시각적으로 비교할 수 있는 기능
> • 값의 범위에 따라 다른 아이콘을 사용하여 데이터의 상대적인 크기나 상태를 쉽게 파악할 수 있음

① 스파크라인 ② 데이터 막대
③ 피벗 테이블 ④ 아이콘 세트

정답 ④
해설 아이콘 세트는 엑셀의 조건부 서식 기능 중 하나로 셀의 값에 따라 다양한 아이콘을 표시하여 데이터를 시각적으로 비교할 수 있게 해준다. 이는 값의 범위에 따라 다른 아이콘을 사용하여 데이터의 상대적인 크기나 상태를 쉽게 파악할 수 있도록 한다.
① 스파크라인 : 표나 행렬의 셀 내에 표시되는 작은 차트
② 데이터 막대 : 셀 내에 막대를 표시하여 값을 나타내는 기능
③ 피벗 테이블 : 데이터를 요약하고 분석하는 기능

11 다음 그림에 활용된 엑셀의 시각화 기능으로 옳은 것은?

	A	B	C	D	E	F
1		Quarter 1	Quarter 2	Quarter 3	Quarter 4	
2	Repairs expense	43,863	48,756	45,913	46,981	
3	Salaries expense	77,713	75,523	75,487	74,048	
4	Office supplies expense	6,310	6,489	6,587	6,823	
5	Rent expense	6,800	6,800	6,800	6,800	
6	Insurance expense	3,664	3,604	3,789	3,851	
7	Travel expense	4,900	6,016	5,877	6,143	

① 데이터 막대 ② 스파크라인
③ 아이콘 세트 ④ 차트

정답 ②
해설 스파크라인은 표나 행렬의 셀 내에 표시되는 작은 차트로, 이를 통해 추세를 빠르게 보고 비교할 수 있다. 계절적 증가 또는 감소, 경제 주기와 같은 값으로 추세, 최댓값 및 최솟값을 강조 또는 표시한다.
① 데이터 막대 : 셀 내에 막대를 표시하여 값을 나타내는 기능
③ 아이콘 세트 : 숫자나 특정 값을 화살표, 원형, 마크 등의 아이콘, 기호로 시각화
④ 차트 : 말하고자 하는 목적에 따라 시각적으로 표현하는 방법

12 다음 그림에 활용된 엑셀의 시각화 기능에 대한 설명으로 옳지 <u>않은</u> 것은?

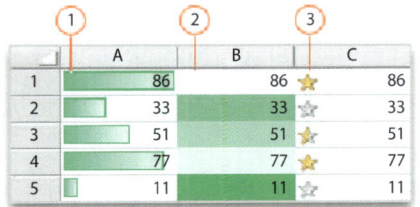

① 1 - 셀 값을 기반으로 데이터 막대 크기를 표시한다.
② 2 - 배경색 또는 글꼴색 둘 중 하나만 지정이 가능하다.
③ 3 - 아이콘의 모양, 생성 위치, 정렬 등 선택할 수 있다.
④ 3 - 데이터 값의 크기에 따라 아이콘의 크기를 변화하여 시각적으로 비교·분석한다.

정답 ②
해설 2는 조건부 서식으로 데이터 값을 일정한 기준에 따라 서로 다른 서식이 지정되도록 하는 기능이다. 배경색 또는 글꼴색, 서식 등 모두 지정이 가능하다.
① 1 - 데이터 막대로서 셀 값을 기반으로 데이터 막대 크기를 표시한다.
③, ④ 3 - 아이콘 세트로 아이콘의 모양, 생성 위치, 정렬 등 선택할 수 있고, 데이터 값의 크기에 따라 아이콘의 크기를 변화하여 시각적으로 비교·분석한다.

13 다음 중 비즈니스 인텔리전스 도구의 정의로 옳은 것은?

① 데이터를 단순히 저장하는 역할을 한다.
② 데이터를 수집, 저장, 분석 및 결과의 시각화를 위한 일련의 프로세스 기능을 제공하는 소프트웨어이다.
③ 텍스트 편집 기능을 중심으로 한다.
④ 데이터의 백업 및 복원 기능을 중심으로 한다.

정답 ②
해설 비즈니스 인텔리전스 도구는 데이터를 수집, 저장, 분석 및 결과의 시각화를 위한 일련의 프로세스 기능을 제공하여 조직이 전략적 결정을 내리는 데 필요한 인사이트를 제공한다. 이 도구는 데이터를 직관적인 시각적 개체로 표현하는 데 중점을 둔다.

14 다음 중 비즈니스 인텔리전스 도구 활용 프로세스에서 데이터 전처리 및 모델링 단계에서 주로 수행되는 작업으로 옳은 것은?

① 여러 소스에서 데이터를 수집하여 정형/비정형 데이터를 집계한다.
② 데이터 마이닝을 통해 추세, 패턴, 이상치를 도출하고 데이터 모델링을 통해 데이터 간 연결을 탐색한다.
③ 테이블, 차트, 그래프, 지도 및 대시보드 형태로 데이터를 시각화하여 구성원 간 공유한다.
④ 실시간 데이터를 기반으로 문제를 도출하고 해결한다.

정답 ②
해설 데이터 전처리 및 모델링 단계에서는 데이터 마이닝 또는 데이터 검색 자동화를 통해 추세, 패턴, 이상치 등을 도출하며 데이터 모델링을 통해 데이터 간 연결, 탐색, 통계분석 및 예측 등의 작업을 수행한다. 이 과정은 데이터 준비의 중요한 부분이다.

15 다음 중 비즈니스 인텔리전스(BI) 도구의 특징으로 옳은 것은?

① 데이터 분석, 예측, 협업 기능을 제공하지 않는다.
② 다양한 데이터 소스로부터 데이터를 추출(Extract)할 수 없으며, 변환(Transform) 및 로드(Load) 기능을 제공하지 않는다.
③ 차트, 그래프, 지도, 테이블 등 데이터를 다양한 시각화 개체로 나타낼 수 있다.
④ 반응형 대시보드를 제공하지 않으며, 데이터를 다양한 관점에서 바라볼 수 없다.

정답 ③
해설 비즈니스 인텔리전스(BI) 도구는 데이터를 최대한 활용할 수 있는 환경을 제공하며 다양한 데이터 소스로부터 데이터를 추출(Extract), 변환(Transform), 로드(Load) 기능을 제공한다. 또한 차트, 그래프, 지도, 테이블 등 다양한 시각화 개체로 데이터를 나타낼 수 있으며 반응형 대시보드를 통해 데이터를 다양한 관점에서 바라보고 인사이트를 도출할 수 있다.

16 다음 중 셀프 서비스 비즈니스 인텔리전스(SSBI) 도구의 도입 효과로 옳은 것은?

① 데이터를 분석할 때마다 전문가 팀에 의존해야 한다.
② 보고서를 만들 때마다 데이터에 대한 신뢰도가 낮아진다.
③ 경영진에서 운영팀까지 모든 사람이 BI 도구를 사용할 수 있다.
④ 데이터 분석과 인사이트 도출이 데이터 분석가와 IT 전공자의 영역으로 제한된다.

정답 ③
해설 셀프 서비스 비즈니스 인텔리전스(SSBI) 도구의 도입으로 경영진에서 운영팀까지 모든 사람이 BI 도구를 사용하여 데이터를 분석하고 인사이트를 도출할 수 있다. 이는 데이터 분석을 수행에 있어 전문가 팀에 의존하지 않고도 스스로 데이터를 분석할 수 있도록 하는 접근 방식이다.

17 다음 중 비즈니스 인텔리전스(BI) 도구와 사무자동화 프로그램(Excel)의 차이점으로 옳은 것은?

① BI 도구는 단일 데이터 소스만 사용할 수 있다.
② BI 도구는 대용량 데이터를 실시간으로 업데이트하고, 상호작용 기능을 제공한다.
③ Excel은 실시간 데이터를 자동으로 업데이트한다.
④ Excel은 대용량 데이터를 처리하고, 실시간으로 상호작용 기능을 제공한다.

정답 ②
해설 비즈니스 인텔리전스(BI) 도구는 다양한 소스의 대용량 데이터를 신속하게 연결·처리할 수 있으며 실시간 업데이트 및 상호작용 기능을 제공한다.
① 비즈니스 인텔리전스(BI) 도구는 다양한 소스의 대용량 데이터를 사용한다.
③, ④ 사무자동화 프로그램(Excel)은 주로 소규모 로컬 데이터를 수동으로 업데이트하며, 정적 보고서 형식으로 구성된다.

18 다음 중 빈칸에 들어갈 내용으로 올바르게 짝지어진 것은?

구분	시각화 BI 도구 (Power BI, Tableau)	사무 자동화 프로그램 (Excel)
데이터 소스	㉠	㉡
데이터 용량	대용량 빅데이터 처리 가능	소규모 로컬 데이터
데이터 업데이트	㉢	㉣
전처리 및 모델링	기본 기능 제공	파워 쿼리 연결
상호작용	㉤	㉥

① ㉠ : 멀티 데이터 소스, ㉡ : 단일 데이터 소스, ㉢ : 실시간 업데이트, ㉣ : 수동 업데이트,
  ㉤ : 양방향(interactive), ㉥ : 단방향(one-way)
② ㉠ : 단일 데이터 소스, ㉡ : 멀티 데이터 소스, ㉢ : 실시간 업데이트, ㉣ : 수동 업데이트,
  ㉤ : 양방향(interactive), ㉥ : 단방향(one-way)
③ ㉠ : 멀티 데이터 소스, ㉡ : 단일 데이터 소스, ㉢ : 수동 업데이트, ㉣ : 실시간 업데이트,
  ㉤ : 양방향(interactive), ㉥ : 단방향(one-way)
④ ㉠ : 멀티 데이터 소스, ㉡ : 단일 데이터 소스, ㉢ : 실시간 업데이트, ㉣ : 수동 업데이트,
  ㉤ : 단방향(one-way), ㉥ : 양방향(interactive)

정답 ①
해설 시각화 BI 도구는 다양한 소스의 대용량 데이터를 신속하게 연결·처리할 수 있고, 실시간 업데이트가 가능하다. 또한, 기존에는 정적 보고서 형식으로 구성되었으나 최신 BI 도구는 대화형/반응형 대시보드를 제공한다.

19 다음 중 비즈니스 인텔리전스(BI) 도구의 장점으로 옳은 것은?

① 데이터를 수동으로 업데이트해야 한다.
② 다양한 데이터 소스와의 연결이 원활하며, 실시간 데이터 업데이트를 지원한다.
③ 시각화 도구는 최종 성과물만을 저장하여 재현 가능성이 떨어진다.
④ 대시보드의 공유와 협업 기능이 제한적이다.

> **정답** ②
> **해설** 비즈니스 인텔리전스(BI) 도구는 다양한 데이터 소스와의 연결이 원활하며, 실시간 데이터 업데이트를 지원한다. 이를 통해 데이터 활용도를 향상시키고 강력한 데이터 연결 및 통합 기능을 제공할 수 있다.

20 다음 중 BI 도구의 단점에서 재현 가능성과 관련된 설명으로 옳은 것은?

① 시각화 도구는 대시보드나 보고서 등 최종 성과물만을 저장하여 재현 가능성이 높다.
② 동일한 시각화 결과물을 구현하기 위해 데이터, 전처리, 분석방법 등을 상세히 설명해야 한다.
③ 입력 데이터부터 출력 색상, 글꼴, 크기까지 완벽하게 동일한 결과물을 얻을 수 있다.
④ 랜덤으로 생성된 값이나 요소들은 반복 가능성을 만족하지 않는다.

> **정답** ②
> **해설** BI 도구의 단점 중 재현 가능성은 시각화 결과물을 다른 사람이나 미래의 자신이 동일하게 구현할 수 있는가에 대한 문제이다. 동일한 결과물을 얻기 위해서는 데이터, 전처리, 분석방법 등을 상세히 설명해야 한다는 점이 중요하다.

21 다음 중 BI 도구의 잘못된 해석 리스크에 대한 설명으로 옳은 것은?

① 모든 사용자가 데이터를 동일하게 해석할 수 있다.
② 도메인 사용자가 올바른 데이터를 올바른 방법으로 분석하지 못하면 잘못된 결정을 내릴 수 있다.
③ 데이터 분석가는 신뢰성과 전문성이 없어도 된다.
④ 데이터 분석가는 데이터를 분석할 필요가 없다.

> **정답** ②
> **해설** BI 도구의 잘못된 해석 리스크는 도메인 사용자가 올바른 데이터를 올바른 방법으로 분석하지 못하면 데이터를 잘못 해석하여 잘못된 결정을 내릴 수 있다는 것이다. 따라서 데이터 분석가와 데이터 사이언티스트는 신뢰성과 전문성을 가지고 데이터를 리뷰해야 한다.

22 다음 중 BI 도구의 고급 분석과 관련된 문제로 옳은 것은?

① 인터페이스가 간단하여 초보자가 쉽게 익힐 수 있다.
② 데이터 수집, 모델링, 시각화 등을 위한 대시보드를 생성하는 데 시간이 적게 소모된다.
③ 고급 기능을 활용하기 위해 수식 및 프로그래밍 언어 추가 학습이 필요하다.
④ 모든 도메인 사용자가 쉽게 고급 기능을 활용할 수 있다.

정답 ③
해설 고급 기능을 활용하기 위해서는 수식 및 프로그래밍 언어 추가 학습이 필요하며, 인터페이스가 복잡하거나 기능이 많아 초보자가 익히기 어려울 수 있다는 것은 BI 도구의 고급 분석과 관련된 문제이다.

23 다음 중 파워 BI와 태블로에서 공통적으로 사용되는 숫자/집계/통계함수가 아닌 것은?

① ABS
② COUNT
③ RANK
④ SUM

정답 ③
해설 파워 BI와 태블로에서 공통적으로 사용되는 숫자/집계/통계함수는 ABS, COUNT, SUM 등이 있다. RANK 함수는 태블로에서 테이블 계산 함수로 사용되지만, 파워 BI에서는 RANKX 함수를 사용된다.

24 다음 중 파워 BI와 태블로에서 텍스트 문자열의 시작 부분부터 지정된 문자 수를 반환하는 함수로 옳은 것은?

① LEFT
② RIGHT
③ MID
④ SUBSTITUTE

정답 ①
해설 파워 BI와 태블로에서 텍스트 문자열의 시작 부분부터 지정된 문자 수를 반환하는 함수는 LEFT 함수이다.

25 다음 중 시각화 BI 도구 태블로에서 가까운 월, 일, 주 등 날짜에 대한 반올림을 수행하는 함수로 옳은 것은?

① DATEADD
② DATEDIFF
③ DATETRUNC
④ DATE

정답 ③
해설 태블로에서 날짜에 대한 반올림을 수행하는 함수는 DATETRUNC 함수이다.

26 다음 중 파워 BI와 태블로에서 문자열 앞/뒤의 공백을 제거하는 함수로 옳은 것은?

① TRIM
② LEN
③ SUBSTITUTE
④ UPPER

> **정답** ①
> **해설** 문자열 앞/뒤의 공백을 제거하는 함수는 TRIM 함수이다.

27 다음 중 파워 BI와 태블로에서 두 날짜 사이의 간격을 반환하는 함수로 옳은 것은?

① DATEADD
② DATEDIFF
③ DATE
④ DAY

> **정답** ②
> **해설** 파워 BI와 태블로에서 두 날짜 사이의 간격을 반환하는 함수는 DATEDIFF 함수이다.

28 다음 중 비즈니스 인텔리전스(BI) 도구의 주요 특징으로 가장 옳지 않은 것은?

① 시각화 도구는 데이터를 시각적으로 표현하여 통찰력을 제공하고 분석을 용이하게 한다.
② 동일한 데이터와 분석 방법을 사용하여 일관된 결과를 제공하면 재현 가능성을 갖춘다.
③ BI 도구를 사용하면 데이터 분석을 반복할 수 있지만, 시각화 도구가 매번 동일한 결과를 보장하지 않을 수 있다.
④ Power BI는 클라우드 기반이 아닌 로컬 컴퓨터에만 사용할 수 있다.

> **정답** ④
> **해설** 비즈니스 인텔리전스(BI) 도구는 데이터를 시각적으로 표현하여 통찰력을 제공하고, 같은 데이터와 분석 방법으로 동일한 결과를 제공한다면, 재현 가능성을 갖춘다. Power BI는 클라우드 기반 플랫폼과 로컬 컴퓨터 모두에서 사용 가능한 기능을 제공하므로, 로컬 컴퓨터에서만 사용할 수 있다는 설명은 옳지 않다.

29 다음 중 비즈니스 인텔리전스(BI) 도구의 일반적인 특징으로 가장 옳지 않은 것은?

① BI 도구는 데이터를 사용하여 다양한 시각화 및 분석 방법을 제공한다.
② 데이터 시각화 도구는 반복 가능성과 재현 가능성을 보장하기 어려울 수 있다.
③ BI 도구는 데이터 추출 및 변환(ETL) 기능을 제공하지 않고 시각화에만 집중한다.
④ 시각화 도구는 데이터 분석 결과를 직관적으로 이해할 수 있도록 돕는다.

정답 ③

해설 비즈니스 인텔리전스(BI) 도구는 데이터 시각화뿐만 아니라 데이터 추출, 변환, 적재(ETL)기능을 제공하는 경우가 많다. 따라서 데이터 추출 및 변환 기능이 제공되지 않는다는 설명은 일반적인 BI 도구의 기능과 맞지 않다. BI 도구는 다양한 시각화 방법을 제공하고, 데이터 분석 결과를 직관적으로 이해할 수 있게 돕는다. BI 도구는 일반적으로 반복 가능성과 재현 가능성을 보장하기 어려울 수 있는 단점이 있다. 단, 동일한 데이터와 분석과정 및 방법을 사용하는 경우에 한하여 재현 가능성을 갖출 수 있다. 반복 가능성의 경우, 같은 데이터 분석 과정을 반복할 수는 있지만, 데이터가 변하거나 랜덤 요소들이 있기 때문에 시각화 결과물 자체가 반복되기는 어렵다. 예를 들어, 최근 2년간 매출금액 분석에 대하, 2023년~2024년 데이터 기반 막대그래프와 2024~2025년 데이터 기반 막대 그래프는 결과물이 달라서 반복 가능성을 충족하지 못한다. 출제 경향으로 BI 도구의 재현 가능성과 반복 가능성이 충족되는 조건을 포함한 선택지가 출제되고 있으며, '가장' 옳거나 옳지 않은 선택지를 고르는 유형이 출제되니, 둘의 개념을 명확히 이해하여야 한다.

30 다음 중 대시보드의 일반적인 기능으로 옳지 않은 것은?

① 대시보드는 특정 사용자 그룹의 필요에 따라 맞춤형 정보를 제공할 수 있다.
② 대시보드는 시각적으로 데이터의 요약과 분석 결과를 실시간으로 보여준다.
③ 대시보드의 정보는 주기적으로 자동으로 업데이트되어야 한다.
④ 대시보드는 사용자가 정보를 직접 수정하거나 업데이트하는 기능을 제공하지 않는다

정답 ④

해설 대시보드 사용자가 대시보드를 통해 정보를 조회하고 분석할 수 있다. 그러나 대시보드는 일반적으로 정보를 직접 수정하거나 업데이트하는 기능을 제공하지 않으며, 이러한 기능은 보통 다른 시스템에서 수행된다.
① 대시 보드는 특정 사용자 그룹의 필요에 맞춰 정보를 맞춤화할 수 있다.
② 대시 보드는 시각적으로 데이터의 요약과 분석 결과를 실시간으로 제공한다.
③ 대시 보드의 정보는 주기적으로 자동으로 업데이트될 수 있다.

31 다음 중 대시보드의 기능이나 특징으로 옳지 않은 것은?

① 대시보드는 데이터의 시각화뿐만 아니라 사용자 상호작용과 필터링 기능도 제공할 수 있다.
② 대시보드는 실시간으로 데이터 통계를 시각적으로 표현하는 대형 화면에서 볼 수 있다.
③ 대시보드는 다양한 시각화 차트를 배치하여 데이터를 분석하고 탐색하는 데 도움을 준다.
④ 대시보드는 비즈니스 요구사항이 변경되었을 때, 초기 목적에 맞지 않더라도 계속 사용될 수 있다.

정답 ④

해설 비즈니스 요구사항이 변경되었을 때 초기 목적에 맞지 같더라도 계속 사용되는 경우는 드물며, 대시보드는 비즈니스 요구사항에 따라 업데이트되거나 교체될 수 있다.
① 대시 보드는 데이터를 시각화하고 사용자 상호작용 및 필터링 기능을 제공할 수 있다.
② 대시 보드는 대형 화면에서 실시간 데이터 통계를 시각적으로 표현하는 경우도 있다.
③ 대시 보드는 다양한 시각화 차트를 배치하여 데이터를 탐색하고 분석할 수 있게 돕는다.

32 다음은 대시보드의 효율적인 시각화와 관련된 설명이다. 빈칸에 들어갈 내용으로 옳은 것은?

> (　　)은/는 대시보드 상에 핵심 성과 지표를 간결하게 표시하여 사용자가 비즈니스의 주요 성과를 빠르게 파악할 수 있도록 돕는다. 이는 중요한 지표를 즉시 평가하고 의사결정에 활용할 수 있도록 해준다. Power BI에서 (　　)을/를 추가하려면, 대시보드 편집 모드로 전환한 후 (　　) 시각화 요소를 선택하고, 필드를 설정하여 목표와 현재 값 등을 지정한 후 원하는 형식으로 (　　)을/를 디자인하여 저장하면 대시보드에서 실시간으로 성과를 간결하게 확인할 수 있다.

① KPI　　　② Chart
③ Filter　　　④ Metric

정답 ①

해설 KPI(핵심 성과 지표, Key Performance Indicator)는 대시보드에서 중요한 성과를 간결하게 표시하는 요소로, 사용자가 비즈니스의 주요 성과를 신속하게 확인할 수 있도록 돕는다. Power BI에서 KPI를 추가할 때는 대시보드 편집 모드로 전환하여 KPI 시각화 요소를 선택하고, 필드를 설정하여 목표와 현재 값을 지정한 후 원하는 형식으로 디자인하여 대시보드에서 실시간으로 성과를 파악할 수 있다.
②, ③, ④ KPI와는 다른 시각화 요소나 기능을 나타낸다.

33 다음 중 대시보드에 대한 설명으로 옳지 않은 것은?

① 좋은 대시보드는 사용자가 알고 싶어하는 정보와 목적에 대한 요구 분석을 기반으로 설계된다.
② 대시보드의 레이아웃과 순서는 사용자의 이해를 돕기 위해 중요한 역할을 한다.
③ 좋은 대시보드는 비즈니스에서 데이터 중심의 의사 결정을 신속하게 할 수 있도록 돕는다.
④ 좋은 대시보드는 직관적이기 보다는 다양한 색상과 형태로 구성된 전문적 디자인을 중시한다.

정답 ④

해설 좋은 대시보드는 비즈니스에서 데이터 중심의 의사결정을 신속하게 할 수 있도록 돕는 도구이다. 이는 사용자가 데이터를 통해 중요한 결정을 내릴 수 있도록 직관적인 시각화, 적절한 레이아웃 및 색상, 상호작용 기능 등을 제공함으로써 가능해진다. 대시보드의 목적은 사용자가 필요로 하는 정보를 명확하게 제공하는 것이며, 레이아웃과 순서는 사용자가 정보를 쉽게 이해하고 접근할 수 있도록 설계된다. 직관적이기 보다는 다양한 색상과 형태로 구성된 전문적 디자인을 중시하는 것은 좋은 대시보드의 특징과 반대되는 설명이다.

34 다음 중 대시보드의 활용 예시로 옳지 않은 것은?

① 매주 월요일 아침에 경영진에게 보고되는 기업 및 산업 관련 신문기사의 스크랩
② 고객지원센터의 실시간 통계를 시각적으로 표시하는 대형 벽걸이 현황판
③ 지역, 산업 및 신체 부위별 노동자의 보상 청구 정보를 제공하는 인터랙티브 도면
④ 지역별, 시기별 영업 성과를 종합하여 제시하는 모바일 애플리케이션

정답 ①

해설 대시보드는 데이터의 시각적 표시를 통해 실시간으로 모니터링하고 이해하는 데 도움을 주는 도구이다. 매주 월요일 아침에 경영진에게 보고되는 기업 및 산업 관련 신문기사의 스크랩은 컨텍스트를 보여주는 스크랩으로 실시간 데이터 시각화와는 거리가 멀다. 대시보드는 보통 실시간으로 업데이트되는 정보와 상호작용 기능을 제공해야 하므로 뉴스의 컨텍스트는 대시보드의 활용 예시로 적절하지 않다.
②, ③, ④ 실시간 데이터 시각화 또는 상호작용 기능을 포함하고 있는 대시보드의 활용 예시이다.

35 다음 중 대시보드의 시각적 요소의 상호작용에 대한 설명으로 옳지 않은 것은?

① 대시보드는 사용자에 의해 계속 활용되는지 추적할 수 있어야 한다.
② 대시보드는 사용자의 역할, 선호도, 관심사 등에 맞게 개인화할 수 있다.
③ 대시보드는 사용자가 필요로 하는 정보와 지표를 선택하고 구성할 수 있게 해야 한다.
④ 대시보드는 한 번 설정된 후 변경할 수 없도록 고정되어야 한다.

정답 ④

해설 대시보드는 사용자와의 상호작용을 통해 지속적으로 활용되고, 필요에 따라 조정되거나 새로 개발될 수 있어야 한다. 대시보드가 한 번 설정된 후 변경할 수 없도록 고정되어야 한다는 것은 대시보드의 유연성과 사용자 맞춤형 기능에 반하는 내용이다. 대시보드는 사용자의 요구에 맞추어 개인화되고, 필요에 따라 변경될 수 있어야 한다.

36 다음 중 대시보드의 기본 기능으로 옳지 않은 것은?

① 막대그래프, 선그래프, 원 그래프, 히스토그램 등 다양한 그래프 생성
② 데이터를 필터링하여 원하는 범위의 데이터만 표시
③ 데이터베이스, 엑셀 파일, CSV 파일 등 다양한 형식의 데이터를 연결 및 통합하여 시각화
④ 단순 텍스트 보고서 작성 및 출력

정답 ④

해설 대시보드는 주로 다양한 시각화 요소를 활용하여 데이터를 시각적으로 표현하고, 데이터를 필터링하고 통합하는 등 시각적 요소와 상호작용을 통해 데이터를 탐색하는 기능을 제공한다. 단순 텍스트 보고서 작성 및 출력은 대시보드의 시각적·상호작용적 기능과는 거리가 멀다.

37 다음 중 대시보드의 조건부 서식 기능에 대한 설명으로 옳은 것은?

① 데이터베이스 연결을 통해 실시간 데이터를 시각화한다.
② 사용자 지정된 셀 색을 지정할 수 있으며, 필드값을 기반으로 색 그라데이션을 설정할 수 있다.
③ 데이터 필터링을 통해 원하는 범위의 데이터만 표시한다.
④ 시각화 결과와 상호작용하여 데이터를 탐색할 수 있다.

CHAPTER 02 시각화 도구 활용

정답 ②
해설 조건부 서식은 테이블 및 행렬에 적용되며, 필드값을 기반으로 배경색, 글꼴색, 데이터 막대, 아이콘 세트 등을 설정할 수 있는 기능이다.
① 조건부 서식과 관련 없는 데이터베이스 연결에 대한 설명이다.
③ 조건부 서식과 관련 없는 데이터 필터링에 대한 설명이다.
④ 조건부 서식과 관련 없는 데이터 탐색에 대한 설명이다.

38 다음 구현된 시각화 기능에 대한 설명으로 옳지 <u>않은</u> 것은?

① 데이터베이스, 엑셀 파일, CSV 파일 등 다양한 형식의 데이터를 연결·통합이 가능하다.
② 데이터 필터링을 통해 데이터를 세분화하거나 조건에 맞는 데이터만 시각화할 수 있다.
③ 대시보드 활용도가 낮아지는 것이 일반적이므로, 오래된 대시보드는 무조건 폐기한다.
④ 사전에 정의된 조건에 따라 이상징후나 알림, 경고를 띄울 수 있다.

정답 ③
해설 대시보드의 기본 기능 중 하나는 데이터를 필터링하여 원하는 범위의 데이터만 표시하고, 필터를 적용하여 데이터를 세분화하거나 조건에 맞는 데이터에 대해서만 시각화 결과를 표시할 수 있는 것이다. 대시보드의 입력 데이터는 다양한 데이터를 연결 및 통합할 수 있다. 또한 정의된 조건에 따라 알림과 경고를 표시할 수도 있다. 일반적으로 대시보드는 활용도가 낮아지는 현상이 생기기 때문에 사용자에 의해 계속 활용되고 있는지 추적해야 하며, 장기적인 대시보드 사용 횟수 지표를 수집해야 한다. 이에 따라 오래된 대시보드의 폐기, 기존 대시보드의 조정, 새로운 대시보드의 개발 등을 통해 대시보드가 사용자의 요구 변화를 지원하는지 항상 확인해야 한다.

39 BI 소프트웨어는 데이터를 차원(Dimension)과 측정값(Measure)으로 구분하여 처리한다. 다음 중 고객과 판매 관련 변수(데이터) – 데이터 유형 – BI 소프트웨어상의 데이터 분류가 바르게 짝 지어진 것은?

① 고객 등급 – 서열형 데이터 – 차원
② 주문 수량 – 범주형 데이터 – 차원
③ 카테고리 – 범주형 데이터 – 측정값
④ 할인율 – 양적 데이터 – 차원

> **정답** ①
> **해설** 고객 등급은 서열(순서)형 데이터로, BI 소프트웨어에서는 주로 차원으로 분류된다.
> ② 주문 수량은 양적 데이터로 측정값에 해당한다.
> ③ 카테고리는 범주형 데이터로 차원에 해당한다.
> ④ 할인율은 양적 데이터로 측정값에 해당한다.

40 다음 대시보드의 상호작용 기능에 대한 설명으로 옳지 않은 것은?

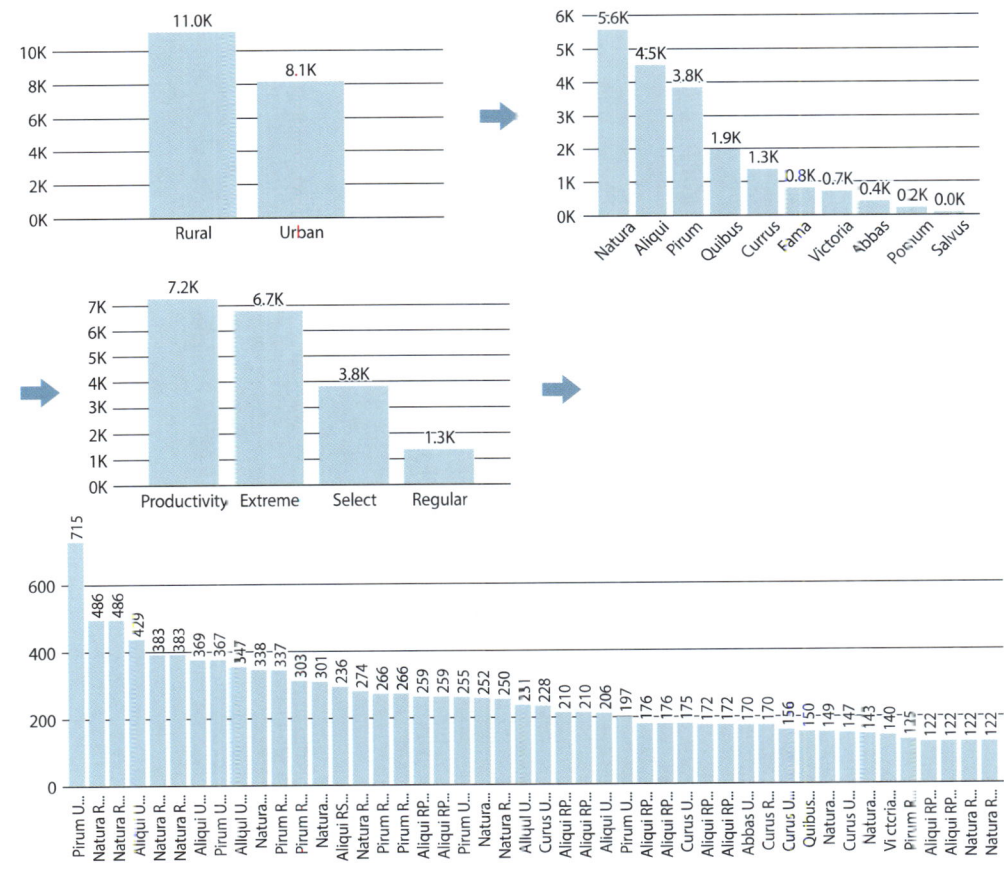

① 드릴 모드는 시각화 결과와 상호작용하여 데이터 탐색하는 기능 중 하나이다.
② 데이터의 구조와 상관없이 자동으로 하위/상위 레벨(수준) 데이터를 연결 표시해준다.
③ 드릴 다운은 시각적 요소의 하위 수준을 보여주는 기능이다.
④ 드릴 다운을 여러 번 하거나, 한 번에 전체 필드를 확정할 수도 있다.

정답 ②

해설 그림은 시각화 도구의 드릴 모드를 나타내고 있다. 드릴 모드는 시각화 결과와 상호작용하여 데이터 탐색하는 기능 중 하나이다. 드릴 모드는 계층 구조를 가지고 있는 데이터에 대해 하위/상위 레벨(수준) 데이터를 표시하기 때문에 데이터의 구조와 상관없다는 것은 틀린 설명이다. 시각적 요소의 하위 계층 구조(드릴 다운↓), 상위 계층 구조(드릴 업↑), 전체 확장 보기가 가능하다.

CHAPTER 03

PART 03_ 경영정보시각화 디자인

시각화 요소 디자인

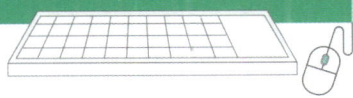

SECTION 01 차트 디자인

1 경영정보시각화 설계

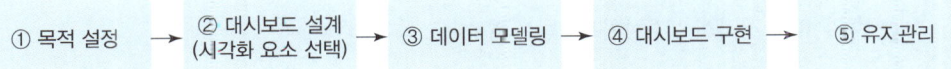

[경영정보시각화 설계 단계]

(1) 말하고자 하는 목적 설정

① 정보 전달의 명확한 목표 수립
  ㉠ "무엇을 말하고자 하는가?" : 전달하고자 하는 주요 메시지를 정의
  ㉡ "청중은 누구이며, 무엇을 얻고 싶어 하는가?" : 목표 청중의 필요와 기대를 반영
  ㉢ 정보를 전달하는 상황, 맥락에 대한 컨텍스트(context) 고려

② 기업의 대표적인 대시보드 형태 3가지
  ㉠ 전략 대시보드(Strategic dashboard) : 기업 성과 요약 및 미래 전략 계획과 실적, 의사결정 수단
  ㉡ 운영 대시보드(Operational dashboard) : 실시간 모니터링 및 리포팅 기능, 경고 및 알림
  ㉢ 분석 대시보드(Analytical dashboard) : 현상 파악과 원인 분석, 문제해결을 위한 상세 자료 조회

(2) 대시보드 시나리오 설계(시각화 요소, 페이지 수, 드릴다운, 상호작용, 알림과 경고)

① 시각화 요소 선택(8가지 차트 종류) : 목적에 따른 시각화 방식과 차트 디자인 선택
  ㉠ 수량 시각화 : 수량(숫자값)의 시각화
    예 막대차트, 묶은막대차트, 누적막대차트, 히트맵차트, 롤리팝(막대사탕)차트, 러이더차트, 워터폴차트 등
  ㉡ 비율 시각화 : 비율(전체 중 부분)의 시각화
    예 원형(파이)차트, 막대차트, 묶은누적막대차트, 모자이크차트, 트리 맵, 도넛차트 와플차트(그리드플롯), 워터폴차트 등

- ⓒ 분포 시각화 : 데이터의 분포와 통계량의 시각화
    - 예) 히스토그램, 밀도분포, 도트플롯, 박스플롯, 누적밀도, QQ도표, 박스플롯, 바이올린차트, 스트립차트, 시나플롯, 누적히스토그램, 중첩밀도분포 등
- ⓓ 관계 시각화 : 두 개 이상의 정량적 변수의 관계를 시각화
    - 예) 분산형차트(산점도, 산포도), 버블차트, 경사차트, 밀도등고선, 2차원 상자, 상관도표, 연결산점도 등
- ⓔ 공간 시각화 : 지도로 표현하는 시각화
    - 예) 지도, 단계구분도, 카토그램, 카토그램 히트맵 등
- ⓕ 시간 시각화 : 시간 변화에 따른 추이를 나타내는 시각화
    - 예) 라인차트, 막대차트, 경사차트, 영역차트(누적밀도) 등
- ⓖ 불확실성 시각화 : 오차 표현을 포함하는 시각화
    - 예) 오차막대, 단계별오차막대, 신뢰도스트랩, 신뢰대역, 분위수점도표 등
- ⓗ 기타 시각화
    - 흐름을 표현하는 시각화 : 생키(산키)차트 등
    - 순위 표시 시각화 : 경사차트, 범프(혹)차트 등
② 대시보드 페이지 수 결정 : 대시보드의 총 페이지 수를 정의하고 각 페이지의 목적과 콘텐츠를 설계함
③ 드릴다운 기능 설계 : 세부 정보를 확인할 수 있는 드릴다운 기능을 추가하고 사용자 인터페이스를 직관적으로 설계함
④ 상호작용 요소 설계 : 사용자의 편의를 위한 상호작용 요소를 포함하고 필터링, 검색 기능 등을 설계함
⑤ 알림과 경고 시스템 구축 : 주요 이벤트에 대한 알림과 경고 시스템을 설계하고 사용자에게 실시간 알림을 제공하는 방식을 정의함

(3) 데이터의 계층 구조, 데이터 간의 관계 모델링
① 데이터 계층 구조 : 데이터의 세부 항목을 계층적으로 정리하고 데이터의 레벨(수준), 연결, 통합 관계 설정함
② 데이터 간의 관계 모델링 : 데이터 항목 간의 관계를 시각적으로 모델링하고 관계 모델링을 통해 데이터 통합의 시너지를 극대화함

(4) 대시보드 구현 및 게시
① 대시보드 구현
- ㉠ 시각화 BI 도구를 결정하고 목적, 기능, 작성비용(시간)에 대한 합리적인 의사결정 수행
- ㉡ 대시보드 설계단계에서 수립한 내용을 구현하며 크기, 위치, 비율, 구성 등 레이아웃 조절

② 대시보드 게시
- ㉠ 프로토타입 대시보드 구현 및 테스트 실시하고 데이터 정합성 체크
- ㉡ 대시보드 구축 및 테스트가 끝나면 데이터 업데이트 주기 설정을 통해 서비스 화면 갱신

(5) 데이터 소스 정리, 유지관리

① 데이터 소스 정리 : 사용되는 모든 데이터 소스를 정리하고 데이터의 출처와 신뢰성을 검토함
② 데이터 유지관리 계획 수립 : 데이터의 정기적 업데이트와 검증 절차를 마련하고 데이터 품질 유지를 위한 관리 체계를 구축함

❷ 시각화 요소 선택(8가지 차트 종류)

(1) 수량 시각화

① 목적 : 크기 비교
  ㉠ 사물 크기와 양을 비교하기 위해 많고 적음을 표현하는 방법
  ㉡ 이산형 변수(셀 수 있는 수량), 연속형 변수(소수 등의 연속적인 숫자값)의 시각화
  예 라면 브랜드별 총판매량, 국가별 총관광객 입국자 수, 월드컵 출전국가별 선수 나이 평균

② 수직(세로)막대 차트
  ㉠ 범주별 수량 비교 가능
  ㉡ X축에 시간을 표현하면 추이도 표현할 수 있음
  ㉢ 범주(차원)별 이름(레이블)을 가진 경우 수직(세로)막대차트는 불편할 수 있음
  ㉣ Y축을 0부터 시작해야 정확한 정보를 전달할 수 있음
  ㉤ 특정한 순서가 없을 때는 막대 순서를 오름차순 혹은 내림차순으로 정렬

③ 수평(가로)막대차트 [2024년 2회 기출]
  ㉠ 긴 항목 이름(레이블)을 효과적으로 표시할 수 있음
  ㉡ X축을 0부터 시작해야 정확한 정보를 전달할 수 있음
  ㉢ 범주의 수가 많을 때, 스크롤을 통해 모든 항목을 쉽게 확인 가능
  ㉣ 시간의 흐름이나 연속된 데이터를 표현하기보다는 범주 간의 비교에 유리
  ㉤ 데이터가 음수일 경우 중앙에서 양쪽으로 분리하여 표현할 수 있음

④ 묶은수직막대차트
  ㉠ 여러 범주의 항목을 그룹으로 묶어 비교 가능
  ㉡ 각 그룹 내 항목의 직접적인 비교가 용이함
  ㉢ X축에는 범주(차원)를, Y축에는 수량을 표현
  ㉣ 그룹별 항목을 색상으로 구분하여 시각적 구별이 가능
  ㉤ 데이터의 비교 항목이 많을 경우 차트가 복잡해질 수 있음
  ㉥ Y축을 0부터 시작해야 정확한 정보를 전달할 수 있음
  ㉦ 그룹 간의 비교와 그룹 내 항목 간의 비교를 동시에 수행 가능
  ㉧ 특정한 순서가 없을 때는 막대 순서를 오름차순 혹은 내림차순으로 정렬

⑤ 묶은수평막대차트
  ㉠ 긴 항목 이름(레이블)을 효과적으로 표시할 수 있음
  ㉡ X축에는 수량을, Y축에는 범주(차원)를 표현
  ㉢ X축을 0부터 시작해야 정확한 정보를 전달할 수 있음
  ㉣ 기타 '묶은수직막대차트'와 동일

⑥ 누적수직막대차트 **2024년 2회 기출**
  ㉠ 여러 범주의 데이터를 하나의 막대로 누적하여 비교 가능
  ㉡ 각 막대는 여러 항목으로 구성되며, 항목 간의 비율 비교에 유리
  ㉢ X축에는 범주(차원)를, Y축에는 누적된 수량을 표현
  ㉣ 항목별 색상 구분으로 누적된 부분을 시각적으로 구별할 수 있음
  ㉤ 각 항목의 절대적인 크기뿐만 아니라 전체에 대한 비율도 파악 가능
  ㉥ Y축을 0부터 시작해야 정확한 정보를 전달할 수 있음
  ㉦ 데이터의 총합과 각 항목의 기여도를 동시에 확인 가능
  ㉧ 특정한 순서가 없을 때는 누적 순서를 오름차순 혹은 내림차순으로 정렬
  ㉨ 누적된 데이터가 많을 경우 차트가 복잡해질 수 있음

⑦ 누적수평막대차트
  ㉠ X축에는 누적된 수량을, Y축에는 범주(차원)를 표현
  ㉡ 긴 항목 이름(레이블)을 효과적으로 표시할 수 있음
  ㉢ X축을 0부터 시작해야 정확한 정보를 전달할 수 있음
  ㉣ 기타 '누적수직막대차트'와 동일

⑧ 히트맵차트
  ㉠ 데이터의 밀도나 분포를 색상으로 표현하여 시각화
  ㉡ 행과 열로 구성된 격자 형태로 데이터를 배치
  ㉢ 색상의 농도로 데이터 값을 표현하여 높은 값과 낮은 값을 쉽게 비교 가능
  ㉣ 다양한 색상 팔레트를 사용하여 데이터의 범위와 패턴을 명확히 구분
  ㉤ 많은 양의 데이터를 한눈에 파악할 수 있음
  ㉥ 주로 상관관계 분석이나 패턴 인식에 유용
  ㉦ 특정 범주나 차원에 대해 명확한 트렌드를 파악할 수 있음
  ㉧ 색상의 해석이 주관적일 수 있으므로 범례를 명확히 제공해야 함

⑨ 폭포수 차트 `2024년 1회 기출`
  ㉠ 단계별 데이터의 변화를 시각적으로 표현
  ㉡ 각 막대는 이전 값에서 증가 또는 감소한 값을 나타냄
  ㉢ 시작 값에서 최종 값으로의 변화를 단계별로 확인 가능
  ㉣ 주로 수익, 비용, 재무 데이터의 변화 추적에 유용
  ㉤ 긍정적 변화는 위로, 부정적 변화는 아래로 표시
  ㉥ 변화의 원인이나 기여 요소를 명확히 파악 가능
  ㉦ 데이터의 흐름과 변화를 시각적으로 쉽게 이해할 수 있음
  ㉧ 모든 변화 값을 정확히 표현하기 위해 축을 0부터 시작해야 함

⑩ 스캐터 차트
  ㉠ 두 변수 간의 관계를 점으로 표현하여 시각화
  ㉡ X축과 Y축에 각각의 변숫값을 표시
  ㉢ 각 점의 위치가 두 변수 간의 관계를 나타냄
  ㉣ 변수 간의 상관관계, 패턴, 트렌드를 쉽게 파악 가능
  ㉤ 데이터의 분포와 밀집도를 시각적으로 확인 가능
  ㉥ 특정 그룹이나 군집을 식별하는 데 유용
  ㉦ 많은 양의 데이터를 효과적으로 비교할 수 있음
  ㉧ 점의 크기나 색상을 추가하여 추가적인 정보를 표현할 수 있음

⑪ 레이더 차트
  ㉠ 여러 변수를 하나의 다각형으로 표현하여 시각화
  ㉡ 중심에서 바깥쪽으로 변숫값을 표시
  ㉢ 각 축은 하나의 변수를 나타내며, 축의 끝점은 해당 변수의 최댓값
  ㉣ 변수 간의 상대적인 비교가 용이함
  ㉤ 주로 성능 평가, 프로파일 분석에 유용
  ㉥ 여러 항목을 하나의 차트에 중첩하여 비교 가능
  ㉦ 데이터의 균형과 불균형을 시각적으로 파악할 수 있음
  ㉧ 축의 순서와 스케일링을 신중히 설정해야 정확한 비교 가능

TIP 레이더 차트 주의사항

- 변수(비교대상)가 많으면 해석이 어려움

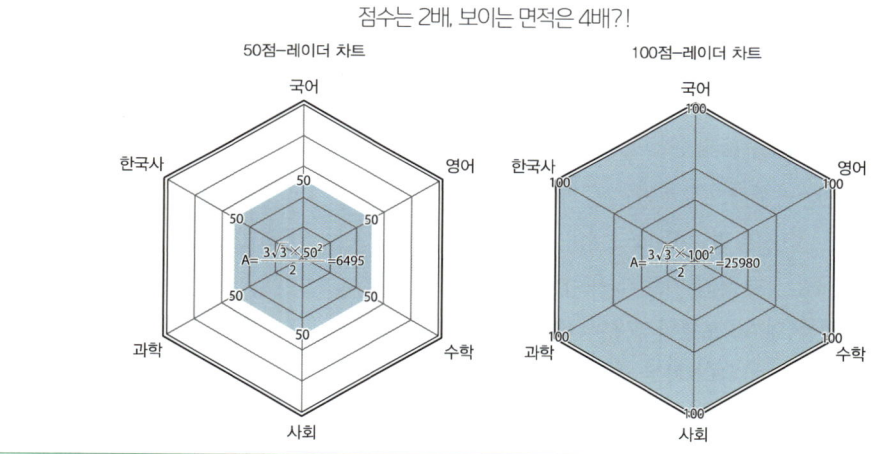

- 보이는 면적은 비교대상 수치가 아님

⑫ **롤리팝차트**
  ㉠ 막대차트의 변형으로 점과 선으로 데이터 값을 표현
  ㉡ 데이터 값을 나타내는 점이 막대의 끝에 위치
  ㉢ 막대는 점까지의 거리를 나타내며, 데이터 값의 크기를 시각적으로 표현
  ㉣ 범주 간의 비교가 용이함
  ㉤ X축과 Y축에 각각의 변숫값을 표시
  ㉥ 깔끔하고 명확한 데이터 비교가 가능

Ⓐ 많은 데이터 값을 한눈에 파악할 수 있음
　　Ⓑ 특정한 순서가 없을 때는 막대 순서를 오름차순 혹은 내림차순으로 정렬

⑬ 불렛 차트
　㉠ 불렛 차트는 막대 차트의 변형으로 목표 대비 달성 등 성과 비교에 사용됨
　㉡ 목표값(Target), 관측값(Observation), 범위값(Range) 3개 요소로 구성됨
　㉢ 중앙의 막대를 "바(Bar)"라고 하며, 관측값을 나타냄
　㉣ 세로선은 "기호마커"라고 하며, 목표값(Target)을 나타냄
　㉤ 배경의 옅은 막대는 범위값을 나타내며, 등급이나 범위 값을 나타냄

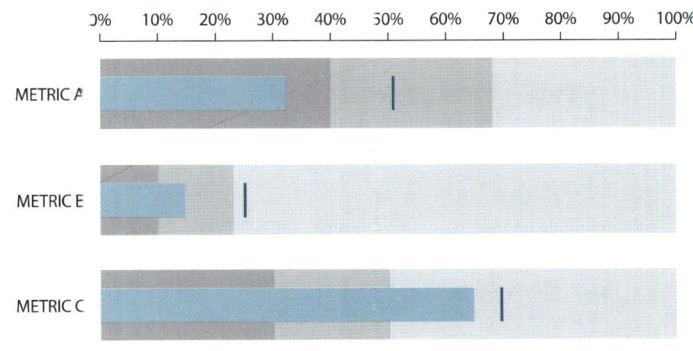

출처 : https://www.storytellingwithdata.com/blog/what-is-a-bullet-graph

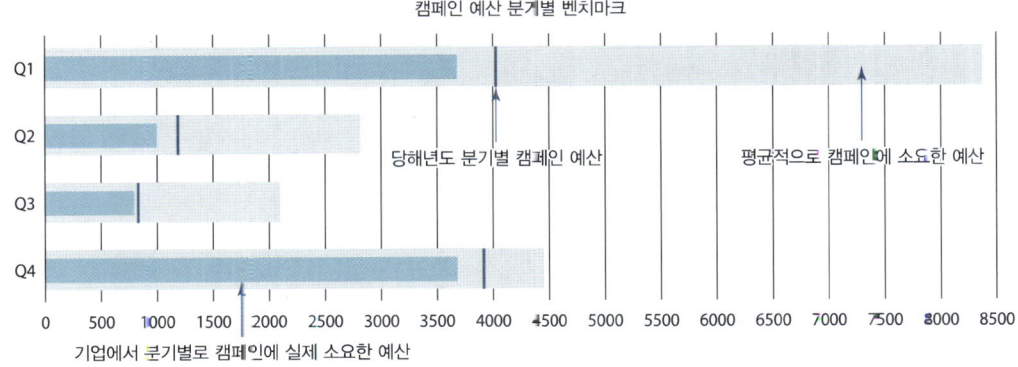

출처 : 2024년 2회 경영정보시각화능력 필기 기출문제(대한상공회의소)

[불렛 차트 샘플]

⑭ 수량 시각화 차트 핵심요약 및 예시

차트 유형	요약	주의사항	예시
수직(세로)막대 차트	• 범주별 수량 비교 가능 • X축에 시간을 표현하면 추이도 표현 가능	많은 범주를 표시할 때 읽기 어려움	
수평막대 차트	• 범주별 수량 비교에 적합 • 긴 항목 이름(레이블)을 효과적으로 표시 가능	긴 항목 이름이 많을 때 막대 크기 공간 부족	
묶은수직막대 차트	• 여러 범주의 항목을 그룹으로 묶어 비교 가능 • 그룹 내 항목의 직접적인 비교가 용이	많은 그룹과 항목을 표시할 때 복잡함	
묶은수평막대 차트	• 여러 범주의 항목을 그룹으로 묶어 비교 가능 • 긴 항목 이름(레이블)을 효과적으로 표시 가능		
누적수직막대 차트	• 여러 범주의 데이터를 하나의 막대로 누적 • 각 항목의 절대적인 크기와 비율 파악 가능	개별 항목의 정확한 비교가 어려움	
누적수평막대 차트	• 여러 범주의 데이터를 하나의 막대로 누적 • 각 항목의 절대적인 크기와 비율 파악 가능		
히트맵 차트	• 데이터의 밀도나 분포를 색상으로 표현 • 상관관계 분석이나 패턴 인식에 유용	색상 해석이 주관적일 수 있음	

차트 유형	요약	주의사항	예시
폭포수 차트	• 단계별 데이터의 변화를 시각적으로 표현 • 긍정적 변화는 위로, 부정적 변화는 아래로 표시	복잡한 데이터에서는 해석이 어려움	
스캐터 차트	• 두 변수 간의 관계를 점으로 표현 • 변수 간의 상관관계, 패턴, 트렌드를 쉽게 파악	많은 데이터 포인트가 겹치거나, 선형관계가 아니면 해석이 어려움	
레이더 차트	• 여러 변수를 하나의 다각형으로 표현 • 변수 간의 상대적인 비교가 용이	변수의 수가 많으면 해석이 어렵고, 변수 간 표준화(Scaling)가 반드시 필요함	
롤리팝 차트	• 막대차트의 변형으로 점과 선으로 데이터 표현 • 깔끔하고 명확한 데이터 비교가 가능	막대차트에 비해 해석이 직관적이지 않음	

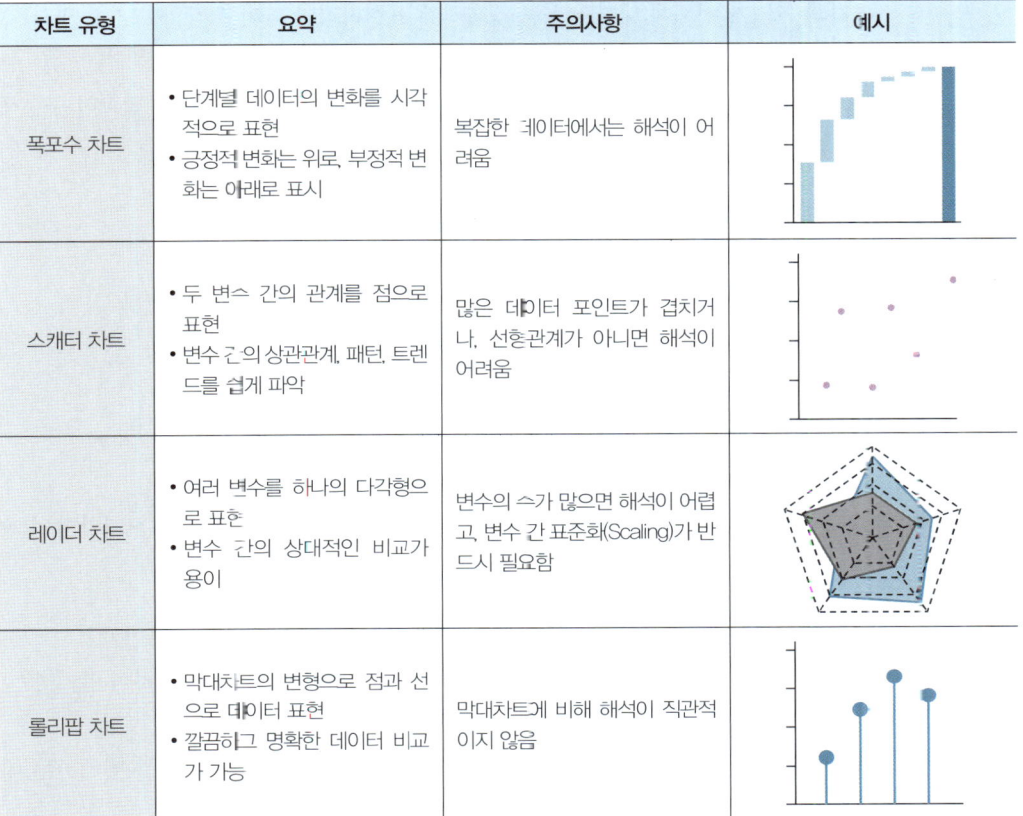

(2) 비율 시각화

① 목적 : 비율과 구성 비교
  ㉠ 전체 중에서 부분의 크기나 비율을 비교하기 위해 사용하는 방법
  ㉡ 전체를 구성하는 범주의 종류와, 부분과 전체의 비율을 시각적으로 표현
  예 집단에서의 성비, 연령대별 비율 표현, 기업별·상품별 시장 점유율

② 원형(파이)차트 [2024년 1회 기출]
  ㉠ 원의 전체 크기는 데이터 전체의 총합을 나타냄
  ㉡ 각 파이 조각의 크기는 데이터 중 특정 차원의 비율을 표현
  ㉢ 상대적으로 특정 범주(차원)의 비율을 상호 비교하기 쉬움
  ㉣ 범주(차원)가 많아지면 비율을 시각적으로 이해하기 어려움
  ㉤ 특정 범주(차원)의 시간에 따른 비율 변화를 표현하기에는 적합하지 않음

③ 다차원 원형(파이)차트
  ㉠ 전체의 구성 비율을 여러 개의 파이 조각으로 표현함
  ㉡ 각 조각은 데이터의 특정 차원 또는 범주의 비율을 나타냄
  ㉢ 주로 비율과 상대적 크기를 비교하는 데 유용함

ⓔ 각 조각의 크기가 전체에 대한 비율을 정확하게 표현하려면 파이 조각의 크기를 명확히 해야 함
　　ⓜ 조각 수가 많거나 비율 차이가 클 때는 이해하기 어려울 수 있음
　　ⓗ 여러 개의 원형차트를 겹쳐서 사용하는 경우 각 차트의 색상 및 레이블을 명확히 구분해야 함
　　ⓢ 시간의 추이 또는 연속적인 데이터 변화 표현에는 적합하지 않음

④ 일차원 수직 누적막대그래프
　　㉠ 단일 범주(차원) 내에서 여러 항목의 누적값을 시각적으로 표현함
　　㉡ 각 막대는 하나의 범주를 나타내며, 여러 항목의 누적값을 축적하여 표시함
　　㉢ X축에는 범주를, Y축에는 누적 수량을 표시함
　　㉣ 각 항목별 색상 구분으로 누적된 부분을 시각적으로 확인할 수 있음
　　㉤ 전체의 비율과 각 항목의 기여도를 파악하는 데 유용함
　　㉥ 범주 수가 많거나 누적 항목이 복잡할 경우 그래프가 복잡해질 수 있음
　　㉦ Y축은 0부터 시작해야 정확한 비교가 가능하며, 누적값의 전체적인 경향을 파악할 수 있음

⑤ 다차원수직누적막대그래프
　　㉠ 여러 범주(차원) 내에서 각 범주별로 여러 항목의 누적값을 시각적으로 표현함
　　㉡ 각 범주는 하나의 막대로 나타내며, 여러 항목의 누적값을 색상으로 구분하여 표시함
　　㉢ X축에는 범주를, Y축에는 누적된 수량을 표시함
　　㉣ 각 범주별로 누적된 항목의 비율과 총합을 비교할 수 있어 전체적인 분포를 이해하는 데 유용함
　　㉤ 범주와 항목이 많을 경우 차트가 복잡해지고 읽기 어려울 수 있음
　　㉥ Y축은 0부터 시작해야 하며, 항목별 색상 구분과 범주별 비교를 통해 데이터의 차이와 경향을 명확히 파악할 수 있음

⑥ 누적밀도 차트
　　㉠ 데이터의 누적 분포를 시각적으로 표현함
　　㉡ 각 데이터 포인트까지의 누적 빈도 또는 비율을 그래프 형태로 나타냄
　　㉢ 일반적으로 X축에는 데이터 값 또는 범주를, Y축에는 누적 빈도 또는 비율을 표시함
　　㉣ 데이터의 분포와 누적 비율을 한눈에 확인할 수 있어 전체 분포를 이해하는 데 유용함
　　㉤ 여러 데이터세트를 비교할 때 각 데이터의 누적 분포를 시각적으로 비교할 수 있음
　　㉥ 데이터가 많거나 분포가 복잡할 경우 그래프가 혼잡해질 수 있음
　　㉦ X축의 범위와 간격 설정이 중요하며, 데이터의 경향성을 명확히 나타내기 위해 축(최대, 최소, 간격)을 적절히 조정해야 함

⑦ 도넛차트
　　㉠ 파이차트와 유사하나 가운데가 비어 있음
　　㉡ 중앙에 추가적인 정보를 표시할 수 있음
　　㉢ 범주가 많을 때 시각적으로 혼란스러울 수 있음
　　㉣ 시간에 따른 비율 변화를 표현하기 어려움

⑧ 모자이크차트
　㉠ 범주 간 비율을 사각형 크기로 표현
　㉡ 2개 이상의 범주가 계층 구조를 가질 때 적합
　㉢ 이웃하지 않은 사각형 사이의 비교가 어려움
　㉣ 범주의 배치를 제어하기 어려움

⑨ 트리 맵 `2024년 2회 기출`
　㉠ 데이터의 계층 구조를 사각형으로 표현
　㉡ 각 사각형의 크기는 데이터 값의 비율을 나타냄
　㉢ 많은 데이터 범주를 효과적으로 시각화 가능
　㉣ 이웃하지 않은 사각형 사이의 비교가 어려움
　㉤ 음수를 나타낼 수 없음

⑩ 와플차트(그리드플롯)
　㉠ 전체를 100개의 작은 정사각형으로 나누어 표현
　㉡ 각 정사각형은 전체의 1%를 나타냄
　㉢ 비율을 시각적으로 쉽게 이해 가능
　㉣ 데이터가 많을 경우 해석이 어려움

⑪ 폭포수 차트
　㉠ 단계별 데이터의 변화를 시각적으로 표현
　㉡ 각 막대는 이전 값에서 증가 또는 감소한 값을 나타냄
　㉢ 전체와 부분의 변화를 단계별로 확인 가능
　㉣ 복잡한 데이터에서는 해석이 어려움

⑫ 생키 다이어그램(비율) `2024년 2회 기출`
　㉠ 비율 데이터의 흐름과 전환을 시각적으로 표현함
　㉡ 각 흐름은 비율의 크기를 나타내며, 연결된 사각형의 크기로 표시됨
　㉢ 데이터의 시작, 중간 과정, 최종 결과를 한눈에 볼 수 있으며 비율 변화를 시각적으로 확인할 수 있음
　㉣ 비율의 흐름을 명확히 하기 위해 흐름의 방향과 크기를 시각적으로 강조함
　㉤ 복잡한 데이터의 흐름이나 변화를 쉽게 이해하고 분석하는 데 유용함
　㉥ 많은 데이터 흐름이 겹치거나 복잡할 경우 시각적으로 혼잡해질 수 있음
　㉦ 각 흐름과 비율의 명확한 구분을 위해 색상과 레이블을 신중하게 설정해야 함

⑬ 비율 시각화 차트 핵심요약 및 예시

차트 유형	요약	주의사항	예시
원형(파이)차트	• 원의 전체 크기는 데이터 전체의 총합을 나타냄 • 각 파이 조각의 크기는 데이터 중 특정 차원의 비율을 표현	• 범주가 많아지면 비율을 시각적으로 이해하기 어려움 • 시간에 따른 비율 변화 표현에 적합하지 않음	
다차원원형(파이)차트	• 전체의 구성 비율을 여러 개의 파이 조각으로 표현함 • 각 조각은 데이터의 특정 차원 또는 범주의 비율을 나타냄	조각 수가 많거나 비율 차이가 클 때 이해하기 어려움	
일차원수직누적 막대그래프	• 단일 범주(차원) 내에서 여러 항목의 누적값을 시각적으로 표현함 • 각 막대는 하나의 범주를 나타내며, 여러 항목의 누적값을 축적하여 표시함	범주 수가 많거나 누적 항목이 복잡할 경우 그래프가 복잡해질 수 있음	
다차원수직누적 막대그래프	• 여러 범주(차원) 내에서 각 범주별로 여러 항목의 누적값을 시각적으로 표현함 • 각 범주는 하나의 막대로 나타내며, 여러 항목의 누적값을 색상으로 구분하여 표시함	범주와 항목이 많을 경우 차트가 복잡해지고 읽기 어려울 수 있음	
누적밀도차트	• 데이터의 누적 분포를 시각적으로 표현함 • 각 데이터 포인트까지의 누적 빈도 또는 비율을 그래프 형태로 나타냄	• 데이터가 많거나 분포가 복잡할 경우 그래프가 혼잡해질 수 있음 • 축의 범위와 간격 설정이 중요함	
도넛차트	• 파이차트와 유사하나 가운데가 비어 있음 • 중앙에 추가적인 정보를 표시할 수 있음	범주가 많을 때 시각적으로 혼란스러울 수 있음	
모자이크차트	• 범주 간 비율을 사각형 크기로 표현 • 2개 이상의 범주가 계층 구조를 가질 때 적합	• 이웃하지 않은 사각형 사이의 비교가 어려움 • 범주의 배치를 제어하기 어려움	
트리 맵	• 데이터의 계층 구조를 사각형으로 표현 • 각 사각형의 크기는 데이터 값의 비율을 나타냄	• 이웃하지 않은 사각형 사이의 비교가 어려움 • 많은 데이터 범주를 효과적으로 시각화하기 어려울 수 있음	

차트 유형	요약	주의사항	예시
와플차트 (그리드플롯)	• 전체를 100개의 작은 정사각형으로 나누어 표현 • 각 정사각형은 전체의 1%를 나타냄	• 데이터가 많을 경우 해석이 어려움 • 정확한 수치 분석이 어려울 수 있음	
폭포수차트	• 단계별 데이터의 변화를 시각적으로 표현 • 각 막대는 이전 값에서 증가 또는 감소한 값을 나타냄	• 복잡한 데이터에서는 해석이 어려움 • 데이터의 흐름을 정확하게 표현하기 위해 축을 0부터 시작해야 함	
생키다이어그램 (비율)	• 비율 데이터의 흐름과 전환을 시각적으로 표현함 • 각 흐름은 비율의 크기를 나타내며, 연결된 사각형의 크기로 표시됨	• 많은 데이터 흐름이 겹치거나 복잡할 경우 시각적으로 혼잡해질 수 있음 • 각 흐름과 비율의 정확한 수치 및 순위 파악이 어려움	

(3) 분포 시각화

① 목적 : 데이터의 분포와 통계량 시각화
　㉠ 특정 변수의 데이터 값 분포를 파악
　㉡ 데이터를 시각적으로 표현하여 분포 패턴 및 통계량을 이해
　　예 슈퍼마켓 데이터에서 제품을 구매한 소비자의 연령 분포 파악, 학교 성적 분포 분석, 지역별 인구 분포 조사

② 히스토그램 `2024년 1회 기출`
　㉠ 가로축에 범주형 데이터 혹은 구간, 세로축에 측정값의 정도를 표현하는 그래프
　㉡ 통계적 분포를 표시할 수 있음
　㉢ 가로축(X축)에 구간의 폭을 정확하게 설정하면 시각적으로 효과적인 정보를 전달할 수 있음
　㉣ 연속형 데이터의 분포를 쉽게 파악 가능
　㉤ 데이터의 전체적인 분포 패턴을 이해하는 데 유용
　㉥ 구간의 폭 설정에 따라 데이터 해석이 달라질 수 있음
　㉦ 추정된 밀도가 불연속적임
　㉧ 관측 간격의 시작점(bin의 시작점)에 매우 의존적임
　㉨ 변수가 증가할수록 구간(bin)의 수도 기하급수적으로 증가함

> **TIP** 히스토그램과 막대그래프의 차이점
>
> 히스토그램과 막대그래프는 시각화 도구로 자주 사용되지만, 서로 다른 목적과 데이터 유형을 시각화한다. 히스토그램은 주로 연속형 데이터의 분포를 나타내고, 막대그래프는 범주형 데이터의 빈도나 수량을 비교하는 데 사용된다.
>
> | 구분 | 히스토그램 | 막대그래프 |
> | --- | --- | --- |
> | 목적 | 연속형 데이터의 분포를 나타냄 | 범주형 데이터의 빈도나 수량을 비교 |
> | 데이터 유형 | 연속형 데이터 | 범주형 데이터 |
> | 막대 간 간격 | 막대 사이에 간격이 없음 | 막대 사이에 간격이 있음 |
> | X축 | 구간(연속적) | 범주(불연속적) |
> | Y축 | 빈도(수량) | 빈도(수량) |

③ 밀도분포도

㉠ 데이터의 분포를 곡선 형태로 표현함

㉡ X축은 데이터 값을, Y축은 밀도를 나타냄

㉢ 데이터의 분포 패턴과 밀집도를 쉽게 파악 가능

㉣ 여러 데이터세트의 분포를 겹쳐서 비교할 수 있음

㉤ 데이터의 분포 형태를 직관적으로 이해하기 용이함

㉥ 어떤 값이 더 자주 나오든가 혹은 더 가능성이 높은지에 대한 정보를 알기 힘듦

④ 누적밀도

㉠ 데이터의 누적 분포를 곡선 형태로 시각화함

㉡ X축은 데이터 값을, Y축은 누적밀도를 나타냄

㉢ 누적 백분율을 통해 데이터의 분포를 쉽게 파악 가능

㉣ 여러 데이터세트를 비교하여 누적 분포의 차이를 확인할 수 있음

㉤ 데이터를 직관적으로 분석하는 데 유용함

㉥ 분포의 형상을 통해 데이터를 직관적으로 이해하기는 힘듦

⑤ 중첩밀도

㉠ 여러 데이터세트의 밀도 분포를 한 차트에 중첩하여 표현함

㉡ 각 데이터세트는 다른 색상이나 선 스타일로 구분함

㉢ 데이터세트 간의 분포 차이를 쉽게 비교 가능

㉣ 밀도 곡선이 겹치는 부분에서 데이터의 공통된 분포 영역을 파악할 수 있음

㉤ 복수의 데이터세트를 시각적으로 효과적이게 비교함

⑥ 누적히스토그램

㉠ 데이터의 누적 빈도를 막대 형태로 시각화함

㉡ X축은 데이터 값을, Y축은 누적 빈도나 누적 비율을 나타냄

㉢ 각 막대는 이전 막대의 값을 누적하여 표현함

ⓔ 데이터의 누적 분포를 직관적으로 파악 가능
ⓜ 데이터의 변화 추이를 시각적으로 쉽게 이해할 수 있음

⑦ 융기선도표(Ridgeline Plot)
　㉠ 데이터의 변화나 추이를 선으로 연결하여 표현함
　㉡ 주로 시간에 따른 데이터의 변화를 시각화함
　㉢ X축은 시간을, Y축은 측정값을 나타냄
　㉣ 데이터의 경향성을 파악하는 데 유용함
　㉤ 여러 데이터세트를 한 차트에 겹쳐서 비교 가능
　㉥ 변수 간의 관계가 아니라 개별 변수의 에피소드/시즌 간의 관계만 보여줌

⑧ QQ도표(QQ plot)
　㉠ 두 데이터세트 간의 분포를 비교하는 차트
　㉡ 각 데이터의 분포를 점으로 표시하고, 대각선을 기준으로 비교함
　㉢ 데이터가 동일한 분포를 따르는지 시각적으로 확인 가능
　㉣ 데이터의 이상치나 분포 차이를 쉽게 발견할 수 있음
　㉤ 정규성 검정이나 분포 간의 비교에 유용함
　㉥ 분포를 비교할 수 있는 데이터 수가 두 개의 데이터세트로 제한됨
　㉦ 데이터가 연속형이며, 정규분포 및 선형관계로 가정하는 한계가 있음
　㉧ 대규모 데이터세트이 더욱 적합함. 소규모는 상자수염그림이나 히스토그램 활용

> **TIP** Q-Q Plot의 개요 및 해석
>
> • 개요
>   - Quantile-Quantile Plot의 약자로 두 확률 분포의 형태를 비교하는 도구
>   - 정규분포뿐만 아니라 여러 분포의 형태를 비교하는 데 사용되며, 두 분포가 유사한지를 시각적으로 확인할 수 있는 유용한 도구임
>   - Quantile : 확률 분포를 동일한 확률 간격으로 나누는 절단점
> • Q-Q Plot 사용방법
>   - 두 데이터세트의 quantile을 계산하여 비교
>   예 100명의 키와 몸무게를 비교할 때, 각 데이터의 quantile 값을 짝지어 plot에 표시
>   - 데이터 개수가 다를 경우 적은 데이터에 중복을 허용하여 작짓기
> • Q-Q plot 활용 예시
>   - 정규성 검정 : 데이터가 정규분포를 따르는지 확인하기 위해 사용(예 시험 점수가 정규분포를 따르는지 확인)
>   - 두 데이터세트 비교 : 두 데이터세트가 동일한 분포를 갖는지 비교(예 두 지역의 주택 가격 분포 비교)
>   - 잔차 분석 : 회귀분석의 잔차가 정규분포를 따르는지 확인(예 회귀모델의 적합성을 평가)
> • Q-Q Plot 해석
>   - 직선 위에 점들이 분포 : 두 분포가 같은 형태
>   - 점들이 직선 위쪽 : 비교대상분포가 기준분포보다 작은 값을 가짐
>   → 왜도>0 : 데이터 분포가 왼쪽으로 치우쳐 있음(오른쪽으로 긴 꼬리), 평균>중앙값
>   - 점들이 직선 아래쪽 : 비교대상분포가 기준분포보다 큰 값을 가짐
>   → 왜도<0 : 데이터 분포가 오른쪽으로 치우쳐 있음(왼쪽으로 긴 꼬리), 평균<중앙값

- 중요 참고사항
  - X축 : 이론적 분포
  - Y축 : 비교하고자 하는 분포
  - 데이터는 좌측부터 우측으로, 아래에서 위로 커지는 순으로 나열

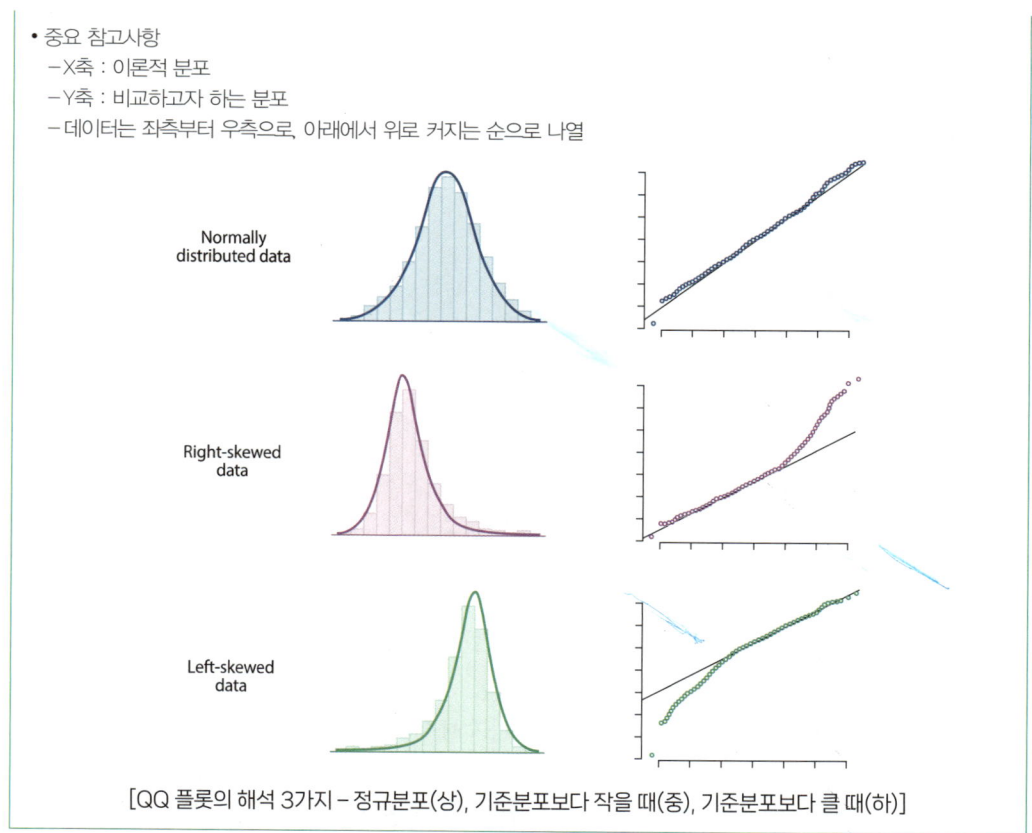

[QQ 플롯의 해석 3가지 – 정규분포(상), 기준분포보다 작을 때(중), 기준분포보다 클 때(하)]

⑨ 점도표/도트플롯(Dot plot)
  ㉠ 데이터의 분포를 점으로 표현하는 차트
  ㉡ X축에 변숫값을, Y축에 빈도(또는 개수)를 표시
  ㉢ 각 점은 개별 데이터 포인트를 나타냄
  ㉣ 데이터의 밀집도와 분포를 직관적으로 파악 가능
  ㉤ 많은 데이터 포인트가 있을 경우 점들이 겹쳐 보일 수 있음
  ㉥ 데이터의 개별 포인트를 강조하는 데 유용

⑩ 박스플롯(Box plot) 2024년 1회 기출
  ㉠ 여러 범주의 범위나 분포를 박스형으로 간단하게 표시하는 방법
  ㉡ 데이터를 사분위로 표시하여 최솟값, 1사분위값, 2사분위값(중앙값), 3사분위값, 최댓값을 표현함. 평균은 표시하지 않음
  ㉢ 아웃라이어(데이터 분포 중 다른 측정값에서 크게 벗어난 값) 발견이 쉬움
  ㉣ 데이터의 분포와 변동성을 한눈에 파악 가능
  ㉤ 각 사분위 간의 비교를 통해 데이터의 집중도와 분산도를 확인 가능
  ㉥ 많은 범주를 비교할 때 시각적으로 복잡해질 수 있음

⑪ 바이올린플롯(Violin plot)
  ㉠ 데이터의 분포와 밀도를 시각적으로 표현하는 차트
  ㉡ 박스플롯과 밀도분포도를 결합한 형태임
  ㉢ 데이터의 분포와 중심 경향성을 동시에 파악 가능
  ㉣ 좌우 대칭 형태로 더 이터의 분포를 시각적으로 이해하기 용이함
  ㉤ 데이터의 밀집도와 분포 패턴을 직관적으로 분석 가능
  ㉥ 밀도 추정이 부정확할 수 있으므로, 작은 표본 크기의 데이터세트에는 적합하지 않음

⑫ 스트립플롯(Strip plot)
  ㉠ 데이터 포인트를 개별적으로 점으로 표시하는 차트
  ㉡ X축은 범주를, Y축은 데이터를 나타냄
  ㉢ 각 데이터 포인트의 분포와 밀집도를 시각적으로 파악 가능
  ㉣ 데이터의 중복이나 밀도를 쉽게 확인할 수 있음
  ㉤ 데이터의 분포를 직관적으로 이해하는 데 유용함
  ㉥ 데이터 포인트가 많으면 점들이 겹치기 쉬우므로 많은 데이터세트에 적합하지 않음

⑬ 시나/스웜플롯(Swarm plot)
  ㉠ 스트립플롯은 데이터 포인트를 정확한 위치 표시하는 반면, 시나플롯은 데이터 포인트를 겹치지 않도록 조정하여 데이터 분포를 표현함
  ㉡ 데이터의 분포와 밀집도까지 시각화
  ㉢ 데이터의 변화 추이와 경향성을 파악할 수 있음
  ㉣ 주로 시간 시리즈 데이터나 연속형 데이터를 표현하는 데 사용됨
  ㉤ 데이터의 패턴과 변동성을 직관적으로 이해하기 용이함
  ㉥ X축 범주형, Y축 연속형 변수에만 활용할 수 있으며 그래프 사이즈가 작은 경우 중첩될 수 있음

⑭ 덤벨차트(Dumbbell chart)
  ㉠ 두 변수 간의 비교를 시각적으로 표현하는 차트
  ㉡ 두 점 사이를 선으로 연결하여 변화나 차이를 강조
  ㉢ 두 변수 간의 차이를 명확히 보여줌
  ㉣ 변동 폭을 시각적으로 쉽게 파악 가능
  ㉤ 둘 이상의 범주(변수)를 추가할 수 없음

⑮ 버터플라이차트(Butterfly chart)
  ㉠ 양쪽으로 분리된 막대로 데이터를 시각화하는 차트
  ㉡ 주로 두 그룹 간의 비교를 표현
  ㉢ 중앙에서 양쪽으로 데이터를 시각적으로 비교 가능
  ㉣ 각 그룹 간의 차이를 쉽게 파악 가능
  ㉤ 많은 데이터 항목을 표시할 때 시각적으로 혼잡해질 수 있음

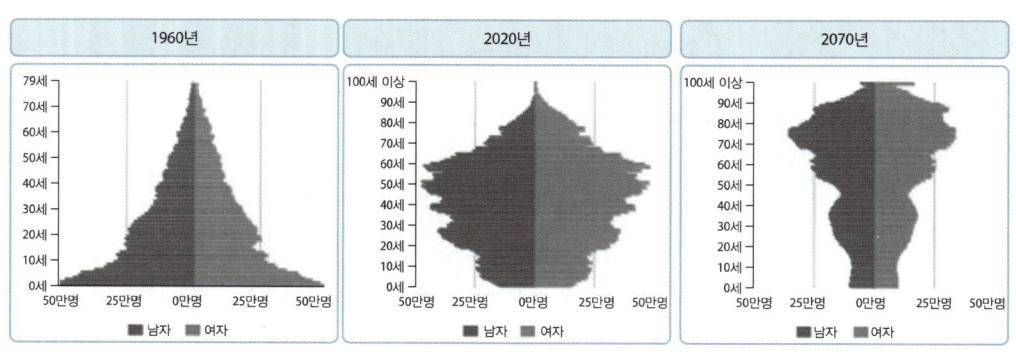

출처 : 통계청

[1960, 2020, 2070년 연도별 인구추계 피라미드 – 버터플라이차트]

⑯ 분포 시각화 차트 핵심요약 및 예시

차트유형	요약	주의사항	예시
히스토그램	• 가로축에 범주형 데이터 혹은 구간, 세로축에 측정값의 정도를 표현하는 그래프 • 통계적 분포를 표시할 수 있음	구간의 폭 설정에 따라 데이터 해석이 달라질 수 있음	
밀도분포도	• 데이터의 분포를 곡선 형태로 표현함 • X축은 데이터 값을, Y축은 밀도를 나타냄	어떤 값이 더 자주 나오든가 혹은 더 가능성이 높은지에 대한 정보를 알기 힘듦	
누적밀도	• 데이터의 누적 분포를 곡선 형태로 시각화함 • X축은 데이터 값을, Y축은 누적밀도를 나타냄	분포의 형상을 통해 데이터를 직관적으로 이해하기는 힘듦	
중첩밀도	• 여러 데이터세트의 밀도분포를 한 차트에 중첩하여 표현함 • 각 데이터세트는 다른 색상이나 선 스타일로 구분함	많은 데이터세트를 겹칠 경우 차트가 복잡해질 수 있음	
누적히스토그램	• 데이터의 누적 빈도를 막대 형태로 시각화함 • X축은 데이터 값을, Y축은 누적 빈도나 누적 비율을 나타냄	여러 데이터세트의 누적 빈도 비교가 어려울 수 있음	

차트유형	요약	주의사항	예시
융기선도표 (Ridgeline Plot)	• 데이터의 변화나 추이를 선으로 연결하여 표현함 • 주로 시간에 따른 데이터의 변화를 시각화함	변수 간의 관계가 아니라 개별 변수의 에피소드/시즌 간의 관계만 보여줌	
QQ도표 (QQ plot)	• 두 데이터세트 간의 분포를 비교하는 차트 • 각 데이터의 분포를 점으로 표시하고, 대각선을 기준으로 비교함	분포를 비교할 수 있는 데이터 수가 두 개의 데이터세트로 제한됨	
점도표 (Dot plot)	• 데이터의 분포를 점으로 표현하는 차트 • X축에 변숫값을, Y축에 빈도(또는 개수)를 표시	데이터 포인트가 겹쳐서 시각적으로 혼란스러울 수 있음	
박스플롯	• 여러 범주의 범위나 분포를 박스형으로 간단하게 표시하는 방법 • 데이터를 사분위로 표시하여 최솟값, 1사분위값, 2사분위값(중앙값), 3사분위값, 최댓값 표현함	많은 범주를 비교할 때 시각적으로 복잡해질 수 있음	
바이올린차트	• 데이터의 분포와 밀도를 시각적으로 표현하는 차트 • 박스플롯과 밀도분포도를 결합한 형태임	밀도 추정이 부정확할 수 있으므로, 작은 표본 크기의 데이터세트에는 적합하지 않음	
스트립차트	• 데이터 포인트를 개별적으로 점으로 표시하는 차트 • X축은 범주를, Y축은 데이터를 나타냄	데이터 포인트가 많으면 점들이 겹치기 쉬우므로 많은 데이터세트에 적합하지 않음	
시나플롯/스웜플롯	• 데이터의 분포와 밀집도를 곡선 형태로 시각화함 • 데이터의 변화 추이와 경향성을 파악할 수 있음	그래프 사이즈가 작은 경우 중첩될 수 있음	
덤벨차트	• 두 변수 간의 비교를 시각적으로 표현하는 차트 • 두 점 사이를 선으로 연결하여 변화나 차이를 강조	둘 이상의 범주 (변수)를 추가할 수 없음	

차트유형	요약	주의사항	예시
버터플라이차트	• 양쪽으로 분리된 막대로 데이터를 시각화하는 차트 • 주로 두 그룹 간의 비교를 표현	많은 데이터 항목을 표시할 때 시각적으로 복잡해질 수 있음	

(4) 관계 시각화

① 목적 : 두 개 이상의 변수 간의 상관관계 표현
  ㉠ 두 개 이상의 정량적(수치형) 변수의 관계를 시각화하며, 상관관계를 표현하는 방법
  ㉡ 변수 간의 패턴(Pattern), 추세(Trend), 상관관계를 이해하고 분석하는 데 사용
  예 매출과 수익의 관계, 광고 투자와 판매량의 관계, 온도와 에너지 소비량의 관계

② 산점도(분산형차트) [2024년 1회 기출] [2024년 2회 기출]
  ㉠ 가로축, 세로축에 각각의 수치형 자료를 대응시켜 2차원 위치에 점으로 표현
  ㉡ 데이터가 왼쪽 아래에서 오른쪽 위로 분포하면 양의 상관관계
  ㉢ 데이터가 왼쪽 위에서 오른쪽 아래로 분포하면 음의 상관관계
  ㉣ 데이터의 분포와 밀집도를 시각적으로 확인 가능
  ㉤ 같은 값을 가지는 데이터를 여러 번 표시할 수 없으며, 특정 범위에 지나치게 몰릴 경우 읽기 어려움
  ㉥ 두 변수가 수치적으로 얼마나 상관이 있는지 말해주지 않음(별도 상관계수 계산 필요)
  ㉦ 둘 이상의 변수에 대한 관계를 나타낼 수 없음

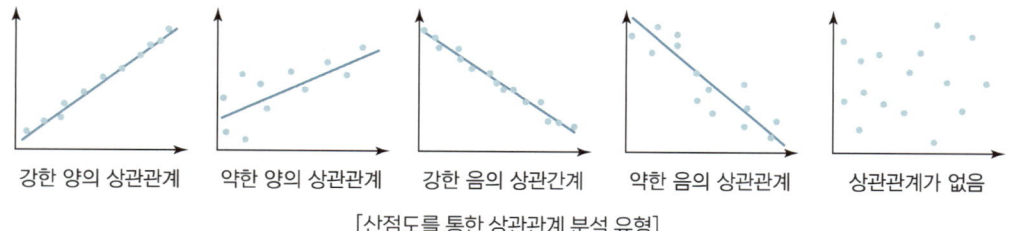

[산점도를 통한 상관관계 분석 유형]

③ 버블(거품형)차트 [2024년 2회 기출]
  ㉠ 산점도에서 파생된 유형으로, 3개의 변수를 다룸
  ㉡ 가로축과 세로축은 각각 변숫값을 나타내고, 원의 크기로 세 번째 변수를 표현
  ㉢ 3개의 변수를 동시에 표현하여 다차원 분석에 유용
  ㉣ 데이터 포인트(원)가 너무 겹쳐 있으면 해석이 어려움
  ㉤ 원의 지름이 아닌 면적으로 비교함에 있어서 시각/인지적 오류가 있을 수 있음
  ㉥ 데이터가 음수일 경우 표현이 어려움

④ 산점도행렬(Scatter Plot Matrix)
- ㉠ 여러 변수 간의 관계를 산점도로 행렬 형태로 시각화
- ㉡ 다차원 데이터를 시각적으로 탐색하고 이해하는 데 유용함(다중공선성 파악 가능)
- ㉢ 각 행과 열은 서로 다른 변수로 구성되며, 교차되는 부분에 해당 변수 쌍의 산점도 표시
- ㉣ 변수 간의 상관관계와 패턴을 한눈에 파악할 수 있음
- ㉤ 각 산점도에 같은 스케일을 사용해야 비교가 용이함
- ㉥ 개별 산점도에 추세선을 추가하여 상관관계의 방향성을 시각화 가능
- ㉦ 데이터 포인트가 많으면 차트가 복잡해질 수 있음
- ㉧ 변수의 조합이 많을 경우 해석이 어려울 수 있으므로 주의 필요

> **TIP** 다중공선성(Multicollinearity)이란?
>
> - 데이터(회귀) 분석에서 영향을 주는 변수들 간에 높은 상관관계가 존재하여 하나의 변수가 다른 변수들로 예측될 수 있는 상황. 이로 인해 $Y = aX + b$의 회귀식에서 회귀 계수 a의 추정이 불안정해지고, 변수들의 실제 영향력을 정확히 측정하기 어려워짐
> - 다중공선성 파악 방법
>   - 상관행렬(Correlation Matrix) : 독립 변수들 간의 상관관계를 확인하고 상관계수가 0.8 이상이면 다중공선성이 의심됨
>   - 분산 팽창 요인(VIF ; Variance Inflation Factor) : 각 독립 변수를 다른 독립 변수들로 회귀 분석하여 계산되며 VIF 값이 10 이상이면 다중공선성이 높다고 판단함
>   - 조건수(Condition Number) : 독립 변수 행렬의 고유값을 이용해 계산하며, 일반적으로 30 이상이면 다중공선성이 존재한다고 봄
> - 다중공선성 해결 방법
>   - 상관관계가 높은 독립 변수 중 하나 혹은 일부를 제거함
>   - 자료를 수집하는 현장의 상황을 보아 상관관계의 이유를 파악하여 해결함
>   - 주성분분석(PCA ; Principal Component Analysis)을 이용하여 독립 변수들을 주성분으로 변환함

⑤ 연결산점도
- ㉠ 산점도의 점들을 선으로 연결하여 시간이나 순서를 나타냄
- ㉡ 시간의 흐름에 따른 변수 간의 관계 변화를 시각화
- ㉢ 데이터의 변화 패턴과 추세를 쉽게 파악 가능
- ㉣ 패턴이 나타나지 않거나 너무 많은 데이터 포인트와 선은 차트가 복잡해질 수 있음

⑥ 꺾은선그래프
- ㉠ 각 데이터 포인트를 선으로 연결하여 추세를 나타냄
- ㉡ 변수 간의 변화 경향과 패턴을 시각적으로 표현
- ㉢ 주로 시간에 따른 데이터의 변화를 나타냄
- ㉣ 데이터의 변동성을 한눈에 파악 가능
- ㉤ 여러 개의 선을 사용하면 꺾은선형 차트가 산만해져 해석하기 어려움(2~3개 변수가 적당)

⑦ 곡선그래프
　㉠ 꺾은선그래프와 유사하지만, 점들을 곡선으로 연결하여 부드러운 변화를 나타냄
　㉡ 변수 간의 연속적인 변화와 경향을 시각적으로 표현
　㉢ 데이터의 흐름과 추세를 부드럽게 보여줌

⑧ 경사차트
　㉠ 두 변수 간의 경사도(Gradient)를 시각화
　㉡ 각 데이터 포인트 사이의 변화율을 시각적으로 표현
　㉢ 데이터 간의 변화 정도를 쉽게 파악 가능

⑨ 상관도표(Collerogram)
　㉠ 다중 변수 간의 상관관계를 시각적으로 표현
　㉡ 변수 간의 상관계수를 색상과 크기로 나타냄
　㉢ 색상은 상관계수의 방향과 크기를 표현하며, 색이 진할수록 상관관계가 강함
　㉣ 정적 상관관계는 일반적으로 양의 상관계수를, 부적 상관관계는 음의 상관계수를 의미
　㉤ 대각선은 일반적으로 1로 표시되며, 변수 자체와의 상관관계를 나타냄
　㉥ 변수 간의 관계, 계수, 방향까지 한눈에 파악할 수 있어 데이터 분석에 유용
　㉦ 많은 변수를 포함하면 차트가 복잡해질 수 있음
　㉧ 색상 팔레트를 신중하게 선택하여 명확한 해석 가능

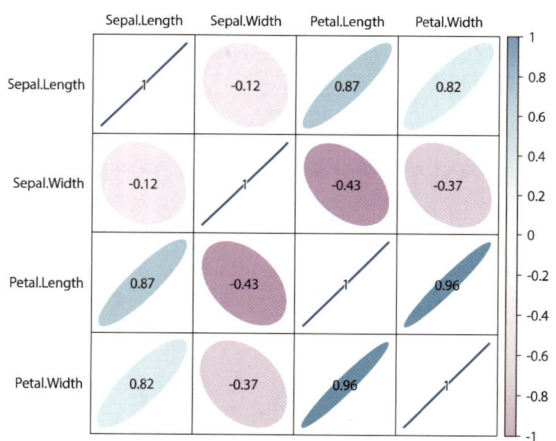

[아이리스 데이터로 만든 상관도표(Collerogram)]

⑩ 2차원상자(2D histogram)
　㉠ 변수 간의 관계를 2차원 상자로 표현
　㉡ 각 상자는 변숫값의 범위를 나타내며, 분포와 밀집도를 시각적으로 표현
　㉢ 변수 간의 관계와 분포 패턴을 파악 가능

⑪ 육각형상자(Hexbin)
   ㉠ 2차원 상자의 변형으로, 육각형 그리드를 사용하여 데이터의 밀집도를 시각화
   ㉡ 각 육각형은 데이터의 빈도를 나타내며, 색상으로 밀집도를 표현
   ㉢ 많은 데이터 포인트를 효과적으로 시각화 가능

⑫ 밀도등고선(Coutour plot)
   ㉠ 변수 간의 밀도를 등고선 형태로 시각화
   ㉡ 등고선은 데이터의 밀집된 영역을 나타내며, 패턴과 분포를 시각적으로 표현
   ㉢ 데이터의 밀집도와 분포 패턴을 직관적으로 이해 가능

⑬ 관계 시각화 차트 핵심요약 및 예시

차트 유형	요약	주의사항	예시
산점도 (분산형차트)	• 두 변수 간의 관계를 점으로 표현하여 시각화 • 변수 간의 패턴과 상관관계 파악 가능	• 같은 값을 가지는 데이터를 여러 번 표시할 수 없음 • 특정 범위에 지나치게 몰릴 경우 읽기 어려움	
버블(거품형)차트	• 산점도의 확장형으로, 세 변수를 다룸 • 세 번째 변수를 원의 크기로 표현	• 많은 데이터 포인트가 겹치면 해석이 어려움 • 원의 크기로 비교할 때 오해 소지가 있음 • 음수 표현이 어려움	
산점도행렬 (Scatter Matrix)	• 여러 변수 간의 관계를 산점도 행렬 형태로 시각화 • 각 변수 쌍의 관계를 동시에 확인 가능 (다중공선성)	변수의 조합이 많을 경우 해석이 어려울 수 있음	
연결산점도	• 산점도의 점들을 선으로 연결하여 시간이나 순서를 나타냄 • 데이터 변화 패턴 파악 가능	패턴이 나타나지 않거나 너무 많은 데이터 포인트와 선이 차트를 복잡하게 만듦	
꺾은선그래프	• 각 데이터 포인트를 선으로 연결하여 추세를 나타냄 • 변수 간의 변화 경향 시각화	여러 개의 선을 사용하면 차트가 산만해져 해석하기 어려움(2~3개 변수가 적당)	

차트 유형	요약	주의사항	예시
곡선그래프	꺾은선그래프와 유사하지만 점들을 곡선으로 연결하여 부드러운 변화를 나타냄	데이터의 급격한 변화를 부드럽게 보여줄 수 없어 실제 변화를 유도할 수 있음	
경사차트	• 두 변수 간의 경사도(Gradient)를 시각화 • 각 포인트 사이의 변화율을 시각적으로 표현	데이터가 많으면 시각적 복잡성이 증가하여 해석이 어려울 수 있음	
상관도표 (Collerogram)	• 다중 변수 간의 상관관계를 시각적으로 표현 • 변수 간의 상관계수를 색상과 크기로 나타냄	색상 팔레트를 신중하게 선택하여 명확한 해석 가능	
2차원상자	• 변수 간의 관계를 2차원상자로 표현 • 변숫값의 범위와 분포를 시각적으로 나타냄	많은 데이터를 포함할 경우 시각적 해석이 복잡해질 수 있음	
육각형상자	• 2차원상자의 변형 • 육각형 그리드를 사용하여 데이터의 밀집도를 시각화	데이터를 그룹화하는 과정에서 세부 정보가 손실될 수 있음	
밀도등고선	• 변수 간의 밀도를 등고선 형태로 시각화 • 데이터의 밀집 영역과 패턴을 나타냄	• 등고선의 해석이 주관적일 수 있음 • 밀집도가 낮은 영역의 정보가 덜 명확할 수 있음	

(5) 공간 시각화

① **목적** : 지리 및 공간 데이터를 시각적으로 표현
　㉠ 위도와 경도, 위치 좌표 등 위치 기반 정보를 명확히 전달
　㉡ 데이터의 지리적 분포와 패턴을 파악
　㉢ 공간정보시스템(GIS ; Geographic information system) 기반 위치 데이터 연결
　예 각 도시별 인구 분포, 지역별 기온 변화, 국가별 GDP 분포

> **TIP 공간정보시스템(GIS)이란?**
> - 우리 주변의 실제 세계를 디지털 공간정보로 표현하고 관리하는 기술. 이를 통해 우리는 다양한 지리적 데이터를 수집, 저장, 분석, 시각화할 수 있음
> - GIS 기술의 구성 프로세스
>   - 실제 세계 데이터 수집(Real World) : 위성 영상, 항공 사진, 현장 조사 등을 통해 지리 정보를 수집
>   - GIS 레이어 생성(GIS Layer) : 수집한 데이터를 디지털 형태의 레이어로 구축하며, 레이어에는 지형, 건물, 도로, 경계 등의 정보가 포함됨
>   - 데이터 구축(Data) : 레이어별로 다양한 속성 정보를 입력하고 전체 영역(Full view), 지형 높이(Elevations), 건물 정보(Buildings), 도로 정보(Routes), 행정 경계(Boundaries) 등을 포함함
>   - 데이터 관리 및 분석 : 구축된 데이터를 활용하여 다양한 공간 분석을 수행할 수 있으며 지도 제작, 경로 계획, 자원 관리, 환경 분석 등에 활용할 수 있음

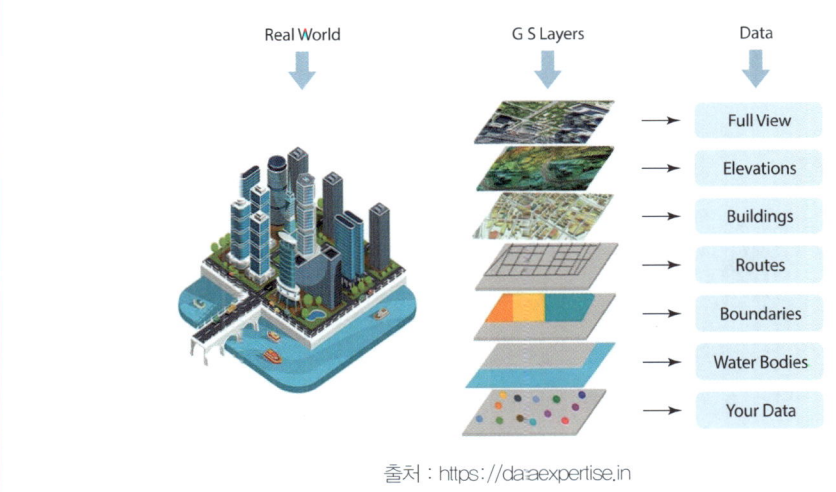

출처 : https://dataexpertise.in
[GIS 시스템 데이터 생성 프로세스]

② **지도** `2024년 2회 기출`
　㉠ 지리적 위치를 기반으로 데이터를 표현
　㉡ 다양한 레이어를 통해 다층적인 분석 가능
　㉢ 지도에 데이터 포인트, 경로, 영역 등을 표시
　㉣ 사용자의 위치에 따라 데이터의 맥락이 달라질 수 있음

ID	속성	Postal
us-mi	미시간	MI
us-ak	알래스카	AK
us-hi	하와이	HI
us-fl	플로리다	FL
us-la	루이지애나	LA
us-ar	아칸소	AR
us-sc	사우스캐롤라이나	SC
us-ga	조지아	GA
us-ms	미시시피	MS
us-al	앨라배마	AL
us-nm	뉴멕시코	NM
us-tx	텍사스	TX
us-tn	테네시	TN
us-nc	노스캐롤라이나	NC

출처 : 마이크로소프트(Microsoft)

[지도의 시각적 개체를 작성하기 위해 필요한 데이터 – 국가/지역, ID, 도시, 우편번호(미국)]

TIP 지도 데이터를 시각화하는 방법

- 일반적으로 시각화 BI 도구(Power BI, Tableau 등)에서는 지도를 쉽게 만들 수 있음
- 기본 지도 좌표를 제공하는 자체 지오코딩 프로세스가 있음
- 기본적으로 국가/지역에 대한 주솟값 세트에 따라 위도 및 경도 좌표를 얻음

출처 : 마이크로소프트(Microsoft)

[시각화 BI 도구(Power BI)를 통해 지도를 시각화 하는 방법]

- 사용자 지정 지도를 사용하는 경우 형식이 TopoJSON인 사용자 지정 맵을 도형 맵과 함께 사용할 수 있음
- 맵이 다른 형식인 경우 맵 쉐이퍼(Map shaper)와 같은 온라인 도구를 사용하여 Shape 파일 또는 GeoJSON 파일 형태를 TopoJSON 서식으로 변환할 수 있음
- Shape 데이터와 GeoJSON 데이터는 GIS 데이터 형식 중 대표적인 두 가지이며, 이 두 데이터 형식을 활용하여 지도를 시각화하는 방법은 다음과 같음
    - Shape 데이터 활용 : Shape 파일은 ESRI에서 개발한 벡터 데이터 형식으로 점, 선, 다각형 등의 지리 데이터를 저장함. 대표적인 GIS 소프트웨어인 ArcGIS, QGIS 등에서 Shape 데이터를 불러와 지도로 시각화할 수 있음. 프로그래밍 언어에서는 Python의 Geopandas 라이브러리, JavaScript의 Leaflet.js 등을 활용하여 Shape 데이터를 불러와 지도로 표현할 수 있음

- GeoJSON 데이터 활용 : GeoJSON은 지리 데이터를 JSON 형식으로 저장한 데이터 형식임. 웹 기반 지도 라이브러리인 Leaflet.js, Google Maps API, Mapbox 등에서 GeoJSON 데이터를 활용하여 지도를 시각화할 수 있음. Python의 Folium 라이브러리, JavaScript의 Mapbox GL JS 등을 사용하면 GeoJSON 데이터를 쉽게 지도에 표현할 수 있음

③ 단계구분도(등치맵, 코로플레스, Choropleth map) 2024년 1회 기출
　㉠ 영역별로 색의 채도를 이용해 데이터 값을 구분
　㉡ 수치형 자료의 측정값(예 판매량)을 시각적으로 비교
　㉢ 데이터 값이 높은 지역일수록 진한 색으로 표현
　㉣ 색상의 해석이 주관적일 수 있으므로 범례를 명확히 제공해야 함

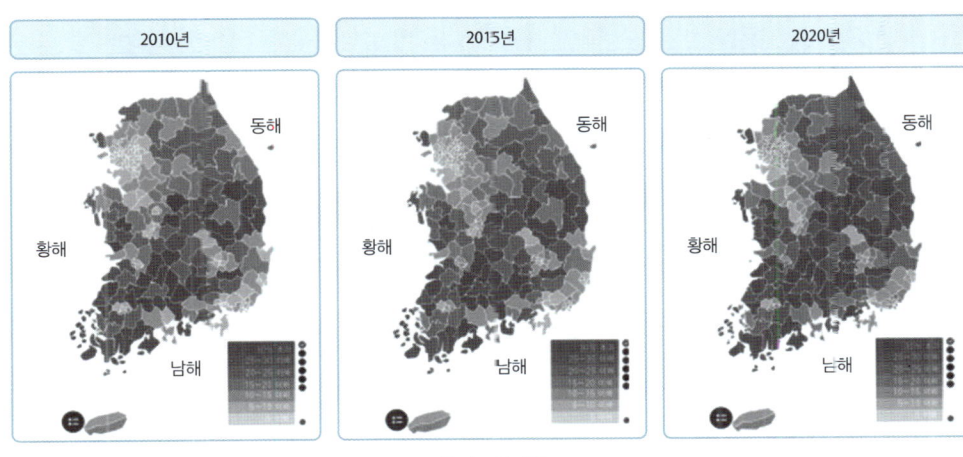

출처 : 통계청

[2010, 2015, 2020년 65세 이상 인구의 변화 단계구분도]

㉤ 분야별 단계구분도

분야	예시	주제
교육	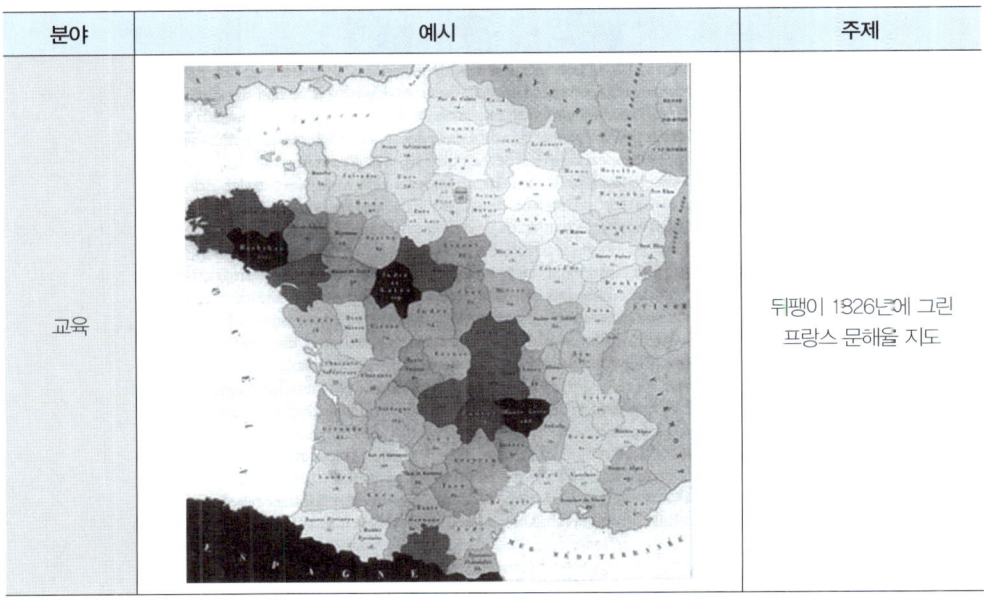	뒤팽이 1826년에 그린 프랑스 문해율 지도

CHAPTER 03 시각화 요소 디자인 **407**

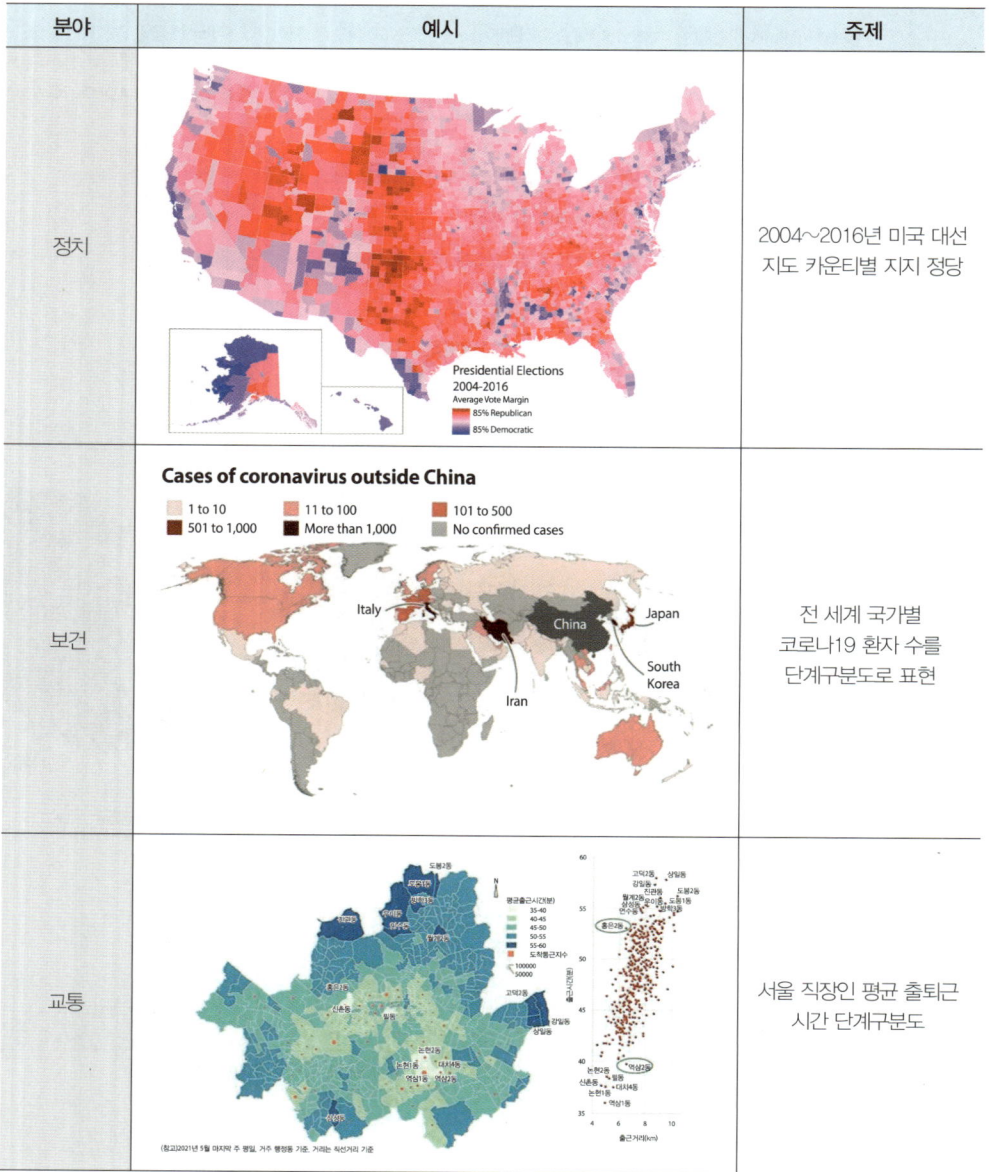

④ **카토그램(Cartogram)** `2024년 2회 기출`
  ㉠ 면적을 수치형 자료의 측정값에 맞춰 변형한 지도
  ㉡ 인구수 등의 특정한 데이터 값의 변화에 따라 지도의 면적이 왜곡되는 그림
  ㉢ 변량비례도 혹은 왜상 통계 지도라고도 함
  ㉣ 특정 데이터를 강조하기 위해 지도의 형태를 왜곡
  ㉤ 데이터의 비율을 시각적으로 명확히 전달
  ㉥ 지리적 정확성이 떨어져 실제 위치 관계를 왜곡할 수 있음

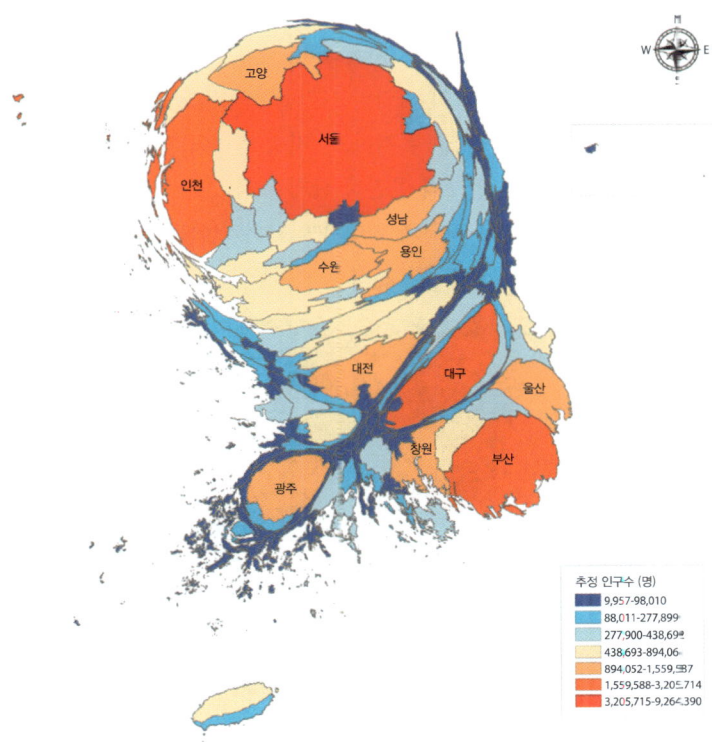

출처 : 국토연구원

[카토그램으로 보는 2035년 대한민국 인구 전망]

예 선거인단 카토그램에 따른 미국대선지형도 → 각 주가 선거인단규모에 따라 크거나 작게 표시되므로 전체 판세와 승패를 바로 알아보기 쉬움

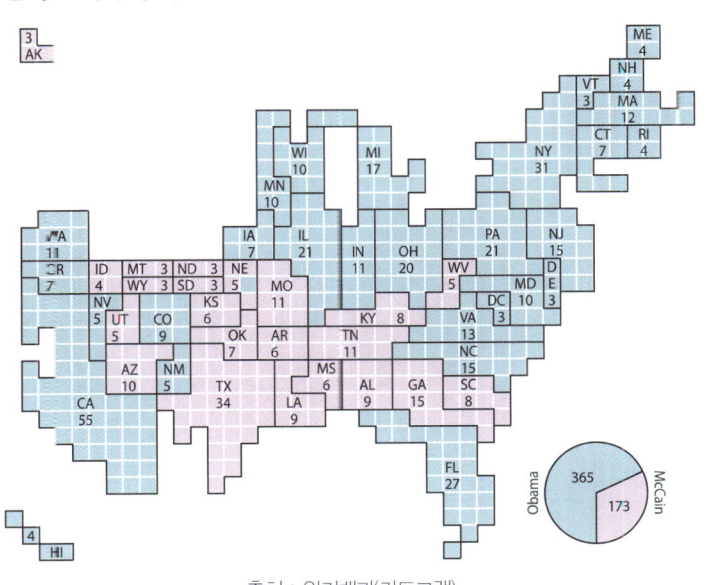

출처 : 위키백과(카토그램)

[타일/그리드 카토그램]

Ⓢ 카토그램 종류
- 연속 카토그램(Continuous Cartogram)
  - 지리적 공간의 왜곡없이 지역의 크기를 특성(예 인구)에 따라 조정한 지도
  - 원래의 지리적 연속성을 유지하고, 지형 변형이 자연스러움
  - 지리적 인지도 및 원래의 공간적 관계 유지
  - 왜곡으로 인해 일부 지역의 형태가 인식하기 어려울 수 있음
  - 인구 분포, 경제 데이터 등 지역별 차이를 시각화할 때 사용

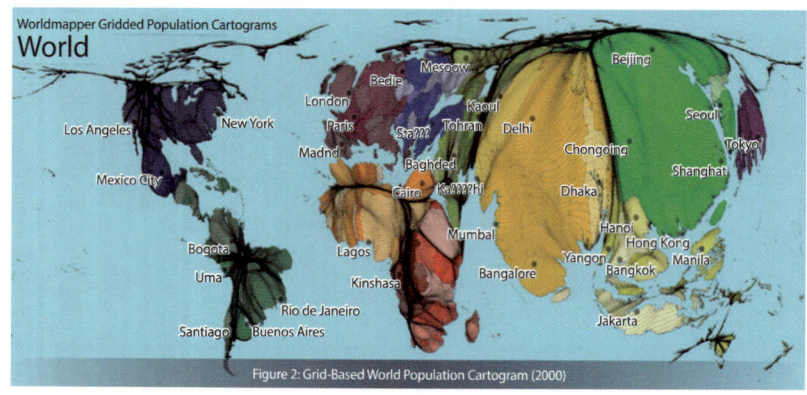

출처 : www.esri.com

[전 세계 인구(2010) - 연속 카토그램]

- 밀도 - 평준화 카토그램(Density - Equalizing Cartogram)
  - 특정 변수의 밀도를 기준으로 지리적 공간을 재조정하는 연속카토그램의 일종
  - 특정 변수의 밀도를 균일하게 표현하고, 지리적 형태를 크게 왜곡함
  - 변수의 밀도 차이를 명확히 보여줌. 특정 변수의 상대적 중요성을 강조
  - 원래의 지리적 형태를 잃을 수 있음
  - 질병 발생률, 인구 밀도 등에서 밀도 차이를 시각화할 때 사용

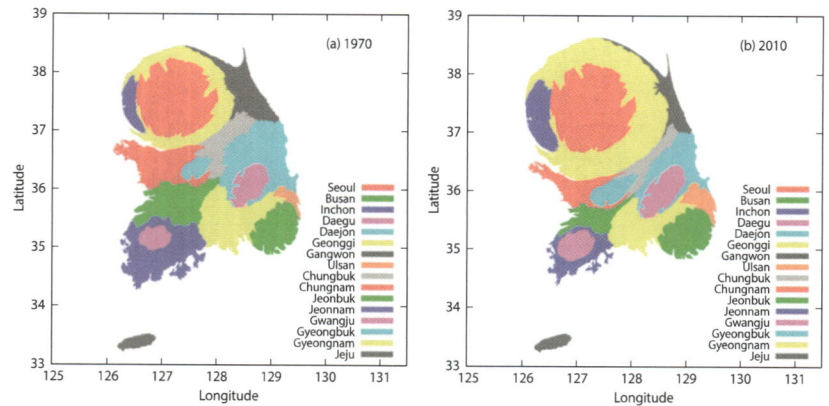

출처 : Sang Hoon Lee&Robyn Ffrancon&Daniel M. Abrams&Beom Jun Kim&Mason A. Porter, Matchmaker, Matchmaker, Make Me a Match: Migration of Populations via Marriages in the Past, 2013

[1970년 및 2010년 대한민국 인구 - 밀도 - 평준화 카토그램]

- 비연속 카토그램(Non-Continuous Cartogram)
  - 지역 간의 공간적 연결을 깨뜨려 특정 특성에 따라 지역의 크기를 조정
  - 지리적 연속성이 유지되지 않음. 지역 간의 물리적 거리를 왜곡함
  - 데이터를 매우 직관적으로 표현하고, 특정 변수의 중요성을 강조함
  - 지리적 인지도가 떨어질 수 있고, 공간적 관계를 이해하기 어려울 수 있음
  - 선거 결과, 경제 데이터 등 비교·분석이 중요한 데이터 시각화에 사용
- 도식적 카토그램(Diagrammatic Cartogram)
  - 기하학적 형태로 지역을 단순화하여 특정 특성에 따라 크기를 조정
  - 기하학적 단순화를 통해 표현하며, 지리적 형태와 상관없이 변수에 따라 크기를 조정
  - 매우 직관적이고 해석이 쉬우며 복잡한 데이터를 단순하게 표현할 수 있음
  - 지리적 정확성이 떨어지고, 원래의 지리적 관계를 이해하기 어려울 수 있음
  - 인포그래픽, 교육 자료 등에서 사용
- 돌링 카토그램(Dorling Cartogram)
  - 원 또는 기타 기하학적 형태를 사용하여 지역의 크기를 변수에 따라 조정하는 도식적 카토그램의 일종
  - 각 지역을 동일한 기하학적 형태로 표현하고, 지리적 위치를 대략적으로 유지함
  - 비교가 쉽고 직관적, 복잡한 데이터를 단순하게 표현
  - 지리적 세부사항이 상실, 위치의 정확성이 떨어질 수 있음
  - 선거 결과, 인구 통계 등에서 비교 분석할 때 사용
- 데머스 카토그램(Demers Cartogram)
  - 네모난 형태를 사용하여 지역의 크기를 변수에 따라 조정하는 도식적 카토그램의 일종
  - 지역을 정사각형이나 직사각형으로 표현하고 지리적 위치를 유지하지 않음
  - 매우 단순하고 이해하기 쉽고, 데이터의 비교가 용이
  - 지리적 정확성이 크게 떨어지며 공간적 관계를 잃을 수 있음
  - 경제 데이터, 인구 분포 등에서 데이터 비교를 쉽게 시각화할 때 사용

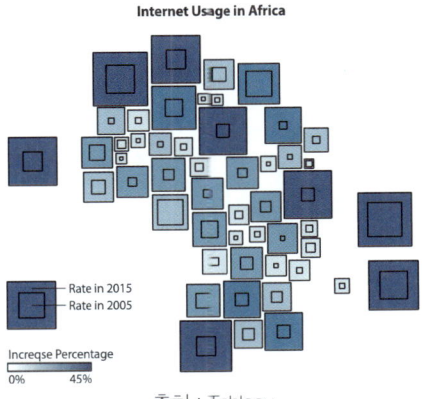

[2005년에서 2015년 사이 아프리카 인터넷 사용확대를 보여주는 데머스 카토그램]

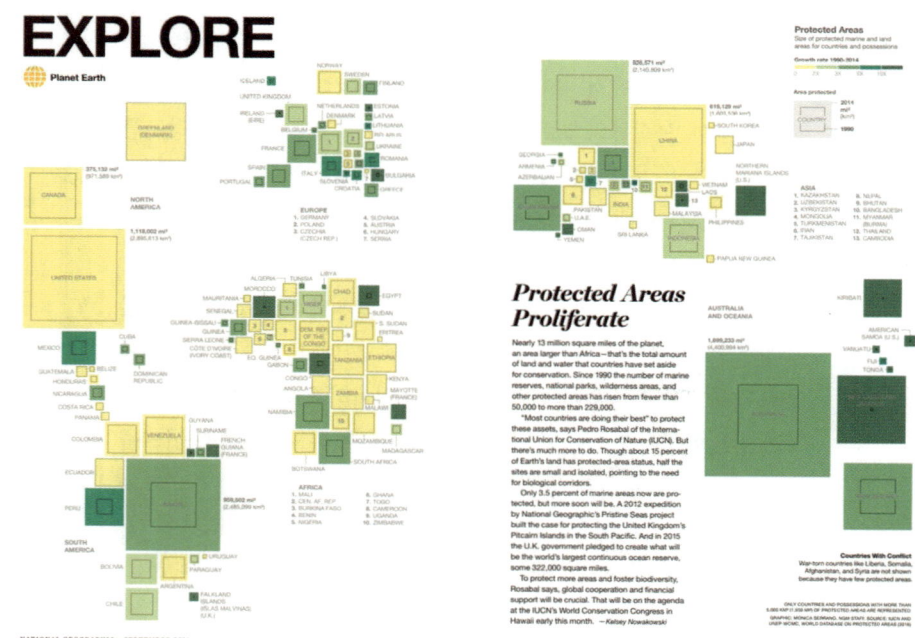

출처 : 내셔널지오그래픽

[1990년에서 2014년 사이 전 세계 국가의 보호 구역 증가를 보여주는 데머스 카토그램]

- 카토그램 히트맵(Cartogram Heatmap)
  - 같은 면적의 배경을 병렬적으로도 사용
  - 색의 채도와 농도를 이용해 데이터 값의 분포를 시각화
  - 색상의 해석이 주관적일 수 있으므로 범례를 명확히 제공해야 함
  - 색상과 크기를 사용하면, 두 가지 이상의 데이터를 동시에 시각화할 수 있음
  - 공공 건강 데이터, 인구 통계, 경제 지표 등 다양한 데이터를 종합적으로 분석할 때 사용

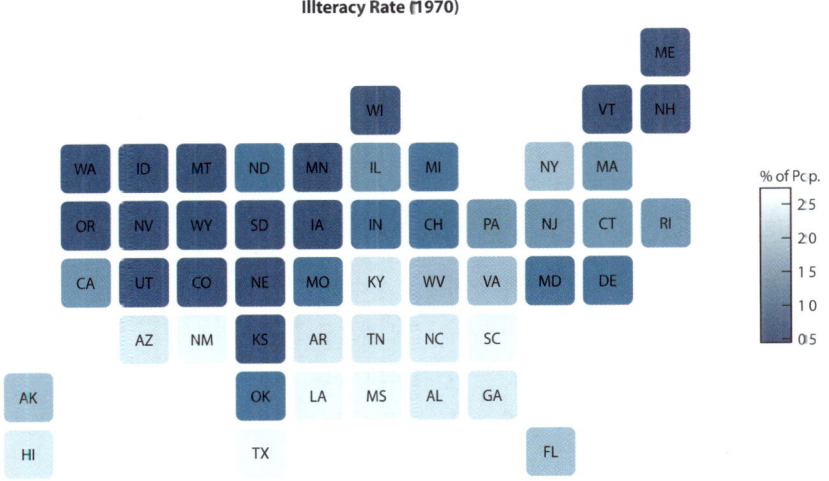

[미국의 문맹 비율(1970) – 카토그램 히트맵]

구분	연속 카토그램 (Contiguous Cartogram) 밀도–평준화 카토그램 (Density–Equalizing Cartogram)	비연속 카토그램 (Non Contiguous Cartogram)	도식적 카토그램 (Diagrammatic Cartogram)	
			돌링 카토그램 (Dorling Cartogram)	데머스 카토그램 (Demers Cartogram)
그림				
설명	데이터 값을 균등하게 나타내기 위해 지역의 면적을 변형하는 지도	속성 정보를 기준으로 지역의 크기가 왜곡되도록 표현	각 지역을 원으로 표현하며 원의 크기는 데이터 값을 나타내는 지도	• 지리적 형태 대신 단위 지역을 기하학 형태로 표현 • 돌링(◯) 대신 사각형(□) 사용
특징	면적의 왜곡이 심하며, 데이터 값을 반영하기 위해 극단적으로 변형될 수 있음	각 지역 간의 중첩을 피하기 위해서 중심점을 이동하고 지역 간의 offset 값을 가지고 떨어져 생성	원의 위치는 원래 지리적 위치에 근접하게 배치됨	모양, 기형, 객체 중심을 유지하지 않고, 공간적 패턴을 추상적으로 표현
장점	데이터 값의 시각적 강조가 강함	지리적 형태를 유지하면서 크기를 표현	• 데이터 비교가 쉬움 • 단순화, 추상화	• 지리적 인식을 쉽게 유지 • 일부만 접하지 않은 카토그램에서 객체가 겹치는 문제해결을 위해 영역 위치 이동
주의사항	지리적 형태가 크게 왜곡되어 인식이 어려울 수 있음	중심 위치가 이동하여 거리가 왜곡	지리적 위치 정보가 왜곡될 수 있음	• 인접성을 유지하기 위해 거리를 희생 • 왜곡과 추상적 묘사가 장애물
위치 인식	●●◯	●◯◯	◯◯◯	◯◯◯

면적 인식	○○○	●●○	○○○	○○○
형태 인식	●○○	●●○	○○○	○○○
크기 비교	●○○	●●○	●●●	●●●
정확도	●●○	●●●	●●●	●●●

(6) 시간 시각화

① 목적 : 시간의 흐름에 따른 변화 추세를 표현하기 위함
  ㉠ 시간의 경과에 따른 데이터 변화를 효과적으로 표현
  ㉡ 연도별, 월별, 일별 등의 시간 구간에서의 패턴 파악
  예 연도/분기/월별 매출액 변화, 작년 동일 시점 대비 매출이익 변화, 월별 방문자 수 변화

② 선그래프
  ㉠ 개요
    • 데이터를 시간 순서에 따라 점으로 표시하고 이 점들을 선으로 연결한 그래프임(시계열 데이터)
    • 데이터의 변화를 시각적으로 쉽게 파악할 수 있게 해줌
    • 시계열 데이터는 추세적, 계절적, 순환적, 불규칙 요인의 4가지 요인으로 구성
  ㉡ 시계열 데이터의 4가지 요인
    • 추세적 요인 : 장기적인 데이터 변화 방향을 나타냄. 예 수년간의 매출 증가 또는 감소
    • 계절적 요인 : 특정 시기에 반복적으로 나타나는 패턴을 반영. 예 여름철 아이스크림 판매 증가
    • 순환적 요인 : 경제 주기 등 일정한 주기로 나타나는 패턴을 나타냄. 예 경기 침체와 호황 주기
    • 불규칙 요인 : 예측 불가능한 단기적 변동을 포함. 예 자연재해로 인한 일시적인 매출 변동

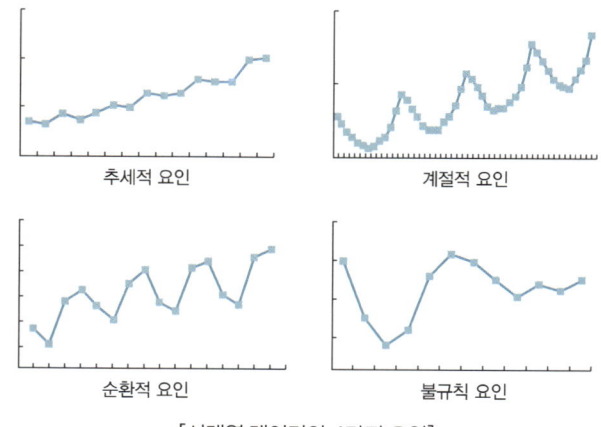

[시계열 데이터의 4가지 요인]

  ㉢ 특징
    • 추이나 경향을 강조
    • X축을 일간, 주간, 월간, 연간 등 시간 축으로 사용하고 Y축은 측정값을 나타냄
    • 여러 데이터 시리즈를 동시에 비교할 수 있음

ⓔ 장점
- 추세와 패턴을 쉽게 식별 가능
- 두 범주 간의 차이점을 강조할 수 있음
- 데이터의 변동을 명확하게 보여줌

ⓜ 주의사항
- 여러 개의 선을 표현할 수 밖에 없는 경우(변수가 많은 경우) 혼잡해 식별이 어려움(2~3개 적정)
- Y축의 시작점, 눈금의 크기에 따라 추세가 달라 보일 수 있음에 주의(Y=0에서 시작이 적합)

ⓑ 활용
- 주가 변동, 기후 변화, 매출 추이 등 시간에 따른 변화를 나타낼 때 유용
- 과학적 실험의 결과를 시간 축에 따라 비교할 때 사용

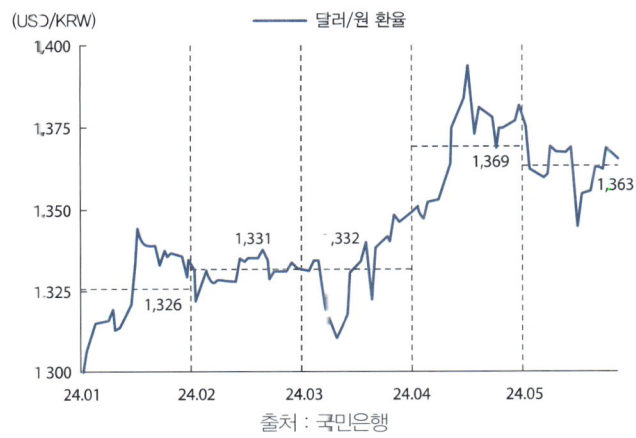

[2024년 달러/원 환율 – 시계열 그래프]

③ 경사(기울기)차트(Slopegraph) 2024년 1회 기출
  ㉠ 개요
    - 두 지점 간의 값을 선으로 연결하여 변화를 시각적으로 비교하는 그래프
    - 변화의 기울기를 통해 데이터 간의 관계를 직관적으로 이해 가능
    - 시간 추이 중 특정 '두 점 사이'의 변화를 비교
  ㉡ 특징
    - 선그래프에서 파생된 유형으로 각 선의 기울기가 변화율을 나타냄
    - 주로 비교 대상이 두 개의 지점일 때 사용됨
    - 추이 외에도 두 범주 간 정량적 변수 차이 비교 가능
  ㉢ 장점
    - 두 지점 간의 변화를 명확하게 보여주며 변화율을 직관적으로 파악 가능
    - 일반적인 선그래프와는 다르게 Y=0 기준선에서 시작하지 않아도 됨(유연성)

ㄹ 주의사항
- 변화율을 비교하여 강조하기 위함으로 표현 비율이 절대적인 양으로 오해해서는 안 됨
- 복잡한 데이터세트를 나타내기에 부적합(단 두 지점 간의 변화만 표현)
- 단순한 비교 외의 정보 제공에는 한계가 있음

ㅁ 활용
- 두 시점 간의 성장률, 감소율 등을 비교할 때 사용
- 전후 데이터의 변화를 시각적으로 명확히 보여주고자 할 때 유용

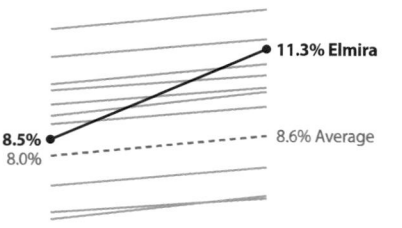

[2017년과 2019년의 지역별 당뇨병 환자의 비율 상승 변화]

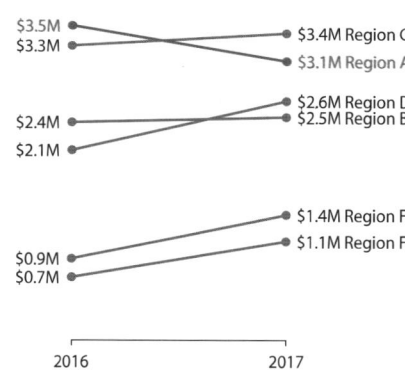

[2016년과 2017년의 지역별 판매량 변화]

④ 영역차트(누적밀도)
  ㉠ 개요
    - 선그래프와 유사하지만 선 아래의 영역을 채워 누적된 값을 나타내는 그래프
    - 시간이 지남에 따라 누적 합계를 시각적으로 표현
  ㉡ 특징
    - 선그래프에 비해 전체적인 경향을 이해하는 데 유용
    - 데이터 시리즈 간의 누적 합계를 한눈에 볼 수 있음
    - 색상으로 다른 시리즈를 구분하여 가독성을 높임
  ㉢ 장점
    - 누적된 데이터를 직관적으로 이해 가능
    - 데이터의 전체적인 추세와 각 항목의 기여도를 동시에 파악 가능
  ㉣ 주의사항
    - 데이터가 많으면 구분하기 어려움
    - 각 항목의 개별 변화를 파악하기 어려울 수 있음
  ㉤ 활용
    - 자산 포트폴리오, 판매 실적, 인구 구성 등 여러 항목의 누적 변화를 나타낼 때 유용
    - 전체와 부분의 관계를 시각적으로 표현하고자 할 때 사용

> **TIP 역사상 최초 영역차트는 누가 만들었을까?**
>
> 1786년에 출판된 윌리엄 플레이페어(William Playfair)의 저서 「The Commercial and Political Atlas」에는 혁명으로 인한 국가 부채의 이자와 1700년에서 1782년까지 영국과의 모든 수입 및 수출 차트를 포함하여 종종 역사상 최초의 면적차트로 설명되는 여러 시계열 그래프가 포함되어 있다.

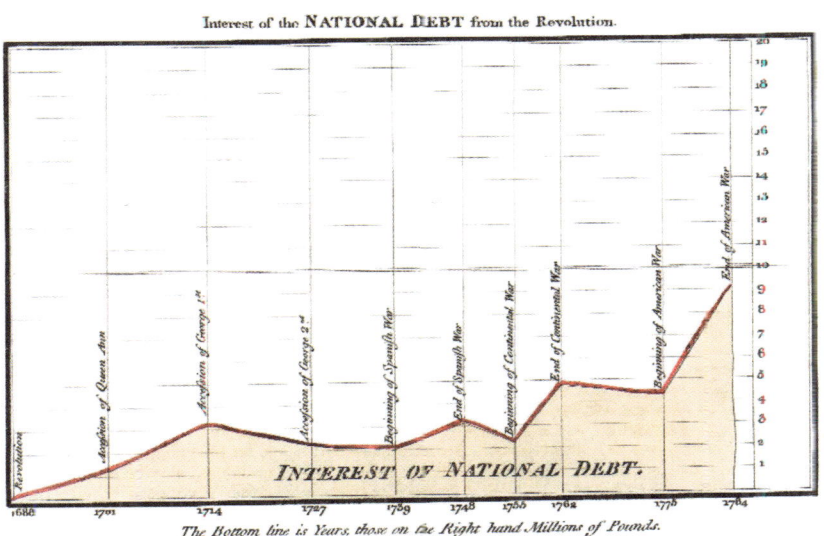

출처 : William Playfair, The Commercial and Political Atlas, 1786

[혁명으로 인한 국가 부채의 이자(Playfair, 1786)]

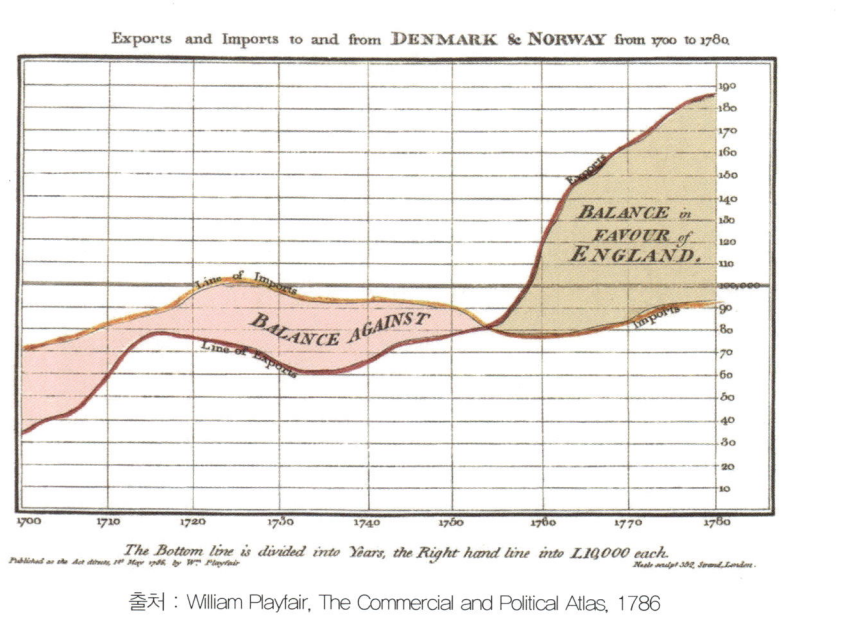

출처 : William Playfair, The Commercial and Political Atlas, 1786

[1700년부터 1780년까지 덴마크와 노르웨이의 수출 및 수입(Playfair, 1786)]

⑤ 시간 시각화 차트 핵심요약 및 예시

차트 유형	요약	주의사항	예시
선그래프	데이터를 시간 순서에 따라 점으로 표시하고 이 점들을 선으로 연결한 그래프(시계열 데이터)	Y축의 시작점, 눈금의 크기에 따라 추세가 달라 보일 수 있음에 주의(Y=0에서 시작이 적합)	
경사(기울기)차트	두 지점 간의 값을 선으로 연결하여 변화를 시각적으로 비교하는 그래프	변화율을 비교하여 강조하기 위함으로 표현 비율이 절대적인 양으로 오해해서는 안 됨	
영역차트 (누적밀도)	선그래프와 유사하지만 선 아래의 영역을 채워 누적된 값을 나타내는 그래프	• 데이터가 많으면 구분하기 어려움 • 각 항목의 개별 변화를 파악하기 어려울 수 있음	

(7) 불확실성 시각화 `2024년 1회 기출`

① 목적 : 오차와 불확실성 표현
  ㉠ 데이터의 불확실성이나 오차를 시각적으로 표현하여 정보의 신뢰도를 전달
  ㉡ 데이터의 변동성을 명확히 보여주는 시각화 기법
  예 실험 결과의 평균값과 오차, 여론조사 결과의 신뢰 구간, 금융 예측 모델의 신뢰도

② 오차막대
  ㉠ 수치형 자료(정량적 정보)를 기반으로 한 시각화 기법
  ㉡ 평균과 같은 통계량을 중심으로 오차범위를 표현
  ㉢ 표준편차, 표본오차 등 다양한 통계량을 사용
  ㉣ 90%, 95%, 99%와 같은 신뢰 구간을 명확히 표시

③ 수직오차막대
  ㉠ 수직축을 기준으로 오차범위를 표현
  ㉡ 주로 평균값 위아래로 오차범위를 나타냄
  ㉢ 데이터의 변동성을 직관적으로 이해할 수 있음
  ㉣ 각 데이터 포인트의 신뢰 구간을 시각적으로 전달

④ 수평오차막대
  ㉠ 수평축을 기준으로 오차범위를 표현
  ㉡ 변수의 수평적 변동성을 강조할 때 유용
  ㉢ 데이터의 변동성 및 신뢰 구간을 명확히 표현
  ㉣ X축의 범주별로 불확실성을 나타낼 수 있음

⑤ 단계별오차막대
  ㉠ 여러 단계의 데이터에 대해 각각의 오차범위를 표현
  ㉡ 시간 경과에 따른 변화나 단계별 분석에 적합
  ㉢ 각 단계의 신뢰 구간을 비교할 수 있음
  ㉣ 데이터의 변동성과 불확실성을 동시에 표현

⑥ 2D오차막대
  ㉠ X축과 Y축의 변동성을 동시에 표현
  ㉡ 두 변수 간의 관계와 그 관계의 불확실성을 시각화
  ㉢ 데이터의 상관관계와 변동성을 한눈에 파악 가능
  ㉣ 복잡한 데이터세트에서 유용하게 사용

⑦ 눈모양도표
    ㉠ 데이터의 불확실성을 시각적으로 표현
    ㉡ 눈 모양을 통해 중앙값과 그 주변의 변동성을 나타냄
    ㉢ 데이터의 분포와 변동성을 직관적으로 파악 가능
    ㉣ 중앙값, 사분위수, 범위 등을 시각적으로 전달

⑧ 감은눈모양도표
    ㉠ 데이터의 불확실성을 시각적으로 강조
    ㉡ 눈을 감은 형태로 데이터의 신뢰 구간을 표현
    ㉢ 불확실성의 범위를 직관적으로 전달
    ㉣ 데이터의 변동성을 명확히 이해할 수 있음

⑨ 분위수점도표
    ㉠ 데이터의 분위수를 점으로 표현
    ㉡ 각 분위수를 통해 데이터의 분포를 시각적으로 전달
    ㉢ 중앙값과 그 주변의 변동성을 명확히 표현
    ㉣ 데이터의 변동성과 분포를 한눈에 파악 가능

⑩ 신뢰도스트랩
    ㉠ 데이터의 신뢰도를 시각적으로 나타냄
    ㉡ 스트랩 형태로 신뢰 구간을 표현
    ㉢ 데이터의 변동성과 신뢰 구간을 직관적으로 전달
    ㉣ 여러 신뢰 구간을 동시에 비교 가능

⑪ 신뢰대역
    ㉠ 데이터의 변동성을 대역 형태로 표현
    ㉡ 각 대역을 통해 데이터의 신뢰 구간을 시각적으로 나타냄
    ㉢ 데이터의 변동성과 신뢰 구간을 직관적으로 파악 가능
    ㉣ 여러 데이터세트를 동시에 비교할 때 유용

⑫ 계별신뢰대역
    ㉠ 여러 단계의 데이터에 대해 각각의 신뢰 구간을 표현
    ㉡ 시간 경과에 따른 변화나 단계별 분석에 적합
    ㉢ 각 단계의 신뢰 구간을 비교할 수 있음
    ㉣ 데이터의 변동성과 불확실성을 동시에 표현

⑬ 적합선
　㉠ 데이터의 추세선을 통해 변동성을 시각적으로 표현
　㉡ 추세선 위아래로 신뢰 구간을 표시
　㉢ 데이터의 변동성과 신뢰 구간을 직관적으로 파악 가능
　㉣ 예측 모델의 신뢰도를 시각적으로 전달

⑭ 불확실성 시각화 차트 핵심요약 및 예시

차트 유형	요약	주의사항	예시
수직오차막대	변수의 수직적 변동성 표현	많은 데이터 포인트 시 복잡해짐	
수평오차막대	변수의 수평적 변동성 표현	긴 항목 이름이 많으면 읽기 어려움	
단계별오차막대	여러 단계의 오차범위 표현	각 단계 간의 비교가 어려울 수 있음	
2D오차막대	X축과 Y축의 변동성 동시 표현	복잡한 데이터 시 해석 어려움	
눈모양도표	중앙값과 변동성 시각적 표현	표준화된 형식이 없어 해석이 다양함	

차트 유형	요약	주의사항	예시
감은눈모양도표	불확실성 강조	시각적 해석에 따라 다를 수 있음	
분위수점도표	데이터의 분위수 표현	많은 데이터 포인트 시 복잡해짐	
신뢰도스트랩	데이터의 신뢰도 시각적 표현	많은 스트랩이 겹칠 경우 복잡해짐	
신뢰대역	대역 형태로 변동성 표현	대역이 겹칠 경우 해석 어려움	
단계별신뢰대역	여러 단계의 신뢰 구간 표현	각 단계 간의 비교가 어려울 수 있음	
적합선	추세선과 신뢰 구간 시각적 표현	많은 데이터 포인트 시 복잡해짐	

(8) 기타 시각화

① 흐름을 표현하는 시각화 - 생키(Sankey)차트 `2024년 2회 기출`

　㉠ 여러 대상의 흐름을 표현

　㉡ 범주의 계층 간 관계를 표현하는 차트

　㉢ 화살표의 너비로 수치형 데이터의 측정값을 잘 표현

　㉣ 자금과 비용, 원재료 등의 흐름, 사이트 이동 등에 활용

　㉤ 주의사항

　　• 데이터세트가 너무 커서 지나치게 복잡한 경우 사용 부적절

　　• 유사한 폭을 가진 흐름을 가진 데이터의 경우 비교가 어려움

> **TIP 생키(Sankey)차트의 역사**
>
> 생키차트는 1898년에 열 손실에 비례하는 폭을 가진 화살표를 사용하여 증기 엔진의 효율을 나타내는 최초의 다이어그램을 만든 아일랜드 대위 매튜 헨리 피니어스 리얼 '샌키'의 이름을 다서 명명했다.
>
>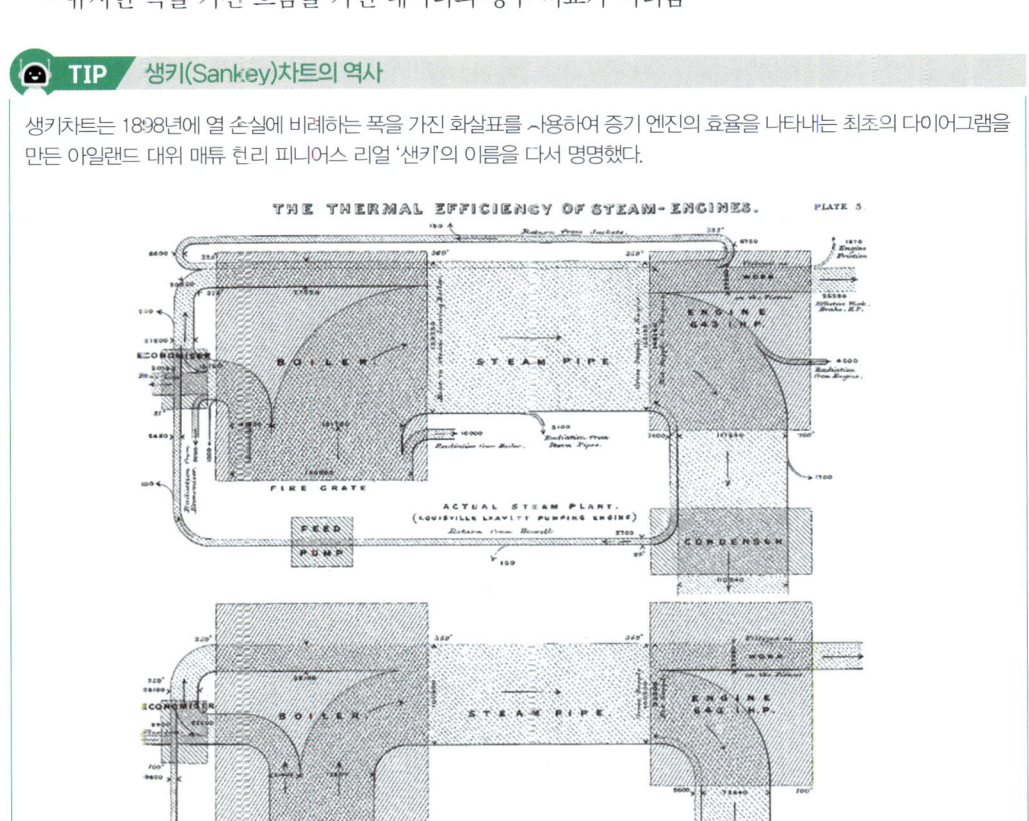
>
> 출처 : https://think.design/
>
> [증기 엔진의 열 효율 생키차트]

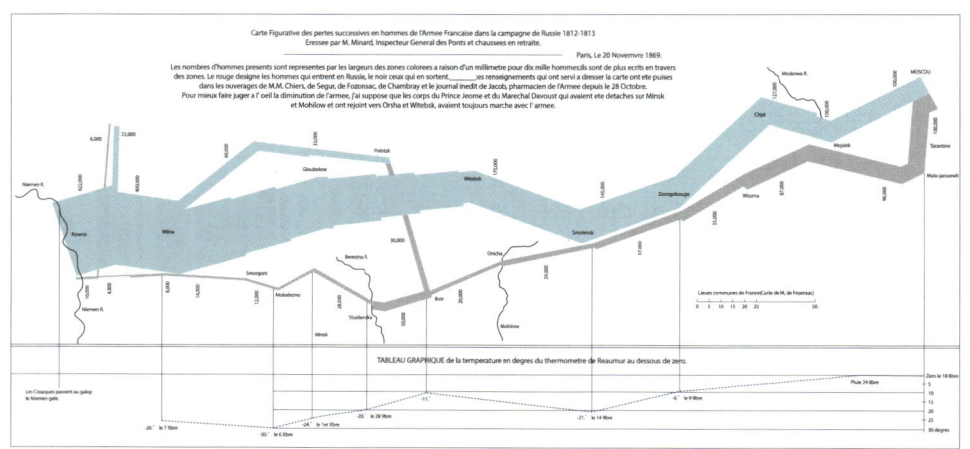

출처 : Grandjean Martin, Historical Data Visualization: Minard's map vectorized and revisited, 2014

[나폴레옹의 1812년 러시아 원정을 시각화한 생키차트]

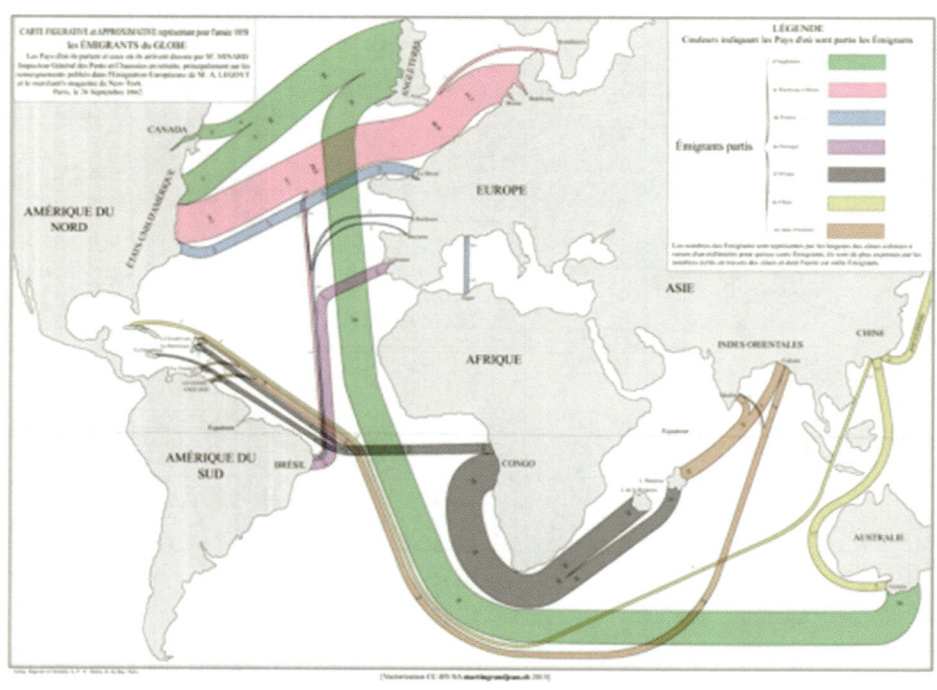

출처 : Charles Joseph Minard's World Map/Sankey Diagram of Migration 1862.

[미나드의 1858년 세계 이주 지도 – 생키차트]

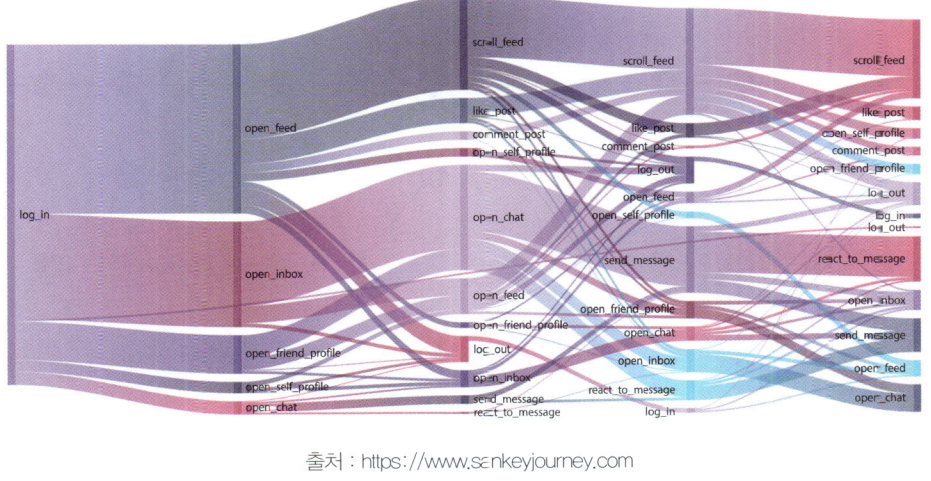

출처 : https://www.sankeyjourney.com

[인스타그램 유사 앱에서 사용자 경로 탐색 – 생키차트]

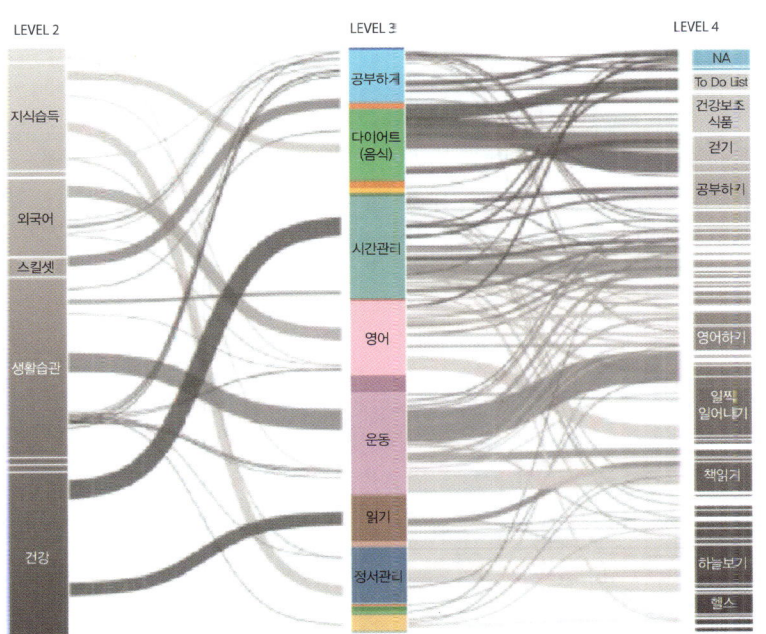

출처 : 경영정보시각화능력 필기 수험 가이드북

[생키차트]

② 순위 표시 시각화 – 범프(훅)차트
  ㉠ 순위의 변동상황을 정확하게 이해할 수 있는 차트
  ㉡ 순위나 그룹 등 범주별로 색상 속성을 표현하여 구분하면 효과적
  ㉢ 시간은 차트의 하단에 가로축(X축)으로 표시하고, 순위를 나타내는 축은 차트의 좌측에 세로축(Y축)으로 표시

ⓔ 추이 및 순위파악이 동시에 가능

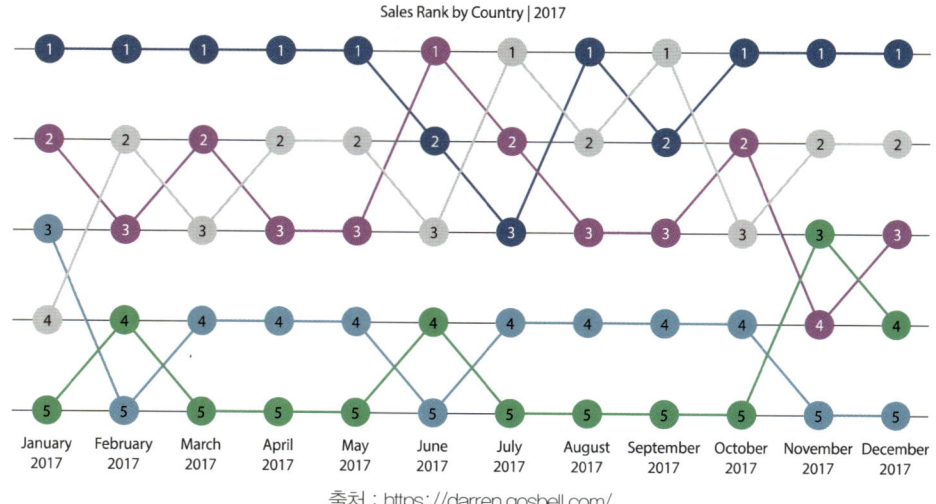

[2017년 국가별 판매순위 – 범프 차트]

③ 누적을 표현하는 시각화 – 폭포수차트
  ㉠ 누적효과를 보기 위해 많이 사용하는 플롯
  ㉡ 최종이익에 기여하는 세그먼트와 그 기여의 정도를 쉽게 판단할 수 있음
  ㉢ 측정값의 총합계를 같이 표현하면 폭포수차트는 더욱 효과적
  ㉣ 음의 측정값이 존재해도 누적효과를 확인할 수 있음

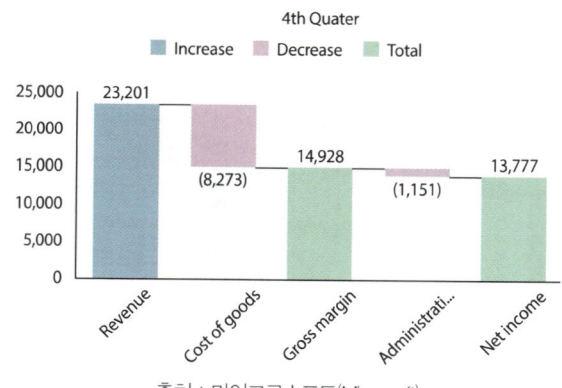

출처 : 마이크로소프트(Microsoft)

[2017년 국가별 판매순위 – 폭포수차트]

④ 분류를 목적으로 하는 시각화 – 덴드로그램 2024년 1회 기출
  ㉠ 머신러닝 기법 중 군집화의 결과로 생성되는 그래프
  ㉡ 각 단계에서 관측치의 군집화를 통해 형성된 그룹과 이들의 유사성 수준을 표시하는 트리다이어그램

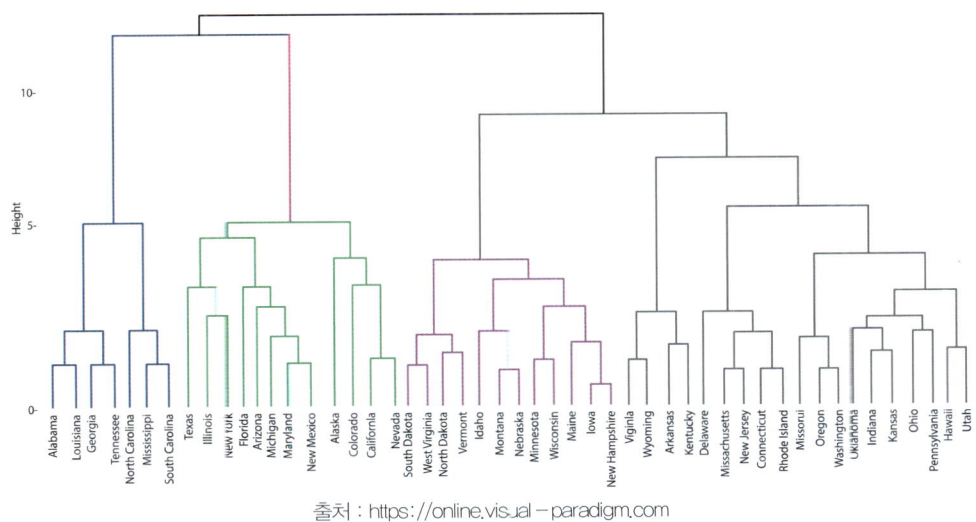

출처 : https://online.visual-paradigm.com

[미국 지역 구분 – 덴드로그램]

⑤ 시간의 추이에 따른 업무 배분을 목적으로 하는 시각화 – 간트차트(Gantt chart)
  ㉠ 프로젝트가 진행되는 동안 프로젝트의 일정과 관련 작업 또는 이벤트를 표시하기 위해 사용하는 가로막대차트
  ㉡ 보통 프로젝트의 로드맵을 보여줌

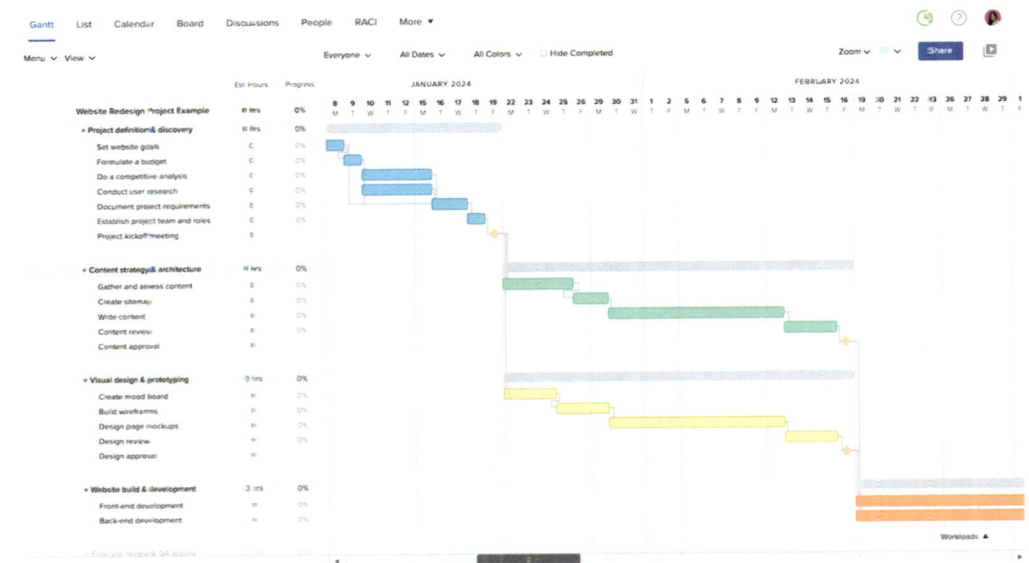

출처 : https://www.teamgantt.com

[간트차트]

⑥ 결합형차트
  ㉠ 두 개 종류의 차트를 결합하여 제시함으로써 다양한 정보를 제공하는 것이 가능
  ㉡ 단일 축을 활용하기도 하나 이중 축(보조 축)을 활용할 경우 복합적인 정보를 제공할 수 있음

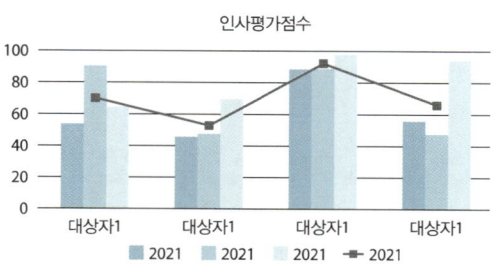

SECTION 02 테이블 디자인

(1) 테이블(표, Table)

① 자료를 정렬하는 양식 중 하나로, 일반적으로 행과 열의 2차원 구조로 구성됨
  ㉠ 행 : 테이블의 가로 방향으로, 데이터베이스에서는 레코드(Record), 튜플(Tuple)이라고도 함
  ㉡ 열 : 테이블의 세로 방향으로, 데이터베이스에서는 속성(Attribute), 필드(Field), 변수(Variable) 등으로 불림
  ㉢ 행과 열의 교차점은 셀(cell) 또는 칸으로 표현함
  ㉣ 머리글(header)이나 합계를 포함하는 행이 추가되기도 함

② 테이블 디자인에도 크기, 색상, 선 굵기, 선 유형 등의 시각적 속성이 적용될 수 있음
③ 테이블 중 커다란 테이블을 요약하는 통계표를 피벗 테이블(Pivot Table)이라 부르기도 하며 피벗테이블은 개수, 합계, 평균 등의 통계를 포함함

출처 : 경영정보시각화능력 필기 수험 가이드북

[테이블 예시]

(2) 캘린더차트 `2024년 1회 기출` `2024년 2회 기출`

① BI 소프트웨어에 내장된 기본차트는 아니지만, 날짜 데이터를 활용하여 구성할 수 있음
② '요일'을 행, '주차'를 열, '일'을 칸에 포함하는 특수한 형태의 테이블임
③ 칸의 색상, 레이블을 통해 데이터에 대한 정보를 시각적으로 제공할 수 있음
④ 날짜별 데이터 값을 색상으로 표현하여 시간적 추세를 파악하는 데 유용함

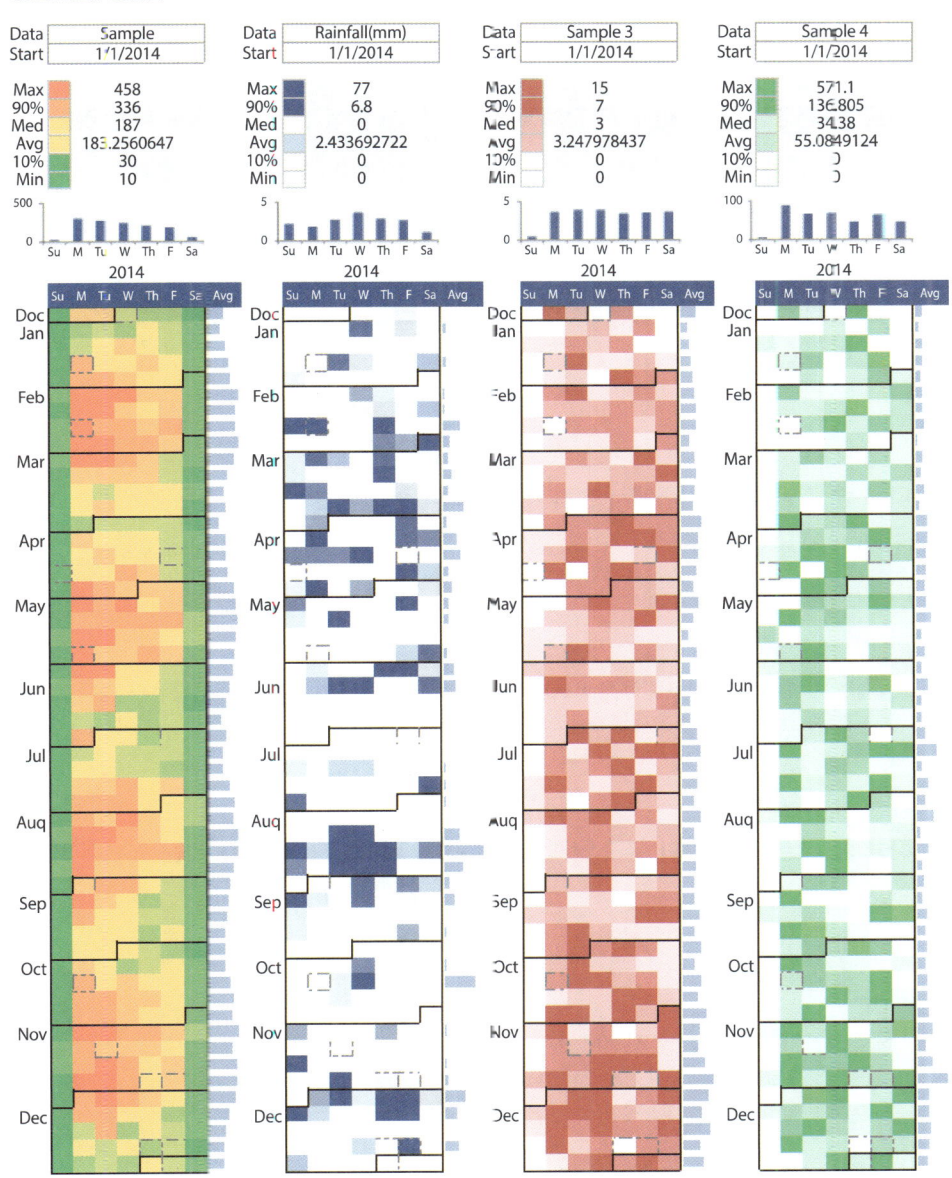

출처 : Jon Wittwer, Analyze Data with a Calendar Chart in Excel, vertex42, 2016.03.10.

[캘린더차트 예시]

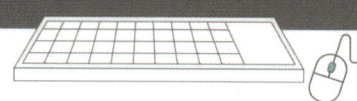

CHAPTER 03 실전예상문제

01 다음 중 경영정보시각화 설계 단계에서 가장 먼저 수행해야 할 단계로 옳은 것은?
① 대시보드 시나리오 설계
② 데이터의 계층 구조 정의
③ 말하고자 하는 목적 설정
④ 대시보드 구현

정답 ③
해설 경영정보시각화 설계의 첫 번째 단계는 말하고자 하는 목적을 설정하는 것이다. 이는 전달하고자 하는 주요 메시지를 정의하고, 목표 청중의 필요와 기대를 반영하는 등의 과정을 포함한다. 이를 통해 이후의 설계 과정이 명확하게 방향을 잡을 수 있다.

02 다음 중 경영정보시각화에서 전략 대시보드의 주요 기능이 아닌 것은?
① 기업 성과 요약
② 실시간 모니터링 및 리포팅
③ 미래 전략 계획과 실적
④ 의사결정 수단 제공

정답 ②
해설 전략 대시보드는 주로 기업 성과요약, 미래 전략 계획과 실적, 의사결정 수단 제공 등의 기능을 포함하며, 실시간 모니터링 및 리포팅 기능은 운영 대시보드의 주요 기능에 해당한다.

03 다음 중 경영정보시각화 설계 단계에서 "무엇을 말하고자 하는가?"라는 질문에 해당하는 것은?
① 대시보드 시나리오 설계
② 데이터 소스 정리
③ 목적 설정
④ 대시보드 게시

정답 ③
해설 경영정보시각화 설계의 첫 번째 단계는 말하고자 하는 목적을 설정하는 것으로, "무엇을 말하고자 하는가?"와 같은 질문을 통해 전달하고자 하는 주요 메시지를 정의한다. 대시보드 시나리오 설계, 데이터 소스 정리, 대시보드 게시 등은 이후 단계에 해당한다.

04 다음 중 비율을 시각화하는 차트로 옳은 것은?

① 원형(파이)차트
② 히스토그램
③ 산점도
④ 생키차트

> **정답** ①
> **해설** 비율을 시각화하는 차트에는 원형(파이)차트, 도넛차트, 트리 맵 등이 있다.
> ② 분포를 시각화하는 데 사용된다.
> ③ 관계를 시각화하는 데 사용된다.
> ④ 흐름을 시각화하는 데 사용된다.

05 다음 중 수량 시각화에서 수직(세로)막대차트의 주요 목적으로 옳은 것은?

① 긴 항목 이름(레이블)을 효과적으로 표시
② 여러 범주의 항목을 그룹으로 묶어 비교
③ 수량(숫자값)의 비교
④ 데이터의 밀도나 분포를 색상으로 표현

> **정답** ③
> **해설** 수직(세로)막대차트의 주요 목적은 수량(숫자값)을 비교하는 것이다. 이 차트는 범주별 수량 비교에 용이하며, X축에 시간을 표현하면 추이도 표현할 수 있다.

06 다음 중 수평막대차트를 사용하는 것이 옳은 경우는?

① 특정 순서가 없는 범주별 수량을 오름차순으로 정렬하여 비교
② 데이터의 밀도나 분포를 색상으로 표현하여 시각화
③ 두 변수 간의 관계를 점으로 표현하여 시각화
④ 긴 항목 이름(레이블)을 효과적으로 표시하며 범주 간의 비교

> **정답** ④
> **해설** 수평막대차트는 긴 항목 이름(레이블)을 효과적으로 표시할 수 있어 범주 간의 비교에 유리하다. 범주의 수가 많을 때, 스크롤을 통해 모든 항목을 쉽게 확인할 수 있다.

07 다음 중 히트맵차트의 주요 용도로 옳은 것은?

① 두 변수 간의 관계를 점으로 표현하여 시각화
② 단계별 데이터의 변화를 시각적으로 표현
③ 데이터의 밀도나 분포를 색상으로 표현
④ 여러 변수를 하나의 다각형으로 표현

> **정답** ③
> **해설** 히트맵차트는 데이터의 밀도나 분포를 색상으로 표현하는 데 유용하며, 상관관계 분석이나 패턴 인식에 특히 효과적이다.

08 다음 중 폭포수 차트의 주요 단점으로 옳은 것은?

① 데이터의 밀도나 분포를 색상으로 표현
② 긍정적 변화는 위로, 부정적 변화는 아래로 표시
③ 복잡한 데이터에서는 해석이 어려움
④ 두 변수 간의 관계를 점으로 표현

정답 ③
해설 폭포수 차트는 단계별 데이터의 변화를 시각적으로 표현하는 데 유용하지만, 데이터가 복잡할 경우 해석이 어려울 수 있다.

09 다음 중 비율 시각화의 주요 목적으로 옳은 것은?

① 데이터의 밀도나 분포를 색상으로 표현
② 단계별 데이터의 변화를 시각적으로 표현
③ 전체 중에서 부분의 크기나 비율을 비교
④ 두 변수 간의 관계를 점으로 표현

정답 ③
해설 비율 시각화는 전체 중에서 부분의 크기나 비율을 비교하는 데 사용되며, 집단에서의 성비, 연령대별 비율, 기업별·상품별 시장 점유율 등을 시각적으로 표현하는 데 유용하다.

10 다음 중 원형(파이)차트의 단점으로 옳은 것은?

① 특정 범주(차원)의 비율을 표현하기 어려움
② 범주(차원)가 많아지면 비율을 시각적으로 이해하기 어려움
③ 데이터를 시각적으로 비교하는 데 유리함
④ 전체 중에서 부분의 크기를 표현하는 데 적합하지 않음

정답 ②
해설 원형(파이)차트는 범주가 많아지면 비율을 시각적으로 이해하기 어려워지며, 시간에 따른 비율 변화를 표현하기에도 적합하지 않다.

11 다음 중 트리 맵의 주요 용도로 옳은 것은?

① 단계별 데이터의 변화를 시각적으로 표현
② 데이터의 계층 구조를 사각형으로 표현
③ 두 변수 간의 관계를 점으로 표현
④ 전체 중에서 부분의 크기나 비율을 비교

정답 ②
해설 트리 맵은 데이터의 계층 구조를 사각형으로 표현하며, 각 사각형의 크기는 데이터 값의 비율을 나타낸다. 이를 통해 많은 데이터 범주를 효과적으로 시각화할 수 있다.

12 다음 중 와플차트(그리드플롯)의 장점으로 옳은 것은?

① 데이터의 밀도나 분포를 색상으로 표현
② 전체를 100개의 작은 정사각형으로 나누어 비율을 시각적으로 쉽게 이해
③ 범주가 많을 때 시각적으로 혼란스러움
④ 시간에 따른 비율 변화를 표현하기 어려움

정답 ②
해설 와플차트(그리드플롯)는 전체를 100개의 작은 정사각형으로 나누어 각 정사각형이 전체의 1%를 나타내므로 비율을 시각적으로 쉽게 이해할 수 있다.

13 다음 차트의 단점으로 옳은 것은?

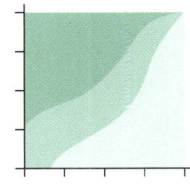

① 데이터의 밀도나 분포를 색상으로 표현하기 어려움
② 범주와 항목이 많을 경우 차트가 복잡해짐
③ 데이터가 많거나 분포가 복잡할 경우 그래프가 혼잡해짐
④ 중앙에 추가적인 정보를 표시할 수 없음

정답 ③
해설 제시된 차트는 누적밀도차트로 데이터의 누적 분포를 시각적으로 표현한다. 데이터가 많거나 분포가 복잡할 경우 그래프가 혼잡해질 수 있으며, 축의 범위와 간격 설정이 중요하다.

14 다음 두 차트를 보고 오른쪽 차트와 구분되는 왼쪽 차트의 주요 특징으로 옳은 것은?

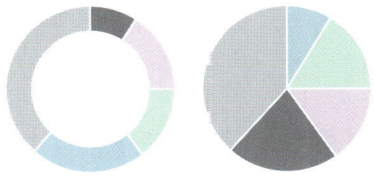

① 단일 범주 내에서 여러 항목의 누적 값을 시각적으로 표현함
② 가운데가 비어 있어 중앙에 추가적인 정보를 표시할 수 있음
③ 데이터의 누적 분포를 시각적으로 표현함
④ 범주 간 비율을 사각형 크기로 표현함

정답 ②
해설 제시된 차트 중 왼쪽은 도넛차트, 오른쪽은 파이차트이다. 도넛차트는 파이차트와 유사하나 가운데가 비어 있어 중앙에 추가적인 정보를 표시할 수 있다. 범주가 많을 때 시각적으로 혼란스러울 수 있다는 단점도 있다.

15 다음 중 히스토그램과 막대그래프의 차이점으로 옳지 <u>않은</u> 것은?

① 히스토그램은 연속형 데이터의 분포를 나타낸다.
② 막대그래프는 범주형 데이터의 빈도나 수량을 비교한다.
③ 히스토그램의 막대 사이에는 간격이 있다.
④ 막대그래프는 범주형 데이터의 비교를 위해 사용된다.

정답 ③
해설 히스토그램은 연속형 데이터를 나타내며, 막대 사이에 간격이 없다는 특징이 있다.

16 다음 중 밀도분포도에 대한 설명으로 옳지 <u>않은</u> 것은?

① 데이터의 분포를 곡선 형태로 표현한다.
② X축은 데이터 값을 나타낸다.
③ 어떤 값이 더 자주 나오는지 알기 어렵다.
④ 데이터의 개별 포인트를 강조한다.

정답 ④
해설 밀도분포도는 데이터의 전체적인 분포 패턴을 보여주며, 개별 포인트를 강조하지 않는다.

17 다음 중 중첩밀도차트의 장점으로 옳은 것은?

① 데이터의 밀도를 막대로 표현한다.
② 여러 데이터세트의 분포 차이를 쉽게 비교할 수 있다.
③ 데이터의 변화 추이를 선으로 연결하여 표현한다.
④ 데이터 포인트를 점으로 표시한다.

정답 ②
해설 중첩밀도차트는 여러 데이터세트의 밀도분포를 한 차트에 중첩하여 표현함으로써 비교가 용이하다.

18 다음 중 누적히스토그램의 특징으로 옳은 것은?

① 각 막대는 이전 막대의 값을 누적하여 표현한다.
② 데이터를 곡선 형태로 표현한다.
③ Y축은 빈도를 나타낸다.
④ 개별 데이터 포인트를 강조한다.

정답 ①
해설 누적히스토그램은 각 막대가 이전 막대의 값을 누적하여 데이터를 시각화한다.

19 다음 중 박스플롯의 주요 특징으로 옳은 것은?

① 데이터의 밀집도를 극선 형태로 표현한다.
② 데이터를 사분위로 나누어 표현한다.
③ X축에 범주를 표시한다.
④ 평균값을 표시한다.

정답 ②
해설 박스플롯은 데이터를 사분위로 나누어 최솟값, 1사분위값, 중앙값, 3사분위값, 최댓값을 표현한다.

20 다음 중 바이올린 플롯에 대한 설명으로 옳지 않은 것은?

① 데이터의 분포와 밀도를 시각적으로 표현한다.
② 박스플롯과 밀도분포도를 결합한 형태이다.
③ 좌우 대칭 형태로 표현된다.
④ 밀도 추정이 정확하므로 작은 표본 크기의 데이터에 적합하다.

정답 ④
해설 바이올린 플롯은 밀도 추정이 부정확할 수 있으므로 작은 표본 크기의 데이터에 적합하지 않다.

21 다음 중 버터플라이 차트의 주된 목적으로 옳은 것은?

① 두 변수 간의 비교를 시각적으로 표현한다.
② 양쪽으로 분리된 막대로 두 그룹 간의 비교를 표현한다.
③ 데이터를 선으로 연결하여 시간에 따른 변화를 시각화한다.
④ 여러 데이터세트의 분포를 겹쳐서 비교한다.

정답 ②
해설 버터플라이 차트는 양쪽으로 분리된 막대로 두 그룹 간의 비교를 시각적으로 표현한다.

22 다음 그래프에 대한 해석으로 옳지 않은 것은?

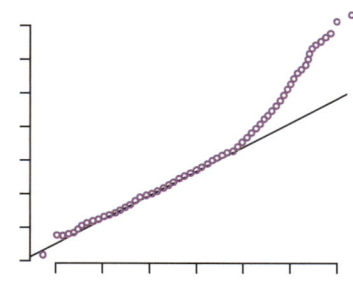

① 비교대상분포가 기준분포보다 작은 값을 가짐
② 왜도>0
③ 데이터의 분포는 왼쪽으로 치우쳐 있음
④ 평균<중앙값

정답 ④
해설 평균<중앙값일 때, 왜도<0, 데이터 분포 오른쪽으로 치우쳐 있다. 왼쪽으로 긴 꼬리를 가지며, 점들이 직선 아래쪽에 분포하고, 비교대상분포가 기준분포보다 큰 값을 가진다.

23 다음 중 산점도의 특성으로 옳은 것은?
① 산점도는 두 변수 간의 상관관계를 시각적으로 표현할 수 있으며, 데이터가 왼쪽 아래에서 오른쪽 위로 분포하면 음의 상관관계를 나타낸다.
② 산점도는 데이터의 분포와 밀집도를 시각적으로 확인할 수 있지만, 데이터의 상관관계를 정확히 측정하려면 별도의 상관계수 계산이 필요하다.
③ 산점도는 변수 간의 관계를 나타내지만, 한 변수의 값이 다수의 데이터를 표현할 수 있다.
④ 산점도는 데이터의 빈도나 밀집도를 나타내며, 변수 간의 패턴과 추세를 정확히 표현할 수 있다.

정답 ②
해설 산점도는 두 변수 간의 관계를 점으로 표현하며, 데이터가 특정 방향으로 분포할 때 상관관계를 시각적으로 확인할 수 있지만, 상관계수를 따로 계산해야 정확한 상관관계를 알 수 있다.

24 다음 차트의 특징으로 옳지 않은 것은?

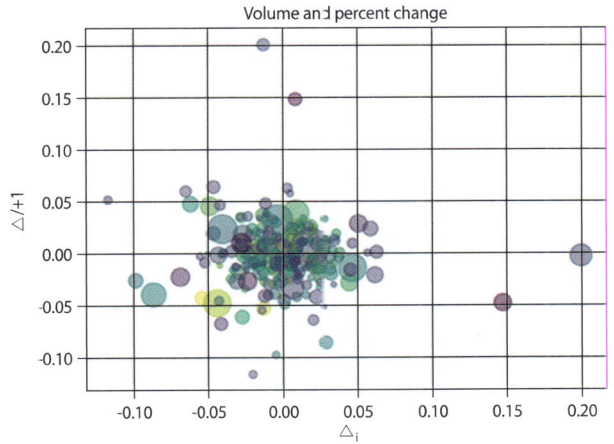

① 가로축과 세로축에 두 변수 값을 나타내고, 원의 크기로 세 번째 변수를 표현한다.
② 3개의 변수를 동시에 시각화할 수 있으며, 다차원 분석에 유용하다.
③ 원의 지름이 아닌 면적으로 세 번째 변수를 비교하기 때문에 시각적 오류가 발생할 수 있다.
④ 음수 데이터의 표현이 어렵다.

정답 ③
해설 제시된 차트는 버블차트로 원의 면적이 아닌 지름을 이용해 세 번째 변수를 표현한다. 면적으로 비교할 때 시각적 오류가 있을 수 있으므로 원의 지름으로 비교해야 한다.

25 다음 그래프의 주된 용도로 옳은 것은?

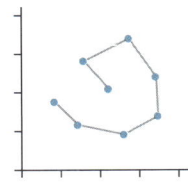

① 시간이나 순서를 나타내기 위해 데이터 포인트를 선으로 연결한다.
② 변수 간의 관계를 점으로 표현하고, 패턴과 상관관계를 시각적으로 확인한다.
③ 변수 간의 관계를 원의 크기로 세 번째 변수를 표현한다.
④ 데이터의 밀집도를 시각적으로 나타내며, 등고선 형태로 표현된다.

정답 ①
해설 제시된 그래프는 연결산점도로 산점도의 점들을 선으로 연결하여 시간이나 순서에 따른 데이터의 변화 패턴을 시각화하는 데 사용된다.

26 다음 중 밀도등고선(contour plot)의 특징으로 옳지 않은 것은?

① 데이터의 밀집된 영역을 등고선 형태로 시각화하여 패턴과 분포를 직관적으로 이해할 수 있게 한다.
② 데이터의 밀집도를 시각적으로 파악할 수 있지만, 밀집도가 낮은 영역의 정보는 덜 명확할 수 있다.
③ 변수 간의 관계를 2차원 상자 형태로 표현하며, 데이터의 밀도와 분포를 시각화한다.
④ 해석이 주관적일 수 있으며, 색상과 선의 해석에 주의가 필요하다.

정답 ③
해설 밀도등고선은 데이터의 밀도를 등고선 형태로 시각화하는 도구이다. 2차원 상자 형태로 표현하지 않으며, 밀도와 분포를 시각화한다.

27 다음 중 2차원 상자(2D histogram)의 특징으로 옳은 것은?

① 변수 간의 밀집도를 색상으로 표현하며, 변수값의 범위를 시각적으로 나타낸다.
② 변수 간의 상관관계를 점으로 표현하며, 데이터의 빈도를 시각화한다.
③ 변수 간의 상관관계를 선으로 연결하여 시각화한다.
④ 데이터를 원으로 표현하여 다차원 분석에 유용하다.

정답 ①
해설 2차원 상자는 변수 간의 관계를 2차원 상자로 표현하며, 각 상자는 변수값의 범위를 나타내고, 분포와 밀집도를 시각적으로 표현한다.

28 다음 중 육각형 상자(hexbin)의 장점으로 옳은 것은?

① 많은 데이터 포인트를 효과적으로 시각화할 수 있으며, 데이터 밀집도를 색상으로 표현한다.
② 각 데이터 포인트를 선으로 연결하여 시간적 변화를 시각화할 수 있다.
③ 변수 간의 관계를 산점도 행렬 형태로 시각화하여 다차원 분석에 유용하다.
④ 세 번째 변수를 원의 크기로 표현하여 다차원 분석을 수행할 수 있다.

정답 ①
해설 육각형 상자는 많은 데이터 포인트를 효과적으로 시각화할 수 있으며, 육각형 그리드를 사용하여 데이터의 밀집도를 색상으로 표현한다.

29 다음 그래프의 주된 특성은 옳은 것은?

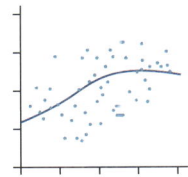

① 데이터 포인트를 선으로 연결하여 변수 간의 변화 경향과 패턴을 시각적으로 표현한다.
② 데이터 포인트를 곡선으로 연결하여 부드러운 변화를 나타내며, 연속적인 변화와 경향을 시각적으로 표현한다.
③ 데이터의 밀집도를 색상으로 표현하며, 변수 간의 분포를 2차원 상자로 나타낸다.
④ 변수 간의 상관관계를 산점도로 시각화하고, 다차원 분석을 위해 버블차트를 사용한다.

정답 ②
해설 제시된 그래프는 곡선그래프로 데이터 포인트를 곡선으로 연결하여 부드러운 변화를 나타내며, 변수 간의 연속적인 변화와 경향을 시각적으로 표현한다.

30 다음 도표를 사용할 때 주의해야 할 사항은 옳은 것은?

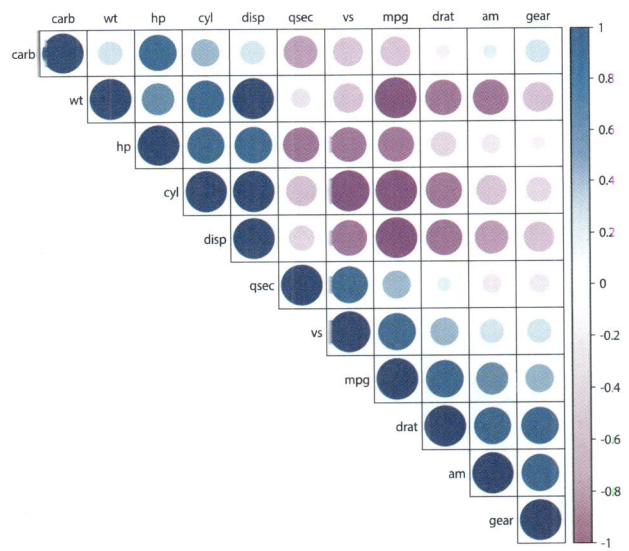

① 색상 팔레트를 신중하게 선택하여 상관계수의 방향과 강도를 명확하게 해석할 수 있도록 한다.
② 변수 간의 관계를 격으로 표현하여 패턴과 상관관계를 분석한다.
③ 변수 간의 밀집도를 색상으로 표현하여 데이터의 분포를 시각화한다.
④ 변수 간의 경사도(Gradient)를 시각화하여 변화율을 분석한다.

정답 ①
해설 제시된 도표는 상관도표로 변수 간의 상관계수를 색상과 크기로 나타낸다. 색상 팔레트를 신중하게 선택하여 상관계수의 방향과 강도를 명확하게 해석할 수 있도록 해야 한다.

31 다음 중 지도 데이터를 시각화할 때 BI 도구에서 일반적으로 사용하는 방법으로 옳은 것은?

① 모든 데이터를 주소 텍스트 형태로 저장한다.
② 위경도 데이터를 수동으로 입력하여 시각화한다.
③ 지오코딩 프로세스를 통해 주소나 지역명에서 위도 및 경도 좌표를 얻어 시각화한다.
④ BI 도구에는 지리 정보를 표현하기 위해 별도 위치 커스텀 패키지를 사용해야 한다.

> **정답** ③
> **해설** 시각화 BI 도구(Power BI, Tableau 등)는 지오코딩 프로세스를 통해 국가/지역에 대한 주소 값 세트에 따라 위도 및 경도 좌표를 얻어 지도 데이터를 시각화한다.

32 다음 중 공간 및 지리 정보를 시각화하는 데 사용되는 데이터 형식이 아닌 것은?

① shp
② xml
③ GeoJSON
④ shx

> **정답** ②
> **해설** XML(Extensible Markup Language)은 데이터를 구조화하고 저장하는 데 사용되는 범용 마크업 언어이다. 주로 데이터를 계층적으로 표현하며, 다양한 애플리케이션과 웹개발에서 데이터를 교환하기 위해 사용된다. XML 자체는 지리 정보 시각화에 특화된 형식은 아니다.
> ① shp : 지리적인 객체 모양을 표현하기 위한 점, 선, 면, 다각형 도형 정보 파일
> ③ GeoJSON : 지리 데이터를 JSON 형식으로 저장한 데이터 형식으로, 웹 기반 지도 라이브러리인 Leaflet.js, Google Maps API, Mapbox 등에서 활용하여 지도를 시각화할 수 있음
> ④ shx : 지리적인 객체의 빠른 검색을 위한 색인(index) 파일

33 다음 중 BI 도구를 활용하여 다음과 같은 시각화 차트를 만들기 위한 설명으로 옳지 않은 것은?

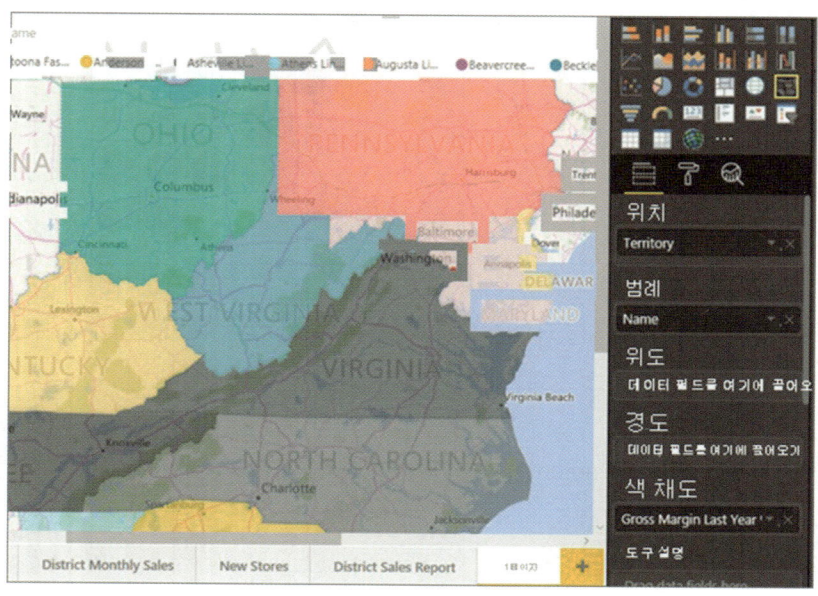

① 데이터 필드에 주소, 지역명, 도시 등 데이터 범주를 설정하면 필드가 보다 올바르게 지오코딩되도록 보장할 수 있다.
② 국가/지역, 도시명, 우편번호와 같이 둘 이상의 위치 열을 사용하면 보다 정확한 위치를 얻을 수 있다.
③ 정확한 위경도 값이 있는 경우 모호성을 제거하고 정확도를 높인다.
④ 공간 시각화에서는 계층 구조를 만들 수 없으므로 단일 레벨로 구성하는 것이 유리하다.

정답 ④
해설 공간, 지리 정보는 서로 다른 '수준'의 위치로 드릴다운할 수 있도록 지역 계층 구조를 사용한다.

34 다음 공간 시각화 차트에 대한 설명으로 옳지 않은 것은?

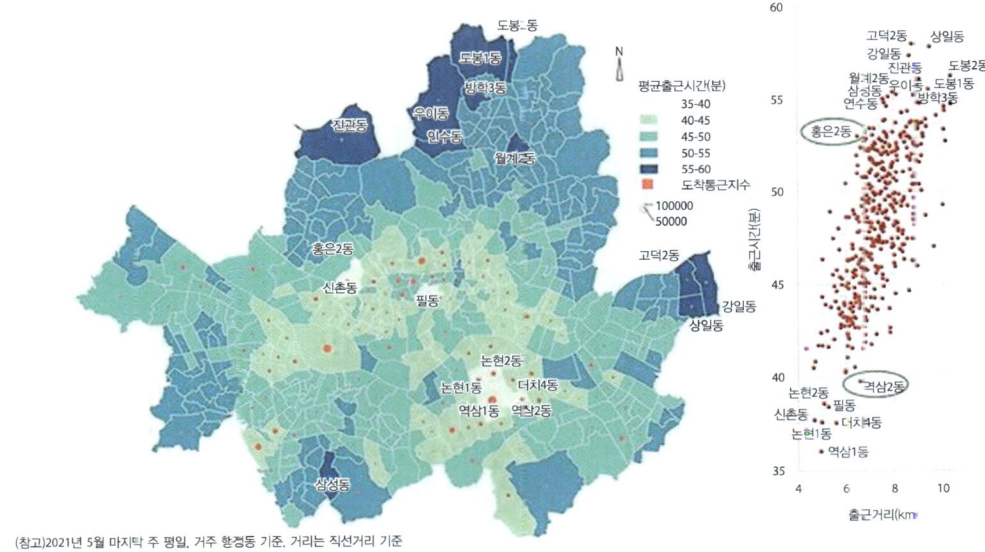

(참고)2021년 5월 마지막 주 평일, 거주 합계동 기준, 거리는 직선거리 기준

① 영역별로 색의 채도를 이용해 데이터 값을 구분
② 데이터 값이 높은 지역일수록 옅은 색으로 표현
③ 수치형 자료의 측정값을 시각적으로 비교
④ 색상의 해석이 주관적일 수 있으므로 범례를 명확히 제공해야 함

정답 ②
해설 제시된 공간 시각화 차트는 단계구분도(등치맵, 코로플레스, choropleth map)로 데이터 값이 높은 지역일수록 짙은 색으로 표현한다.

35 다음 중 돌링 카토그램(Dorling Cartogram)과 데머스 카토그램(Demers Cartogram)에 대한 설명으로 옳은 것은?

① 돌링 카토그램은 원 형태를 사용하고, 데머스 카토그램은 네모난 형태를 사용한다.
② 돌링 카토그램과 데머스 카토그램 모두 지리적 형태를 유지하면서 크기를 표현한다.
③ 돌링 카토그램은 지리적 세부사항을 강조하고, 데머스 카토그램은 큰 트렌드를 표현한다.
④ 돌링 카토그램은 경제 데이터를 시각화하는 데 주로 사용되고, 데머스 카토그램은 선거 결과를 분석하는 데 주로 사용된다.

정답 ①
해설 돌링 카토그램은 원 또는 기타 기하학적 형태를 사용하는 반면, 데머스 카토그램은 네모난 형태를 사용한다.
② 돌링 카토그램은 지역의 크기를 조정하며, 지리적 위치를 대략적으로 유지한다. 반면, 데머스 카토그램은 지역의 크기를 조정하며, 지리적 위치를 유지하지 않는다.
③ 돌링 카토그램과 데머스 카토그램 모두 지리적 세부사항이 상실되거나 정확성이 떨어진다.
④ 돌링 카토그램과 데머스 카토그램의 모두 인구, 선거 등 비교분석에 쓰이지만, 그 활용 대상이 특정되지는 않는다.

36 다음 시각화 차트에 대한 설명으로 옳지 <u>않은</u> 것은?

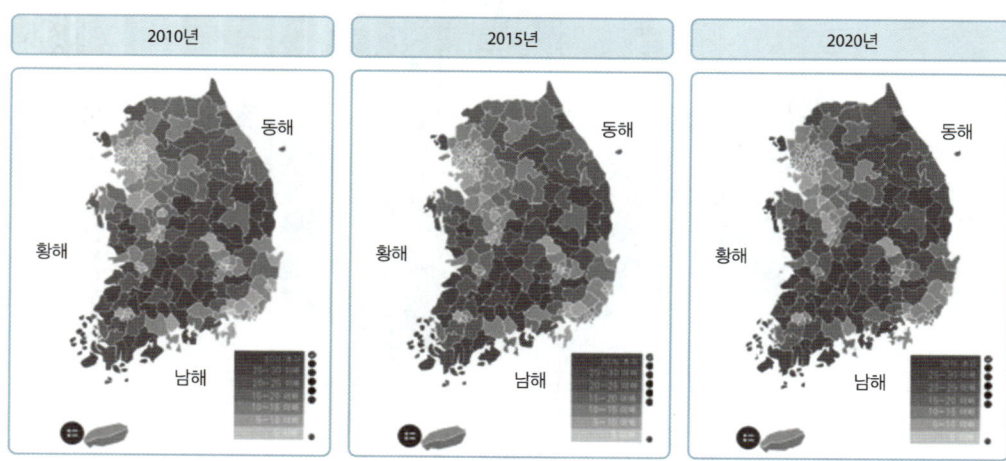

① 특정 연령 그룹의 인구의 변화를 보여주는 단계구분도이다.
② 시간에 따른 변화를 비교하기 위해 여러 개의 단계구분도를 썼다.
③ 색상이 짙을수록 높은 수치를 나타낸다.
④ 인구수의 변화에 따라 지도의 면적을 왜곡해서 강조한다.

정답 ④
해설 제시된 차트는 단계구분도로 인구수 등의 특정한 데이터 값의 변화에 따라 지도의 면적이 왜곡되는 그림은 카토그램(cartogram)이다.

37 다음 시각화 차트의 특징으로 옳은 것은?

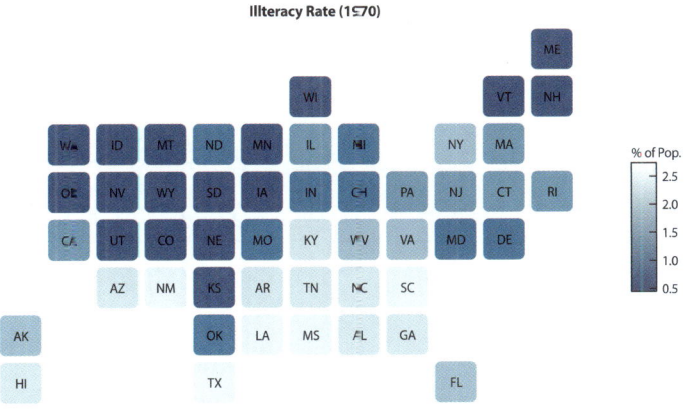

① 오직 색상(밀도)으로만 데이터를 표현하였다.
② 같은 면적의 배경을 병렬적으로 사용하였다.
③ 지역 간의 물리적 거리를 왜곡하지 않는다.
④ 단일 변수만을 시각화하고 있다.

정답 ②
해설 제시된 시각화 차트는 카토그램 히트맵으로 같은 면적의 배경을 병렬적으로 사용하면서, 색의 채도를 이용하여 데이터 값을 표현하고 있다. 사용방법에 따라 두 가지 이상의 데이터를 시각화할 수 있지만, 해당 차트는 단일 변수만을 사용하고 있다.

38 다음 그래프에서 데이터를 강조하기 위해 활용된 시각적 속성으로 옳은 것은?

① 색 속성
② 모양 속성
③ 크기 속성
④ 위치 속성

정답 ①
해설 제시된 그래프는 경사차트로 색 속성을 활용하여 데이터를 강조하였다. 배경이 되는 색은 무채색 계열의 회색을 사용하였고, 강조하고자 하는 데이터에 푸른색으로 속성을 변경하여 표현하였다.

39 다음 시각화 차트들이 공통적으로 표현하고자 하는 것은?

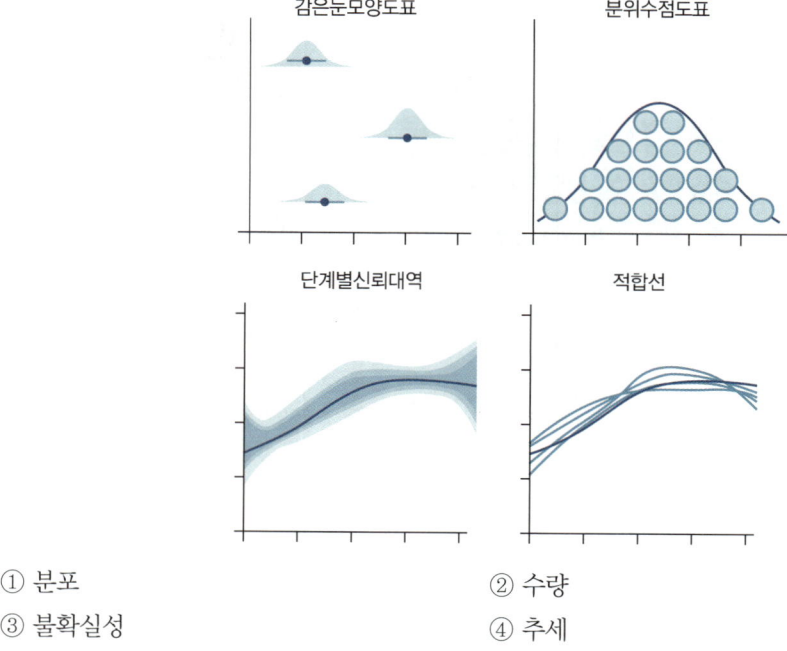

① 분포
③ 불확실성
② 수량
④ 추세

정답 ③

해설 눈모양도표, 분위수점도표, 단계별 신뢰대역, 적합선 등은 불확실성 시각화 개념으로 오차 표현을 포함하는 시각화이다. 데이터의 불확실성이 존재할 때, 불확실성을 표시하는 시각화하는 방법으로 쓰인다.

40 다음 그래프의 장점으로 가장 적절하지 않은 것은?

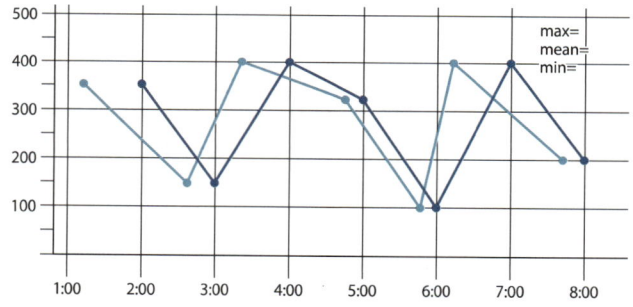

① 추세와 패턴을 쉽게 식별할 수 있다.
② 두 범주 간의 차이점을 강조할 수 있다.
③ 여러 데이터 시리즈를 동시에 비교할 수 있다.
④ 변수가 많은 경우에도 혼잡하지 않다.

정답 ④

해설 제시된 그래프는 선그래프로 추세와 패턴을 쉽게 식별할 수 있으며, 두 범주 간의 차이점을 강조할 수 있다. 또한, 여러 데이터 시리즈를 동시에 비교할 수 있다. 그러나 변수가 많은 경우 선들이 겹쳐서 혼잡해질 수 있으므로, 2~3개의 변수로 제한하는 것이 적절하다.

41 다음 중 경사차트의 특징으로 옳지 않은 것은?

① 각 선의 기울기가 변화율을 나타낸다.
② 주로 비교 대상이 여러 지점일 때 사용된다.
③ 두 지점 간의 변화를 명확하게 보여준다.
④ 일반적인 선그래프와는 다르게 Y=0 기준선에서 시작하지 않아도 된다.

> **정답** ②
> **해설** 경사(기울기)차트(Slopegraph)는 주로 두 지점 간의 값을 비교할 때 사용된다. 각 선의 기울기가 변화율을 나타내며, 변화율을 직관적으로 파악할 수 있다. 일반적인 선그래프와는 달리 Y=0 기준선에서 시작하지 않아도 된다. 경사차트는 복잡한 데이터셋를 나타내기에는 부적합하며, 단순한 비교를 명확하게 보여주는 데 유용하다.

42 다음 중 불확실성 시각화의 목적으로 옳은 것은?

① 데이터를 단순히 시간 순서대로 나열하여 변화를 보여준다.
② 데이터의 불확실성이나 오차를 시각적으로 표현하여 정보의 신뢰도를 전달한다.
③ 단일 데이터 포인트의 값을 강조하여 표시한다.
④ 데이터를 세로 막대로 나열하여 비교한다.

> **정답** ②
> **해설** 불확실성 시각화의 목적은 데이터의 불확실성이나 오차를 시각적으로 표현하여 정보의 신뢰도를 전달하는 것이다. 이를 통해 데이터의 변동성을 명확히 보여주고, 사용자가 데이터의 신뢰도를 이해할 수 있도록 도와준다.

43 다음 그래프의 주요 특징에 대한 설명으로 옳지 않은 것은?

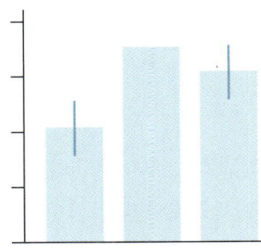

① 수치형 자료를 기반으로 하여 평균과 같은 통계량을 중심으로 오차범위를 표현한다.
② 90%, 95%, 99%와 같은 신뢰 구간을 명확히 표시할 수 있다.
③ 데이터의 변동성을 직관적으로 이해할 수 있도록 돕는다.
④ 주로 단일 데이터 포인트를 강조하여 변동성을 보여준다.

> **정답** ④
> **해설** 제시된 그래프는 수직오차막대로 단일 데이터 포인트를 강조하기보다는 평균과 같은 통계량을 중심으로 오차범위를 표현한다. 90%, 95%, 99%와 같은 신뢰 구간을 명확히 표시하여 데이터의 변동성을 직관적으로 이해할 수 있도록 도와준다.

44 다음 두 그래프의 차이점으로 옳은 것은?

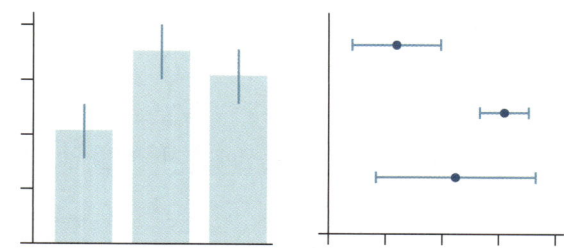

① 왼쪽 그래프는 평균값을 기준으로 오차범위를 나타내지만, 오른쪽 그래프는 그렇지 않다.
② 왼쪽 그래프는 Y축을 기준으로 오차범위를 표현하고, 오른쪽 그래프는 X축을 기준으로 오차범위를 표현한다.
③ 왼쪽 그래프는 단일 변수만 표현하지만, 오른쪽 그래프는 두 변수를 동시에 표현한다.
④ 왼쪽 그래프는 복잡한 데이터를 표현하기에 적합하지만, 오른쪽 그래프는 그렇지 않다.

정답 ②
해설 제시된 그래프 중 왼쪽은 수직오차막대로 주로 Y축을 기준으로 오차범위를 나타내며, 평균값 위아래로 오차범위를 표현한다. 반면 오른쪽 그래프는 수평오차막대로 X축을 기준으로 오차범위를 나타내어 변수의 수평적 변동성을 강조할 때 유용하다.

45 다음 도표의 특징으로 옳지 <u>않은</u> 것은?

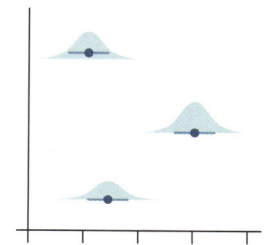

① 데이터의 분포와 변동성을 직관적으로 나타낸다.
② 중앙값, 사분위수, 범위 등을 시각적으로 전달한다.
③ 두 시점 간의 변화를 기울기로 나타낸다.
④ 표준화된 형식이 없어 해석이 다양할 수 있다.

정답 ③
해설 제시된 도표는 눈모양도표로 데이터의 분포와 변동성을 직관적으로 나타내며 중앙값, 사분위수, 범위 등을 시각적으로 전달하는 데 유용하다. 두 시점 간의 변화를 기울기로 나타내는 것은 경사차트의 특징이다.

46 다음 차트의 주된 특징으로 옳은 것은?

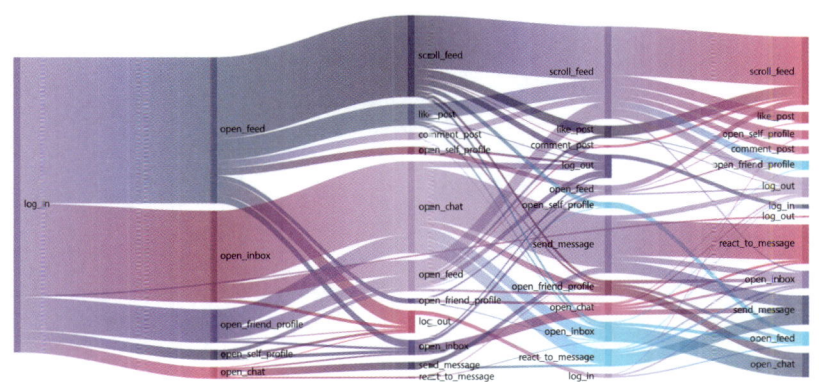

① 데이터의 누적 합계를 시각적으로 표현하기 위해 사용된다.
② 여러 대상의 흐름과 범주의 계층 간 관계를 표현하는 차트이다.
③ 데이터의 분위수를 점으로 표현하여 데이터의 분포를 시각적으로 전달한다
④ 두 지점 간의 변화를 기울기로 비교한다.

정답 ②
해설 제시된 차트는 생키차트로 여러 대상의 흐름과 범주의 계층 간 관계를 표현한다. 화살표의 너비로 수치 형 데이터의 측정값을 표현하며 자금·비용·원재료 등의 흐름, 사이트 이동 등에 활용된다.

47 다음 차트의 주된 용도로 옳은 것은?

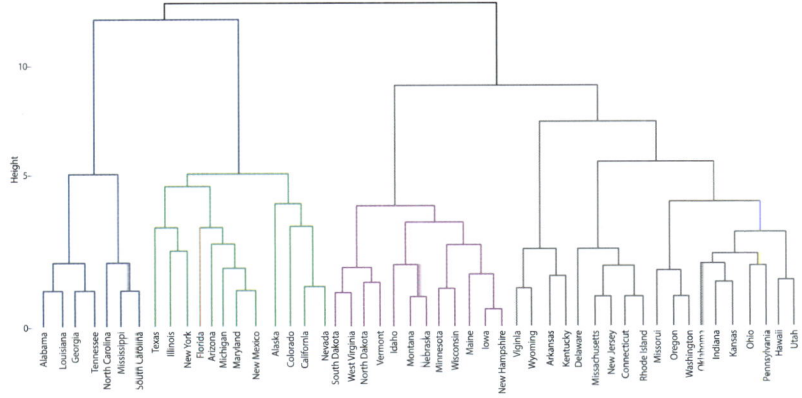

① 프로젝트 일정과 관련 작업을 시각화
② 각 단계에서 관측치의 군집화를 통해 형성된 그룹과 이들의 유사성 수준을 표시
③ 누적 데이터의 추세를 시각적으로 이해
④ 두 개의 차트를 결합하여 복합적인 정보를 제공

정답 ②
해설 제시된 차트는 덴드로그램으로 머신러닝 기법 중 군집화의 결과로 생성되는 그래프이다. 덴드로그램은 관측치의 군집화와 이들의 유사성 수준을 표시하는 트리다이어그램이다.

48 다음 그림과 같은 간트차트의 주요 특징으로 옳은 것은?

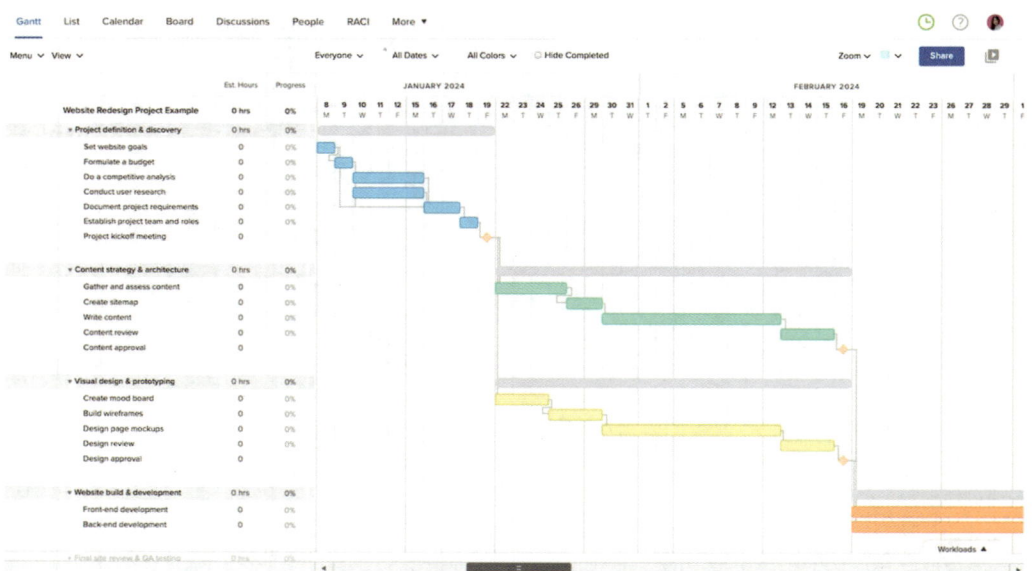

① 프로젝트의 일정과 관련 작업을 가로 막대차트로 표시하여 로드맵을 보여준다.
② 수치형 데이터를 시간 순서에 따라 점으로 표시하고 선으로 연결하여 추세를 나타낸다.
③ 여러 데이터를 동시에 비교할 수 있으며, 누적 합계를 시각적으로 표현한다.
④ 범주의 계층 간 관계를 화살표의 너비로 시각적으로 표현한다.

정답 ①

해설 간트차트는 프로젝트의 일정과 관련 작업을 가로 막대차트로 표시하여 프로젝트의 로드맵을 보여준다. 이는 프로젝트 관리에서 일정 및 작업의 진행 상황을 추적하는 데 유용하다.

MEMO

PART 04

시행처 공개 문제

CHAPTER 01	시행처 공개 문제 A형
CHAPTER 02	시행처 공개 문제 B형
CHAPTER 03	시행처 공개 문제 A형 정답 및 해설
CHAPTER 04	시행처 공개 문제 B형 정답 및 해설

※ 대한상공회의소(https://license.korcham.net)에서 공개한 문제를 수정·보완하여 수록하였습니다.

CHAPTER 01 시행처 공개 문제 A형

제1과목 | 경영정보 일반

01 기업 경영에 직간접적으로 영향을 미치는 주체로서 종업원, 고객, 지역사회 등을 포괄하는 용어로 가장 적절한 것은?

① 주주(shareholder)
② 대리인(agent)
③ 의사결정자(decision maker)
④ 이해관계자(stakeholder)

02 모든 수익과 비용은 그것이 발생한 기간에 정당하게 배분되도록 처리해야 한다는 회계 원칙으로 가장 적절한 것은?

① 수익비용대응 원칙
② 발생주의 원칙
③ 신뢰성 원칙
④ 중요성 원칙

03 기업의 부채를 상환하는 능력을 측정하는 재무비율로 가장 적절한 것은?

① 부채비율
② 유동비율
③ 이자보상비율
④ 자기자본이익률

04 주가가 장부가의 몇 배로 평가되고 있는지 측정하는 데 사용되는 재무비율로 가장 적절한 것은?

① 주당매출액비율
② 주가현금흐름비율
③ 주가순자산비율
④ 주당순이익

05 가장 최근에 입고된 상품이 판매원가로 인식되는 재고가치 평가 방법으로 가장 적절한 것은?

① 선입선출법
② 후입선출법
③ 평균법
④ 개별법

06 풋옵션에 대한 설명으로 가장 적절한 것은?

① 특정 기간 내에 특정 가격으로 자산을 매도할 권리를, 그러나 의무는 없는 계약
② 특정 기간 내에 특정 가격으로 자산을 매수할 권리를, 그러나 의무는 없는 계약
③ 특정 기간 내에 특정 가격으로 자산을 매도할 의무를 부과하는 계약
④ 특정 기간 내에 특정 가격으로 자산을 매수할 의무를 부과하는 계약

07 산업의 수익성을 결정하는 5가지의 경쟁요인(5 Forces)에 해당하는 정보로 가장 적절하지 않은 것은?

① 기존 고객의 이탈 가능성 관련 정보
② 잠재적 경쟁자의 시장 진입 위협 관련 정보
③ 공급자의 가격 결정력 관련 정보
④ 현실적 및 잠재적 대체재 관련 정보

08 조직의 성과 관리에 사용되는 용어에 대한 설명으로 가장 적절하지 않은 것은?

① MBO : 조직과 개인의 목표를 연계하여 사전에 설정된 목표를 기반으로 객관적이고 결과 지향적으로 성과를 관리
② OKR : 진전된 성과 관리 접근으로 재무적 성과 요소와 더불어 ESG 등 기업의 사회적 책임 관련 요소까지 관리
③ BSC : 현재의 성과 관리와 미래의 역량 축적을 위해 재무, 고객, 업무 프로세스, 학습과 성장 등의 성과 요소를 균형 있게 관리
④ KPI : 목표 실현을 위한 주요 활동과 이에 대한 달성 기준을 구체적으로 설정하여 과학적으로 성과를 측정하고 관리

09 임금 및 복리후생 제도에 대한 설명으로 가장 적절하지 않은 것은?

① 임금 수준 설정 시 조직의 지불 능력과 경쟁사의 현황, 노동자의 생활권을 동시에 고려해야 한다.
② 임금 인상은 연공에 따른 승격, 역할 확대에 따른 성과급, 전체적인 기준을 상향하는 승급 등을 통해 이루어진다.
③ 복리후생은 크게 4대 보험, 퇴직금 등 법정 복리후생과 자기개발, 생활문화 증진제도 등 법정 외 복리후생으로 이루어진다.
④ 구성원들이 정해진 금액 내에서 원하는 복리후생 프로그램을 선택할 수 있는 카페테리아 제도를 운영할 수 있다.

10 전사적 인력 운영 계획 수립 시 분석 및 고려 사항으로 가장 적절하지 않은 것은?

① 부서별 인력 수요와 노동시장의 공급 예측
② 조직의 손익과 인건비 현황 정보
③ 조직 구성원의 인사평가 관련 정보
④ 단 · 중 · 장기 자동화 및 아웃소싱 계획

11 다음 중 CPM을 계산하는 수식으로 가장 적절한 것은?

① 총비용÷노출 수
② 총비용÷노출 수×100
③ 총매출÷노출 수
④ 총비용÷노출 수×1,000

12 다음 설명에 해당하는 고객 관련 마케팅 용어로 가장 적절한 것은?

> (　　　)은/는 한 명의 고객이 장기적으로 회사에 제공하는 예상가치를 나타내는 지표로서, 고객이 회사의 제품 또는 서비스를 구매하고 유지하는 동안 생산되는 순이익의 총합으로 계산된다.

① 고객유지율(CRR)
② 순수고객추천지수(NPS)
③ 고객생애가치(LTV)
④ 월간 평균 사용자(MAU)

13 다음 중 각 용어의 개념에 대한 설명으로 가장 적절하지 않은 것은?

① 순이익은 기업이 수익에서 비용을 차감한 후 남는 이익을 의미한다.
② 매출은 기업이 제품 또는 서비스 판매로 얻은 총금액을 의미한다.
③ 투자수익률(ROI)은 특정 마케팅 활동에 대한 비용 대비 수익의 비율을 의미한다.
④ 전환율(CVR)은 특정 웹사이트 접속 시 광고에 노출된 횟수를 의미한다.

14 다음 중 사용자가 특정 제품 및 서비스 또는 플랫폼을 얼마나 지속적으로 사용하는지를 확인할 수 있는 지표로 가장 적절한 것은?

① 인스톨당 비용(CPI)
② 액션당 비용(CPA)
③ 고착도(Stickiness)
④ 클릭당 비용(CPC)

15 다음 중 ROAS에 대한 설명으로 가장 적절한 것은?

① ROAS는 얼마나 많은 고객이 재방문하는지를 나타내는 지표이다.
② ROAS는 광고나 링크를 클릭한 사용자의 비율을 나타내는 지표이다.
③ ROAS는 광고 투자 대비 수익률을 나타내는 지표이다.
④ ROAS는 사용자가 웹페이지를 떠나는 비율을 나타내는 지표이다.

16 구매 관리 담당자의 역할로 가장 적절하지 않은 것은?

① 공급자 식별 및 계약 협상
② 공급자 데이터베이스 유지관리
③ 비용 효율적인 방식으로 운영 요구사항 이하의 제품 획득
④ 공급업체 관리

17 다음 중 샘플 데이터를 추출하여 수행하는 검사로 가장 적절하지 않은 것은?

① 생산 전 검사
② 생산 중 검사
③ 생산 후 검사
④ 고객 인도 전 적합성 검사

18 다음의 수요 변화 형태 중 수요 데이터가 일정한 평균을 중심으로 상승과 하강을 반복하는 형태로 가장 적절한 것은?

① 수평적 수요
② 추세적 수요
③ 계절적 수요
④ 순환적 수요

19 공급사슬의 일반적인 세 가지 대표 유형의 이동으로 가장 적절하지 않은 것은?

① 물리적 이동
② 현금흐름
③ 정보의 교환
④ 직원 인사이동

20 국가통계포털에서 제공하는 정보 중 지역자치단체의 생활환경 및 경영상황과 가장 관련성이 높은 것은?

① E-지방지표
② 국민계정지표
③ 문화/여가지표
④ 소득/소비/자산지표

제2과목 | 데이터 해설 및 활용

21 데이터(data)와 정보(information)에 대한 설명으로 가장 적절한 것은?

① 데이터는 적절한 의사결정의 수단이 될 수 있다.
② 정보란 현실 세계에 존재하는 가공되지 않은 그대로의 값을 의미한다.
③ 정보란 데이터를 처리해서 얻을 수 있는 결과이다.
④ 데이터와 정보는 같은 개념이다.

22 데이터의 종류에 대한 설명으로 가장 적절하지 않은 것은?

① 비정형 데이터는 정형 데이터에 비해 분석하기 어렵다.
② 정형 데이터는 주로 XML, HTML, JSON 등의 파일 형태로 저장된다.
③ 정형 데이터는 테이블의 모든 행에 동일한 열 집합이 존재한다.
④ 비정형 데이터는 특정 스키마가 없는 NoSQL 데이터베이스가 사용된다.

23 다음 중 수치형의 이산형 데이터의 예시로 가장 적절한 것은?

① 상품의 종류
② 회원의 회원등급
③ 회원의 거주 지역
④ 교통사고 발생 횟수

24 다음 제시된 자료에 대한 기초통계 중 옳은 것은?

> 10, 20, NULL, 30, NULL

① 평균 : 20
② 중앙값 : NULL
③ 최빈값 : NULL
④ 데이터의 수 : 5

25 다음 중 연속확률분포에 해당하는 것으로 연결되지 않은 것은?

① 균등분포, 정규분포
② 정규분포, 지수분포
③ 지수분포, 균등분포
④ 정규분포, 이항분포

26 데이터들의 유사도를 측정하여 유사도가 높은 데이터를 그룹화하여 분석하고자 할 때 가장 적절한 데이터 마이닝 기법은?

① 분류분석
② 군집분석
③ 연관분석
④ 회귀분석

27 중앙집중식 데이터베이스와 비교했을 때 분산 데이터베이스의 장점으로 가장 적절하지 않은 것은?

① 데이터베이스 설계가 쉽다.
② 시스템의 성능이 향상된다.
③ 분산제어가 가능하다.
④ 시스템의 확장성이 증가한다.

28 다음 중 파일 시스템에 대한 설명으로 가장 적절하지 않은 것은?

① 블록은 파일 시스템의 가장 낮은 계층이다.
② 자료의 계층 구조는 블록, 파일, 데이터 3가지 주요 계층으로 구성된다.
③ 파일 시스템은 자료의 계층 구조를 가진다.
④ 파일은 파일명이나 파일 경로 등의 고유한 식별자를 가진다.

29 데이터베이스 관리 시스템이 등장하게 된 배경으로 가장 적절하지 않은 것은?

① 데이터의 일관성과 무결성을 유지하기 위해 스키마를 정의하고 제약 조건을 설정한다.
② 동시 접근 제어를 위해 트랜잭션 개념을 도입한다.
③ 제한된 데이터 검색 기능을 개선하고자 DBMS 자료의 계층 구조를 구성한다.
④ 파일 시스템에서는 중복성이 발생할 수 있고, DBMS는 테이블이나 컬렉션과 같은 구조를 사용하여 중복 데이터를 최소화한다.

30 다음 설명에 해당하는 데이터베이스의 구성요소로 가장 적절한 것은?

( )은/는 데이터에 대한 데이터로 데이터의 특성, 구조, 의미 등을 설명하는 정보를 의미한다. 데이터베이스 시스템에서 데이터를 관리하고 사용하기 위해 필요한 정보를 제공하고, 데이터베이스의 보안을 관리하는 데에도 사용된다.

① 메타데이터
② 저장 데이터 관리자
③ 질의처리기
④ 트랜잭션 관리자

31 다음이 설명하는 데이터베이스의 구성요소는?

( )은/는 테이블의 열을 나타내며, 특정 데이터 유형에 대한 정보를 기술한다. 이는 고유한 이름을 가지며, 데이터의 유형을 정의한다. 예를 들어 이름, 나이, 성별 등은 '학생'이라는 테이블에서 해당 구성요소로 사용될 수 있다.

① 레코드(Record)
② 속성(Attribute)
③ 엔터티(Entity)
④ 릴레이션(Relation)

32 데이터베이스를 3단계 구조로 구분할 때 해당되지 않는 개념은?

① 개념 스키마
② 내부 스키마
③ 내용 스키마
④ 외부 스키마

33 다음 설명에 해당하는 키(Key)로 가장 적절한 것은?

( )는 테이블에서 각 레코드를 고유하게 식별하기 위해 선택된 키이다. 후보키 중에서 선택되고 테이블 내에서 중복된 값이 없어야 하며 NULL 값을 가질 수 없다. 테이블의 주 식별자로 사용되며 테이블의 레코드를 식별하고 레코드 간의 관계를 구축하는 데 사용된다.

① 기본키(Primary Key)
② 대체키(Alternate Key)
③ 슈퍼키(Super Key)
④ 식별키(Identifier Key)

34 다음 중 데이터를 병합하는 명령어에 해당하는 것은?

① INNER JOIN
② SELECT
③ GROUP BY
④ ORDER BY

35 데이터 보안 방식 중 데이터 접근을 제어하는 방식에 해당하는 것은?

① 전송 중 데이터 암호화
② 데이터 저장 프로세스 추적
③ 역할에 따라 데이터 사용 권한 할당
④ 정기적인 백업 및 복구 절차

36 웹 스크래핑에 관한 설명으로 가장 적절한 것은?

① 웹사이트에서 데이터를 추출하는 과정이다.
② 웹사이트의 보안을 강화하는 과정이다.
③ 웹사이트의 트래픽을 생성하는 과정이다.
④ 웹사이트의 디자인 미학을 개선하는 과정이다.

37 NoSQL 데이터베이스의 특징에 대한 설명으로 가장 적절한 것은?

① 데이터 저장을 위해 미리 정의된 스키마를 제공한다.
② 데이터 쿼리를 위해 주로 SQL을 사용한다.
③ 구조적 및 관계형 데이터를 처리하는 데 적합하다.
④ 유연한 스키마 설계를 제공하고 비정형 또는 반정형 데이터를 처리한다.

38 데이터 관리에서 데이터 무결성 검증과 관련된 설명으로 가장 적절한 것은?

① 데이터의 정확성, 완전성, 일관성을 보장하기 위해 실시한다.
② 데이터 압축을 통해 스토리지 요구사항을 감소시킨다.
③ 민감한 정보를 보호하기 위해 데이터를 암호화한다.
④ 분석을 위해 표준화된 형식으로 데이터를 변환한다.

39 조직에서 비즈니스 인텔리전스를 활용하는 목적으로 가장 적절하지 <u>않은</u> 것은?

① 데이터 보안 및 개인정보 보호 조치 강화
② 일상적인 비즈니스 프로세스의 자동화
③ 데이터 기반 의사결정의 지원과 실행 가능한 통찰 제공
④ 마케팅 전략 개발 및 실행

40 비즈니스 인텔리전스 구현의 이점으로 가장 적절한 것은?

① 데이터 복잡성 및 혼란 증가
② 데이터 분석 및 보고의 필요성 감소
③ 의사결정 능력 및 전략적 통찰 향상
④ 데이터에 대한 제한된 접근 및 정보 흐름

제3과목 | 경영정보시각화 디자인

41 다음 중 디자인의 기본 원리에 대한 설명으로 가장 적절하지 <u>않은</u> 것은?

① 균형 : 디자인 요소들 간의 크기와 비율을 나타내고 요소들이 차지하는 실제 크기를 의미한다.
② 명도 : 색상이 얼마나 밝거나 어두운지를 결정한다.
③ 비례 : 디자인 요소들 간의 상대적인 크기와 배치의 조합을 의미한다.
④ 채도 : 채도가 0%이면 가장 탁한 색이고, 100%이면 순수한 색이다.

42 두 개 이상의 요소가 반복되어 일정 패턴이 형성되는 것을 강조하는 디자인 기본 원리로 가장 적절한 것은?

① 대비   ② 대칭
③ 리듬   ④ 변화

43 다음 설명에 해당하는 인포그래픽 디자인 원칙으로 가장 적절한 것은?

> (   ) 원칙은 인포그래픽을 더 간결하고 이해하기 쉽게 만들며, 논리적 추론이나 이론 구축에도 적용되는 원칙이다. 이 원칙은 복잡한 정보를 시각적으로 전달하기 위해서 핵심 메시지 강조, 단순한 시각화, 명확한 구조화, 최소한의 텍스트 등의 방법을 적용한다.

① 브랜드 아이덴티티
② 오컴의 면도날
③ 정보의 일관성
④ 타깃 오디언스

44 다음 중 인포그래픽 유형에 대한 설명으로 가장 적절하지 않은 것은?

① 비교 및 대조 인포그래픽 : 아이콘, 그림, 이미지를 활용하여 정보를 시각적으로 전달한다.
② 지도 및 지리적 인포그래픽 : 지리적 정보를 시각화하여 지역, 국가, 대륙 등의 지리적 특성을 나타낸다.
③ 프로세스 및 플로우차트 : 과정이나 절차를 단계별로 시각화하여 보여준다.
④ 타임라인 및 역사적 인포그래픽 : 연표, 시간축 등을 사용하여 시간에 따른 변화나 역사적 이벤트를 시각화한다.

45 다음 설명에 해당하는 인포그래픽 디자인 구성요소로 가장 적절한 것은?

> (   )은/는 그래프나 차트에서 사용된 색상, 패턴, 기호 등과 그에 대응하는 항목을 설명하는 텍스트 요소이다. 데이터 요소의 의미를 명확하게 전달하고 그래프의 해석을 돕는 역할을 한다. 그래프나 차트의 가독성을 향상시켜 사용자가 데이터를 이해하고 비교할 수 있도록 돕는 시각적인 가이드 역할을 한다.

① 격자선   ② 범례
③ 서체   ④ 주석

46 다음 그림에 활용된 엑셀의 시각화 기능으로 가장 적절한 것은?

회사명	2019	2020	2021	2022	2023	추세
장미전자	36%	41%	116%	65%	94%	
백합자동차	130%	110%	67%	102%	9%	
데이지통신	44%	15%	-19%	94%	70%	
튤립중공업	80%	-10%	7%	87%	98%	
캐모마일엔터	119%	138%	41%	96%	25%	
수국백화점	103%	70%	50%	132%	86%	
진달래화학	100%	13%	131%	60%	17%	
아카시아포털	55%	-9%	5%	143%	10%	

① 데이터 막대
② 스파크라인
③ 아이콘 세트
④ 차트

47 시각화 도구(BI 소프트웨어)의 특징으로 가장 적절하지 <u>않은</u> 것은?

① 무작위한 요소가 포함된다면 반복 가능성을 구현하기 어려울 수 있다.
② 시각화 도구는 동일한 데이터에 대해 다양한 시각화 방법을 빠르게 적용할 수 있게 한다.
③ 시각화 도구를 사용한다면 재현 가능성을 구현하기 어려울 수 있다.
④ Power BI는 데이터 시각화를 위한 전용 도구로 데이터 추출 및 변환 기능은 제공하지 않는다.

48 대시보드에 대한 설명으로 가장 적절하지 <u>않은</u> 것은?

① 대시보드는 데이터를 시각화할 수 있지만 상호작용 또는 필터링 기능을 제공하지 않는다.
② 대시보드의 예시로는 실시간으로 통계를 시각적으로 표시하는 대형 벽걸이 현황판이 있다.
③ 대시보드는 화면에 여러 시각화 차트를 배치하여 데이터를 쉽게 탐색할 수 있게 한다.
④ 인기를 잃고 있는 대시보드가 있다면 처음에 제시된 비즈니스 요구사항이 충족된 것일 수 있다.

49 다음 중 정량 데이터의 시간 전후 관계를 표현하기 가장 적합한 차트 유형은?

① 수직막대차트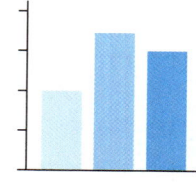
② 누적수평막대차트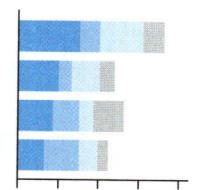
③ 히트맵차트
④ 경사차트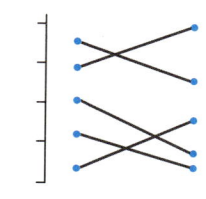

50 다음과 같은 차트 유형의 명칭은?

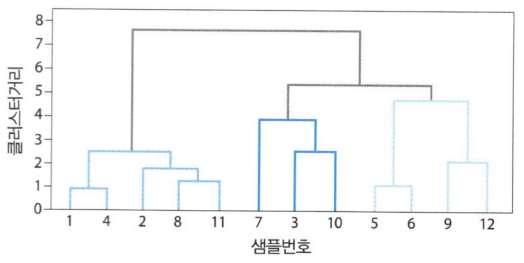

① 라인차트
② 트리 맵
③ 스파이더차트
④ 덴드로그램

51 다음 중 데이터의 불확실성을 표현하기 가장 적합한 차트 유형은?

① 히스토그램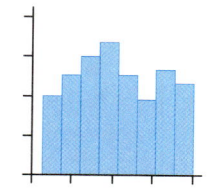
② 바이올린차트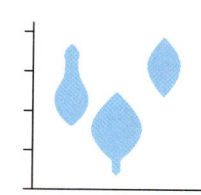
③ 수평오차막대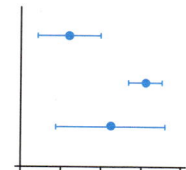
④ 밀도분포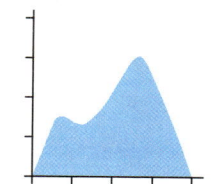

52 다음과 같은 차트 유형의 명칭은?

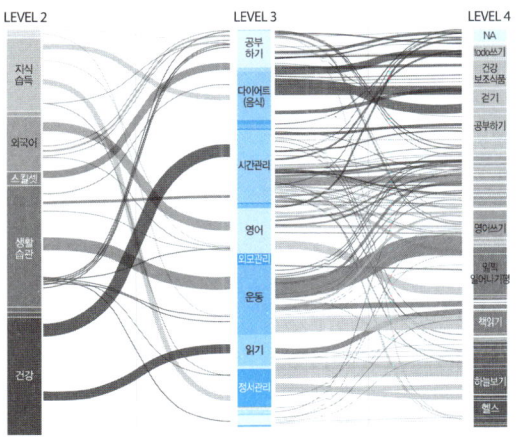

① 수평막대차트
② 히스토그램
③ 생키차트
④ 버터플라이차트

53 다음의 버블(거품형)차트의 특징으로 가장 적절하지 않은 것은?

① 지름이 아닌 면적으로 수량을 비교한다는 점이 중요하다.
② 범주형 데이터 간 차이를 각 버즈의 쌍으로 비교하기에 적합하다.
③ 사각형이나 삼각형의 형태로도 활용할 수 있다.
④ 비교하기 쉽고 대량의 데이터를 좁은 공간에 표시하기 용이하다.

54 다음과 같은 차트 유형에 대한 설명으로 가장 적절하지 않은 것은?

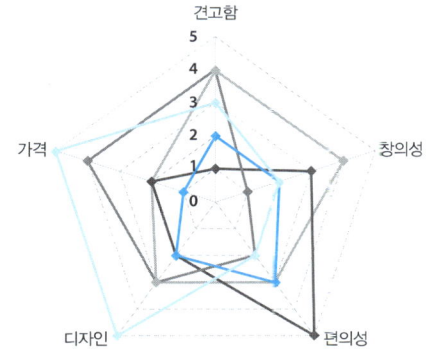

① 비교 항목이 네 개 이상일 경우에 사용하는 차트이다.
② 항목 간 비교뿐만 아니라 대상간 비교도 가능하다.
③ 레이더차트라고 불리기도 한다.
④ 각 항목 간 비율뿐만 아니라 균형과 경향을 직관적으로 파악할 수 있다.

55 다음의 시각 속성 중 범주형 데이터에 주로 사용되며 분류, 구분 혹은 강조의 목적으로 적합하지 않은 것은?

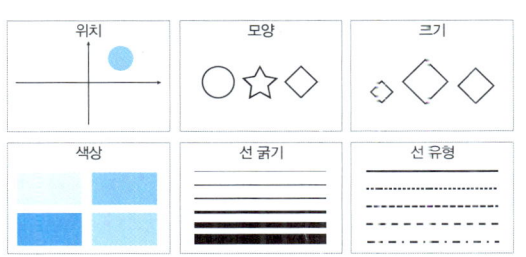

① 위치
② 색
③ 형태
④ 선 유형

56 다음과 같은 차트 유형에 대한 설명으로 가장 적절하지 않은 것은?

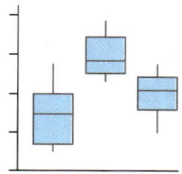

① 데이터의 분포를 잘 보여주며 다른 데이터군과 쉽게 비교할 수 있다.
② 이상치 탐지가 가능하여 데이터 전처리에 활용할 수 있다.
③ 최소, 1사분위수, 중위수, 3사분위수, 최대 등을 표시할 수 있다.
④ 신뢰 구간을 표시하여 불확실성을 나타낼 수 있다.

57 다음과 같은 차트 유형에 대한 설명으로 가장 적절하지 않은 것은?

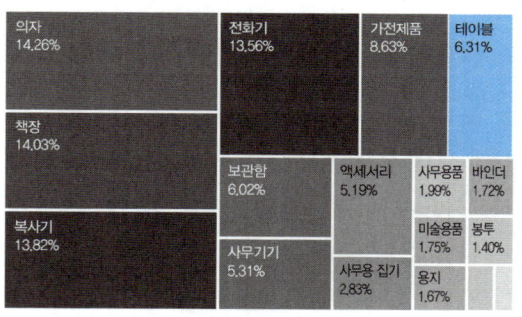

① 계층 구조가 있는 데이터 표현에 적합하며 계층 내 비율을 편리하게 표현할 수 있다.
② 대상의 배치는 BI 도구가 제공하는 알고리즘과 관련되어 있어 통상적으로 제어가 어렵다.
③ 인접하지 않은 범주형 데이터의 계층 간 비교에 용이하다.
④ 음수 값을 표현하기 어렵다.

58 다음과 같은 차트 유형의 명칭은?

제21대 총선 결과(서울)

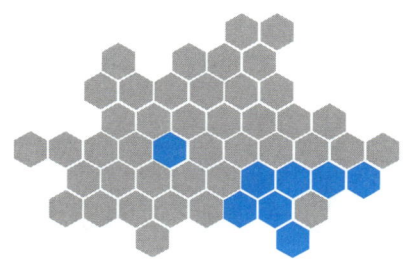

① 단계구분도
② 트리 맵
③ 카토그램 히트맵
④ 밀도맵

59 다음과 같은 차트 유형의 명칭은?

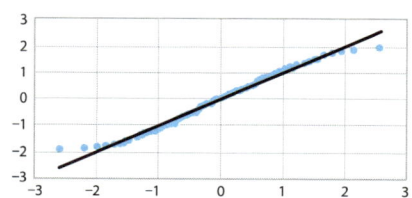

① 라인차트
② 분위수–분위수 차트(QQ도표)
③ 산포도
④ 결합차트

60 다음 Joseph Priestley의 역사차트와 가장 관련이 있는 차트 유형은?

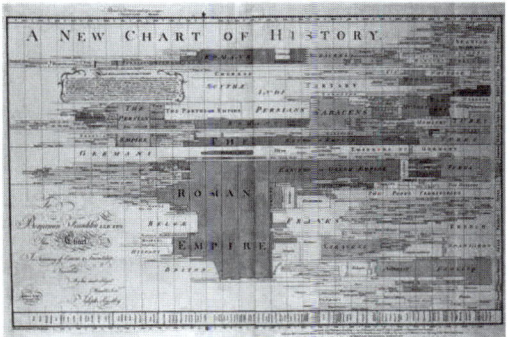

① 수평막대차트　② 간트차트
③ 계열차트　　　④ 스트립차트

CHAPTER 02 시행처 공개 문제 B형

제1과목 | 경영정보 일반

01 기업 경영을 위한 하위 부문 및 주요 활동에 대한 설명으로 가장 적절하지 않은 것은?

① 인적 자원 관리 : 인력 운영 계획 수립 및 직무 분석과 평가
② 회계 관리 : 투자 경제성 및 이자와 배당 등 자본 비용 산정
③ 마케팅 : 시장 환경과 고객 분석 및 STP 전략 실행
④ 운영 관리 : 제품 원가, 품질, 납품 관리 및 재고 관리

02 기업의 특정 기간 동안의 매출액, 비용 및 순이익을 보고하는 재무제표로 가장 적절한 것은?

① 손익계산서 ② 재무상태표
③ 현금흐름표 ④ 유보이익계산서

03 기업이 단기부채를 단기자산으로 상환할 수 있는 능력을 측정하는 데 사용되는 재무비율로 가장 적절한 것은?

① 부채비율 ② 총자산이익률
③ 유동비율 ④ 투자수익률

04 다음 중 채권투자에 따른 투자위험으로 가장 적절하지 않은 것은?

① 채무불이행위험 ② 시장위험
③ 구매력감소위험 ④ 자본예산위험

05 자산의 유용 수명 동안 동일한 금액의 감가상각비를 할당하는 감가상각 방법으로 가장 적절한 것은?

① 정액법 ② 정률법
③ 생산량비례법 ④ 연수합계법

06 콜 옵션에 대한 설명으로 가장 적절한 것은?

① 특정 기간 내에 특정 가격으로 자산을 매도할 권리를, 그러나 의무는 없는 계약
② 특정 기간 내에 특정 가격으로 자산을 매수할 권리를, 그러나 의무는 없는 계약
③ 특정 기간 내에 특정 가격으로 자산을 매도할 의무를 부과하는 계약
④ 특정 기간 내에 특정 가격으로 자산을 매수할 의무를 부과하는 계약

07 경쟁 환경 분석을 위해 수행하는 3C 분석에서 활용하는 정보로 가장 적절하지 않은 것은?

① 자사의 역량(company) 관련 정보
② 시장 상황(customer) 관련 정보
③ 경쟁 기업(competition) 관련 정보
④ 유통 및 판매(channel) 관련 정보

08 기업의 내·외부 경영환경 분석을 위한 분석 틀과 그에 대한 설명으로 가장 적절하지 않은 것은?

① 가치 사슬 모형 : 시장의 범위와 경쟁 수준에 대한 분석을 토대로 원가 우위, 차별화, 집중화 전략 등을 도출
② SWOT 분석 : 외부 환경의 기회와 위협 및 내부 역량의 강점과 약점 분석을 토대로 전략 방향을 설정
③ 앤소프 매트릭스 : 시장과 자사 역량에 대한 분석을 토대로 시장 침투, 시장 개발, 신제품 개발, 다각화 전략 등을 도출
④ VRIO 모형 : 조직이 보유한 자원의 가치, 모방가능성, 희소성, 내재성 측면에 대한 분석을 토대로 조직의 역량을 진단

09 보상 제도에 대한 설명으로 가장 적절하지 않은 것은?

① 4대 보험, 유급휴가 및 퇴직금 제도는 종업원에게 반드시 제공되어야 하는 법정 복리후생이다.
② 업무 관련 고충 처리와 스트레스 관리를 위한 종업원지원프로그램(EAP) 등을 법정 외 복리후생으로 운영할 수 있다.
③ 임금 수준 결정에 있어 회사의 지불 능력과 종업원의 최저생계비 보장은 핵심 고려사항이다.
④ 근속연수에 연동하여 임금을 인상하는 베이스업(baseup)은 고성과자의 동기를 저하시키는 부작용을 초래할 수 있다.

10 조직에서 시행하는 경력 개발 제도에 대한 설명으로 가장 적절하지 않은 것은?

① 차세대 리더로 성장할 직원들이 조직을 이탈하지 않고 높은 수준의 역량과 경험을 축적할 수 있도록 핵심인재제도를 운영한다.
② 직원들이 다양한 업무 경험을 통해 새로운 능력을 개발하고 관리자 역량을 준비할 수 있도록 직무순환제도를 운영한다.
③ 직원들이 조직 내에서 뿐만 아니라 외부에서도 경력을 개발할 수 있도록 지원하기 위해 이중경력제도를 운영한다.
④ 퇴직 예정자들에게 조직에 대한 좋은 인상을 남기고 그들의 퇴직 후 경력 개발에 도움을 주기 위해 전직지원제도를 운영한다.

11 다음 중 CPI를 구하는 수식으로 가장 적절한 것은?

㉠ 총비용÷총노출 수
㉡ (총클릭 수÷총노출 수)×100
㉢ 총비용÷총클릭 수
㉣ 총비용÷총설치 수

12 다음 설명에 해당하는 고객 관련 마케팅 용어로 가장 적절한 것은?

> (　　)은/는 고객들을 공통적인 특성에 따라 분류하는 것을 의미한다. 고객의 나이, 성별, 지역, 소득 수준 등을 기준으로 활용할 수 있으며 이를 통해 마케터들은 다양한 고객 그룹의 특성을 파악하여 그에 맞는 제품 및 서비스에 대한 마케팅 전략을 수립할 수 있다.

① 고객 만족도　　② 고객 세그먼트
③ 고객 성향　　　④ 고객 구매패턴

13 다음 용어의 개념에 대한 설명으로 가장 적절하지 <u>않은</u> 것은?

① 고객획득비용은 총 마케팅 비용을 재구매 고객 수로 나눈 값이다.
② 고객단가는 매출액을 고객 수로 나누어 계산한 값이다.
③ 평균주문액은 고객 한 명이 평균적으로 주문 시 결제하는 금액을 의미한다.
④ 할인율은 제품이나 서비스의 정상 가격에 대한 할인 비율을 나타낸다.

14 다음 중 디지털 마케팅의 CVR에 대한 설명으로 가장 적절하지 <u>않은</u> 것은?

① 첫 페이지에서 결제 페이지까지의 과정을 최적화하는 데 필요한 지표이다.
② 마케팅 활동을 통해 원하는 전환을 수행한 사용자의 비율을 의미한다.
③ 마케팅에서의 전환은 구매를 의미하므로 가입 및 다운로드는 포함되지 않는다.
④ 마케팅에 참여한 전체 사용자 대비 전환을 수행한 사용자의 비율을 의미한다.

15 다음 설명에 해당하는 이커머스 관련 용어로 가장 적절한 것은?

> (   )은/는 특정 키워드나 검색어가 검색 엔진에서 얼마나 많이 검색되는지를 나타낸다. 이를 통해서 마케터는 효과적인 키워드 선택, 콘텐츠 최적화, 검색 엔진 순위 개선 등을 위한 전략을 수립할 수 있다.

① 노출도(Impression)
② 자연검색량
③ 특정 콘텐츠 방문자 수
④ 콘텐츠 반응률

16 구매 관리에서 자재나 제품의 입·출하 선적을 관리하는 것을 의미하는 용어로 가장 적절한 것은?

① 트래픽 관리　　② 조직 관리
③ 재무 관리　　　④ 터미널 관리

17 수요예측 방법 중 예측 데이터와 실제 데이터의 절대값을 평균하는 방법은?

① MAD(Mean Absolute Deviation)
② MSE(Mean Squared Error)
③ MAPE(Mean Absolute Percent Error)
④ MFE(Mean Forecast Error)

18 다음 중 경제적 주문량(EOQ) 계산과 가장 관련이 없는 것은?

① 주문량 및 주문 비용
② 단위당 유지 비용
③ 연간 수요량
④ 연간 노동 시간

19 황소채찍효과의 원인으로 가장 적절한 것은?

① 재고의 부족
② 정보 및 정보 기술의 부족
③ 인력의 부족
④ 자금의 부족

20 다음 중 유통데이터서비스 플랫폼의 구매 데이터 수집 정보로 가장 적절하지 <u>않은</u> 것은?

① 언제 구입했는지
② 어디서 구입했는지
③ 왜 구입했는지
④ 얼마나 구입했는지

제2과목 | 데이터 해석 및 활용

21 다음 중 정보의 예시로 가장 적절하지 않은 것은?

① 가입 고객의 연령별 분포도
② 대리점별 평균 매출액
③ 고객이 서비스를 사용하기 위해 로그인한 시간
④ 지난달 판매된 베스트 상품

22 비정형 데이터에 대한 설명으로 가장 적절하지 않은 것은?

① 정해진 규격이 없어 값의 의미를 쉽게 파악하기 힘들다.
② 주로 XML, HTML, JSON 등의 파일 형태로 저장된다.
③ 비정형 특성으로 인해 특정 데이터에 대한 검색이 어렵다.
④ 특정 스키마가 없는 NoSQL 데이터베이스가 사용된다.

23 수치형 데이터와 범주형 데이터에 대한 설명으로 가장 적절하지 않은 것은?

① 일정 기간 동안의 교통사고 발생횟수와 같은 데이터는 수치형의 이산형 데이터이다.
② 체중이 혈압과 같은 데이터는 수치형의 연속형 데이터이다.
③ 범주형 데이터는 도수분포표 또는 막대그래프로 표현하기 용이하다.
④ 범주형 데이터에서 명목형 데이터란 범주 간 순서에 의미가 있는 데이터를 의미한다.

24 다음 제시된 자료에 대한 중앙값은?

> 40, 20, 10, 30, NULL, 50, 60

① 30 ② 20
③ 40 ④ 35

25 다음 중 이산확률분포에 속하는 것으로 가장 적절한 것은?

① 균일분포 ② 정규분포
③ 이항분포 ④ 지수분포

26 고객의 나이, 성별, 지역 등의 정보를 이용하여 고객데이터를 분석하고자 할 때 가장 적합한 데이터 마이닝기법은?

① 분류분석 ② 군집분석
③ 연관분석 ④ 회귀분석

27 분산 데이터베이스의 장점으로 가장 적절하지 않은 것은?

① 데이터베이스 관련 소프트웨어 개발 비용 감소
② 신뢰성(Reliability) 및 가용성(Availability) 향상
③ 질의 처리(Query Processing) 향상
④ 데이터의 공유성 향상

28 다음 설명에 해당하는 데이터베이스 관리 시스템으로 가장 적절한 것은?

> ( )은/는 데이터를 테이블 형태로 구성하고 기본키와 외래키를 통해 테이블들을 정의하고 유지한다. 주요한 예시로는 Oracle, MySQL, SQL Server 등이 있다.

① 관계형 DBMS ② 네트워크 DBMS
③ 테이블 DBMS ④ NewSQL DBMS

29 다음 중 데이터베이스를 구성함으로써 얻을 수 있는 장점으로 가장 적절하지 <u>않은</u> 것은?

① 데이터 간 종속성을 최대화할 수 있다.
② 데이터 내용의 일관성을 유지할 수 있다.
③ 데이터의 중복을 최소화할 수 있다.
④ 여러 사용자와 데이터를 공유할 수 있다.

30 다음 설명에 해당하는 데이터베이스의 구성 요소로 가장 적절한 것은?

> (　　)은/는 데이터베이스에서 정보를 구조화하여 저장하는 단위이다. 엔터티(Entity) 또는 릴레이션(Relation)이라고도 불린다. 일반적으로 관련된 데이터를 그룹화하여 효율적인 데이터 관리를 가능하게 한다.

① 레코드(Record)　② 속성(Attribute)
③ 테이블(Table)　④ 튜플(Tuple)

31 다음 설명에 해당하는 데이터베이스 언어로 가장 적절한 것은?

> 해당 언어는 데이터베이스의 논리적 구조를 설계하고, 데이터베이스 객체의 생성, 수정, 삭제를 담당한다. 중요 명령어로는 CREATE, ALTER, DROP 등이 있다.

① 데이터 관리어(Data Management Language)
② 데이터 정의어(Data Definition Language)
③ 데이터 제어어(Data Control Language)
④ 데이터 조작어(Data Manipulation Language)

32 다음 설명에 해당하는 스키마로 가장 적절한 것은?

> (　　)은/는 데이터의 물리적 구조를 정의한다. 데이터가 디스크에 저장되는 방식, 인덱스 구조, 저장 위치 등의 사항을 정의하고, 데이터베이스 시템의 성능 향상을 위해 최적화된 구조로 데이터를 관리한다.

① 개념 스키마　② 내부 스키마
③ 내용 스키마　④ 외부 스키마

33 다음 중 외래키(Foreign Key)에 대한 설명으로 가장 적절한 것은?

① 외래키는 슈퍼키의 특징을 가지면서 최소성 조건을 만족한다.
② 외래키는 테이블 내 모든 레코드를 고유하게 식별할 수 있지만 최소성 조건을 만족시키지 않을 수 있다.
③ 외래키는 한 테이블에서 다른 테이블의 기본키를 참조하는 키이다.
④ 외래키는 후보키 중에서 선택되고 테이블 내에서 중복된 값이 없어야 하며 NULL 값을 가질 수 없다.

34 데이터 표준화의 목적에 대한 설명으로 가장 적절한 것은?

① 비교를 위해 데이터를 일관된 단위로 변환하는 것이다.
② 데이터세트에서 결측값을 제거하는 것이다.
③ 효율적인 저장을 위해 데이터를 압축하는 것이다.
④ 데이터에 대한 통계적 계산을 수행하는 것이다.

35 중복값을 처리하는 방법으로 가장 적절한 것은?

① 모든 중복값을 삭제하고 첫 번째 값만 유지한다.
② 중복값을 무시하고 분석을 진행한다.
③ 중복값을 중복 값들의 평균으로 대체한다.
④ 각 중복값에 고유 식별자를 할당한다.

36 데이터 분석 방식 중 시간을 기준으로 데이터를 분할하는 방식에 대한 설명으로 가장 적절한 것은?

① 특정 시간 간격을 기준으로 데이터를 더 작은 하위 집합으로 구성하는 것이다.
② 데이터 분석을 위해 시간 값을 숫자 형식으로 변환하는 것이다.
③ 시간을 기준으로 여러 데이터세트를 단일 데이터세트로 결합하는 것이다.
④ 시간 기준에 따라 데이터세트에서 이상 값을 제거하는 것이다.

37 스트리밍 데이터를 처리하는 방식으로 가장 적절한 것은?

① 유입되는 모든 데이터를 관계형 데이터베이스에 저장한다.
② 데이터를 일정한 간격의 청크 또는 배치로 처리한다.
③ 머신러닝 알고리즘을 적용하여 실시간으로 데이터를 분석한다.
④ 유입되는 데이터를 연속적이고 점진적인 방식으로 처리한다.

38 개인정보 비식별화의 목적으로 가장 적절한 것은?

① 데이터 무결성 및 정확성 보장
② 민감한 정보의 익명화 및 가명화
③ 분석을 위한 데이터 접근성 개선
④ 전송 및 저장 중 데이터 암호화

39 셀프서비스 비즈니스 인텔리전스의 주요 특징으로 가장 적절한 것은?

① IT전문가만 데이터에 대한 분석 및 보고를 할 수 있다.
② 데이터에 대하여 제한적인 접근 및 공유를 수행할 수 있다.
③ 비즈니스 사용자가 직접 데이터를 탐색하고 분석할 수 있다.
④ 의사결정 시 자동화된 알고리즘에 의존한다.

40 다음 중 일반적으로 사용되는 비즈니스 인텔리전스 도구에 해당하는 것은?

① 마이크로소프트 워드   ② 어도비 포토샵
③ 태블로   ④ 구글 크롬

제3과목 | 경영정보시각화 디자인

41 색의 3속성에 대한 설명으로 가장 적절하지 않은 것은?

① 명도는 색의 밝고 어두운 정도를 나타낸다.
② 명도는 흰색과 검은색 사이의 차이로 표현된다.
③ 색의 3속성에는 색상, 명도, 채도가 있다.
④ 채도가 낮을수록 순수한 색이 되고 높을수록 탁한 색이 된다.

42 디자인 기본 원리에 대한 설명으로 가장 적절하지 않은 것은?

① 공간 : 디자인 요소들의 크기, 위치, 간격 등이 물리적 공간을 형성한다.
② 균형 : 통일과 변화를 적절하게 조합한다.
③ 명도 : 색상이 얼마나 밝거나 어두운지를 결정한다.
④ 채도 : 채도가 0%이면 가장 탁한 색이고, 100%이면 순수한 색이다.

43 인포그래픽의 원리에 대한 설명으로 가장 적절한 것은?

① 인포그래픽은 정보를 복잡하게 구성하여 상세한 내용을 담는 것이 원칙이다.
② 인포그래픽은 주제와 목적에 맞게 중요한 정보를 강조하고 단순하고 명확하게 전달하는 것이 원칙이다.
③ 인포그래픽에서 색상은 중요하지 않다.
④ 인포그래픽에서 최대한의 텍스트를 사용하여 정보를 전달하는 것은 오컴의 면도날 원리에 해당한다.

44 다음 설명에 해당하는 인포그래픽 디자인 요소로 가장 적절한 것은?

> ( )은/는 그래프나 차트의 구조를 명확하게 나타내는 데 사용되며, 데이터의 비교, 패턴 파악, 정확한 위치 파악 등을 도와준다. 그래프의 영역을 구분하고 정보의 배치를 정렬하는 데 도움을 주고 그래프 내에서 데이터 값의 상대적인 크기나 위치를 시각적으로 인식할 수 있도록 돕는다.

① 격자선   ② 범례
③ 주석   ④ 질감

45 다음 차트에 반영되지 않은 인포그래픽 디자인 요소는?

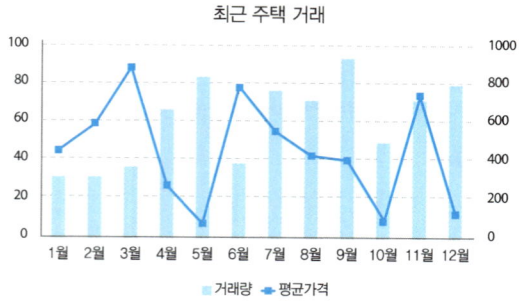

① 격자선   ② 두 번째 축
③ 범례   ④ 주석

46 엑셀의 조건부 서식 기능을 이용한 데이터 시각화에 대한 설명으로 가장 적절하지 않은 것은?

① 데이터 막대는 시간에 따라 변화하는 시각화하기에 좋은 기능이다.
② 스파크라인을 활용하면 셀 내에서 데이터의 추세를 한눈에 파악할 수 있다.
③ 아이콘 세트는 조건부 서식의 한 종류로서 숫자나 퍼센트 값의 상대적인 크기를 시각화하는 기능이다.
④ 조건부 서식은 데이터의 특정 조건에 따라 셀의 서식을 변경하여 시각적인 효과를 준다.

47 다음 중 시각화 도구(BI 소프트웨어)에 대한 설명으로 가장 적절하지 않은 것은?

① 동일한 데이터와 분석 과정을 사용하여 동일한 결과를 얻을 수 있다면 재현 가능성을 충족한다.
② 시각화 도구를 활용하여 데이터를 탐구하고 이해하기 위한 분석을 수행할 수 있다.
③ 시각화 도구를 사용한다면 반복 가능성을 구현하기 어려울 수 있다.
④ Power BI는 클라우드 기반으로 작동하지 않고 로컬 컴퓨터에서만 사용할 수 있다.

48 대시보드에 대한 설명으로 가장 적절하지 않은 것은?

① 대시보드는 모든 사용자에게 동일한 정보만 제공한다.
② 대시보드가 사용자들에게 지속적으로 잘 활용이 되고 있는지 확인해야 한다.
③ 대시보드의 예시로는 매주 월요일 아침 임원들에게 메일로 전송되는 주요 지표를 담은 PDF 파일이 있다.
④ 사용자는 대시보드를 통해 정보와 상호작용할 수 있다.

49 다음 설명과 가장 관련이 있는 도표는?

( ) 유형의 차트는 계급으로 데이터를 집단화하고, 지도에 각 계급을 단계적으로 표현함으로써 지역을 집단으로 하여 단순한 개수(count)가 아닌 숫자 데이터를 보여준다.

① 지도맵 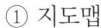 ② 단계구분도
 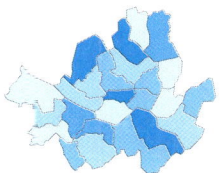
③ 카토그램 ④ 카트그램 히트맵
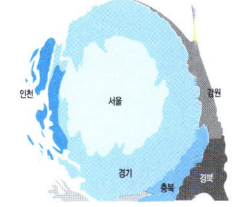 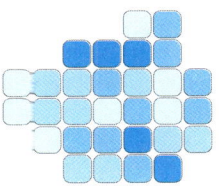

50 다음 그림에서 트랙데이터를 강조하기 위해 활용된 시각 속성으로 가장 적절한 것은?

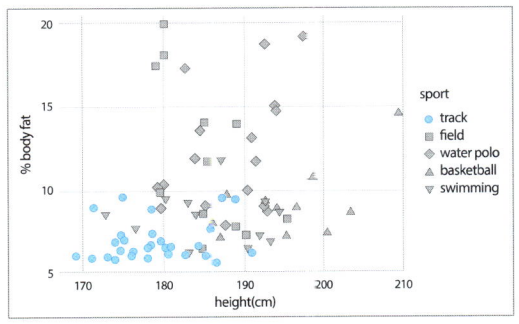

① 위치 속성 ② 모양 속성
③ 크기 속성 ④ 색 속성

51 다음 중 데이터의 불확실성을 표현하기에 가장 적합하지 않은 차트 유형은?

① 오차막대 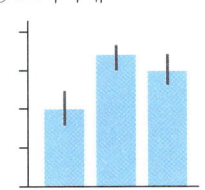 ② 신뢰대역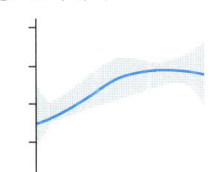
③ 분위수점도표 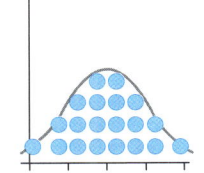 ④ 경사차트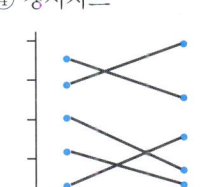

52 다음과 같은 차트 유형의 명칭은?

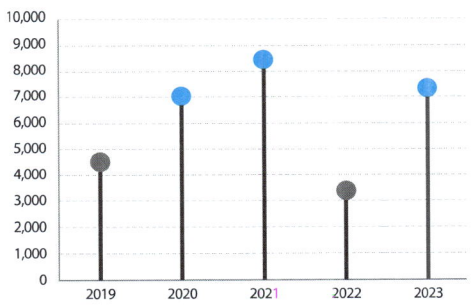

① 히스토그램
② 막대사탕(롤리팝)차트
③ 덤벨차트
④ 카토그램

53 BI 소프트웨어는 통상적으로 데이터를 차원(Dimension)과 측정값(Measure)으로 구분하여 처리한다. 다음 보기 중 온라인 상거래 관련 변수(데이터) – 데이터 유형 – '태블로' 프로그램상의 데이터 분류가 적절하게 연결된 것은?

① 제품중분류 – 서열(순서)형 데이터 – 차원
② 매출 – 범주형 데이터 – 차원
③ 지역 – 범주형 데이터 – 측정값
④ 수익 – 양적 데이터 – 측정값

54 광고 노출 이후 광고에 대한 호감도 변화를 분석하여 광고 효과를 표현하기 가장 적합한 시각화 객체는?

① 밀도분포 ② 박스플롯
③ 히트맵   ④ 경사차트

55 다음의 폭포수(워터폴)차트에 대한 설명으로 가장 옳지 않은 것은?

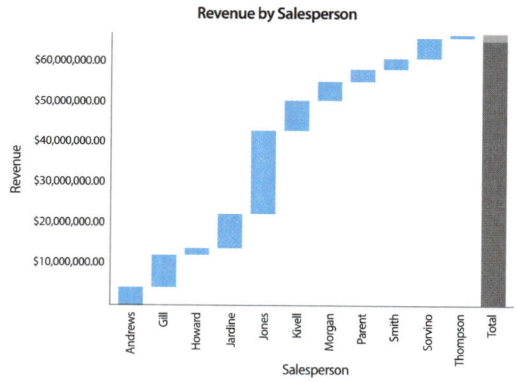

① 주로 누적효과를 보기 위해 사용하는 차트 유형이다.
② 음의 측정값이 존재할 경우 누적효과 확인에 효과적이지 않다.
③ 최종이익에 기여하는 세그먼트와 그 기여의 정도를 쉽게 판단할 수 있다.
④ 측정값의 총합계를 함께 표현하면 더욱 효과적이다.

56 다음과 같은 파이차트의 장점으로 가장 적절하지 않은 것은?

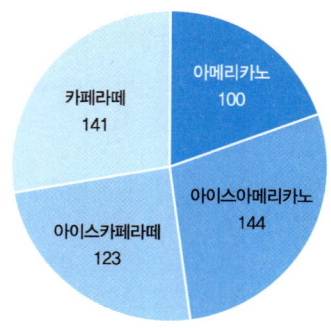

① 데이터가 전체에서 차지하는 비율을 확실하게 보여준다.
② 데이터세트가 매우 적은 경우에도 시각적으로 보기 좋다.
③ 시간의 흐름에 따른 비율을 시각화 할 때 효과적이다.
④ 1/2, 1/3, 1/4과 같은 단순한 분수 비율 표현을 강조하기 좋다.

57 다음의 박스플롯에 대한 설명으로 가장 적절하지 않은 것은?

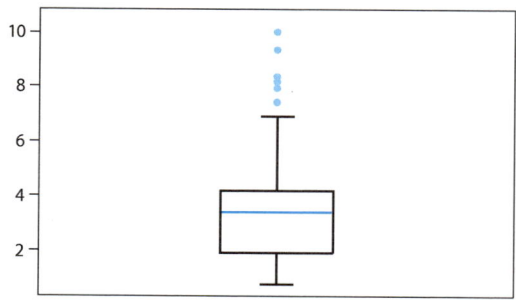

① 평균이 박스의 중간에 주황색으로 표현되어 있어 정확하게 확인하기 쉽다.
② 이상치가 상단에 잘 표현되어 있다.
③ 1분위수, 3분위수 등이 잘 표현되어 데이터의 분포를 확인할 수 있다.
④ 최댓값과 최솟값이 박스플롯에 표현되어 데이터 범위를 확인할 수 있다.

58 다음의 수직막대차트를 정확한 정보 전달을 위해 수정한다면 가장 적절한 것은?

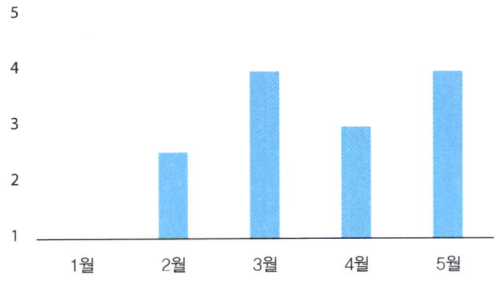

① 그래프의 Y축을 0부터 시작해야 한다.
② 막대폭이 넓어 비교가 어렵기 때문에 막대폭을 줄여야 한다.
③ 막대 사이의 간격을 조정해야 한다.
④ 3월의 측정값이 가장 크다는 것을 강조하기 위해 색 속성을 사용해야 한다.

59 다음 상관도표(correlogram)에 대한 설명으로 가장 적절하지 않은 것은?

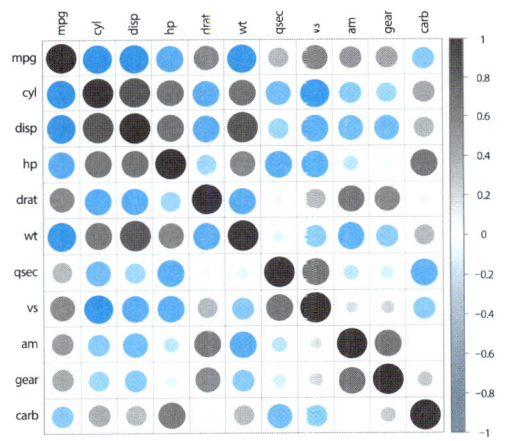

① 상관도표를 분석하면 각 변수 간의 원인-결과 관계를 밝힐 수 있다.
② 상관도표에서는 양의 상관관계와 음의 상관관계가 잘 나타나 있다.
③ 산포도(산점도)에 너무 많은 변수가 존재할 경우 발생하는 문제점을 극복할 수 있다.
④ 상관관계가 통계적으로 유의하지 않은 경우를 확인할 수 있다.

60 다음의 매출액 예측 결과에 대한 설명으로 가장 적절하지 않은 것은?

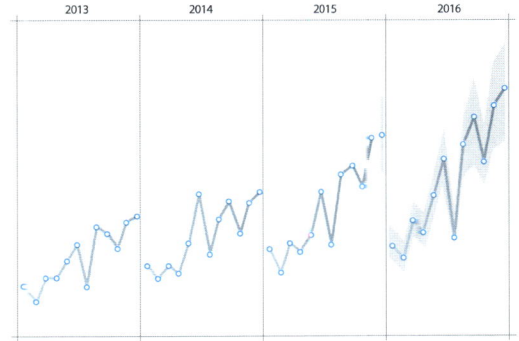

① 매출 자료는 시계열 자료이며 추세가 나타날 수 있다.
② 매출 예측에 계절적 요인이 잘 반영되지 않는다.
③ 이동평균 등의 다양한 방법으로 시계열 자료의 예측이 가능하다.
④ 예측값의 신뢰 구간이 표현되고 있다.

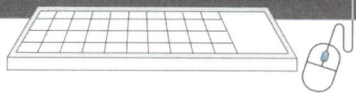

CHAPTER 03 시행처 공개 문제 A형 정답 및 해설

01	02	03	04	05	06	07	08	09	10
④	②	①,②,③	③	②	①	①	②	②	③
11	12	13	14	15	16	17	18	19	20
④	③	④	③	③	③	②	①	④	①
21	22	23	24	25	26	27	28	29	30
③	②	④	①	④	②	①	②	③	③
31	32	33	34	35	36	37	38	39	40
②	③	①	②	③	④	①	①	①	③
41	42	43	44	45	46	47	48	49	50
①	③	④	②	③	④	②	④	③	①
51	52	53	54	55	56	57	58	59	60
③	③	②	①	①	④	③	③	②	④

제1과목 | 경영정보 일반

01 정답 : ④
해설 : 고객, 커뮤니티를 아우르는 '기업 경영에 직·간접적으로 영향을 미치는 주체'는 이해관계자이다. 이해관계자에는 기업의 성과와 의사결정에 영향을 미치거나 영향을 미칠 수 있는 모든 개인이나 집단이 포함된다. 또한 공급업체, 투자자 및 회사에 자원을 제공하는 모든 법인, 회사의 상품이나 서비스를 구매하고 이용하는 고객, 회사가 운영되는 더 넓은 사회 및 환경적 맥락인 커뮤니티 등도 포함한다.

02 정답 : ②
해설 : 발생주의에 대한 설명이다. 발생주의 원칙은 거래와 관련된 현금흐름이 발생하는 기간이 아니라 거래가 발생한 기간에 기록되어야 한다는 원칙이다. 즉, 현금을 받거나 지급하는 시점에 관계없이 수익은 수익이 발생한 시점에 인식되고, 비용은 발생한 시점에 인식된다. 이 원칙은 재무제표가 회사의 재무 성과와 위치에 대한 진실되고 공정한 관점을 제시하도록 보장한다.

03 정답 : ①, ②, ③
해설 : 기업의 부채상환능력을 측정하는 재무비율은 부채비율, 유동비율, 이자보상비율이다.
① 부채비율 : 회사의 총 자산에서 부채로 조달되는 비율을 측정함. 부채비율이 높을수록 레버리지가 높아지고 잠재적으로 위험이 높음을 의미하지만, 회사가 운영 자금을 조달하기 위해 부채에 의존하고 있음을 나타냄
② 유동비율 : 신속비율이라고도 하며 가장 유동적인 자산으로 단기부채를 상환할 수 있는 회사의 능력을 평가함
③ 이자보상비율 : 회사의 부채에 대한 이자를 지불할 수 있는 능력을 측정함. 이자보상비율이 높을수록 회사가 수익에서 이자 의무를 더 잘 충족할 수 있다는 것을 의미함
④ 자기자본이익률(ROE) : 주주자본 대비 회사의 수익성을 측정하며 주로 부채 상환 능력을 평가하는 데 사용되지 않음

04 정답 : ③
해설 : 주가가 장부가치로 얼마나 평가되는지를 측정하는 가장 적절한 재무비율은 주당순자산비율이다.

$$주가순자산비율(PBR) = \frac{주가}{주당순자산가치(BPS)}$$

$$= \frac{시가총액}{순자산}$$

으로 주가를 1주당 순자산(장부가격에 의한 주주 소유분)으로 나눈 것이다. 주가가 1주당 순자산의 몇 배로 매매되고 있는가를 표시하며 주가의 상대적 수준을 나타낸다.

05 정답 : ②
해설 : 후입선출(LIFO) 방식에서는 상품이 판매될 때 가장 최근에 입고(또는 생산)된 재고 품목이 가장 먼저 매출원가로 인식된다. 이는 최근 재고 비용이 매출원가(COGS)를 계산하는 데 사용된다는 것을 의미한다.

06 정답 : ①
해설 : 풋옵션은 보유자에게 특정 기간 내에 특정 금액의 기초 자산을 미리 결정된 가격(행사 가격이라고 함)으로 매도할 수 있는 권리(의무는 아님)를 부여하는 금융 계약이다. 즉, 보유자에게 옵션이 만료되기 전에 행사 가격으로 자산을 판매할 수 있는 권리를 부여한다. 그러나 보유자에게 판매 의무를 부과하지는 않아, 보유자는 유리하지 않은 경우 옵션을 행사하지 않기로 선택할 수 있다.
② 콜옵션에 대한 설명이다.
③ 선물 계약이나 선도 계약의 매도 포지션에 대한 설명이다.
④ 콜옵션이나 선물 계약의 매도 포지션에 대한 설명이다.

07 정답 : ①
해설 : 기존 고객 이탈 가능성 관련 정보는 고객 이탈에 관한 것이다. 이는 특정 회사 고객 기반의 내부 역할과 더 직접적으로 관련되어 있으며 광범위한 업계 세력과는 관련이 없다. 고객 유지는 개별 기업에 매우 중요하지만, 포터의 5가지 경쟁요인은 신규 진입자의 위협, 공급업체의 교섭력, 구매자의 교섭력, 대체 제품 또는 서비스의 위협, 기존 경쟁자 간의 경쟁이다.

08 정답 : ②
해설 : OKR은 목표 및 핵심 결과 지표(Objective and Key Results)의 약자로 회사, 팀, 개인 목표와 측정 가능한 주요 결과를 설정하고 전달하는 데 사용된다. OKR의 주요 초점은 ESG(환경, 사회, 거버넌스) 요소를 다루는 데 있지 않다. OKR은 조직 전체에서 목표와 결과를 조정하고 추적하는 데 보다 광범위하게 초점을 맞추고 있다.

09 정답 : ②
해설 : 임금 인상은 승진 및 역할 확장과 연결될 수 있지만, 승진은 주로 연공서열을 기반으로 해야 한다는 생각은 시대에 뒤떨어져 있다. 현대의 보상 시스템은 연공서열보다 성과, 기술, 역량을 강조하는 경우가 많다. 또한, 승진은 단순히 연공서열을 통해 전체적인 기준을 높이는 것이 아니라 조직의 장점과 요구사항을 기반으로 하는 것이 이상적으로 이루어져야 한다. 이는 연공서열을 지나치게 강조하고 성과 기반 승진과 임금 인상에 대한 현대적인 접근 방식과 일치하지 않기 때문에 적절하지 않다.

10 정답 : ③
해설 : 조직 구성원 인사평가 관련 정보에서 인사평가는 개별 직원 개발, 성과 관리 및 승계 계획에 중요하지만, 포괄적인 전사적 HR 운영 계획을 수립할 때 주요 초점은 아니다. 전반적인 HR 전략에는 일반적으로 세부적인 개별 성과 평가보다는 인력 수준, 인건비, 채용 등 인력의 수요와 공급 등 더 광범위한 고려 사항이 포함된다.

11 정답 : ④
해설 : CPM은 'Cost Per Mille'을 의미하며, 여기서 'Mille'은 라틴어로 1,000을 의미한다. CPM은 광고의 1,000회 노출(또는 노출) 비용을 표시하기 위해 광고에 사용되는 일반적인 측정항목이다. 이는 광고주가 1,000명의 사용자 또는 노출 수에 도달하기 위해 지불하는 금액을 이해하는 데 도움이 된다.

12 정답 : ③
해설 : LTV는 회사가 전체 관계 기간 동안 고객으로부터 얻을 것으로 기대하는 총순이익이다. 이는 고객으로부터 창출된 총 수익에서 고객 확보 및 서비스 제공 비용을 뺀 금액을 고려하여 계산된 기업에 대한 고객의 장기적인 가치를 나타내는 지표이다. 즉, 고객이 장기간에 걸쳐 제공하는 기대 가치와 발생한 총순이익에 관한 것이므로 설명과 일치한다.

13 정답 : ④
해설 : 전환율(CVR)은 구매, 양식 작성, 뉴스레터 가입 등 원하는 작업을 완료한 웹사이트 방문자의 비율을 측정하는 측정 항목으로 전환 수를 총방문자 수로 나눈 후 100을 곱하여 백분율을 구한다. 특정 행동을 완료한 방문자의 비율이 아니라 광고에 노출된 사람의 수는 전환율이 아닌 노출 수 또는 도달 범위에 더 가깝다.

14 정답 : ③
해설 : 고착도(Stickiness)는 사용자가 특정 제품, 서비스 또는 플랫폼을 얼마나 일관되게 사용하는지 측정하는 데 가장 적합한 지표이다. 이는 사용자 참여 및 유지에 중점을 두고 사용자가 얼마나 자주 플랫폼으로 돌아와 플랫폼과 상호작용을 하는지에 대한 정보를 제공하며, 장기적인 사용자 행동과 충성도를 이해하는 데 핵심이다.

15 정답 : ③
해설 : ROAS(광고지출수익)는 광고에 지출된 1달러당 창출되는 수익을 계산하여 광고 캠페인의 효과를 평가하는 디지털 마케팅의 핵심 측정 항목이다. 이를 통해 마케팅 담당자는 어떤 캠페인이 성과가 좋고 긍정적인 투자 수익을 제공하는지 이해하는 데 도움이 되므로, 광고 지출과 전반적인 마케팅 전략을 최적화하는 데 필수적이다.
① 고객유지율에 대한 설명이다.
② 클릭률(CTR)에 대한 설명이다.
④ 이탈률에 대한 설명이다.

16 정답 : ③
해설 : 비용 효율적인 방식으로 운영 요구사항 이하의 제품을 획득하는 것은 구매 관리자의 역할에 비용 효율적으로 수행되더라도 운영 요구사항을 충족하지 않는 제품을 구입하는 것이 포함된다는 점을 시사한다. 표준 이하의 제품을 구매하면 운영 비효율성, 품질 문제, 생산 또는 서비스 제공 실패 가능성이 발생할 수 있으므로 이는 매우 부적절하다.

17 정답 : ②
　해설 : 생산 중 검사는 일반적으로 샘플링이 아닌 생산 과정 전반에 걸쳐 지속적이고 주기적인 점검을 포함하기 때문에 샘플 데이터를 추출하여 수행되는 테스트의 맥락에서는 적합하지 않다. 이러한 유형의 검사는 생산 공정의 실시간 모니터링 및 제어에 중점을 두고 문제를 즉시 식별하고 해결함으로써 생산 단계 후 제품 하위 집합을 평가하는 대신 지속적인 품질을 보장한다.

18 정답 : ①
　해설 : 수평적 수요는 설명된 수요 변화의 가장 적절한 형태로, 수요 데이터는 평균 수준을 중심으로 약간의 변동이 있지만 상대적으로 일정하게 유지된다. 이 패턴은 큰 추세나 뚜렷한 계절적 또는 주기적 변동이 없는 안정성을 나타낸다.

19 정답 : ④
　해설 : 직원 인사이동은 조직 내 또는 조직 간 인력 이동을 의미한다. 여기에는 다양한 운영 요구에 따라 직원을 다른 역할, 부서 또는 지리적 위치로 재배치하는 것이 포함될 수 있다. 그러나 직원 인사이동은 조직 관리 및 인적 자원 계획에 중요하지만, 일반적으로 공급망 관리의 핵심 움직임 중 하나로 간주되지 않는다. 공급망의 주요 초점은 상품, 자금, 정보의 이동이다.

20 정답 : ①
　해설 : E-지방지표(E-Local 지표)는 경제 성과, 생활 여건, 공공 서비스, 인프라 등 다양한 측면에 초점을 맞춰 지방자치단체에 특화된 세부 정보 및 데이터를 제공한다. 이 데이터는 지자체의 생활환경과 운영현황을 파악하고 관리하는 데 매우 중요하다. 이 지표는 지역 사회의 특정 조건과 요구사항에 대한 통찰력을 제공하여 지방 정부가 정보에 근거한 결정을 내리고 자원을 효과적으로 관리하는 데 도움이 되므로 관련성이 높다.

제2과목 | 데이터 해석 및 활용

21 정답 : ③
　해설 : 데이터는 단순한 사실이나 값이며, 정보는 이를 처리하여 의사결정에 유용하게 만든 결과물이다. 데이터 자체는 의미가 부여되지 않은 상태이며, 정보를 통해서만 의사결정에 활용할 수 있는 의미 있는 결과를 얻을 수 있다.

22 정답 : ②
　해설 : 정형 데이터는 주로 관계형 데이터베이스의 테이블이나 엑셀 스프레드시트와 같이 미리 정해진 구조에 따라 저장된다. XML, HTML, JSON은 반정형 데이터로 데이터 내용 안에 설명이 포함된 형태이다.

23 정답 : ④
　해설 : 수치형 데이터는 크기 비교와 산술적 연산이 가능한 숫자값이다. 이산형 데이터는 개수를 셀 수 있는 단절된 숫자값으로, 교통사고 발생 횟수가 이에 해당한다.
　① 상품의 종류 : 범주형(명목형) 데이터이다.
　② 회원의 회원등급 : 범주형(순위형) 데이터이다.
　③ 회원의 거주 지역 : 범주형(명목형) 데이터이다.

24 정답 : ①
　해설 : 주어진 데이터에서 결측치(NULL)는 평균, 중앙값, 최빈값 계산에 포함하지 않으므로 평균은 (10+20+30)/3 = 20이다.
　② 중앙값 : 결측치를 제외한 데이터에서 가운데 값인 20이다.
　③ 최빈값 : 주어진 데이터의 빈도수가 1로 모두 같으므로 최빈값은 없다.
　④ 데이터의 수 : 결측치를 포함하면 5개지만, 통계 계산 시 결측치는 포함하지 않으므로 3개이다.

25 정답 : ④
　해설 : 정규분포와 이항분포는 같은 종류의 분포가 아니다. 정규분포는 연속확률분포에 해당하며, 이항분포는 이산확률분포에 해당한다.
　①, ②, ③ 모두 연속확률분포에 해당하는 분포들끼리 연결되어 있다.

26 정답 : ②
　해설 : 군집분석(Clustering)은 사집단 또는 범주에 대한 사전 정보가 없는 데이터에 대해 전체를 몇 개의 유사한 집단으로 그룹화하여 각 집단의 성격을 파악하는 기법이다. 정답이 없이 학습한다고 해서 비지도 학습이라고 부른다. 유사도가 높은 데이터를 그룹화하여 분석하는 데 가장 적절하다.

27 정답 : ①
　해설 : 중앙집중식 데이터베이스에 비해 분산 데이터베이스는 데이터베이스 설계가 복잡할 수 있다. 분산 환경에서는 데이터의 일관성과 중복성 등을 고려하여 설계해야 하기 때문에 초기 설계 단계에서의 복잡도가 증가할 수 있다.

28 정답 : ②
해설 : 일반적인 파일 시스템 구조에서는 파일, 디렉터리(폴더), 블록(Block) 등이 중요한 구성요소이다. 파일 시스템의 주요 계층은 파일과 디렉터리로 구성되며, 파일은 파일명과 경로 등의 고유한 식별자를 가지고 있다. 블록은 파일 시스템에서 파일을 저장하는 데 사용되는 최소 단위의 데이터 저장 영역을 말한다. '데이터'는 일반적으로 파일 안에 포함된 실제 정보를 의미한다.

29 정답 : ③
해설 : DBMS가 등장한 주요 배경 중 하나는 데이터 검색 기능의 제한성을 개선하기 위해서가 아니라, 데이터의 일관성, 무결성 유지, 동시 접근 제어 등의 이점을 제공하기 위함이다. DBMS는 데이터를 효율적으로 저장하고 관리하기 위해 테이블 형식의 구조를 사용하여 중복 데이터를 최소화하는 데 중점을 둔다.

30 정답 : ①
해설 : 메타데이터는 데이터베이스의 구성요소로서, 데이터에 대한 데이터로 데이터의 특성, 구조, 의미 등을 설명하는 정보를 의미한다. 메타데이터는 데이터베이스 시스템에서 데이터를 관리하고 사용하기 위해 필요한 정보를 제공하며, 데이터베이스의 보안 관리에도 사용될 수 있다.

31 정답 : ②
해설 : 속성(Attribute)은 데이터베이스에서 테이블의 열(Column)을 나타낸다. 각 속성은 특정 데이터 유형에 대한 정보를 기술하며, 고유한 이름을 가지고 해당 데이터의 특성을 정의한다. 예를 들어, '학생'이라는 테이블에서 속성으로는 이름, 나이, 성별 등이 사용될 수 있다.

32 정답 : ③
해설 : 개념 스키마, 내부 스키마, 외부 스키마는 데이터베이스 설계의 세 가지 단계를 나타내는 개념이다. '내용 스키마'라는 용어는 데이터베이스 설계에서 사용되지 않는다.

33 정답 : ①
해설 : 기본키(Primary Key)는 테이블의 각 레코드를 고유하게 식별하는 키이다. 후보키 중에서 선택되며, 테이블 내에서 중복된 값을 가질 수 없고 NULL 값을 가질 수 없다. 주 식별자로 사용되어 테이블의 레코드를 식별하고 관계를 설정하는 데 사용된다.

34 정답 : ①
해설 : INNER JOIN은 데이터베이스에서 두 개 이상의 테이블을 조인하여 데이터를 병합하는 명령어이다.

35 정답 : ③
해설 : 데이터 접근을 제어하는 방식은 역할(Role)에 따라 데이터 사용 권한을 할당하는 것이다.
①, ②, ④ 데이터의 기타 보안 측면을 다루는 방법들이다.

36 정답 : ①
해설 : 웹 스크래핑은 웹사이트에서 데이터를 자동으로 추출하는 과정이다. 이를 통해 웹페이지의 정보를 수집하여 분석하거나 저장에 적합한 구조화된 형식으로 변환한다.
②, ③, ④ 웹 스크래핑과 관련 없는 설명이다.

37 정답 : ④
해설 : NoSQL 데이터베이스는 관계형 데이터베이스와는 달리 유연한 스키마 설계를 지원하며, 비정형 데이터나 반정형 데이터를 처리하는 데 적합하다. 즉, NoSQL 데이터베이스는 스키마가 없거나 스키마가 동적으로 정의될 수 있는 특성을 가지기 때문이다.

38 정답 : ①
해설 : 데이터 무결성 검증은 데이터의 정확성, 완전성, 일관성을 보장하기 위해 실시한다. 이를 통해 데이터 품질을 유지하고 오류를 방지할 수 있다.
②, ③, ④ 데이터 무결성 검증과 관련이 없는 설명이다.

39 정답 : ①
해설 : 비즈니스 인텔리전스(BI)는 데이터 기반 의사결정 지원, 마케팅 전략 개발, 일상적인 비즈니스 프로세스 자동화에 활용된다. 데이터 보안 및 개인정보 보호 조치 강화는 BI의 주요 목적과는 관련이 없는 내용으로 BI는 주로 데이터 분석과 통찰 제공을 목적으로 한다.

40 정답 : ③
해설 : 비즈니스 인텔리전스는 의사결정 능력을 향상시키고 전략적 통찰을 제공하여 조직의 성과를 높이는 데 도움을 준다.
①, ②, ④ BI의 효과와는 반대되는 개념이다.

제3과목 | 경영정보시각화 디자인

41 정답 : ①
해설 : 균형은 디자인 요소들 간의 시각적 두께를 조절하여 안정감과 조화를 이루는 것을 의미하며, 크기와 비율의 개념을 포함하지 않는다. 따라서 균형은 디자인 요소의 배치와 무게를 조절하여 시각적인 안정성을 형성하는 것을 의미한다.

42 정답 : ③
해설 : 리듬은 디자인 요소들이 반복되거나 변형되어 일정한 패턴을 형성하는 것으로, 디자인에 일관성과 조화를 제공하며 시각적인 흐름을 만들어낸다. 리듬은 디자인의 동적인 측면을 강조하고, 반복되는 요소들이 시각적인 패턴을 형성하게 한다. 따라서 두 개 이상의 요소가 반복되어 패턴을 형성하는 것을 강조하는 디자인 기본 원리는 리듬이다.
① 대비 : 디자인 요소 간의 명암, 색상, 크기 등의 차이를 강조하여 시각적인 대조를 만들어냄
② 대칭 : 디자인 요소들이 중심을 기준으로 좌우 또는 상하로 똑같이 배치되어 안정감과 조화를 주는 것
④ 변화 : 디자인 요소의 변동과 차이를 통해 다양성과 시각적 흥미를 제공하며, 디자인에 새로움과 혁신을 더함

43 정답 : ②
해설 : 오컴의 면도날은 복잡한 문제를 해결할 때 가장 간단한 해결책이 가장 우수하다고 주장하는 원칙이다. 인포그래픽 디자인에서 이 원칙을 적용하면, 복잡한 정보를 단순하고 이해하기 쉽게 만드는 데 도움을 줄 수 있다. 이를 통해 핵심 메시지를 강조하고 시각화를 단순화하며, 구조를 명확히 하고 텍스트를 최소화할 수 있다.
① 브랜드 아이덴티티 : 브랜드의 이미지와 스타일을 유지하고 표현하는 것에 관한 원칙
③ 정보의 일관성 : 인포그래픽이 일관된 형식과 스타일로 정보를 전달하도록 하는 원칙
④ 타깃 오디언스 : 인포그래픽을 보는 대상의 요구와 이해 수준을 고려하여 설계하는 원칙

44 정답 : ①
해설 : 비교 및 대조 인포그래픽은 보통 다양한 항목이나 개념을 나란히 배치하여 차이점과 유사점을 명확히 나타내는 것을 목표로 한다. 이는 일반적으로 차트, 표, 그래프 등의 형식을 사용하여 정보의 차이점을 효과적으로 비교하는 방식으로 시각화된다. 아이콘, 그림, 이미지를 활용하는 것은 비교 및 대조 인포그래픽에 필수적이지 않다.
② 지도 및 지리적 인포그래픽 : 지리적 정보를 시각화하여 지역, 국가, 대륙 등의 특성을 나타냄
③ 프로세스 및 플로우차트 : 과정이나 절차를 단계별로 시각화하여 프로세스의 흐름을 보여줌
④ 타임라인 및 역사적 인포그래픽 : 연표나 시간축을 사용하여 시간에 따른 변화나 역사적 이벤트를 시각화함

45 정답 : ②
해설 : 범례는 그래프나 차트에서 사용된 색상, 패턴, 기호 등과 그에 대응하는 항목을 설명하는 텍스트 요소이다. 범례는 데이터 요소의 의미를 명확하게 전달하고 그래프의 해석을 돕는 역할을 하며, 사용자가 데이터를 이해하고 비교할 수 있도록 돕는 시각적인 가이드 역할을 한다.
① 격자선 : 그래프나 차트의 배경에 수평 및 수직선을 추가하여 데이터의 정확한 위치를 파악할 수 있게 하는 요소
③ 서체 : 텍스트의 스타일과 크기를 결정하는 요소로, 디자인의 가독성과 시각적 표현에 영향을 미침
④ 주석 : 그래프나 차트에 추가적인 설명을 제공하는 요소로, 데이터의 특정 부분에 대한 추가 정보를 제공하거나 해설을 추가하는 역할을 함

46 정답 : ②
해설 : 그림에 활용된 엑셀의 시각화 기능은 '스파크라인'으로 셀에 작은 차트를 삽입하여 데이터의 추세를 시각적으로 표현한다. 스파크라인은 데이터의 패턴을 간결하게 보여주는 데 유용하며, 주로 표의 각 행이나 열에 데이터의 변화를 한눈에 보기 쉽게 표현하는 데 사용된다.
① 데이터 막대 : 셀에 색상 막대를 추가하여 데이터 값의 크기를 시각적으로 나타냄
③ 아이콘 세트 : 셀에 아이콘을 추가하여 데이터 값의 범위를 시각적으로 표현하는 기능
④ 차트 : 말하고자 하는 목적에 따라 시각적으로 표현하는 방법

47 정답 : ④
해설 : 시각화 도구인 Power BI는 데이터 시각화에 특화된 도구이며, 데이터 추출 및 변환 기능 또한 제공한다. 시각화 도구는 동일한 데이터에 대해 다양한 시각화 방법을 빠르게 적용할 수 있어 탐색적 분석에 유용하지만, 무작위적 요소가 포함된 경우 재현 가능성을 구현하기 어려울 수 있다. 시각화 도구는 일일이 데이터별 변환 과정을 기록하지 않고 대부분 최종 결과만 저장해주는 특성이 있어 시각화 도구를 사용하여 도표를 재현하거나 다른 데이터세트로 비슷한 도표를 생성하는 것이 어렵다. 도표를 재현 및 반복 가능하게 하려면, 프로그래밍 방식으로 도표를 생성하는 코드를 작성하는 것이 더욱 적합하다.

48 정답 : ①
해설 : 대시보드는 데이터를 시각화하고 상호작용 및 필터링 기능을 제공하는 도구이다. 대시보드는 다양한 시각화 요소를 화면에 배치하여 데이터를 탐색할 수 있게 하며, 실시간 통계 표시와 같은 다양한 기능을 제공하는 것이 일반적이다.

49 정답 : ④
해설 : 정량 데이터의 시간 전후 관계를 표현하는 데 가장 적합한 차트 유형은 경사차트이다. 경사차트는 데이터의 시간에 따른 변화를 시각적으로 명확하게 보여주는 데 유용하며, 시간에 따른 데이터의 흐름과 추세를 잘 표현할 수 있다.
①, ②, ③ 시간에 따른 전후 관계를 표현하기보다는 단일 시점에서의 데이터를 비교하거나 분포를 시각화하는 데 더 적합한 차트이다.

50 정답 : ④
해설 : 제시된 차트는 덴드로그램(dendrogram)으로 데이터의 계층적 구조를 시각화하는 차트이다. 주로 클러스터 분석에서 사용되어 데이터의 유사성과 차이를 기반으로 계층적으로 정렬된 트리를 표현한다.
① 라인차트 : 시간의 흐름을 시각화하는 데 사용됨
② 트리 맵 : 공간적 분포를 시각화하는 데 사용됨
③ 스파이더차트 : 다차원 데이터를 시각화하는 데 사용됨

51 정답 : ③
해설 : 데이터의 불확실성을 표현하기 위해 가장 적합한 차트 유형은 오차막대가 포함된 차트이다. 수평오차막대는 데이터의 변동성과 불확실성을 시각적으로 나타내는 데 유용하다.
①, ④ 데이터의 분포를 보여주지만, 불확실성을 직접 표현하지 않는다.
② 데이터의 분포와 밀도를 시각화하지만, 오차를 표현하는 데 적합하지 않다.

52 정답 : ③
해설 : 제시된 차트는 생키차트(Sankey Chart)로 흐름이나 프로세스를 시각적으로 표현하는 차트이다. 이는 데이터의 흐름과 양을 표시하며, 다양한 경로와 흐름을 직관적으로 나타낸다.
①, ② 다른 유형의 데이터 시각화 도구이다.
④ 특정 비교를 위해 대칭적으로 구성된 차트이다.

53 정답 : ②
해설 : 버블(거품형)차트는 3개의 변수를 시각화할 수 있으며, 주로 원의 지름이나 면적으로 수량을 표현한다. 범주형 데이터 간의 차이를 각 범주의 쌍으로 비교하기에는 적합하지 않으며, 이는 주로 연속형 데이터의 시각화에 사용된다. 사각형이나 삼각형 형태로도 활용 가능하며, 다량의 데이터를 좁은 공간에 표시하는 데 유리하다.

54 정답 : ①
해설 : 제시된 차트는 레이더차트(방사형차트)로 일반적으로 4~6개의 항목(변수)에 대해 비교할 때 용이하지만, 비교 항목이 3개인 경우도 사용할 수 있다.
② 항목 간의 비교뿐만 아니라, 보기에서처럼 제품이나 업체와 같은 대상 간의 비교도 가능하다.

하지만 통상적으로 2~3개 대상 비교가 적당하다.
④ 변수 간의 상대적인 비율이나 균형과 경향을 한눈에 파악하기 쉽다.

55 정답 : ①
해설 : 범주형 데이터에 주로 사용되는 시각 속성은 색, 형태, 선 유형이다. 이들은 데이터를 분류하거나 강조하는 데 효과적이다. 반면, 위치는 일반적으로 연속형 데이터나 상대적인 위치를 나타내는 데 사용되며, 범주형 데이터를 구분하거나 강조하는 데는 적합하지 않다.

56 정답 : ④
해설 : 제시된 차트는 박스플롯(상자수염그림)으로 데이터의 분포를 시각적으로 표현하고, 이상치 탐지와 데이터 전처리에 유용하다. 최솟값, 1사분위수, 중위수, 3사분위수, 최댓값을 표시하여 데이터의 범위와 중앙 경향을 파악할 수 있다. 그러나 박스플롯은 신뢰 구간을 표시하지 않으며, 신뢰 구간을 나타내려면 다른 차트나 시각화 방법이 필요하다.

57 정답 : ③
해설 : 제시된 차트는 트리 맵으로 계층 구조가 있는 데이터를 시각화하고 각 계층 내 비율을 명확히 표현하는 데 적합하다. 대상의 배치는 주로 BI 도구의 알고리즘에 따라 자동으로 결정되어 사용자가 직접 제어하기 어려울 수 있으며, 음수 값의 표현이 어렵다. 인접하지 않은 범주형 데이터의 계층 간 비교는 트리 맵의 장점이 아니다. 트리 맵은 각 범주가 인접하여 표시되므로 계층 간 비교가 용이하지 않다.

58 정답 : ③
해설 : 제시된 차트는 카토그램 히트맵으로 데이터의 지리정보를 육각형 셀로 시각화하여 각 셀의 색상으로 데이터의 범주를 표현한다.
①, ②, ④ 각각 다른 방식으로 데이터를 시각화하므로, 수치형 데이터를 색상의 밀도로 표현하는 카토그램 히트맵과는 다르다.

59 정답 : ②
해설 : 제시된 차트는 'QQ도표'로 분위수 – 분위수차트(Quantile – Quantile Plot)로도 불리며, 데이터 분포가 특정 이론 분포와 얼마나 잘 맞는지를 시각적으로 평가하는 데 사용된다. QQ도표는 일반적으로 분위수와 분위수를 비교하여 분포의 적합성을 평가하는 데 도움을 준다.

60 정답 : ④
해설 : Joseph Priestley의 역사차트인 'A NEW CHART OF HISTORY'는 시간의 흐름을 일련의 막대 형태로 나타내는 스트립차트(Strip Chart)와 관련이 있다. 스트립차트는 시간에 따른 사건들을 선형적으로 나열하여 역사적 또는 연대기적 데이터를 시각화하는 데 사용된다.

CHAPTER 04 시행처 공개 문제 B형 정답 및 해설

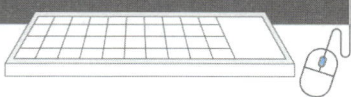

01	02	03	04	05	06	07	08	09	10
②	①	③	④	①	②	④	①	②	③
11	12	13	14	15	16	17	18	19	20
④	②	①	④	②	①	①	④	②	③
21	22	23	24	25	26	27	28	29	30
③	②	④	②	④	①	①	②	①	①
31	32	33	34	35	36	37	38	39	40
②	②	③	①	①	①	④	②	③	③
41	42	43	44	45	46	47	48	49	50
④	②	④	②	④	①	④	①	②	④
51	52	53	54	55	56	57	58	59	60
④	②	④	④	②	④	③	①	①	②

제1과목 | 경영정보 일반

01 정답 : ②
해설 : 회계 관리에는 기업의 재무 건전성과 의사결정 프로세스에 중요한 몇 가지 핵심 활동이 포함된다. 주요 활동은 다음과 같다.
- 투자 경제적 타당성 : 투자의 잠재적인 재정적 결과와 이점에 대한 평가를 의미한다.
- 회계 관리 : 예상 현금흐름, 수익 및 위험을 고려하여 투자 가치가 있는지 평가한다.
- 자본 비용 산정 : 이자는 부채 조달 비용, 배당금은 자기자본 조달 비용이다. 이를 기반으로 전체 자본 비용을 이해하며, 회계관리는 정보에 입각한 재무 결정을 내려 회사의 자본 구조를 최적화하고 주주 가치를 극대화하는 데 필수적이다.

02 정답 : ①
해설 : 손익계산서는 회사의 특정 기간 동안의 매출, 비용, 순이익을 보고하는 데 가장 적합한 재무제표로, 회사의 재무 성과에 대한 포괄적인 개요를 제공한다.

03 정답 : ③
해설 : 유동비율 $= \frac{유동자산}{유동부채}$ 은 회사의 단기자산으로 단기부채를 상환할 수 있는 능력을 측정한다. 유동비율이 높을수록 유동성 위치가 더 강하다는 뜻으로 회사가 단기자산으로 단기부채를 충당할 준비가 더 잘 되어 있음을 의미한다. 이 비율은 회사의 단기재무 건전성을 나타내는 주요 지표이다.
- 유동자산 : 현금, 매출채권, 재고자산 등 1년 이내에 현금으로 전환될 것으로 예상되는 자산
- 유동부채 : 미지급금, 단기부채, 기타 단기부채 등 1년 이내에 만기되는 부채

04 정답 : ④
해설 : 자본예산위험은 일반적으로 채권투자자가 직면하는 리스크보다는 기업의 프로젝트 투자결정과 관련이 있기 때문에 채권투자와 관련된 가장 부적절한 투자리스크이다. 채권투자자들은 채무불이행위험, 시장위험, 구매력감소위험에 더 관심을 갖고 있다.

05 정답 : ①
해설 : 정액법은 자산의 내용연수 동안 매기 일정액의 감가상각비를 계상하는 방법이다. 즉, 취득원가에서 잔존가치 뺀 감가상각대상금액을 내용연수로 나누어 감가상각비로 산정하여 비용처리하는 것이다. 따라서 매기에 일정한 감가상각비가 발생한다.

06 정답 : ②
해설 : 콜옵션은 특정 기간 내에 특정 가격으로 자산을 구매할 수 있는 권리는 있지만, 의무는 부여하지 않는 계약으로 보유자에게 특정 기간 내에 특정 가격(행사 가격이라고 함)으로 주식과 같은 자산을 구매할 수 있는 권리를 제공한다. 보유자는 자산을 구매할 의무는 없지만 유리하다면 구매를 선택할 수 있다.

07 정답 : ④
해설 : 3C 분석은 경쟁 환경을 분석하는 데 사용되는 전략적 프레임워크이다. 구성요소로는 회사(Company), 고객(Customer), 경쟁(Competition)이 있다. 유통 및 판매(채널) 정보는 전반적인 비즈니스 전략 및

운영에 중요하지만 3C 분석 프레임워크의 주요 초점은 아니다.
- 회사(Company) : 회사의 내부 역량, 강점 및 약점에 중점을 둠. 회사의 경쟁 능력에 영향을 미치는 자원, 역량 및 전반적인 성과 지표를 분석하는 것이 포함됨
- 고객(Customer) : 시장 상황 및 고객 관련 정보에 대한 이해가 포함됨. 고객 요구, 선호도, 행동 및 시장 동향을 분석하여 수요 관점에서 기회와 위협을 식별하는 것이 포함됨
- 경쟁(Competition) : 경쟁 회사에 대한 정보 수집이 포함됨. 경쟁사의 강점과 약점, 시장 전략, 회사에 위협이나 기회를 제공하는 방법에 대한 분석이 포함됨

08 정답 : ①
해설 : 가치 사슬 모델은 고객을 위한 가치를 창출하는 회사 내 활동을 식별하고 분석하는 데 중점을 둔다. 이는 회사가 비용 우위 또는 차별화를 달성할 수 있는 방법을 이해하는 데 사용된다. 그러나 내부 및 외부 환경에 대한 분석을 직접적으로 다루지는 않는다.

09 정답 : ④
해설 : 근속연수에 따른 임금인상을 뜻하는 베이스업은 직원의 충성도와 근속기간에 대한 보상을 목적으로 한다. 고성과자의 동기를 저하시키는 부작용을 초래할 수 있다는 것은 직원 동기의 역학을 지나치게 단순화하는 것으로 옳지 않다. 기본 인상이 고성과에 직접적인 보상을 제공하지는 않지만, 기업은 고성과자에게 동기를 부여하기 위해 보너스나 승진과 같은 추가적인 성과 기반 인센티브를 사용하는 경우가 많다. 따라서 베이스업이 본질적으로 고성과자의 사기를 떨어뜨린다고 주장하는 것은 많은 조직에서 구현하는 지원 보상 및 동기 부여에 대한 포괄적인 접근 방식을 무시하는 것이다.

10 정답 : ③
해설 : 이중 경력 시스템은 일반적으로 조직 외부가 아닌 조직 내에서 기술 및 관리 경로를 따라 경력 발전 기회를 제공하는 것을 의미한다. 조직 외부에서 경력을 지원하는 것은 내부 경력 개발 시스템의 일반적인 특징이 아니다.

11 정답 : ④
해설 : 총비용÷총설치 수는 설치당 비용(CPI)을 계산한다. 이는 광고 캠페인의 총비용을 해당 캠페인에 의해 생성된 설치 수로 나눈 값이다. 이 측정항목은 앱을 설치하는 사용자를 확보하는 데 있어서 캠페인의 효율성을 직접적으로 반영한다.
① 1회 노출당 비용(CPM) = 총비용÷총노출 수
② 클릭률(CTR) = (총클릭 수÷총노출 수)×100
③ 클릭당 비용 = 총비용 - 총클릭 수

12 정답 : ②
해설 : 고객 세그먼트는 시장을 다양한 요구사항, 특성 또는 행동을 가진 별도의 구매자 그룹으로 나누는 것을 의미한다. 세분화는 연령, 성별, 지역, 소득 수준, 라이프스타일, 구매 행동 등 다양한 요소를 기반으로 이루어질 수 있다. 마케팅 담당자는 이러한 세그먼트를 식별하고 분석함으로써 각 그룹의 특정 요구사항과 선호도를 더 잘 충족할 수 있도록 전략을 맞춤화할 수 있다.

13 정답 : ①
해설 : 고객획득비용은 실제로 총 마케팅 및 판매 비용을 특정 기간 동안 신규 고객을 확보한 수로 나누어 계산한다. 반복 고객이 아닌 신규 고객을 확보하는 데 드는 비용을 측정한다.

14 정답 : ③
해설 : 마케팅에서의 전환은 구매를 의미하므로 가입 및 다운로드는 포함되지 않는다. 디지털 마케팅에서 전환은 구매에만 국한되지 않고 캠페인 목표에 따라 가입, 다운로드, 양식 제출 등과 같은 작업도 포함될 수 있다.

15 정답 : ②
해설 : 자연검색량은 일정 기간 동안 특정 키워드나 검색어가 검색 엔진에 검색되는 횟수를 말한다. 이는 해당 키워드에 대한 인기도와 검색 빈도에 대한 통찰력을 제공하므로 마케팅 담당자는 효과적인 키워드를 선택하고 콘텐츠를 최적화하며 검색 엔진 순위를 높일 수 있다.

15 정답 : ①
해설 : 트래픽 관리는 한 장소에서 다른 장소로 상품과 자재의 이동을 계획하고, 준비하고, 통제하는 것을 의미한다. 여기에는 입고 및 발송 배송 관리가 포함되어 자재 또는 제품이 효율적이고 비용 효율적이며 정시에 운송되도록 보장한다. 트래픽 관리는 물류 및 공급망 관리의 중요한 측면으로 공급업체에서 회사로, 회사에서 고객으로의 상품 흐름에 중점을 둔다.

17 정답 : ①
해설 : MAD는 오류의 방향을 고려하지 않고 예측값과 실젯값 사이의 평균 오류 크기를 측정한다. 예측값과 실젯값의 절대차의 평균을 계산한다. 예측의 평균 오류에 대한 명확하고 간단한 측정값을 제공하므로 유용하다.
② MSE(Mean Squared Error) : 예측값과 실젯값의 차이 제곱의 평균을 측정하며, 차이를 제곱하기 때문에 더 큰 오류에 더 많은 가중치를 부여함. 이 방법은 더 큰 오류를 강조하는 데 유용하지만 절댓값의 평균을 계산하지는 않음
③ MAPE(Mean Absolute Percent Error) : 예측의 정확도를 백분율로 표현하며, 예측값과 실젯값 사이의 절대 백분율 오류의 평균을 구함. 이 방법은 다양한 데이터세트으 예측 정확도를 비

교하는 데 유용하지만 절댓값이 아닌 백분율을 사용함
④ MFE(Mean Forecast Error) : 예측 오류의 평균을 측정하며, 예측의 편향을 나타낼 수 있고 예측값과 실제값 사이의 실제 차이(절댓값이 아님)의 평균을 구함. 이 방법을 사용하면 예측값이 평균적으로 높은지 낮은지 확인할 수 있지만, 절댓값의 평균을 구하지는 않음

18 정답 : ④
해설 : 경제적 주문량(EOQ) 공식은 재고 주문 및 보유와 관련된 총 비용을 최소화하는 최적의 주문 수량을 결정하는 데 사용된다. 구성요소는 연간 수요량, 주문량 및 주문 비용, 단위당 유지 비용이다. 단, 연간 노동 시간은 경제적 주문량의 계산과는 관련이 없다.
- 기본적 경제적 주문량 모형
  - Q = 주문량, H = 단위당 유지비용, D = 연간 수요량, S = 주문비용
  - 연간재고유지비용 = $\left(\dfrac{Q}{2}\right) \times H$
  - 연간주문비용 = $\left(\dfrac{D}{Q}\right) \times S$
  - 총비용 : 연간재고유지비용과 연간주문비용의 합
  - 총비용이 최소가 되는 주문량 Q를 구하기 위해서는 연간재고유지비용과 연간주문비용의 값이 같은 주문량을 구하여야 하며, $\left(\dfrac{Q}{2}\right) \times H = \left(\dfrac{D}{Q}\right) \times S$를 통해 구할 수 있음
  - 즉, 총비용의 최소가 되는 주문량 $Q = \sqrt{\dfrac{2DS}{H}}$가 됨. 즉 경제적 주문량임

19 정답 : ②
해설 : 공급망의 여러 단계 간에 정확하고 시의적절한 정보 흐름이 부족한 경우 각 참가자는 수요에 대한 자체 관찰 및 추정을 기반으로 주문 결정을 내린다. 이러한 가시성 부족과 의사소통 부족으로 인해 수요 변화에 대한 과잉 반응이 발생하여 공급망에서 주문 변동이 과장되게 된다. ERP 시스템, 실시간 데이터 공유 등 정보 기술을 통해 공급망 활동을 동기화하고 정확한 수요 예측 및 재고 수준을 제공하여 채찍효과를 줄이는 데 도움이 된다.

20 정답 : ③
해설 : 왜 구입했는지는 주관적이며 소비자 동기 및 심리에 더 관련되어 있어 물류 및 재고관리 중심의 유통 데이터 서비스 플랫폼보다는 마케팅 및 소비자 행동 연구에 더 적합하다. 구매 이면의 이유를 이해하는 것은 마케팅 및 전략적 결정에 도움이 될 수 있지만 시기, 위치, 정보와 같은 보다 객관적인 데이터에 의존하는 유통 데이터 서비스 플랫폼의 운영 초점과는 직접적인 관련이 없다.

제2과목 | 데이터 해석 및 활용

21 정답 : ③
해설 : 고객이 서비스를 사용하기 위해 로그인한 시간은 고객 행동의 특정 시점을 나타내는 데이터로, 정보라고 보기 어렵다.
①, ②, ④ 고객 분포도, 평균 매출액, 판매 베스트 상품 등은 모두 정보로 적절하다.

22 정답 : ②
해설 : 비정형 데이터는 특정한 구조를 가지지 않으며, 주로 텍스트, 이미지 등의 형태로 존재한다. XML, HTML, JSON 파일 형태는 반정형 데이터에 해당한다.

23 정답 : ④
해설 : 명목형 데이터는 범주형 데이터 중 순서가 없는 데이터를 의미한다. 예를 들어, 혈액형은 명목형 데이터이다. 범주형 데이터는 순서가 없는 명목형 데이터와 순서가 있는 서열형 데이터로 나눌 수 있다.

24 정답 : ④
해설 : 주어진 데이터에서 결측치(NULL)를 제외하고 10, 20, 30, 40, 50, 60을 나열하면, 중앙값은 35이다. 중앙값은 데이터를 오름차순으로 정렬한 후 가운데 값을 의미하며, 짝수 개일 경우 두 중앙값의 평균을 사용한다. 따라서 30과 40의 평균인 35가 중앙값이다.

25 정답 : ③
해설 : 이산확률분포는 이산형 데이터를 다루며, 대표적인 예로 이항분포가 있다.
①, ②, ④ 모두 연속형 확률분포에 해당한다.

26 정답 : ②
해설 : 고객의 나이, 성별, 지역 등 다양한 특징을 고려하여 유사한 특성을 가진 고객 그룹을 찾는 데 가장 적합한 기법은 군집분석이다. 군집분석은 데이터를 비슷한 속성을 가진 그룹으로 나누는 방법으로, 이를 통해 마케팅 전략 수립 및 타겟팅 등에 유용하게 활용된다.
① 분류분석 : 미리 정의된 카테고리에 데이터를 할당함
③ 연관분석 : 항목 간의 관계를 발견하는 데 사용됨
④ 회귀분석 : 변수 간의 관계를 모델링하여 예측하는 데 적합함

27 정답 : ①
해설 : 분산 데이터베이스는 여러 지리적 위치에 걸쳐 데이터를 저장하여 신뢰성과 가용성을 높이는 데 기여한다. 질의 처리 성능도 향상되며 데이터의 공유성도 높아진다. 그러나 소프트웨어 개발 비용은 오히려 증가할 수 있다. 분산 환경에서는 데이터 동기화와 관리가 복잡해져 추가적인 소프트웨어와 관리 툴이 필요하기 때문이다.

28 정답 : ①
해설 : 관계형 DBMS는 데이터를 테이블 형태로 구성하고 기본키와 외래키를 통해 테이블들을 정의하고 유지한다. 주요 예시로 Oracle, MySQL, SQL Server 등이 있다.
② 네트워크 DBMS : 노드와 간선으로 데이터 구조를 표현함
③ 테이블 DBMS : 관계형 DBMS의 다른 표현 방식으로 간주될 수 있음
④ NewSQL DBMS : 관계형 DBMS의 확장형으로 분류됨

29 정답 : ①
해설 : 데이터베이스를 구성함으로써 데이터의 중복을 최소화하고, 데이터 내용의 일관성을 유지하며, 여러 사용자와 데이터를 효율적으로 공유할 수 있다. 데이터 간의 종속성을 최대화하면 오히려 데이터베이스의 유연성과 관리 효율성이 떨어질 수 있다. 데이터베이스 시스템은 데이터를 독립적으로 관리하여 데이터의 일관성과 무결성을 보장한다.

30 정답 : ③
해설 : 테이블(Table)은 데이터베이스에서 정보를 구조화하여 저장하는 단위로, 엔터티(Entity) 또는 릴레이션(Relation)이라고도 부른다. 테이블은 관련된 데이터를 그룹화하여 효율적인 데이터 관리를 가능하게 한다.
① 레코드(Record) : 테이블의 행을 의미한다.
② 속성(Attribute) : 테이블의 열을 의미한다.
④ 튜플(Tuple) : 레코드와 유사하게 테이블의 한 행을 의미한다.

31 정답 : ②
해설 : 데이터 정의어(Data Definition Language)는 데이터베이스의 논리적 구조를 설계하고, 데이터베이스 객체의 생성, 수정, 삭제를 담당한다. 주요 명령어로는 CREATE, ALTER, DROP 등이 있으며, 이러한 명령어들은 데이터베이스의 스키마를 정의하는 데 사용된다.

32 정답 : ②
해설 : 내부 스키마는 데이터의 물리적 구조를 정의한다. 데이터가 디스크에 저장되는 방식, 인덱스 구조, 저장 위치 등의 사항을 정의하고, 데이터베이스 시스템의 성능 향상을 위해 최적화된 구조로 데이터를 관리한다.
① 개념 스키마 : 데이터베이스의 전체적인 논리적 구조를 나타냄
③ 내용 스키마 : 존재하지 않는 용어
④ 외부 스키마 : 사용자나 응용 프로그램이 접근하는 데이터 구조를 정의함

33 정답 : ③
해설 : 외래키(Foreign Key)는 한 테이블에서 다른 테이블의 기본키를 참조하는 키이다. 이는 데이터의 참조 무결성을 유지하는 데 중요한 역할을 한다.
• 슈퍼키 : 테이블 내 모든 레코드를 고유하게 식별할 수 있지만, 외래키와는 다르다.
• 후보키 : 기본키가 될 수 있는 속성을 의미하며, 중복된 값과 NULL 값을 가질 수 없다.

34 정답 : ①
해설 : 데이터 표준화는 비교를 위해 데이터를 일관된 단위로 변환하는 것을 목적으로 한다. 이는 다양한 데이터 소스에서 수집된 데이터가 동일한 기준으로 비교 가능하도록 하며, 분석의 정확성을 높이는 데 기여한다. 결측값을 제거하거나 데이터를 압축하는 것은 데이터 표준화와는 별개의 과정이다. 데이터 표준화는 또한 통계적 계산을 보다 쉽게 수행할 수 있도록 한다.

35 정답 : ①
해설 : 중복값을 처리하는 가장 적절한 방법은 모든 중복값을 삭제하고 첫 번째 값만 유지하는 것이다. 이는 데이터세트의 무결성을 유지하면서 중복 항목을 효과적으로 제거하는 방법이다. 중복값 제거 방법에는 첫 번째 항목 유지, 마지막 항목 유지 등이 있으며, 이 중 첫 번째 값을 유지하는 방법이 일반적으로 사용된다.

36 정답 : ①
해설 : 시간을 기준으로 데이터를 분할하는 방식은 특정 시간 간격을 기준으로 데이터를 더 작은 하위 집합으로 구성하는 것이다. 이는 데이터 분석에서 시간 흐름에 따른 변화 패턴을 이해하는 데 유용하다.
②, ③ 시간 값을 숫자 형식으로 변환하거나 여러 데이터세트를 결합하는 것은 다른 분석 기법에 해당한다.
④ 이상값을 제거하는 것은 데이터 정제 과정의 일부이다.

37 정답 : ④
해설 : 스트리밍 데이터를 처리하는 가장 적절한 방식은 유입되는 데이터를 연속적이고 점진적인 방식으로 처리하는 것이다. 이는 실시간으로 데이터를 분석하고 반응하는 데 효과적이다.
①, ② 모든 데이터를 관계형 데이터베이스에 저장하거나 일정한 간격으로 배치・처리하는 방식은 스트리밍 데이터의 특성에 맞지 않는다.
③ 머신러닝 알고리즘을 실시간으로 적용하는 것도 적절한 방법이지만, 특정 상황에 따라 다르다.

38 정답 : ②
해설 : 개인정보 비식별화는 민감한 정보를 익명화 또는 가명화하여 개인을 식별할 수 없도록 하는 것을 목적으로 한다. 이는 데이터 보호와 프라이버시를 유지하면서 데이터를 분석할 수 있도록 한다.
②, ③, ④ 비식별화와는 다른 목적이다.

39 정답 : ③
해설 : 셀프서비스 비즈니스 인텔리전스의 주요 특징은 비즈니스 사용자가 직접 데이터를 탐색하고 분석할 수 있다는 점이다. 이를 통해 IT 전문가의 도움 없이도 빠르게 데이터를 활용하고, 의사결정에 필요한 인사이트를 얻을 수 있다.
① IT 전문가만 데이터를 분석할 수 있는 것은 셀프서비스 BI의 특징과 반대된다.
②, ④ 데이터 접근 및 공유의 제한적 수행, 자동화된 알고리즘에 의존하는 것은 셀프서비스 BI의 특징이 아니다.

40 정답 : ③
해설 : 비즈니스 인텔리전스 도구로서 태블로(Tableau)는 데이터 시각화와 분석을 용이하게 한다. 태블로는 다양한 데이터 소스에서 데이터를 불러와 시각적으로 분석할 수 있도록 도와준다.
①, ② 마이크로소프트 워드와 어도비 포토샵은 문서 작성과 이미지 편집 도구이다.
④ 구글 크롬은 웹 브라우저이다.

제3과목 | 경영정보시각화 디자인

41 정답 : ④
해설 : 채도가 낮을수록 탁한 색이 되고, 높을수록 순수한 색이 된다. 색의 3속성은 색상, 명도, 채도로 구성되며, 명도는 색의 밝고 어두운 정도를 나타내고, 흰색과 검은색 사이의 차이로 표현된다. 따라서 채도가 높을수록 색이 더 생생하고, 순수한 색에 가까워지게 된다.

42 정답 : ②
해설 : 디자인의 기본 원리에서 균형은 통일과 변화를 적절히 조합하는 것이 아니라, 디자인 요소의 배치와 무게를 조절하여 시각적인 안정성을 형성하는 것이다.
① 공간 : 디자인 요소들의 크기, 위치, 간격을 포함함
③ 명도 : 색상의 밝기를 나타냄
④ 채도 : 색의 순수성과 강도를 나타냄

43 정답 : ②
해설 : 인포그래픽은 정보를 단순하고 명확하게 전달하며, 주제와 목적에 맞게 중요한 정보를 강조하는 것이 원칙이다. 이는 시각적 요소를 활용하여 복잡한 정보를 쉽게 이해할 수 있도록 돕는다. 최대한의 텍스트를 사용하는 것은 오컴의 면도날 원리에 반하는 것으로, 인포그래픽에서는 최소한의 텍스트로 핵심 정보를 전달하는 것이 중요하다.

44 정답 : ①
해설 : 격자선은 그래프나 차트의 구조를 명확하게 나타내는 데 사용되며, 데이터의 비교, 패턴 식별, 시각적 구조 제공에 유용하다. 하지만 지나치게 많이 사용하면 오히려 시각적으로 혼란스러울 수 있으므로 적절한 사용이 중요하다. 격자선을 사용하면 시각적 복잡성이 증가하므로 필요한 경우에만 활용하는 것이 좋다.

45 정답 : ④
해설 : 선그래프는 시간의 흐름에 따라 데이터를 시각화하는 데 효과적이다. 선그래프는 데이터를 점으로 표시하고, 이 점들을 선으로 연결하여 시간에 따른 변화를 쉽게 시각화할 수 있다. 막대그래프는 데이터의 크기를 비교하는 데 사용된다. 주어진 그래프는 꺾은선과 막대복합형차트이다. Y축에 보조 눈금선을 격자선으로 나타내었고, 오른쪽에 거래량(막대의 크기)을 나타내는 두 번째 Y축이 있다. 범례는 가운데 하단에 거래량(막대)과 평균가격(꺾은선)을 보여주고 있다.

46 정답 : ①
해설 : 데이터 막대는 숫자나 퍼센트 값의 상대적인 크기를 시각화하는 기능으로, 시간에 따라 변화하는 데이터를 시각화하는 데 적합하지 않다.
② 스파크라인 : 셀 내에서 데이터의 추세를 한눈에 파악할 수 있게 한다.
③ 아이콘 세트 : 숫자나 퍼센트 값의 상대적인 크기를 시각화한다.
④ 조건부 서식 : 데이터의 특정 조건에 따라 셀의 서식을 변경하여 시각적인 효과를 준다.

47 정답 : ④
해설 : Power BI는 클라우드 기반으로 작동하며, 로컬 컴퓨터에서도 사용할 수 있다. 시각화 도구는 데이터를 탐구하고 이해하기 위한 분석을 수행할 수 있으며, 동일한 데이터와 분석 과정을 사용하면 재현 가능성을 충족할 수 있다. 시각화 도구는 종종 반복 가능성을 구현하기 어렵다.

48 정답 : ①
해설 : 대시보드는 모든 사용자에게 동일한 정보만 제공하지 않고 사용자의 역할, 선호도, 관심사에 맞게 개인화될 수 있다. 대시보드를 통해 정보를 지속적으로 활용하는지 확인하야 하며, 메일로 전송되는 PDF 파일도 대시보드의 게시 중 하나이다. 사용자는 대시보드를 통해 정보와 상호작용할 수 있다.

49 정답 : ②
해설 : 단계구분도(등치맵)는 계급별로 데이터를 집단화하고, 지도에 각 계급을 단계적으로 표현하여 지역별로 숫자 데이터를 시각적으로 보여준다. 이러한 지도는 색의 채도(진하기)를 이용해 수치형 자료의 측정값을 구분하고, 지리적 위치와 관계를 쉽게 파악할 수 있게 한다. 반면, 지도맵, 카토그램, 카토그램 히트맵은 각각 다른 방식으로 데이터를 시각화하는데, 단순한 개수가 아닌 숫자 데이터를 지역별로 집단화하여 보여주는 데는 단계구분도가 가장 적절하다.

50 정답 : ④
해설 : 주어진 그래프는 X축에 키, Y축에 체지방 비율을 나타낸 산점도로 운동 종류를 범례로 가지고 있다. 트랙(track) 데이터를 강조하기 위해 사용된 시각 속성은 색 속성으로 트랙 데이터를 푸른색으로 표시하여 다른 데이터와 구별되도록 하였다.
① 위치 속성 : 데이터의 좌표를 결정하는 것
② 모양 속성 : 데이터 점의 형태를 나타냄
③ 크기 속성 : 데이터 점의 크기를 나타냄

51 정답 : ④
해설 : 경사차트는 두 시점 간의 변화나 추세를 시각화하는 데 사용되며, 데이터의 불확실성을 표현하기에는 적합하지 않다.
① 오차막대 : 데이터의 불확실성을 시각적으로 나타내기 위해 사용됨
② 신뢰대역 : 신뢰 구간을 시각화하여 불확실성을 표현
③ 분위수점도표 : 데이터의 분포와 퍼짐을 시각화하여 불확실성을 나타냄

52 정답 : ②
해설 : 주어진 차트는 막대사탕(롤리팝)차트로 데이터 포인트와 축 사이에 연결선을 추가하여 각 데이터를 강조한다.
① 히스토그램 : 데이터의 분포를 나타냄
③ 덤벨차트 : 두 데이터 간의 차이를 시각화함
④ 카토그램 : 데이터를 지리적으로 표현하는 지도

53 정답 : ④
해설 : 수익은 양적 데이터로, '태블로' 프로그램에서는 측정값으로 분류된다. 온라인 상거래 관련 변수는 적절한 데이터 유형과 태블로상의 데이터 분류가 중요하다.
① 제품중분류는 서열형 데이터로, 차원에 속한다.
② 매출은 양적 데이터로, 측정값에 속한다.
③ 지역은 범주형 데이터로, 차원에 속한다.

54 정답 : ④
해설 : 경사차트는 두 시점 간의 변화를 시각적으로 표현하기 적합하여 광고 노출 전후의 호감도 변화를 나타내는 데 효과적이다.
① 밀도분포 : 데이터의 분포를 나타냄
② 박스플롯 : 데이터의 중위수, 분위수 등을 시각화함
③ 히트맵 : 데이터의 밀도나 빈도를 색상으로 나타냄

55 정답 : ②
해설 : 폭포수차트는 음의 측정값이 존재할 경우에도 누적효과를 시각적으로 이해하는 데 효과적이다. 이 차트는 주로 누적효과를 보기 위해 사용되며, 최종 이익에 기여하는 세그먼트와 그 기여의 정도를 쉽게 판단할 수 있다. 측정값의 총합계를 함께 표현하면 더욱 효과적이다.

56 정답 : ③
해설 : 파이차트는 시간의 흐름에 따른 비율을 시각화하는 데 효과적이지 않다. 시간의 흐름을 나타내기에는 선그래프나 영역차트가 더 적합하다. 파이차트는 데이터가 전체에서 차지하는 비율을 확실하게 보여주고, 데이터세트가 매우 적은 경우에도 시각적으로 보기 좋다.

57 정답 : ①
해설 : 박스플롯에서는 일반적으로 중앙값(중위수)을 박스의 중간에 표현하며, 평균은 표시되지 않는 경우가 많다. 박스플롯은 1분위수, 3분위수, 최댓값, 최솟값 등을 잘 표현하여 데이터의 분포를 확인할 수 있다. 또한, 이상치를 잘 표현하여 데이터 분석에 유용하다.

58 정답 : ①
해설 : 막대차트의 Y축을 1에서 시작하면 시각적으로 오해를 불러일으킬 수 있으므로 Y축을 0부터 시작하여 정확한 비교가 가능하게 해야 한다. 막대 폭과 막대 사이의 간격 조정은 비교의 용이성을 높여준다. 색 속성은 특정 데이터를 강조하는 데 유용하다.

59 정답 : ①
해설 : 상관도표는 변수 간의 상관관계를 나타내지만, 원인-결과 관계를 밝히는 데는 적합하지 않다. 상관도표에서는 양의 상관관계와 음의 상관관계가 잘 나타나 있으며, 많은 변수가 존재할 경우 발생하는 문제점을 극복할 수 있다. 통계적으로 유의하지 않은 상관관계를 확인할 수 있다.

60 정답 : ②

해설 : 매출 예측에는 계절적 요인이 중요하게 반영될 수 있다. 매출 자료는 시계열 자료이며, 추세와 계절적 요인을 반영한 예측이 가능하다. 이동평균 등의 다양한 방법으로 시계열 자료를 예측할 수 있으며, 예측값의 신뢰 구간이 표현되어 예측의 신뢰성을 높인다.

MEMO

PART 05

모의고사

CHAPTER 01　모의고사 1회
CHAPTER 02　모의고사 2회
CHAPTER 03　모의고사 1회 정답 및 해설
CHAPTER 04　모의고사 2회 정답 및 해설

2025 경영정보시각화능력 필기 한권완성

BUSINESS INTELLIGENCE SPECIALIST

CHAPTER 01 모의고사 1회

제1과목 | 경영정보 일반

01 다음 중 PDCA 사이클에서 실행 결과 분석 및 평가, 목표 달성 여부 확인, 기대치와 실제치의 차이 분석이 포함되는 단계로 옳은 것은?

① 계획
② 실행
③ 점검
④ 행동

02 다음 중 인적 자원, 재정 자원, 물적 자원의 효율적인 관리에 중점을 두고 최적의 분배와 활용을 보장하는 경영의 핵심 개념으로 옳은 것은?

① 자원 관리
② 조직 구조
③ 변화 관리
④ 윤리 경영

03 다음 중 정보(Information)에 대한 설명으로 옳은 것은?

① 관찰이나 측정을 통해 수집된 사실이나 값
② 단순한 숫자나 문자로 구성된 비정형 형태
③ 특정 목적에 맞게 가공, 해석하여 의미를 부여한 것
④ 해석 불가하고 단편적이며 맥락이 없음

04 다음 중 정성적 데이터에 대한 설명으로 옳은 것은?

① 객관적으로 측정 또는 정량화, 분석이 가능한 데이터
② 키, 몸무게, 소득 등 숫자로 표현 가능한 데이터
③ 수치로 표현할 수 없고 주관적인 자료
④ 기술통계, 추론통계, 회귀분석, 시계열분석을 활용하여 분석한 데이터

05 다음 중 관리자가 의사결정, 성과 평가, 계획 수립에 필요한 정보를 제공하고 내부관리 목적으로 활용하는 회계학 분야로 옳은 것은?

① 재무회계
② 원가회계
③ 관리회계
④ 감사

06 다음 중 교육 계획, 교육 기록, 경력 개발 계획 등 직원 역량을 향상시키기 위한 교육 프로그램을 설계하고 구현하는 데 중점을 두는 인적 자원 관리 영역으로 옳은 것은?

① 성과 평가
② 보상 및 혜택
③ 교육 및 개발
④ 양도 및 승계

07 다음 중 주요 경쟁사의 강점, 약점, 시장 점유율 및 기타 측면을 분석하는 마케팅 영역으로 옳은 것은?

① 소비자 행동 분석　② 경쟁 분석
③ 시장 세분화　　　 ④ 타겟팅

08 다음 중 캠페인 목표 설정, 소셜 미디어 플랫폼 선택, 타겟 고객 정의와 관련된 소셜 미디어 마케팅 영역으로 옳은 것은?

① 콘텐츠 기획 및 제작
② 전략 및 계획
③ 참여와 소통
④ 분석 및 보고

09 다음 중 소셜 미디어 마케팅에서 도달률, 노출수, 참여율과 같은 성과 지표를 측정하기 위해 플랫폼 내 분석 도구 및 외부 도구 사용이 포함되는 작업으로 옳은 것은?

① 콘텐츠 기획 및 제작
② 참여와 소통
③ 분석 및 보고
④ 지속적인 최적화

10 다음 중 필요한 자재 및 부품의 수량과 공급 시기를 계획하여 재고 수준을 최적화하는 데 중점을 두는 생산 및 운영 관리(POM) 영역으로 옳은 것은?

① 자재소요계획(MRP)
② 생산공정 관리
③ 지속적인 개선
④ 공급망 관리

11 다음 중 비구조적이고 복잡한 문제를 해결하기 위해 데이터를 분석하고 의사결정을 지원하도록 설계된 경영정보시스템 유형으로 옳은 것은?

① 거래처리시스템(TPS)
② 의사결정지원시스템(DSS)
③ 임원정보시스템(EIS)
④ 전문가시스템(ES)

12 다음 중 기업 사명의 목적에 대한 설명으로 옳은 것은?

① 앞으로 조직이 도달하고자 하는 목표상태를 기술한다.
② 핵심사업 등 조직의 존재 이유와 해당 사업을 수행하는 이유를 정의한다.
③ 조직이 가고 싶은 곳, 무엇이 되고 싶은지에 대한 장기적인 전망을 제공한다.
④ 조직의 문화와 정체성의 근간이 되는 원칙이나 신념을 명시한다.

13 다음 중 PEST 분석의 평가 요인으로 옳지 않은 것은?

① 정치적 요인　② 경제적 요인
③ 환경적 요인　④ 사회적 요인

14 다음 중 Porter의 Five Forces 요인으로 고객이 다른 제품으로 전환하는 데 발생하는 비용과 관련된 요인으로 옳은 것은?

① 구매자 교섭력
② 대체물의 위협
③ 잠재적 진입자 위협
④ 공급자 교섭력

15 다음 중 7S 분석 모델의 구성요소로 다른 6개의 S가 이 가치를 둘러싸고 구성되며 조직의 핵심 가치와 기업 문화의 중심으로 옳은 것은?

① 전략
② 시스템
③ 공유가치
④ 스킬

16 다음 중 IPA(중요도 – 성과 분석) 매트릭스에서 속성은 중요성과 만족도 측면에서 고객이 높이 평가하며 유지 및 강화되어야 함을 시사하는 사분면으로 옳은 것은?

① 저성능 – 고중요(Concentrate here)
② 고성능 – 고중요(Keep up the good work)
③ 고성능 – 저중요(Possible overkill)
④ 저성능 – 저중요(Low priority)

17 다음 중 경쟁 우위를 확보하기 위해 업계에서 가장 낮은 생산 비용을 달성하는 데 중점을 둔 경영 전략으로 옳은 것은?

① 차별화
② 원가 우위 전략
③ 집중 전략
④ ESG 경영 전략

18 다음 중 유동자산으로 단기부채를 지불할 수 있는 회사의 능력을 측정하는 재무비율로 옳은 것은?

① 당좌비율
② 유동비율
③ 부채비율
④ 이자보상비율

19 다음 중 생산자와 소비자 사이에 도매업자, 소매업자 등의 중개자가 참여하는 유통 채널 유형은 무엇인가?

① 직접 유통 채널
② 간접 유통 채널
③ 온라인 쇼핑몰
④ 직영점

20 다음 중 기상청(KMA) 기상자료개방포털에서 제공하는 데이터로 기온, 습도, 풍속, 강수량 등의 정보가 포함되어 있는 것은?

① 위성 데이터
② 레이더 데이터
③ 기상 관측
④ 지구물리학적 데이터

제2과목 | 데이터 해석 및 활용

21 다음 중 데이터(Data), 정보(Information), 지식(Knowledge), 지혜(Wisdom)에 대한 설명으로 가장 옳은 것은?

① 데이터는 가공된 정보를 의미하며, 이는 지식을 생성하는 기본 재료가 된다.
② 정보는 데이터를 분석하여 유용한 패턴이나 의미를 추출한 결과이다.
③ 지식은 정보의 단순한 집합이며, 분석이나 이해 과정이 필요 없다.
④ 지혜는 정보를 수집하고 저장하는 과정을 통해 얻어진다.

22 다음 제시된 데이터에 대한 기초 통계로 옳은 것은?

> 1, 2, NULL, 3, 4, NULL

① 평균 : 2
② 중앙값 : 2.5
③ 최빈값 : NULL
④ 데이터의 수 : 6

23 다음 중 빅데이터의 '속도(velocity)'에 대한 설명으로 가장 옳은 것은?

① 데이터의 유형과 형태의 다양성
② 데이터의 생성과 수집 속도
③ 데이터의 품질과 오류
④ 데이터의 양

24 다음 중 데이터의 종류에 대한 설명으로 가장 옳지 <u>않은</u> 것은?

① 비정형 데이터는 일관된 구조가 없어 분석하기 어려운 경향이 있다.
② 정형 데이터는 데이터베이스에서 테이블의 형태로 저장된다.
③ 반정형 데이터는 JSON, XML, HTML 등과 같은 형식으로 저장된다.
④ 자연어 처리는 정형 데이터 분석에 적합하다.

25 다음 중 데이터마이닝 분석 기술에 대한 설명으로 옳지 <u>않은</u> 것은?

① 연관분석 : 대규모의 데이터 항목 중 유용한 연관성과 상관관계를 찾는 기법
② 군집분석 : 모집단을 미리 정의되어 있지 않은 부분집합으로 분류를 하는 것
③ 분류분석 : 개체 간의 유사도를 측정하기 위해 거리함수를 사용하여 그룹으로 나누는 기법
④ 회귀분석 : 변수 간의 함수관계를 추구하는 통계적 방법

26 다음 중 k-익명성, l-다양성, t-근접성에 대한 설명으로 가장 옳은 것은?

① k-익명성은 특정 개인을 식별할 수 없도록 전체 데이터세트에 동일 값 레코드 k개 이상 존재하도록 하는 비식별 모델이다.
② l-다양성은 k-익명성에 대한 취약점을 보완하기 위해 특정 집합의 민감정보 분포도를 다른 집합과 비슷한 수준으로 적용하는 모델이다.
③ t-근접성은 동질집합에서 l개 서로 다른 민감정보를 갖도록 적용하여 동질성 공격 및 배경지식에 의한 공격을 방어하는 모델이다.
④ l-다양성은 급여나 재산 등 특정 집합의 민감정보를 다른 집합과 비슷한 수준으로 적용하는 것을 말한다.

27 다음 중 이산변수(Discrete Variable)에 대한 설명으로 가장 옳지 <u>않은</u> 것은?

① 값이 정수 형태로 분류되며, 연속적인 값을 가지지 않는다.
② 개수나 빈도와 같은 계수적인 측면에서 분석될 수 있다.
③ 값은 연속적인 범위에서 측정되며, 무한한 값을 가질 수 있다.
④ 주사위 눈의 개수, 가족 구성원 수 등이 예시로 들어갈 수 있다.

28 다음 중 과대 적합(Overfitting)에 대한 설명으로 가장 옳지 않은 것은?

① 과대 적합은 모델이 학습 데이터에 너무 잘 맞춰져서 새로운 데이터에 대한 예측 성능이 떨어지는 현상이다.
② 과대 적합을 방지하기 위해 교차 검증과 정규화 기법을 사용할 수 있다.
③ 과대 적합이 발생하면 모델의 학습 데이터에 대한 성능은 좋으나 테스트 데이터에 대한 성능이 저하된다.
④ 과대 적합은 새로운 데이터를 예측하기 위한 모델의 복잡성을 높이고, 학습 데이터의 양을 적게 해서 해결할 수 있다.

29 다음 중 파일 시스템의 단점에 대한 설명으로 가장 옳지 않은 것은?

① 파일 시스템은 여러 파일에 동일한 데이터를 중복해서 저장하는 경우 데이터의 일관성이 깨질 수 있다.
② 파일 시스템은 데이터에 대한 일관된 제약조건과 규칙을 적용하기 어려우며, 데이터 무결성을 유지하기 어렵다.
③ 파일 시스템은 기본적인 검색 기능만을 제공하며, 복잡한 데이터 검색 및 쿼리 작업을 수행하기에는 제한적이다.
④ 파일 시스템은 동시성 및 병행 처리를 완벽하게 지원하여 여러 사용자가 동시에 데이터에 액세스하거나 수정할 수 있다.

30 다음 중 데이터베이스 관리 시스템(DBMS)의 ACID 특성에 대한 설명으로 가장 옳지 않은 것은?

① 원자성(Atomicity)은 트랜잭션의 모든 연산이 성공적으로 완료되거나 전혀 실행되지 않아야 함을 의미한다.
② 일관성(Consistency)은 트랜잭션이 실행되기 전과 후의 상태가 정의된 규칙과 제약조건을 준수해야 함을 의미한다.
③ 고립성(Isolation)은 트랜잭션이 독립적으로 실행되어야 함을 의미하며, 트랜잭션 중에 수행된 모든 변경 사항이 즉시 다른 트랜잭션에서 보일 수 있어야 한다.
④ 지속성(Durability)은 트랜잭션이 성공적으로 완료된 후 그 결과가 영구적으로 반영되어야 함을 의미한다.

31 다음 중 공분산과 상관계수에 대한 설명으로 가장 옳지 않은 것은?

① 공분산은 두 변수가 함께 변하는 정도를 나타내며, 양수이면 두 변수가 같은 방향으로 변하고 음수이면 반대 방향으로 변한다.
② 공분산은 두 변수의 단위에 영향을 받기 때문에 값의 크기만으로 상관관계의 강도를 판단할 수 없다.
③ 상관계수는 공분산을 각각의 변수의 표준편차로 나눈 값으로, -1과 1 사이의 값을 가지며 공분산의 크기와는 무관하다.
④ 상관계수가 0에 가까울수록 두 변수 간의 상관관계가 약하며, 1이나 -1에 가까울수록 강하다.

32 다음 중 중복값 제거 시 주의사항에 해당하지 않는 것은?

① 중복 기준을 설정하여 어떤 속성을 기준으로 중복을 판단할 것인지 정의한다.
② 중복값 제거 시 유용한 데이터가 함께 삭제되지 않도록 주의한다.
③ 중복값 제거 후 데이터세트를 검증하여 일관성과 완전성을 확인한다.
④ 중복값 제거 전에 원본 데이터의 백업을 삭제하여 저장 공간을 확보한다.

33 다음 중 텍스트 전처리 과정에서 벡터화(Vectorization)에 해당하는 것은?

① 텍스트를 단어나 문장으로 분할하는 작업
② 텍스트를 수치화하여 모델에 입력할 수 있는 형태로 변환하는 작업
③ 단어의 어근을 추출하는 작업
④ 불필요한 단어를 제거하는 작업

34 다음 중 데이터 수집 과정에 대한 설명으로 옳은 것은?

① 분석 목표를 달성하기 위해 필요한 데이터의 유형과 속성을 정의하는 단계이다.
② 수집한 데이터를 분석에 적합한 형태로 변환하는 단계이다.
③ 데이터 소스에 맞는 적절한 수집 방법을 결정하고 실행하는 단계이다.
④ 변환된 데이터를 데이터베이스에 저장하고 관리하는 단계이다.

35 다음 중 데이터 적재 과정에 대한 설명으로 가장 옳지 않은 것은?

① 데이터 스키마 정의는 데이터 품질 검사 및 유효성 검사 규칙을 구현하는 단계이다.
② 데이터 적재는 원천 시스템에서 데이터를 추출하여 목표 시스템으로 이동시키는 단계이며, 변환 작업을 포함한다.
③ 데이터 변환 단계에서는 데이터를 적재하기 전에 필요한 형식으로 변환하며, 데이터 정제와 집계 작업을 포함한다.
④ 데이터 검증 및 관리 단계에서는 데이터의 무결성, 정확성, 일관성을 검증하고, 필요한 경우 데이터 정제를 수행한다.

36 다음 중 데이터 보안 및 개인정보 보호에 대한 설명으로 가장 옳은 것은?

① 접근 제어는 데이터의 민감도와 중요도에 따라 데이터를 분류하는 과정이다.
② 암호화는 데이터 접근 권한을 제어하고 인증하는 메커니즘이다.
③ 방화벽은 네트워크 트래픽을 모니터링하고 제어하는 솔루션이다.
④ 사용자 인증은 네트워크 공격을 탐지하고 방지하는 시스템이다.

37 다음 중 비즈니스 인텔리전스와 데이터 기반 의사결정의 이점으로 가장 옳지 않은 것은?

① 정확한 의사결정을 통해 주관적 판단의 오류를 최소화할 수 있다.
② 효율적인 데이터 분석을 통해 시간과 비용을 절감할 수 있다.
③ 비즈니스 인텔리전스는 경쟁력을 강화하는 데 도움이 되지 않는다.
④ 데이터를 근거로 하여 비즈니스 운영의 효율성을 높이고 성과를 극대화할 수 있다.

38 다음 중 비즈니스 인텔리전스(BI) 도구를 통해 데이터의 추세, 패턴, 상관관계, 이상 징후 등을 탐색하는 단계로 옳은 것은?

① 데이터 수집 및 통합
② 성과 모니터링 및 추적
③ 데이터 분석 수행
④ 보고서 및 시각화 생성

39 다음 괄호 안에 들어갈 데이터 해석 오류로 가장 옳은 것은?

( )은/는 불리한 데이터나 사례는 숨기고 유리한 데이터를 활용하여 주장을 뒷받침하는 오류이다.

① 과소 적합   ② 과대 적합
③ 심슨의 역설   ④ 체리피킹

40 다음 비식별화 기술 중 데이터 마스킹에 대한 설명으로 가장 옳은 것은?

① 데이터에 임의의 변동을 추가한다.
② 실제 데이터의 일부를 가려서 익명화한다.
③ 식별 가능한 데이터를 대체 식별자로 대체한다.
④ 개인을 식별할 수 있는 모든 정보를 제거한다.

제3과목 | 경영정보시각화 디자인

41 다음 중 정보 시각화의 기능인 '탐색 기능'에 대한 설명으로 가장 옳은 것은?

① 데이터로부터 도출된 주요 메시지와 분석 결과를 명확하게 설명하는 기능
② 데이터에 숨겨진 관계와 패턴을 찾기 위한 시각적 분석 도구
③ 데이터 분석 결과를 예술적 표현을 통해 감정적으로 전달하는 기능
④ 데이터의 진실을 간결하고 정확하게 전달하는 기능

42 다음 중 자크 베르탱(Jacques Bertin)이 제안한 시각화 변수 중에서 데이터의 밝기 또는 어둡기 수준을 이용하여 정보를 표현하는 변수로 옳은 것은?

① 위치(Position)   ② 크기(Size)
③ 모양(Shape)   ④ 값(Value)

43 다음 중 RGB 모형에서 빨강(Red)을 활용한 예시로 옳은 것은?

① 성장을 나타내거나 긍정적인 변화를 표현할 때 사용
② 중립적이거나 일반적인 정보를 나타낼 때 사용
③ 경고를 나타내거나 중요한 데이터를 강조할 때 사용
④ 재무 보고서에서 수익 증가를 표시할 때 사용

44 다음 홈페이지에 사용된 시각화 디자인의 기본원리로 짝지어진 것은?

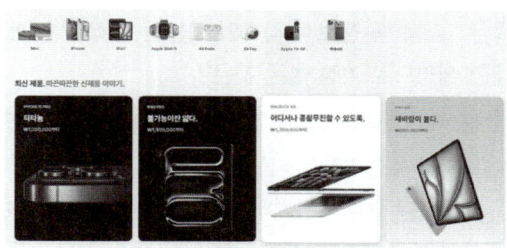

① 강조, 균형, 대비, 반복
② 리듬, 통합, 움직임, 비율
③ 다양성, 비율, 대비, 반복
④ 비율, 패턴, 통합, 공백

45 다음 중 오컴의 면도날 원리에 대한 설명으로 옳지 않은 것은?

① 과학적 추론에서 단순한 설명이 복잡한 설명보다 선호되어야 한다는 원칙을 의미한다.
② 불필요한 가정이나 개념을 최소화하여 문제를 설명하는 것이 더 좋다는 의미를 가진다.
③ 정보를 전달할 때 불필요한 장식 요소를 추가하여 시각적 흥미를 높인다.
④ 핵심 메시지를 간결하게 정의하고 중요한 내용에 집중하는 것이 오컴의 면도날의 적용 방법 중 하나이다.

46 다음 중 인포그래픽의 기본 디자인 요소의 특징에 대한 설명으로 옳지 않은 것은?

① 서체는 텍스트의 외관을 의미하며, 가독성과 사용자 경험에 영향을 미친다.
② 격자선은 그래프나 차트의 구조를 명확히 나타내 데이터 비교, 패턴 파악, 위치 파악 등을 돕는다.
③ 질감을 과도하게 사용할 경우 가독성이 저하될 수 있으므로 사용하지 않는 편이 유리하다.
④ 제목은 주요 메시지를 강조하고 전반적인 주제를 파악할 수 있도록 돕는다.

47 다음 두 그래프의 차이에서 알 수 있는 데이터 표현 단위와 형식에 대한 설명으로 가장 옳은 것은?

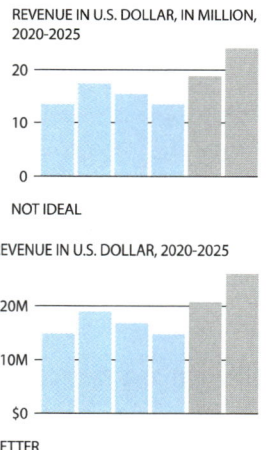

① 단위를 표시할 필요는 없다.
② 많은 0과 소수점을 포함하여 숫자를 표시하는 것이 좋다.
③ 불필요한 정밀도를 피하고 숫자를 축약하여 표시한다.
④ 단위는 설명에만 표시하고 축 레이블에는 표시하지 않는다.

48 사무자동화 프로그램에서 다음 기능에 대한 설명으로 가장 옳지 않은 것은?

회사명	2019	2020	2021	2022	2023	추세
장미전자	36%	41%	116%	65%	94%	
백합자동차	130%	110%	67%	102%	9%	
데이지통신	44%	15%	-19%	94%	70%	
툴립중공업	80%	-10%	7%	87%	98%	
캐모마일엔터	119%	138%	41%	96%	25%	
수국백화점	103%	70%	50%	132%	86%	
진달래화학	100%	13%	131%	60%	17%	
아카시아포털	55%	-9%	5%	143%	10%	

① 작은 규모의 추세 그래프로, 셀 내에서 데이터의 변화를 시각화하여 시간에 따른 데이터의 추세를 파악하는 데 유용하다.
② 데이터의 패턴과 추세를 시각적으로 보여주며, 차트와 달리 별도의 시트에서 데이터를 시각화할 수 있다.
③ 데이터의 변화를 한눈에 파악할 수 있어 신속한 데이터 분석 작업에 적합하다.
④ 셀 내에서 데이터를 시각화하며, 작은 추세 그래프를 통해 데이터의 변화를 시각적으로 나타낸다.

49 다음 중 시각화 도구(BI 소프트웨어)에 대한 설명으로 가장 옳지 않은 것은?

① 시각화 도구는 일일이 데이터별 변환 과정을 기록하지 않고 최종 결과만 저장하므로, 도표를 재현하거나 다른 데이터세트로 비슷한 도표를 생성하기 어렵다.
② 재현 가능성은 시각화 결과를 다른 사람이나 미래의 자신이 동일하게 재현할 수 있는 능력으로, 코드와 데이터, 분석 방법 등을 충분히 기술하여 신뢰성과 투명성을 높인다.
③ 반복 가능성은 시각화 도구에서 완벽한 재현성을 보장하며, 도표를 생성하는 데 있어 무작위 요소가 포함되어도 항상 동일한 도표를 생성할 수 있다.
④ 시각화 도구는 다양한 시각화 기법을 제공하며, 비즈니스에 도움이 될 수 있는 보고서를 신속하게 생성할 수 있다.

50 다음 중 대시보드와 사용자 상호작용의 중요성에 대한 설명으로 가장 옳지 않은 것은?

① 대시보드를 사용자의 요구에 맞게 조정하거나 새롭게 개발하는 것은 대시보드의 효과성을 높이는 데 중요하다.
② 사용자와의 충분한 대화는 대시보드가 사용자에게 필요한 정보와 지표를 제공할 수 있도록 보장하는 데 필수적이다.
③ 대시보드의 개인화는 사용자의 편의성을 향상시키며, 사용자와의 상호작용을 줄이는 데 기여한다.
④ 대시보드의 추적과 사용빈도 지표는 대시보드의 활용도를 평가하고, 필요시 개선 사항을 도출하는 데 도움이 된다.

51 다음과 같은 종류의 차트를 사용 시 주의사항으로 옳지 <u>않은</u> 것은?

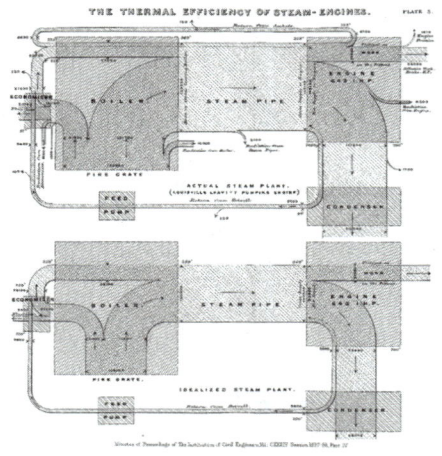

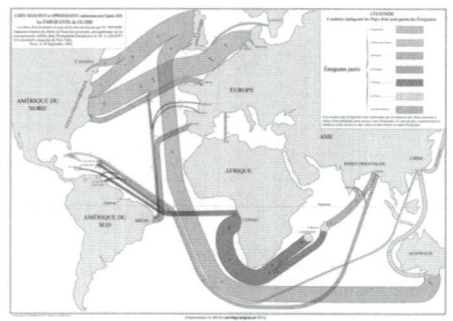

① 데이터세트가 너무 커서 지나치게 복잡한 경우 사용 부적절하다.
② 유사한 폭을 가진 흐름을 가진 데이터의 경우 비교가 어렵다.
③ 데이터를 시간 순서에 따라 점으로 표시하고 이 점들을 선으로 연결한다.
④ 데이터의 흐름과 범주의 관계를 명확히 표현할 수 있다.

52 다음 중 대시보드 설계 시 세부 정보를 확인할 수 있는 기능으로 옳은 것은?

① 데이터 소스 정리
② 드릴다운 기능
③ 데이터 계층 구조 정의
④ 알림과 경고 시스템 구축

53 다음 도표에 대한 설명으로 옳지 <u>않은</u> 것은?

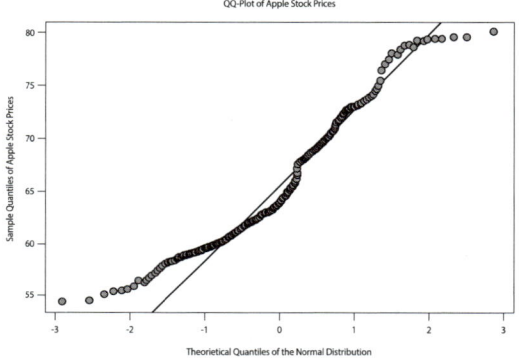

① 두 데이터세트 간의 분포를 비교한다.
② 대각선을 기준으로 비교한다.
③ 데이터의 이상치를 쉽게 발견할 수 있다.
④ 많은 데이터세트의 분포를 동시에 비교할 수 있다.

54 다음 중 스트립플롯의 특징으로 옳은 것은?

① 데이터를 곡선 형태로 표현한다.
② 각 데이터 포인트의 분포와 밀집도를 시각적으로 파악할 수 있다.
③ Y축은 범주를 나타낸다.
④ 많은 데이터 포인트가 있어도 점들이 겹치지 않는다.

55 다음 그래프의 장점으로 옳은 것은?

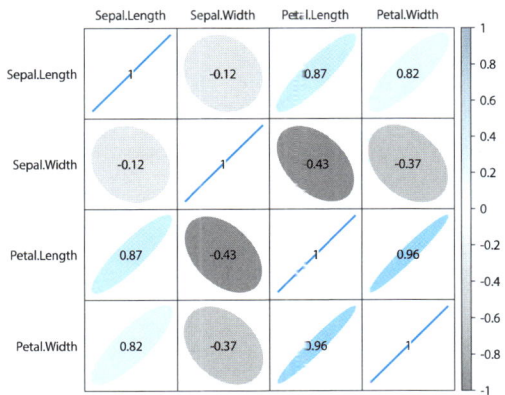

① 변수 간의 상관관계를 한눈에 파악할 수 있으며, 다차원 데이터를 시각적으로 탐색하는 데 유용하다.
② 각 변수 쌍의 상관관계를 표현하지 못하며, 해석이 어려운 경우가 많다.
③ 각 산점도에 다른 스케일을 사용하여 비교를 용이하게 한다.
④ 변수의 조합이 적어 해석하기 쉬우며, 복잡한 데이터 분석에 사용하지 않는다.

56 다음 중 상관도표(Correlation Matrix)의 주된 목적으로 옳은 것은?

① 변수 간의 관계를 산점도로 시각화하여 패턴을 분석한다.
② 변수 간의 상관계수를 색상과 크기로 표현하여 상관관계를 한눈에 파악할 수 있도록 한다.
③ 각 변수의 분포와 빈도를 막대그래프 형태로 시각화하여 분석한다.
④ 변수 간의 상관관계를 선으로 연결하여 시간적 변화를 나타낸다.

57 다음 설명에 해당하는 시각화 차트로 가장 옳은 것은?

> 데이터의 핵심 변수를 강조하기 위해서 지도의 한 부분을 왜곡하여 나타낸다.

① 단계구분도　　② 카토그램 히트맵
③ 비례기호맵　　④ 카토그램

58 다음 중 선그래프(Line Graph)의 시계열 데이터 요인에 대한 설명으로 가장 옳은 것은?

① 추세적 요인은 예측 불가능한 단기적 변동을 포함한다.
② 계절적 요인은 특정 시기에 반복적으로 나타나는 패턴을 반영한다.
③ 순환적 요인은 데이터의 장기적인 변호·방향을 나타낸다.
④ 불규칙 요인은 경제 주기와 같은 일정한 주기를 나타낸다.

59 다음 차트의 특징에 대한 설명으로 가장 옳은 것은?

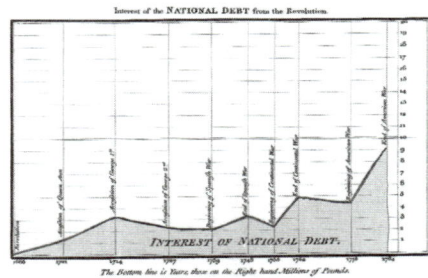

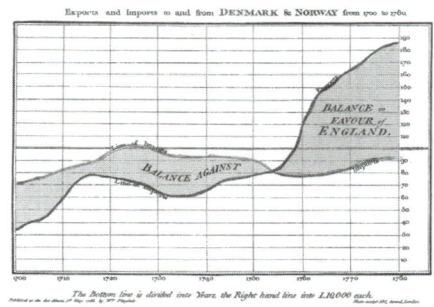

① 선그래프와 유사하지만, 선 아래의 영역을 채워 누적된 값을 나타내는 그래프이다.
② 데이터 시리즈 간의 누적 합계를 한눈에 볼 수 없어서 분석이 어렵다.
③ 데이터가 많아도 항상 구분하기 쉽다.
④ 각 항목의 개별 변화를 명확하게 파악할 수 있다.

60 다음 도표의 주된 목적으로 옳은 것은?

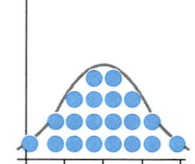

① 데이터의 누적 합계를 시각적으로 표현하기 위해 사용된다.
② 데이터의 분위수를 점으로 표현하여 데이터의 분포를 시각적으로 전달한다.
③ 두 지점 간의 변화를 기울기로 비교한다.
④ 데이터의 신뢰 구간을 스트랩 형태로 나타낸다.

CHAPTER 02 모의고사 2회

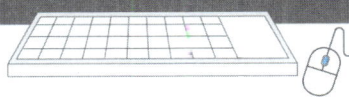

제1과목 | 경영정보 일반

01 다음 중 조직의 비전과 사명에 따라 단기 및 장기 목표를 설정하고 명확하고 측정 가능한 목표를 설정하는 것과 관련된 경영의 핵심 개념으로 옳은 것은?

① 전략 기획
② 목표 설정
③ 성과 관리
④ 리더십

02 다음 중 데이터(Data)의 정의로 옳은 것은?

① 특정 목적을 위해 가공, 해석하여 의미를 부여한 정보
② 관찰이나 측정을 통해 수집된 사실이나 가치
③ 맥락이나 관계가 있는 데이터
④ 해석 가능하고 목적성 및 유용성이 있음

03 다음 중 정량적 데이터에 대한 설명으로 옳은 것은?

① 의견, 태도, 감정, 색깔, 취향을 나타내는 데이터
② 수치로 표현 가능하고, 측정 또는 정량화가 가능한 데이터
③ 수치로 표현할 수 없고 주관적인 자료
④ 콘텐츠 분석, 주제 분석, 감성 분석, 텍스트 마이닝을 활용하여 분석된 데이터

04 다음 중 특정 시점의 자산, 부채, 자본을 보고하여 회사의 재무 상태를 보여주는 재무제표로 옳은 것은?

① 손익계산서
② 자본변동표
③ 재무상태표
④ 현금흐름표

05 다음 중 이름, 생년월일, 연락처, 입사일, 근무 이력 등 직원의 개인 및 업무 관련 정보 관리가 포함되는 인사 정보 영역으로 옳은 것은?

① 근로계약 및 고용형태
② 인사정보
③ 교육 및 개발
④ 노사 관리 및 고충 처리

06 다음 중 제품 출시, 성장, 성숙, 소퇴 단계 관리에 중점을 두는 마케팅 영역으로 옳은 것은?

① 제품 포트폴리오 관리
② 제품 개발
③ 제품 라이프사이클 관리
④ 가격 전략

07 다음 중 생산성 유지를 위한 정기 장비 검사, 수리 일정 등의 활동이 포함되는 생산 및 운영 관리(POM)의 영역으로 옳은 것은?

① 품질 관리　② 설비 관리
③ 재고 관리　④ 생산 계획

08 다음 중 고객 데이터 관리, 마케팅 자동화 등의 기능을 포함하여 고객과의 관계를 관리하고 강화하여 만족도와 매출을 높이는 것을 목표로 하는 경영정보시스템으로 옳은 것은?

① 전사적자원관리(ERP)
② 공급망 관리(SCM)
③ 고객관계관리시스템(CRM)
④ 전문가 시스템(ES)

09 다음 중 비전을 달성하기 위해 구체적이고 측정 가능한 성과 지표를 설정할 때 따르는 원칙으로 옳은 것은?

① 비전　② 핵심가치
③ 목표　④ 미션

10 다음 중 PESTEL 분석에서 기후 변화, 탄소 배출 규제 및 재생 에너지 사용의 영향을 포함하는 요소로 옳은 것은?

① 정치적 요인　② 기술적 요인
③ 환경적 요인　④ 법적 요소

11 다음 중 가치 사슬 분석에서 원자재 수령 및 보관, 재고 관리와 관련된 활동으로 옳은 것은?

① 인바운드 물류　② 아웃바운드 물류
③ 운영　④ 조달

12 다음 중 VRIO 모델에서 자원이 시장에서 희귀하고 경쟁자가 쉽게 얻을 수 없는지를 평가하여 경쟁 우위를 유지하는 데 도움이 되는 구성요소로 옳은 것은?

① 가치　② 희소성
③ 모방 불가능성　④ 조직화

13 다음 중 외부 및 내부 환경을 분석하여 조직이 직면한 기회와 위협을 식별하는 것과 관련된 전략적 목표 설정 단계로 옳은 것은?

① 비전과 미션의 이해
② 환경 분석
③ 목표의 SMART 기준 설정
④ 모니터링 및 평가

14 다음 중 Ansoff 매트릭스에서 기존 제품을 새로운 시장에 도입하는 것과 관련된 성장 전략으로 옳은 것은?

① 시장 침투　② 시장 개발
③ 제품 개발　④ 다양화

15 다음 중 주주 지분 대비 수익성을 측정하여 회사가 주주로부터 투자 수익을 얼마나 잘 창출하는지 평가하는 수익성 비율로 옳은 것은?

① 총자산수익률(ROA)
② 자본이익률(ROE)
③ 매출액순이익률
④ 투자수익률(ROI)

16 다음 중 제조 프로세스를 시작했지만, 아직 완료되지 않은 상품을 나타내는 재고자산 유형으로 옳은 것은?

① 원재료
② 완제품
③ 재공품 또는 반제품
④ 유지 보수, 수리 및 운영 소모품

17 다음 중 기업이 사업 활동을 위한 자본을 조달하기 위해 발행하고 일반적으로 국채보다 더 높은 수익률을 제공하는 채권 유형으로 옳은 것은?

① 국고채 ② 지방채
③ 금융채권 ④ 회사채

18 다음 중 조직의 전략적 목표와 일치하는 명확하고 구체적이며 달성 가능한 목표를 정의하는 MBO(목표별 관리)의 구성요소로 옳은 것은?

① 모니터링 ② 평가
③ 조정 ④ 목표 설정

19 다음 중 기존 고객에 대한 판매의 주요 특징으로 옳은 것은?

① 높은 마케팅 비용
② 낮은 구매 확률
③ 높은 평생 가치(LTV)
④ 시장 인지도 및 브랜드 인지도 부족

20 다음 중 KOSIS가 제공하는 통계 항목으로 대기 및 수질, 폐기물 관리, 오염도에 대한 데이터가 포함된 것은?

① 경제 통계 ② 사회 통계
③ 환경 통계 ④ 지역 통계

제2과목 | 데이터 해석 및 활용

21 다음 중 시각 이해 피라미드를 순서대로 나열한 것은?

① 지식(Knowledge) – 정보(Information) – 데이터(Data) – 지혜(Wisdom)
② 정보(Information) – 데이터(Data) – 지식(Knowledge) – 지혜(Wisdom)
③ 데이터(Data) – 정보(Information) – 지식(Knowledge) – 지혜(Wisdom)
④ 데이터(Data) – 지식(Knowledge) – 정보(Information) – 지혜(Wisdom)

22 다음 데이터의 수로 옳은 것은?

> 10, 20, NULL, 20, 40, NULL, NULL

① 3 ② 4
③ 5 ④ 7

23 다음 중 빅데이터의 5V로 옳지 않은 것은?

① Volume(규모)
② Variety(다양성)
③ Validity(유효성)
④ Veracity(정확성)

24 다음 중 지식의 예시로 가장 옳지 않은 것은?

㉠ 소비자 행동 패턴 분석을 통해 계절별 판매 전략을 수립한 것
㉡ 지난 5년간의 매출 데이터를 바탕으로 향후 매출 성장률을 예측한 것
㉢ 고객의 구매 기록을 분석하여 그들이 선호하는 상품군을 파악한 것
㉣ 개별 거래의 세부사항을 나열한 리스트

25 다음 설명에 해당하는 비즈니스 인텔리전스 기술로 가장 옳은 것은?

> 데이터베이스 등에 저장된 방대한 데이터로부터 의사결정에 도움이 되는 유용한 정보를 발견하는 일련의 작업이다.

① 데이터 웨어하우징
② 데이터 마이닝
③ 데이터 시각화
④ OLAP(Online Analytical Processing)

26 다음 중 데이터 비식별화 방법에 대한 설명으로 가장 옳지 않은 것은?

① 마스킹은 개인정보의 일부를 가려서 민감한 정보 노출을 방지하는 방법이다.
② 익명화는 데이터 값을 무작위로 변형하여 원래 데이터와의 연결성을 끊는 방법이다.
③ 가명화는 개인정보를 유지하되 개인을 식별하기 어렵게 추가적으로 처리하는 방법이다.
④ 집계는 데이터를 그룹화하고 통계적 분석을 통해 개인 식별을 방지하는 방법이다.

27 다음 중 명목형 변수(Nominal Variable)에 해당하는 예시로 가장 옳은 것은?

① 사람의 키   ② 가족 구성원 수
③ 혈액형   ④ 학업 성적의 등급

28 다음 설명에 해당하는 데이터 해석 오류로 가장 옳은 것은?

> 데이터 분석 모델이 너무 단순하거나 충분한 학습이 이루어지지 않았을 때 발생하는 해석 오류이다.

① 확증 편향   ② 과대 적합
③ 과소 적합   ④ 표본 편향

29 다음 중 파일 시스템의 특징에 대한 설명으로 가장 옳지 않은 것은?

① 파일 시스템은 데이터를 조직화하여 저장하며, 각 파일에 대한 메타데이터를 관리한다.
② 파일 시스템은 파일과 폴더의 계층 구조를 제공하여 폴더를 통해 파일을 그룹화하고 조직화한다.
③ 파일 시스템은 기본적인 검색 기능만을 제공하며, 복잡한 데이터 검색 및 쿼리 작업을 수행하기에는 제한적이다.
④ 파일 시스템은 데이터의 양이 증가하거나 데이터베이스 요구사항이 변경될 경우에도 무한히 확장 가능하다.

30 다음 중 데이터베이스 관리 시스템(DBMS)에 대한 설명으로 가장 옳지 않은 것은?

① 데이터베이스 관리 시스템은 데이터를 구조화하여 저장한다.
② 데이터베이스 관리 시스템은 데이터의 무결성을 유지하기 위해 스키마를 정의하고 제약조건을 설정할 수 있다.
③ 데이터베이스 관리 시스템은 여러 사용자가 동시에 데이터에 접근하고 수정하는 것을 효율적으로 관리하지 못한다.
④ 데이터베이스 관리 시스템은 데이터의 보안을 강화하기 위해 사용자 인증과 권한 부여를 통해 접근 제어를 관리하고, 데이터 암호화를 지원하여 데이터의 기밀성을 보호한다.

31 다음 중 상관계수에 대한 설명으로 가장 옳은 것은?

① 상관계수가 0이면 두 변수는 독립적이다.
② 상관계수가 1이면 두 변수 간의 완전한 양의 상관관계를 의미한다.
③ 상관계수가 −1이면 두 변수 간의 상관관계가 없음을 의미한다.
④ 상관계수는 두 변수의 단위에 영향을 받는다.

32 다음 문장이 의미하는 바로 옳은 것은?

> "Garbage in, garbage out(가비지 인 가비지 아웃, GIGO)."

① 데이터의 품질이 결과의 품질에 직접적인 영향을 미친다.
② 데이터가 처리된 후 자동으로 정제된다.
③ 데이터 입력 시 무결성이 자동으로 보장된다.
④ 데이터의 양이 많을수록 분석 결과가 좋아진다.

33 다음 중 이상치의 영향을 최소화할 수 있는 데이터 스케일링 방법으로 옳은 것은?

① StandardScaler
② RobustScaler
③ MinMaxScaler
④ MaxAbsScaler

34 다음 중 데이터세트 분할에 대한 설명으로 옳은 것은?

① 훈련 데이터세트(Training Data Set)는 모델의 성능을 평가하고 최적의 매개변수를 선택하기 위해 사용된다.
② 검증 데이터세트(Test Data Set)는 모델 학습에 사용되며, 최종적인 성능 평가에 사용된다.
③ 테스트 데이터세트(Validation Data Set)는 모델이 실제 환경에서 얼마나 잘 일반화되는지 평가하기 위해 사용된다.
④ 데이터를 분할할 때는 데이터의 순서를 유지하여 모델이 특정 순서에 의존하지 않도록 한다.

35 다음 중 HTML에 대한 정의로 옳은 것은?

① 데이터를 자동으로 추출하고 수집하는 방법으로 사용된다.
② 웹 페이지의 구조를 정의하는 마크업 언어로, 다양한 요소를 사용하여 콘텐츠를 정의한다.
③ 데이터를 분석하고 파싱하기 위해 사용된다.
④ 자동화된 데이터 수집으로 시간을 절약할 수 있는 방법이다.

36 다음 중 데이터 레이크의 주요 특징으로 옳은 것은?

① 대규모의 정형 데이터를 저장하기 위해 설계된 중앙 저장소이다.
② 데이터를 구조화된 형태로 저장하여 빠른 검색과 처리가 가능하다.
③ 다양한 형태와 소스의 대규모 데이터를 구조화하지 않고 저장할 수 있다.
④ 특정 부서나 사용자 그룹의 필요에 맞게 데이터를 조직화하여 저장한다.

37 다음 중 t-근접성에 대한 설명으로 가장 옳은 것은?

① t-근접성은 식별자를 삭제하는 과정이다.
② t-근접성은 민감한 정보의 분포 차이를 제한하는 모델이다.
③ t-근접성은 데이터 품질 평가를 의미한다.
④ t-근접성은 프라이버시 모델을 구현하는 알고리즘이다.

38 다음 중 비즈니스 인텔리전스(BI)의 주요 기능으로 옳지 것은?

① 데이터 마이닝
② 성과 메트릭 및 벤치마킹
③ 데이터 준비
④ 고객 지원 서비스 제공

39 다음 중 공분산과 상관계수의 관계에 대한 설명으로 가장 옳은 것은?

① 공분산이 양수이면 두 변수 간에 강한 상관관계가 있다고 할 수 있다.
② 상관계수는 공분산을 변수들의 평균으로 나눈 값이며, 그 범위는 0에서 1 사이이다.
③ 공분산이 0이라면 두 변수는 반드시 독립적이다.
④ 상관계수는 두 변수의 공분산을 Var(X), Var(Y)는 각 변수의 분산의 제곱근으로 나눠준다.

40 다음 중 데이터베이스의 ACID 특성에 대한 설명으로 옳지 않은 것은?

① 원자성(Atomicity) : 트랜잭션은 성공과 실패가 단계적, 개별적으로 수행될 수 있다.
② 일관성(Consistency) : 트랜잭션이 성공적으로 완료하면 언제나 일관성 있는 데이터베이스 상태로 유지하는 것을 의미한다.
③ 고립성(Isolation) : 트랜잭션이 동시에 실행될 경우, 다른 트랜잭션에 의해 영향을 받지 않고 독립적으로 실행되어야 한다.
④ 지속성(Durability) : 트랜잭션이 완료되면 그 결과는 시스템 오류가 발생하더라도 영구적으로 저장된다.

제3과목 | 경영정보시각화 디자인

41 다음 중 데이터 시각화의 활용 예시로 옳지 않은 것은?

① 비즈니스 인텔리전스 : 매출 데이터 분석
② 학술 연구 : 연구 데이터의 시각적 분석
③ 마케팅 : 광고 캠페인 성과 분석
④ 법률 자문 : 계약서 작성

42 다음 중 경영정보시각화의 시각적 속성인 '선 굵기와 유형(Line Weight and Type)'의 활용 예시로 가장 옳은 것은?

① 산점도(Scatter Plot)에서 데이터를 배치하여 두 변수 간의 관계를 시각화한다.
② 막대차트(Bar Chart)에서 범주형 데이터를 구분하기 위해 각 막대에 다른 색상을 사용한다.
③ 꺾은선차트(Line Chart)에서 데이터의 추이를 시각화할 때 굵은 실선과 점선을 사용한다.
④ 버블차트(Bubble Chart)에서 데이터 포인트의 크기로 양을 표현한다.

43 다음 중 RGB 모형에서 빨강(Red)의 활용 예로 옳은 것은?

① 성장을 나타내거나 긍정적인 변화를 표현할 때 사용
② 중립적이거나 일반적인 정브를 나타낼 때 사용
③ 경고를 나타내거나 중요한 데이터를 강조할 때 사용
④ 재무 보고서에서 수익 증가를 표시할 때 사용

44 다음 중 반복의 효과적인 사용방법에 대한 설명으로 가장 옳은 것은?

① 동일한 시각적 요소를 무작위로 배치하여 디자인의 통일성을 해치는 것
② 동일하거나 유사한 시각적 요소를 여러 번 사용하여 구성의 통일성과 응집력을 만드는 것
③ 색상, 형태, 질감, 패턴 등의 시각적 요소를 전혀 사용하지 않는 것
④ 반복을 너무 많이 사용하여 지루하고 예측 가능하게 만드는 것

45 다음 중 인포그래픽의 정의와 특징으로 가장 옳지 않은 것은?

① 짧은 시간 내에 많은 정보를 전달할 수 있다.
② 인포그래픽은 복잡한 정보를 전문가 관점에서 전달할 수 있도록 디자인한 그래픽이다.
③ 독자들의 관심을 끌고 이해도를 높이는 디자인 요소를 포함한다.
④ 텍스트, 이미지, 그래프, 아이콘 등을 결합하여 데이터를 시각적으로 표현한다.

46 다음 그래프의 글자 요소를 변경하여 시각화 요소를 개선하는 방법으로 가장 옳은 것은?

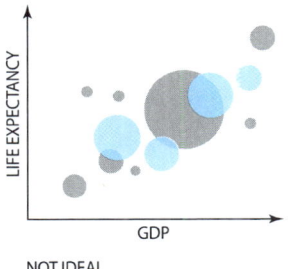

NOT IDEAL

㉠ 축 제목은 세로로 작성하는 것이 좋다
㉡ 레이블은 가능한 한 길게 작성해야 한다.
㉢ 축 레이블은 회전시키지 말고 적절한 위치를 찾는다.
㉣ 두 줄로 작성하는 것이 한 줄로 작성하는 것보다 좋다.

47 다음 중 사무자동화 프로그램의 시각화 기능에 대한 설명으로 가장 옳지 않은 것은?

① 차트는 데이터의 패턴, 비교, 추세 등을 시각적으로 파악할 수 있는 기능으로, 막대그래프, 선그래프, 원그래프, 히트맵 등을 생성할 수 있다.
② 조건부 서식은 데이터의 특정 조건에 따라 셀의 서식을 변경하여 데이터를 강조하거나 예외를 시각적으로 표시하는 기능이다.
③ 데이터 막대는 숫자나 퍼센트 값의 상대적인 크기를 시각화하는 기능으로, 데이터 값의 크기에 따라 막대의 색상만 변화한다.
④ 아이콘 세트는 데이터 값의 크기에 따라 아이콘의 크기나 색상이 변화하여 데이터를 시각적으로 비교하고 분석할 수 있는 기능이다.

48 다음 중 시각화 도구(BI 소프트웨어)의 특징으로 가장 옳지 않은 것은?

① 시각화 도구는 데이터 분석, 예측, 협업 등의 기능을 제공하여 사용자가 데이터를 최대한 활용할 수 있는 환경을 제공한다.
② 사용자는 시각화 도구를 통해 다양한 데이터 소스에서 데이터를 추출, 변환, 로드(ETL)할 수 있으며, 이를 통해 데이터를 정제하고 모델링할 수 있다.
③ 시각화 도구는 사용자에게 단순히 시각화 요소만을 제공하며, 데이터의 탐색적 분석을 지원하지 않는다.
④ 인터랙티브 기능을 통해 사용자가 데이터와 상호작용하며 통찰력을 얻을 수 있도록 돕는다.

49 다음 중 좋은 대시보드의 특징으로 가장 옳지 않은 것은?

① 좋은 대시보드는 사용자가 알고 싶어하는 정보와 사용 목적에 대한 요구분석을 기반으로 설계되어야 한다.
② 대시보드는 비즈니스에서 데이터 중심의 의사결정을 신속하게 할 수 있도록 돕고, 사용자가 통찰을 쉽게 얻을 수 있도록 해야 한다.
③ 직관적인 시각화를 통해 사용자가 쉽게 접근하고 검색할 수 있도록 설계해야 하며, 상호작용이 용이하도록 해야 한다.
④ 좋은 대시보드는 복잡한 데이터 분석 기능을 제공하여 데이터의 세부사항을 모두 다루어야 한다.

50 다음 중 대시보드의 시각적 요소와 상호작용에 대한 설명으로 가장 옳지 않은 것은?

① 대시보드의 활용도를 추적하여 사용빈도가 낮아지는 경우 기존 대시보드에 대한 변화 요구가 발생할 수 있음을 의미한다.
② 사용자와의 충분한 대화는 대시보드를 어떻게 활용할 것인지에 대한 정확한 이유를 파악하는 데 중요하다.
③ 대시보드는 사용자의 역할과 관심사에 맞게 개인화될 수 있으며, 이를 통해 사용자는 자신에게 필요한 정보와 지표를 선택하고 구성할 수 있다.
④ 대시보드는 고정된 정보와 지표를 제공하여 사용자가 대시보드의 변경 없이 항상 동일한 정보를 접할 수 있도록 설계해야 한다.

51 다음 중 수량 시각화에 해당하는 차트 유형으로 옳은 것은?

① 원형(파이)차트   ② 박스플롯
③ 분산형차트   ④ 막대차트

52 다음 차트의 장점으로 가장 옳은 것은?

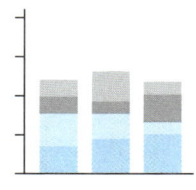

① 데이터의 밀도나 분포를 색상으로 표현하여 시각화
② 두 변수 간의 관계를 점으로 표현하여 시각화
③ 여러 범주의 데이터를 하나의 막대로 누적하여 비교 가능
④ 긴 항목 이름(레이블)을 효과적으로 표시

53 다음은 연도별 인구추계 피라미드 버터플라이 차트이다. 차트를 통해 알 수 있는 사실로 옳지 않은 것은?

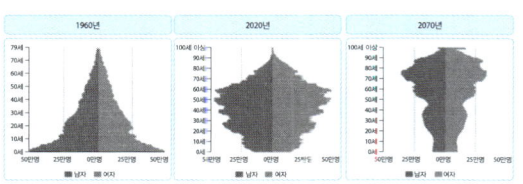

① 1960년대에는 연령이 적은 인원이 더 많았다.
② 시간이 지남에 따른 인구 구조의 변화를 알 수 있다.
③ 2070년에는 고령인구가 늘어나지만, 유아 및 청소년은 줄어들 것으로 추정된다.
④ 저출산과 의료발전에 따라 인구의 고령화가 심각해지고 있다.

54 다음 차트에 대한 설명으로 옳은 것은?

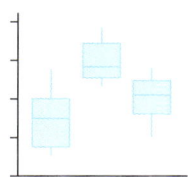

① 데이터의 평균을 시각적으로 표현하는 그래프이다.
② 사분위수(Q1, Q2, Q3)는 데이터의 범위를 세 부분으로 나누어 표시한다.
③ 데이터의 사분위수(최솟값, 1사분위수, 중앙값, 3사분위수, 최댓값)를 시각적으로 표현한다.
④ 주로 두 데이터세트 간의 비교를 위해 사용된다.

55 다음 차트의 주된 목적으로 옳은 것은?

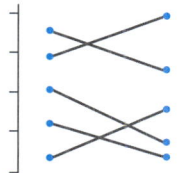

① 두 변수 간의 경사도(Gradient)를 시각화하여 각 데이터 포인트 사이의 변화율을 표현한다.
② 변수 간의 빈도를 막대그래프로 표현하여 비교·분석을 수행한다.
③ 변수 간의 상관관계를 색상과 크기로 표현하여 시각적으로 분석한다.
④ 시간에 따른 변수 간의 관계 변화를 선으로 연결하여 나타낸다.

56 다음 중 공간 시각화의 목적으로 가장 옳은 것은?

① 텍스트 데이터의 패턴 분석
② 위치 기반 정보의 명확한 전달, 지리적 분포 및 패턴을 파악
③ 비정형 데이터의 정형화
④ 소셜 미디어 데이터 분석

57 다음 중 카토그램의 특징으로 옳지 않은 것은?

① 연속 카토그램은 지리적 인지도를 유지하면서 지역의 크기를 조정한다.
② 밀도-평준화 카토그램은 특정 변수의 길이를 균일하게 표현하여 지리적 형태를 유지한다.
③ 비연속 카토그램은 지리적 연속성을 깨뜨려 특정 변수의 중요성을 강조한다.
④ 도식적 카토그램은 기하학적 형태로 지역을 단순화하여 변수에 따라 크기를 조정한다.

58 다음 설명에 해당하는 시각화 방법으로 가장 옳은 것은?

- 같은 면적의 배경을 병렬적으로 사용한다.
- 색(채도 등)을 이용하여 데이터 값을 표현한다.

① 지도 ② 단계구분도

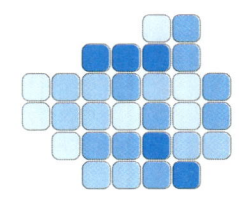
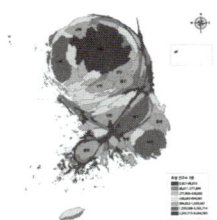

③ 카토그램 히트맵 ④ 카토그램

60 다음 그래프의 목적으로 옳은 것은?

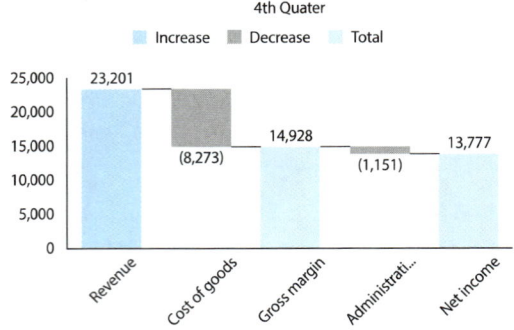

① 데이터의 분포를 분위수로 표현하여 데이터의 변동성을 파악하기 위함
② 데이터의 흐름과 범주의 계층 간 관계를 시각화하기 위함
③ 최종 결과에 대한 기여를 시각적으로 이해하고, 누적효과를 분석하기 위함
④ 두 지점 간의 기울기 변화를 시각적으로 비교하기 위함

59 다음 도표의 장점으로 가장 옳은 것은?

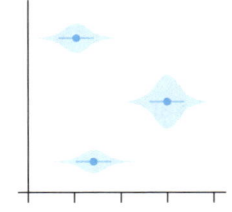

① 데이터를 세로 막대로 나열하여 비교하기 쉽다.
② 중앙값과 그 주변의 변동성을 직관적으로 파악할 수 있다.
③ 많은 데이터 포인트를 명확히 구분할 수 있다.
④ 긴 항목 이름이 많아도 읽기 쉽다.

CHAPTER 03 모의고사 1회 정답 및 해설

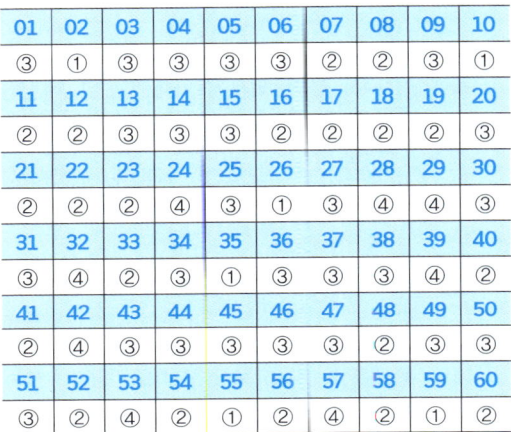

제1과목 | 경영정보 일반

01 정답 : ③
해설 : PDCA 사이클에서 '점검' 단계에는 실행 결과를 분석 및 평가하고, 목표 달성 여부를 확인하며, 예상 결과와 실제 결과 간의 불일치 여부를 검토하는 작업이 포함된다. 이 단계는 분석을 바탕으로 개선사항을 실행하는 '실행' 단계로 이동하기 전에 계획의 효과를 이해하고 개선이 필요한 영역을 식별하는 데 중요하다.

02 정답 : ①
해설 : 자원 관리는 인적 자원, 재정적 자원, 물적 자원을 포함한 조직의 자원을 효율적으로 관리하는 관행이다. 이를 통해 조직의 목표를 효과적으로 달성하기 위해 자원이 최적으로 분배되고 활용된다.

03 정답 : ③
해설 : 정보는 특정 목적을 위해 처리되고 해석되어 의미가 부여된 데이터로 상황이나 관계가 포함되어 데이터를 유용하고 목적 있게 만든다.

04 정답 : ③
해설 : 정성적 데이터란 수치로 표현할 수 없는 정성적 특성을 나타내는 데이터이다. 주관적인 데이터로 해석에 따라 달라질 수 있으며 예로는 의견, 태도, 감정, 색상, 취향, 텍스트 데이터 등이 있다. 분석 방법으로는 내용 분석, 주제 분석, 감성 분석, 텍스트 마이닝 등이 있다.

05 정답 : ③
해설 : 관리회계는 관리자가 의사결정을 내리고 기업의 성과를 평가하고, 계획을 수립하는 데 필요한 정보를 제공하는 회계학 분야이다. 이는 외부 공개보다는 내부 관리 요구에 초점을 맞추고 예산 책정 및 성과 평가와 같은 활동을 포함한다.

06 정답 : ③
해설 : 교육 및 개발은 직원의 역량을 향상시키기 위해 교육 프로그램을 설계하고 구현하는 인적 자원 분야이다. 여기에는 교육 계획 수립, 교육 기록 유지, 직원을 위한 장기 경력 개발 목표 및 계획이 포함된다.

07 정답 : ②
해설 : 경쟁 분석에는 시장 내 주요 경쟁사의 강점, 약점, 시장 점유율 및 기타 중요한 측면을 조사하는 작업이 포함된다. 이 정보는 회사가 경쟁 환경을 이해하고 경쟁사와 차별화하기 위한 전략을 개발하는 데 도움이 된다.

08 정답 : ②
해설 : 소셜 미디어 마케팅의 전략 및 계획에는 캠페인 목표(예: 브랜드 인지도 또는 판매 증가) 설정, 타겟 고객이 활동하는 적절한 소셜 미디어 플랫폼 선택, 인구통계 정보, 관심사 및 행동 패턴을 분석하여 타겟 고객 정의가 포함된다.

09 정답 : ③
해설 : 소셜 미디어 마케팅의 분석 및 보고에는 플랫폼 내 분석 도구(예 Facebook Insights, Instagram Analytics, Twitter Analytics)와 외부 도구(예 Google Analytics)를 사용하여 도달률, 노출수, 클릭수, 참여율과 같은 성과 지표를 측정하는 작업이 포함된다. 이외에도 이 영역에는 보고서 준비 및 소셜 미디어 캠페인 성과 평가가 포함된다.

10 정답 : ①
해설 : MRP(자재소요계획)는 필요한 자재 및 부품의 수량과 공급 시기를 계획하여 재고 수준을 최적화하는 시스템이다. 주요 정보에는 BOM(Bill of Materials), 재고 상태, 생산에 필요할 때 자재를 사용할 수 있도록 보장하는 주문 일정이 포함된다.

11 정답 : ②
해설 : 의사결정지원시스템(DSS)은 데이터를 분석하고 구조화되지 않은 복잡한 문제를 해결하기 위한 의사결정을 지원하도록 특별히 설계되었다. 관리자가 현명한 결정을 내릴 수 있도록 다양한 분석 도구와 모델을 사용하여 필요한 정보를 제공한다.
① 일상적인 거래를 처리하고 기록하는 시스템으로, 대량의 데이터 처리를 효율적으로 수행한다.
③ 최고 경영진이 신속하게 전략적 의사결정을 내릴 수 있도록 요약된 정보를 제공하는 시스템이다.
④ 특정 분야의 전문가 지식을 활용하여 문제를 해결하고 의사결정을 지원하는 시스템으로, 인공지능(AI) 기술을 사용하여 복잡한 문제를 분석하고 해결책을 제시한다.

12 정답 : ②
해설 : 회사의 사명은 조직의 기본 목적을 정의하고, 조직이 하는 일과 그것이 중요한 이유에 대한 질문에 답한다. 조직의 핵심 사업과 그 사업을 수행하는 이유를 간결하게 기술하여 직원들에게 명확한 방향과 목적의식을 제공한다.

13 정답 : ③
해설 : PEST 분석에는 정치적, 경제적, 사회적, 기술적 요인이 포함된다. 환경적 요인은 원래 PEST 프레임워크에 환경 및 법적 요인을 추가하는 확장된 PESTEL 분석의 일부이다.

14 정답 : ③
해설 : Porter의 Five Forces 분석에서 '잠재적 진입자 위협' 요소에는 초기 자본 요구사항, 법적 규제, 브랜드 인지도 및 고객 전환 비용과 같은 진입 장벽이 포함된다. 고객 전환 비용은 고객이 한 제품에서 다른 제품으로 전환할 때 발생하는 비용을 말하며, 이는 신규 진입자에게 장벽으로 작용할 수 있다.

15 정답 : ③
해설 : 공유가치는 7S 분석모델에서 조직의 중심이 되는 핵심가치이자 기업 문화이다. 이는 다른 6가지 요소(전략, 구조, 시스템, 기술, 스타일 및 직원)가 구성되는 기반을 형성하여 조직의 모든 부분이 조화롭게 함께 작동하도록 보장한다.

16 정답 : ②
해설 : IPA 매트릭스에서 "좋은 일을 계속하세요."라는 라벨이 붙은 '고성능 – 높은 중요도' 사분면은 이러한 특성이 중요성과 만족도 측면에서 고객에게 매우 높은 평가를 받고 있음을 나타낸다. 조직은 고객의 기대에 지속적으로 부응하기 위해 이러한 속성을 유지하고 강화하는 데 집중해야 한다.

17 정답 : ②
해설 : 원가 우위 전략은 업계 최저 생산 비용 달성에 중점을 두어 기업이 시장 평균 가격보다 낮은 가격으로 제품을 판매하면서 수익성을 유지할 수 있도록 하는 것이다. 이는 규모의 경제, 최적화된 운영 프로세스, 비용 절감 기술을 통해 이루어진다.

18 정답 : ②
해설 : 유동비율은 회사의 유동자산으로 단기부채를 지불할 수 있는 능력을 측정한다. 유동비율이 높을수록 유동성이 강하고 1년 이내에 현금으로 전환될 것으로 예상되는 자산으로 단기부채를 감당할 수 있는 능력이 높다는 것을 의미한다.

19 정답 : ②
해설 : 간접 유통 경로에는 생산자와 소비자 사이의 도매업자, 소매업자 등의 중개자가 참여한다. 이러한 중개자는 생산자가 소비자에게 직접 제품을 판매하는 직접 유통 채널과 달리 제품의 소유권을 이전하고 물리적으로 이동하며 판매를 촉진하는 데 도움을 준다.

20 정답 : ③
해설 : 기상청 기상자료개방포털에서 제공하는 기상 관측에는 온도, 습도, 풍속, 풍향, 강수량 등 지표관측자료가 포함된다. 이 데이터는 다양한 기상 관측소에서 수집되어 연구, 교육, 농업 및 재난 관리를 위한 실시간 및 과거 기상 정보를 제공한다.

제2과목 | 데이터 해석 및 활용

21 정답 : ②
해설 : 정보(Information)는 데이터를 가공하여 유용한 형태로 만든 결과물이다.
① 데이터(Data) : 관찰과 실험에 의해 얻어진 가공되지 않은 사실
③ 지식(Knowledge) : 정보를 이해하고 체계화한 것이며, 현실에 적용할 수 있는 형태
④ 지혜(Wisdom) : 지식을 바탕으로 통찰력과 판단력을 갖춘 상태로, 단순한 정보나 지식의 축적이 아니라 이를 상황에 맞게 적용하는 능력

22 정답 : ②
해설 : 주어진 데이터는 1, 2, NULL, 3, 4, NULL이다. 여기서 NULL 값은 데이터에서 제외하고 계산하므로 유효한 데이터는 1, 2, 3, 4이다. 유효한 데이터들을 오름차순으로 정렬하면 1, 2, 3, 4로 데이터의 개수가 짝수일 때 중앙값은 (2+3)/2 = 2.5이다.
① 평균을 계산하면 (1+2+3+4)/4 = 10/4 = 2.5이다.
③ 유효한 데이터 중 가장 자주 등장하는 값이 없다. 모든 값이 한 번씩만 나타나므로 최빈값은 없다.
④ 유효한 데이터는 1, 2, 3, 4의 4개이므로 데이터의 수는 4이다.

23 정답 : ②
해설 : 빅데이터에서 '속도(velocity)'는 데이터의 수신 및 처리 속도를 의미한다. 데이터는 빠르게 생성되고 공유되며, 이로 인해 실시간 분석과 처리의 중요성이 커진다. 따라서 속도는 데이터의 생성과 수집 속도를 나타낸다.

24 정답 : ④
해설 : 정형 데이터는 일정한 구조를 가진 데이터를 의미하며, 데이터베이스의 테이블 형태로 저장된다. 비정형 데이터는 일관된 구조가 없어 분석하기 어렵다. 반정형 데이터는 JSON, XML, HTML 등과 같은 형식으로 저장된다. 반면, 정형 데이터는 자연어 처리와 같은 비정형 분석에 적합하지 않으며, 정형 데이터는 주로 테이블 형태로 저장되기 때문에 텍스트 분석과 같은 비정형 데이터 처리에는 적합하지 않다.

25 정답 : ③
해설 : 개체 간의 유사도를 측정하기 위해 거리함수를 사용하여 그룹으로 나누는 기법은 군집분석에 대한 설명이다. 분류분석은 사전에 정해진 그룹 또는 범주 중의 하나로 정답을 예측하는 기법이다. 이러한 분류분석은 정답이 있는 데이터를 학습해서 분류기(Classifier)를 만들기 때문에 지도학습이라고 한다.

25 정답 : ①
해설 : • k - 익명성 : 특정 개인을 식별할 수 없도록 전체 데이터세트에 동일 값 레코드가 k개 이상 존재하도록 하는 비식별 모델
• l - 다양성 : k - 익명성의 취약점을 보완하여 동질성 공격 및 배경지식에 의한 공격을 방어하는 모델
• t - 근접성 : l - 다양성의 취약점인 쏠림 공격과 유사성 공격을 보완하기 위한 모델로서, 급여나 재산 등 특정 집합의 민감정보를 다른 집합과 비슷한 수준으로 적용하는 것을 말함

27 정답 : ③
해설 : 이산변수는 정수 또는 유한한 값 중 하나를 가지는 변수로, 값이 연속적인 범위에서 측정되지 않으며 무한한 값을 가질 수 없다. 값이 정수 형태로 분류되며, 개수나 빈도와 같은 계수적인 측면에서 분석될 수 있다. 주사위 눈의 개수나 가족 구성원 수는 이산변수의 예시로 적절하다.

28 정답 : ④
해설 : 과대 적합은 모델이 학습 데이터에 너무 잘 맞춰져서 새로운 데이터에 대한 예측 성능이 떨어지는 현상이다. 이를 방지하기 위해 교차 검증과 정규화 기법을 사용할 수 있으며, 과대 적합이 발생하면 모델의 학습 데이터에 대한 성능은 좋으나 테스트 데이터에 대한 성능이 저하된다. 과대 적합을 해결하기 위해 모델의 복잡성을 줄이고 학습 데이터의 양을 늘리는 방법이 효과적이다.

29 정답 : ④
해설 : 파일 시스템은 여러 파일에 동일한 데이터를 중복해서 저장하는 경우 데이터의 일관성이 깨질 수 있으며, 데이터에 대한 일관된 제약조건과 규칙을 적용하기 어려워 데이터 무결성을 유지하기 어렵다. 또한, 파일 시스템은 기본적인 검색 기능만을 제공하고 복잡한 데이터 검색 및 쿼리 작업을 수행하기에는 제한적이다. 파일 시스템은 동시성 및 병행 처리에 문제가 있어 여러 사용자가 동시에 데이터에 액세스하거나 수정하는 것이 어렵다.

30 정답 : ③
해설 : 고립성(Isolation)은 트랜잭션이 독립적으로 실행되어야 함을 의미한다. 트랜잭션 중에 수행된 변경 사항이 다른 트랜잭션에서 즉시 보이는 것이 아니라 트랜잭션이 완료될 때까지 보이지 않아야 한다. 이로 인해 트랜잭션 간의 간섭을 방지하고 데이터의 일관성을 유지할 수 있다.

31 정답 : ③
해설 : 상관계수는 공분산을 각각의 변수의 표준편차로 나눈 값으로, -1과 1 사이의 값을 가지기 때문에 공분산의 크기와 관련이 있다. 상관계수는 공분산을 정규화한 값이기 때문에 공분산의 크기에 영향을 받는다.
① 공분산은 두 변수가 함께 변하는 정도를 나타낸다. 양수일 때는 같은 방향, 음수일 때는 반대 방향으로 변한다.
② 공분산은 단위에 영향을 받기 때문에 값의 크기만으로 상관관계의 강도를 판단하기 어렵다.
④ 상관계수가 0에 가까울수록 상관관계가 약하고, 1이나 -1에 가까울수록 상관관계가 강하다.

32 정답 : ④
해설 : 중복값 제거 전에 원본 데이터의 백업을 유지하는 것이 중요하다. 이는 제거 과정에서 실수로 중요한 데이터를 잃을 수 있기 때문이다.
①, ②, ③ 중복값 제거 시 필요한 주의사항이다.

33 정답 : ②
해설 : 벡터화(Vectorization)는 텍스트를 수치화하여 모델에 입력할 수 있는 형태로 변환하는 작업을 의미한다. 이는 텍스트 데이터를 분석 및 처리하기 위해 필수적인 단계이다.

34 정답 : ③
해설 : 데이터 수집 과정에서는 데이터 요구사항 정의, 데이터 소스 식별, 데이터 수집 방법 선택과 실행이 포함된다. 따라서 데이터 소스에 맞는 적절한 수집 방법을 결정하고 실행하는 단계가 맞는 설명이다.

35 정답 : ①
해설 : 데이터 스키마 정의는 데이터베이스나 데이터 웨어하우스에 데이터를 저장하기 위한 구조를 설계하는 것으로, 데이터 적재 과정에 필수적인 단계이다. 검증 및 관리 단계의 품질보증에서 데이터 품질 검사 및 유효성검사 규칙을 구현하여 이상 징후, 이상값 또는 데이터 품질 문제를 식별하고 해결한다.

36 정답 : ③
해설 : 데이터 보안은 무단 접근, 공개, 변경, 파기로부터 데이터를 보호하기 위해 다양한 기술적, 관리적, 물리적 제어를 포함한다. 방화벽은 네트워크 트래픽을 모니터링하고 제어하는 솔루션으로, 네트워크 보안의 중요한 부분이다.
① 민감도와 중요도에 따라 공개, 내부, 기밀, 제한 등으로 데이터를 분류하고 적절한 수준의 보안 제어 결정하는 것은 데이터 분류로 접근 제어는 데이터의 접근 권한을 제어하고 인증하는 메커니즘을 구현하는 것이다.
② 암호화는 데이터를 보호하기 위해 사용되는 기술 중 하나이다.
④ 사용자 인증은 비밀번호, 다단계 인증(MFA), 생체 인증 등을 통해 데이터 사용자를 확인하는 과정이다.

37 정답 : ③
해설 : 비즈니스 인텔리전스는 데이터를 효과적으로 활용하여 의미 있는 통찰을 얻고 데이터를 근거로 의사결정을 수행함으로써 경쟁력을 강화하는 데 큰 도움이 된다. 이를 통해 시장 변화에 신속하게 대응하고 경쟁사보다 앞서 나갈 수 있는 인사이트를 제공할 수 있다.

38 정답 : ③
해설 : 데이터 분석 수행 단계에서는 비즈니스 인텔리전스 도구를 사용하여 데이터의 추세, 패턴, 상관관계, 이상 징후 등을 탐색한다. 이 단계에서는 통계 기법, 데이터 마이닝, 데이터 시각화 등을 활용하여 비즈니스에 대한 깊은 이해와 통찰을 발견하는 것이 목적이다.

39 정답 : ④
해설 : 체리피킹은 과수원에서 익은 체리만 수확하듯이 불완전한 증거 데이터, 모순될 만한 중요한 데이터 등을 의도적으로 제외하는 데이터 해석 오류이다.
① 과소 적합 : 모델이 너무 단순하거나 충분한 학습이 이루어지지 않아 발생하는 오류
② 과대 적합 : 모델이 학습 데이터에 지나치게 맞춰져 일반화 능력이 떨어지는 상태
③ 심슨의 역설 : 세부 집단별로는 추세나 경향성이 나타나지만 전체적으로 추세가 사라지거나 반대의 경향성이 나타나는 현상

40 정답 : ②
해설 : 실제 데이터의 일부를 가려서 익명화하는 비식별화 기술을 '마스킹(Masking)'이라고 한다.
① 데이터에 임의의 변동을 추가하여 원래 데이터를 보호하는 비식별화 기술은 데이터 임의화이다.
③ 대체 식별자를 사용한 익명화에 대한 설명이다.
④ 개인정보 데이터 삭제에 대한 설명이다.

제3과목 | 경영정보시각화 디자인

41 정답 : ②
해설 : 정보 시각화의 탐색 기능은 데이터에 숨겨진 관계와 패턴을 찾기 위한 시각적 분석 도구를 의미한다. 다양한 차원의 데이터를 3D그래프나 히트맵으로 시각화하여 데이터 간의 상호작용을 분석하여 중요한 인사이트를 도출할 수 있다.

42 정답 : ④
해설 : 자크 베르탱(Jacques Bertin)이 제안한 시각화 변수 중 '값(Value)'은 데이터의 밝기 또는 어둡기 수준을 이용하여 정보를 표현하는 변수이다. 이를 통해 밝기의 차이를 사용하여 인구 밀도 등 다양한 데이터를 시각적으로 표현할 수 있다.

43 정답 : ③
해설 : RGB 모형에서 빨강(Red)은 경고 및 강조의 목적으로 사용된다. 예를 들어, 대시보드에서 높은 위험 수준을 빨강으로 표시하여 사용자의 주의를 끈다.
- 녹색(Green) : 성장을 나타내거나 긍정적인 변화를 표현할 때 사용
- 파랑(Blue) : 중립적이거나 일반적인 정보를 나타낼 때 사용

44 정답 : ③
해설 : 다양성, 비율, 대비, 반복

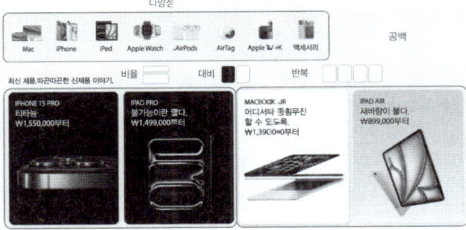

45 정답 : ③
해설 : 오컴의 면도날은 단순함을 추구하는 원칙으로, 불필요한 복잡성을 배제하고 핵심에 집중하는 것을 강조한다. 불필요한 장식 요소를 추가하는 것은 오컴의 면도날 원리에 옳지 않으며, 오히려 정보의 명확성을 떨어뜨릴 수 있다.

46 정답 : ③
해설 : 질감은 표면 특성 표현으로 표면의 느낌이나 특성을 시각적으로 나타낸다. 부드러운 질감은 친근함, 거친 질감은 강인함 등의 느낌을 준다. 서로 다른 질감을 사용하여 구분되는 요소나 부분을 강조하고, 특정 요소에 흥미로운 질감 효과를 적용하여 주의를 끌 수 있다. 과도하게 사용할 경우 가독성이 저하될 수 있지만 사용하지 않는 것은 아니다.

47 정답 : ③
해설 : 데이터 측정 단위와 형식에서는 단위를 명확하게 표시하고 설명뿐만 아니라 축 레이블, 도구 설명, 주석에도 단위를 입력해야 한다. 많은 0과 소수점을 피하고, 불필요한 정밀도를 피하며 숫자를 축약하여 표시하는 것이 바람직하다. 예를 들어 1,000,000을 1M으로 표시한다.

48 정답 : ②
해설 : 스파크라인은 셀 내에서 데이터의 변화를 시각화하는 작은 추세 그래프이다. 별도의 시트에서 데이터를 시각화하는 기능은 스파크라인에 대한 설명이 아니다.

49 정답 : ③
해설 : 반복 가능성은 동일한 조건에서 동일한 시각화 결과를 다시 얻을 수 있는 능력을 말한다. 시각화 도구는 무작위 요소가 포함된 시각화 결과를 항상 동일하게 재생성할 수 있는 것은 아니며, 반복 가능성에 문제가 있을 수 있다. 시각화 도구가 반복 가능성을 완벽하게 보장한다는 설명은 옳지 않다.
① 시각화 도구의 재현 가능성 문제(단점)에 대한 설명이다.
② 시각화 도구의 재현 가능성 구현 방법에 대한 설명이다.
④ 시각화 도구의 장점에 대한 설명이다.

50 정답 : ③
해설 : 대시보드의 개인화는 사용자의 격의성과 생산성을 향상시키지만, 상호작용을 줄이기보다는 오히려 사용자가 더 효과적으로 상호작용할 수 있도록 돕는다. 개인화된 대시보드는 사용자가 필요로 하는 정보를 직접 선택하고 구성할 수 있게 하여, 상호작용의 효율성을 높인다.

51 정답 : ③
해설 : 제시된 차트는 생키차트로 데이터의 흐름과 범주의 관계를 화살표의 너비로 나타낸다. 데이터를 시간 순서에 따라 점으로 표시하고 이 점들을 선으로 연결하는 방식은 선그래프의 특징이다.

52 정답 : ②
해설 : 드릴다운 기능은 대시보드 설계 시 세부 정보를 확인할 수 있도록 하는 기능이다. 이를 통해 사용자는 대시보드에서 세부 항목을 클릭하여 더 자세한 정보를 확인할 수 있다.
① 데이터 소스 정리 : 대시보드 설계 및 데이터 수집 프로세스에서 필요한 데이터를 얻을 수 있는 내외부 데이터 원천을 식별 기록하는 것
③ 데이터 계층 구조 정의 : 데이터 모델링을 하는 단계에 필요함
④ 알림과 경고 시스템 구축 : 지표의 편차나 이상징후를 사전에 식별하는 것

53 정답 : ④
해설 : 제시된 도표는 QQ도표로 두 데이터세트 간의 분포를 비교하는 차트이다. 이는 많은 데이터세트를 동시에 비교하기에 적합하지 않다.

54 정답 : ②
해설 : 스트립플롯은 각 데이터 포인트의 분포와 밀집도를 시각적으로 파악할 수 있다.

55 정답 : ①
해설 : 제시된 그래프는 산점도행렬로 여러 변수 간의 관계를 동시에 시각화하여 다차원 데이터를 탐색하고 이해하는 데 유용하다.

56 정답 : ②
해설 : 상관도표는 다중 변수 간의 상관관계를 색상과 크기로 표현하여 변수 간의 상관계수를 직관적으로 파악할 수 있게 한다.

57 정답 : ④
해설 : 카토그램(왜상통계지도)은 면적을 수치형 자료의 측정값에 맞춰 변형한 지도이다. 핵심 데이터를 강조하기 위해 지도의 한 측면을 왜곡한다.

58 정답 : ②
해설 : 시계열 데이터의 계절적 요인은 특정 시기에 반복적으로 나타나는 패턴을 반영한다. 예를 들어, 여름철에 아이스크림 판매가 증가하는 것과 같은 패턴이다.
① 추세적 요인은 데이터의 장기적인 변화 방향을 나타낸다.
③ 순환적 요인은 경제 주기 등 일정한 주기로 나타나는 패턴을 나타낸다.
④ 불규칙 요인은 예측 불가능한 단기적 변동을 포함한다.

59 정답 : ①
해설 : 제시된 차트는 영역차트는 선그래프와 유사하지만, 선 아래의 영역을 채워 누적된 값을 나타낸다. 이를 통해 시간 경과에 따른 누적 합계를 시각적으로 표현할 수 있다.
② 영역차트는 데이터 시리즈 간의 누적 합계를 한눈에 볼 수 있으며, 색상으로 다른 시리즈를 구분하여 가독성을 높인다.
③ 데이터가 많을 경우 구분이 어려울 수 있다.
④ 각 항목의 개별 변화를 파악하기 어려울 수 있다.

60 정답 : ②
해설 : 분위수점도표는 데이터의 분위수를 점으로 표현하여 데이터의 분포를 시각적으로 전달하는 데 사용된다. 이를 통해 중앙값과 그 주변의 변동성을 명확히 표현하고 데이터의 변동성과 분포를 한눈에 파악할 수 있다.

CHAPTER 04 모의고사 2회 정답 및 해설

01	02	03	04	05	06	07	08	09	10
②	②	②	③	②	③	②	③	③	③
11	12	13	14	15	16	17	18	19	20
①	②	②	②	②	②	④	④	③	③
21	22	23	24	25	26	27	28	29	30
③	②	③	④	③	②	②	③	④	③
31	32	33	34	35	36	37	38	39	40
②	①	②	③	②	③	②	④	④	①
41	42	43	44	45	46	47	48	49	50
④	②	②	③	③	③	③	③	④	④
51	52	53	54	55	56	57	58	59	60
④	③	④	③	①	②	②	③	②	③

제1과목 | 경영정보 일반

01 정답 : ②
해설 : 목표 설정에는 조직의 비전 및 임무에 부합하는 단기 및 장기 목표를 모두 정의하는 작업이 포함된다. 이 프로세스에는 조직의 노력을 안내하고 진행 상황을 추적하기 위한 명확하고 측정 가능한 목표를 설정하는 것이 포함된다.

02 정답 : ②
해설 : 데이터는 관찰이나 측정을 통해 수집된 원시 사실 또는 값이다. 이러한 데이터 포인트는 처리되고 해석될 때까지 아무런 고유한 의미 없이 존재한다.

03 정답 : ②
해설 : 정량적 데이터는 수치로 표현될 수 있는 데이터를 말한다. 측정하거나 정량화할 수 있으며 객관성이 있다는 특징이 있어 통계분석 및 정량적 비교에 적합하다. 예로는 키, 몸무게 나이, 소득, 점수, 판매량 등이 있다.

04 정답 : ③
해설 : 대차대조표라고도 알려진 재무상태표는 자산, 부채 및 자본을 표시하여 특정 시점의 회사 재무 상태를 보고한다. 이는 회사가 소유하고 빚진 것뿐만 아니라 주주가 투자한 금액에 대한 개요를 제공한다.

05 정답 : ②
해설 : 인사정보는 임직원의 개인정보 및 업무 관련 정보를 체계적으로 관리한다. 여기에는 이름, 생년월일, 연락처 정보 등의 개인정보는 물론 입사 날짜, 직업 이력 등 직업 관련 정보가 포함된다.

06 정답 : ③
해설 : 제품 라이프사이클 관리에는 도입, 성장, 성숙, 쇠퇴 등 제품 라이프사이클의 다양한 단계를 감독하는 작업이 포함된다. 이 영역에서는 제품의 성공과 수익성을 극대화하기 위해 각 단계에서 적절한 전략이 구현되도록 보장한다.

07 정답 : ②
해설 : 설비 관리는 생산 설비와 인프라를 유지하고 관리하여 생산성을 유지하는 활동을 포함한다. 여기에는 정기적인 장비 점검 및 수리 일정, 시설 배치 계획, 장비 이력 및 고장 기록 유지가 포함된다.

08 정답 : ③
해설 : 고객관계관리시스템(CRM)은 고객과의 관계를 관리하고 강화하여 만족도를 높이고 매출을 높이는 데 중점을 둔다. 고객 데이터를 통합하고 마케팅, 영업, 서비스 활동을 지원하며 고객 관리, 마케팅 자동화, 영업 예측과 같은 기능을 제공한다.

09 정답 : ③
해설 : 목표는 비전을 달성하기 위해 설정된 구체적이고 측정 가능한 성과 지표이다. 목표 설정은 일반적으로 구체적(Specific), 측정 가능(Measurable), 달성 가능(Achievable), 관련성(Relevant), 시간 기반(Time-based)이라는 SMART 원칙을 따른다. 이러한 목표는 비전을 실현 가능한 단위로 나누어 조직의 모든 구성원이 노력해야 할 방향을 명확히 한다.

10 정답 : ③
해설 : PESTEL 분석에서 환경 요인은 기후 변화의 영향, 탄소 배출 규제, 천연 자원의 사용 및 관리, 지속 가능성 관행, 환경 규제 및 재생 가능 에너지 사용과 같은 문제를 포함한다.

11 정답 : ①
해설 : 가치 사슬 분석의 인바운드 물류에는 원자재 수령 및 보관, 재고 관리와 관련된 활동이 포함된다. 이러한 활동은 생산 프로세스에 필요한 자재와 필요할 때 사용할 수 있는 자원이 있는지 확인하는 데 중요하다.

12 정답 : ②
해설 : VRIO 모델의 희소성은 자원이 시장에서 희소한지를 평가한다. 자원이 부족하고 경쟁자가 쉽게 얻을 수 없는 경우, 고유하고 복제가 어려워 회사가 경쟁 우위를 유지하는 데 도움이 된다.

13 정답 : ②
해설 : 환경 분석은 외부 환경(경쟁, 시장 동향, 기술 변화 등)과 내부 환경(자원, 역량, 프로세스 포함)을 모두 분석하여 조직이 직면한 기회와 위험을 식별하는 전략적 목표를 설정하는 단계이다. 이 분석은 조직이 운영되는 상황을 이해하고 현실적이고 전략적인 목표를 설정하는 데 도움이 된다.

14 정답 : ②
해설 : Ansoff 매트릭스의 시장 개발에는 기존 제품을 새로운 시장에 도입하는 작업이 포함된다. 목표는 새로운 지역, 시장 부문 또는 기존 제품의 새로운 용도를 찾아 판매 범위를 확장하는 것이다. 전략적 활동에는 해외 시장 진출, 새로운 시장 부문 개발, 다양한 판매 채널 도입 등이 포함된다.

15 정답 : ②
해설 : 자기자본이익률(ROE)은 주주 자기자본 대비 수익성을 측정하여 회사가 주주로부터 투자 수익을 얼마나 잘 창출하는지 평가한다. 이는 회사가 수익 창출을 위해 자기자본을 얼마나 효과적으로 사용하고 있는지를 나타내며, 재투자된 자본의 효율성에 대한 통찰력을 제공한다.

16 정답 : ③
해설 : 재공품 또는 반제품은 제조 공정을 시작했지만, 아직 완료되지 않은 제품을 말한다. 이러한 품목은 부분적으로 조립 또는 처리되었지만, 고객에게 판매할 준비가 되지 않았다.

17 정답 : ④
해설 : 회사채는 기업이 사업 활동에 필요한 자본을 조달하기 위해 발행한다. 이러한 채권은 발행 기업의 신용 등급에 따라 더 많은 위험을 수반하기 때문에 일반적으로 국채보다 더 높은 수익률을 제공한다.

18 정답 : ④
해설 : MBO(Management by Objectives) 방법의 목표 설정에는 조직의 전략적 목표와 일치하는 명확하고 구체적이며 달성 가능한 목표를 정의하는 것이 포함된다. 이 단계는 직원에게 방향과 초점을 제공하고 직원의 노력이 조직의 목표에 부합하도록 보장하므로 매우 중요하다.

19 정답 : ③
해설 : 기존 고객에 대한 판매는 높은 평생 가치(LTV)가 특징이다. 즉, 기존 고객은 반복 구매 가능성이 높고 다른 사람에게 제품/서비스를 추천할 가능성이 높기 때문에 장기적으로 회사에 높은 가치를 제공한다는 의미이다. 기존 고객 유지를 위한 마케팅 비용은 일반적으로 낮으며, 신규 고객에 비해 구매 확률이 높다.

20 정답 : ③
해설 : KOSIS가 제공하는 환경 통계에는 대기 및 수질, 폐기물 관리, 오염도에 대한 데이터가 포함된다. 이 카테고리는 환경 품질, 천연 자원의 소비 및 보존, 재생 가능 에너지 사용에 중점을 둔다.

제2과목 | 데이터 해석 및 활용

21 정답 : ③
해설 : 시각 이해 피라미드는 '데이터 → 정보 → 지식 → 지혜' 순서로 구성된다.
- 데이터 : 관찰과 실험에 의해 얻은 가공되지 않은 사실
- 정보 : 데이터를 가공하여 유용한 형태로 만든 결과물
- 지식 : 정보의 의미를 이해하고 체계화한 것
- 지혜 : 지식을 바탕으로 통찰력과 판단력을 갖춘 상태

22 정답 : ②
해설 : 데이터는 관찰이나 실험을 통해 얻은 가공되지 않은 사실을 의미하며, 여기서 NULL은 데이터를 나타내지 않는다. 유효한 데이터만 세어야 하므로 제시된 자료에서 유효한 데이터는 10, 20, 20, 40으로 총 4개이다.

23 정답 : ③
해설 : 빅데이터의 5V는 Volume(규모), Variety(다양성), Velocity(속도), Veracity(정확성), Value(가치)로 Validity(유효성)는 5V의 요소 중 하나가 아니다. Validity는 데이터의 정확성과 신뢰성을 측정하는 중요한 개념이지만, 5V의 공식적인 구성요소에는 포함되지 않는다.

24 정답 : ④
해설 : 지식은 데이터를 가공하여 패턴을 인식하고, 이를 바탕으로 의사결정에 활용할 수 있는 형태로 체계화된 것이다. 따라서 소비자 행동 패턴, 매출 예측, 선호 상품군 분석 등은 지식의 예시로 적합하다. 반면, 개별 거래의 세부사항을 나열한 리스트는 데이터에 불과하며, 분석과 해석을 통해 얻어진 지식으로 보기 어렵다.

25 정답 : ②
해설 : 데이터 마이닝은 데이터베이스나 데이터 웨어하우스 등에 저장된 방대한 데이터로부터 의사결정에 도움이 되는 유용한 정보를 발견하는 일련의 작업이다.

26 정답 : ②
해설 : 익명화는 개인정보를 삭제하거나 수정하여 개별 개인을 식별할 수 없게 하는 방법으로, 데이터 값을 무작위로 변형하여 원래 데이터와의 연결성을 끊는 방법은 임의화이다.

27 정답 : ③
해설 : 명목형 변수는 범주를 표현하는 변수로, 값들이 상호 배타적인 범주로 분류되며 순서나 계층 구조가 없다. 혈액형은 A, B, AB, O와 같은 범주로 나뉘며 순서가 없으므로 명목형 변수에 해당한다.
① 연속 변수에 해당한다.
② 이산 변수에 해당한다.
④ 순서형 변수에 해당한다.

28 정답 : ③
해설 : 과소 적합은 모델이 너무 단순하거나 충분한 학습이 이루어지지 않아 발생하는 오류이다.
① 확증 편향 : 자신이 가진 신념을 뒷받침하는 정보만 찾는 경향
② 과대 적합 : 모델이 학습 데이터에 지나치게 맞춰져 일반화 능력이 떨어지는 상태
④ 표본 편향 : 데이터 샘플이 전체 모집단을 대표하지 못하는 경우

29 정답 : ④
해설 : 파일 시스템은 데이터를 조직화하여 저장하고 메타데이터를 관리하며, 파일과 폴더의 계층 구조를 제공한다. 그러나 파일 시스템은 기본적인 검색 기능만을 제공하며, 복잡한 데이터 검색 및 쿼리 작업을 수행하기에는 제한적이다. 또한, 데이터의 양이 증가하거나 데이터베이스 요구사항이 변경될 경우 파일 시스템은 확장성에 한계가 있다.

30 정답 : ③
해설 : 데이터베이스 관리 시스템(DBMS)은 여러 사용자가 동시에 데이터에 접근하고 수정하는 것을 효율적으로 관리한다. 데이터 구조화, 무결성 제약조건 설정, 보안성 강화, ACID 특성을 통해 데이터를 안전하고 일관되게 관리할 수 있다.

31 정답 : ②
해설 : 상관계수가 1이면 두 변수 간에 완전한 양의 상관관계가 있음을 의미한다.
① 상관계수가 0이어도 두 변수가 반드시 독립적인 것은 아니며, 상관관계가 없음을 의미할 뿐이다.
③ 상관계수가 -1이면 두 변수 간에 완전한 음의 상관관계가 있음을 의미한다.
④ 상관계수는 단위에 영향을 받지 않으며, 두 변수의 분산을 기준으로 공분산을 정규화한 값이다.

32 정답 : ①
해설 : "Garbage in, garbage out."은 데이터의 품질이 결과의 품질에 직접적인 영향을 미친다는 것을 의미한다. 부정확하거나 불완전한 데이터가 입력되면, 그 결과로 나온 분석이나 예측 역시 신뢰할 수 없다. 이는 데이터의 품질 관리가 중요함을 강조하는 표현이다.

33 정답 : ②
해설 : RobustScaler는 평균과 분산 대신에 중간값과 사분위값을 사용하여 이상치의 영향을 최소화한다. 이로 인해 이상치가 있는 데이터에서도 스케일링 결과가 안정적으로 나타난다.

34 정답 : ③
해설 : 테스트 데이터세트는 모델이 실제 환경에서 얼마나 잘 작동하는지를 최종적으로 평가하는 데 사용된다.
① 훈련 데이터세트는 모델을 학습하는 데 사용된다.
② 검증 데이터세트는 모델의 성능을 평가하고 매개변수를 조정하는 데 사용된다
④ 데이터 분할 시에는 데이터의 순서를 섞어서 랜덤성을 유지하고, 각 데이터세트에서 클래스 또는 레이블의 분포가 골고루 포함되도록 주의해야 한다.

35 정답 : ②
해설 : HTML(HyperText Markup Language)은 웹 페이지의 구조를 정의하는 마크업 언어이다. 다양한 요소를 사용하여 텍스트 콘텐츠뿐만 아니라 이미지, 링크, 테이블 등 다양한 콘텐츠를 정의할 수 있다.
① 데이터를 자동으로 추출하거나 수집하는 방법으로 사용되는 것은 웹 스크래핑이다.

36 정답 : ③
해설 : 데이터 레이크는 다양한 형태와 소스의 대규모 데이터를 구조화하지 않고 저장할 수 있는 중앙 집중형 저장소이다.
① 데이터 레이크는 정형, 반정형, 비정형 데이터를 모두 저장할 수 있다.
② 데이터를 구조화하지 않고 저장하여 필요에 따라 데이터를 처리하고 분석할 수 있는 유연성을 제공한다.
④ 특정 부서나 사용자 그룹의 필요에 맞게 데이터를 조직화하여 저장하는 것은 데이터 마트의 특징이다.

37 정답 : ②
해설 : t – 근접성은 민감한 정보의 분포 차이를 t 이하로 제한하는 모델이다. 이는 l – 다양성을 만족하더라도 민감한 정보의 분포 차이를 통해 개인 사생활 정보가 노출될 수 있는 문제를 해결하기 위해 고안되었다.

38 정답 : ④
해설 : 비즈니스 인텔리전스(BI)의 주요 기능에는 데이터 마이닝, 성과 메트릭 및 벤치마킹, 데이터 준비 등이 포함된다. 반면, 고객 지원 서비스 제공은 BI의 기능이 아니라, 일반적으로 고객 서비스 부서에서 수행하는 역할이다.

39 정답 : ④
해설 : 상관계수는 두 변수의 공분산을 Var(X), Var(Y)는 각 변수의 분산의 제곱근으로 나눠준다.
- 공분산 $COV(X, Y) = E[(X - \mu)(y - \mu)]$
- 상관계수 $\rho = \dfrac{COV(X, Y)}{\sqrt{Var(X) \cdot Var(Y)}}$

① 공분산이 양수인 경우 두 변수 간에 양의 상관관계가 있음을 의미하지만, 공분산의 크기만으로 상관관계의 강도를 판단할 수 없다.
② 상관계수는 공분산을 각 변수의 표준편차로 나눈 값이며, 그 범위는 –1에서 1 사이이다.
③ 두 변수가 독립인 경우 공분산＝0이 되는 것은 맞지만, 역으로 공분산＝0이라도 두 변수가 독립은 아니다.

40 정답 : ①
해설 : 원자성(Atomicity)은 트랜잭션의 모든 작업은 '모두 성공'하거나 '모두 실패해야 함'을 의미한다. 트랜잭션의 일부만 성공하는 상황은 허용되지 않으며, 이는 데이터의 일관성을 유지하는 데 중요한 역할을 한다.
② 일관성(Consistency) : 트랜잭션이 시작 전과 종료 후 데이터베이스는 유효한 상태를 유지해야 한다. 이는 데이터베이스의 규칙이나 제약조건이 깨지지 않도록 보장한다.
③ 고립성(Isolation) : 트랜잭션이 다른 트랜잭션의 중간 상태를 볼 수 없도록 보호한다. 이는 동시성 제어를 통해 다른 트랜잭션의 영향을 받지 않고 독립적으로 처리되도록 보장한다.
④ 지속성(Durability) : 트랜잭션이 성공적으로 완료되면 그 결과는 시스템 오류가 발생하더라도 데이터베이스에 영구적으로 기록된다.

제3과목 | 경영정보시각화 디자인

41 정답 : ④
해설 : 데이터 시각화는 비즈니스 인텔리전스, 학술 연구, 마케팅 등 다양한 분야에서 데이터를 시각적으로 분석하고 결과를 표현하는 데 사용된다. 법률 자문에서 계약서를 작성하는 것은 데이터 시각화와 직접적인 관련이 없다.

42 정답 : ③
해설 : 선 굵기와 유형은 데이터의 흐름이나 추이를 나타낼 때 사용된다. 예를 들어, 꺾은선차트(Line Chart)에서 주요한 매출 경로는 굵은 실선으로, 예측 매출은 점선으로 표시하여 데이터를 시각화할 수 있다. 이처럼 선의 굵기와 유형을 통해 데이터의 중요도나 예측 정보를 구분하여 시각적으로 전달할 수 있다.

43 정답 : ③
해설 : **RGB 모형**
- 빨강(Red) : 경고 및 강조의 목적으로 사용
  예 대시보드에서 높은 위험 수준을 빨강으로 표시하여 사용자의 주의를 끔
- 녹색(Green) : 성장을 나타내거나 긍정적인 변화를 표현할 때 사용
- 파랑(Blue) : 중립적이거나 일반적인 정보를 나타낼 때 사용

44 정답 : ②
해설 : 반복은 동일하거나 유사한 시각적 요소를 여러 번 사용하여 구성의 통일성과 응집력을 만드는 데 중요한 디자인 원칙이다. 이를 통해 강력하고 일관된 시각적 주제를 만들 수 있다.

45 정답 : ②
해설 : 인포그래픽은 텍스트, 이미지, 그래프, 아이콘 등을 결합하여 데이터를 시각적으로 표현함으로써 복잡한 정보를 쉽게 이해할 수 있도록 도와준다. 이는 짧은 시간 내에 많은 정보를 전달할 수 있고, 시각적 흥미를 유발한다. 뉴스, 소셜 미디어 등 다양한 매체를 통해 쉽게 공유될 수 있다.

46 정답 : ③
해설 : 축 레이블은 회전시키지 않고 적절한 위치에 표시하는 것이 중요하다.
① 글자 요소는 읽기 쉽게 작성해야 하며, 축 제목은 가로로 작성한다.
② 레이블은 간결하게 작성하는 것이 바람직하다.
④ 두 줄이 아닌 한 줄로 작성하는 것이 좋다.

47 정답 : ③
해설 : 데이터 막대는 숫자나 퍼센트 값의 상대적인 크기를 시각화하는 기능으로, 데이터 값의 크기에 따라 막대의 크기와 색상이 변화한다. 따라서 데이터 막대의 색상만 변화한다는 설명은 옳지 않다.

48 정답 : ③
해설 : 시각화 도구는 다양한 시각화 요소를 제공할 뿐만 아니라, 데이터의 탐색적 분석을 지원한다. 따라서 사용자에게 단순히 시각화 요소만을 제공하며, 데이터의 탐색적 분석을 지원하지 않는다는 것은 시각화 도구의 기능에 대한 설명으로 옳지 않다.

49 정답 : ④
해설 : 좋은 대시보드는 사용자가 정보에 쉽게 접근하고 의사결정을 신속하게 할 수 있도록 설계되어야 한다. 이는 정보의 시각화와 사용자의 요구 분석에 초점을 맞추며, 대시보드가 복잡한 데이터 분석 기능을 모두 포함해야 하는 것은 아니다. 복잡한 데이터 분석 기능을 제공하여 데이터의 세부사항을 모두 다루어야 한다는 것은 대시보드의 주요 목적에 어긋나는 설명으로, 복잡한 데이터 분석 기능보다는 직관적이고 사용하기 쉬운 설계가 중요하다.

50 정답 : ④
해설 : 대시보드는 사용자의 변화하는 요구와 역할에 맞게 개인화될 수 있어야 하며, 사용자가 자신의 요구에 맞는 정보를 선택하고 구성할 수 있도록 설계되어야 한다. 따라서 고정된 정보와 지표를 제공하고 변경을 하지 않는 것은 대시보드의 목적에 부합하지 않으며, 사용자의 역할이나 관심사에 따라 변화가 필요하다.

51 정답 : ④
해설 : 수량 시각화는 수량(숫자값)의 시각화로 막대차트, 묶은막대차트, 누적막대차트 등이 해당된다.
① 원형(파이)차트 : 비율 시각화에 해당한다.
② 박스플롯 : 분포 시각화에 해당한다.
③ 분산형차트 : 관계 시각화에 해당한다.

52 정답 : ③
해설 : 제시된 차트는 누적수직막대차트로 여러 범주의 데이터를 하나의 막대로 누적하여 비교할 수 있는 장점이 있다. 이는 각 항목의 절대적인 크기뿐만 아니라 전체에 대한 비율도 파악 가능하게 한다.

53 정답 : ④
해설 : 버터플라이차트는 양쪽으로 분리된 막대로 데이터를 시각화하는 차트로서 주로 두 그룹 간의 비교를 표현하고 있다. 인구 구령화가 저출산과 의료발전의 영향인지에 대해서는 그래프를 보고 알 수 없다.

54 정답 : ③
해설 : 제시된 차트는 박스플롯으로 데이터의 분포를 시각적으로 표현하는 도구이다. 주로 최솟값, 1사분위수(Q1), 증앙값(Q2), 3사분위수(Q3), 최댓값을 표시한다. 평균을 직접적으로 시각화하지 않으며, 데이터세트 간의 비교보다는 한 데이터세트의 분포를 이해하는 데 유용하다.

55 정답 : ①
해설 : 제시된 차트는 경사차트로 두 변수 간의 경사도를 시각화하여 각 데이터 포인트 사이의 변화율을 표현하는 데 사용된다.

56 정답 : ②
해설 : 공간 시각화의 목적은 지리 및 공간 데이터를 시각적으로 표현하여 위치 기반 정보를 명확히 전달하고, 데이터의 지리적 분포와 패턴을 파악하는 데 있다.

57 정답 : ②
해설 : 밀도 - 평준화 카토그램은 특정 변수의 밀도를 기준으로 지리적 공간을 재조정하는 연속 카토그램의 일종이다. 변수의 밀도 차이를 명확히 보여줌으로써 특정 변수의 상대적 중요성을 강조하지만, 지리적 형태를 크게 왜곡할 수 있다.

58 정답 : ③
해설 : 카토그램 히트맵(Cartogram Heatmap)에 대한 설명으로 지역의 크기를 특정 특성에 따라 조정하고, 색상은 또 다른 변수나 동일 변수의 밀도를 나타내는 방식으로 데이터를 시각화한다. 이는 두 가지 이상의 데이터를 동시에 시각화할 수 있어 데이터의 밀도와 크기 차이를 효과적으로 표현할 수 있다.

59 정답 : ②
해설 : 제시된 도표는 눈모양도표로 중앙값과 그 주변의 변동성을 직관적으로 나타내어, 데이터를 시각적으로 쉽게 이해할 수 있도록 돕는 시각화 기법이다. 이를 통해 데이터의 분포와 변동성을 명확하게 파악할 수 있다.

60 정답 : ③
해설 : 제시된 그래프는 폭포수차트로 누적효과를 시각적으로 분석하고, 최종 결과에 대한 각 세그먼트의 기여를 이해하는 데 사용된다. 이를 통해 데이터의 누적 변화를 명확히 확인할 수 있다.

PART 06

PART 06

기출복원문제

CHAPTER 01	2024년 1회 기출복원문제
CHAPTER 02	2024년 2회 기출복원문제
CHAPTER 03	2025년 1회 기출복원문제
CHAPTER 04	2025년 2회 기출복원문제
CHAPTER 05	2024년 1회 기출복원문제 정답 및 해설
CHAPTER 06	2024년 2회 기출복원문제 정답 및 해설
CHAPTER 07	2025년 1회 기출복원문제 정답 및 해설
CHAPTER 08	2025년 2회 기출복원문제 정답 및 해설

※ 대한상공회의소(https://license.korcham.net)에서 공개한 문제를 수정·보완하여 수록하였습니다.

내가 뽑은 원픽!

CHAPTER 01 2024년 1회 기출복원문제

제1과목 | 경영정보 일반

01 다음 중 보상 제도에 대한 설명으로 가장 옳지 <u>않은</u> 것은?

① 업무 관련 고충 처리와 스트레스 관리를 위한 종업원지원프로그램(EAP) 등을 법정 외 복리후생으로 운영할 수 있다.
② 4대 보험, 유급휴가 및 퇴직금 제도는 종업원에게 반드시 제공되어야 하는 법정 복리후생이다.
③ 임금 수준 결정에 있어 회사의 지불 능력과 종업원의 최저생계비 보장은 핵심 고려사항이다.
④ 근속연수에 연동하여 임금을 인상하는 베이스업(base-up)은 고성과자의 동기를 저하시키는 부작용을 초래할 수 있다.

02 다음에서 공통으로 설명하는 감가상각방법으로 가장 옳은 것은?

- 자산의 내용연수에 따라 매년 같은 감가상각 비용을 부과하는 방법이다.
- 간단하고 직관적이라는 장점이 있다.
- 자산의 경제적 가치 변동을 고려하지 않아 실제 사용에 따른 감가상각 비용을 정확하게 나타내지 못할 수 있다는 단점이 존재한다.

① 정액법　　② 정률법
③ 생산량비례법　　④ 연수합계법

03 다음 중 피평가자 집단의 다양한 활동들을 복수의 평가자가 관찰과 평가를 하기 위해 행동 시뮬레이션과 과제를 활용하는 방법으로, 피평가자에 대한 집중적이고 전문적인 평가가 가능한 방법으로 가장 옳은 것은?

① 평가센터법　　② 행태관찰척도법
③ 서열법　　④ 행태기준평정법

04 다음 중 디지털 마케팅의 CVR에 대한 설명으로 가장 옳지 <u>않은</u> 것은?

① 마케팅에 참여한 전체 사용자 대비 전환을 수행한 사용자의 비율을 의미한다.
② 마케팅 활동을 통해 원하는 전환을 수행한 사용자의 비율을 의미한다.
③ 마케팅에서의 전환은 구매를 의미하므로 가입 및 다운로드는 포함되지 않는다.
④ 첫 페이지에서 결제 페이지까지의 과정을 최적화하는 데 필요한 지표이다.

05 다음 중 고객행동 데이터로 가장 옳지 <u>않은</u> 것은?

① 구매 이력
② 웹사이트 방문 기록
③ 제품 리뷰 및 별점
④ 고객 인지도

06 다음 중 공급과 수요를 통합적으로 관리하는 것을 목적으로 하여 단일 조직이 아니라 독립적인 다수의 조직을 관리하는 방법으로 가장 옳은 것은?

① 공급사슬 관리
② 구매 관리
③ 통합품질 관리
④ 통합마케팅 커뮤니케이션

07 다음 중 일정 기간의 기업의 현금 유입과 유출내역을 나타내어 기업의 현금 관리와 재무 건전성을 평가하는 보고서로 가장 옳은 것은?

① 자본변동표
② 현금흐름표
③ 재무비율표
④ 매출원가표

08 다음 중 기업이 단기부채를 단기자산으로 상환할 수 있는 능력을 측정하는 데 사용되는 재무비율로 가장 옳은 것은?

① 총자산이익률
② 투자수익률
③ 유동비율
④ 부채비율

09 다음 중 공급사슬의 일반적인 세 가지 대표 유형의 이동으로 가장 옳지 않은 것은?

① 정보의 교환
② 물리적 이동
③ 현금흐름
④ 직원 인사 이동

10 다음 중 정량적 데이터를 분석하는 방법으로 가장 옳은 것은?

① 텍스트마이닝
② 질적연구방법론
③ 회귀분석
④ 워드클라우드

11 다음 중 샘플 데이터를 추출하여 수행하는 검사로 가장 옳지 않은 것은?

① 생산 전 검사 : 투입되는 자원의 적합성 검사
② 생산 중 검사 : 원자재 구매 전 적합성 검사
③ 고객 인도 전 적합성 검사
④ 생산 후 검사 : 제품의 적합성 검사

12 다음 중 옵션 계약의 가격으로, 옵션 매수자가 권리를 갖는 대가로 매도자에게 옵션 계약을 매수할 때 지불하는 금액을 나타내는 용어로 가장 옳은 것은?

① 프리미엄
② 행사 가격
③ 기초자산
④ 옵션 매도가

13 다음 국가통계포털에서 제공하는 정보 중 지역자치단체의 생활환경 및 경영상황과 관련성이 높은 지표로 가장 옳은 것은?

① E-지방지표
② 문화/여가지표
③ 소득/소비/자산지표
④ 국민계정지표

14 다음에서 공통적으로 설명하는 지표로 가장 옳은 것은?

- 전체 시장에서 차지하는 비율을 나타낸다.
- '특정 기업의 연간 매출÷전체 시장 규모'로 계산한다.
- 이것이 높은 기업은 더 큰 영향력을 가지며, 경제적인 이점을 얻을 수 있다.

① 시장점유율
② 성장률
③ 투자수익률
④ 시장포화도

15 다음 중 ROAS에 대한 설명으로 가장 옳은 것은?

① ROAS는 광고나 링크를 클릭한 사용자의 비율을 나타내는 지표이다.
② ROAS는 사용자가 웹페이지를 떠나는 비율을 나타내는 지표이다.
③ ROAS는 광고 투자 대비 수익률을 나타내는 지표이다.
④ ROAS는 얼마나 많은 고객이 재방문하는지를 나타내는 지표이다.

16 다음 중 역할과 책임의 확장에 따라 임금을 인상하는 임금조정 방법으로 가장 옳은 것은?

① 승급
② 승진
③ 승격
④ 베이스업

17 다음 중 문제의 원인을 중요하지 않은 다수의 원인과 중요한 소수의 원인으로 분류하는 품질 검사 방법으로 가장 옳은 것은?

① 체크리스트 기법
② 파레토 분석 기법
③ 히스토그램 기법
④ 산점도 기법

18 다음 중 조직의 주요 경력 개발 프로그램으로 가장 옳지 않은 것은?

① 리스킬링
② 핵심 인재 육성
③ 이중 경력 제도
④ 종업원 지원 프로그램

19 다음 중 채권투자에 따른 투자위험으로 가장 옳지 않은 것은?

㉠ 구매력감소위험
㉡ 채무불이행위험
㉢ 시장위험
㉣ 자본예산위험

20 다음 중 신규 고객 판매에 대한 설명으로 가장 옳지 않은 것은?

㉠ 기업이 이전에 상호작용한 적이 없는 고객을 대상으로 제품이나 서비스를 판매하는 것이다.
㉡ 고객을 유치하고 유입시키기 위해 다양한 마케팅 전략과 광고 캠페인의 효과를 파악한다.
㉢ 할인, 프로모션, 새로운 제품 출시 등을 통해 신규 고객 판매를 늘리려고 노력한다.
㉣ 추가적인 가치 제공을 위해 개인화된 서비스, 멤버십 혜택, 리워드 프로그램 등을 제공한다.

제2과목 | 데이터 해석 및 활용

21 다음 중 수치형 데이터 분석에 대한 설명으로 가장 옳지 않은 것은?

㉠ 데이터 간의 종속성 또는 독립성을 확인하기 위해 카이제곱검정을 사용할 수 있다.
㉡ 변수 간의 상관관계와 영향을 분석할 수 있다.
㉢ 회귀모델을 사용하여 수치형 데이터를 예측할 수 있고 시계열분석을 이용하여 미래를 예측할 수 있다.
㉣ 머신러닝을 사용하여 데이터를 분류하거나 유사한 데이터끼리 군집화하는 것이 가능하다.

22 다음에서 설명하는 백업 방법으로 가장 옳은 것은?

- 마지막 백업 이후 변경된 데이터만을 백업하므로 훨씬 작고 빠른 백업이 가능하다.
- 백업 사이의 시간 간격이 짧을수록 백업할 데이터가 적다.
- 마지막 전체 백업과 이후 백업을 재구성해야 하기 때문에 복원 시 시간이 오래 걸린다는 단점이 있다.

① 로컬 백업 ② 차등 백업
③ 증분 백업 ④ 순차적 백업

23 데이터들의 유사도를 측정하여 유사도가 높은 데이터를 그룹화하여 분석하고자 할 때 가장 옳은 데이터 마이닝 기법은?

① 분류분석 ② 군집분석
③ 연관분석 ④ 회귀분석

24 다음에서 설명하는 비즈니스 인텔리전스 기술 중 가장 옳은 것은?

조직의 다양한 출처로부터 수집된 데이터를 통합, 저장, 관리하는 기술이다.

① 데이터 웨어하우징
② 데이터 마이닝
③ 데이터 시각화
④ OLAP(Online Analytical Processing)

25 다음 제시된 자료에 대한 최빈값은?

2, 4, NULL, 4, 6, NULL, NULL

① 2   ② 4
③ NULL   ④ 6

26 다음에서 설명하는 데이터 분리 방법으로 가장 옳은 것은?

데이터를 여러 폴드로 나누고 각 폴드를 번갈아 가며 훈련 및 검증에 사용하는 방법이다.

① 교차 검증 ② 계층적 분리
③ 홀드아웃   ④ 시계열 분리

27 다음에서 설명하는 데이터베이스 관리 시스템의 특징으로 가장 옳은 것은?

기존 응용 프로그램에 영향을 주지 않고 데이터베이스의 논리적 구조를 변경시키거나 데이터의 물리적 구조를 변경할 수 있는 것을 말한다.

① 데이터 일관성 ② 데이터 무결성
③ 데이터 독립성 ④ 데이터 모델링

28 다음 중 정보의 예시로 가장 옳지 않은 것은?

① 가입 고객의 연령별 분포도
② 대리점별 평균 매출액
③ 고객이 서비스를 사용하기 위해 로그인한 시간
④ 지난달 판매된 베스트 상품

29 다음 비식별화 기술 중 데이터 임의화에 대한 설명으로 가장 옳은 것은?

① 실제 데이터의 일부를 가려서 익명화한다.
② 개인을 식별할 수 있는 모든 정보를 제거한다.
③ 식별 가능한 데이터를 대체 식별자로 대체한다.
④ 데이터에 임의의 변동을 추가한다.

30 다음에서 설명하는 스키마로 가장 옳은 것은?

> 데이터베이스 사용자가 인식하는 논리적 구조로 테이블, 뷰, 인덱스, 관계, 제약 조건 등을 포함한다.

① 개념 스키마　　② 내부 스키마
③ 내용 스키마　　④ 외부 스키마

31 다음 중 셀프서비스 비즈니스 인텔리전스의 주요 특징으로 가장 옳은 것은?

① IT전문가만 데이터에 대한 분석 및 보고를 할 수 있다.
② 데이터에 대하여 제한적인 접근 및 공유를 수행할 수 있다.
③ 비즈니스 사용자가 독립적으로 직접 데이터를 탐색하고 분석할 수 있다.
④ 의사결정 시 기술팀에서 제공하는 자동화된 알고리즘을 사용한다.

32 다음 중 데이터 표준화에 대한 설명으로 가장 옳은 것은?

① 데이터세트에서 결측값을 제거하는 것이다.
② 비교를 위해 데이터를 일관된 단위로 변환하는 것이다.
③ 효율적인 저장을 위해 데이터를 압축하는 것이다.
④ 데이터의 분포를 최대한 보전하면서 고차원 데이터를 저차원 데이터로 변환하는 것이다.

33 다음에서 설명하는 데이터 해석 오류 중 가장 옳은 것은?

> 데이터 분석 모델이 너무 단순하거나 충분한 학습이 이루어지지 않았을 때 발생하는 해석 오류이다.

① 확증 편향　　② 과대 적합
③ 과소 적합　　④ 표본 편향

34 다음 중 키(Key)에 대한 설명으로 가장 옳지 않은 것은?

① 기본키는 후보키에 속한다.
② 대체키는 후보키에 속한다.
③ 외래키를 통해 테이블 간의 관계를 맺을 수 있다.
④ 슈퍼키는 유일성과 최소성을 만족해야 한다.

35 다음에서 설명하는 데이터베이스의 구성요소로 가장 옳은 것은?

> (　　)은/는 테이블의 열을 나타내며, 특정 데이터 유형에 대한 정보를 기술한다. 이는 고유한 이름을 가지며, 데이터의 유형을 정의한다. 예를 들어 이름, 나이, 성별 등은 '학생'이라는 테이블에서 해당 구성요소로 사용될 수 있다.

① 레코드(Record)　　② 속성(Attribute)
③ 엔터티(Entity)　　④ 릴레이션(Relation)

36 다음 중 파일 시스템에 대한 설명으로 가장 옳지 않은 것은?

① 파일 시스템은 데이터를 계층적으로 구성한다.
② 파일 시스템은 같은 데이터가 중복될 수 있다.
③ 파일 시스템은 동시성 제어가 부족하다.
④ 파일 시스템은 데이터 검색이 효율적이다.

37 다음 중 통계 용어에 대한 설명으로 가장 옳지 않은 것은?

① 주어진 사건이 일어났다는 가정하에 다른 한 사건이 일어날 확률을 조건부 확률이라 한다.
② 두 변수 간의 상관관계는 상관계수가 1에 가까울수록 강하고 −1에 가까울수록 약하다고 해석할 수 있다.
③ 공분산은 두 변수가 각자의 평균으로부터 얼마나 떨어져 있는지를 나타내는 값이다.
④ 확률변수의 기댓값은 확률변수의 중심적 성향을 나타내는 수치이다.

38 다음에서 설명하는 데이터베이스 언어로 가장 옳은 것은?

> 해당 언어는 데이터베이스의 논리적 구조를 설계하고, 데이터베이스 객체의 생성, 수정, 삭제를 담당한다. 중요 명령어로는 CREATE, ALTER, DROP 등이 있다.

① 데이터 관리어(Data Management Language)
② 데이터 조작어(Data Manipulation Language)
③ 데이터 제어어(Data Control Language)
④ 데이터 정의어(Data Definition Language)

39 다음 중 NoSQL 데이터베이스의 특징에 대한 설명으로 가장 옳은 것은?

① 데이터 저장을 위해 미리 정의된 스키마를 제공한다.
② 데이터 관리 및 조작을 위해 주로 SQL을 사용한다.
③ 구조적 및 관계형 데이터를 처리하는 데 적합하다.
④ 유연한 스키마 설계를 제공하고 비정형 또는 반정형 데이터를 처리한다.

40 다음 중 데이터의 종류에 대한 설명으로 가장 옳지 않은 것은?

① 정형 데이터는 테이블의 모든 행에 동일한 열 집합이 존재한다.
② 비정형 데이터는 정형 데이터에 비해 분석하기 어렵다.
③ 정형 데이터는 주로 XML, HTML, JSON 등의 파일 형태로 저장된다.
④ 반정형 데이터는 구조에 따라 저장된 데이터이지만 정형 데이터와 달리 데이터 내용 안에 설명이 함께 존재한다.

제3과목 | 경영정보시각화 디자인

41 다음은 시각 이해 위계의 피라미드의 각 단계에 들어갈 내용이다. 아래로부터 위까지의 순서로 가장 옳은 것은?

① 지식 – 정보 – 데이터 – 지혜
② 정보 – 데이터 – 지식 – 지혜
③ 데이터 – 정보 – 지식 – 지혜
④ 데이터 – 지식 – 정보 – 지혜

42 다음은 어떤 그래프 유형에 대한 설명이다. 가장 옳은 것은?

> • 누적 효과를 보기 위해 많이 사용하는 플롯이다.
> • 최종 이익에 기여하는 세그먼트와 그 기여의 정도를 쉽게 판단할 수 있다.
> • 측정값의 총합계를 같이 표현하면 더 효과적이다.
> • 음의 측정값이 존재해도 누적 효과를 확인할 수 있다.

① 간트차트
② 덴드로그램
③ 폭포수차트
④ 스트립차트

43 다음과 같은 차트 유형의 명칭으로 가장 옳은 것은?

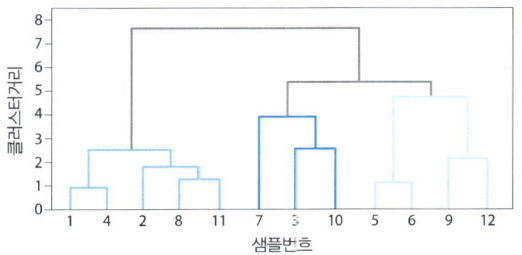

① 라인차트 ② 스파이더차트
③ 범프차트 ④ 덴드로그램

44 다음 중 시각화 도구(BI 소프트웨어)의 특징으로 가장 옳지 않은 것은?

① 시각화 도구를 사용한다면 재현 가능성을 구현하기 어려울 수 있다.
② 무작위한 요소가 포함된다면 반복 가능성을 구현하기 어려울 수 있다.
③ 시각화 도구는 동일한 데이터에 대해 다양한 시각화 방법을 빠르게 적용할 수 있게 한다.
④ BI 소프트웨어는 데이터 시각화를 위한 전용 도구로 데이터 추출 및 변환 기능은 제공하지 않는다.

45 다음 캘린더차트와 관련된 설명 중 가장 옳지 않은 것은?

① X, Y, Z 3개의 축을 가진 입체형태의 차트이다.
② 날짜데이터를 활용하여 구성할 수 있다.
③ '요일'을 행, '주차'를 열, '일'을 칸에 포함하는 특수한 형태의 테이블이다.
④ 칸의 색상, 레이블을 통해 데이터에 대한 정보를 시각적으로 제공할 수 있다.

46 다음과 같은 차트 유형에 대한 설명으로 가장 옳지 않은 것은?

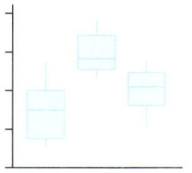

① 아웃라이어(데이터 분포 중 다른 측정값에서 크게 벗어난 값) 발견이 쉽다.
② 데이터를 사분위로 표시하여 최소, 1사분위수, 중위수, 3사분위수, 최대 등을 표시할 수 있다.
③ 평균은 표시하지 않는다.
④ 신뢰 구간을 표시하여 불확실성을 나타낼 수 있다.

47 다음 제시된 이미지는 게슈탈트의 7가지 법칙 중 하나의 예시이다. 관련이 있는 법칙으로 가장 옳은 것은?

① 연속성의 법칙
② 폐쇄성의 법칙
③ 단순 충만의 법칙
④ 전경과 배경의 법칙

48 다음 중 공간 시각화에 해당하는 것은?

① 카토그램 히트맵 ② 시계열 그래프
③ QQ도표 ④ 버블차트

49 다음 그래프와 관련된 설명 중 가장 옳지 않은 것은?

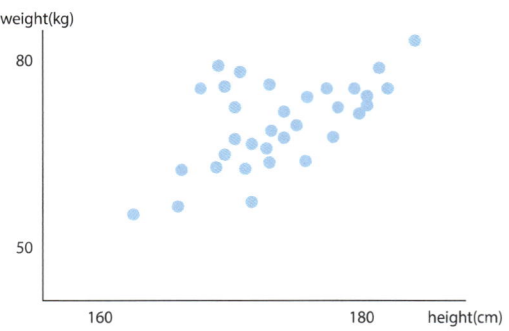

① 두 데이터 항목의 공통 변이를 나타내는 2차원 도표이다.
② 두 정량적 변수 간의 관계는 점들이 '촘촘한' 패턴으로 떨어지면 강한 관계에서 점들이 흩어지면 약한 관계로 해석된다.
③ 데이터 포인트가 적을 때 명확한 패턴을 해석하기 용이하다.
④ 데이터가 얼마나 분포됐는지 또는 데이터 포인트들이 얼마나 밀접한 관련이 있는지 이해하는 데 도움을 주며, 데이터의 분포에 존재하는 패턴을 신속하게 식별할 수 있게 해준다.

50 다음 중 기초 디자인 원리 중 색의 3속성에 대한 내용으로 가장 옳지 않은 것은?

① 색상은 색의 이름이나 종류를 말한다.
② 채도는 색상에 다른 색이 혼합된 정도를 나타낸다.
③ 높은 명도 값은 색이 밝고, 낮은 명도 값은 색이 어두운 것을 의미한다.
④ 100%의 채도일 때 회색, 0%의 채도일 때 순수한 색이 된다.

51 다음 인포그래픽에 해당하는 설명 중 가장 옳지 않은 것은?

① 인터넷 사이트에 게시되기 위해 좁고 긴 디자인이 일반적인 형태가 되었다.
② 에디토리얼 인포그래픽은 전통적인 정보 시각화 결과물보다 삽화와 장식을 많이 포함한다.
③ 연구나 조사, 발견, 수집의 결과인 일종의 기초자료로서 정보를 만들기 위한 일종의 원자재와 같은 것이다.
④ 사람이 사용할 수 있는 효과적인 정보와 복잡하고 구조적이지 않은 기술 데이터를 시각적으로 표현하는 방법이다.

52 다음 설명과 가장 관련이 있는 도표는?

( )유형의 차트는 계급으로 데이터를 집단화하고, 지도에 각 계급을 단계적으로 표현함으로써 지역을 집단으로 하여 단순한 개수(count)가 아닌 숫자 데이터를 보여준다.

① 지도 ② 단계구분도

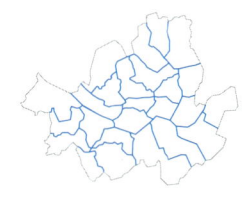
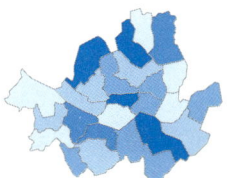

③ 카토그램 ④ 카토그램 히트맵

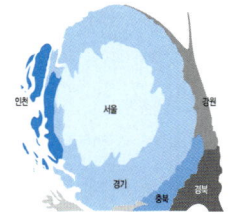
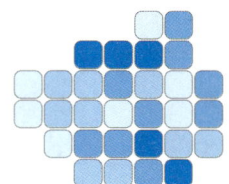

53 다음과 같은 차트 유형의 명칭으로 가장 옳은 것은?

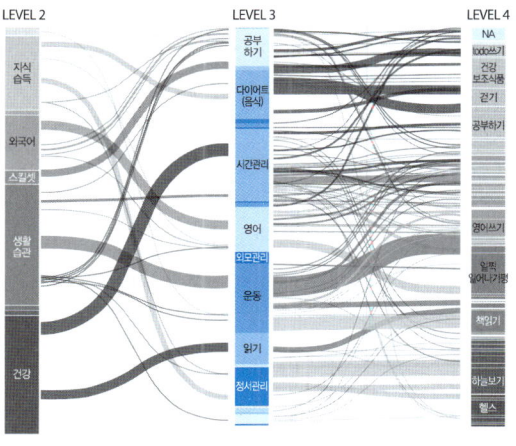

① 히스토그램   ② 사나플롯
③ 생키차트   ④ 곡선그래프

54 다음은 대표적인 분포 시각화 차트에 대한 설명이다. 설명에 해당하는 차트 유형으로 가장 옳은 것은?

- 가로축에 범주형 데이터 혹은 구간, 세로축에 측정값의 정도를 표현하는 그래프
- 통계적 분포를 표시할 수 있음
- 가로축(X축)에 구간의 폭을 정확하게 설정하면 시각적으로 효과적인 정보를 전달할 수 있음

① 히트맵차트   ② 와플차트
③ 히스토그램   ④ 도넛차트

55 다음 설명에 해당하는 인포그래픽 디자인 구성요소로 가장 옳은 것은?

( )은/는 그래프나 차트에서 사용된 색상, 패턴, 기호 등과 그에 대응하는 항목을 설명하는 텍스트 요소이다. 데이터 요소의 의미를 명확하게 전달하고 그래프의 해석을 돕는 역할을 한다. 그래프나 차트의 가독성을 향상시켜 사용자가 데이터를 이해하고 비교할 수 있도록 돕는 시각적인 가이드 역할을 한다.

① 제목   ② 범례
③ 서체   ④ 클립아트

56 다음 중 데이터의 불확실성을 표현하기에 가장 적합한 차트 유형은?

① 바이올린차트  ② 밀도분포

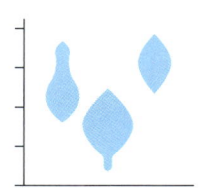   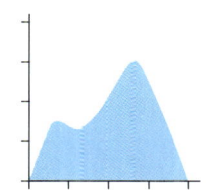

③ 수평오차막대   ④ 히스토그램

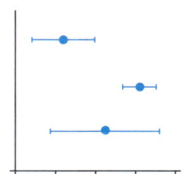   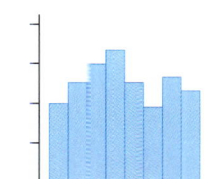

57 다음 그림의 차트와 관련된 설명으로 가장 옳지 <u>않은</u> 것은?

원형(파이)차트

① 원의 전체크기는 데이터 전체의 총합에 해당하는 수량을 뜻한다.
② 파이 조각의 크기는 데이터 중 특정 차원의 데이터 값(부분)이 차지하는 비율을 말한다.
③ 상대적으로 특정 범주(차원)의 비율을 상호 비교하기 쉽다.
④ 범주(차원)가 많아지면 비율을 시각적으로 이해하기 쉽다.

58 다음 설명에 해당하는 시각화 기능으로 가장 옳은 것은?

- 조건부 서식의 한 종류로서, 숫자나 퍼센트 값의 상대적인 크기를 시각화하는 기능
- 데이터 값의 크기에 따라 막대의 크기나 색상이 변화하여 시각적으로 비교분석이 가능

① 스파크라인 ② 데이터 막대
③ 피벗 테이블 ④ 아이콘 세트

59 다음은 대시보드의 효율적인 시각화와 관련된 설명이다. 빈칸에 들어갈 내용으로 가장 옳은 것은?

- ( )는 대시보드상에 간결하게 표시하여 사용자가 비즈니스의 주요 성과를 빠르게 확인할 수 있도록 한다. 이는 중요한 지표를 즉각적으로 평가하고 의사결정에 활용할 수 있도록 돕는다.
- 파워 BI 대시보드 보고서에 ( ) 수치를 추가하려면, 대시보드 편집 모드로 전환한 후 ( ) 구성요소를 추가한다. ( )에 표시할 필드를 선택하고 목표로 하는 값과 현재 값 등을 설정한 후, 원하는 형식으로 ( )를 디자인하여 저장하면 대시보드에 실시간으로 ( ) 수치가 표시된다. 설정한 ( )는 데이터의 성과를 간결하게 파악할 수 있게 도와준다.

① Query   ② CSV
③ KPI   ④ Filter

60 다음 중 정량 데이터의 시간 전후 관계를 표현하는 데 가장 적합한 차트 유형은?

① 누적수평막대차트 ② 히트맵차트

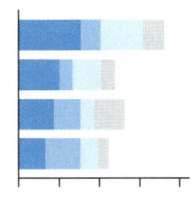 

③ 수직막대차트   ④ 경사차트

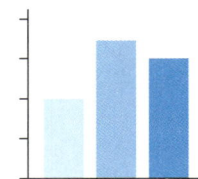 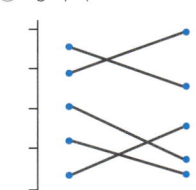

CHAPTER 02 2024년 2회 기출복원문제

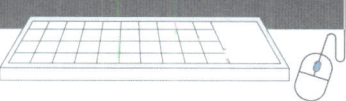

제1과목 | 경영정보 일반

01 다음 설명이 나타내는 SERVQUAL의 구성요인으로 가장 옳은 것은?

> 이것은 직원의 전문성, 지식 및 예의가 고객에게 신뢰와 안심을 줄 수 있는 능력을 이야기한다.

① 응답성(Responsiveness)
② 신뢰성(Reliability)
③ 확신성(Assurance)
④ 공감성(Empathy)

02 다음 중 크로스 셀링(Cross Selling)에 대한 설명으로 가장 옳은 것은?

① 고객이 특정 모델의 스마트폰을 구매하려 할 때, 더 높은 스펙이나 기능을 가진 모델을 제안하는 것이다.
② 고객이 이미 구매한 상품과 관련이 있는 다른 부가적인 상품이나 서비스를 제안하는 것이다.
③ 고객이 이미 결정한 구매에 대해 추가 기능이나 업그레이드를 제안하는 것이다.
④ 고객이 좀 더 비용을 지불하고 더 나은 제품을 선택하도록 유도한다.

03 다음 글상자의 빈칸에 순서대로 들어갈 용어로 가장 옳은 것은?

> (A)(은)는 기업에서 관심 대상에 대한 특성을 측정한 값이고 이것을 가공하고 해석하여 (B)(을)를 얻을 수 있으며, (B)(을)를 기반으로 대상을 이해하고 결론을 도출하여 (C)(을)를 얻을 수 있다.

① (A) 데이터 - (B) 정보 - (C) 지식
② (A) 지식 - (B) 데이터 - (C) 정보
③ (A) 데이터 - (B) 통찰 - (C) 정보
④ (A) 지식 - (B) 통찰 - (C) 데이터

04 다음 직무 데이터 평가 방법 중 외부의 유사 직무 수행자들의 평균임금을 기준으로 내부 직무 보상 수준을 결정하는 방법으로 가장 옳은 것은?

① 서열법
② 분류법
③ 점수법
④ 시장임금조사법

05 다음 중 채권의 종류와 그에 대한 설명으로 가장 옳지 않은 것은?

① 특수채는 특별법에 따라 설립된 법인이 발행하는 채권으로 공채와 사채의 성격을 모두 가진다.
② 중기채는 1년에서 5년 사이의 만기를 가지는 채권이다.
③ 이표채는 액면가에 이자를 선공제하여 발행되는 채권이다.
④ 단리채는 원금에 대한 이자를 일정한 간격으로 지급하는 채권이다.

06 다음 중 재무비율의 종류와 그 특정 목적이 가장 잘못 짝지어진 것은?

① 총자산이익률 – 안정성 측정
② 재고자산회전율 – 효율성 측정
③ 주당순이익 – 수익성 측정
④ 당좌비율 – 유동성 측정

07 다음 중 효과적인 공급사슬관리를 위한 품질관리 데이터의 활용 방안으로 가장 옳지 않은 것은?

① 품질개선 활동
② 불량률 감소 활동
③ 소비자만족도 향상 활동
④ 주문처리과정 최적화 활동

08 다음 중 핵심성과지표(KPI)의 특성으로 가장 옳지 않은 것은?

① KPI는 정량화할 수 있어야 하며 이를 통해 성과를 객관적으로 평가해야 한다.
② KPI는 명확하고 구체적인 성과 목표를 설정해서 조직 내의 구성원들이 동일한 방향으로 나아가게 한다.
③ KPI는 설정 이후 조직 환경 변화에 따라 자주 수정해주는 것이 바람직하다.
④ KPI는 현실적으로 달성 가능한 수준이어야 하며 조직자원과 역량을 고려하여 합리적인 목표로 설정되어야 한다.

09 다음 중 총수익률을 연 단위로 기하평균하여 계산한 이론적 수익들을 의미하는 것으로 가장 옳은 것은?

① 만기수익률 ② 실효수익률
③ 표면이율   ④ 연평균수익률

10 다음 중 고객가치(LTV)에 대한 설명으로 가장 옳은 것은?

① 특징 고객이 기업과의 관계 동안 얼마나 추천할 것인지를 나타내는 지표이다.
② 특징 기간 기업이 고객을 얼마나 잘 유지하고 있는지를 나타내는 지표이다.
③ 특정 기간 동안 기업이 고객으로부터 얻을 수 있는 평균 수익을 나타내는 지표이다.
④ 특정 고객이 기업과의 관계 동안 기업의 제품이나 서비스에 지출할 것으로 예상되는 총금액을 의미한다.

11 다음 중 손익계산서에 대한 설명으로 가장 옳지 않은 것은?

① 일정 기간 동안의 수익과 비용을 파악하여 기업의 순이익 또는 순손실을 계산한다.
② 손익계산서를 통해 경영성과를 측정할 수 있다.
③ 손익계산서의 매출액을 기록하는 시점은 현금이 들어온 시점이다.
④ 매출총이익, 영업이익, 당기순이익 등이 포함되어 내부 이익 정보를 확인할 수 있다.

12 다음 성과평가방법 중 하나인 행동 기반 평가척도(BARS)와 관련된 설명으로 가장 옳지 않은 것은?

① 종업원의 행동에 기반한 평가가 이루어지기 때문에 평가 편향이 존재한다.
② 척도를 개발하는 데 많은 시간과 비용이 들어간다.
③ 중요한 직무 행동을 식별하고 행동기준에 따라 종업원을 평가한다.
④ 개발된 척도를 유지관리하기 위해 많은 노력이 요구된다.

13 다음 중 직무분석에 대한 설명으로 가장 옳지 않은 것은?

① 직무의 절대적 중요도를 파악하여 급여체계를 확립할 수 있게 해준다.
② 조직 내에서 각 직무의 내용, 업무 프로세스 역량 요구 사항 등을 체계적으로 평가하는 과정이다.
③ 직무에 기반한 인사관리의 기본이 되는 작업이며 이를 통해 직무기술서와 직무분류체계 등을 만든다.
④ 직무분석의 방법으로는 설문, 면접, 관찰, 기록, 일지검토, 데이터수집, 환경분석 등이 있다.

14 다음 중 국가통계 마이크로데이터 통합서비스(MDIS) 시스템에 대한 설명으로 가장 옳지 않은 것은?

① 공공용 자료를 서비스하는 시스템으로서 통계분석 서비스는 제공하지 않는다.
② 통계청이 자체적으로 작성한 마이크로데이터를 서비스받을 수 있다.
③ 정부부처, 지자체, 연구기관 등 다른 통계 작성 기관의 마이크로데이터를 서비스받을 수 있다.
④ 국가승인 통계 공표용 설문조사의 마이크로데이터를 제공한다.

15 다음 중 황소채찍효과(Bullwhip effect)에 대한 설명으로 가장 옳지 않은 것은?

① 최종 고객과 가까이에 위치하는 기업일수록 재고 변동폭이 점점 증가하는 현상을 의미한다.
② 황소채찍효과로 인해 재고비용의 증가가 야기된다.
③ 황소채찍효과는 공급사슬 내 데이터의 실시간 공유를 통해 완화될 수 있다.
④ 공급사슬의 재고 변동폭을 줄이기 위해 실시간 재고 및 수요알람 등의 정보기술이 도입되고 있다.

16 다음 주 월간 평균 사용자(MAU)를 기준으로 고객 세그먼트를 구분할 때 중요한 고려사항으로 가장 옳은 것은?

① 신규 고객을 확보하고 유지하기 위한 비용
② 유료 고객이 될 수 있는 가능성
③ 고객에게 제공되는 제품의 가격대
④ 고객의 활동 빈도와 사용 패턴

17 다음 중 자본변동표의 구성요소에 대한 설명으로 가장 옳은 것은?

① 납입자본의 변동에 주식배당은 고려되지 않는다.
② 이익잉여금의 변동에는 자기주식이 포함된다.
③ 자본잉여금은 기업의 누적된 순이익에서 배당을 제외한 나머지 부분이다.
④ 기타자본구성요소의 변동에는 재평가잉여금도 포함된다.

18 다음 중 고객만족도를 분석하기 위한 방법으로 가장 옳지 않은 것은?

① 표적집단면접 ② 설문조사
③ 심층면접   ④ 전환비용조사

19 다음 수요 예측 방법 중 수요에 영향을 주는 설명 요인들을 파악하여 변수 간 관계에 대한 모델을 생성하고 분석하는 방법으로 가장 옳은 것은?

① 시계열분석
② 회귀분석
③ 몬테카를로 시뮬레이션
④ 신경망 모델

20 다음 중 CTR(Click-Through Rate)를 계산하는 수식으로 가장 옳은 것은?

① (클릭 수÷노출 수)×100(%)
② (클릭 수×노출 수)×100(%)
③ (노출 수÷클릭 수)×100(%)
④ (노출 수+클릭 수)×100(%)

제2과목 | 데이터 해석 및 활용

21 다음 데이터를 정규화하는 방법 중에서 Z-Score 표준화에 대한 설명으로 가장 옳은 것은?

① 데이터 값의 스케일을 로그로 변환한다.
② 데이터 값을 평균이 0, 표준편차가 1이 되도록 변환한다.
③ 데이터 값을 0과 1 사이의 값으로 변환한다.
④ 데이터 값을 소수점 이동하여 변환한다.

22 다음 중 OLAP(Online Analytical Processing)의 특징으로 가장 옳지 않은 것은?

① 테이블 형태의 구조로 데이터를 저장한다.
② 최종 사용자가 직접 데이터에 접근한다.
③ 대화식 질의를 통해 정보를 분석한다.
④ 의사결정을 효과적으로 지원한다.

23 다음 중 데이터베이스 설계 단계 중 물리적 설계의 고려사항으로 가장 옳지 않은 것은?

① 트랜잭션의 복잡성과 처리량
② 시스템의 성장 가능성과 미래의 확장성
③ 데이터 보호 및 접근 제어를 위한 메커니즘
④ 데이터가 얼마나 자주, 어떤 형태로 접근되는지 분석

24 다음 중 스키마 변경이 데이터베이스 성능에 미치는 잠재적 영향으로 가장 옳은 것은?

① 스키마 변경은 데이터베이스의 성능에 전혀 영향을 미치지 않는다.
② 스키마 변경은 데이터베이스의 보안을 자동으로 강화한다.
③ 스키마 변경은 데이터베이스 인덱스와 쿼리 성능에 영향을 미칠 수 있다.
④ 스키마 변경은 데이터베이스의 물리적 파일 크기를 감소시킨다.

25 다음 중 범주형 데이터와 수치형 데이터의 분석에 대한 설명으로 가장 옳은 것은?

① 도수분포표를 이용하여 범주형 데이터와 수치형 데이터를 시각화할 수 있다.
② 로지스틱 회귀 분석을 사용하여 수치형 데이터의 목표변수를 예측할 수 있다.
③ 기술통계 중 분산과 표준편차를 이용하여 데이터의 중심 경향을 분석할 수 있다.
④ 수치형 데이터에 대해서만 가설 검정을 수행할 수 있다.

26 다음 중 확률에 관련된 용어에 대한 설명으로 가장 옳지 않은 것은?

① 표본공간은 어떤 실험 또는 시행에 의하여 일어날 수 있는 모든 가능한 결과의 집합이다.
② 확률변수는 표본공간의 각 원소에 하나의 실수값을 대응하는 함수를 말한다.
③ 사건은 표본공간의 결과들로 구성되는 부분집합을 말한다.
④ 확률밀도함수는 확률변수의 값이 어떤 구간에 속할 확률을 계산하는 데 사용한다.

27 다음 중 다음 글상자에서 설명하는 비즈니스 인텔리전스 기술로 가장 옳은 것은?

> ( )는 언제 어디서나 데이터에 접근하고 분석할 수 있는 도구이다.

① 셀프 서비스 비즈니스 인텔리전스
② 클라우드 기반 비즈니스 인텔리전스
③ 모바일 비즈니스 인텔리전스
④ 비즈니스 성과 관리

28 다음 중 데이터베이스 관리 시스템에 대한 설명으로 가장 옳지 않은 것은?

① 데이터가 중복으로 저장되어 데이터 불일치 문제가 발생할 수 있다.
② 동시성 제어를 통해 데이터 충돌을 방지하고 일관성을 유지한다.
③ 데이터를 검색하고 추출하는 효율적인 기능을 제공한다.
④ 사용자 인증 및 권한 관리를 통해 데이터에 대한 무단 접근을 방지한다.

29 다음 중 다음 글상자에서 설명하는 데이터 적재 방법으로 가장 옳은 것은?

> 이전에 적재한 데이터와 새로운 데이터를 비교하여 변경된 부분만 적재하는 방법으로, 적재 작업의 속도를 향상하고 중복 데이터를 방지할 수 있다.

① 실시간 적재 ② 병렬 적재
③ 증분 적재 ④ 일괄 적재

30 다음 중 빅데이터의 특징에 대한 설명으로 가장 옳지 않은 것은?

① 가치(Value)는 기업이나 기관에서 수집한 데이터가 신뢰할 수 있는지, 분석할 만한 가치가 있는지를 말하는 것이다.
② 규모(Volume)는 데이터의 양적 증가를 의미하며, 경우에 따라 다르지만 대략 수십 테라바이트에서 수 페타바이트에 이른다.
③ 속도(Velocity)는 데이터의 고도화된 실시간 처리를 뜻하며, 데이터가 생성 및 저장되고 시각화되는 과정이 얼마나 빠르게 이뤄져야 하는지에 대한 중요성을 나타낸다.
④ 다양성(Variety)은 다양한 형태의 데이터를 모두 포함하는 것을 뜻하며, 비정형 데이터를 머신러닝, 딥러닝기법을 통해서 가공이 가능하다.

31 다음 중 데이터베이스의 무결성을 보장하고 데이터의 일관성을 유지하는 데 필수적인 요소로만 구성된 것은?

① 기본 키, 외래 키, 무결성 제약조건
② 외래 키, 데이터베이스 사용자, 트랜잭션
③ 기본 키, 데이터 암호화, 무결성 제약조건
④ 메타데이터, 트랜잭션, 기본 키

32 다음 중 고객의 구매금액에 대해 데이터 탐색(EDA ; Exploratory Data Analysis) 방법으로 가장 옳지 않은 것은?

① 구매금액의 평균과 표준편차를 계산한다.
② 구매금액의 히스토그램을 그려 분포를 확인한다.
③ 구매금액의 이상치와 결측치를 식별한다.
④ 구매금액을 이용하여 회귀 모델을 만든다.

33 다음 중 계층적 분리에 대한 설명으로 가장 옳지 않은 것은?

① 원본 데이터의 클래스 비율을 유지함으로써 모델이 전체 데이터를 더 잘 대표할 수 있다.
② 올바른 클래스를 정의하는 것이 어려울 수 있지만 샘플링 과정을 단순화할 수 있다.
③ 동일한 샘플 크기에서 단순 무작위 샘플링보다 정확한 추정이 가능하여 통계적 효율성이 좋다.
④ 소수 클래스의 데이터도 적절히 샘플링하여 데이터 불균형 문제를 줄일 수 있다.

34 다음 중 동적으로 변하는 데이터 스키마를 요구하는 애플리케이션 구현 시 가장 적절한 데이터베이스 관리 시스템은?

① 관계형 데이터베이스 관리 시스템
② 분산 데이터베이스 관리 시스템
③ NoSQL 데이터베이스 관리 시스템
④ 객체지향 데이터베이스 관리 시스템

35 다음 중 데이터 웨어하우스(Data Warehouse)에 대한 설명으로 가장 옳지 않은 것은?

① 경영자의 의사 결정을 지원하는 데이터의 집합체로 주제 지향적, 통합적, 시계열적, 비휘발적인 네 가지 특성을 지닌다.
② 읽기 전용 데이터베이스로서 운영 시스템에서와 같은 의미의 데이터 갱신은 발생하지 않는다.
③ 일반적으로 소스 시스템 데이터, 센서 데이터, 소셜 데이터 등의 원시 복사본과 보고, 시각화, 고급 분석 및 기계 학습과 같은 작업에 사용되는 변환된 데이터를 포함하는 단일 데이터 저장소이다.
④ 데이터를 구조화하고 분석하기 위해 최적화된 형식으로 저장한다.

36 다음 중 공개된 의료데이터를 그림과 같이 비식별된 의료 데이터로 처리할 경우 적용된 비식별화 기술로 가장 옳은 것은?

〈공개된 의료데이터〉

구분	지역코드	연령	성별	질병
1	13053	28	남	전립선염
2	13068	21	남	전립선염
3	13068	29	여	고혈압
4	13053	23	남	고혈압
5	14853	50	여	위암
6	14853	47	남	전립선염
7	14850	55	여	고혈압
8	14850	49	남	고혈압
9	13053	31	남	위암
10	13053	37	여	위암
11	13068	36	남	위암
12	13068	35	여	위암

〈비식별된 의료데이터〉

구분	지역코드	연령	성별	질병	비고
1	130**	<30	*	전립선염	다양한 질병이 혼재되어 안전
2	130**	<30	*	전립선염	
3	130**	<30	*	고혈압	
4	130**	<30	*	고혈압	
5	148**	>40	*	위암	다양한 질병이 혼재되어 안전
6	148**	>40	*	전립선염	
7	148**	>40	*	고혈압	
8	148**	>40	*	고혈압	
9	130**	3*	*	위암	모두가 동일 질병(위암)으로 취약
10	130**	3*	*	위암	
11	130**	3*	*	위암	
12	130**	3*	*	위암	

① 임의화
② k-익명성
③ 익명화
④ 가명화

37 다음 중 데이터 마이닝에서 연관 분석의 예로 가장 옳은 것은?

① 제품 추천 알고리즘 구축
② 구매행동에 따라 고객 분류
③ 다양한 제품의 판매량 예측
④ 데이터의 이상치 식별

38 다음 중 SQL에 대한 설명으로 가장 옳지 않은 것은?

① GRANT는 사용자에게 특정 권한을 부여하는 명령어이다.
② UPDATE 명령어를 사용하여 이미 존재하는 테이블필드의 데이터 유형을 변경할 수 있다.
③ DROP은 테이블, 뷰, 인덱스 등을 삭제하는 명령어이다.
④ CREATE 명령어로 새로운 데이터베이스를 생성할 수 있다.

39 다음 중 데이터 수명 주기를 가장 올바르게 나열한 것은?

① 수집 – 보관 – 저장 – 처리 – 분석 – 폐기
② 수집 – 처리 – 저장 – 보관 – 분석 – 폐기
③ 수집 – 분석 – 처리 – 저장 – 보관 – 폐기
④ 수집 – 저장 – 처리 – 분석 – 보관 – 폐기

40 A 회사는 원격 근무 제도를 도입한 이후 이직률이 감소한 것을 발견하였다. 이 발견에 대한 결론으로 가장 옳은 것은?

① 원격 근무 도입이 직원의 직무 만족도를 높여 이직이 감소한 것이다.
② 원격 근무 도입이 직원의 이직률 감소에 영향을 미칠 수 있다.
③ 원격 근무 도입과 이직률 감소 간의 인과관계를 명확하게 입증할 수 있다.
④ 이직률 감소는 원격 근무 도입과 무관하게 발생한 결과이다.

제3과목 | 경영정보시각화 디자인

41 다음 중 오컴의 면도날 개념(Occam's Razor)을 인포그래픽 디자인에 적용하는 설명으로 가장 옳지 않은 것은?

① 과도한 세부정보나 복잡한 그래프를 배제하고 필요한 만큼의 시각화 요소만 사용한다.
② 최소한의 텍스트를 사용하는 것을 목표로 간결하고 명료한 문구를 사용한다.
③ 주요 메시지 전달에 자세한 세부 정보를 가능한 많이 제공하여 이해를 돕도록 한다.
④ 명확한 구조화를 위해 정보를 단순화한다.

42 다음 중 지리적 데이터를 시각화할 때, 카토그램(왜상 통계지도)의 주요 단점으로 가장 옳은 것은?

① 데이터 간의 시간적 변화를 표현하기 어렵다.
② 지도상의 지리적 정확성이 왜곡되어 공간적인 해석이 어렵다.
③ 데이터를 단순하게 표현하여 세부 정보를 잃을 수 있다.
④ 데이터를 정량적으로 비교하기 어렵다.

43 다음 그림 차트 유형에 대한 설명으로 가장 옳지 않은 것은?

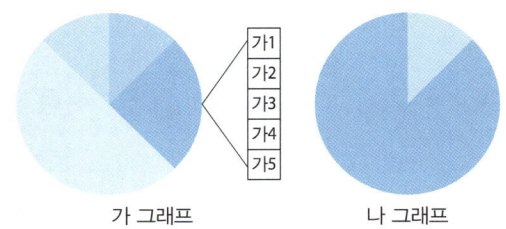

가 그래프   나 그래프

① 이 차트는 한 부분을 나누어 다중 정보를 제공할 때 '가 그래프'와 같이 수직이나 수평 막대를 활용할 수 있다.
② 이 차트를 시각화할 때는 절대 수량을 사용해 독자들의 혼란을 최소화한다.
③ '나 그래프'와 같이 조각을 명도나 색의 차이로 강조할 수 있지만 떼어내서 정보를 강조하는 방법도 있다.
④ 전체 원 크기의 40% 이상인 조각은 따로 떼어 사용 시 시각적 혼란을 만들 수 있다.

44 다음 중 트리 맵 시각화에 대한 설명으로 가장 옳지 않은 것은?

① 트리 맵은 위계 구조가 있는 데이터나 트리 구조 데이터를 효과적으로 시각화할 수 있으며 각 사각형의 크기는 데이터의 양적 값을 반영한다.
② 트리 맵에서 각 사각형의 색상은 데이터의 범주를 구분하는 데 사용되며 색상의 명확성은 시각적 효과를 높이는 데 중요한 역할을 한다.
③ 트리 맵에서 내부 사각형의 배치는 데이터의 계층 구조를 명확히 반영해야 하며 일반적으로 사각형의 배치는 구조적 의미를 가진다.
④ 트리 맵에서 음수값은 일반적으로 무채색의 색상 또는 특별한 방식으로 시각화된다.

45 다음 그림들의 공통적인 특성으로 가장 옳지 않은 것은?

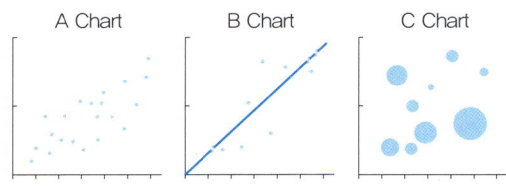

① A Chart는 흐름을 표현할 때 활용되기도 하지만 관계를 설명할 때 활용되기도 한다.
② A, B, C Chart 모두 정확한 수치를 파악하기에 적합하다.
③ C Chart는 면적은 종속변수를 나타내며 종속변수는 정량형이다.
④ A Chart는 산점도(분산형 차트)에 포함된다.

46 다음 그림은 조세프 미나르가 '나폴레옹의 모스크바 원정 과정'을 생키 다이어그램으로 시각화한 것이다. 생키 다이어그램의 주요 용도에 대한 설명으로 가장 옳은 것은?

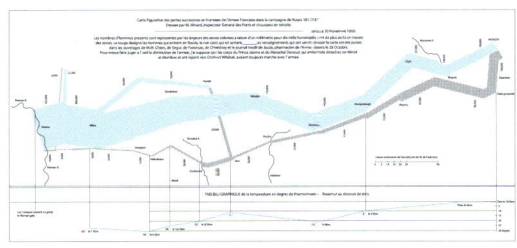

① 시간에 따른 데이터 변화를 시각화하기 위해 사용한다.
② 두 변수의 상관관계를 시각적으로 표현하기 위해 사용한다.
③ 비율 데이터의 흐름과 전환을 시각적으로 표현하기 위해 사용한다.
④ 특이성이 있는 독립적 데이터를 표현하기 위해 사용한다.

47 다양한 하이퍼파라미터 구성에 대한 머신 러닝 모델의 성능을 분석하려고 한다. 각 구성에는 여러 평가 지표(정확도, 정밀도, 리콜, F1 점수 및 턴타임)가 있다. 이러한 구성을 비교하고 메트릭 간의 절충점을 파악하는 데 가장 효과적인 시각화 그래프는?

① 방사선 차트
② 평행좌표계
③ 그룹 막대그래프
④ 트리 맵

48 다음 중 캘린더 차트에 대한 설명으로 가장 옳은 것은?

① 캘린더 차트는 시간에 따른 데이터의 패턴과 추세를 시각적으로 분석하는 데 유용하며, 날짜별 데이터 값을 색상으로 표현한다.
② 캘린더 차트는 카테고리 데이터만을 시각적으로 표현하는 데 사용된다.
③ 캘린더 차트는 두 개 이상의 변수 간의 상관관계를 분석하기 위한 도구로 사용된다.
④ 캘린더 차트는 데이터의 세부 사항을 표시하기보다는 주로 단일 숫자 집합을 시각적으로 표현하는 데 사용된다.

49 다음은 나단 셰드로프의 DIKW 정보 디자인에 대한 설명이다. 빈칸에 순서대로 들어갈 용어로 가장 옳은 것은?

> - 정보 디자인 다이어그램은 데이터, 정보, 지식, 지혜가 생성되고 전환되는 과정 중에서 정보 디자인이 어떻게 전달되는지를 보여준다. 데이터가 정보로 (A)·활용되고 지식으로 (B)되어 지혜로써 문제 해결과 (C)에 사용되는 과정을 그리고 있다.
> - 맥락에 따라 시각화의 방법도 각 단계마다 다르게 나타난다. 지식으로 갈수록 경험에 기반한 (D)(이)가 중요해짐을 알 수 있다.

① (A) 이해 – (B) 체계화 – (C) 미래 예측 – (D) 스토리텔링
② (A) 스토리텔링 – (B) 체계화 – (C) 미래 예측 – (D) 이해
③ (A) 스토리텔링 – (B) 체계화 – (C) 이해 – (D) 미래 예측
④ (A) 체계화 – (B) 이해 – (C) 미래 예측 – (D) 스토리텔링

50 다음 중 비즈니스 인텔리전스(BI)와 관련된 설명으로 가장 옳지 않은 것은?

① BI 도구는 데이터의 경제, 분석, 시각화, 그리고 인사이트 도출을 통해 데이터의 패턴과 추세를 식별할 수 있게 도와준다.
② BI 도구는 사용자가 데이터를 시각적으로 변환할 수 있도록 지원하며 이를 통해 복잡한 비즈니스 정보를 명확하게 설명할 수 있다.
③ 데이터 기반의 의사결정을 지원하고 경쟁 우위를 확보하는 데 중요한 역할을 한다.
④ BI 도구는 시각화를 통한 그래프는 제공하나, 인터랙티브한 기능은 제공하지 않아 상호작용은 불가능하다.

51 다음 그래프는 코로나 누적 감염자 수를 나타내고 있다. 이와 같은 그래프 유형에 대한 설명으로 가장 옳지 않은 것은?

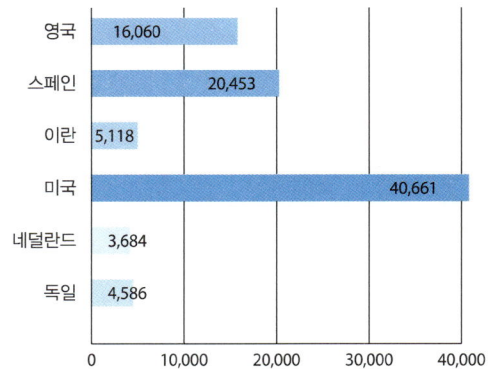

① 막대 그래프는 세로형과 가로형으로 시각화되는데, 가로형은 세로형에 비해 배경 그리드를 통해 값을 파악하는 것이 쉽지 않다.
② 양수와 음수의 데이터 값이 있을 경우, 음수는 좌측에 위치하며 양수는 우측에 위치해야 하지만 양수가 없는 경우 기준선의 우측에 위치할 수 있다.
③ 데이터의 값은 막대 끝 안쪽 혹은 바깥쪽 인근에 기입한다.
④ 막대 순서는 오름차순 혹은 내림차순으로 정렬하나 의도에 따라 특정한 순서를 부여하여 나열할 수 있다.

52 다음 중 시각화 유형이 다른 그래프로 가장 옳은 것은?

① 트리 맵 ② 라이더 차트

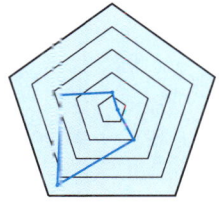

③ 생키 다이어그램 ④ 도넛 차트

53 다음 그림은 누적 막대그래프이다. 이 그래프의 특성에 대한 설명으로 가장 옳지 않은 것은?

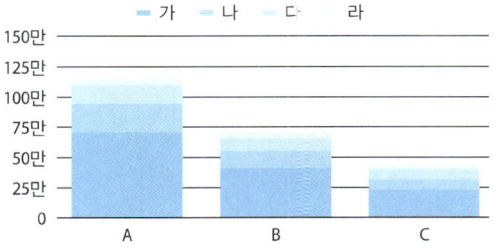

① 각 막대의 높이는 전체와 관련된 상대적 비율을 나타낸다.
② 여러 개의 범주 또는 변수를 동시에 표현하는 데 사용한다.
③ 누적 막대그래프는 상대적 비율을 표현하기에 적합하지만, 각 막대의 정확한 값 파악은 한 눈에 파악하기 어렵다.
④ 백분율을 비교하는 그래프가 아니기 때문에 세로축 단위 표시는 생략이 가능하다.

54 다음 중 조건부 서식의 기능과 관련하여 가장 옳은 것은?

① 조건부 서식은 특정 데이터 셀의 값을 기준으로 서식을 동적으로 적용할 수 있으며 복잡한 조건식도 지원한다.
② 조건부 서식은 데이터의 집합에만 적용할 수 있으며 개별 셀에는 적용할 수 없다.
③ 조건부 서식은 서식이 변경된 후 원본 데이터가 수정되면 서식이 자동으로 업데이트 되지 않는다.
④ 조건부 서식은 사용자가 직접 작성한 수식이 아니라 프로그램에서 제공하는 기본 서식 규칙만을 적용할 수 있다.

55 다음 중 자크 베르탱의 7가지 시각적 변수 선택에 대한 설명으로 가장 옳지 않은 것은?

① 효과적 커뮤니케이션을 위해서 정보 유형에 따라 서로 다른 시각적 인코딩을 제안한다.
② 위치 변수는 주변 요소와의 관계 비교를 유도하여 정보의 상하 구조를 효과적으로 전달할 수 있다.
③ 명도 변수는 수치적 변화를 시각화할 때 색상의 차이보다 더 효과적이다.
④ 색상 변수는 채도의 차이에 따라 정보의 우선 순위를 매기며 이러한 방법은 효과적인 정보 전달에 활용된다.

56 다음 그림은 정보 디자인 범주를 도식적으로 표현하고 있다. 그림에 대한 설명 중 가장 옳은 것은?

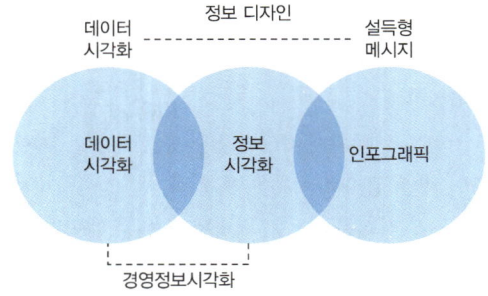

① 경영정보시각화를 목표로 할 때는 정보형 메시지를 담고 있어 나단 셰드로프가 주장하는 인포그래픽보다는 에드워드 터프티의 시각화 방법이 더 적합하다.
② 경영정보시각화는 설득적 메시지를 전달하는 목적이 강하므로 스토리텔링이 강한 에디토리얼 인포그래픽으로 시각화해야 한다.
③ 나단 셰드로프가 주장하는 인포그래픽 디자인은 경영정보시각화보다 주관적 맥락이 덜 포함되어 있으며 객관적 의사 판단을 할 수 있도록 한다.
④ 인포그래픽은 전통적인 정보시각화와는 달리 삽화, 장식이 많이 포함되어 있지 않으며 메시지 전달보다는 관심을 끄는 것이 중요하다.

57 다음 그림은 캠페인 예산 분기별 벤치마크를 시각화한 블렛 그래프이다. 이에 대한 설명으로 가장 옳지 않은 것은?

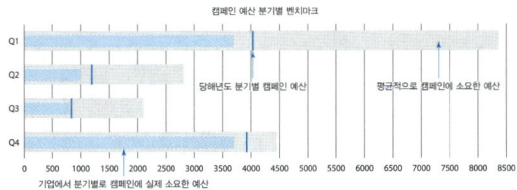

① 분기별 캠페인 예산의 표시가 세로선으로, 캠페인에 실제 소요한 예산이 진한 가로 막대로 표시되어 있어 분기별 성과 비교가 가능하다.
② 목표와 성과를 시각적으로 효과적으로 비교하여 결정을 내리고 전달하는 데 도움을 준다.
③ 주요 데이터 값은 차트 중앙의 막대를 사용하여 길이별로 인코딩되며, 중앙의 막대를 기호 마커라고 한다.
④ 이 기업은 3분기에 확보된 예산에 근접하는 집행 성과를 이루었음을 알 수 있다.

58 다음 중 디자인의 기본 원리에 대한 설명으로 가장 옳지 않은 것은?

① 균형은 디자인 요소가 시각적으로 균형을 이루도록 배치하며 안정감을 제공한다.
② 대비는 디자인에서 두 가지 상반된 요소를 사용하여 시각적 유도를 이끌며 중요한 요소를 강조하는 데 활용된다.
③ 정렬은 디자인 요소를 특정한 패턴이나 위치에 배치하여 일관성과 조직감을 제공하며 모든 요소가 서로 독립적으로 배치될 수 있다.
④ 근접은 디자인 요소를 서로 가까이 배치하여 그룹화하고 정보의 연관성을 명확히 하는 원리이다.

59 다음 중 지도의 사용 목적과 관련하여 가장 옳은 것은?

① 지도는 지리적 위치의 정확한 좌표와 함께 해당 위치에서의 데이터를 나타내기 위해 주로 사용된다.
② 지도는 데이터의 시계열 변화를 나타내는 데 효과적이지 않으며, 주로 과거의 데이터 분석에 사용된다.
③ 지도는 범주형 데이터를 시각적으로 표현할 수 없다.
④ 지도는 데이터의 평균값이나 중앙값을 직접적으로 표시하는 기능을 가지고 있다.

60 다음 중 비즈니스 인텔리전스(BI) 소프트웨어의 특징으로 가장 옳지 않은 것은?

① 대시보드는 실시간으로 데이터를 갱신할 수 있는 기능을 제공한다.
② 시각화 도구를 이용하여 사용자가 데이터를 최대한 활용할 수 있는 환경을 제공한다.
③ 데이터의 자동 통합 및 정제가 가능하여 재현 가능성과 반복 가능성의 구현이 가능하다.
④ 사용자는 원하는 데이터를 시각적으로 표현하기 위한 그래프를 활용할 수 있다.

CHAPTER 03 2025년 1회 기출복원문제

제1과목 | 경영정보 일반

01 다음 중 궁극적인 고객평생가치(LTV)를 높이기 위해 기업이 쓸 수 있는 가장 효과적인 전략은?

① 신규 고객 확보를 위해 광고 캠페인에 투자한다.
② 기존 고객의 재구매율을 높이기 위해 로열티 프로그램을 도입한다.
③ 제품 가격 인상을 통해 단기 수익성을 개선한다.
④ 경쟁사와의 가격 경쟁을 하기 위해 가격 할인을 제공한다.

02 다음 중 회계처리 측면에서 감가상각의 개념으로 가장 옳은 것은?

① 유형자산이 물리적으로 손상된 경우 해당 자산의 공정 가치 감소분을 회계장부에 반영하는 과정이다.
② 미래에 유형자산을 재구입하기 위한 자금을 적립하는 회계절차이다.
③ 회계기간 말 유형자산의 공정가치를 재평가하여 장부에 반영하는 과정이다.
④ 유형자산의 취득원가를 해당 자산의 사용 기간 동안 비용으로 배분하는 과정이다.

03 다음 중 재고관리에 대한 설명으로 가장 옳지 않은 것은?

① 재고관리는 재고 비용이 많이 발생하더라도, 고객서비스를 최대한 높이는 것이 가장 중요한 목표이다.
② 재고관리의 성공을 위해서는 기업이 보유한 재고를 추적하는 시스템이 필요하다.
③ 재고관리의 효율성을 높이기 위해서는 수요예측의 정확성이 중요하다.
④ 재고관리 시스템에는 주기조사시스템과 연속조사시스템이 있다.

04 다음 중 재무제표상 인식되는 항목별 연결이 옳지 않은 것을 모두 고른 것은?

| 가. 연구비 – 비용 |
| 나. 경상개발비 – 무형자산 |
| 다. 건설 중인 자산 – 유형자산 |
| 라. 개발비 – 비용 |

① 가, 나　　② 가, 다
③ 나, 다　　④ 나, 라

05 다음 중 360도 다면평가의 특징으로 가장 옳지 <u>않은</u> 것은?

① 다양한 원천에서 정보를 수집하기 때문에 정보의 질이 좋다.
② 단일 정보원에서 평가 정보를 수집할 때 나오는 편견의 가능성을 줄일 수 있다.
③ 익명성이 보장되면 무책임한 평가가 이루어질 수 있기 때문에 기명으로 진행되는 것이 효과적이다.
④ 통계적 절차를 사용하여 계량화하는 작업이 필요하다.

06 다음 중 ROAS를 증가시키기 위한 직접적이고 즉각적인 전략으로 가장 옳은 것은?

① 광고 예산을 무작위로 증가시켜 더 많은 노출을 확보한다.
② 광고 타겟팅을 최적화하고, 전환율이 높은 광고 채널에 집중 투자한다.
③ 광고 노출을 최대화하기 위해 단가가 낮은 광고지면을 우선적으로 선택한다.
④ 광고 메시지를 감성적인 내용으로 변경하여 브랜드 인지도를 높인다.

07 다음 중 국가교통데이터베이스에 대한 설명으로 가장 옳지 <u>않은</u> 것은?

① 한국교통안전공단이 운영하며 공공, 민간, 기업이 참여하고 있다.
② 전문가포럼, 설명회, 공모전 등 다양한 활동을 지원하고 있다.
③ 유관기관의 내·외부 및 유·무료 데이터를 제공하고 있다.
④ 전 처리·가공 서비스, 시각화 서비스도 함께 제공하고 있다.

08 아래 글상자의 A와 B에 들어갈 말로 가장 올바르게 짝지어진 것은?

> 생산운영관리의 가장 큰 목표는 (A)와/과 (B)의 일치이며, (A)은/는 상대적으로 조절할 수 있지만, (B)은/는 상대적으로 조절하기 어렵다고 인식된다.

① (A) 수요, (B) 공급
② (A) 공급, (B) 수요
③ (A) 재고, (B) 판매
④ (A) 판매, (B) 재고

09 다음 마케팅 용어 중 설명과 연결이 가장 옳지 <u>못한</u> 것은?

① CPC(Cost Per Click) : 광고가 클릭될 때마다 비용이 청구된다.
② CPM(Cost Per Mille) : 광고가 100회 노출될 때마다 비용이 청구된다.
③ CPI(Cost Per Install) : 앱 설치를 기준으로 광고비가 청구된다.
④ CPR(Cost Per Reach) : 광고가 도달한 고유 사용자 수를 기준으로 비용이 청구된다.

10 다음 중 채권투자의 위험에 관한 설명으로 가장 옳지 <u>않은</u> 것은?

① 시장금리가 상승하면 기존에 발행된 고정금리 채권가격은 하락한다.
② 단기채권은 장기채권보다 금리 변동의 영향을 더 크게 받는다.
③ 인플레이션 상승 시, 중앙은행이 금리를 인상하면 기존 채권의 가격이 하락할 가능성이 크다.
④ 국채와 같은 고신용 등급 채권은 일반적으로 유동성이 높기 때문에 거래에 더 용이하다.

11 다음 중 직무교육의 한 종류인 OJT(On-the-Job Training)의 주요 특징으로 가장 옳지 않은 것은?

① 업무 환경과 교육 환경이 분리되어 있어서 학습의 집중력을 높일 수 있다.
② 직원이 실무를 수행하는 능력을 향상시킬 수 있다.
③ 실제 업무 환경에서 교육이 이루어진다.
④ 교육 과정에서 직속 상사나 선배가 코치로서 중요한 역할을 한다.

12 아래 글상자의 특정 기업에 대한 SWOT 분석에서 내부요인에 해당하는 항목을 모두 고른 것은?

> 가. 생산 효율성을 높여주는 독점 기술 보유
> 나. 경쟁사의 시장 점유율 상승
> 다. 고객 서비스 부족으로 인한 불만 증가
> 라. 정부의 새로운 규제로 인한 비용 부담

① 가, 나　　② 가, 다
③ 나, 라　　④ 다, 라

13 아래 글상자에서 재무상태표에 관한 설명으로 옳은 것을 모두 고른 것은?

> 가. 재무상태표는 일정 기간 동안의 기업의 재무 상태를 나타내는 보고서이다.
> 나. 재무상태표 등식은 "자산=부채+자본"이다.
> 다. 재무상태표의 차변합계와 대변합계는 항상 일치한다.

① 가, 나, 다　　② 가, 다
③ 나, 다　　　 ④ 다

14 다음 중 내부 인재 모집에 대한 설명으로 가장 옳지 않은 것은?

① 주로 캠퍼스 리쿠르팅이나 기업 웹사이트를 통한 공개채용을 통해 모집이 이루어진다.
② 직무에 대한 비현실적인 기대가 상대적으로 적기 때문에 직무에 대한 적응도가 높아진다.
③ 종업원 능력을 평가하기 훨씬 용이하다.
④ 육성 비용이 거의 들지 않기 때문에 비용을 절감할 수 있다.

15 다음 중 고객관계관리(CRM)의 정의로 가장 옳은 것은?

① 기업이 고객의 주문 데이터를 바탕으로 물류와 재고를 효율적으로 관리하는 시스템이다.
② 기업이 고객과의 금전 거래 내역을 통합 관리하여 매출과 비용을 분석하는 관리 시스템이다.
③ 기업이 고객의 구매 요청을 기반으로 생산 일정을 최적화하는 방법론이다.
④ 기업이 고객의 구매 이력과 선호도를 분석하여 고객 충성도를 높이기 위해 사용하는 전략 및 기술이다.

16 다음 중 성과평가 방법에서 서술법의 장점으로 가장 옳은 것은?

① 시간 소요가 적어 효율적이다.
② 간단하고 정량적인 피드백의 제공이 가능하다.
③ 직원 간 성과 비교가 가능하여 객관성을 높일 수 있다.
④ 직원의 성과와 개선 영역에 대한 구체적인 피드백이 가능하다.

17 다음 중 PERT/CPM 모델의 장점에 대한 설명으로 가장 옳지 않은 것은?

① 전체 프로젝트의 총 소요시간을 추정하는 것이 가능하다.
② 소요 시간에 영향을 주지 않는 활동인 주 경로(Critical Path)를 식별할 수 있다.
③ 그림으로 시각화되어 나타나 작업자 간 정보 전달이나 의사소통이 쉽다.
④ 전체 프로젝트의 총 소요시간에 영향을 주지 않는 범위 내에서 각 활동들을 얼마나 늦게 완료할 수 있는지에 대한 지연 시간 정보를 제공한다.

18 다음 중 기업자원관리(ERP)의 특징에 관한 설명으로 가장 옳지 않은 것은?

① 부서 간 데이터를 공유하여 정보의 일관성을 높일 수 있다.
② 실시간 데이터를 활용하여 경영 의사결정을 지원할 수 있다.
③ 개별 부서의 독립적인 데이터 관리 역량을 강화시킬 수 있다.
④ 데이터의 중복을 최소화하여 운영 비용을 절감시킬 수 있다.

19 순현가(NPV)법은 주주 부의 극대화라는 기업의 목표에 적합하고 가장 합리적인 투자안 평가방법이다. 다음 중 순현가(NPV)의 특성으로 가장 옳지 않은 것은?

① 순현가는 투자안의 모든 현금흐름을 고려한다.
② 순현가는 현금흐름을 적절한 할인율로 할인한다.
③ 순현가는 가치의 가산원칙이 성립한다.
④ 순현가는 모든 개별 투자안들 사이의 상호작용이나 자본 제약을 고려한다.

20 다음 중 정기발주모형(P-model)과 정량발주모형(Q-model)에 대한 설명으로 가장 옳지 않은 것은?

① Q-model : 재주문점 시스템이라고도 할 수 있다.
② Q-model : 보유한 재고의 양이 특정 양에 도달하면 주문을 하는 시스템이다.
③ P-model : 안전재고의 보관 기간에 따라 주문이 이루어진다.
④ P-model : 재고의 양과 관계없이 주문이 이루어지는 시스템이다.

제2과목 | 데이터 해석 및 활용

21 다음 중 관계형 데이터베이스 관리 시스템(RDBMS)의 특징으로 가장 옳지 않은 것은?

① 데이터를 테이블 형식으로 관리한다.
② SQL을 기본으로 데이터 조작 언어(DML)를 지원한다.
③ 데이터가 계층 구조로 저장되고 탐색된다.
④ 데이터 무결성과 일관성을 보장하기 위한 ACID 속성을 제공한다.

22 다음 중 반정형 데이터와 비정형 데이터에 대한 설명으로 가장 옳지 않은 것은?

① 반정형 데이터는 일정한 규칙이나 태그로 조직화된 데이터를 의미하며 데이터를 구조화하거나 분석하기가 비정형 데이터에 비해 상대적으로 쉬운 편이다.
② 비정형 데이터는 텍스트, 이미지, 오디오, 비디오, 이메일, 소셜 미디어 게시글, 웹페이지 등의 다양한 형식으로 존재하므로 스키마가 유동적이다.
③ 반정형 데이터는 XML, JSON, YAML과 같은 형식으로 저장하며 파싱 및 쿼리가 가능하고 특정 형식으로 데이터를 추출하고 분석할 수 있다.
④ 비정형 데이터는 검색, 추출, 분석을 위한 고급 알고리즘이나 도구가 필요하다.

23 다음 중 아래 글상자에서 비즈니스 인텔리전스(BI)와 데이터 기반 의사결정(DDDM)에 대한 설명으로 옳지 않은 것을 모두 고른 것은?

> 가. 데이터를 바탕으로 주관적 판단의 오류를 최소화할 수 있다.
> 나. BI와 DDDM은 과거 데이터만을 활용하므로 미래를 예측할 수 없다.
> 다. 데이터만 있으면 항상 정확한 의사결정이 가능하다.
> 라. 데이터 수집과 분석에 많은 비용이 들지 않아 모든 기업이 쉽게 도입할 수 있다.

① 가, 나, 다
② 나, 다
③ 가, 다, 라
④ 나, 다, 라

24 다음 중 기업의 데이터 웨어하우스에 데이터를 적재하는 과정을 설명한 것으로 가장 옳은 것은?

① 기업은 매일 자정에만 운영 DB로 데이터를 모두 추출한다.
② 적재 후 ETL도구가 자동으로 모든 오류를 식별 및 수정한다.
③ 변환 완료된 데이터를 데이터 웨어하우스의 해당 테이블에 적재한다.
④ 적재 후에는 재추출 및 재변환 과정이 필요 없다.

25 다음 중 데이터베이스의 개념 스키마가 변경될 경우 영향을 받는 요소로 가장 옳은 것은?

① 물리적 데이터 독립성
② 외부 스키마와 사용자 뷰
③ 데이터베이스의 파일 구조
④ 데이터베이스 하드웨어 요구사항

26 다음 중 DIKW 피라미드에서 정보와 지식에 대한 설명으로 가장 옳은 것은?

① 정보는 지식의 집합체이며 지식은 데이터를 분석한 결과이다.
② 정보는 데이터에서 의미와 관계를 도출하여 정리한 것이며 지식은 경험을 통해 습득한 이해이다.
③ 정보는 주어진 데이터를 사실 그대로 기록한 것이며 지식은 이를 가공하여 분석한 것이다.
④ 정보는 데이터에 의미를 부여하여 경험과 맥락을 통해 이해한 것이며 지식은 이를 바탕으로 미래를 예측한다.

27 다음 중 병원 응급실에 하루 평균 10명이 도착한다고 할 때 첫 번째 환자가 도착하는 시간과 하루 동안의 환자 수를 각각 모델링하기 위해 사용하는 확률분포로 가장 옳은 것은?

① 첫 번째 환자가 도착하는 시간은 기하분포, 하루 동안의 환자 수는 포아송분포를 따른다.
② 첫 번째 환자가 도착하는 시간은 포아송분포, 하루 동안의 환자 수는 지수분포를 따른다.
③ 첫 번째 환자가 도착하는 시간은 지수분포, 하루 동안의 환자 수는 포아송분포를 따른다.
④ 첫 번째 환자가 도착하는 시간은 지수분포, 하루 동안의 환자 수는 기하분포를 따른다.

28 다음 중 아래 글상자에서 설명하는 확률적 표본 추출방법으로 가장 옳은 것은?

- 모집단을 서로 다른 동질적인 특성을 가진 여러 개의 소그룹으로 나눈 후 각 소그룹에서 원하는 크기의 표본을 단순 임의로 추출하는 방법이다.
- 표본으로 선택된 단위만을 조사하므로 비용 절감 및 자료분석이 용이하다.
- 소그룹을 대표하는 동질적인 특성은 성별, 연령대, 종교, 소득수준과 같이 관심 있는 변수를 기준으로 나눈다.

① 군집추출 ② 단순무작위추출
③ 층화추출 ④ 계통추출

29 다음 중 NoSQL 데이터베이스의 유형으로 가장 옳지 않은 것은?

① 문서 지향 데이터베이스
② 테이블 기반 데이터베이스
③ 열 기반 저장소
④ 그래프 데이터베이스

30 다음 중 빅데이터 기술에 대한 설명으로 가장 옳지 않은 것은?

① 데이터 웨어하우스는 일반적으로 실시간 데이터 처리에 최적화되어 있어 빠른 의사결정을 돕는다.
② HDFS는 대규모 데이터를 분산 저장할 수 있게 설계된 파일 시스템이다.
③ TensorFlow는 빅데이터 분석을 위한 데이터 처리기술로 머신러닝과 딥러닝 모델 개발에 주로 사용된다.
④ NoSQL 데이터베이스로 분류되는 대표적인 저장 기술제품으로 MongoDB가 있다

31 다음 중 백업유형과 그 특징이 가장 올바르게 연결된 것은?

㉠ 전체 백업 : 변경된 파일만 백업하여 백업 시간을 단축한다.
㉡ 증분 백업 : 마지막 백업 작업 이후 변경된 데이터만 백업한다.
㉢ 차등 백업 : 정기적이고 자동화된 데이터 백업을 수행한다.
㉣ 논리적 백업 : 데이터, 로그 파일, 제어 파일 등으로 구성되어 있다.

32 다음 중 데이터 오류의 유형과 예시에 대한 설명으로 가장 옳은 것은?

㉠ 형식 오류 : 날짜 데이터를 문자열로 저장하려고 할 때 발생한다.
㉡ 완전성 오류 : 동일한 데이터가 다른 값으로 저장될 때 발생한다.
㉢ 정확성 오류 : 데이터의 값이 예상된 범위 내에 있는 경우 발생한다.
㉣ 무결성 오류 : 동일한 데이터가 한 번만 저장된 경우 발생한다.

33 다음 중 데이터베이스에서 UPDATE 명령어를 사용할 때 모든 행에 대해 동일한 값을 설정하지 않도록 하기 위한 방법으로 가장 옳은 것은?

① FROM 절을 이용하여 해당 테이블을 지정한다.
② PRIMARY KEY 값을 변경한다.
③ WHERE 절을 사용하여 특정 조건을 지정한다.
④ 테이블을 DROP하고 다시 생성한다.

34 다음 중 비즈니스 인텔리전스 프로세스에 대한 설명으로 가장 옳은 것은?

① 데이터 시각화는 분석 단계에서 활용되며, 데이터 수집 단계에서는 활용되지 않는다.
② 데이터는 효율적인 분석을 위해 구조화된 형태로 안전한 저장소에 보관된다.
③ 성과 모니터링 단계에서 분석 결과를 활용하여 의사결정을 수행한다.
④ 데이터 품질과 유효성을 유지하기 위해 데이터 분석프로세스를 조정한다.

35 다음 중 데이터 저장 방안을 설계할 때 고려해야 할 사항으로 가장 옳지 않은 것은?

① 저장 용량을 산정하고 예상 데이터 증가량을 반영해 확장 가능성을 확보한다.
② 저장 시점 기준으로 암호화 또는 접근 권한 관리를 검토한다.
③ 데이터 저장 및 검색의 성능과 액세스 속도를 고려해야 한다.
④ 백업 및 복구 등의 기술적 절차는 운영 단계에서 수립할 수 있다.

36 다음 중 두 데이터세트를 결합할 때 내부 병합의 결과로 가장 옳은 것은?

① 두 데이터세트를 모든 데이터를 포함한다.
② 첫 번째 데이터세트의 모든 데이터를 포함하고, 두 번째 데이터세트에서 첫 번째 데이터세트와 동일한 키가 있는 경우에만 오른쪽 데이터가 추가된다.
③ 두 데이터세트 모두에서 존재하는 키를 기준으로 데이터를 결합한 것이다.
④ 두 데이터세트에서 이름이 동일한 모든 열을 기준으로 결합되며, 중복된 열은 한 번만 포함된다.

37 다음 중 데이터베이스의 저장 데이터 관리자가 수행하는 역할로 가장 옳은 것은?

① 트랜잭션의 관리와 제어를 담당한다.
② 데이터를 디스크에 배치하고 관리한다.
③ 데이터의 특성에 대한 정보를 제공한다.
④ 데이터베이스의 쿼리 최적화를 수행한다.

38 다음 중 데이터 변동성을 측정하는 통계량에 대한 설명으로 가장 옳지 않은 것은?

① 변동계수(CV ; Coefficient of Variation)는 표준편차를 평균으로 나눈 백분율로 측정단위가 서로 다르거나 평균의 차이가 매우 큰 데이터를 비교할 때 사용한다.
② 범위(Range)는 최댓값과 최솟값의 차이로 계산하기 쉽지만 극단값에 민감하다.
③ 사분위수 범위(IQR ; Interquartile Range)는 데이터의 1사분위수와 3사분위수의 차이를 의미하며 데이터의 50%가 분포하는 범위를 나타낸다.
④ 평균절대편차(MAD ; Mean Absolute Deviation)는 데이터들이 평균으로부터 떨어진 정도를 알아볼 때 이용한다.

39 다음 중 데이터베이스의 데이터 딕셔너리에 대한 설명으로 가장 옳은 것은?

① 데이터의 실제값을 저장하는 저장소이다.
② 데이터베이스의 사용자 인터페이스를 제공하는 역할을 한다.
③ 데이터베이스의 스키마 정보와 메타데이터를 저장한다.
④ 트랜잭션의 상태를 관리하는 모듈이다.

40 다음 중 다중회귀에 대한 설명으로 가장 옳은 것은?

① 단순회귀모형에 2개 이상의 독립 변수를 추가하여 확장한 것이다.
② 독립 변수와 종속 변수 간의 관계가 비선형일 때 사용되는 기법으로 데이터가 곡선 형태의 관계를 가질 때 유용하다.
③ 종속 변수가 이진값을 가지며 독립 변수와의 관계를 통해 특정 사건이 발생할 확률을 예측한다.
④ 독립 변수들이 모두 이진값을 가질 때 사용한다.

제3과목 | 경영정보시각화 디자인

41 다음 중 산점도를 시각화할 때 주의해야 할 점으로 가장 옳지 않은 것은?

① 데이터 포인트가 적으면 막대그래프나 표와 같은 대안을 고려한다.
② 관계와 함께 시간에 따른 변화를 시각화할 수 있다.
③ 산점도의 해석에 영향을 줄 수 있는 예외 값을 강조 표시한다.
④ 데이터 포인트의 밀도가 낮을수록 산점도가 더 적합하다.

42 다음 중 아래와 같은 차트를 사용할 때 주의해야 할 사항으로 가장 옳지 않은 것은?

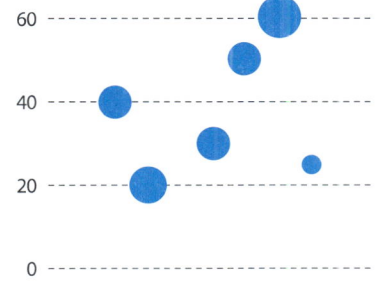

① 사람들이 원의 면적보다 지름을 기준으로 판단하는 경향이 있으므로 이를 고려해야 한다.
② 두 개 이상 변수의 상관 관계를 표현한다.
③ 데이터가 많을수록 이 차트의 활용은 적합하지 않으며 최대 10개의 데이터만 사용한다.
④ 색상을 전략적으로 사용하여 데이터 그룹과 카테고리를 명확히 구분할 수 있어야 한다.

43 다음 중 아래와 같은 차트를 사용하는 사례 및 특성에 대한 설명으로 가장 옳은 것은?

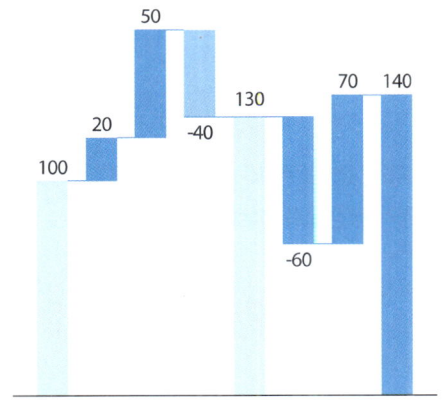

① 연도별 매출 순위 변화를 분석할 때 사용한다.
② 제품별 비용, 매출, 순이익 등 재무 항목의 누적 변화를 분석할 때 사용한다.
③ 각 범주의 분포와 최댓값, 최솟값을 비교할 때 사용한다.
④ 두 변수 간의 상관관계를 분석할 때 사용한다.

44 다음 중 타임라인 인포그래픽의 특성에 대한 설명으로 가장 옳지 않은 것은?

① 역사적 사건, 기업 연혁 데이터를 활용하여 시각화하기에 적절하다.
② 데이터의 정확한 수치보다는 시간적 순서를 강조하며, 시간의 순서대로 사용자의 시선이 따라가도록 설계한다.
③ 타임라인에 표시되는 모든 데이터는 동일한 중요도로 간주되며 특정 이벤트를 강조하는 것은 일반적으로 제한된다.
④ 연표, 시간축, 주요 사건을 중심으로 정보를 정리하여 시간 경과에 따른 변화를 쉽게 파악할 수 있도록 돕는다.

45 다음 중 불렛 차트의 주요 특징으로 가장 옳은 것은?

① 막대그래프와 유사한 형태이며, 실적 데이터를 목표 대비 성과로 시각화하는 데 적합하다.
② 게이지 차트보다 화면 공간을 더 많이 사용한다.
③ 데이터의 시간적 변화를 선으로 연결하여 나타낸다.
④ 그래프의 막대 방향에 수평인 선 마커는 비교 측정값이라 부른다.

46 다음 중 사무자동화 프로그램(예 엑셀, 파워포인트)의 장점으로 적절한 것을 모두 고른 것은?

> 가. 비전문가도 사용이 가능하며, 기본적인 데이터 정리와 간단한 시각화를 쉽게 수행할 수 있다.
> 나. 드래그 앤 드롭 방식으로 시각화 요소를 생성할 수 있다.
> 다. 실시간 데이터 연동 및 대규모 데이터 처리가 가능하다.
> 라. 다차원 분석과 고급 통계 기능을 활용하여 복잡한 데이터 분석이 가능하다.

① 가
② 가, 나
③ 나, 다
④ 가, 나, 라

47 다음 중 도넛 차트와 파이 차트에 대한 설명으로 가장 옳은 것은?

① 도넛 차트의 수치는 면적으로 표시한다.
② 도넛 차트는 각 세그먼트를 쉽게 구별할 수 있도록 색상 구분을 명확히 한다.
③ 파이 차트는 수치를 통해 값을 보여주고 면적으로 각도를 표시한다.
④ 도넛 차트와 파이 차트는 모든 조각의 합이 항상 100%일 필요는 없다.

48 다음 중 클라우스 윌케가 정의한 시각적 속성에 해당하지 않는 것은?

① 색
② 위치
③ 부피
④ 선 유형

49 다음 중 아래 설명을 통해 알 수 있는 비즈니스 인텔리전스(BI) 소프트웨어에 대한 단점으로 가장 옳은 것은?

> 동일한 시각적 결과물을 구현하기 위해 데이터, 전처리, 분석 방법, 사용기능 등을 상세히 설명해야 하며, 대시보드나 보고서 등 최종 성과물만을 저장할 수 있다.

① 재현 가능성 구현 문제
② 잘못된 해석의 리스크
③ 반복 가능성 구현 문제
④ 보안과 권한 설정

50 다음 중 선 그래프를 효과적으로 시각화하기 위해 주의해야 할 사항으로 가장 옳지 않은 것은?

① 선의 두께는 그리드 선의 두께보다 두껍게 설정한다.
② Y축 기준선을 0으로 항상 고정해야 하는 것은 아니며 데이터의 변화를 더 명확히 보기 위해 축의 범위를 조정하기도 한다.
③ 데이터 포인트의 수가 10개 미만으로 적을 때 표보다 그래프를 사용하는 것이 더 적합하다.
④ 변수가 많은 경우 식별이 어려울 수 있으므로 다른 시각화 방식을 선택한다.

51 다음 중 아래와 같은 그래프를 시각화할 때 주의해야 할 사항으로 가장 옳지 않은 것은?

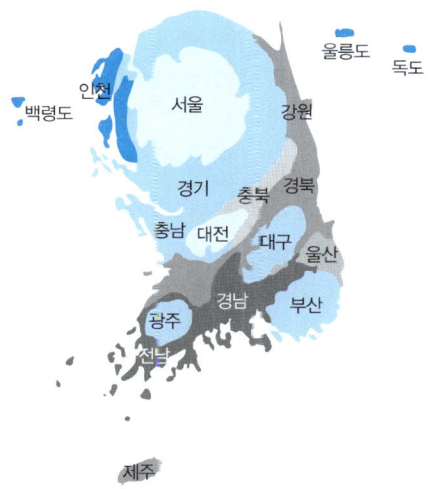

① 사용자가 나라의 위치나 형상 및 크기를 어느 정도 익숙하게 알고 있다는 전제하에 제공한다.
② 시각화할 때 인터랙션이 포함되면 탐색적 분석 효과가 극대화된다.
③ 데이터 값에 따라 지역의 크기와 모양이 왜곡되기 때문에, 이러한 왜곡이 데이터 해석에 적합한지 확인한다.
④ 지리적 데이터의 정확성을 유지하여 실제 지리적 위치를 정확히 시각화하여 표현하는 것을 목표로 한다.

52 다음 중 대시보드의 기본 기능에 대한 설명으로 가장 옳지 않은 것은?

① 대시보드상의 대화형 요소를 사용하여 사용자의 데이터 분석을 돕는다.
② 대시보드에 시각화된 KPI와 그래프는 실시간으로 데이터 갱신이 불가능하다.
③ 그래프와 차트를 통한 데이터 시각화 기능을 제공한다.
④ 데이터를 필터링하여 원하는 범위의 데이터만 표시할 수 있다.

53 다음 중 롤리팝차트에 대한 설명으로 가장 옳은 것은?

① 이 차트는 데이터의 순서나 시간에 따른 변화를 시각적으로 나타내며, 단계별 변화 과정을 강조하는 데 주로 사용된다.
② 이 차트는 막대차트에서 파생된 형태로, 데이터를 선과 점으로 시각화하여 직관적인 비교를 가능하게 하는 것이 특징이다.
③ 이 차트는 여러 범주의 데이터를 계층적으로 그룹화하여, 각 그룹 간의 관계를 한눈에 파악할 수 있도록 설계되었다.
④ 이 차트는 분포를 시각화하는 데 적합하다.

54 다음 중 히트맵을 효과적으로 시각화하기 위해 주의할 사항으로 가장 옳지 않은 것은?

① 데이터 값의 범위를 반영하는 적절한 색상 눈금을 설정한다.
② 행과 열의 구성이 명확한 매트릭스 형식으로 이루어져야 한다.
③ 배경과 텍스트의 대비를 최소화하여 시각적 혼란을 줄인다.
④ 색상 눈금 범례를 포함하여 각 색상과 숫자 값의 매핑을 명확히 한다.

55 다음 중 시각화 디자인 기본 원리에 해당하는 게슈탈트 법칙의 주요 목적으로 가장 옳은 것은?

① 복잡한 시각 정보를 더 복잡한 형태로 나타낸다.
② 단순한 형태를 여러 개의 개별 요소로 나눈다.
③ 시각적 요소를 하나의 통합된 형태로 인식하도록 한다.
④ 정보의 전경과 배경을 완전히 분리한다.

56 다음 중 아래 그림들의 특징으로 가장 옳지 않은 것은?

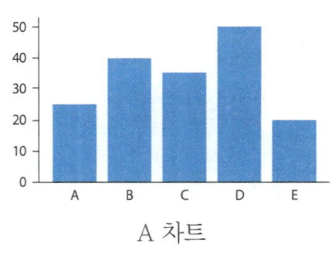
A 차트

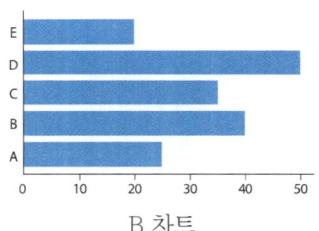
B 차트

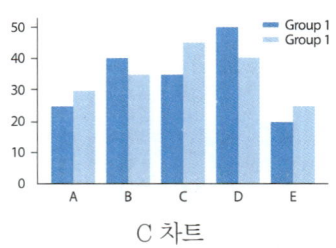
C 차트

① A 차트는 범주별 수량 비교가 가능하며 특정한 순서가 없을 때는 막대 순서를 오름차순 혹은 내림차순으로 정렬할 수 있다.
② B 차트는 범주의 수가 많을 때도 가독성을 유지하며 긴 항목 레이블을 효과적으로 표시할 수 있다.
③ C 차트는 그룹 간의 비교와 그룹 내 항목 간의 비교를 동시에 수행하지만 각 그룹 내 항목의 직접적 비교는 어렵다.
④ 세 차트 모두 범주형 데이터를 기반으로 수량을 시각화하는 데 적합하며 많고 적음을 표현하는 대표적 방법이다.

57 다음 중 인포그래픽을 시각화할 때, '질감'의 역할과 특징에 대한 설명으로 가장 옳지 않은 것은?

① 표면의 시각적 특성을 활용하여 데이터 요소에 감각적 특성을 부여하고 시각적으로 정보를 보완한다.
② 부드러운 질감은 안정감을 나타내는 데 유용하고 거친 질감은 긴장감을 전달하는 데 효과적이다.
③ 차트에서 질감 요소를 사용하여 특정 데이터 요소를 강조하거나 데이터의 의미를 명확히 전달할 수 있다.
④ 시각적 다양성을 극대화하기 위해 가능한 여러 종류의 질감을 사용하여 요소 간의 구분을 강조해야 한다.

58 다음 중 인포그래픽 아이콘에 대한 설명으로 가장 옳은 것은?

① 아이콘은 복잡한 정보를 간단하고 상징적인 형태로 시각화하여 직관적으로 이해할 수 있도록 디자인된 그래픽 요소이다.
② 아이콘은 일반적으로 텍스트와 문자를 활용하여 시각적으로 요소를 디자인하는 데 중점을 둔다.
③ 아이콘은 구체적인 데이터를 정확하게 표현하기 위해 세부적인 디테일과 정교한 표현 방식을 주로 사용한다.
④ 아이콘은 특정 문화권의 해석에 의존하지 않으며 모든 사용자가 동일하게 이해할 수 있도록 설계된다.

59 다음 중 시간 시각화에 가장 적합하지 <u>않은</u> 것은?

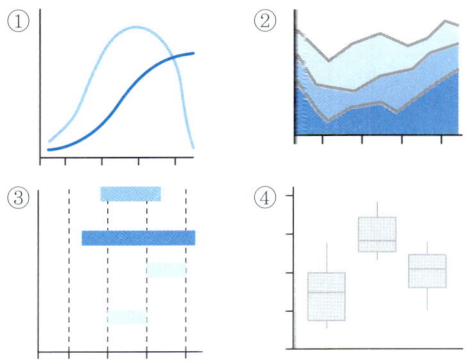

③ 이 차트는 평균, 최댓값, 최솟값 등의 통계 정보를 통해 데이터의 전반적인 분포를 요약하여 제공한다.

④ 이 차트는 동일한 명도 스케일을 사용하므로 데이터 간의 시각적 비교가 직접적으로 가능하다.

60 다음은 2024년 데이터를 두 가지 샘플 데이터로 시각화한 그림이다. 아래 설명 중 가장 옳지 <u>않</u>은 것은?

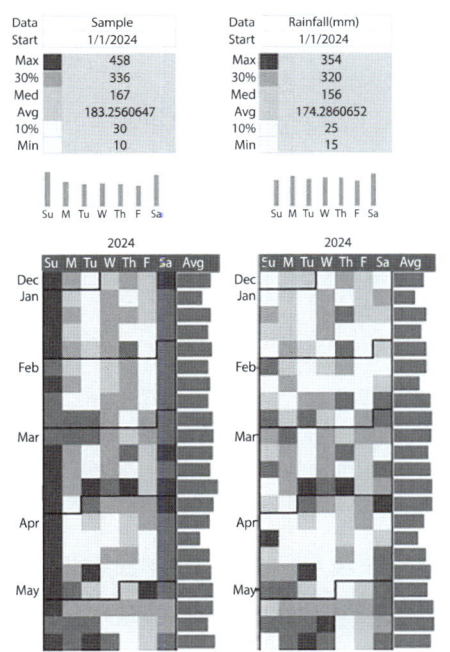

① 이 차트는 날짜별 데이터를 명도 차이로 시각화하여 값의 크기를 직관적으로 확인할 수 있다.

② 두 가지 샘플 차트 중 'Rainfall(mm)' 차트는 값이 클수록 어둡게 표현되며, 명도의 강도로 데이터를 비교할 수 있다.

CHAPTER 04 2025년 2회 기출복원문제

제1과목 | 경영정보 일반

01 다음 중 기업에서 실시하는 유연근무제에 대한 설명으로 가장 옳은 것은?

① 종업원이 시간에 제약 없이 자신이 원하는 시간으로 근무시간을 조정할 수 있는 효율적인 제도이다.
② 재택근무는 전통적인 근무방식과 비교하여 기업에게 보다 많은 비용을 발생시키지만, 관리가 용이하다.
③ 유연근무제는 대부분 종업원을 나태하게 만들어 직무에 대한 동기부여를 낮춘다.
④ 기업이 제공하는 비법정 복리후생제도 중 하나이다.

02 재고청산이 발생하지 않는다고 가정했을 때, 다음 중 물가가 상승하고 있는 상황에서 매출총이익이 가장 적게 계산되는 원가흐름가정으로 가장 옳은 것은? (단, 세금효과는 무시한다.)

① 선입선출법
② 후입선출법
③ 이동평균법
④ 총평균법

03 아래 글상자의 예시 중 업셀링(Up-Selling)과 크로스셀링(Cross-Selling)에 동시에 해당하는 항목을 모두 고른 것은?

> 가. 고객이 스마트폰을 구매하려 할 때, 더 큰 저장 용량을 가진 모델을 추천하고, 무선이어폰 세트 구매를 제안한다.
> 나. 고객이 레스토랑에서 스테이크를 주문할 때, 같은 가격으로 사이즈가 늘어나는 고급 와인을 곁들인 세트를 권한다.
> 다. 고객이 프린터를 구매하려고 할 때, 리퍼 제품을 할인된 가격으로 제안하며 정품 잉크 패키지를 함께 추천한다.
> 라. 고객이 항공권을 예약할 때, 비즈니스석 업그레이드 옵션과 함께 라운지 이용권을 추가로 추천한다.

① 가, 다
② 가, 라
③ 가, 다, 라
④ 가, 나, 다, 라

04 다음 중 직무분석을 활용하는 방안으로 가장 옳지 않은 것은?

① 직무분석을 통해 평가와 보상의 기준을 설정한다.
② 직무분석을 통해 종업원에게 요구되는 직무를 결정한다.
③ 직무기술서를 통해 종업원에게 업무를 지시한다.
④ 직무를 수행하는 개인이 갖춰야 하는 자격요건인 직무기술서를 작성한다.

05 다음 중 성과평가 방법에서 강제할당법의 주요 특징으로 가장 옳지 않은 것은?

① 낮은 범주에 속한 직원의 사기를 떨어뜨릴 수 있다.
② 특정 기준에 따라 직원들의 상대적 위치가 할당된다.
③ 직원 간 성과를 스펙트럼 범주에 따라 분류한다.
④ 평가자가 직원의 성과를 비교하여 순위를 매긴다.

06 다음 중 아래 글상자의 다양한 품질관리기법에 대한 설명으로 옳은 것을 모두 고른 것은?

> 가. 산점도 기법은 두 변수 간의 관계를 알아보고자 할 때 유용하다.
> 나. 체크리스트 기법을 통해 결함이 발생하는 위치를 확인할 수도 있다.
> 다. 파레토 기법을 통해 중요한 문제에 집중할 수 있다.
> 라. 특성요인도의 주요원인언 4M은 작업자, 작업방법, 원재료, 비용이다

① 나, 라
② 가, 나, 다
③ 나, 다, 라
④ 가, 나, 다, 라

07 다음 중 옵션에 대한 설명으로 가장 옳지 않은 것은?

① 옵션은 채권투자위험을 헤지하거나 채권가격의 변동에 대응하여 포트폴리오 수익을 향상시키는 데 사용될 수 있다.
② 옵션 매수자는 기초자산을 매수하거나 매도할 수 있는 권리에 대하여 옵션 매도자에게 프리미엄을 지급한다.
③ 옵션 매수자의 입장에서 옵션과 관련된 위험을 지불한 프리미엄으로 제한되는 반면, 잠재적 보상은 풋옵션의 경우 이론적으로 두제한이라고 볼 수 있다.
④ 행사가격과 기초자산의 현재 시장가격 간의 관계가 옵션 가치에 영향을 준다고 볼 수 있다.

08 기업은 인적자원평가 결과를 종업원 관점, 관리적 관점, 조직적 관점에서 활용할 수 있다. 아래 글상자의 내용 중 관리적 관점에서 평가 결과를 활용하는 방법을 모두 고른 것은?

> 가. 성과평가의 문서화를 유지하면서 고용법 및 규정을 준수한다.
> 나. 내부 승계를 위한 핵심 인력을 식별하는 데 사용한다.
> 다. 객관적인 성과데이터에 기반하여 종업원의 급여를 조정하는 의사결정을 진행한다.
> 라. 직원 성과 개선을 위한 피드백과 코칭자료로 사용한다.

① 가, 나
② 가, 나, 라
③ 나, 다, 라
④ 가, 나, 다, 라

09 다음 중 아래 글상자의 괄호 안에 순서대로 들어갈 각각의 용어로 가장 옳은 것은?

> 콜옵션의 경우에 (가)은 기초자산의 가격이 행사가격보다 낮은 상태를 의미한다. 풋옵션의 경우에 (나)은 기초자산의 가격이 행사가격보다 높은 상태를 의미한다.

① (가) 외가격, (나) 외가격
② (가) 내가격, (나) 외가격
③ (가) 외가격, (나) 내가격
④ (가) 내가격, (나) 내가격

10 다음 중 공공데이터포털과 관련된 설명으로 가장 옳지 않은 것은?

① 공공기관이 생성하거나 획득하여 관리 중인 공공데이터를 한 곳에서 효율적으로 제공하는 통합 창구이다.
② 공공데이터포털은 파일데이터, 오픈 API, 시각화 등 다양한 방식으로 공공데이터를 제공하고 있다.
③ 누구나 간편하게 검색을 통해 원하는 공공데이터를 신속하고 정확하게 찾을 수 있도록 도와준다.
④ 정부민원포털 정부24(www.gov.kr)에서 신청되지 않는 각종 증명서 등에 대해서 신청 및 자료를 다운로드할 수 있다.

11 다음 중 경제적 주문량(EOQ) 모형에 대한 설명으로 가장 옳지 않은 것은?

① 연간 총비용은 주문비용과 재고유지비용의 합으로 산정된다.
② 리드타임이 일정하다면, 안전재고는 필요하지 않을 수 있다.
③ EOQ는 수요 변동성과 주문 단가 변화를 반영하여 탄력적으로 조정된다.
④ EOQ에서는 재고가 모두 소진되는 시점에 정확히 다음 주문이 도착한다고 본다.

12 아래 글상자의 5 Forces 분석 내용 중에서 잠재적 진입자의 위협을 높이는 상황을 모두 고른 것은?

> 가. 산업 내 규모의 경제가 이루어짐
> 나. 산업 내 제품 차별화의 수준이 낮음
> 다. 해당 산업의 자본투자 요구수준이 높음
> 라. 산업 내 제품 유통을 위한 배타적 경로의 사용

① 가
② 나
③ 가, 라
④ 나, 다, 라

13 다음 중 손익계산서에 보고되는 영업이익의 계산식으로 가장 옳은 것은?

① 매출액 − 매출원가
② 매출액 − 매출원가 + 영업외수익 − 영업외비용
③ 매출총이익 + 영업외수익 − 영업외비용
④ 매출총이익 − 판매비와관리비

14 다음 중 순수고객추천지수(NPS)에 대한 설명으로 가장 옳지 않은 것은?

① NPS는 고객이 브랜드 또는 제품을 추천할 가능성을 0~10점 척도로 평가하는 방식이다.
② NPS 점수(지표)는 전체 권유자의 비율에서 비판자의 비율을 차감한 수치로 계산할 수 있다.
③ 4점에서 6점 사이의 점수를 부여한 응답자는 '중립'으로 분류된다.
④ 9점 또는 10점을 부여한 응답자만 '권유'로 분류된다.

15 다음 중 고착도(Stickiness)에 대한 설명으로 가장 옳지 않은 것은?

① 고착도는 DAU와 MAU의 비율로 계산된다.
② 고착도가 높을수록 사용자가 서비스에 자주 참여함을 의미한다.
③ 고착도는 고객의 충성도를 평가하는 주요 지표에 해당한다.
④ 고착도와 서비스의 절대적인 사용자 수는 비례한다.

16 프로젝트 일정에서 각 활동은 ES, EF, LS, LF, 여유시간(Slack)을 갖는다. 이 프로젝트의 주경로(Critical Path)를 알아내는 방법으로 가장 옳은 것은?

① ES와 EF의 차이가 가장 많이 나는 활동들을 찾아 연결한다.
② LS와 LF의 차이에서 여유시간(Slack)의 값을 뺀 값이 가장 적은 활동을 찾아 연결한다.
③ ES와 LS의 합과 EF와 LF의 합이 최대가 되는 활동을 찾아 연결한다.
④ 여유시간(Slak)이 0이 되는 활동들을 찾아 연결한다.

17 다음 중 현대적 구매관리와 관련된 설명으로 가장 옳지 않은 것은?

① 구매부서는 조달 품목의 중요도에 따라 공급업체와의 관계를 차별화하며 경우에 따라 공동 기술개발을 진행한다.
② 지속가능성과 윤리적 조달은 장기적인 공급망 신뢰성을 확보하기 위한 핵심요소 중 하나이다.
③ 원가효율성은 구매 의사결정의 최우선 기준이며, 공급 업체와의 협력관계는 가격 협상에 유리하게 작용한다.
④ 단기 조달원가 뿐만 아니라 품질, 납기, 유연성 등 전체적 가치를 종합적으로 고려한다.

18 전자상거래에서 SNS 플랫폼을 활용한 퍼포먼스 마케팅 캠페인의 효과를 측정하기 위해 다양한 지표들이 활용된다. 다음 중 SNS 플랫폼별 ROI(Return On Investment) 산정에 가장 직접적인 영향을 미치지 않는 지표는?

① 클릭률(Click-Through Rate)
② 페이지 체류 시간(Average Time on Page)
③ CPA(Cost Per Action)
④ ROAS(Return On Ad Spend)

19 다음 중 아래 글상자에서 영업활동으로 인한 현금흐름과 관련이 없는 것을 모두 고른 것은?

가. 로열티에 따른 현금 유입
나. 단기차입금에 의한 현금 유입
다. 재화 판매에 따른 현금 유입
라. 종업원 관련 현금 유출

① 가
② 나
③ 나, 라
④ 다, 라

20 다음 중 광고 캠페인의 클릭률(CTR)과 전환율(CVR) 간의 관계에 대한 설명으로 가장 옳지 않은 것은?

① CTR이 높더라도 CVR이 낮을 경우 구매 경로에서 이탈 가능성이 높다.
② 광고 메시지와 콘텐츠 간 일관성이 높을 경우, CTR과 CVR이 동시에 높아진다.
③ 포괄적인 타겟을 사용하는 경우, CTR이 낮고 CVR이 높아진다.
④ CTR과 CVR은 노출 수를 분모로 하여 사용자 반응을 기반으로 계산된다.

제2과목 | 데이터 해석 및 활용

21 다음 중 데이터 EDA에 대한 설명으로 옳지 않은 것을 모두 고른 것은?

> 가. EDA과정에서 변수 간 상관관계를 확인함으로써 다중공선성 문제를 사전에 인지할 수 있다.
> 나. 어떤 불확실한 사건의 발생 가능성을 수치화하여, 시각적으로 표현한 것이다.
> 다. 주로 데이터의 '무엇(what)'을 보여주는 데 중점을 둔다.
> 라. 정규 분포를 따르는 수치형 데이터에 최적화되어 있으며, 범주형 데이터에는 적용이 제한적이다.
> 마. 정규성, 선형성, 등분산성과 같은 통계적 가정 검토도 EDA의 분석 대상에 포함될 수 있다.

① 가, 나
② 가, 나, 라
③ 나, 라
④ 나, 다, 마

22 다음 중 고객의 구매 이력, 웹사이트 방문 기록, 소셜미디어상의 게시물(이미지, 동영상 포함)이나 댓글 등을 분석하여 고객에게 맞춤형 광고를 제공하고자 할 때 중요한 빅데이터의 특징으로 가장 옳은 것은?

① Volume
② Velocity
③ Variety
④ Veracity

23 다음 중 기업이 셀프서비스 BI 환경으로 성공적으로 전환하기 위해 우선적으로 관리해야 할 주요 위험 요소로 옳은 것을 모두 고른 것은?

> 가. IT부서의 역할이 데이터 관리 및 거버넌스 중심으로 변화하면서, 기존 리포트 개발 인력들의 역할재정의에 대한 내부 저항이 발생하는 문제
> 나. 현업 사용자들이 생성한 분석 결과물에 대한 신뢰도 검증 프로세스가 부재하여, 잘못된 데이터에 기반한 의사결정이 내려질 가능성이 증대되는 문제
> 다. 셀프서비스 BI 툴을 도입하면서 발생하는 라이선스 비용과 사용자 교육 비용이 초기 예상보다 증가하여 프로젝트의 투자수익률이 악화되는 문제
> 라. 현업 사용자들이 데이터 모델링이나 데이터 정합성에 대한 이해 없이 각자 다른 기준으로 데이터를 처리하여, 동일한 지표임에도 부서마다 다른 결과가 나오는 문제

① 가, 나
② 나, 다
③ 나, 라
④ 가, 나, 라

24 다음 중 데이터베이스를 분산시키는 방법으로 가장 옳지 않은 것은?

① 테이블 구조 변화 없이 테이블의 위치를 분산시키며, 이때 테이블은 다른 데이터베이스에 중복 생성된다.
② 테이블의 특정 열 값을 기준으로 행을 분리하여 분산시킨다.
③ 테이블의 특정 열을 기준으로 열을 분리하여 분산시킨다.
④ 다른 지역이나 서버에 동일한 테이블을 동시에 생성한다.

25 다음 중 API를 이용한 데이터 수집 방법에 대한 설명으로 가장 옳지 않은 것은?

① GET과 POST 등의 HTTP의 요청 방식을 사용한다.
② JSON, XML 등의 형식으로 데이터를 응답받는다.
③ 클라이언트와 서버 간의 상호 작용을 위한 인터페이스 규약으로 정보를 얻는다.
④ 웹페이지에서 데이터를 자동 추출하는 방법으로 데이터 수집의 법적 문제 검토가 필요하다.

26 다음 중 확률밀도함수가 주어진 구간에서 일정한 값을 가지며 그 구간 밖에서는 0인 연속확률분포로 가장 옳은 것은?

① 감마분포　　② 균일분포
③ 베타분포　　④ 정규분포

27 다음 중 파일 시스템의 종류에 대한 설명으로 가장 옳지 않은 것은?

① APES : 개발사 외 OS와 호환이 가능하며, 데이터의 읽기, 쓰기 등의 기본적인 처리 속도가 빠르다.
② NTFS : 견고한 보안을 지원하며, 파일 및 폴더에 대한 접근 권한을 제한한다.
③ FAT : 구조가 단순하며 대부분의 OS에서 호환이 가능하지만 디스크 성능을 위해 주기적인 조각 모음이 필요하다.
④ HFS : 메타데이터의 개념을 도입하여 다양한 파일 정보를 저장할 수 있다.

28 다음 중 온프레미스(on-premises) 방식 BI에 대한 설명으로 가장 옳지 않은 것은?

① 기업이 직접 소프트웨어와 하드웨어를 관리하기 때문에 필요에 맞게 시스템을 커스터마이징할 수 있다.
② 중요한 데이터와 시스템을 기업 내부에서 직접 관리하므로 보안성이 높다.
③ 서버, 스토리지, 네트워크 장비 등이 초기 투자 비용이 높다.
④ 보안이 중요한 데이터나 특정 비즈니스 요구 사항을 충족하기 위해, 클라우드 컴퓨팅과 결합하는 기업도 늘어나고 있다.

29 다음 중 분산 데이터베이스의 투명성(Transparency)에 대한 설명으로 가장 옳은 것은?

① 위치 투명성 : 사용자가 데이터의 중복 복제본을 알지 못하더라도, 시스템이 자동으로 중복 데이터의 위치 및 정보를 관리하고 사용할 수 있다.
② 병행 투명성 : 다수의 사용자들이 동시에 데이터베이스를 사용하더라도, 일관성을 유지하고 사용자 간의 간섭이 없다.
③ 분산 투명성 : 데이터베이스가 여러 조각으로 나뉘어 있더라도, 사용자는 이를 하나의 일관된 데이터베이스로 인식할 수 있다.
④ 분할 투명성 : 지역-물리 간 분할 매핑이 가능하기 때문에 각 지역 시스템의 이름과 관련 없이 물리적 DB 이름을 부여할 수 있다.

30 다음 중 교차검증에 대한 설명으로 가장 옳지 않은 것은?

① 모델의 성능을 평가하기 위해 데이터를 여러 폴드(Fold)로 나누고, 각 폴더를 번갈아가며 훈련 및 검증에 사용하는 방법이다.
② k-겹 교차검증은 데이터를 k개의 동일한 크기로 나누어 한 부분을 검증 세트로, k-1개의 부분을 훈련 세트로 사용한다.
③ 계층 k-겹 교차검증은 각 클래스의 비율을 전체 데이터 세트의 클래스 비율에서 너무 벗어나지 않도록 한 것이다.
④ LOO 교차검증은 데이터의 각 샘플을 한 번에 하나씩 검증 세트로 사용하므로 적은 연산 비용으로 계산이 가능하다.

31 다음 중 아래 글상자에서 설명하는 데이터 해석 오류의 유형으로 가장 옳은 것은?

> 자신의 신념이나 가설을 뒷받침하는 데이터만을 선택적으로 해석하는 경우로 객관적이지 않은 데이터 해석으로 인해 데이터 분석, 의사결정, 연구 결과 도출 시 문제를 일으킬 수 있다.

① 데이터 클러스터 착각(Data Clustering Illusion)
② 기준 데이터 편향(Data Anchoring Bias)
③ 데이터 편승 효과(Data Bandwagon Effect)
④ 데이터 확증 편향(Data Confirmation Bias)

32 다음 중 트랜잭션 관리자에 대한 설명으로 가장 옳은 것은?

① 내부스키마를 관리하며 모든 객체에 대한 접근이 가능하다.
② 여러 데이터 조작 작업을 하나의 논리적 단위로 묶어서 데이터의 일관성과 동시성을 제어한다.
③ 블록 할당, 파일 시스템, 인덱스 구조 등을 관리하여, 데이터의 효율적인 검색을 지원한다.
④ 데이터 구조와 메타데이터 정보를 저장하고 관리하며, 스키마, 사용자, 테이블, 속성, 제약조건 등을 정의한다.

33 다음 중 ETL에 대한 설명으로 옳지 않은 것을 모두 고른 것은?

> 가. 복잡도가 낮은 비즈니스 룰 적용이 필요한 상황에서 일반적으로 사용된다.
> 나. 데이터가 발생할 때마다 실시간으로 데이터를 처리하고 적재한다.
> 다. 추출 단계에서 데이터를 목적에 맞게 변경하거나, 구조를 변경하여 획득한다.
> 라. 변형 단계 처리가 완료된 데이터를 특정 목표 시스템에 적재한다.
> 마. 데이터 마트나 데이터 웨어하우스와 같은 분석 환경으로 데이터를 적재하는 데 사용된다.

① 가, 나
② 가, 다
③ 가, 나, 다
④ 나, 다, 라, 마

34 다음 중 파일 시스템과 데이터베이스 관리 시스템의 차이에 대한 설명으로 가장 옳지 않은 것은?

① 파일 시스템은 데이터 무결성 보장을 위한 제약조건 기능이 제한적이다.
② 데이터베이스 관리 시스템은 트랜잭션 관리 기능을 통해 데이터의 일관성을 보장할 수 있다.
③ 파일 시스템은 보안 및 접근 제어가 체계적으로 자동 관리된다.
④ 데이터베이스 관리 시스템은 SQL 질의를 이용해 데이터를 효율적으로 검색하고 조작할 수 있다.

35 다음 중 아래 글상자의 사례에서 괄호 안에 들어갈 단어에 대한 설명으로 가장 옳지 않은 것은?

> 학생들의 수학 시험 점수를 예측하기 위해 수천 개의 학생 데이터를 사용해 모델을 학습시켰다. 훈련 데이터에서 정확도는 99%이며, 오류율은 0.01%이다. 이 모델을 이용하여 실지 새로운 학생들의 점수를 예측하였는데, 정확도는 75%, 오류율은 32%였다. 이러한 현상을 ( )이라고 한다.

① 모델의 복잡도를 늘리는 방향으로 조절하면 이 현상을 방지할 수 있다.
② 모델이 훈련 데이터의 노이즈나 예외적인 데이터까지 학습하는 경우 발생한다.
③ 모델이 훈련 데이터에 과도하게 맞춰져 테스트 데이터에 대한 예측 성능이 떨어지는 현상이다.
④ 교차 검증을 통해 모델의 일반화 성능을 평가하면 이 현상을 발견할 수 있다.

36 다음 중 데이터를 분석하기 전 데이터 정제에 대한 설명으로 가장 옳지 않은 것은?

① 원-핫 인코딩을 통해 텍스트 범주형 형식의 데이터를 숫자 형식으로 변환한다.
② 연속형 데이터를 범주형 데이터로 변환할 때는 일반적으로 데이터 범위를 동일 크기의 구간으로 나눈다.
③ 부동 소수점을 정수로 변환하여 복잡성을 줄인다.
④ 데이터의 차원을 축소하여 모델의 복잡성을 줄인다.

37 다음 중 데이터베이스의 Dimension 테이블과 Fact 테이블에 대한 설명으로 옳은 것을 모두 고른 것은?

> 가. Dimension 테이블은 주로 분석에 필요한 설명적 속성, 텍스트 정보나 범주형 데이터를 저장한다.
> 나. Dimension 테이블은 매우 많은 수의 행을 가지며, Fact 테이블은 적은 수의 행을 가진다.
> 다. Fact 테이블은 주요 데이터 저장소 역할을 하며, Dimension 테이블은 데이터의 카테고리를 정의한다.
> 라. Dimension 테이블은 다수의 외래키를 가지고 있으며, 이 외래키들은 Fact 테이블을 참조한다.

① 가, 나, 다
② 나, 다
③ 가, 다
④ 나, 다, 라

38 다음 중 데이터 정제를 위한 결측값 처리에 대한 설명으로 가장 옳지 않은 것은?

① 다른 변수의 로그 변환, 제곱근 변환 등을 통해 결측값을 대체한다.
② 다른 변수를 기반으로 회귀 분석을 수행하여 결측값을 예측한다.
③ 결측값이 있는 데이터 포인트와 가장 유사한 k개의 이웃 데이터 포인트를 찾아 이들의 값을 기반으로 결측값을 추정한다.
④ 결측값을 여러 번 대체하여 여러 개의 완전한 데이터 세트를 생성하고, 이들 결과를 종합하여 최종 결론을 도출한다.

39 다음 중 정형 데이터에 대한 설명으로 가장 옳지 않은 것은?

① 사전에 정의된 데이터 모델과 스키마를 엄격히 준수해야 한다.
② 하나의 속성에는 하나의 값을 가져야 하며, 그 값의 내부에 또 다른 속성과 값을 가질 수 있다.
③ 주로 행과 열의 구조에 벡터와 매트릭스 형태를 갖는다.
④ csv 파일 형태로 존재할 수 있으며, 행은 데이터의 개별항목을 나타내며, 열은 데이터의 속성을 나타낸다.

40 다음 중 수치형 데이터와 범주형 데이터에 대한 설명으로 옳은 것을 모두 고른 것은?

> 가. 수치형 데이터는 산술 평균·표준편차 등을 이용해 중심 경향과 산포를 요약할 수 있다.
> 나. 범주형 데이터는 교차표나 모자이크 플롯을 이용해 범주 간 빈도 관계를 시각화할 수 있다.
> 다. 수치형 데이터의 집단 간 평균 차이 검정에는 카이제곱 검정이 주로 사용된다.
> 라. 범주형 데이터를 한눈에 보여주는 대표적인 그래프는 상자그림이다.
> 마. 수치형 데이터를 사분위수 기준으로 구간화하면 원래 데이터의 정보 해상도가 낮아질 수 있다.

① 가, 나　　② 가, 다, 라
③ 가, 나, 마　　④ 가, 나, 다, 마

제3과목 | 경영정보시각화 디자인

41 다음 중 아래와 같은 차트에 대한 설명으로 가장 옳지 않은 것은?

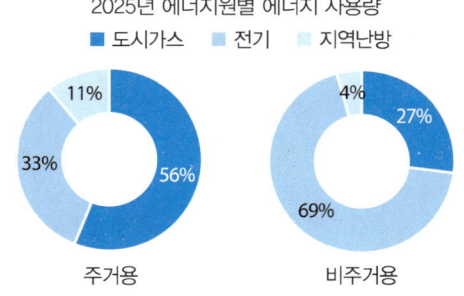

① 독립 변수는 세그먼트로 표현되며 일반적으로 범주형 변수이다.
② 신속하고 정확한 정보 전달 측면에서 파이 차트보다 유용하며 데이터 비교가 직관적이다.
③ 차트 조각의 값은 면적이 아닌 호의 길이로 표현한다.
④ 차트에서 종속 변수는 세그먼트의 크기로 표현되며 정량적 변수로 해석된다.

42 다음 중 자크 베르탱이 「그래픽의 기호학」에서 제시한 시각적 변수 7요소 중 기울기(orientation) 변수의 활용으로 가장 옳지 않은 것은?

① 기울기는 데이터 강조에 활용할 수 있는 시각적 변수이다.
② 기울기는 범주 데이터를 구분하는 데 적합하다.
③ 기울기는 풍향을 나타내기에 적절한 시각 변수이다.
④ 시각 변수 중 기울기보다 위치가 정량적 정보를 명확하게 전달한다.

43 다음 중 흐름도(Flow chart) 또는 다이어그램에 대한 설명으로 가장 옳지 않은 것은?

① 흐름도와 마찬가지로 워터폴 차트(Waterfall-chart)도 대상의 흐름을 나타낼 때 사용할 수 있다.
② 흐름도와 다이어그램은 이산적 데이터보다는 연속적 데이터에 더 적합하다.
③ 흐름도는 포괄적인 기호를 통해 알고리즘을 기술한다.
④ 흐름도와 다이어그램은 절차나 상호작용을 명확히 나타낼 수 있다.

44 다음 중 모자이크 차트에 대한 설명으로 가장 옳지 않은 것은?

① 공간적으로 인접하지 않은 다차원 셀 간에도 면적의 상대적 차이를 통해 분포의 비율 관계를 직관적으로 시각화하기에 유용하다.
② 범주 간의 비율을 사각형의 크기로 표현하며 데이터의 상대적 분포를 효과적으로 나타낸다.
③ 두 개 이상의 범주가 계층 구조를 가질 때 적합하며 다중 범주 데이터를 시각적으로 구분하는 데 사용된다.
④ 모자이크 차트는 범주의 배치를 제어하기 어렵다.

45 다음 중 비즈니스 인텔리전스(BI) 소프트웨어로 구현한 대시보드의 특징에 대한 설명으로 옳은 것을 모두 고른 것은?

> 가. 대시보드는 복잡한 원시 데이터를 시각화하여 직관적인 의사결정을 지원한다.
> 나. 경영지표 확인은 탐색형 대시보드보다 설명형 대시보드로 구현하는 것이 적합하다.
> 다. 대시보드는 과거 데이터의 요약에 집중하며, 예측 분석에는 적합하지 않다.
> 라. 탐색형 대시보드는 디자인 요소가 사용자의 생각에 영향을 주지 않도록 중립적이어야 한다.
> 마. BI도구는 실시간 데이터 연동이 가능하여, 최신 정보를 기반으로 경영판단을 내릴 수 있다.

① 가, 나, 마
② 나, 라, 마
③ 나, 다, 라
④ 가, 라, 마

46 다음 중 정보 시각화 또는 인포그래픽의 역할과 목적에 대한 설명으로 가장 옳지 않은 것은?

① 정보 시각화는 인간의 시각 시스템에 저장된 자료들을 그대로 사용하여 인간의 정보 처리 능력을 확장시킨다.
② 정보 시각화는 많은 데이터를 동시에 차별적으로 보여줄 수 있다.
③ 인포그래픽은 단순히 정보를 시각적으로 표현하는 것뿐만 아니라 사용자가 원 데이터를 해석할 수 있도록 도울 수 있다.
④ 인포그래픽은 어려운 지각적 추론이 필요한 내용에 적용하기에 적합한 방식이다.

47 다음 중 지리 공간 데이터의 시각화에서 아래의 (ㄱ), (ㄴ), (ㄷ)에 해당하는 시각화로 가장 옳은 것은?

> (ㄱ) 미국 각 주의 중위소득을 지도에 명도를 다르게 하여 시각화하였을 때, 면적은 넓고 인구밀도가 아주 낮은 알래스카의 높은 중위소득이 두드러져 미국의 소득 분포 상태를 적절하게 보여주지 않았다. 이 문제를 해결하기 위해 (ㄴ) 각 주의 크기를 인구 밀도에 비례하게 수정하였다. 또 다른 해결 방법으로 (ㄷ) 중위소득에 따라 명도를 달리하되 각 주를 정사각형으로 나타냈다.

① (ㄱ) 카토그램 히트맵, (ㄴ) 카토그램, (ㄷ) 단계구분도
② (ㄱ) 카토그램, (ㄴ) 단계구분도, (ㄷ) 카토그램 히트맵
③ (ㄱ) 단계구분도, (ㄴ) 카토그램 히트맵, (ㄷ) 카토그램
④ (ㄱ) 단계구분도, (ㄴ) 카토그램, (ㄷ) 카토그램 히트맵

48 다음 중 아래 그래프의 특성에 대한 설명으로 옳은 것을 모두 고른 것은?

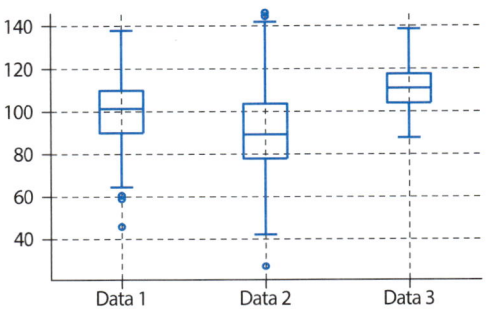

> 가. 첫 번째와 세 번째 사분위수 밖에 자리하는 데이터 포인트를 이상값이라고 한다.
> 나. 이 그래프는 데이터의 특이값을 발견하는 데 용이한 특성을 가진다.
> 다. 평균값을 시각화하여 데이터의 대칭성을 파악할 수 있다.
> 라. 수염은 데이터의 최솟값, 최댓값 또는 박스 높이의 1.5배 안에 속하는 최솟값이나 최댓값 중 수염이 더 짧게 나오는 값까지 이어진다.

① 가, 다
② 나, 라
③ 가, 나, 라
④ 가, 다, 라

49 다음 중 다양한 시각화 기법에 대한 설명으로 가장 옳지 않은 것은?

① 산점도행렬은 여러 변수 간의 관계를 행렬 형태로 시각화하며 다차원 데이터를 탐색하고 이해하는 데 유용하다.
② 경사(기울기)차트는 데이터 변화율을 강조하기 위해 사용되며 표현된 비율은 절대적인 값으로 해석된다.
③ 도식적 카토그램은 데이터의 분포를 왜곡된 지리적 형태로 시각화하며 위치를 직관적으로 파악하는 데 어려움이 있다.
④ 단계구분도는 영역별 색상의 명도나 채도를 사용하여 데이터 값을 구분하고 지리적 데이터의 차이를 표현하는 데 효과적이다.

50 다음 중 상관도표에 대한 설명으로 옳은 것을 모두 고른 것은?

> 가. 다중 변수 간의 상관관계를 시각적으로 표현한다.
> 나. 정적 상관관계는 음의 상관계수를, 부적 상관관계는 양의 상관계수를 의미한다.
> 다. 대각선은 일반적으로 1로 표시된다.
> 라. 많은 변수를 이해하기 쉽게 시각화할 때 유용하다.
> 마. 변수 간의 관계, 방향, 계수 파악에 용이하다.

① 가, 나, 라 ② 가, 다, 마
③ 나, 다, 마 ④ 다, 마, 라

51 다음은 BI 도구 중 파워BI와 태블로 함수에 관한 설명이다. 빈칸에 적절한 함수를 가장 올바르게 나열한 것은?

> (A)는 두 날짜 사이의 간격을 반환하는 함수이며, (B)는 주어진 날짜의 일자를 정수로 반환한다. (C)는 반올림 값을 계산하고, (D)의 함수는 절댓값을 반환한다.

① (A) DATEDIFF, (B) DATE, (C) UPPER, (D) ABS
② (A) DATEDIFF, (B) DAY, (C) ROUND, (D) ABS
③ (A) DAYDIFF, (B) DAY, (C) UPPER, (D) STD
④ (A) DAYDIFF, (B) DATE, (C) ROUND, (D) ABS

52 아래 이미지는 2000년 미국 대통령 선거에 사용된 플로리다 주의 투표 용지이다. 아래 이미지에서 지키지 않은 게슈탈트의 법칙으로 가장 옳은 것은?

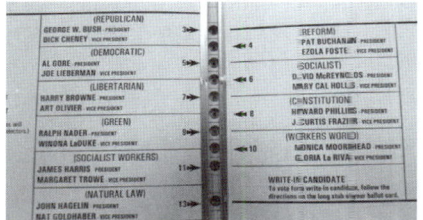

① 근접성의 법칙 ② 연속성의 법칙
③ 폐쇄성의 법칙 ④ 대칭의 법칙

53 다음 중 시간을 시각화하는 그래프로 가장 옳지 않은 것은?

① 간트 차트 ② 2차원 상자
③ 칼럼 스파크라인 ④ 폴라 그래프

54 다음 중 아래와 같은 그래프에 대한 설명으로 가장 옳지 않은 것은?

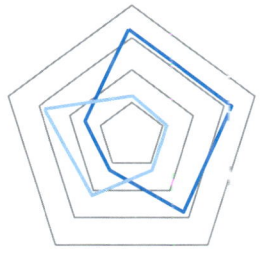

① 변수가 3~5개일 경우 변수 간 차이를 시각적으로 쉽게 파악할 수 있다.
② 독립변수와 종속변수 사이의 한정된 수의 관계들을 비교한다.
③ 각 변수의 축에 점을 찍지 않고 축과 축 사이의 면적을 채워 표현할 수도 있으나 범주가 하나일 때만 가능하다.
④ 다중 변수의 절대적 크기 및 패턴을 시각적으로 나타내는 데 사용된다.

55 다음 중 범프 차트의 주요 특징에 대한 설명으로 옳은 것을 모두 고른 것은?

> 가. 순위 변동을 시간에 따라 시각적으로 표현한다.
> 나. 데이터의 절댓값을 중심으로 비교하며 상관관계를 나타낸다.
> 다. 막대 끝 원부분에 숫자나 정보를 넣을 수 있다.
> 라. 이중 축을 주로 활용하며, 이를 통해 변수 간의 정량적 관계를 시각화한다.
> 마. 그룹별로 색을 구분하면 효과적이다.

① 가
② 나, 다
③ 가, 마
④ 나, 라

57 다음 중 조건부 서식에 대한 설명으로 옳은 것을 모두 고른 것은?

> 가. 조건부 서식을 사용하면 특정 조건에 맞는 셀에 자동으로 서식을 적용할 수 있다.
> 나. 복잡한 논리는 적용하게 해주는 수식에 활용할 수 있는 참조 종류는 상대참조, 절대참조, 혼합참조이다.
> 다. 조건부 서식으로 셀의 글꼴, 테두리, 셀 병합 등의 서식을 제어할 수 있다.
> 라. 데이터의 패턴을 파악하기 위해서 다른 시각화 방식과 병행해야 한다.

① 가, 나
② 가, 라
③ 나, 다
④ 다, 라

56 아래 이미지는 서울의 일평균 기온을 시각화한 것이다. 다음 중 가장 옳은 것은?

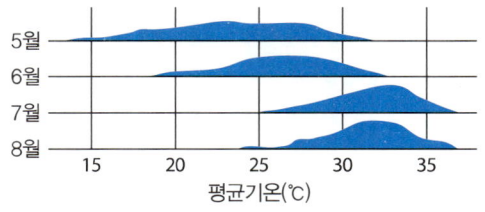

① 와플차트와 같은 분포를 시각화한다.
② 바이올린 도표로 서울 일평균 기온을 시각화하면 위의 그래프보다 데이터를 더 직관적으로 표현할 수 있다.
③ X축은 그룹화 변수, Y축은 반응 변수를 나타낸다.
④ 위 그래프의 시각화에 밀도 도표 대신 히스토그램 융기선 도표를 사용해도 되지만 산만해질 수 있다는 단점이 있다.

58 다음 중 아래 시각화 방식을 적용한 예시로 가장 옳은 것은?

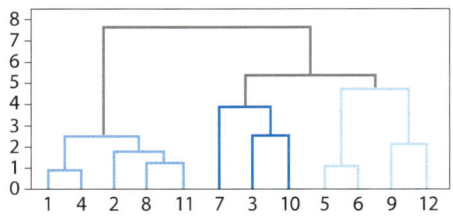

① 식물의 종류에 따른 분류
② 팀별 프로젝트 성과에 따른 순위
③ 계절에 따른 미세먼지 농도의 경향
④ 팀별 목표 성과 달성 정도

59 다음 중 인포그래픽 디자인에서 오컴의 면도날 원칙에 대한 설명으로 옳은 것을 모두 고른 것은?

> 가. 오컴의 면도날 원칙은 중요한 정보를 동일한 색상으로 강조하는 것과 관련 있다.
> 나. 데이터-잉크 레이시오(Data-ink Ratio)의 개념과 상반된다.
> 다. 정보 디자인의 인지부하에 대한 에드워드 터프티(Edward Tufte)의 입장과 유사하다.
> 라. 철학 및 수학적 문제해결에 적용할 수 있다.

① 가, 나 ② 나, 다, 라
③ 가, 다 ④ 가, 다, 라

60 다음 중 아래의 교차표(Cross-Table)에 대한 설명으로 가장 옳지 않은 것은?

구분		문항 5 응답				
		1번	2번	3번	4번	계
문항 1 응답	1번	23	12	14	18	67
	2번	6	24	15	25	70
	3번	10	4	1	19	34
	4번	6	10	5	11	32
	계	45	50	35	73	203

① 연속형 자료로 상관 분석에 적합하다.
② 교차표는 데이터 분석 시 변수 간 관계를 이해하는 데 유용하다.
③ 엑셀에서 피벗 테이블로 불린다.
④ 교차표는 2차원 빈도를 표현한다.

CHAPTER 05 2024년 1회 기출복원문제 정답 및 해설

01	02	03	04	05	06	07	08	09	10
④	①	①	③	④	①	②	③	④	③
11	12	13	14	15	16	17	18	19	20
②	①	①	①	③	③	②	④	④	④
21	22	23	24	25	26	27	28	29	30
①	③	②	①	②	①	③	③	④	④
31	32	33	34	35	36	37	38	39	40
③	②	③	④	②	④	②	④	④	③
41	42	43	44	45	46	47	48	49	50
③	③	④	④	①	④	②	①	③	④
51	52	53	54	55	56	57	58	59	60
③	②	③	③	②	③	④	②	③	④

제1과목 | 경영정보 일반

01 정답 : ④
해설 : 근속연수에 따른 임금인상을 뜻하는 베이스업은 직원의 충성도와 근속기간에 대한 보상을 목적으로 한다. '고성과자의 동기를 저하시키는 부작용이 있을 수 있다'는 말은 직원 동기의 역학을 지나치게 단순화하는 것으로 옳지 않다. 기본 인상이 고성과에 직접적인 보상을 제공하지는 않지만, 기업은 고성과자에게 동기를 부여하기 위해 보너스나 승진과 같은 추가적인 성과 기반 인센티브를 사용하는 경우가 많다. 따라서 베이스업이 본질적으로 고성과자의 사기를 떨어뜨린다고 주장하는 것은 많은 조직에서 구현하는 직원 보상 및 동기 부여에 대한 포괄적인 접근 방식을 무시하는 것이다.

02 정답 : ①
해설 : 정액법은 자산의 내용연수 동안 매년 동일한 금액의 감가상각비를 부과하는 일반적인 감가상각법이다. 간단하고 직관적으로 적용할 수 있으나, 시간이 지남에 따라 자산의 경제적 가치나 사용 패턴의 변화를 설명하지 않는다는 단점이 있다. 즉, 자산 가치의 실제 마모 또는 하락을 정확하게 반영하지 못할 수 있다.

03 정답 : ①
해설 : **평가센터법(Assessment Center)**
- 행동 시뮬레이션과 과제를 활용하여 집중적이고 전문적인 평가를 하기 위해 사용되는 방법이다.
- 이 방법을 사용하면 여러 평가자가 통제된 환경에서 평가그룹의 다양한 활동과 행동을 관찰하고 평가할 수 있다.
- 직무 관련 시나리오를 시뮬레이션하여 종합적인 평가를 제공함으로써 후보자의 기술, 역량 및 잠재력을 철저하고 정확하게 평가할 수 있도록 설계되었다.
- 이 접근 방식은 상세한 관찰과 성과에 대한 다면적인 분석을 허용하므로 2차 평가자를 평가하는 데 특히 효과적이다.

04 정답 : ③
해설 : 디지털 마케팅에서 '전환'은 마케팅 노력에 대한 반응으로 사용자가 취하는 모든 원하는 행동을 의미한다. 여기에는 구매뿐만 아니라 가입, 다운로드, 양식 제출 또는 마케팅 목표에 정의된 기타 중요한 활동과 같은 기타 활동도 포함될 수 있다. 따라서 마케팅에서의 전환은 구매를 의미하므로 가입 및 다운로드는 포함되지 않는다는 것은 전환을 좁게 정의하고 디지털 마케팅에서 전환으로 간주되는 다른 중요한 행위를 간과한 것으로 옳지 않다.

05 정답 : ④

해설 : 고객 행동 데이터에는 일반적으로 구매 내역, 웹사이트 방문 기록, 제품 리뷰 및 평가 등 고객이 비즈니스와 수행하는 측정 가능한 작업 및 상호 작용이 포함된다. 이러한 데이터 포인트는 고객이 제품 및 서비스에 참여하는 방식에 대한 통찰력을 제공한다. 그러나 '고객 인지도'는 고객이 브랜드나 제품에 대해 갖고 있는 친숙도나 인지도를 의미하며, 이는 행동의 직접적인 척도가 아니다. 따라서 고객 인식을 고객 행동 데이터로 분류하는 것은 정량적으로 추적하고 분석할 수 있는 직접적인 행동이나 상호 작용을 포함하지 않기 때문에 가장 옳지 않다.

06 정답 : ①

해설 : 공급망(사슬) 관리(SCM)
- 공급업체에서 제조업체, 도매업체, 소매업체, 소비자에 이르기까지 상품, 서비스, 정보 및 금융의 흐름을 조정하고 관리하는 작업이 포함된다.
- 전체 공급망 네트워크를 최적화하여 효율성을 높이고 비용을 절감하며 제품이 수요를 충족할 수 있도록 보장하는 데 중점을 둔다.
- SCM은 단일 조직을 관리하는 것과 달리 공급망에 관련된 다양한 주체 간의 협업과 동기화가 필요하므로 수요와 공급의 통합 관리에 이상적이다.

07 정답 : ②

해설 : 현금흐름표
- 일정 기간 동안 기업의 현금 유입과 유출을 보여줌으로써 기업의 현금관리와 재무건전성을 평가하는 가장 정확한 보고서이다.
- 운영, 투자 및 재무 활동에서 현금이 어떻게 생성되고 사용되는지에 대한 자세한 정보를 제공한다.
- 이 성명서는 이해관계자가 회사의 유동성 위치를 이해하고, 현금 창출 능력을 평가하고, 재정적 의무를 이행할 수 있는 능력을 평가하는 데 도움이 된다.
- 다른 재무 보고서와 달리 현금흐름표는 특히 현금 이동에 중점을 두므로 현금 관리 및 재무 건전성을 평가하는 데 중요하다.

08 정답 : ③

해설 : 유동비율은 단기자산으로 단기부채를 상환하는 회사의 능력을 측정하는 데 사용되는 재무비율이다. 유동자산을 유동부채로 나누어 계산하며, 유동비율이 높을수록 회사가 단기부채에 비해 단기 자산을 더 많이 보유하고 있음을 의미한다. 이는 유동성이 더 좋고 단기부채를 상환할 능력이 더 크다는 것을 의미한다. 이로 인해 유동비율은 회사의 단기 재무 건전성과 즉각적인 재무 약속을 충족할 수 있는 능력을 나타내는 핵심 지표가 된다.

09 정답 : ④

해설 : 공급망에서 가장 일반적인 세 가지 이동 유형은 정보 교환, 상품의 물리적 이동 및 현금흐름이다. 이러한 요소는 공급망의 효과적인 기능에 필수적이다. '직원 이동'은 공급망 맥락에서 일반적인 이동 유형 중 하나가 아니다. 이는 조직 내의 HR 기능과 관련되며 공급망의 주요 활동과 관련이 없는 직원의 재배치 또는 재배치를 포함한다.
① 정보 교환 : 재고 수준, 수요 예측, 배송 상태 등 공급망의 여러 엔터티 간의 데이터 및 정보 통신이 포함됨
② 물리적 이동 : 공급업체에서 제조업체, 유통업체, 소매업체, 소비자로 이동하는 원자재, 작업 진행 중인 제품 및 완제품의 실제 운송 및 처리와 관련
③ 현금흐름 : 상품 및 서비스에 대한 지불, 금융 거래, 자본 투자를 포함하여 공급망 내 개체 간의 자금 이동을 의미

10 정답 : ③

해설 : 회귀분석은 변수 간의 관계를 조사하여 정량적 데이터를 분석하는 데 사용되는 통계 방법이다. 이는 독립 변수 중 하나가 변하고 다른 독립 변수는 고정되어 있을 때 종속 변수가 어떻게 변하는지 이해하는 데 도움이 된다. 이 방법은 예측, 예측 변수의 강도 결정, 변수 간의 관계 모델링에 널리 사용된다.

11 정답 : ②

해설 : 생산 중 검사는 일반적으로 제품이 다음 생산 단계로 진행되기 전에 제품이 지정된 표준을 충족하는지 확인하기 위해 생산 공정이 진행되는 동안 수행되는 품질 관리 점검을 의미한다. '원자재 구매 전 적합성 검사'는 일반적으로 생산 중 검사에 포함되지 않는다.

12 정답 : ①

해설 : 프리미엄은 특정 기간 내에 특정 가격(행사 또는 행사 가격)으로 기초자산을 매수 또는 매도할 수 있는 권리(의무는 아님)에 대해 옵션 대수자가 매도자에게 지불하는 가격이다. 이 프리디엄은 본질적으로 옵션 계약 비용으로, 구매자에게 합의된 조건에 따라 옵션을 행사할 수 있는 권리를 제공한다.

13 정답 : ①

해설 : E-지방지표는 지역단체의 생활환경과 경영상황에 대한 종합적인 정보를 제공하는 것으로 지역사회 내의 경제적, 사회적, 환경적 상황을 반영하는 다양한 지표와 데이터가 포함된다. 이러한 지표는 지역 개발, 계획, 정책 수립을 평가하고 관리하는 데 중요하다. 따라서 E-Local 지표는 지역단체의 생활환경과 경영상황을 이해하는 데 가장 관련성이 높다.

② 문화/여가지표 : 문화활동 및 여가와 관련된 측면에 초점을 두고 있음. 생활환경 및 경영상황을 포괄적으로 포괄하지는 않음
③ 소득/소비/자산지표 : 소득 수준, 지출 패턴, 자산 소유 등 경제적 측면에 대한 데이터를 제공함. 지역 조직의 생활환경 및 관리와 관련이 있지만 구체적으로 타겟팅하지는 않음
④ 국민계정지표 : GDP, 국민소득, 기타 거시경제 변수를 포함할 수 있는 전국 전체의 광범위한 경제 데이터를 포괄하지만 지역 수준의 세부사항에 초점을 맞추지는 않음

14 정답 : ①
해설 : 시장점유율은 특정 회사가 전체 시장에서 차지하는 비율을 나타낸다. 회사의 연간 매출액을 전체 시장 규모로 나누어 계산한다. 시장점유율이 높은 기업은 시장 내에서 더 큰 영향력을 갖고 가격 결정력, 규모의 경제, 브랜드 인지도 강화 등 경제적 이점을 얻을 수 있다.
② 성장률 : 특정 기간 동안 기업의 매출이나 시장 규모가 얼마나 빠르게 증가하는지를 측정
③ 투자수익률 : 비용 대비 투자 수익성을 평가
④ 시장포화도 : 시장이 완전히 침투하는 지점을 의미함. 즉, 대부분의 잠재 고객이 이미 제품이나 서비스를 소유하고 있기 때문에 추가 성장이 어렵다는 의미

15 정답 : ③
해설 : ROAS(Return On Advertising Spend)
• 광고 투자수익률을 나타내는 지표이다.
• 광고에 지출된 1달러당 창출된 수익을 측정하며, 광고 캠페인의 수익을 해당 캠페인 비용으로 나누어 계산한다.
• 이 지표는 기업이 광고 활동의 효율성과 수익성을 평가하는 데 도움이 된다.
• ROAS가 높을수록 더 효율적이고 수익성 있는 광고 전략을 의미한다.

16 정답 : ③
해설 : 승격은 현재의 직급은 그대로 유지되지만, 역할이나 직무 범위가 확대되거나 더 높은 자격 요건을 갖춘 직무로 변경되는 것이다. 예를 들어 기술자가 고급 기술자로 승격되는 경우가 있다.
① 승급 : 연공에 따라 임금 인상
② 승진 : 현재의 직위보다 더 높은 직위로 올라가는 것을 의미함. 예를 들어 팀원이 팀장으로 승진하는 경우가 있음
④ 베이스업(base-up) : 물가나 업계의 상황 등을 고려하여 전체적인 임금 기준 상향

17 정답 : ②
해설 : 80/20 규칙이라고도 알려진 파레토 분석은 문제의 원인을 중요하지 않은 여러 원인과 몇 가지 중요한 원인으로 분류하는 데 사용되는 품질 검사 방법이다. 이 기술은 효과가 덜한 '사소한 다수'가 아니라 문제 영향의 대부분을 설명하는 '중요한 소수'에 초점을 맞춤으로써 문제에 기여하는 가장 중요한 요인을 식별하는 데 도움이 된다. 이러한 주요 원인의 우선순위를 지정함으로써 조직은 가장 중요한 문제를 효과적으로 해결하여 전반적인 품질을 향상시킬 수 있다. 따라서 파레토 분석은 원인을 중요하지 않은 여러 가지와 중요한 몇 가지로 분류하는 가장 정확한 방법이다.
① 체크리스트 기법 : 모든 단계나 요소를 고려하는 데 사용되지만 원인의 우선순위를 정하지는 않는다.
③ 히스토그램 기법 : 데이터의 분포를 표시하는 데 사용되지만 중요도에 따라 원인을 분류하지는 않는다.
④ 산점도 기법 : 변수 간의 관계를 식별하는 데 사용되지만 원인을 우선시하지는 않는다.

18 정답 : ④
해설 : 종업원 지원 프로그램(ESP)은 일반적으로 직원의 개인 문제, 정신 건강, 스트레스 관리 및 일과 삶의 균형을 지원하기 위한 계획을 말한다. 이러한 프로그램은 전반적인 직원 복지에 유익하지만 주로 경력 개발에 중점을 두지는 않는다.
① 리스컬링은 직원에게 새로운 기술을 교육하여 변화하는 직무 요구사항에 적응하는 데 도움을 주며, 이는 경력 개발과 직접적인 관련이 있다.
② 핵심 인재 육성은 경력 개발의 핵심인 조직 내 핵심 역할을 준비할 수 있도록 잠재력이 높은 직원을 발굴하고 육성하는 데 중점을 두고 있다.
③ 이중 경력 제도를 통해 직원들은 종종 기술 및 관리 분야의 두 가지 병행 경력 경로를 추구할 수 있어 성장과 발전을 위한 더 많은 기회를 제공한다.

19 정답 : ④
해설 : 자본예산위험은 채권투자에 직접적으로 관련된 리스크라기보다는 장기 자산 및 프로젝트에 대한 기업의 투자 결정과 관련된 리스크와 관련이 있다. 여기에는 부정확하거나 최적이 아닌 자본 예산 결정으로 인해 회사가 직면할 수 있는 불확실성과 잠재적인 재정적 손실이 포함된다. 이와 대조적으로 다른 옵션은 채권투자위험과 직접적으로 관련되어 있다.
① 구매력감소위험은 인플레이션 위험으로도 알려져 있으며, 채권수익률이 물가상승률을 따라가지 못해 실질수익률이 잠식될 가능성을 말한다.
② 채무불이행위험은 채권발행자가 요구되는 이자나 원금을 지급하지 못할 위험이다.

③ 시장위험은 금리, 경제여건 등의 변화에 따라 채권의 시장가격이 변동하여 손실을 입을 위험을 말한다.

20 정답 : ④
해설 : 개인화된 서비스, 멤버십 혜택, 보상 프로그램을 통해 추가적인 가치를 제공하는 것은 일반적으로 신규 고객 유치보다는 기존 고객을 유지하고 육성하는 것과 관련이 있다. 이러한 전략은 충성도를 구축하고 현재 고객의 재구매를 장려하는 것을 목표로 한다.
① 신규 고객에게 판매하는 것이 회사가 이전에 상호 작용한 적이 없는 개인 또는 기업과 협력하는 것이라고 정확하게 설명한다.
② 신규 고객 유치를 위한 마케팅 전략 및 광고 캠페인의 효과를 평가하는 것의 중요성을 정확하게 강조한다.
③ 기업이 신규 고객을 유인하고 초기 판매를 촉진하기 위해 할인 프로모션과 신제품 출시를 자주 활용한다는 점을 정확하게 지적한다.

제2과목 | 데이터 해설 및 활용

21 정답 : ①
해설 : 카이제곱검정은 주로 범주형 데이터의 독립성검정에 사용되며, 수치형 데이터의 종속성이나 독립성 확인에는 적절하지 않다. 수치형 데이터의 독립성을 위해서는 공분산(Covariance)을 사용한다.

22 정답 : ③
해설 : 증분 백업은 마지막 백업 이후 변경된 데이터만을 백업하기 때문에 백업 시간이 짧고 데이터 크기가 작다. 하지만 복원 시 전체 백업과 이후 모든 증분 백업을 재구성해야 한다.

23 정답 : ②
해설 : 군집분석은 데이터의 유사도를 측정하여 유사도가 높은 데이터끼리 그룹화하는 기법으로, 데이터 마이닝에서 유사한 특성을 가진 데이터를 식별하고 분석하는 데 사용된다.

24 정답 : ①
해설 : 데이터 웨어하우징은 조직의 다양한 출처로부터 수집된 데이터를 통합, 저장, 관리하여 분석에 활용할 수 있도록 하는 기술이다.

25 정답 : ②
해설 : 최빈값은 데이터에서 가장 자주 나타나는 값이다. 주어진 데이터에서 4가 두 번 나타나 가장 빈번하게 등장하므로 최빈값은 4이다.

26 정답 : ①
해설 : 교차 검증은 데이터를 여러 폴드로 나누고 각 폴드를 번갈아 가며 훈련과 검증에 사용하는 방법으로 모델의 일반화 성능을 평가하는 데 유용하다.

27 정답 : ③
해설 : 데이터 독립성은 데이터베이스의 논리적 구조나 물리적 구조를 변경하더라도 기존 응용 프로그램에 영향을 주지 않는 특성을 말한다.

28 정답 : ③
해설 : 정보는 특정 목적을 위해 가공되고 분석된 데이터로 로그인한 시간은 데이터 자체로는 단순한 사실일 뿐 정보라고 보기 어렵다.

29 정답 : ④
해설 : 데이터 임의화는 데이터에 임의의 변동을 추가하여 원래 데이터를 보호하는 비식별화 기술이다. 이를 통해 데이터의 정확성을 유지하면서도 개인 식별이 어렵게 만든다.
① 데이터 마스킹을 사용한 익명화이다.
② 데이터 삭제를 사용한 익명화이다.
③ 대체 식별자를 사용한 익명화이다.

30 정답 : ④
해설 : 외부 스키마는 데이터베이스 사용자가 인식하는 논리적 구조를 나타내며, 테이블, 뷰, 인덱스, 관계, 제약 조건 등을 포함한다.
① 개념 스키마 : 데이터베이스의 전체적인 논리적 구조
② 내부 스키마 : 물리적 저장 구조
③ 내용 스키마 : 존재하지 않는 용어

31 정답 : ③
해설 : 셀프 서비스 비즈니스 인텔리전스는 비즈니스 사용자가 IT 전문가의 도움 없이도 데이터를 독립적으로 탐색하고 분석할 수 있게 하는 것을 목표로 한다.
① IT 전문가에 의한 제한된 분석을 의미한다.
② 제한적인 데이터 접근을 의미한다.
④ 기술팀의 알고리즘 사용을 의미한다.

32 정답 : ②
해설 : 데이터 표준화는 데이터를 일관된 단위로 변환하여 비교 가능하게 만드는 과정이다.
① 결측값 처리를 의미한다.
③ 데이터 압축을 의미한다.
④ 차원 축소를 의미한다.

33 정답 : ③
해설 : 과소 적합은 모델이 너무 단순하거나 충분한 학습이 이루어지지 않아 발생하는 오류이다.
① 확증 편향 : 자신이 가진 신념을 뒷받침하는 정보만 찾는 경향
② 과대 적합 : 모델이 학습 데이터에 지나치게 맞춰져 일반화 능력이 떨어지는 상태
④ 표본 편향 : 데이터 샘플이 전체 모집단을 대표하지 못하는 경우

34 정답 : ④
해설 : 슈퍼키는 유일성을 만족하지만 최소성을 필요로 하지 않는다. 최소성을 필요로 하는 것은 두 개 이상의 열을 결합하여 테이블 내의 행을 고유하게 식별하는 '복합키'이다.
① 기본키 : 후보키 중 하나
② 대체키 : 후보키 중 기본키가 아닌 것
③ 외래키 : 테이블 간의 관계를 맺는 데 사용됨

35 정답 : ②
해설 : 속성(Attribute)은 테이블의 열을 나타내며 특정 데이터 유형에 대한 정보를 기술한다. 예를 들어 '학생' 테이블의 이름, 나이, 성별 등이 이에 해당한다.
① 레코드는 테이블의 행으로 의미한다.
③, ④ 엔터티는 데이터베이스에서 관리되는 객체 단위로서 릴레이션과 함께 테이블 자체를 의미한다(테이블 = 엔터티 = 릴레이션).

36 정답 : ④
해설 : 파일 시스템은 데이터 검색이 효율적이지 않다. 파일 시스템은 데이터 검색 속도가 느리고, 효율적인 검색을 위해 별도의 인덱스가 필요하다. 파일 시스템은 데이터를 계층적으로 구성하고, 중복 데이터가 있을 수 있으며, 동시성 제어가 부족하다.

37 정답 : ②
해설 : 상관계수는 1에 가까울수록 강한 양의 상관관계, -1에 가까울수록 강한 음의 상관관계를 의미한다. 따라서 상관계수가 1에 가까울수록 강하고 -1에 가까울수록 약하다고 해석하는 것은 옳지 않다.
① 조건부 확률은 사건 간의 조건적 관계를 나타낸다.
③ 공분산은 두 변수의 평균으로부터의 분산을 나타낸다.
④ 기댓값은 확률변수의 중심적 경향을 나타낸다.

38 정답 : ④
해설 : 데이터 정의어는 데이터베이스의 논리적 구조를 설계하고 데이터베이스 객체의 생성, 수정, 삭제를 담당한다. 주요 명령어로는 CREATE, ALTER, DROP 등이 있다.
① 데이터 관리어 : 일반적으로 데이터베이스 관리 작업을 포괄적으로 지칭하지만, 구체적인 명령어로 정의되지 않음
② 데이터 조작어 : 데이터의 조회, 삽입, 수정, 삭제 작업을 수행하며 SELECT, INSERT, UPDATE, DELETE 명령어가 포함됨
③ 데이터 제어어 : 데이터베이스에 대한 접근 권한을 제어하며 GRANT, REVOKE 명령어가 포함됨

39 정답 : ④
해설 : NoSQL 데이터베이스는 유연한 스키마 설계를 제공하며, 비정형 또는 반정형 데이터를 처리하는 데 적합하다.
① NoSQL은 미리 정의된 스키마가 없다.
② 주로 SQL 대신 다른 질의 언어를 사용한다.
③ 관계형 데이터보다 비정형 데이터를 더 잘 처리한다.

40 정답 : ③
해설 : 정형 데이터는 관계형 데이터베이스에 저장되는 데이터를 의미하며, 주로 테이블 형태로 저장된다. XML, HTML, JSON 등은 반정형 데이터의 예이다.
① 정형 데이터는 테이블의 행과 열로 구성된다.
② 비정형 데이터는 분석이 어렵다.
④ 반정형 데이터는 데이터 구조와 설명이 함께 포함된다.

제3과목 | 경영정보시각화 디자인

41 정답 : ③
해설 : 시각 이해 위계의 피라미드는 '데이터 → 정보 → 지식 → 지혜' 순서로 구성된다.
- 데이터 : 원시 자료
- 정보 : 데이터를 가공한 것
- 지식 : 정보의 의미를 이해한 것
- 지혜 : 지식을 바탕으로 통찰력과 판단력을 갖춘 상태

42 정답 : ③
해설 : 폭포수(Waterfall)차트에 대한 설명이다. 폭포수차트는 누적 효과를 쉽게 시각화할 수 있으며, 세그먼트별 기여도를 파악하기에 적합하다. 음의 측정값도 표현할 수 있어 최종 결과에 미치는 영향을 한눈에 볼 수 있다.
① 간트차트 : 프로젝트 관리에서 작업 일정과 진행 상황을 시각화하는 데 사용됨
② 덴드로그램 : 계층적 군집분석 결과를 시각화함
④ 스트립차트 : 데이터 포인트를 개별적으로 표시하여 분포를 시각화함

43 정답 : ④
해설 : 제시된 차트는 덴드로그램으로 계층적 군집 분석의 결과를 시각화하는 차트이다.
① 라인차트 : 데이터의 변화를 선으로 연결하여 시각화함
② 스파이더차트 : 다변량 데이터를 방사형으로 시각화함
③ 범프차트 : 시간에 따른 순위 변화를 시각화함

44 정답 : ④
해설 : BI 소프트웨어는 데이터 시각화를 위한 도구일 뿐만 아니라 데이터 추출, 변환, 로드(ETL) 기능도 제공하여 데이터의 통합 및 관리 기능을 포함한다. 시각화 도구는 설정에 따라 재현 가능성이 떨어질 수 있고, 무작위 요소가 포함되면 동일한 결과를 반복하는 것이 어려울 수 있으며, 다양한 시각화 방법을 빠르게 적용할 수 있다.

45 정답 : ①
해설 : 캘린더차트는 3개의 축을 가진 입체형태의 차트가 아니라, 날짜 데이터를 이용해 '요일', '주차', '일'을 행, 열, 칸으로 나누어 구성하는 특수한 형태의 테이블로 칸의 색상과 레이블을 통해 정보를 시각적으로 제공한다.

46 정답 : ④
해설 : 제시된 차트는 박스플롯(Box Plot)으로 신뢰 구간을 표시하지 않으며, 데이터의 분포와 아웃라이어를 시각적으로 표현한다. 아웃라이어 발견이 쉽고, 사분위수를 통해 데이터를 시각화하며, 기본적으로 평균은 표시하지 않고 중앙값을 표시한다.

47 정답 : ②
해설 : 폐쇄성의 법칙은 인간의 시각이 불완전한 도형을 완성된 형태로 인식하는 경향을 설명한다.
① 연속성의 법칙 : 시각 요소들이 일정한 경로를 따라 배열될 때 이를 하나의 연속된 형태로 인식하는 법칙
③ 단순 충만의 법칙 : 가능한 한 단순한 형태로 인식하려는 경향을 설명하는 법칙
④ 전경과 배경의 법칙 : 시각 정보가 전경과 배경으로 나뉘어 인식되는 경향을 설명하는 법칙

48 정답 : ①
해설 : 카토그램은 지리적 데이터를 시각화하여 공간 분포를 나타내는 차트이다.
② 시계열그래프 : 시간에 따른 데이터의 변화를 나타냄
③ QQ도표 : 분위비교도표(Quantile-Quantile Plot)로서 Quantile(분위수)를 내림차순으로 정렬하여 두 확률 분포를 비교하는 차트
④ 버블차트 : 데이터의 크기를 버블 크기로 나타내지만, 공간적 요소를 강조하지 않음

49 정답 : ③
해설 : 두 데이터 항목의 공통 변이를 나타내는 2차원도표로 점들의 패턴에 따라 변수 간의 관계를 파악할 수 있다. 데이터의 분포와 밀집도를 이해하는 데 도움이 되며, 데이터 포인트가 적을 때는 명확한 패턴을 해석하기 어렵다.

50 정답 : ④
해설 : 100%의 채도일 때 순수한 색이고, 0%의 채도일 때 회색이 된다.
① 색상 : 색의 이름이나 종류를 나타냄
② 채도 : 색의 순도를 나타냄
③ 명도 : 색의 밝기 정도를 나타냄

51 정답 : ③
해설 : 인포그래픽은 기초자료 자체가 아니라, 그 자료를 시각적으로 효과적으로 표현한 것이다. 인포그래픽은 웹에 적합하게 디자인되며, 복잡한 데이터를 시각적으로 쉽게 표현하는 방법이다. 에디토리얼 인포그래픽은 시각적으로 대력적이다.

52 정답 : ②
해설 : 단계구분도는 지리적 영역에 대해 색상이나 패턴을 사용하여 데이터 값을 단계적으로 표현한다.
① 지도맵 : 단순히 지리적 위치를 나타내는 지도
③ 카토그램 : 데이터 값에 따라 지리적 영역의 크기를 왜곡, 변경함
④ 카토그램 히트맵 : 같은 면적의 배경을 병렬적으로 사용하고 색(채도 등)을 이용하여 데이터 값을 표현

53 정답 : ③
해설 : 제시된 차트는 생키차트로 흐름과 분포를 시각화하는 데 사용되며, 다양한 경로를 통해 값의 흐름을 보여준다.
① 히스토그램 : 데이터의 분포를 막대로 나타냄
② 시나플롯 : 스트립플롯은 데이터 포인트를 정확한 위치 표시하는 반면, 시나플롯은 데이터 포인트를 겹치지 않도록 조정하여 데이터 분포를 표현함
④ 곡선그래프 : 데이터의 추세를 보여줌

54 정답 : ③
해설 : 히스토그램은 데이터의 분포를 구간별로 시각화하는 데 적합하다.
① 히트맵차트 : 데이터 값을 색상으로 표현함
② 와플차트 : 비율을 시각적으로 표현함
④ 도넛차트 : 원형차트의 변형

55 정답 : ②
해설 : 범례는 그래프나 차트에서 색상, 패턴, 기호 등이 무엇을 의미하는지 설명하는 요소이다.
① 제목 : 그래프나 차트의 주제를 설명
③ 서체 : 텍스트의 글꼴을 의미
④ 클립아트 : 시각적 장식을 위한 이미지

56 정답 : ③
해설 : 수평오차막대는 데이터 값의 불확실성을 시각적으로 표현하는 데 사용된다.
① 바이올린차트 : 데이터 분포를 시각화함
② 밀도 분포 : 데이터의 밀도를 보여줌
④ 히스토그램 : 데이터의 분포를 구간별로 시각화함

57 정답 : ④
해설 : 제시된 차트는 파이차트로 원의 크기는 데이터 전체를, 파이 조각은 각 부분의 비율을 나타낸다. 파이차트는 특정 범주의 비율을 비교하기 쉽지만, 범주가 많아지면 비율을 시각적으로 이해하기 어려워진다.

58 정답 : ②
해설 : 데이터 막대는 데이터 값의 크기에 따라 막대의 크기나 색상을 변화시켜 시각적으로 비교할 수 있다.
① 스파크라인 : 간단한 미니차트
③ 피벗 테이블 : 데이터 요약 도구
④ 아이콘 세트 : 조건부 서식에서 아이콘을 사용하여 시각적 효과를 줌

59 정답 : ③
해설 : KPI(Key Performance Indicator)는 대시보드에서 중요한 성과 지표를 빠르게 확인하고 의사결정에 활용할 수 있게 한다.
① Query : 데이터베이스 질의
② CSV : 데이터 파일 형식
④ Filter : 데이터 필터링 도구

60 정답 : ④
해설 : 경사차트는 시간에 따른 데이터 변화를 시각적으로 보여주어 정량 데이터의 시간 전후 관계를 표현하는 데 적합하다.
① 누적수평막대차트 : 데이터를 누적하여 수평으로 나타냄
② 히트맵차트 : 데이터 값을 색상으로 표현함
③ 수직막대차트 : 데이터를 수직 막대로 나타냄

CHAPTER 06 2024년 2회 기출복원문제 정답 및 해설

01	02	03	04	05	06	07	08	09	10
③	②	①	④	③	①	④	③	②	④
11	12	13	14	15	16	17	18	19	20
③	①	①	①	①	④	④	④	②	①
21	22	23	24	25	26	27	28	29	30
②	①	③	②	①	④	③	①	①	①
31	32	33	34	35	36	37	38	39	40
①	④	②	③	③	②	①	②	④	②
41	42	43	44	45	46	47	48	49	50
③	②	②	④	②	③	②	①	①	④
51	52	53	54	55	56	57	58	59	60
②	②	④	①	④	①	③	③	①	③

제1과목 | 경영정보 일반

01 정답 : ③
해설 : 확신성(Assurance)은 조직의 역량, 예의, 신뢰와 확신을 전달하는 능력을 말한다. 이는 고객이 서비스 품질을 평가할 때 종종 서비스 제공자의 전문성과 전문성에 의존하기 때문에 완전한 지식이나 통제력이 부족한 상황(예 으로, 법률 또는 금융 서비스)에서 더욱 크게 작용한다. 즉, 직원이 전문성과 예의를 보일 때 고객은 자신이 받을 서비스의 질에 대해 확신을 가지게 된다. 이는 장기적인 관계와 충성도를 구축하는 데 필수적이다.

02 정답 : ②
해설 : 교차 판매는 고객이 구매하거나 이미 구매한 주요 품목과 관련된 추가 보완 제품이나 서비스를 구매하도록 장려하는 것을 목표로 하는 판매 기법이다. 특히 고객의 주요 구매와 관련된 추가 제품이나 서비스를 제공하는 것을 강조한다. 이러한 교차 판매의 핵심 요소는 관련성이다. 예를 들어 스마트폰 구매자에게는 케이스, 스크린 보호 필름, 무선 이어버드와 같은 액세서리를 추천할 수 있다.

①, ③, ④ 업셀링에 대한 설명이다. 이는 고객이 선택한 제품의 관련 항목을 추가하는 것이 아니라 보다 고급형이나 프리미엄 버전을 구매하도록 설득하는 것을 말한다.

03 정답 : ①
해설 : 정보 처리 및 의사 결정 맥락에서 데이터, 정보 및 지식이 일반적으로 정의되고 연결되는 순서를 논리적으로 나타내고 있다.
(A) 데이터 : 데이터는 다양한 출처에서 수집된 가공되지 않은 원시 사실과 수치를 말하며, 관심 대상의 특성을 측정하는 기본 요소이다.
예 매출 거래 건수 또는 고객 연령대 인구 통계
(B) 정보 : 정보는 데이터를 처리하고 해석하여 의미와 맥락을 부여함으로써 도출된다. 이러한 변환은 데이터가 의사 결정에 유용한 방식으로 구성, 분석 또는 제시될 때 발생한다.
예 지난 분기의 판매 추세를 보여주는 보고서
(C) 지식 : 지식은 결론을 도출하고, 결정을 내리고, 결과를 예측하기 위해 정보를 종합하고 분석하여 얻는다. 특정 맥락에서 정보를 이해하고 적용하여 얻은 실행 가능한 통찰력을 나타낸다.
예 판매 추세를 활용하여 마케팅 전략이나 재고 요구 사항을 결정한다.

04 정답 : ④
해설 : 시장임금조사법은 특정 직무에 대한 외부 시장에서의 임금 수준을 조사하고 분석하는 과정을 의미한다. 이 방법은 외부의 임금 데이터를 활용하여 경쟁력 있는 보상 체계를 구축하는 데 중점을 두고 있기에 유사 직무 수행자들의 평균 임금을 기준으로 내부 직무 보상 수준을 결정하는 데 가장 적합한 방법이다.

05 정답 : ③
해설 : 이표채는 일반적으로 이자를 정기적으로 지급하는 채권이다. 액면가에 이자를 선공제하여 발행되는 채권은 할인채에 해당된다.
• 이표채 : 정기적으로 이자를 지급하며, 이자는 일반적으로 매년 또는 반기마다 지급된다. 이자율(쿠폰율)이 미리 정해져 있다.

- 할인채 : 이자를 지급하지 않고, 발행 시점에서 액면가보다 낮은 가격에 판매된다. 만기 시에 액면가가 지급되며, 투자자는 할인된 가격과 액면가의 차액을 통해 수익을 얻는다.

06 정답 : ①
해설 : 총자산이익률(ROA ; Return On Assets)은 기업의 수익성을 측정하는 지표이다. 자산을 얼마나 효율적으로 사용하여 이익을 창출하는지를 나타내는 것으로 안정성 측정과는 관련이 없다.
② 재고자산회전율 - 효율성 측정 : 재고자산회전율은 재고 자산이 얼마나 효율적으로 관리되고 있는지를 나타내는 지표이다.
③ 주당순이익 - 수익성 측정 : 당순이익(EPS ; Earnings Per Share)은 기업의 수익성을 나타내는 지표로, 주주가 보유한 주식 한 주당 얼마의 순이익이 발생했는지를 나타낸다.
④ 당좌비율 - 유동성 측정 : 당좌비율은 기업의 단기 채무를 상환할 수 있는 능력을 측정하는 유동성 지표이다.

07 정답 : ④
해설 : 품질관리 데이터는 주로 제품이나 서비스의 품질을 향상시키기 위한 활동에 사용된다. 주문처리과정 최적화는 주로 물류나 운영 효율성을 개선하는 데 초점을 맞추며, 품질관리 데이터의 직접적인 활용과는 거리가 있다.
① 품질개선 활동 : 품질관리 데이터를 통해 제품이나 서비스의 품질을 개선하는 활동은 매우 중요하다.
② 불량률 감소 활동 : 품질관리 데이터를 분석하여 불량률을 감소시키는 활동은 공급사슬의 효율성을 높이는 데 기여한다.
③ 소비자만족도 향상 활동 : 품질관리 데이터를 활용하여 소비자 만족도를 향상시키는 활동은 공급사슬 관리에서 중요한 요소이다.

08 정답 : ③
해설 : KPI는 일반적으로 일정 기간 동안 안정적으로 유지되어야 하며, 자주 수정하는 것은 KPI의 일관성과 신뢰성을 저하시킬 수 있다. KPI는 조직의 목표와 전략에 맞춰 설정되며 환경 변화에 따라 필요할 경우 수정할 수 있지만, 자주 수정하는 것은 바람직하지 않다.

09 정답 : ②
해설 : 실효수익률은 현재가치와 만기미래가치의 관계를 이론적 연단위 복리(할인) 기준에 따라 산출한 수익률을 말하는 것으로서 현재가치로부터 만기미래가치까지의 총수익률을 연단위 기하 평균한 수익률을 뜻하므로 이론적으로도 가장 합리적이다. 실효수익률은 명목수익률이 얼마로 표현되어 있든지 이를 모두 동일 기준 즉 연단위 복리(할인) 기준으로 전환하여 비교 · 평가할 수 있게 함으로써 올바른 투자판단지표로 활용된다는 데에 가장 큰 의의가 있다.

① 만기수익률 : 채권가격과 채권에 내재된 미래 현금흐름의 현재가치를 일치시켜주는 수익률이다. 즉, 현재가격으로 채권에 투자하여 만기까지 보유할 경우 만기 시에 실현하게 될 예측적 수익률을 의미한다. 따라서 만기수익률은 만기까지 보유할 경우 실제로 실현하게 되는 실현수익률과는 의미가 다르다.
③ 표면이율 : 채권의 액면에 기재된 이율로 1년간 발행자가 지급하는 이자를 액면으로 나눈 것이다.
④ 연평균수익률 : 만기미래가치를 투자원금인 현재가격으로 나누어 이를 연단위 단리수익률로 도출한 것을 말한다. 총투자 수익률을 연단위로 산술평균한 것이다. 연평균수익률은 단순하고 쉽게 이해할 수 있는 개념이기 때문에 널리 사용되고 있다. 그러나 연평균수익률은 단리수익률이기 때문에 이자의 이자를 반영하지 못한다는 이론적인 결함을 지니고 있다.

10 정답 : ④
해설 : LTV는 특정 고객이 기업과의 관계를 유지하는 동안 발생할 것으로 예상되는 총 수익을 나타내며, 이는 고객의 가치를 평가하고 마케팅 전략을 수립하는 데 중요한 지표이다.

11 정답 : ③
해설 : 손익계산서는 발생주의 회계 기준에 따라 수익과 비용을 인식한다. 즉, 매출액은 상품이나 서비스가 제공된 시점에 인식되며, 현금이 실제로 들어온 시점과는 다를 수 있다.

12 정답 : ①
해설 : BARS는 종업원의 특정 행동을 기준으로 평가하는 방법으로, 평가의 객관성을 높이기 위해 설계되었다. 따라서 BARS는 평가 편향을 줄이는 데 도움을 줄 수 있다. 물론, 모든 평가 방법에는 어느 정도의 편향이 있을 수 있지만, BARS는 행동에 기반하여 보다 구체적이고 명확한 기준을 제공함으로써 편향을 최소화하려는 목적이 있다.

13 정답 : ①
해설 : 직무분석은 각 직무의 내용, 요구되는 역량, 책임 등을 체계적으로 분석하는 과정이다. 이를 통해 직무의 상대적 중요도를 평가할 수는 있지만, "절대적 중요도"라는 개념은 직무분석의 일반적인 목표와는 거리가 있다. 직무분석의 결과는 직무의 상대적인 중요성을 기반으로 급여체계를 설계하는 데 도움을 줄 수 있지만, 직무의 절대적 중요도를 파악하는 것은 주관적일 수 있으며, 다양한 외부 요인에 따라 달라질 수 있다. 따라서 직무분석이 직접적으로 "절대적 중요도"를 파악하여 급여체계를 확립하는 데 기여한다고 보기 어렵다.

14 정답 : ①
해설 : 국가 주요정책 수립, 기업 경영전략 수립, 학술논문 등 심층 연구·분석에 활용되는 마이크로데이터의 수요가 지속해서 증가하고 있다. 이에 통계청은 자체 작성하는 마이크로데이터뿐만 아니라 정부 각 부처, 지자체, 연구기관 등 타 통계작성기관의 마이크로데이터를 한곳에 모아 MDIS(MicroData Integrated Service)를 통해 국민들이 다양한 통계자료를 편리하게 이용할 수 있도록 서비스하고 있다. 제공되는 서비스로는 다운로드 서비스, 온라인 분석 서비스, 인가용 서비스, 주문형 서비스 등이 있다.

15 정답 : ①
해설 : 황소채찍효과는 공급망의 각 단계에서 수요의 변동이 점점 확대되어 가는 현상을 의미한다. 즉, 최종고객과 가까운 기업(소매업체 등)은 실제 수요에 대한 정보를 직접적으로 받기 때문에 재고 변동폭이 상대적으로 작다. 반면, 공급망의 상위 단계(도매업체, 제조업체 등)에서는 수요 예측의 오차가 누적되어 재고 변동폭이 커지는 경향이 있다. 따라서 최종고객과 가까운 기업일수록 재고 변동폭이 증가하는 것이 아니라, 오히려 감소하는 경향이 있다.

16 정답 : ④
해설 : MAU는 특정 기간 동안의 활성 사용자 수를 측정하는 지표로, 고객의 활동 빈도와 사용 패턴은 MAU를 이해하고 세그먼트를 구분하는 데 매우 중요한 요소이다. 고객이 얼마나 자주 서비스를 이용하는지, 어떤 방식으로 서비스를 사용하는지에 따라 고객의 가치를 평가하고, 이를 기반으로 세그먼트를 나누는 것이 효과적이다. 즉, MAU를 기준으로 고객 세그먼트를 구분할 때는 고객의 활동 빈도와 사용 패턴이 가장 직접적으로 관련이 있다.

17 정답 : ④
해설 : ① 주식배당은 납입자본의 변동에 포함된다.
② 자기주식은 이익잉여금의 변동에 포함되지 않는다. 자기주식은 자본의 감소로 간주된다.
③ 자본잉여금은 주로 자본의 추가적 기여나 자본 조정에서 발생하는 항목으로, 누적된 손이익과는 관련이 없다.

18 정답 : ④
해설 : 전환비용조사는 고객이 다른 제품이나 서비스로 전환할 때 발생하는 비용을 분석하는 방법으로, 고객만족도와는 직접적인 관련이 없다.

19 정답 : ②
해설 : 회귀분석은 수요에 영향을 미치는 여러 설명 변수를 고려하여 이들 간의 관계를 모델링하는 방법이다. 특정 요인이 수요에 미치는 영향을 분석할 수 있다.
① 시계열분석 : 과거의 수요 데이터를 기반으로 미래의 수요를 예측하는 방법으로, 시간에 따른 패턴을 분석한다.
③ 몬테카를로 시뮬레이션 : 확률적 모델을 사용하여 다양한 시나리오를 시뮬레이션하는 방법으로, 수요 예측보다는 불확실성을 분석하는 데 주로 사용된다.
④ 신경망 모델 : 복잡한 비선형 관계를 모델링할 수 있는 방법이지만, 주로 데이터 기반의 예측에 사용되며, 설명 요인 간의 관계를 명시적으로 분석하는 데는 덜 적합하다.

20 정답 : ①
해설 : CTR은 광고나 링크가 얼마나 효과적으로 클릭되는지를 나타내는 지표로, 클릭 수를 노출 수로 나눈 후 100을 곱하여 백분율로 나타낸다.

제2과목 | 데이터 해석 및 활용

21 정답 : ②
해설 : 데이터 값을 평균이 0, 표준편차가 1이 되도록 조정하여 표준 정규분포로 만드는 것을 Z-Score 표준화라고 한다.
① 로그스케일 변환은 데이터의 크기가 지수적으로 성장할 때 선형분포로 변환하거나, 왜도가 큰 경우(왼쪽으로 치우친 분포 = 오른쪽으로 긴 꼬리)에는 표준화에 사용한다.
③ 데이터 값이 0과 1 사이로 변환하는 것은 데이터 정규화의 MinMaxScaling에 대한 설명이다.

22 정답 : ①
해설 : OLAP(Online Analytical Processing)은 데이터를 다차원적으로 분석하여 의사결정을 지원하는 시스템으로, 데이터는 일반적으로 다차원 배열(큐브)의 형태로 저장된다. 반면 테이블 형태로 데이터를 저장하는 것은 관계형 데이터 베이스의 특징이다.

OLAP의 주요 특징
- 최종 사용자가 데이터를 직접 접근할 수 있는 대화식 분석
- 다양한 관점에서의 데이터 조회 및 의사결정 지원 등

23 정답 : ③
해설 : 물리적 설계는 데이터베이스를 실제로 구현하는 단계로, 효율적인 데이터 저장 및 접근을 위해 고려된다. 데이터 보호 및 접근 제어는 논리적 설계나 보안 정책과 관련된 사항으로, 물리적 설계의 직접적인 고려사항으로는 적합하지 않다.
① , ② , ④ 물리적 설계 단계에서 중요한 요소로, 트랜잭션 처리량, 시스템 확장성, 데이터 접근 패턴 분석 등이 포함된다.

24 정답 : ③
해설 : 스키마 변경은 데이터베이스의 구조를 수정하는 작업으로, 인덱스와 쿼리 성능에 중요한 영향을 미칠 수 있다. 예를 들어, 테이블에 새로운 열을 추가하거나 데이터 타입을 변경하면 기존 인덱스가 비효율적이 되거나 재구성이 필요할 수 있다. 또한, 변경된 스키마에 따라 쿼리 실행 계획이 바뀌어 성능이 저하되거나 개선될 수 있다.
① 스키마 변경의 영향을 과소평가한 잘못된 설명이다.
②, ④ 스키마 변경과 직접적인 관련이 없는 내용이다.

25 정답 : ①
해설 : 도수분포표는 범주형 데이터와 수치형 데이터를 모두 시각화할 수 있는 기법이다. 범주형 데이터의 경우 각 범주에 속하는 데이터 개수를 나타내며, 수치형 데이터는 값을 구간별로 나누어 도수분포를 보여 준다.
② 로지스틱 회귀 분석은 범주형 목표 변수에 적합하며, 수치형 데이터 예측에는 선형 회귀 분석이 적합하다.
③ 분산과 표준편차는 데이터의 흩어진 정도(변동성)를 나타내는 지표로, 중심 경향을 분석하기에는 부적합하다. 중심경향은 평균과 중앙값을 사용한다.
④ 가설 검정은 수치형 데이터뿐만 아니라 범주형 데이터(예 카이제곱 검정)에도 적용할 수 있다.

26 정답 : ④
해설 : 확률밀도함수는 연속형 확률변수의 확률 분포를 나타내는 함수로, 특정 값에 대한 확률을 계산하는 데는 사용되지 않는다. 확률변수가 특정 구간에 속할 확률은 확률밀도함수의 해당 구간을 적분하여 구한다.
① 표본공간(Sample Space) : 모든 가능한 결과의 집합이다.
② 확률변수(Random Variable) : 표본공간의 각 원소를 실수값으로 변환하는 함수이다.
③ 사건(Event) : 표본공간의 부분집합으로, 특정 조건을 만족하는 결과들의 집합을 뜻한다.

27 정답 : ③
해설 : 모바일 비즈니스 인텔리전스(Mobile Business Intelligence)는 스마트폰이나 태블릿 같은 모바일 기기를 사용하여 언제 어디서나 데이터에 접근하고 분석할 수 있는 기술을 의미한다. 이를 통해 실시간 데이터 확인과 분석이 가능하며, 빠르고 유연한 의사결정을 지원한다.
① 셀프 서비스 비즈니스 인텔리전스는 IT 전문가의 도움 없이 사용자가 데이터를 직접 분석할 수 있도록 하는 기술이다.
② 클라우드 기반 비즈니스 인텔리전스는 클라우드 환경에서 BI 기능을 실행하는 기술이다.
④ 비즈니스 성과 관리는 기업의 전략적 목표 달성을 위한 성과 관리 시스템을 의미한다.

28 정답 : ①
해설 : 데이터베이스 관리 시스템(DBMS)은 데이터 중복을 최소화하고 데이터 무결성과 일관성을 유지하기 위해 설계되었다.
② 동시성 제어는 여러 사용자가 동시에 데이터에 접근하거나 수정할 때 발생할 수 있는 충돌을 방지하고 데이터의 일관성을 유지하는 중요한 기능이다.
③ DBMS는 효율적인 데이터 검색 및 추출 기능을 제공하여 대량의 데이터를 신속하게 처리할 수 있도록 지원한다.
④ 사용자 인증 및 권한 관리는 데이터 보안을 강화하고 무단 접근을 방지하기 위한 DBMS의 핵심 기능이다.

29 정답 : ③
해설 : 증분 적재는 기존에 적재된 데이터와 새로운 데이터를 비교하여 변경된 부분만 적재하는 방법이다. 이를 통해 불필요한 중복 데이터를 방지하고 적재 작업의 속도를 높일 수 있다. 증분 적재 방식은 데이터 업데이트 시에 유용하며, 전체 데이터를 다시 적재하지 않고 차이점만 반영하기 때문에 효율적이다.

30 정답 : ①
해설 : 빅데이터의 특징은 규모(Volume), 다양성(Variety), 속도(Velocity), 정확성(Veracity), 가치(Value)의 5V로 설명할 수 있다. 데이터 품질이 믿을 만한지와 정확한지를 살펴보는 것은 데이터의 품질과 오류에 대한 정확성(Veracity)을 설명하는 것이다. 가치(Value)는 데이터를 통해 고객과 비즈니스에 효과적인 통찰과 가치를 제공하는 것을 말한다.

31 정답 : ①
해설 : 데이터베이스의 무결성(integrity)을 보장하고 데이터의 일관성(consistency)을 유지하려면 다음 요소들이 필수적이다.
- 기본 키 (Primary Key) : 각 레코드가 유일하게 식별될 수 있도록 보장

- 외래 키(Foreign Key) : 다른 테이블과의 관계를 정의하여 데이터의 참조 무결성을 유지
- 무결성 제약조건(Integrity Constraints) : 데이터가 규정된 조건을 만족하도록 하는 제약을 설정하여 데이터의 일관성을 유지

32 정답 : ④
해설 : 탐색적 데이터 분석(EDA ; Exploratory Data Analysis)은 데이터를 시각화하고 통계적 방법을 활용하여 데이터의 특징, 패턴, 이상치를 파악하는 과정이다. EDA는 데이터 전처리 단계에서 중요한 역할을 하며, 분석 목표를 설정하고 데이터에 대한 직관적인 이해를 돕는다. 이를 통해 "모델링 전까지" 데이터의 특성을 정확히 파악하고, 적합한 분석 방법을 선택할 수 있다. 회귀모델 생성은 모델링 단계에 해당된다.

33 정답 : ②
해설 : 샘플링 방법 중, 계층적 추리(stratified sampling)는 데이터세트의 클래스 비율을 유지하면서 샘플링을 수행하여 모델이 전체 데이터를 더 잘 대표하도록 하는 방법이다. 올바른 클래스를 정의하는 것이 어려울 수 있으나, 샘플링 과정이 단순화되지는 않고, 오히려 복잡해질 수 있기 때문에 이 설명이 옳지 않다.
① 클래스 비율을 유지하기 때문에 모델이 전체 데이터를 잘 대표할 수 있다.
③ 동일한 샘플 크기에서 단순 무작위 샘플링보다 더 정확한 추정을 가능하게 하여 통계적 효율성이 좋다.
④ 소수 클래스도 적절히 샘플링하여 데이터 불균형 문제를 줄일 수 있다.

34 정답 : ③
해설 : 동적으로 변하는 데이터 스키마를 요구하는 애플리케이션에는 NoSQL 데이터베이스 관리 시스템이 가장 적합하다. NoSQL은 스키마가 고정되어 있지 않거나 매우 유연하게 변할 수 있어, 데이터를 자유롭게 추가하거나 변경할 수 있다.

35 정답 : ③
해설 : 데이터 웨어하우스는 일반적으로 운영 데이터에서 추출한 정형 데이터만을 저장하며, 센서 데이터나 소셜 데이터 같은 비정형 데이터의 원시 복사본을 포함하지 않는다. 이러한 비정형 데이터는 데이터 레이크(Data Lake)에 저장되며, 데이터 웨어하우스(DW)는 정형화된 데이터 분석 및 보고를 위해 최적화된 구조를 가진다. 따라서 원시 복사본을 포함한다는 설명은 옳지 않다.
①, ②, ④ 데이터 웨어하우스 특성에 대해 옳은 설명이다.

36 정답 : ②
해설 : 지역코드, 연령, 성별과 같은 준식별자의 속성값이 동일하더라도 다양한 질병이 혼자되어 k개 이상 존재하도록 구성하였으므로 k-익명성이 옳다.
- k-익명성(k-anonymity) : 주어진 데이터 집합에서 같은 값이 적어도 k개 이상 존재하도록 하여 쉽게 다른 정보와 구별할 수 없도록 하는 것
- ℓ-다양성(ℓ-diversity) : 주어진 데이터 집합에서 함께 비식별되는 레코드들이 적어도 ℓ개의 서로 다른 민감한 정보를 갖도록 하는 것
- t-근접성(t-closeness) : 주어진 데이터 집합에서 특정 정보의 분포와 전체 데이터 집합에서 정보의 분포의 차이를 t개 이하로 제한하는 것

37 정답 : ①
해설 : 연관분석은 데이터 세트에서 항목 간의 연관성을 발견하는 기법으로 대량의 트랜잭션 데이터에서 항목 간의 관계를 파악하고 규칙을 도출한다. 제품 추천이나 영상 추천 등의 알고리즘이 여기에 속한다.

38 정답 : ②
해설 : UPDATE 명령어는 이미 존재하는 테이블의 데이터를 수정하는 데 사용되며, 데이터 유형을 변경하려면 ALTER TABLE 명령어를 사용해야 한다.
① GRANT : 사용자에게 특정 권한을 부여한다.
③ DROP : 테이블, 뷰, 인덱스 등을 삭제한다.
④ CREATE : 새로운 데이터베이스를 생성한다.

39 정답 : ④
해설 : 데이터는 '수집 → 저장 → 처리 → 분석 → 보관 → 폐기' 주기를 따른다.

40 정답 : ②
해설 : 원격 근무 도입 이후 이직률이 감소한 사실을 발견했다고 하더라도, 이를 두 사건 간의 인과관계로 바로 결론 내리기는 어렵다. 원격 근무 도입이 직원의 이직률 감소에 영향을 미칠 수 있다는 결론이 가장 적절하다.

제3과목 | 경영정보시각화 디자인

41 정답 : ③
해설 : 오컴의 면도날(Occam's Razor)은 "단순함이 최선"이라는 원칙이다. 불필요한 가정이나 개념을 최소화하여 문제를 설명하는 것이 좋다는 의미로 해석된다. 따라서 필요한 만큼의 시각적 요소를 사용, 최소한의 텍스트와 간결한 문구 정보의 단순화는 옳은 설명이다. 하지만 세부 정보를 가능한 많이 제공하는 것은 오컴의 면도날과 반대의 설명이다.

42 정답 : ②
해설 : 카토그램은 면적을 수치형 자료의 측정값에 맞춰 변형한 지도이다. 데이터 값의 변화에 따라 지도의 면적이 왜곡되는 그림으로, 지도상 지리적 정확성이 떨어져 실제 위치 관계를 왜곡할 수 있다.
① 특정 시점의 카토그램을 둘 이상 비교하면 시간적 변화를 표현할 수 있다.
③ 데이터에서 세부 정보를 잃었을 수 있지만, 주요 단점은 아니다.
④ 면적과 색상은 정량적 비교가 가능하다.

43 정답 : ②
해설 : 가 그래프는 "원형 막대(Bar of Pie) 차트"이고, 나 그래프는 "원형(Pie) 차트"이다. 원형 차트 계열을 사용할 때는 상대적 크기를 비교하는 "비율(상대수량)"을 사용한다. 따라서 ②가 가장 옳지 않은 설명이다.
① 원형 막대 차트는 특정 부분에 대해 막대 그래프를 사용하여, 다중정보를 제공할 수 있다.
③ 특정 조각을 강조할 때는 명도나 색상, 조각 떼어내기를 사용한다.
④ 비율이 큰 조각을 떼어내면 나머지 조각들과의 상대적 비교가 어렵다.

44 정답 : ④
해설 : 트리 맵은 음수를 나타낼 수 없고, 이웃하지 않은 시각형의 크기를 비교할 수 없는 단점이 있다.
① 트리 맵은 데이터의 계층 구조에 따라 값의 비율을 사각형의 크기로 나타낸 차트이다.
② 색상으로 데이터의 범주 항목을 구분한다.
③ 사각형 내 사각형은 데이터의 계층 구조를 나타낸다.

45 정답 : ②
해설 : 세 차트 모두 정확한 수치를 파악하기 어렵다.
① 산점도는 데이터의 흐름과 관계를 설명할 때 쓰인다.
③ 버블 차트는 산점도에서 파생된 유형으로 제3의 변수로 정량적 변수를 면적으로 나타낸다.
④ A~C Chart는 산점도(분산형 차트)와 버블(거품형) 차트이다.

46 정답 : ③
해설 : 생키 차트(Sankey Chart) 데이터의 흐름을 시각적으로 표현하는 방법이다.
① 모스크바 원정 과정 생키차트는 시간에 따른 전체 병사수의 변화를 나타내지만 일반적으로 생키차트는 시간에 따른 변화를 나타내는 방법은 아니다. 시간 축을 중심으로 데이터 변화를 나타내므로 문제의 초점과 맞지 않는다.
② 두 변수의 상관관계를 표현하는 방법은 산점도이다.
④ 특이성이 있는 독립적 데이터는 생키 차트에 적절하지 않다.

47 정답 : ②
해설 : 머신러닝 모델의 성능을 평가할 때 적절한 시각화를 묻는 문제이다. 평행좌표계를 사용하면, Trade off 관계인 여러 평가 지표 간의 절충점을 시각적으로 파악할 수 있다.
① 방사형 차트는 변수 간의 상대적 비교에 용이한 시각화 방법이다.
③ 그룹 막대그래프 역시 상대 크기 비교에 적합하며, 절충점 파악은 불가능하다.
④ 트리 맵은 트리 구조의 계층 데이터에 적합하며, 성능 지표 분석에는 적합하지 않다.

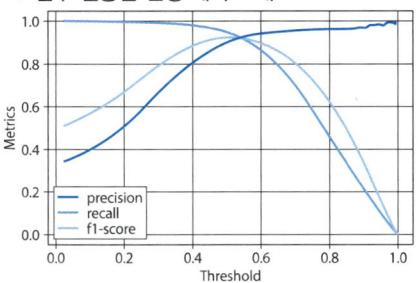

머신러닝 모델의 정밀도(Precision), 재현율(Recall), F1 점수 절충점 선정 예시 그래프

48 정답 : ①
해설 : 캘린더 차트는 날짜별 데이터 값을 색상으로 표현하여 시간적 추세를 파악하는 데 유용하다.
② 캘린더 차트의 주된 기능이 아니며, 범주형 데이터를 표현하는 데는 적합하지 않다.
③ 변수 간 상관관계 분석 도구로는 산점도(Scatter Plot)나 히트맵(Heatmap)이 더 적합하다.
④ 단일 숫자 집합을 표현하는 도구는 막대 그래프 등이 해당된다.

49 정답 : ①
해설 : 나단 셰드로프(Nathan Shedroff)의 정보 디자인 다이어그램에 따르면 데이터, 정보, 지식, 지혜가 생성되고 전환되는 과정 중에서 정보 디자인이 어떻게 전달되는지를 보여준다. 데이터가 정보로 (이해)·활용되고, 지식으로 (체계화)되어 지혜로서 문제 해결과 (미래 예측)에 사용되는 과정을 그리고 있다. 맥락에 따라 시각화의 방법도 각 단계마다 다르게 나타난다. 지식으로 갈수록 경험에 기반한 (스토리텔링)이 중요해짐을 알 수 있다.

50 정답 : ④
해설 : BI 도구는 반응형 대시보드(상호작용)를 통해서 사용자와 인터랙티브한 소통이 가능하다.
① BI 도구는 데이터 정제와 분석, 시각화 등 탐색적 데이터 분석에 탁월하다.
② 데이터를 시각적으로 변환할 수 있어 비즈니스 개선의 효과가 있다.
③ 빠른 보고서 생성과 의사결정 지원으로 경쟁우위 확보가 가능하다.

51 정답 : ②
해설 : 막대그래프의 유형과 사용법을 묻는 문제이다. 음수는 좌측, 양수는 우측에 표현하는데, 양수가 없는 경우 데이터는 모두 기준선의 좌측에 위치하게 된다. 우측에 의치하면 오해를 불러 일으킬 수 있다.
① 가로형 막대그래프의 배경 그리드가 세로형에 비해 값을 정확히 파악하기 어렵다.
③ 데이터 값의 위치를 설명하며, 통상적으로 막대 안쪽 또는 바깥쪽에 표시한다.
④ 막대의 정렬순서를 설명하며, 수치의 오름차순 또는 내림차순, 항목의 특정 순서에 따라 변경할 수 있다.

52 정답 : ②
해설 : 비율 시각화 유형의 그래프에 대해 묻는 문제이다. 레이더 차트는 여러 변수와 항목에 대한 상대적인 크기를 비교할 때 사용한다.
①, ③, ④ 모두 비율을 나타내는 그래프이다.

53 정답 : ④
해설 : 누적 막대그래프의 사용법을 묻는 문제이다. 누적 막대그래프는 누적 백분율이 아닌 '누적 수치' 비교를 위해 사용되므로 세로축 단위 표시가 필수적이다. 세로축 단위 표시가 생략이 가능한 것은 '100% 누적 막대형 차트'이다.
① 누적 막대그래프의 상대적 비율을 표현한다는 것은 옳은 설명이다.
② 여러 범주나 변수를 색상으로 구분하여 동시에 표현하는 장점을 설명한다.
③ 누적 막대그래프에서 각 막대의 정확한 값을 파악하기 어려워 데이터 테이블을 표시하거나, 파이/원 차트를 사용한다.

54 정답 : ①
해설 : 조건부 서식의 기능을 묻는 문제이다. 특정 데이터 셀의 값을 기준으로 동적으로 서식을 적용하며, 복잡한 조건도 지원한다는 설명이 정확하다.
② 조건부 서식이 집합 데이터뿐만 아니라 개별 셀에도 적용될 수 있다.
③ 원본 데이터 수정 시, 조건부 서식에 따라 자동 업데이트된다.
④ 조건부 서식은 기본 제공 서식뿐만 아니라, 사용자가 작성한 사용자 정의 수식 적용이 가능하다.

55 정답 : ④
해설 : 자크 베르탱의 7가지 시각적 변수(위치, 크기, 모양, 명도, 색상, 방향, 질감) 선택과 관련된 문제이다. 색상 변수는 순서나 순위 설정에 적합하지 않으며, 수치로 표현하기 어렵다.
① 효과적인 커뮤니케이션을 위해 정보 유형에 따라 서로 다른 시각적 인코딩을 제안한다.
② 위치변수는 주변 요소와의 관계 비교를 유도하고, 정보의 상하 구조를 효과적으로 전달할 수 있다.
③ 명도 변수는 수치적 변화를 시각화 할 때 색상보다 더 효과적이다.

56 정답 : ①
해설 : 경영정보시각화에 적합한 디자인 원칙을 묻는 문제이다. 정보형 메시지를 전달하는 목적에는 인포그래픽보다는 에드워드 터프키의 정보 시각화 디자인이 더 적합하다.
② 경영정보시각화는 설득형 메세지보다는 정보형 메세지에 좀 더 가깝기 때문에 설득형 스토리텔링에 강한 인포그래픽은 적합하지 않다.
③ 인포그래픽은 시각적 흥미, 공감을 높이기 위해 경영정보시각화보다 주관적 맥락이 더 많이 포함된다.
④ 인포그래픽은 전통적 정보 시각화과는 달리 삽화, 아이콘 등이 많이 포함되어 있지만 목적은 쉽고 빠른 메시지 전달이다.

57 정답 : ③
해설 : 불렛(Bullet) 그래프 중앙의 가로막대는 "바"로 데이터 측정값을 나타내고, 세로선을 "기호막대"라고 하며 비교기준을 나타낸다.

58 정답 : ③
해설 : 기본원리는 강조, 균형, 대비, 반복, 비율, 움직임, 공백, 통합, 패턴, 리듬, 다양성 등이 있다. 정렬은 디자인 요소의 일관성과 조직감을 저공하나, 모든 요소가 서로 독립적으로 배치될 수 있다는 설명은 옳지 않다.
① 균형은 안정감을 제공한다
② 대비는 두 가지 상반된 요소를 강조한다.
④ 근접성은 요소 간의 연관성을 명확히 한다.

59 정답 : ①
해설 : 지도는 지리적 위치의 좌표와 해당 위치 데이터를 정확히 나타낸다.
② 지도는 시계열 변화를 나타내기 거렵다.
③ 범주형 데이터를 시각적으로 표현한 지도는 대표적으로 선거이단 카토그램 등이 있다.
④ 지도는 평균값이나 중앙값을 직접적으로 표시할 수 없다.

60 정답 : ③
해설 : BI 소프트웨어는 재현 가능성 구현과 반복 가능성 구현의 문제에 대한 단점을 가지고 있다.
① 대시보드가 실시간 데이터 갱신 기능을 제공한다.
② 시각화 도구를 통해 데이터를 최대한 활용할 수 있다.
④ BI 소프트웨어가 데이터를 시각적으로 표현하는데 그래프를 활용할 수 있다.

CHAPTER 07
2025년 1회 기출복원문제 정답 및 해설

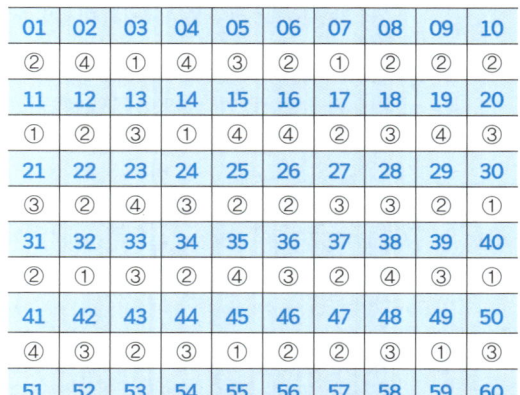

01	02	03	04	05	06	07	08	09	10
②	④	①	④	③	②	①	②	②	②
11	12	13	14	15	16	17	18	19	20
①	②	③	①	④	④	②	③	④	③
21	22	23	24	25	26	27	28	29	30
③	③	②	②	②	②	③	②	②	①
31	32	33	34	35	36	37	38	39	40
②	①	③	②	③	②	④	③	④	①
41	42	43	44	45	46	47	48	49	50
④	③	②	③	①	②	②	④	①	③
51	52	53	54	55	56	57	58	59	60
④	②	②	③	③	③	④	①	④	④

제1과목 | 경영정보 일반

01 정답 : ②
해설 : 고객평생가치(LTV)는 한 명의 고객이 기업에 기여하는 총 수익을 의미한다. 기존 고객의 재구매율을 높이는 것은 고객이 더 오랫동안, 더 자주 구매하도록 유도하여 고객당 총 매출액을 증가시킨다. 로열티 프로그램은 바로 이러한 목적으로 설계된 전략으로, 고객 이탈률을 낮추고 장기적인 관계를 구축하여 LTV를 가장 효과적으로 높일 수 있는 방안이다.

02 정답 : ④
해설 : 감가상각의 핵심 개념은 유형자산을 구매할 때 발생한 취득원가를 그 자산이 기업의 수익 활동에 기여하는 유효 수명(사용 기간) 동안 합리적이고 체계적인 방법으로 비용화(배분)하는 과정이다. 이는 수익 – 비용 대응의 원칙에 따라 자산의 취득원가를 여러 회계기간에 걸쳐 분할하여 인식하는 회계처리 방식이다.

03 정답 : ①
해설 : 재고관리의 가장 중요한 목표는 고객 서비스 수준과 재고 비용을 균형 있게 맞추는 것이다. 재고 비용(보관, 이자, 파손 등)을 무시하고 고객 서비스만 최대로 높이는 것은 비효율적이며 기업의 수익성에 심각한 타격을 줄 수 있다. 재고관리는 이 두 가지 상충되는 목표 사이에서 최적점을 찾는 것이 중요하다.

04 정답 : ④
해설 : 나. 경상개발비 – 무형자산 : 경상개발비는 일반적으로 연구 단계의 비용처럼 발생 즉시 비용으로 인식된다. 즉, 무형자산으로 인식될 요건을 충족하지 못하는 개발 관련 지출을 의미한다. 따라서 무형자산으로 인식하는 것은 옳지 않다.
라. 개발비 – 비용 : '개발비'라는 항목 자체는 특정 요건(기술적 실현 가능성, 미래 경제적 효익, 원가 측정의 신뢰성 등)을 충족할 경우 무형자산으로 인식한다. 요건을 충족하지 못할 때만 비용으로 처리된다.

05 정답 : ③
해설 : 360도 다면평가의 핵심적인 장점 중 하나는 익명성 보장이다. 평가자는 자신의 신원이 노출되지 않는다고 느낄 때 더욱 솔직하고 객관적인 피드백을 제공할 가능성이 높아진다. 만약 기명으로 진행될 경우 평가자가 보복에 대한 두려움이나 관계 손상에 대한 우려로 인해 솔직한 피드백을 제공하기 어렵고, 형식적인 평가로 변질될 가능성이 커진다. '무책임한 평가'의 가능성도 있지만, 익명성 보장이 가져다주는 '솔직하고 심층적인 피드백'이라는 장점이 훨씬 크며, 대부분의 다면평가는 익명성을 전제로 진행된다.

06 정답 : ②
해설 : ROAS(Return On Ad Spend)는 광고 지출 대비 매출액의 비율이다. 이를 높이기 위해서는 광고 수익을 늘리거나 광고 비용을 효율적으로 사용해야 한다. 광고 타겟팅 최적화는 우리 제품에 관심을 가질 확률이 높은 잠재 고객에게 광고를 노출하여, 클릭 후 실제 구매(전환)로 이어질 가능성을 높여 광고 수익을 증대시킨다. 전환율이 높은 광고 채널

에 집중 투자는 투자 대비 효율이 좋은 채널에 대한 예산을 집중함으로써 동일한 광고 비용으로 더 높은 매출을 발생시키거나, 더 적은 비용으로 동일 매출을 달성하여 RCAS를 직접적으로 높인다.

07 정답 : ①
해설 : 국가교통데이터베이스는 한국교통안전공단이 아닌 한국교통연구원에서 운영하고 있다.

08 정답 : ②
해설 : 생산운영관리의 가장 중요한 목표는 기업이 생산하는 양(공급)과 고객이 필요로 하는 양(수요)을 일치시키는 것이다. 기업은 생산량 조절, 생산 능력 확충 등을 통해 공급을 상대적으로 조절할 수 있다. 반면, 시장 상황이나 소비자 선호도 등 외부 요인에 의해 결정되는 수요는 기업이 직접적으로 조절하기 어렵다고 인식된다.

09 정답 : ②
해설 : CPM에서 'M' 라틴어로 'Mille'를 의미하며, 1,000을 뜻한다. 따라서 CPM은 광고가 1,000회 노출될 때마다 비용이 청구되는 방식을 의미한다.

10 정답 : ②
해설 : 채권에 대한 금리는 '할인율' 역할을 한다. 단기 채권은 현금이 바로 회수되기에 변동에 영향이 적다. 반면 장기 채권은 금리에 따른 할인효과가 시간이 지날수록 증폭되기에 금리변동에 민감하다.

11 정답 : ①
해설 : OJT(On-the-Job Training)는 이름 그대로 '직무 내 교육'을 의미한다. 이는 교육이 실제 업무 현장에서 이루어지며, 업무 환경과 교육 환경이 분리되지 않고 통합되어 진행되는 것이 가장 큰 특징이다. 따라서 '분리되어 있어서 학습의 집중력을 높일 수 있다.'라는 설명은 OJT의 특성과는 정반대이며, 이는 OJT의 장점이라기보다는 Off-JT(Off-the-Job Training)와 같은 다른 교육 방식의 특징에 가깝다.

12 정답 : ②
해설 : SWOT 분석에서 내부요인은 기업이 통제하거나 영향을 미칠 수 있는 자체적인 강점(Strength)과 약점(Weakness)을 의미한다.
가. 기업이 내부적으로 보유한 강점(Strength)이다.
다. 기업의 내부적인 문제로 인해 발생하는 약점(Weakness)이다.

13 정답 : ③
해설 : 나. "자산=부채+자본"은 재무상태표의 기본 원리이자 회계 등식이다.
다. 복식부기의 원리에 따라 재무상태표의 자산(차변)과 부채 및 자본(대변)의 합계는 언제나 일치한다.

가. 재무상태표는 '일정 시점'(예 2025년 12월 31일 현재)의 재무 상태를 나타내는 보고서이다. '일정 기간'(예 2025년 1월 1일부터 12월 31일까지)은 손익계산서와 같은 다른 재무제표에 해당한다.

14 정답 : ①
해설 : 내부 인재 모집은 기업 내 기존 직원을 대상으로 하는 채용 방식이다. '캠퍼스 리쿠르팅'이나 '기업 웹사이트를 통한 공개채용'은 외부에서 새로운 인력을 모집하는 대표적인 방법이며 내부 인재 모집과는 관련이 없다. 내부 모집은 사내 공고, 사내 추천, 인재 풀 활용 등으로 이루어진다.

15 정답 : ④
해설 : 고객관계관리(CRM ; Customer Relationship Management)의 핵심은 고객과의 관계를 장기적으로 구축하고 강화하는 것이다. 이를 위해 고객 데이터를 수집, 분석하여 각 고객의 특성, 구매 이력, 선호도 등을 파악하고, 이를 바탕으로 맞춤형 마케팅, 서비스 제공 등을 통해 고객 충성도를 높이는 전략과 기술을 총체적으로 의미한다. 궁극적으로는 고객 만족 증대와 기업 수익 증대를 목표로 한다.

16 정답 : ④
해설 : 서술법(Essay Method)은 평가자가 직원의 성과, 강점, 약점, 잠재력 등에 대해 상세하게 서술하는 방식이다. 이러한 방식은 직원을 숫자로만 평가하지 않고, 구체적인 사례와 설명을 제공한다. 이를 통해 직원이 자신의 성과를 명확히 이해하고 개선점을 파악하는 데 매우 효과적이고 심층적인 피드백을 제공할 수 있다는 장점이 있다.

17 정답 : ②
해설 : 주경로(Critical Path)는 프로젝트의 전체 완료 시간을 결정하는 가장 긴 경로이다. 따라서 주경로상의 활동들이 단 1분이라도 지연될 경우 전체 프로젝트 완료 시간도 지연된다. 즉, "소요 시간에 영향을 주지 않는 활동"이 아니라, "소요 시간에 가장 큰 영향을 미치는 활동들의 집합"이 바로 주경로이다. 이 설명은 주경로의 본질적인 개념과 상충되므로 가장 옳지 않다.

18 정답 : ③
해설 : 기업자원관리(ERP)의 핵심은 여러 부서에 흩어져 있던 정보를 통합하고, 데이터 중복을 제거하여 정보의 일관성을 확보하는 것이다. 즉 개별 부서가 '독립적으로' 데이터를 관리하는 것이 아니라, 모든 부서가 '통합된' 시스템 안에서 데이터를 공유하고 관리하는 것을 목표로 한다. 따라서 ERP는 오히려 개별 부서의 독립적인 데이터 관리 역량을 통합 시스템으로 흡수하여, 전사적인 차원의 데이터 관리 효율성을 높이는 역할을 한다.

19 정답 : ④
해설 : 순현가(NPV)법은 개별 투자안 자체의 가치를 평가하는 데는 매우 유용하지만, 투자안들 사이의 상호작용(예 상호 배타적인 투자안)이나 기업이 사용할 수 있는 자본의 한계(자본 제약)를 자동으로 고려하지는 않는다. 이러한 상황에서는 NPV법으로 계산된 결과를 바탕으로 추가적인 의사결정 절차(예 제약조건하에서의 최적화)가 필요하다. NPV 계산 자체는 프로젝트가 독립적이며 자본이 무한하다고 가정하는 경우가 많다.

20 정답 : ③
해설 : P-model(정기발주모형)은 정해진 주기(일정 시간 간격)마다 재고를 확인하고 주문하는 시스템이다. 안전재고는 예상치 못한 수요나 공급 변동에 대비하여 유지하는 여유 재고를 의미하며, 안전재고의 '보관 기간'에 따라 주문이 이루어지는 것은 아니다. P-model에서는 안전재고가 목표 재고 수준을 결정하는 요소는 될 수 있지만, 주문 시점을 결정하는 직접적인 기준은 '시간'이다.

제2과목 | 데이터 해석 및 활용

21 정답 : ③
해설 : 관계형 데이터베이스(RDBMS)는 테이블 기반 구조와 SQL을 바탕으로 데이터를 관리하며, 트랜잭션 신뢰성을 위해 ACID 특성을 제공한다. 계층 구조 저장·탐색은 계층형 DB의 특성이다.
① 테이블 형태로 관리한다는 설명은 관계형의 핵심 구조로서 타당하다.
② SQL을 기반으로 데이터 조작과 질의를 수행한다는 설명은 정확하다.
④ ACID 보장을 통해 일관성과 무결성을 확보한다는 설명은 옳다.

ACID
- A(Atomicity)-원자성 : 모든 작업이 전부 수행되거나 전혀 수행되지 않아야 함을 의미한다.
- C(Consistency)-일관성 : 트랜잭션이 완료된 후 데이터의 무결성이 유지되어 모순이 없는 상태를 의미한다.
- I(Isolation)-독립성/고립성 : 동시에 여러 트랜잭션이 수행되더라도 서로의 작업이 간섭받지 않고 개별 실행됨을 의미한다.
- D(Durability)-지속성 : 트랜잭션 완료 후 결과가 시스템 오류나 장애에도 영구 보존 유지되어야 함을 의미한다.

22 정답 : ②
해설 : 비정형 데이터는 일정한 스키마가 없거나 구조가 불규칙하여 전통적 테이블 구조로 바로 분석하기 어렵다. 따라서 비정형 데이터는 스키마가 유동적이다라는 설명은 옳지 않다.
①, ③ XML, JSON, YAML(Yet Another Markup Language)과 같은 반정형 데이터는 태그/키-값 구조를 가져 부분적 구조화가 가능하다. 관계형 데이터베이스와 같은 고정된 스키마를 따르지 않고 유동적이다.
④ 비정형 데이터는 검색·추출·분석 난도가 높아 전처리/도구 지원이 필요하다.

23 정답 : ④
해설 : 나. 과거 데이터를 바탕으로 미래를 예측하려는 시도는 예측분석의 정석이다.
다. 데이터만 있으면 "항상" 정확한 의사결정을 할 수 있는 것은 아니다. 분석 결과를 근거로 합리적 의사결정을 내린다는 설명이 적절하다.
라. 시스템·데이터 인프라·인력이 필요해 즉각적·무비용으로 누구나 구현되지는 않는다.
가. 데이터가 주는 근거로 주관적 판단 오류를 줄인다는 설명은 타당하다.

24 정답 : ③
해설 : 데이터 웨어하우스 적재는 일반적으로 스키마 정의 → 데이터 추출 → 변환(정제·형식 통일) → 검증·관리 → 저장/배포의 순으로 이루어진다. 변환 완료된 데이터를 데이터 웨어하우스 테이블로 적재한다는 설명은 적절하다.
① 매일 자정에 한정되지 않고, 요구에 맞춘 스케줄/트리거 기반으로 ETL을 수행할 수 있다.
② 일부 규칙 기반 자동 정정은 가능하나, ETL 도구가 모든 오류를 자동 식별·수정하는 것은 아니다.
④ 적재 후에도 필요시 SQL 등으로 재추출·재변환·재적재 과정을 수행할 수 있다.

25 정답 : ②
해설 : 데이터베이스의 개념 스키마는 데이터베이스의 전체 논리적 구조와 제약조건을 정의하는 계층으로, 외부 스키마(사용자 뷰)와 내부 스키마(물리적 저장 구조) 사이의 중간 단계 역할을 한다. 개념 스키마가 변경되면 데이터의 논리적 구조 자체가 변하기 때문에 외부 스키마(사용자 뷰)에도 영향을 미칠 수 있다. 따라서 '외부 스키마와 사용자 뷰'가 가장 큰 영향을 받는 요소이다.
① 물리적 데이터 독립성은 내부 스키마 변경이 개념 스키마에 영향을 주지 않도록 하는 개념으로, 개념 스키마 변경과는 직접적인 관련이 없다.
③ 데이터베이스의 파일 구조는 내부 스키마에 속하는 물리적 설계 요소로, 개념 스키마의 논리 구조와는 구분된다.

④ 하드웨어 요구사항 역시 물리적 계층(내부 스키마)에 해당하는 요소로, 개념 스키마의 변경과는 관계가 적다.

26 정답 : ②
해설 : 데이터, 정보, 지식, 지혜의 관계는 계층적으로 구성되어 있으며, 각각의 개념은 명확히 구분된다. 데이터는 단순한 사실이나 관찰된 값으로, 의미가 부여되지 않은 원시 형태의 자료이다. 정보는 이러한 데이터를 가공하거나 분석하여 의미를 부여한 결과이다. 지식은 정보를 경험·맥락을 통해 이해하고 내재화한 것으로, 의사결정과 문제 해결에 활용할 수 있다. 마지막으로 지혜는 지식을 바탕으로 미래를 예측하거나 판단을 내릴 수 있는 능력을 의미한다. 따라서 '데이터 → 정보 → 지식 → 지혜'의 순서로 발전하며, ②번이 가장 올바른 설명이다.
① 지식은 정보의 집합체이며, 정보는 데이터를 분석한 결과이다.
③ 데이터는 주어진 사실이며, 정보는 이를 가공하여 분석한 것이다.
④ 지식은 정보를 경험과 맥락을 통해 이해한 것이며, 지혜는 이를 바탕으로 미래를 예측한다.

27 정답 : ③
해설 :
- 지수분포(Exponential Distribution) : 어떤 사건이 발생하는 간격을 모델링하는 데 사용되는 연속적인 확률분포이다. 콜센터전화 대기 시간 등과 같이 주로 사건의 간격이 일정하지 않은 경우 사용한다.
- 감마분포 : a 번째 사건이 일어날 때까지 걸리는 시간에 대한 연속확률분포를 모델링하는 데 사용된다.
- 푸아송 분포(Poisson Distribution) : 단위 시간당 평균 사건 발생 건수를 람다(λ)로 정의하고 누적확률 변수를 계산하면 정규분포 형태를 띠게 된다. 출근길 교통사고 확률처럼 매우 드문 확률 분포를 모델링 할 때 쓰인다.

28 정답 : ③
해설 : 층화추출(Stratified Sampling)은 모집단을 동질적 하위집단(층)으로 나눈 뒤 각 층의 비율에 맞춰 표본을 뽑아 대표성을 높이는 방법이다.
① 군집추출(Cluster Sampling) : 모집단을 여러 군집으로 나누고, 일부 군집 자체를 무작위로 선택하는 방법
② 단순무작위추출(Simple Random Sampling) : 모집단의 각 구성원이 동일한 확률로 선택되도록 완전 무작위로 표본을 추출하는 방법
④ 계통추출(Systematic Sampling) : 모집단에서 일정 간격마다 표본을 선택하는 방법으로, 첫 번째 표본은 무작위로 정하고 이후 일정한 간격으로 추출

29 정답 : ②
해설 : NoSQL은 유연한 스키마와 수평 확장, 비정형/반정형 데이터 처리를 지향한다. '테이블 기반'은 관계형 데이터베이스에 대한 설명이다.
① 문서지향 DB는 NoSQL 유형 중 하나로서 MongoDB, Couchbase가 있다
③ 열 기반 저장소는 대표적인 NoSQL 유형으로 Hbase가 해당된다.
④ 그래프 DB(Neo4j 등)는 NoSQL 범주에 포함된다.

30 정답 : ①
해설 : 데이터 웨어하우스(Data Warehouse)는 일반적으로 실시간 데이터 처리(Real-time Processing)가 아닌, 일정 주기(batch)로 데이터를 적재하고 분석하는 시스템이다. 대용량 데이터를 주기적으로 모아 통합·분석하는 데 적합하지만, 실시간 의사결정이나 즉각적 반응에는 한계가 있다. 따라서 실시간 데이터 처리에 최적화되어 빠른 의사결정을 돕는다는 설명은 사실과 다르다.
② HDFS(Hadoop Distributed File System) : 대규모 데이터를 여러 노드에 분산 저장할 수 있도록 설계된 파일 시스템으로, 빅데이터 저장 기술의 핵심 구성 요소이다.
③ TensorFlow : 구글이 개발한 오픈소스 머신러닝 프레임워크로 빅데이터 분석뿐 아니라 딥러닝 모델 학습 및 추론에 널리 활용된다.
④ NoSQL 데이터베이스 : 비정형 및 반정형 데이터를 유연하게 저장하기 위한 기술이다. 대표적인 예로 MongoDB가 있으며, MongoDB는 문서지향(Document-oriented) 저장 구조를 사용해 확장성과 가용성이 뛰어나다.

31 정답 : ②
해설 : 증분 백업(Incremental Backup)은 마지막 백업(전체 또는 증분) 이후 변경된 데이터만 백업하는 방식이다. 이 방식은 백업 속도가 빠르고 저장 공간을 절약할 수 있으나, 복원 시에는 전체 백업과 이후의 모든 증분 백업 파일이 필요하다는 단점이 있다.
① 전체 백업(Full Backup) : 모든 데이터를 백업하므로 시간이 오래 걸린다. 변경된 파일만 백업하여 시간을 단축하는 것은 증분 또는 차등 백업이다.
③ 차등 백업(Differential Backup) : 마지막 전체 백업 이후 변경된 모든 데이터를 누적하여 백업하는 방식으로, '정기적 자동 백업'이라는 표현은 단순히 일정에 따른 수행을 의미하므로 정확하지 않다.
④ 논리적 백업(Logical Backup) : 데이터베이스 객체를 논리적으로(SQL 문) 백업하는 방식으로, 실제 데이터를 파일과 디렉터리로 백업하는 물리적 백업의 반대 개념이다.

32 정답 : ①

해설 : 텍스트, 날짜, 정수, 실수, 통화 등과 같이 데이터의 형식을 잘못 입력한 경우 형식의 오류라고 한다.
②, ④ 동일한 데이터가 다른 것으로 중복되어 저장되는 것은 무결성의 오류를 말한다.
③ 정확성의 오류는 사용자가 실수로 입력했거나, 알고리즘 등의 계산오류 등을 말한다.
④ 동일한 데이터가 한 번만 저장된 경우, 이것을 데이터 무결성이라고 한다.

33 정답 : ③

해설 : 데이터베이스에서 UPDATE 명령어를 사용할 때, 모든 행(Row)의 데이터가 동일한 값으로 바뀌는 실수를 방지하기 위해서는 WHERE 절을 반드시 사용해야 한다. WHERE 절은 수정 대상 행을 특정 조건으로 한정하여, 의도한 레코드만 갱신되도록 한다. 예를 들어, 'UPDATE employees, SET salary = 5000, WHERE department_id = 10;'에서 부서 번호가 10인 직원만 급여가 5,000으로 수정된다. WHERE 절이 없으면 모든 직원의 급여가 5,000으로 바뀌게 된다.
① FROM 절은 UPDATE 시 참조할 테이블(조인 대상)을 지정할 때 사용되지만, 행을 제한하지 않는다.
② PRIMARY KEY는 행을 구분하는 고윳값으로, 변경 자체는 가능하지만 전체 행 변경을 막는 기능은 없다.
④ DROP TABLE은 테이블을 삭제하는 명령으로, 문제 해결 방법과 무관한다.

34 정답 : ②

해설 : 비즈니스 인텔리전스(BI ; Business Intelligence)는 데이터를 수집하고, 분석하여 의사결정에 활용하는 일련의 프로세스를 의미한다. BI의 핵심은 데이터를 구조화하여 저장하고, 분석 가능한 형태로 관리하는 것이다. BI 프로세스는 데이터 수집 → 저장(데이터 웨어하우스 등) → 분석(OLAP, 데이터마이닝 등) → 시각화 및 의사결정 지원으로 이어지며, 데이터는 효율적 분석을 위해 구조화된 형태로 안전한 저장소에 보관된다.
① 데이터 시각화는 분석단계 뿐만아니라, 수집단계에서도 활용된다. 예를 들면, 결측치와 이상치의 확인을 통한 센서 등 오류파악에 쓰인다.
③ 성과 모니터링 단계에서는 '고객만족도' 등 운영 목표에 대한 효과를 측정, 검증한다. 분석결과를 활용하여 의사결정을 수행하는 단계는 '시각화 및 의사결정 단계'이다.
④ 데이터 품질 유지나 분석 프로세스 조정은 BI의 관리적 활동으로, 핵심 프로세스 단계의 설명은 아니다.

35 정답 : ④

해설 : 데이터 저장 방안을 설계할 때는 저장 용량, 보안, 성능, 확장성, 접근 권한, 백업 및 복구 전략 등을 모두 종합적으로 고려해야 한다. 백업 · 복구 절차는 설계 단계에서 시스템 구성과 함께 계획되어야 하며, 운영 단계에서 뒤늦게 마련하면 장애나 데이터 손실 시 즉각적인 대응이 어렵다.
① 저장 용량과 향후 데이터 증가량을 예측하여 확장성을 확보하는 것은 데이터베이스 및 스토리지 설계의 기본 원칙이다.
② 데이터의 민감도에 따라 암호화 기준, 접근 제어 정책을 미리 정의해야 보안 사고를 예방할 수 있다.
③ 저장소 구조는 조회 성능과 I/O 속도에 직접 영향을 미치므로, 데이터 저장 방식(인덱싱, 파티셔닝 등) 설계 시 반드시 고려해야 한다.

36 정답 : ③

해설 : 내부 병합(Inner Join)은 두 데이터세트 모두에 존재하는 키값을 기준으로 공통된 데이터만 결합하는 방식으로 교집합(Intersection)에 해당하는 결과만 반환한다.
① 외부 병합(Outer Join)에 대한 설명으로, 모든 데이터를 포함하므로 옳지 않다.
② 왼쪽 외부 병합(Left Outer Join)에 대한 설명으로, 왼쪽(첫 번째) 데이터세트의 모든 데이터와 오른쪽의 일치 항목을 결합한다.
④ 단순한 열 결합(Concatenation) 또는 병합(Merge on column names)에 대한 설명으로, 조인 조건이 아니라 열 이름 일치에 기반한 단순 결합이다.

37 정답 : ②

해설 : 저장 데이터 관리자(Storage Data Administrator)는 데이터베이스 내에서 데이터의 물리적 저장과 관리를 담당하는 역할을 수행한다. 이는 데이터가 디스크에 효율적으로 배치되고, 접근 속도와 안정성이 유지되도록 하는 것이 핵심 업무이다.
① 트랜잭션 관리와 제어는 데이터베이스 관리자(DBA)의 주요 역할로, 저장 관리자보다는 시스템 및 운영 관리자의 영역에 가깝다.
③ 데이터의 특성에 대한 정보를 제공하는 것은 데이터 설계자(Data Architect) 또는 데이터 모델러(Data Modeler)의 역할에 해당한다.
④ 쿼리 최적화는 응용 프로그램 개발자(Developer) 또는 데이터베이스 성능 튜너(Performance Tuner)가 수행하는 업무로, 저장 관리자와는 다르다.

38 정답 : ④

해설 : Mean Absolute Deviation(MAD, 평균절대편차)는 머신러닝 모델에서 실제값과 예측값의 차이 오차를 나타내는 성과측정지표이다.
①, ②, ③ 데이터의 변동성을 측정하는 통계량이다.

39 정답 : ③

해설 : 데이터 사전(Data Dictionary)은 데이터베이스 관리 시스템(DBMS) 내부에 존재하는 메타데이터 저장소로, 데이터베이스에 저장된 객체(테이블, 컬럼, 인덱스, 제약조건 등)에 대한 정의와 속성을 관리한다. 실제 데이터는 테이블(Table)에 저장되고, 데이터 사전은 그 데이터를 설명하는 스키마 정보와 메타 데이터를 저장한다.

40 정답 : ①

해설 : 다중회귀분석(Multiple Regression Analysis)은 하나의 종속변수를 여러 개의 독립변수를 이용해 예측하는 선형 회귀모형으로 단순회귀모형에 2개 이상의 독립변수를 추가하여 확장한 것이다.
② 비선형회귀분석(Non-linear Regression)에 대한 설명으로 다중회귀는 기본적으로 독립변수와 종속변수 간의 선형 관계를 전제로 한다.
③ 로지스틱 회귀(Logistic Regression)의 특징으로 종속변수가 이진형(0 또는 1)일 때 사용된다.
④ 더미변수(Dummy Variable)에 대한 설명으로 다중회귀의 정의와 직접적인 관련이 없다.

제3과목 | 경영정보시각화 디자인

41 정답 : ④

해설 : 데이터 포인트의 밀도가 낮을수록 산점도가 더 적합하다는 표현은 주의할 점이 아니다. 오히려 데이터 포인트의 밀도가 높을수록(데이터가 많고 촘촘할수록) 점들이 서로 겹쳐서 과밀(Overplotting) 현상이 발생하기 쉽다.
① 데이터 포인트가 너무 적을 경우, 점들이 흩어져 있어도 패턴이나 관계를 파악하기 어려울 수 있다. 이럴 때는 막대그래프(Bar Chart)나 표(Table)를 사용하여 개별 값이나 빈도를 명확하게 보여주는 것이 더 효과적일 수 있다.
② 산점도는 두 변수 간의 관계(상관관계)를 시각화하는 데 주 목적이 있지만, 점의 색상, 크기, 모양 등 다른 시각적 속성(인코딩)을 활용하여 시간의 흐름과 같은 세 번째 변수를 추가로 표시할 수 있다. 예를 들어, 시간에 따라 점의 색깔을 변화시키거나 연결선을 추가할 수 있다.
③ 예외 값(Outlier)은 나머지 데이터와 크게 동떨어진 값으로, 산점도에서 눈에 띄게 나타난다. 이러한 예외 값은 두 변수 간의 관계(회귀선 등) 해석에 큰 영향을 줄 수 있으므로, 이를 강조 표시하고 그 원인을 분석하는 것은 데이터 분석 및 시각화의 중요한 단계이다.

42 정답 : ③

해설 : 버블 차트는 버블 간의 과밀(Overplotting) 현상이 발생하기 쉽고, 개별 버블의 크기를 정확히 비교하기 어렵기 때문에 데이터의 수가 적을 때 적합하다. 그러나 최대 10개 데이터만 사용한다는 특정 기준은 없다.
① 버블 차트에서 값의 크기는 원의 면적으로 인코딩해야 정확한 비례를 나타낸다. 그러나 사람들은 시각적으로 면적보다는 지름(반지름)을 기준으로 크기를 판단하려는 경향이 있어, 작은 값과 큰 값의 차이가 실제보다 과소평가되거나 과대평가되는 지각적 오류가 발생할 수 있다.
② 버블 차트는 기본적으로 산점도를 확장한 것으로, XY축 변수와 버블의 크기(세 번째 변수)를 통해 세 변수 간의 관계와 상관관계를 표현한다.
④ 버블 차트에서 색상은 네 번째 변수, 주로 범주형(Category) 데이터를 인코딩하는 데 사용된다. 색상을 잘 활용하면 데이터 포인트를 그룹화하고, 특정 카테고리의 패턴을 시각적으로 강조하여 명확히 구분할 수 있다.

43 정답 : ②

해설 : 제시된 차트는 워터폴 차트이다. 워터폴 차트는 초깃값에서 시작하여 중간의 양수 또는 음수 변화를 순차적으로 보여주고, 최종값에 도달하는 과정을 시각화하여 누적 변화를 파악하는 데 유용한다.
① 순위 변화는 순위 차트(Rank Chart)나 슬로프 그래프(Slope Graph)가 더 적합하다.
③ 분포, 최댓값, 최솟값 비교는 박스 플롯(Box Plot)이 더 적합하다.
④ 상관관계 분석은 산점도(Scatter Plot)가 가장 적합하다.

44 정답 : ③

해설 : 타임라인 인포그래픽은 시간의 흐름에 따른 사건의 순서와 관계를 시각화하는 데 중점을 둔다. 타임라인은 주요 사건을 중심으로 정보를 정리하며, 중요한 이벤트일수록 더 크거나 눈에 뜨는 시각적 요소(색상, 이미지, 크기)를 사용하여 강조하는 것이 일반적이다. 모든 데이터를 동일한 중요도로 다루는 것은 타임라인의 효과를 떨어뜨린다.
① 타임라인은 시간 순서가 명확한 연대기적 데이터(Chronological Data)로 역사적 사건이나 기업의 주요 연혁을 보여주는 데 가장 효과적이다.
② 타임라인의 주 목적은 흐름(Flow)과 순서(Sequence)를 전달하는 것이지, 정확한 수치 비교(막대 그래프의 역할)가 아니다. 사용자의 시선을 유도하여 시간 경과를 쉽게 파악하게 한다.

④ 타임라인은 시간축을 기반으로 각 사건을 배치하여 시간 경과에 따른 맥락(Context)과 변화(Change)를 시각적으로 명료하게 제시한다.

45 정답 : ①
해설 : 불릿 차트는 대시보드 공간을 효율적으로 사용하면서 핵심 성과 지표(KPI)를 목표 대비 얼마나 달성했는지 시각화하기 위해 개발된 차트이다. 불릿 차트는 기본적으로 굵은 성능 막대(실적 데이터), 목표 마커(선), 그리고 배경 색상(질적 범위)의 세 가지 요소로 구성되어, 실제 성과가 목표에 비해 어떤 수준인지를 한눈에 비교할 수 있게 한다.
② 불릿 차트는 게이지 차트(다이얼 형태)의 단점인 많은 공간 차지와 데이터 밀도 낮음 문제를 해결하기 위해 고안되었으며, 게이지 차트보다 훨씬 효율적으로 화면 공간을 사용한다.
③ 시간적 변화를 선으로 연결하여 나타내는 것은 선 그래프(Line Chart)의 주요 특징이다. 불릿 차트는 특정 시점의 성과 비교에 중점을 둔다.
④ 불릿 차트에서 실적 막대 방향에 있는 선 마커는 일반적으로 목푯값(Target Value) 또는 벤치마크를 나타낸다. 비교 측정값은 보통 다른 데이터 세트의 실적을 나타내는 또 다른 막대(점선 등)를 의미한다.

46 정답 : ②
해설 : 사무자동화 프로그램(예 엑셀, 파워포인트)은 복잡한 프로그래밍 기술이 없어도 손쉽게 데이터 정리, 시각화, 보고서 작성이 가능한 도구이다. 비전문가도 접근할 수 있고, 직관적인 UI로 단순한 데이터 처리 및 시각적 표현을 쉽게 수행할 수 있다는 점이 가장 큰 장점이다.
가. 엑셀과 파워포인트는 사용이 간단하며, 데이터 필터링, 정렬, 조건부 서식 등 기본적인 정리 기능을 손쉽게 수행할 수 있다.
나. 마우스로 도형, 차트, 표 등을 자유롭게 배치할 수 있어, 사용자가 별도의 코딩 없이 시각적 표현을 직관적으로 구성할 수 있다.
라. 엑셀의 피벗 테이블, 분석 도구(회귀분석, 분산분석 등)를 활용하면 비교적 쉬운 통계 분석까지만 가능하고 복잡한 분석은 프로그래밍을 해야 한다.
다. 엑셀은 제한적인 데이터 연동(Power Query 등)은 가능하지만, 대규모 데이터 처리에는 한계가 있다.

47 정답 : ②
해설 : 도넛 차트는 세그먼트(조각) 간 구분이 핵심이며, 시각적으로 쉽게 비교하기 위해 보통 각 조각에 다른 색상을 부여한다.
① 도넛 차트는 비율을 시각적으로 면적과 각도로 나타내는 그래프이다.
③ 파이 차트는 각도를 통해 비율을 표현하며, 필요시 값(수치)은 별도로 라벨로 표시된다.
④ 일반적으로 도넛 차트와 파이 차트는 전체 100%를 기준으로 조각들을 나누는 비율형 시각화 도구이다.

48 정답 : ③
해설 : 클라우스 윌케(Claus Wilke)가 「Fundamentals of Data Visualization」에서 정의한 시각적 속성(visual encoding channels)에는 위치, 모양(형태), 크기, 색, 선 굵기, 선 유형은 포함되지만, '부피'는 포함되지 않는다.

49 정답 : ①
해설 : BI 소프트웨어의 주요 단점 중 하나는 재현 가능성 구현의 어려움이다. 동일한 시각화 결과를 다시 얻기 위해서는 데이터의 원천, 전처리 방식, 분석 과정, 시각화 설정 등 전체 흐름을 상세히 기록하거나 설명해야 한다. 그러나 대부분 BI 도구는 대시보드나 보고서의 최종 결과만 저장하며, 이 과정에서 중간 단계가 생략될 수 있어 다시 동일한 결과를 얻는 것이 어렵거나 불가능할 수 있다.
② 해석의 오류는 사용자에게 달린 문제일 수 있으나, BI 도구 자체의 구조적 단점은 아니다.
③ 반복 가능성은 대부분의 BI 도구가 템플릿, 복사 기능 등을 제공하기 때문에 큰 문제가 아니다.
④ 보안과 권한 설정은 대부분의 BI 도구에서 세분화된 권한 설정과 인증 기능을 제공하므로, 단점이라고 보기 어렵다.

50 정답 : ③
해설 : 데이터 포인트 수가 10개 미만일 때는 선 그래프보다 표로 제시하는 것이 더 적합하다. 선 그래프는 시간에 따른 흐름이나 변화의 추세를 보여줄 때 효과적이며, 데이터가 많든 적든 상관없이 사용할 수 있다. 특히 변화량이 중요할 경우, 포인트 수가 적더라도 선 그래프가 유용하다.
① 선의 두께는 강조 요소이므로, 그리드선보다 더 두껍게 설정해 가독성을 확보한다.
② Y축 기준선은 항상 0으로 고정할 필요는 없다. 데이터의 변화를 부각하기 위해 축 조정이 유효하다.
④ 변수가 많을 경우 선 그래프가 복잡해질 수 있으므로, 다른 시각화 방식(예 히트맵, 페어플롯 등)도 고려해야 한다.

51 정답 : ④
해설 : 해당 그래프는 2010년 대한민국 인구 분포를 기반으로 각 지역의 크기를 인구 비례로 왜곡시킨 카토그램(Cartogram)이다. 즉, 지도는 실제 지리적 면적과는 달리, 데이터 값(예 인구 수)에 따라 의도적으로 왜곡하는 것이 핵심이다.
① 카토그램은 지형이 왜곡되었기 때문에 사용자가 기존에 갖고 있는 지리적 배경지식을 기반으로 해석하게 된다.

② 마우스를 올리면 수치가 보이거나 확대/축소 기능이 있다면 탐색과 분석에 효과적이다.
③ 카토그램은 공간정보보다 데이터 표현(예 인구밀도)을 강조하므로 이 방식이 분석 목적과 맞는지 먼저 판단해야 한다. 위치 정확성이 중요한 경우에는 부적합할 수 있다. 카토그램은 정확한 지리적 위치와 면적을 유지하는 것을 목표로 하지 않는다.

52 정답 : ②
해설 : 대시보드는 실시간 또는 주기적 데이터 갱신, 대화형 요소, 필터링이 가능한 시각화 도구이며, KPI나 그래프는 실시간으로 업데이트가 가능해야 한다.

53 정답 : ②
해설 : ① 워터폴 차트(Waterfall Chart) 혹은 라인 차트(Line Chart)에 대한 설명이다.
③ 덴드로그램에 대한 설명이다.
④ 롤리팝차트는 수량을 시각화하는 데 적합하다.

롤리팝 차트
- 막대그래프(bar chart)의 변형 형태이다.
- 선(line)과 점(circle)을 조합하여 수치를 직관적으로 시각화하는 도구이다.
- 롤리팝 차트의 핵심 특징
  - 선(Line) : 기준축(예 0)에서 값까지 이어지는 가느다란 선
  - 점(Circle or Dot) : 해당 값의 위치를 표시하는 원형 마커
  - 여러 항목의 값을 비교할 때 사용
  - 막대그래프보다 더 깔끔한 시각 효과 제공
  - 특히 값의 정확한 위치를 강조하고 싶을 때 적합

54 정답 : ③
해설 : 히트맵에서 시각적 혼란을 줄이려면 대비를 최소화하는 것이 아니라 최대화해야 한다.

55 정답 : ③
해설 : 게슈탈트(Gestalt) 심리학의 핵심은 "전체는 부분의 합보다 크다(The whole is greater than the sum of its parts)"라는 원리에 기반하여 시각 정보를 더 쉽게 인식하도록 통합된 형태로 받아들이게 만드는 데 목적이 있다.
① 게슈탈트 이론은 복잡한 정보를 단순하고 통합된 형태로 인식하도록 돕는 것이 목적이다.
② 여러 개의 요소를 하나의 형태로 통합해서 인식하게 하는 데 목적이 있다.
④ 게슈탈트의 원리에 대한 설명이 아니다.

56 정답 : ③
해설 : 묶은 수직 막대 차트(C)는 그룹 간의 비교와 그룹 내 항목 간의 비교 모두 가능하기 때문에 그룹 내 항목의 직접적 비교가 가능하다.

57 정답 : ④
해설 : 질감은 시각적 다양성을 위한 요소 간 구분으로 사용된다. 그러나 과도한 질감 사용은 오히려 시각 혼란을 초래할 수 있다.

58 정답 : ①
해설 : 아이콘은 시각적으로 정보를 요약하여, 빠르고 직관적인 인지를 돕기 위해 사용된다.
② 아이콘은 텍스트보다는 이미지나 심볼을 통해 의미를 전달하는 것이 목적이다.
③ 아이콘은 데이터의 정량적 표현보다 의미의 간략화, 상징화에 초점을 둔다. 세부 묘사보다는 단순화가 핵심이다.
④ 아이콘은 문화적 배경에 따라 다르게 해석될 수 있는 한계를 가진다. 이상적으로는 보편성을 추구하지만, 실제로는 문화적 차이에 의한 오해도 발생한다.

59 정답 : ④
해설 : 시간 시각화에 적합한 그래프를 묻는 질문으로 선 그래프, 영역차트, 간트차트, 경사차트가 주로 사용된다. 상자 수염그림은 분포를 시각화하는 대표적인 방법이다.

60 정답 : ④
해설 : 두 차트의 최솟값과 최댓값에 따른 스케일이 다르기 때문에, 동일한 범위 기준으로 시각적으로 직접 비교하는 것은 부적절하다.
① 날짜별 데이터의 밴드 차이로 값 크기를 시각적으로 확인할 수 있다.
② 두 데이터 모두 밴드 강도로 표현되어, 대략적인 크기 비교가 가능하다.
③ 평균, 최대/최소값, 중간값 등 통계 정보를 통해 분포를 파악할 수 있다.

CHAPTER 08 2025년 2회 기출복원문제 정답 및 해설

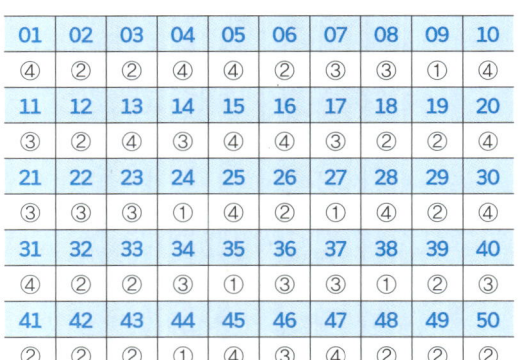

제1과목 | 경영정보 일반

01 정답 : ④
해설 : 유연근무제는 법으로 강제된 복리후생이 아니라, 기업이 직원들의 만족도와 업무 효율을 높이기 위해 자율적으로 제공하는 제도이다. 따라서 '비법정 복리후생'에 해당한다.
① 시간에 제약 없다는 설명은 옳지 않다. 대부분의 유연근무제는 핵심 근무시간이나 특정 협의 범위 내에서만 자율성을 허용하고 있다.
② 재택근무는 사무실 비용을 줄여 오히려 기업의 비용 부담을 완화할 수 있으며, 관리가 새로운 방식의 노력과 투자를 필요로 하므로 용이하다고 보기는 어렵다.
③ 오히려 유연근무제는 직원들의 만족도를 높여 동기부여와 생산성 향상에 긍정적인 영향을 미치는 경우가 많다.

02 정답 : ②
해설 : 물가가 상승하는 상황에서 후입선출법은 가장 최근에 매입한 비싼 상품의 원가를 매출원가로 인식한다. 따라서 매출원가가 가장 높게 계산되어, 결과적으로 매출총이익이 가장 적게 나타나게 된다.
① 선입선출법 : 물가가 상승할 때 선입선출법은 먼저 매입한 저렴한 원가를 매출원가로 인식한다. 이로 인해 매출원가가 가장 낮아지고, 매출총이익은 가장 많아진다.
③ 이동평균법 : 재고를 매입할 때마다 평균단가를 재계산하여 매출원가에 적용한다. 물가가 상승하면 평균단가 역시 점진적으로 상승하므로, 매출원가는 선입선출법과 후입선출법의 중간 정도가 된다.
④ 총평균법 : 회계기간 전체 매입 원가를 합하여 평균단가를 계산한 뒤, 이를 매출원가에 적용한다. 이동평균법과 유사하게, 물가 상승 시 매출원가는 선입선출법과 후입선출법의 중간 수준이 된다.

03 정답 : ②
해설 : 업셀링(Up-Selling)은 고객이 원래 사려던 제품보다 더 좋고, 더 비싼 제품을 추천하여 구매액을 늘리는 전략이고, 크로스셀링(Cross-Selling)은 고객이 사려는 제품과 관련된 다른 제품을 함께 구매하도록 권유하는 전략이다. '가'와 '라'는 이 두 가지 전략이 동시에 적용된 예시이다.
가. 더 큰 저장 용량 모델 추천 : 업셀링(더 상위/비싼 제품)
무선이어폰 세트 구매 제안 : 크로스셀링(스마트폰과 관련된 다른 제품)
라. 비즈니스석 업그레이드 옵션 : 업셀링(더 상위/비싼 서비스)
라운지 이용권 추가 추천 : 크로스셀링(항공권과 관련된 다른 서비스)

04 정답 : ④
해설 : 직무명세서는 특정 직무를 성공적으로 수행하기 위해 필요한 지식, 기술, 능력, 학력, 경력 등의 인적 요건을 구체적으로 명시하는 문서이다. 직무기술서(Job Description)는 직무의 내용, 수행 과업, 책임, 권한 등을 구체적으로 설명하여 직무분석의 기초 자료로 활용되며, 직무의 이름, 소속, 직무 내용 요약, 주요 과업, 책임 범위, 근무 조건 등을 포함한다. 즉, 직무기술서는 특정 직무의 내용, 역할, 책임 등을 포괄적으로 설명하는 문서인 반면, 직무명세서는 직무를 수행하는 데 필요한 인적 요건(지식, 기술, 능력 등)에 초점을 맞춘 문서이다.

05 정답 : ④

해설 : 강제할당법은 평가자가 직원들의 성과를 비교하고 분류하는 것은 맞지만, 정확하게 순위를 매기는 방식(강제서열법)과는 차이가 있다. 강제할당법의 주된 목적은 미리 정해진 비율에 따라 직원들을 '특정 성과 범주'에 할당하는 것이다. 즉, '누가 몇 등이다'라는 개별적인 순위보다는 어떤 범주(예 상위 10%, 중간 70%, 하위 20%)에 속하는지에 초점을 맞춘다. '순위를 매긴다'라는 표현은 강제할당법보다는 강제서열법의 주요 특징에 더 가깝다.

06 정답 : ②

해설 : 가. 두 변수 사이의 상관관계를 파악하는 데 산점도는 매우 효과적이다.
나. 체크리스트는 결함의 종류, 빈도뿐만 아니라 발생 부위 등을 체계적으로 기록하고 분석하는 데 사용된다.
다. 파레토 차트는 80/20 법칙에 기반하여 문제의 핵심 원인을 파악하고 우선순위를 정하여 자원을 집중할 수 있게 한다.
라. 특성요인도(피쉬본 다이어그램)의 4M은 일반적으로 Man(작업자), Machine(기계), Material(원재료), Method(작업방법)을 의미한다. '비용'은 4M에 해당하지 않는다.

07 정답 : ③

해설 : 옵션 매수자의 위험이 프리미엄으로 제한되는 것은 맞다. 하지만 풋옵션의 잠재적 보상은 이론적으로 무제한이 아니다. 풋옵션의 이익은 기초자산 가격이 하락할수록 커지는데, 기초자산 가격은 0 이하로 내려갈 수 없기 때문에 최대 이익은 행사가격(에서 프리미엄을 뺀 값)으로 한정된다. 기초자산 가격이 무한정 오를 수 있는 콜옵션이 이론적으로 무제한의 잠재적 보상을 가질 수 있다.

08 정답 : ③

해설 : 관리적 관점이란 직접적인 관리자가 직원들의 성과를 관리하고, 이를 바탕으로 다양한 인사 결정과 직원 개발 활동을 수행한다. '나, 다, 라'는 이러한 관리자의 역할에 해당한다 '가'는 조직적 관점 또는 인사(HR) 부서 차원에서 성과 관리 시스템을 운영하고 법률을 준수하는 활동이다.
나. 관리자는 성과 평가를 통해 고성과자와 잠재력 있는 직원을 파악하여 팀이나 부서의 미래를 위한 인력 계획에 기여한다.
다. 성과에 따른 보상(급여 보너스) 조정은 관리자가 직접 수행하거나 중요한 의견을 제시하는 핵심 관리 업무이다.
라. 관리자는 평가 결과를 바탕으로 직원에게 구체적인 피드백을 제공하고, 성과 향상을 위한 코칭과 개발 계획 수립을 지원한다. 이는 관리자의 기본적인 역할이다.

09 정답 : ①

해설 : • 콜옵션 : 미리 정해진 행사가격으로 기초자산을 '살' 수 있는 권리이다. 만약 시장에서 기초자산 가격이 행사가격보다 낮다면(예 100원에 살 권리가 있는데 시장가격은 80원), 옵션을 행사할 이유가 없다. 이렇게 옵션을 행사하면 손실이 나거나 이익이 나지 않는 상태를 외가격(Out of the Money)이라고 한다.
• 풋옵션 : 미리 정해진 행사가격으로 기초자산을 '팔' 수 있는 권리이다. 만약 시장에서 기초자산 가격이 행사가격보다 높다면(예 100원에 팔 권리가 있는데 시장가격은 120원), 옵션을 행사할 이유가 없다. 이렇게 옵션을 행사하면 손실이 나거나 이익이 나지 않는 상태를 역시 외가격(Out of the Money)이라고 한다.

10 정답 : ④

해설 : 공공데이터포털은 공공데이터를 개방하여 제공하는 플랫폼으로 통계 데이터, API 등을 개발자들이 활용할 수 있도록 한다. 반면, 주민원포털 정부24는 주민등록등본, 토지(임야)대장, 건축물대장 등 각종 민원 증명서를 신청하고 발급받는 곳이다. 따라서 공공데이터포털에서는 정부24와 같은 방식으로 각종 증명서를 직접 신청하거나 다운로드할 수 없다.

11 정답 : ③

해설 : EOQ(경제적 주문량) 모형의 가장 기본적인 가정 중 하나는 수요가 일정하고 예측 가능하다는 것이다. 또한, 단위당 주문 단가도 일정하다고 가정한다. 따라서 EOQ는 본질적으로 수요 변동성이나 주문 단가 변화를 '반영하여 탄력적으로 조정'되는 모형이 아니다.

12 정답 : ②

해설 : 제품 차별화 수준이 낮다는 것은 신규 진입자가 기존 시장에 유사한 제품을 가지고 쉽게 들어올 수 있음을 의미한다. 차별화된 제품을 만들기 위한 기술이나 투자 부담이 적어 진입 장벽이 낮아지므로, 잠재적 진입자의 위협이 높아진다.

13 정답 : ④

해설 : 영업이익은 기업의 주된 영업활동으로 벌어들인 이익을 의미한다. 이는 상품이나 서비스의 판매로 얻은 매출액에서 매출원가를 뺀 매출총이익에서 판매와 관리에 들어간 비용인 판매비와 관리비를 차감하여 계산한다.

14 정답 : ③

해설 : NPS는 응답 점수를 세 가지 범주로 분류한다. 9~10점을 준 고객은 '권유자', 7~8점을 준 고객은 '중립자', 그리고 0~6점을 준 고객은 '비판자'로 분류한다. 따라서 4점에서 6점 사이의 점수를 준 응답자는 '중립자'가 아니라 '비판자'로 분류된다.

15 정답 : ④
해설 : 고착도(Stickiness)는 주로 DAU(일별 활성 사용자 수)를 MAU(월별 활성 사용자 수)로 나눈 비율로 계산된다. 이는 서비스 사용 빈도 및 사용자들의 몰입도를 측정하는 지표이다. 고착도가 높다는 것은 사용자들이 서비스에 자주 참여하고 있다는 의미이며, 이는 서비스의 중독성이나 유용성을 나타낸다. 하지만 고착도는 '비율' 지표이므로 서비스의 '절대적인 사용자 수'와 직접적으로 비례하지 않는다. 사용자 수가 적은 서비스도 사용자들이 매일 꾸준히 사용한다면 고착도는 매우 높게 나올 수 있으며, 반대로 사용자 수가 많더라도 접속 빈도가 낮다면 고착도는 낮을 수 있다.

16 정답 : ④
해설 : 프로젝트 관리에서 주경로(Critical Path)는 전체 프로젝트의 완료 기간을 결정하는 가장 긴 경로이다. 주경로 상에 있는 모든 활동들은 어떤 지연도 허용되지 않으며, 이러한 활동들의 여유시간(Slack)은 항상 0이 된다. 즉, ES(가장 빠른 시작 시간)와 LS(가장 늦은 시작 시간)가 같고, EF(가장 빠른 완료 시간)와 LF(가장 늦은 완료 시간)가 같은 활동들을 연결하면 주경로를 찾을 수 있다.

17 정답 : ③
해설 : 현대적 구매관리에서는 단순히 '원가효율성'만을 최우선 기준으로 삼지 않는다. 원가효율성도 중요하지만, 단순히 비용 절감을 넘어 품질, 납기, 공급망 안정성, 혁신, 지속가능성 등 '전체적인 가치(Total Cost of Ownership ; TCO)'를 종합적으로 고려한다.

18 정답 : ②
해설 : ROI(투자수익률)는 투자 대비 수익률을 직접적으로 측정하는 재무 지표이다. 페이지 체류 시간은 고객의 콘텐츠 몰입도나 관심도를 나타내는 중요한 '참여 지표'이지만, 이것만으로 직접적인 매출 또는 수익으로 연결되는 재무적 영향을 판단하기는 어렵다. 예를 들어, 페이지 체류 시간이 길더라도 실제 구매로 이어지지 않는다면 ROI에 직접적인 긍정적 영향은 없다. 다른 지표들이 투자(비용)나 수익과 더 직접적인 연관이 있다.

19 정답 : ②
해설 : 단기차입금에 의한 현금 유입은 영업활동으로 인한 현금흐름과 관련이 없다. 차입금(대출)은 기업의 자본 조달과 관련된 활동이므로, 재무활동으로 인한 현금흐름에 해당한다. 영업활동 현금흐름은 기업의 주된 수익창출 활동에서 발생하는 현금의 유입과 유출을 의미한다.

20 정답 : ④
해설 : CVR(전환율)은 '전환 수/클릭 수(또는 방문 수)'로 계산된다. 즉, CVR의 분모는 노출 수가 아니라 '클릭 수'나 '방문 수(세션 수)'이다. 따라서 "CTR과 CVR은 (모두) 노출 수를 분모로 하여 계산된다"라는 문장은 CVR 부분에서 잘못된 설명이다.

제2과목 | 데이터 해설 및 활용

21 정답 : ③
해설 : EDA는 데이터의 분포, 변수 간 관계, 이상치 탐색 등 데이터를 시각적으로 탐색하여 인사이트를 얻는 과정이다.
나. EDA보다는 추론 통계나 예측 모델링에 해당하는 설명이다.
라. 범주형 데이터도 EDA에서 충분히 분석 가능하며, 막대그래프나 파이차트 등 다양한 시각화 기법이 활용된다.

22 정답 : ③
해설 : 구매 이력, 웹사이트 방문 기록, 이미지, 동영상, 댓글 등 다양한 유형의 데이터를 분석하여 맞춤형 광고를 제공하려는 상황이다. 이는 정형·비정형 데이터를 모두 다루는 것으로, 빅데이터의 다양성(Variety)이 핵심적으로 요구된다. Variety는 텍스트, 이미지, 음성, 영상 등 여러 형태의 데이터를 처리할 수 있는 능력을 의미하며, 고객 맞춤형 분석에서는 이 다양한 데이터 형태를 통합적으로 이해하고 분석하는 것이 중요하다.

23 정답 : ③
해설 : 셀프서비스 BI 환경에서는 비전문가인 현업 사용자들이 직접 데이터를 다루기 때문에 데이터의 신뢰성과 정확성이 중요한 이슈가 된다. 따라서 데이터 정확성과 활용 신뢰성에 직접적 영향을 미치는 나, 라가 우선적으로 관리되어야 할 주요 위험요소에 해당한다.
나. 신뢰성과 검증 프로세스 부족은 잘못된 분석결과로 이어져 의사결정 오류를 유발할 수 있다.
라. 데이터 모델링이나 정합성에 대한 이해 없이 데이터를 처리하면 지표 간 불일치가 발생할 수 있다. 이는 조직 전체의 데이터 기반 의사결정에 심각한 혼란을 줄 수 있는 핵심 리스크이다.
가. IT 인력의 내부 저항에 대한 내용으로 상대적으로 전략·조직문화 이슈이다.
다. 비용 증가 문제로 성과 측정보다는 예산 이슈에 가깝다.

24 정답 : ①

해설 : 테이블 구조 변경 없이 단순히 위치만 바꾸어 복제하는 방식은 복제(replication) 또는 미러링(mirroring)에 가깝다. 이는 성능 향상이나 장애 대비를 위한 방식이지, 데이터를 분산 저장하는 샤딩(sharding) 방식과는 다르다.

② 테이블 분할의 수평 분할(horizontal partitioning)에 대한 설명으로 열 값에 따라 행 단위로 데이터를 분산 저장한다.
③ 테이블 분할의 수직 분할(vertical partitioning) 방식으로 열 단위로 테이블을 나누어 분산시킨다.
④ 테이블 복제(Relication) 분산에 대한 설명으로 동일 테이블을 여러 지역에 복제하거나 동기화 하는 기법이다.

25 정답 : ④

해설 : API(Application Programming Interface)는 보통 웹페이지의 HTML 구조에서 데이터를 크롤링하는 방식(web scraping)과는 다르다. 웹페이지에서 데이터를 자동 추출하는 것은 스크래핑(scraping) 방식으로 API가 제공되지 않을 때 사용하는 우회적인 방법이며, 종종 웹사이트의 이용 약관이나 법적 문제와 충돌할 수 있다.

① GET과 POST 등의 HTTP 요청 방식은 API의 기본적인 호출 방식이다. GET은 데이터를 조회하고, POST는 데이터를 서버에 전송한다.
② JSON, XML 형식은 API 응답 데이터의 대표적인 포맷이다. 대부분의 RESTful API는 JSON을 사용한다.
③ API는 클라이언트(요청자)와 서버(제공자) 간의 상호작용을 위한 규약(Protocol)이며, 인터페이스 정의를 통해 정보를 얻는다.

26 정답 : ②

해설 : 균일분포(Uniform Distribution)는 주어진 구간 내에서 확률밀도함수가 일정한 값을 가지며, 그 구간 외에서는 확률이 0이 되는 연속확률분포이다. 예를 들어 구간 [a, b]에 균일하게 분포된 확률변수는 a와 b 사이의 모든 값이 동일한 확률로 발생하고, 그 밖에서는 전혀 발생하지 않는다는 특징이 있다. 이는 확률밀도함수가 유한 구간 내에만 존재하는 유일한 분포 중 하나이다.

① 감마분포 : [0, ∞) 범위에서 정의되며, 무한한 영역을 가지므로 조건에 맞지 않는다.
③ 베타분포 : [0, 1] 사이의 구간에 정의되며, 확률밀도함수가 일정하지 않다.
④ 정규분포 : (−∞, ∞) 전체에서 정의되며, 특정 구간 밖에서도 확률이 존재하므로 조건에 맞지 않는다.

27 정답 : ①

해설 : APFS(Apple File System)는 Apple이 개발한 파일 시스템으로, macOS, iOS 등 애플 생태계에서만 제대로 동작한다. 일부 도구를 이용하면 Windows나 Linux에서 읽기 정도는 가능하지만, 공식적으로는 Apple 외의 OS와 호환되지 않는다. 또한 APFS는 암호화, 스냅샷, 파일 복사 최적화 등의 기능을 제공하지만, 설명처럼 타 OS와 호환이 잘 된다고 보기 어렵다.

② NTFS : Windows에서 기본 파일 시스템이며, 접근 권한 제어, 암호화, 저널링 등 강력한 보안 기능을 제공한다.
③ FAT : 구조가 단순해 대부분의 OS와 호환 가능하나, 성능 및 용량 측면에서 제약이 있어 주기적 조각 모음(defragmentation)이 필요할 수 있다.
④ HFS : Apple이 만든 기존 파일 시스템으로, 메타데이터를 활용한 다양한 파일 정보 저장이 가능하다.

28 정답 : ④

해설 : ④는 온프레미스 방식이 아니라 클라우드 컴퓨팅을 일부 활용하는 하이브리드 방식에 가까운 설명이다. 온프레미스(on-premises)는 모든 하드웨어, 소프트웨어, 데이터 등을 기업 내부에서 자체적으로 운영 및 관리하는 방식이기 때문에, 클라우드와의 결합은 본래 개념과는 거리가 있다. 최근 일부 기업이 온프레미스와 클라우드를 병행하는 하이브리드 클라우드를 선택하긴 하지만 문제에서 말하는 것은 온프레미스의 정의와 어긋난다.

① 기업이 모든 인프라를 직접 관리 하기 때문에 시스템 커스터마이징에 유리하다.
② 중요한 시스템을 직접 통제하므로 외부 침해에 대한 보안성이 높다고 여겨진다.
③ 온프레미스 방식은 하드웨어, 네트워크, 서버 등 인프라 구축에 초기 투자 비용이 매우 크다.

29 정답 : ②

해설 : 병행 투명성(Concurrency Transparency)이란 여러 사용자가 동시에 데이터베이스에 접근하더라도 시스템이 일관성과 무결성을 유지해 사용자 입장에서 간섭이 없는 것처럼 보이게 해주는 특성을 의미한다.

① 사용하는 데이터의 저장 장소를 경시할 필요 없이 위치정보가 시스템 카탈로그에 유지됨을 의미하는 것은 '위치 투명성(Location Transparency)'이다.
③ 데이터베이스가 여러 조각으로 나뉘어 있어도 사용자가 하나의 일관된 데이터베이스로 인식할 수 있는 능력은 '분할 투명성(Fragmentation Transparency)'이다.
④ 지역-물리 간 분할 매핑이 가능하여 각 지역 시스템의 이름과 관련 없이 물리적 이름을 부여 가능한 것은 '지역사상 투명성(Local Transparency)'이다.

30 정답 : ④

해설 : 교차검증(Cross – Validation)은 데이터의 각 샘플을 한 번씩 검증 세트로 사용하는 방식이므로 연산 비용이 매우 크다. 따라서 적은 연산 비용으로 계산이 가능하다는 설명은 사실과 다르다. 데이터 개수가 많을수록 반복 횟수가 증가하기 때문에 계산량이 급격히 늘어나며, 일반적으로 연산 효율이 떨어지는 단점이 있다.
① 교차검증의 기본 개념으로, 각 폴더를 번갈아 가며 훈련 및 검증에 사용하는 설명이 맞다.
② k – fold 교차검증의 정의이다.
③ 계층적(Stratified) k – fold의 개념으로, 각 클래스의 비율을 유지하여 학습과 검증을 수행하는 방식이다.

31 정답 : ④

해설 : 자신의 신념이나 가설을 뒷받침하는 데이터만을 선택적으로 해석하는 경우는 데이터 확증 편향(Data Confirmation Bias)에 해당한다. 확증 편향은 기존의 믿음이나 기대를 강화하는 정보만 수용하고, 그와 반대되는 정보는 무시하거나 배제하는 인지적 오류이다. 연구나 분석에서 매우 주의해야 할 데이터 해석 오류 유형이다.
① 데이터 클러스터 착각 : 우연히 생성된 패턴이나 군집을 실제 의미 있는 것으로 잘못 해석하는 오류이다.
② 기준 데이터 편향 : 처음 제시된 정보(앵커)를 기준으로 후속 판단이 왜곡되는 현상이다. 신념과 관련된 선택적 해석과는 다르다.
③ 데이터 편승 효과 : 다수의 의견에 따라 데이터를 해석하거나 선택하는 경향으로, 주관적 신념보다 집단 동조에 가까운 오류이다.

32 정답 : ②

해설 : 트랜잭션 관리자는 데이터베이스에서 트랜잭션(하나 이상의 연산을 포함한 논리적 작업 단위)의 일관성(consistency), 원자성(atomicity), 고립성(isolation), 지속성(durability)을 보장하는 역할을 하며, 이는 흔히 ACID 특성으로 불린다. 여러 데이터 조작 작업을 하나의 논리적 단위로 묶어서 데이터의 일관성과 동시성을 제어한다는 것은 트랜잭션 관리자의 역할에 대한 가장 옳은 설명이다.
① 내부 스키마를 관리하며 모든 객체에 대한 접근이 가능하다는 것은 저장소 관리자(Storage Manager)의 역할에 더 가깝다.
③ 블록 할당, 파일 시스템, 인덱스 구조 등을 관리하며 효율적인 검색을 지원하는 것은 저장소 관리자나 파일 관리자의 역할이다.
④ 데이터 구조와 메타데이터를 저장하고 관리하며, 스키마, 사용자, 테이블, 속성, 제약조건 등을 정의하는 것은 카탈로그 관리자(Catalog Manager) 또는 스키마 관리자(Schema Manager)의 역할이다.

33 정답 : ②

해설 : ETL(Extract, Transform, Load)은 데이터 웨어하우스 구축 및 분석 환경을 위한 핵심 절차로, 추출(Extract), 변환(Transform), 적재(Load)의 세 단계를 거친다. 추출(Extract)은 다양한 소스 시스템에서 데이터를 추출하고, 변환(Transform)은 분석 목적에 맞게 데이터 구조, 포맷, 내용 등을 정제 및 변환하며, 적재(Load)는 변환된 데이터를 대상 시스템(데이터 웨어하우스 등)에 저장한다.
가. ETL은 일반적으로 복잡한 비즈니스 룰이 적용될 수 있는 환경에서 사용된다.
나. ETL은 실시간 처리(real – time) 하고 적재하며, 배치 처리(batch processing)도 가능하다.
다. 추출 단계에서는 데이터를 변경하지 않고 가져오기만 하며, 변경은 변환 단계에서 이루어진다.
라. 변형 단계 후 데이터를 특정 시스템에 적재한다.
마. 데이터 마트, 데이터 웨어하우스 등 분석 환경에 데이터를 적재한다.

34 정답 : ③

해설 : 파일 시스템의 보안 및 접근 제어는 운영체제 수준에서 단순하게 사용자 권한에 따라 제한되는 수준이며, 체계적인 사용자 인증·권한 분리, 로깅 등은 부족하다. 반면 DBMS는 사용자 계정, 역할 기반 권한 설정, 세밀한 접근 제어를 제공한다.
① 파일 시스템은 데이터 무결성(정합성)을 자동으로 보장하는 기능이 거의 없다. 반면, DBMS는 제약조건(예 PRIMARY KEY, FOREIGN KEY, CHECK 등)을 통해 무결성을 강제할 수 있다.
② DBMS는 ACID(원자성, 일관성, 고립성, 지속성) 특성을 통해 트랜잭션을 관리하고, 이로 인해 데이터의 일관성과 신뢰성을 유지할 수 있다.
④ DBMS는 Structured Query Language(SQL)를 사용하여 데이터 검색, 삽입, 수정, 삭제 등 다양한 조작을 효율적으로 수행할 수 있다. 파일 시스템은 이러한 고급 질의 기능을 제공하지 못한다.

35 정답 : ①

해설 : 모델이 학습 데이터에서는 정확도가 매우 높지만, 실제 새로운 데이터에서는 성능이 크게 떨어지는 과적합(overfitting)의 전형적인 예이다. 이 경우 모델의 복잡도를 줄여야 일반화 성능을 높일 수 있다. 복잡도를 늘리면 오히려 과적합이 더 심화된다.
② 과적합은 훈련 데이터의 노이즈나 예외적 특성을 과도하게 학습할 때 발생할 수 있다.
③ 훈련 데이터에 과도하게 맞춰진 모델은 테스트 데이터에 대한 일반화 성능이 낮아지는 과적합 현상이 발생한다.
④ 교차 검증은 훈련 데이터와 검증 데이터를 분리하여 모델의 일반화 성능을 미리 확인하는 데 유용하다.

36 정답 : ③
해설 : 부동 소수점을 정수로 변환하여 복잡성을 줄인다는 것은 일반적인 데이터 전처리 목적이나 실제 관행과 맞지 않다. 부동 소수점을 정수로 단순 변환하는 것은 오히려 정밀도를 손실시킬 수 있으며, 복잡성을 줄이기보다는 오차를 유발할 수 있다. 데이터의 복잡성을 줄이기 위해서는 차원 축소(PCA 등)나 범주형 인코딩, 스케일링 등의 기법을 사용한다.
① 원-핫 인코딩은 텍스트 데이터를 숫자 형태로 바꾸는 대표적인 방법이다.
② 연속형 데이터를 범주형 데이터로 바꿀 때 동일한 구간으로 나누는 것은 비닝(binning) 또는 디cretization 기법이며, 일반적인 전처리 방식이다.
④ 데이터의 차원을 축소하면 모델의 복잡성을 줄이고 과적합을 방지하는 데 도움이 된다.

37 정답 : ③
해설 : Dimension 테이블은 분석을 위한 기준 정보(예 텍스트, 범주형, 설명적 속성 등)를 저장하는 테이블이다. Fact 테이블은 수치형 측정값(예 매출, 수량 등)을 저장하는 테이블이다. 중심이 되는 데이터 저장소 역할을 하며, Dimension 테이블은 이를 설명하는 범주(카테고리)를 정의한다.
나. 일반적으로는 Fact 테이블이 훨씬 많은 행(row)을 가진다. 예를 들어 일별 매출, 거래별 주문 정보 등 수많은 기록이 쌓이는 테이블이 Fact 테이블이고, Dimension 테이블(상품, 고객, 지역 등)은 이들을 설명하는 기준 정보이기 때문에 상대적으로 적은 수의 행을 가진다.
라. Fact 테이블은 여러 Dimension 테이블의 외래키를 포함하고, 이를 참조하는 방식으로 설계된다(스타 스키마 구조).

38 정답 : ①
해설 : 로그 변환이나 제곱근 변환은 해당 변수의 정규화 또는 분포를 안정화하기 위한 것이지, 다른 변수의 결측값을 채우기 위한 방식은 아니다.
② 회귀분석(Imputation using regression)은 결측값이 있는 변수와 상관있는 다른 변수들을 이용해 예측 모델을 만들고, 그 모델로 결측값을 추정한다.
③ k-NN(K-Nearest Neighbors) 방식은 결측값이 있는 데이터 포인트와 가장 유사한 k개의 이웃을 찾아, 이들의 값을 평균 내거나 대푯값으로 결측값을 대체한다.
④ 다중 대체법(Multiple Imputation)은 결측값을 여러 번 대체해 여러 데이터 세트를 만들고, 분석 결과를 종합하여 편향을 줄이고 신뢰성을 높이는 방법이다.

39 정답 : ②
해설 : 정형 데이터(Structured Data)는 일반적으로 각 속성이 하나의 고유한 값을 가지며, 중첩 구조나 다른 속성을 포함하지 않는다. 그 값의 내부에 또 다른 속성과 값을 가질 수 있다라는 말은 중첩 구조(nested structure)에 대한 설명으로 이는 비정형 또는 반정형 데이터(예 JSON, XML)에 더 가깝다.

40 정답 : ③
해설 : 다. 수치형 데이터의 집단 간 평균 차이 검정에는 t-검정, ANOVA가 주로 사용되며 카이제곱 검정은 범주형 변수 간의 연관성 검정에 사용된다.
라. 상자그림(Box plot)은 수치형 데이터의 분포와 이상값을 시각화하는 데 적합하며, 범주형 데이터 시각화에는 막대그래프, 원그래프 등이 사용된다.

제3과목 | 경영정보시각화 디자인

41 정답 : ②
해설 : 파이/도넛 차트는 데이터의 정확한 비교보다는 비율의 시각적 인식에 적합하며, 막대 그래프혹은 꺾은선 그래프가 비교 및 추세 파악에 더 유리하다. 파이 차트(또는 도넛 차트)는 전체 대비 비율을 보여줄 때 효과적이지만, 여러 항목 간 세부 비교가 어렵고 직관적이지 않으며, 특히 항목이 많을 경우 정보 전달력이 떨어지는 단점이 있다.

42 정답 : ②
해설 : 기울기(orientation)는 일반적으로 시각화에서 방향이나 흐름을 표현하는 데 유용하지만, 범주 데이터를 구분하는 데에는 적합하지 않다. 범주형 변수 구분에는 색상(color), 형태(shape), 위치(position) 등의 시각 변수들이 더 적절하게 사용된다.
① 기울기는 데이터 강조(예 화살표 방향 등)에 사용할 수 있다.
③ 기울기는 흐름(방향성, 패턴)을 나타내는 데 효과적이다.
④ 위치는 기울기보다 명확한 정량적 정보 전달 수단이다.

43 정답 : ②
해설 : 흐름도(Flow chart)와 다이어그램은 연속적 데이터보다는 이산적 데이터나 단계적인 과정, 절차를 표현하는 데 더 적합하다. 연속적 데이터는 선 그래프나 히스토그램, 산점도 등에서 더 잘 표현된다.
① 워터폴 차트도 데이터 흐름이나 누적적 변화(특히 재무 데이터 등)를 시각화할 수 있으므로 일부 흐름도 형태로 볼 수 있다.

③ 흐름도는 화살표, 기호 등을 통해 알고리즘의 흐름이나 논리 구조를 시각적으로 표현한다.
④ 절차, 조건, 반복, 분기 등을 도식화하며 상호작용 관계도 나타낼 수 있다.

44 정답 : ①
해설 : 모자이크 차트(Mosaic Chart)는 범주형 변수 간의 분포를 면적의 상대 크기를 통해 보여주는 범주형 데이터 시각화 도구이다. 다차원 셀 간에 공간적으로 인정하지 않는다는 표현은 부적절하며, 오히려 각 범주 간의 상대적 빈도나 비율을 면적을 통해 명확하게 표현하는 것이 특징이다. 즉, 공간 인식이 가능한 시각적 도구이다.

45 정답 : ④
해설 : 가. 대시보드는 복잡한 데이터를 시각화하여 사용자가 직관적으로 의사결정을 내릴 수 있도록 도와주는 도구이다.
라. 탐색형 대시보드는 사용자의 주관적 판단이 개입되지 않도록 디자인 요소가 중립적이어야 한다.
마. BI 도구는 최신 정보를 제공하기 위해 실시간 데이터 연동 기능을 갖추는 것이 중요하다.
나. 경영지표 확인은 일반적으로 설명형 대시보드가 아니라 탐색형 대시보드를 활용하는 것이 더 적합하다.
다. 과거 데이터 요약도 대시보드의 중요한 기능이다. 예측 분석에 적합하지 않다는 설명은 부적절하다. 예측 분석을 위해서도 대시보드가 활용된다.

46 정답 : ③
해설 : 인포그래픽은 원 데이터를 해석하도록 돕는 기능보다는 복잡한 정보를 쉽게 시각화하여 전달하는 역할에 더 적합하다. 즉, 사용자가 원 데이터를 직접 해석할 수 있게 한다는 설명은 과도한 해석이다. 인포그래픽의 주 목적은 명확하고 간결한 시각적 표현이지 데이터 분석 기능을 제공하는 것이 아니다.

47 정답 : ④
해설 : (ㄱ) 단계구분도의 한계점에 대한 설명으로 값에 따라 색이 달라지는 구역형 지도이다.
(ㄴ) 카토그램(Cartogram)에 대한 설명으로 면적을 인구나 다른 변수에 따라 왜곡하여 표현한다.
(ㄷ) 카토그램 히트맵에 대한 설명으로 격자 형태로 고르게 나눠 표현하고 색으로 값을 나타낸다.

48 정답 : ②
해설 : 제시된 그래프는 박스플롯(Boxplot)으로 해당 그래프의 특성에 대한 설명 중 옳은 것은 나, 라이다.
나. 박스플롯은 이상값(특이값)을 작은 점이나 별표 등으로 시각적으로 표시해주기 때문에 특이값 탐지에 유용하다.
라. 수염(whisker)은 IQR 기준 1.5배 범위 내의 가장 바깥값까지 그려지며, 그 밖의 값은 이상치로 처리되어 따로 표시된다.
가. 이상값(outlier)의 정의는 Q1 − 1.5 IQR 미만 또는 Q3 + 1.5 IQR 초과인 데이터이다.
다. 박스플롯은 중앙값(Median)은 보여주지만 평균값(Mean)은 나타내지 않는다.

49 정답 : ②
해설 : 경사 차트 또는 slope chart는 일반적으로 두 시점 간의 변화를 시각화할 때 사용한다. 변화의 방향성(증가/감소)과 상대적인 순위 변화 등을 명확하게 보여주는 데에 효과적이다. 표현된 비율을 절대적인 값으로 해석하는 방식은 경사차트의 본래 목적이나 해석 방식과 맞지 않는다.

50 정답 : ②
해설 : **상관도표**
- 여러 변수들의 상관계수를 색상, 수치 등으로 시각화하여 직관적으로 이해할 수 있게 한다.
- 자기 자신과의 상관계수는 항상 1이므로, 대각선은 대부분 1로 채워지거나 빈칸 또는 히스토그램 등으로 표시된다.
- 상관도표는 관계 유무(상관계수 크기), 방향(양의 상관/음의 상관), 계수값을 한눈에 파악할 수 있어 매우 유용하다.
- 많은 변수를 이해하기 쉽게 시각화할 때 유용하다.
- 반면에 정적(양의) 상관관계 → 양(+)의 상관계수, 부적(음의) 상관관계 → 음(−)의 상관계수이다.

51 정답 : ②
해설 : (A) DATEDIFF 함수는 두 날짜 간의 차이를 일, 월, 연 단위 등으로 반환한다. Power BI와 Tableau 모두에서 사용되는 날짜 간격 계산 함수이다.
(B) DAY 함수는 날짜에서 '일(day)' 부분만 정수로 추출한다.
　예 DAY("2025 − 10 − 19") → 19
(C) ROUND 함수는 소수점을 지정된 자리에서 반올림하여 반환한다.
　예 ROUND(3.14159, 2) → 3.14
(D) ABS 함수는 음수를 양수로 바꾸고, 양수는 그대로 유지한다.
　예 ABS(−5) → 5
※ DATE는 DATEVALUE, DATE(Y, M, D)처럼 날짜를 구성하거나 변환할 때 사용하며, STD는 표준편차(standard deviation)를 구하는 함수이다.

52 정답 : ②
해설 : 이미지에 제시된 2000년 미국 대선의 플로리다 투표용지는 '버터플라이(ballot)' 형식으로 중앙에 구멍을 뚫는 방식으로 되어 있다. 하지만 후보 이름과 구멍의 위치가 직관적으로 연결되지 않아 유권자들이 자신이 원하는 후보가 아닌 옆줄의 다른 후보를 선택하는 오류가 많이 발생했다. 이것은 게슈탈트

(Gestalt)의 시각적 인지 원리 중 '연속성의 법칙(Law of Continuity)'이 지켜지지 않았기 때문이다. 사람은 시각적으로 자연스럽게 이어지는 선이나 형태를 하나의 흐름으로 인식하려는 경향이 있는데, 이 투표용지는 후보의 이름과 구멍 위치가 비직관적으로 배치되어 있어 연속된 흐름이 끊기게 된다.

게슈탈트의 주요 법칙
- 근접성의 법칙(Law of Proximity) : 가까운 요소들을 하나의 집단으로 인식함
- 연속성의 법칙(Law of Continuity) : 시각적으로 자연스럽게 연결된 선이나 흐름을 하나의 형태로 인식
- 폐쇄성의 법칙(Law of Closure) : 불완전한 형태라도 완전한 모양으로 인식하려는 경향
- 대칭성의 법칙(Law of Symmetry) : 대칭적인 구조를 안정적으로 인식

53 정답 : ②
해설 : 2차원 상자(Box Plot)는 데이터의 분포, 중앙값, 사분위수, 이상치 등을 시각화하는 데 적합한 그래프이다. 다만, 시간(time)의 흐름을 표현하는 데는 적합하지 않다.
① 간트 차트(Gantt Chart) : 작업의 시간 계획 및 진행 상황을 시각화하는 데 사용되며, 프로젝트 일정 관리에 최적화된 시간 기반 그래프임
③ 칼럼 스파크라인(Column Sparkline) : 행(row) 단위로 시간에 따른 추세 변화를 미니 그래프로 나타내며, 엑셀 및 Power BI 등에서 시계열 데이터 표현에 자주 사용됨
④ 폴라 그래프(Polar Chart) : 시간 데이터를 원형 시계 형태로 표현 가능하며, 계절성 또는 주기성 시계열 데이터 시각화에 적절함

54 정답 : ④
해설 : 해당 그래프는 레이더 차트 또는 스파이더 차트이다. 레이더 차트는 상대적 비교에는 유리하지만, 축이 서로 다른 단위거나 비율이 다르면 왜곡될 수 있기 때문에 절댓값 크기 비교에는 부적절하다.

55 정답 : ③
해설 : 범프 차트(Bump Chart)는 시간의 흐름에 따른 순위 변화(랭킹 변화)를 시각화하는 데 특화된 차트이다. 보통 각 항목의 순위(서열)를 선으로 이어 나타내며, 순위의 상대적 변동을 강조하는 것이 목적이다. 절댓값은 중요하지 않다.

56 정답 : ④
해설 : 문제에서 제시된 그래프는 리지노프 플롯(Ridgeline plot)' 또는 '조길도 곡선'의 일종이며, 각 월별(5~8월) 서울의 일평균 기온의 분포를 시각화한 것이다. 각 곡선은 히스토그램이 아닌 커널 밀도 추정(KDE ; Kernel Density Estimation) 기법을 활용해 연속적 곡선 형태의 분포를 나타낸다. 와플차트는 분포를 시각화 하지만, 리지노프 플롯은 분포를 시각

화한다. 바이올린 플롯은 사분위값과 중앙값, 빈도만을 나타내므로 월별 평균기온에 대한 빈도를 나타내기 적합하지 않다. X축에는 반응변수(평균기온), Y축에는 그룹화 변수(월)이 있다.
- 반응 변수 (Response Variable) : 실험이나 관측에서 관심의 대상이 되는 변수로, 다른 변수의 영향을 받아 변화하는 값이다. 종속 변수(dependent variable)라고 한다.
- 그룹화 변수 (Grouping Variable) : 데이터를 범주별로 나누는 기준이 되는 변수이다. 데이터를 그룹 또는 카테고리로 나누고, 각 그룹별로 시각화를 한다. 독립 변수(independent variable)라고 한다.

57 정답 : ①
해설 : 가. 조건부 서식은 엑셀 등에서 특정 조건을 만족하는 셀에 대해 자동으로 글자 색, 배경색, 테두리 등 서식을 적용할 수 있다. 이는 조건부 서식의 기본 개념이다.
나. 수식에 참조되는 셀의 주소는 상대참조(A1), 절대참조(A1), 혼합참조(A$1, $A1)가 있으며, 이는 복잡한 논리 조건의 서식 지정에 활용된다. 조건부 서식에서 수식을 이용할 때 매우 중요하다.
다. 조건부 서식으로 셀 병합은 불가능하다. 글꼴, 색, 테두리 등은 조절할 수 있지만 셀 병합은 서식이 아니라 구조 변경이므로 불가하다.
라. 조건부 서식은 데이터 시각화 도구가 아니며, 다른 시각화 방식과 병행할 필요는 없다. 데이터의 패턴을 강조해서 보여주는 보조 수단이지 시각화 방법론과 병행이 필수적인 것은 아니다.

58 정답 : ①
해설 : 이미지에 제시된 그래프는 덴드로그램(Dendrogram)으로, 계층적 군집 분석(hierarchical clustering) 결과를 시각화한 것이다. 이는 각 객체(예 : 식물, 유전자, 고객 등)들을 유사성 기준으로 분류하고, 비슷한 것끼리 묶어 트리 구조로 나타내는 대표적인 시각화 방식이다. 덴드로그램은 분류(군집화)에 활용된다. 예시로는 생물의 분류, 유전자 계통도, 상품 유사도 기반 마케팅 분류 등이 있다.
② 순위차트가 더 적절하다.
③ 계열 변화는 라인 차트가 적합하다.
④ 퍼포먼스를 비교하려면 막대그래프나 히트맵이 적절하다.

59 정답 : ④
해설 : 가. 오컴의 면도날은 불필요한 시각적 장식을 제거하고 핵심 정보만 강조하는 것과 관련 있다.
다. 터프티는 시각적 간결성과 정보 전달의 효율을 중시하며, 이는 오컴의 원칙(단순성 추구)과 매우 유사하다.
라. 오컴의 면도날은 철학적으로 '불필요한 가정을 배제'하는 원칙으로, 수학적 모델링과 문제해결 과정에도 적용된다.

나. Data-ink Ratio는 에드워드 터프티(Tufte)의 개념이지만, 오컴의 면도날과 직접적으로 상반된다고 보긴 어렵다. 하지만 문제에서는 상반된다는 표현이 있어 부적절하다.

60 정답 : ①

해설 : 교차표(Cross Table)는 범주형(명목형 또는 서열형) 변수 간의 관계를 보기 위해 사용하는 2차원 분할표이다. 반면, 상관분석은 연속형 변수들 간의 선형 관계를 측정하는 분석이므로 교차표와는 목적과 데이터 유형이 다르다. 따라서, 교차표는 연속형 자료가 아닌 범주형 자료에 적합하다. 교차표는 엑셀에서는 '피벗 테이블' 기능을 통해 생성할 수 있으며, 데이터를 요약·분석하기에 효과적이다. 교차표는 두 범주형 변수의 빈도를 2차원으로 배열한 표이며, 시각적으로도 그 관계를 파악하기 좋다.

MEMO

2026
경영정보시각화능력 필기 한권완성

초 판 발 행	2024년 10월 30일
개정2판1쇄	2026년 01월 30일
저　　자	정경문·김운성
발 행 인	정용수
발 행 처	㈜예문아카이브
주　　소	경기도 파주시 광인사길 79 4층(문발동)
T E L	031) 955-0550
F A X	031) 955-0660
등 록 번 호	제2016-000240호
정　　가	32,000원

- 이 책의 어느 부분도 저작권자나 발행인의 승인 없이 무단 복제하여 이용할 수 없습니다.
- 파본 및 낙장은 구입하신 서점에서 교환하여 드립니다.

홈페이지 http://www.yeamoonedu.com

ISBN 979-11-6386-535-3 [13000]